Peter Bendixen

Einführung in das Kultur- und Kunstmanagement

Peter Bendixen

Einführung in das Kultur- und Kunstmanagement

VS VERLAG

Bibliografische Information der Deutschen Nationalbibliothek
Die Deutsche Nationalbibliothek verzeichnet diese Publikation in der
Deutschen Nationalbibliografie; detaillierte bibliografische Daten sind im Internet über
<http://dnb.d-nb.de> abrufbar.

4. Auflage 2011

Alle Rechte vorbehalten
© VS Verlag für Sozialwissenschaften | Springer Fachmedien Wiesbaden GmbH 2011

Lektorat: Frank Schindler / Cori Mackrodt

VS Verlag für Sozialwissenschaften ist eine Marke von Springer Fachmedien.
Springer Fachmedien ist Teil der Fachverlagsgruppe Springer Science+Business Media.
www.vs-verlag.de

Umschlaggestaltung: KünkelLopka Medienentwicklung, Heidelberg
Gedruckt auf säurefreiem und chlorfrei gebleichtem Papier

ISBN 978-3-531-17866-0

Inhalt

Vorwort

In ein Fachgebiet wie Kultur- und Kunstmanagement einzuführen, setzt voraus, dass es eine feste Plattform gibt, von der aus ein solches Gebiet überblickt werden kann, dass es einigermaßen gesicherte Bestände an Wissen und Methoden in ausreichend ausgearbeiteter Form gibt, dass gewisse Prinzipien des Denkens und Handelns Zeit genug hatten, erprobt zu werden und sich zu bewähren und dass all dies nun ausgereift genug ist, um zur allgemeinen Aneignung und Anwendung angeboten werden zu können.

Eine Einführung kann aber auch verstanden werden als eine Einladung, sich am Prozess des Werdens und Gestaltens dieses Gebietes zu beteiligen. Letzteres habe ich diesem Buch zugrunde gelegt. Von einem Reifestadium in Sachen Kultur- und Kunstmanagement kann nämlich nach meiner Einschätzung derzeit noch nicht die Rede sein.

Nach einem Zeitraum von kaum fünfzehn Jahren der Entwicklung dieses Gebietes im In- und Ausland ist selbst eine Zwischenbilanz ein riskantes Unternehmen. Andererseits ist das Bedürfnis nach Sichtung, Ordnung und Kommentierung vor allem unter denjenigen, die sich für eine Qualifizierung in Kultur- und Kunstmanagement interessieren, unverkennbar. Ihnen Orientierung zu vermitteln und denen, die sich in diesem Gebiet auskennen, ein paar weiterführende Anregungen für ihre weitere Arbeit zu geben, ist mein zentrales Anliegen mit dieser Schrift.

Das Schrifttum zum Thema „Kultur- und Kunstmanagement" quillt langsam über. Aber das Gemisch aus pragmatischen Ansätzen, Konzeptionen, ausgearbeiteten Erfahrungen und theoretischen Begründungsversuchen ist noch nicht zur Ruhe gekommen, es hat sich noch nicht sedimentieren können, um eine gewisse Bodenhaftung zu bewirken, die einen sicheren Stand erlaubt. Angesichts der enormen Umbrüche, die wir derzeit im Kulturleben zu verzeichnen haben, ist dieser Zustand vielleicht sogar begrüßenswert. Nichts wäre gefährlicher in solcher Lage, als sich auf vermeintlich sichere Resultate, seien es eigene oder entlehnte, zu stützen und nun ohne weiteres zur Sache zu kommen. Dazu sind die Herausforderungen vor allem auch aus der Welt der Wirtschaft, der Weltwirtschaft zumal, viel zu groß.

Die Wirtschaft war immer schon ein Unruhestifter, das liegt wohl in ihrer Natur oder sagen wir lieber: in den Antrieben, die der Mensch ihr mitgegeben hat. Unruhe kommt indessen auch aus der Kultur selbst. Die Maßstäbe für Qualität verschieben sich, die Formen der Wahrnehmung von Kunst und Kultur verändern sich, und die Inhalte, die Substanz künstlerischer und kultureller Praxis, überschreiten, wie sie es immer taten, ihre schon zu vertraut gewordenen Stile und Missionen zu neuen Formen und Inhalten.

Und nicht nur das. Neue Technologien wie die elektronischen Medien sind mehr als nur Instrumente zur Verbesserung von Informationsflüssen; sie verändern das Leben in allen Winkeln tief greifend. Wir sind Zeitzeugen eines kulturellen Wandels, der neue Kunstformen hervorbringt und neue Formen der Kunstrezeption induziert. Vieles von dem, was uns noch vertraut ist, könnte alsbald der Geschichte angehören oder nur noch in veränderter Ummantelung in die sich anbahnende neue Zeit mitgenommen werden. Dies ist kein Anlass zum Kulturpessimismus. Auch Shakespeares Stücke werden heute anders empfunden als zu seiner eigenen Zeit. Niemand fände heute wahrscheinlich noch einen Kunstgenuss daran, Beethovens Sonaten auf dessen eigenen Flügel (heute aus Franz Liszts Besitz stammend in Budapest befindlich) anzuhören. Aber weder Shakespeare noch Beethoven oder irgendein anderer Großer der reichen Kunstgeschichte geht mit den äußeren Veränderungen verloren.

Kultur- und Kunstmanager sind oder sollten Meister des Spagats sein. Sie stehen mit Aufmerksamkeit in der Zeit, in der sie leben und arbeiten, und müssen sich dennoch einen hohen Grad an Respekt vor den Werken des kulturellen Erbes bewahren, um nicht zu Antreibern allzu derber Banalisierungen und Kommerzialisierungen zu werden. Sie stehen vor der Aufgabe, die Bedeutung von Kunst und Kultur zu beherzigen und zugleich deren wirtschaftliche Fundamente zu sichern. Sie sind einer Kunst, einer Kulturinstitution oder einem Kulturprojekt verbunden und stehen zugleich in der Öffentlichkeit und tragen Mitverantwortung für die kulturelle Vitalität in der Gesellschaft.

Wer sich auf das Gebiet des Kultur- und Kunstmanagements einlässt, kommt an Themen, Problemen und Instrumenten der Wirtschaft nicht vorbei. Um deren Potentiale nutzen zu können, muss man sie kennen und bewerten können. Um in Fragen der Wirtschaft und ihren Praktiken mitreden zu können, muss man jedoch kein ausgebildeter Ökonom sein. Die Ökonomie benimmt sich nur manchmal, als betreibe sie eine Hexenküche, als arbeite sie mit geheimnisvollen Rezepturen, die nur der Meister selbst beherrscht.

Manches erweist sich bei näherem Hinsehen als eher simpel, anderes als widersprüchlich oder obskur. Vieles aber ist wirklich kompliziert, wenn auch nicht unerklärlich. Dazu muss man wissen, dass zwischen der Wirtschaftspraxis, der ökonomischen Theorie und den betriebswirtschaftlichen Lehrmeinungen und Konzepten zuweilen erstaunliche Differenzen bestehen. Sie alle haben ihre Stärken und Schwächen. Diese im Einzelnen zu kennen und beurteilen zu können, ist selbst für Ökonomen nicht immer einfach.

Für die weniger Eingeweihten besteht zweifellos eine gewisse Gefahr, zwischen die Räder des Mahlwerks von Theorie und Praxis zu geraten und gutgläubig zu übernehmen, was hier und dort mit der publizistischen Geste von kosmischen Einsichten als unabweislich und selbstredend gültig vorgetragen wird. Ökonomie ist, was ihren Kontext angeht, keine einfache Wissenschaft, und zwar deshalb nicht, weil sie – wie wir sehen werden – eben diesen Kontext abgestreift hat.

Ökonomen kümmern sich um die Ökonomie; sie pflegen es aber abzulehnen, auch für die Effekte in der Umgebung des Wirtschaftens, im Sozialbereich, in der Umwelt oder in der Kultur wissenschaftlich zuständig zu sein. Darin liegt die Stärke der Konzentration auf die Mitte und zugleich die Schwäche der mangelnden Relativierung der vom eigenen Standpunkt und der vom eigenen geistigen Standort bedingten Einsichten.[1]

Der urteilende Wissenschaftler steht selbst in einem bestimmten geistigen und sozialen Kontext, der seine Betrachtungsweisen, seinen Horizont und seine Haltungen beeinflusst und den zu reflektieren er nicht nur anderen überlassen sollte. In solchen Zusammenhängen sind stets zwei Kontexte im Spiel: der Kontext der Sache, z.B. das soziale Klima einer bestimmten, ins Visier genommenen kulturellen Praxis, und der Kontext des Betrachters, z.B. die kulturelle Umgebung und Herkunft eines Forschers, aus der heraus er seine Fragen stellt und seine Schlüsse zieht, wenn er eine Sache ins Visier nimmt.

Eine Wissenschaft wie die Ökonomie, die sich gewollt einem bestimmten Ausschnitt der Realität zuwendet, der hochgradig in Politik, aber auch in kulturelle, soziale und ökologische Zusammenhänge verwoben ist, kann sich nicht dadurch von diesen Kontexten lossagen, dass sie methodisch scheinbar objektive Modelle und Gesetzmäßigkeiten herausdestil-

---

[1] Eine erhellende Gegenüberstellung des ökonomischen und des kulturökonomischen Paradigmas findet sich bei Volkerling 1999, S. 529 ff.

liert und diese in die Praxis zurückverpflanzt, als gäbe es diese Kontexte nicht – sie waren ja in der Theorie ausgeschlossen worden.

Diese Problematik wird ein Grundzug dieser Abhandlung sein, denn Management ist eine Praxis, die in der Wirtschaft selbst am weitesten gediehen ist und die im Bereich von Kultur und Kunst noch nicht zu eigenen, sondern nur zu übertragenen Lösungen gelangt zu sein scheint. Übernimmt man aber die Praktiken der Wirtschaft einschließlich der wissenschaftlichen Lehrmeinungen und Konzepte dazu für die Aufgaben in Kunst und Kultur, dann handelt man sich leicht eben jenen ökonomischen Fokus ein, der seinen Kontext nicht wahrnimmt. Dies ist im Kulturbereich ein nicht unerhebliches Risiko.

Der verführerisch ausgeworfene „Rettungsring", Anleihen beim Wirtschaftsmanagement oder – noch problematischer – in der Betriebswirtschaftslehre zu machen, wird nach wie vor gern ergriffen, um nicht in der Flut der Probleme in der Kultur zu ertrinken. In dieser Hinsicht ist fast schon zu viel passiert – zu Lasten sorgfältigen Umgangs mit dem, was wir an kulturellem Erbe zu pflegen, und dem, was wir an lebender Kunst zu ermutigen und zu ermöglichen haben. Das ist der Grund für die relativ ausführliche Darstellung und Kommentierung von Managementtheorien, Managementinstrumenten und pragmatischen Konzepten aus dem Wirtschaftsgeschehen in dieser Einführung.

Mein Anliegen besteht darin, dem Leser fundierte Argumente an die Hand zu geben, sich in Sachen Management selber ein Urteil zu bilden und so gestaltend an der Entwicklung des Gebietes Kultur- und Kunstmanagement teilzunehmen. Gerade weil sich die Praktiken des Wirtschaftsmanagements und die des Kultur- und Kunstmanagements in vielen Punkten sehr nahe sind, muss den Gefahrenpunkten und Bruchstellen besondere Aufmerksamkeit gewidmet werden. Um diese deutlich zu machen, habe ich der ökonomischen Sicht relativ viel Raum in dieser Abhandlung gegeben.

Nach vielen Jahren eigener Praxis auf diesem Gebiet bin ich heute mehr denn je davon überzeugt, dass jeder Text, also auch dieser, seinen spezifischen Kontext in der Sache selbst, aber auch in der Person des Autors hat. Dieser Kontext ist das praktische und das universitäre Milieu, das mich zu dieser Schrift angeregt hat, das meine Argumentationen mit der Zeit zugespitzt und die Einsicht verstärkt hat, dass der Autor selbst zwar ein aktives Moment darin ist, dass er aber in vieler Hinsicht auch nur ein Medium ist, über das sich bestimmte Zeitströmungen zum Ausdruck bringen. Diese Relativierung hat natürlich nichts damit zu tun, dass ich als Autor für alles allein verantwortlich zeichne, was in dieser Einführung geboten wird.

Ich muss es mir versagen, all denen namentlich zu danken, die sich als konstruktive Anstifter zu meiner Arbeit während der letzten Jahre erwiesen haben. Es wären zu viele. Was mich immer am meisten beflügelt hat, waren die Studierenden, mit denen ich viele auch für mich kritische Fragen intensiv beraten konnte. Diese Ebene meines eigenen Lernprozesses ist mir nach wie vor am wichtigsten. Deshalb möchte ich besonders die engagierten Studenten des Fachbereichs Kulturwissenschaften an der Universität Lüneburg, die Teilnehmer des Studiengangs Kultur- und Bildungsmanagement an der Hochschule für Wirtschaft und Politik Hamburg, die Studiengänge des Internationalen Zentrums für Kultur & Management (ICCM) in Salzburg und die Studenten des Studiengangs Kultur und Management an der Hochschule Zittau/Görlitz mit ganz besonderer Dankbarkeit erwähnen.

Wertvolle Erfahrungen und Einblicke haben mir die Lehrgänge an den Universitäten in Budapest und Pécs gebracht sowie in allerjüngster Zeit meine Gastprofessur an der Yeditepe Universität in Istanbul. Ausdrücklich erwähnen möchte ich auch die Kollegen des

Zentrums für Europastudien an der Bosporus-Universität in Istanbul, die mir sehr wertvolle Unterstützung gewährt haben und von denen ich Perspektiven auf die europäische Kultur empfangen habe, die mir so nicht geläufig waren. Meine Arbeit an diesem Buch ist entscheidend von der Kollegenschaft am Hamburger Institut für Internationale Musik und Kulturökonomie gefördert und unterstützt worden. Auch ihnen gilt mein ausdrücklicher Dank.

Mit dieser Einführung wende ich mich an alle, die sich für dieses Gebiet aus beruflichen oder nebenberuflichen Gründen interessieren, an alle, die sich für ihr geplantes oder begonnenes Studium ein paar erste oder zusätzliche Anregungen holen möchten, und vor allem an diejenigen, die irgendwo im Bereich von Kultur und Kunst praktisch tätig sind. Deren Erfahrungen und Wissen sind als Anregungen und Kritik sehr erwünscht. Die Festigung des Gebietes Kultur- und Kunstmanagement kann nur eine Gemeinschaftsarbeit und eine Aufgabe für die nächste Zukunft sein.

Hamburg, im Juni 2000

Vorwort zur 2. Auflage

Gegenüber der ersten Auflage ist der Inhalt überwiegend unverändert geblieben. Dagegen mussten der Fehlerteufel bekämpft, einige Passagen klarer gefasst und das Literaturverzeichnis aktualisiert werden.

Hamburg, im Januar 2002

Vorwort zur 3. Auflage

Die wirtschaftliche Lage im Bereich von Kultur und Kunst hat sich in den wenigen Jahren seit der 2. Aufl. nicht grundsätzlich verändert, wohl aber ist sie in einigen Aspekten problematischer geworden. Vor allem der finanzielle Druck auf subventionsabhängige Kultureinrichtungen hat sich verstärkt, weil die Leistungsfähigkeit der Kommunen und Länder infolge der gewachsenen Spannungen in ihren Haushalten schwächer geworden ist. Dadurch hat der Bedarf an professionellem Management auf diesem Gebiet zugenommen und zeichnen sich erweiterte Möglichkeiten der Netzbildung einerseits und der programmatischen Öffnung zu neuen Formen kultureller Produktion andererseits ab. In dieser Entwicklung liegen jedoch auch Gefahren. Die Sensibilität für die Besonderheiten von Kunst und kulturellen Aktivitäten allgemein tritt allzu leicht in den Hintergrund, wenn der ökonomische Druck auf die finanzielle Absicherung in den Vordergrund tritt und die Achtung vor den ästhetischen und symbolischen Gehalten von Kunst und Kultur zu sehr nachgibt.

An verschiedenen Stellen der 3. Auflage dieser Einführung sind die genannten Problembereiche stärker hervorgehoben worden. Inzwischen sind auch weitere Publikationen auf dem Markt, die in das Literaturverzeichnis aufgenommen wurden. Soweit sie inhaltlich etwas Neues bieten, sind sie auch im Text selbst eingearbeitet worden. Meine Tätigkeit in Wien als Mitbegründer der ‚Hohe Warte‘ – Privatuniversität für Wirtschaft und Ethik‘, die neben anderen auch ein Schwerpunktfach „Kultur- und Medienmanagement" einrichten wird, hat sowohl von der Aufgabe her als auch von den kulturellen und künstlerischen Anregungen, die diese Stadt geradezu permanent stiftet, einen deutlichen Einfluss auf meine Sicht in Sachen Kultur- und Kunstmanagement gehabt. Einiges davon ist in diese dritte Auflage eingeflossen.

Das gesamte Gebiet des Kultur- und Kunstmanagements hat in den letzten Jahren eine beachtliche Entfaltung erfahren, und zwar nicht nur durch weitere Studiengänge und Ausbildungsstätten, durch eine Ausweitung von Fachkonferenzen und Fachtagungen und durch stärkere Differenzierungen im Hinblick auf die unterschiedlichen Kultur- und Kunstinstitutionen, sondern auch durch zahlreiche Publikationen. Auffällig ist die Zunahme an Handbüchern mit hohem Anwendungsbezug zur Praxis und spezifischen Studien zu Fragen des Fundraising, Sponsoring, Kulturfinanzierung und Kulturmarketing. Was nach wie vor fehlt, ist ein Periodikum auf dem Gebiet des Kultur- und Kunstmanagement. Die 3. Aufl. dieses Buches ist – natürlich niemals vollständig – im Literaturverzeichnis um zahlreiche neue Publikationen erweitert worden. Sie alle zu kommentieren, ist im Rahmen einer Einführung nicht möglich.

Dem VS Verlag für Sozialwissenschaften und seinem Lektor Frank Schindler habe ich für die Unterstützung bei der Überarbeitung der 2. Auflage sehr zu danken.

Wien, im Januar 2006

Vorwort zur 4. Auflage

Eigentlich sollte man meinen, dass sich in den vier Jahren seit der 3. Auflage dieser Einführung auf dem Gebiet des Kultur- und Kunstmanagements nicht so viel hat verändern können, dass umfangreiche Überarbeitungen notwendig wurden. In der Tat konnte ich bei der Vorbereitung der 4. Auflage im Großen und Ganzen auf Vorhandenem weiter aufbauen. Dennoch: Einige neue Erfahrungen und Einsichten haben zwar keine grundsätzlichen Korrekturen meiner Positionen verlangt, wohl aber sind Präzisierungen und teilweise auch weiter ausgreifende wissenschaftliche Begründungen zu berücksichtigen gewesen. Ich beschränke mich hier zur Verdeutlichung auf zwei Aspekte.

Zum Ersten: Seit meiner wissenschaftlichen Tätigkeit in Wien am Studienzentrum Hohe Warte und in jüngerer Zeit am Institut für Wirtschafts- und Kulturforschung in Eisenstadt/Österreich sind einige wirtschaftswissenschaftliche Abhandlungen entstanden, die allesamt das Thema der kulturellen Grundlagen der Wirtschaft weiter ausgearbeitet haben. Meine Überlegungen sind in der schon lange zuvor eingeschlagenen Richtung weiter gegangen, nämlich Wirtschaft selber als eine kulturelle Praxis aufzufassen – wenn auch mit anderen Wertakzenten und pragmatischer Rationalität als etwa in der Kunst – . Ich habe versucht, die auch für die Wirtschaftspraxis allzu instrumentelle Rationalität, wie sie in der traditionellen Betriebswirtschaftslehre vorherrschend vertreten wird, um einige entscheidende Komponenten zu überschreiten: Alles Wirtschaft beginnt im Kopf. Selbst das Wirtschaften mit Geld ist eine Kopfgeburt. *Nicht das Geld treibt die Wirtschaft an und um, sondern das Denken in Geld und an Geld.* Die in der Öffentlichkeit häufig thematisierte Paarung >Wirtschaft und Kultur< hat sich in meinen jüngeren Schriften in >Wirtschaft als Kultur< verwandelt. Daraus sind einige nicht ganz unwichtige Impulse auch für meine weiteren Vorstellungen von Kultur- und Kunstmanagement hervorgegangen.

Zum Zweiten: Meine Gastprofessur an der >Yeditepe-Universität< in Istanbul (Fakultät der Schönen Künste) vom Frühjahr 2007 bis zum Sommer 2008 haben mir gezeigt, dass unsere abendländischen Denkweisen der wissenschaftlichen Vernunft und Objektivität und das Bewusstsein der eigenständigen Rolle der Kunst in einer aufgeklärten Gesellschaft neben vielen weiteren Aspekten sehr hohe Werte darstellen, die zu pflegen sich lohnt, und dass gerade aus dieser Offenheit heraus die Empfänglichkeit für ganz andere Denkweisen und eine mitdenkende Form von aktiver Anteilnahme am Fremden kultiviert werden kann. Meine Erfahrungen in der Türkei gehen weiter. Andere Auslandserfahrung sind hinzugetreten. Besonders zu erwähnen sind die >Universitat International de Catalunya< in Barcelona mit ihrem Masterstudium in >Cultural Management< sowie die >Jagiellonski-Universität< in Krakau mit ihrem >Institut für Kultur und Managment<. In meiner Istanbuler Zeit ist im Übrigen ein englisch-sprachiges Lehrbuch entstanden (Managing Art – Principles and Conceptions. Wien 2009), das ich teilweise als ergänzende Vorlage für die 4. Auflage dieses Lehrbuchs nutzen konnte.

Das alles war Stoff genug, für dieses Lehrbuch aufgearbeitet und, wo es sich anbot, aufgenommen zu werden. Ich habe jedoch nur die wichtigsten Aspekte einarbeiten können, um das Buch nicht zu voluminös werden zu lassen. Bei der Auswahl dieser Aspekte habe ich mich von meiner Überzeugung leiten lassen, dass wir im Kultur- und Kunstbereich an fundiertem Wissen über die Wirtschaft nicht vorbeikommen, dass aber vieles, was in ökonomischen Lehrbüchern geschrieben steht, selbst in der Wirtschaftspraxis fragwürdig geworden ist und – gerade auch mit Blick auf die großen Fragen auf die globalen Zusammenhänge der Natur- und Kulturzerstörungen – dringend einer tief greifenden kritischen Überprüfung bedarf. Solche Arbeiten finden niemals ein Ende, und so bleibt zu hoffen, dass diese Auflage wie bisher schon mit kritischer Offenheit von Seiten der Leser rechnen darf und seinerseits offen bleibt für neue Einsichten, Fakten und Erkenntnisse.

Ich habe sehr vielen Fachkollegen und Freunden wichtige Belehrungen, Kritiken und Anregungen zu verdanken, ohne die meine eigenen Gedanken wohl nicht sehr weit gekommen wären. Ich möchte einige von ihnen ausdrücklich erwähnen, ohne damit die vielen anderen aus meinem Dank auszuschließen: Bernd Weikl (Hamburg), Harald Mattfeldt (Hamburg, Friedhelm Steenwarber (Hammah), Emil Orzechowski (Krakau), Matthias Th. Vogt (Görlitz), Enrique Banús (Barcelona), Klaus-Ove Kahrmann (Flensburg), Rainer Jesenberger (Wien), Roland Pfaffender (Wien), Thomas Malle (Eisenstadt). Dem Verlag und vor allem dem für mich zuständigen Ressortleiter Frank Schindler gilt mein besonderer Dank und meine Anerkennung für die jahrelange Förderung meiner Anliegen und Geduld im Umgang mit meinen Manuskripten.

Eisenstadt, im September 2010
P.B.

1   Die Kunst, Kultur zu ermöglichen – erste Annäherung

Ideas won't keep;
something must be done about them.
(Alfred North Whitehead, engl. Philosoph)

Die alte Volksweisheit „Wes Brot ich ess, des Lied ich sing", mag jedem, der dabei an Kunst denkt, eine Schreckensvorstellung sein. Kunst in serviler Abhängigkeit von dem, der sie bezahlt? Was für ein Hohn! Welche Verletzung der künstlerischen Autonomie, welche Entehrung all jener künstlerischen Anstrengungen, die sich aus den edlen Quellen der unerschöpflichen menschlichen Schaffenskraft, der genialen Eingebungen, der verblüffenden Einfälle und Wendungen, der großen Entwürfe und visionären Weltdeutungen speisen! Künstler selbst sehen das vermutlich nüchterner. Solche „Monumentalisierung" der Kunst wäre in den meisten Fällen ein gar zu krasser, fast höhnischer Widerspruch zu ihrer sozialen und ökonomischen Lage. Der Verdacht liegt nahe: Wen man auf den Sockel der Erhabenheit stellt, dem braucht man keine irdischen Güter mehr zu gewähren, ein ähnlich genialer Einfall wie die Verleihung von Titeln und Orden an Stelle angemessen Solds.

Manche Künstler nutzen allerdings solche sozialen Mechanismen instinktiv oder willentlich für sich aus, um sich in der Öffentlichkeit als Genies zu stilisieren, einige sogar – wie einst Richard Wagner (Walter 1996/177) oder wie jener amerikanische Fotograf, der sich selbst mit dem Beinamen „The Famous" schmückte (Honnef, 4) –, noch bevor sie überhaupt einen Genieanspruch in ihren Werken wirklich ausweisen konnten und bevor das Publikum seinerseits die Chance bekam, ein gewichtiges Wort dazu mitzureden. Das *Publikum* macht das Genie, wenn es dies will und wenn die Figur, die sich dafür hält, nach dem Geschmack des Publikums diese Ehrebezeichnung verdient hat. Das verkannte Genie dagegen ist das oft tragikomische Resultat des Gefälles zwischen Selbsteinschätzung und Achtung durch das Publikum.

Das Genie ist eine Votivfigur, die *ohne* die Verehrung durch das Publikum eher lächerlich wirkt, während sie *mit* ihr ein enormes kulturelles Kapital bedeutet, Kapital, das zwar nicht in barer Münze bewertet werden kann, das aber dank seiner Anziehungskraft in der Lage ist, Bares bei anderen in Bewegung zu bringen. Genie ist ein Zustand oberhalb der Meisterschaft und des Talents. Einem Meister verzeiht das Publikum keinen Fehler, einem Genie gesteht es fast jeden Fehltritt zu, denn das Genie muss so handeln, wie es handelt – meint man. Das Genie erkennt man daran, dass es das Unerwartete, Ungewöhnliche, Unverständliche und manchmal Ungebührliche tut, weil das Geniale in ihm solche Taten aus der Sicht des Publikums unversehens in Weisheiten verwandelt – wie einst der sagenhafte König Midas, dem alles zu Gold wurde, was er berührte, und daran erstickte.

Das Genie selbst bleibt nicht tatenlos. Es weiß, dass es dem Glauben des Publikums an Genialität ständig neue Nahrung geben muss. Zur äußeren Dokumentation und Pflege der Genialität eignen sich inszenierte Skandale („Skandale erhöhen die Popularität des Künstlers", schreibt Verena Auffermann 2000), extravagante Lebensstile, politische Provokationen, Grotesken und andere Auffälligkeiten. Das Genie weiß um die Fragilität seines Zustandes. Es treibt nicht nur seine Kunst immer weiter, sondern ist auch (vielleicht instinktiv oder eben auch begnadet) ein Meister der Öffentlichkeitsarbeit. Ein Genie hat niemals Kultur- oder Kunstmanagement nötig. Kulturmanagement bleibt immer hinter der Aura des Genies zurück.

Die Bearbeitung der Öffentlichkeit, die Pflege der Beziehungen zum Publikum, ist Alltag in Kunst und Kultur und ist, wo Professionalität erwartet wird, eine essenzielle Aufgabe des Kultur- und Kunstmanagements. Die Grenze zwischen Kunst, die sich demonstrativ in die Öffentlichkeit begibt, und Kunstmanagement, das mit auffälligen Aktionen in der Öffentlichkeit um des Images einer Kunstinstitution willen für Aufmerksamkeit sorgt, ist fließend. Kunstmanagement macht nicht selbst Kunst. Aber das, was es zu tun hat, hat manchmal mit Kunststücken etwas zu tun. Zumindest gibt es so etwas wie die Kultur des Kunstmanagements. Die schwierige Unterscheidung zwischen Kultur und Kunst und damit zwischen Kulturmanagement und Kunstmanagement wird noch Gegenstand detaillierter Diskussion sein müssen.

Theatralische Auftritte in der Öffentlichkeit können durchaus selber an Kunst grenzen oder sind oft – weit genug gefasst – Kunst. Eine Ausstellung aus Kunstwerken ist einerseits eine Managementaufgabe. Andererseits kann eine Ausstellung, die selbst eine Botschaft vermittelt, als solche Kunst sein, eben Kunst mit Kunstwerken. Doch geht es in den meisten Fällen ja nur darum, sich ins Gespräch zu bringen und von sich selbst mit deutlichem Nachdruck das Image eines noch nicht als solches entdeckten Genies zu projizieren, dem man Ausfälle gebührend verzeiht, da es ja der Kunst dient. Jeder öffentliche Auftritt ist an sich eine Provokation, eine Hervorrufung von Reaktionen des Publikums, die ausbleiben, wenn nicht die gewohnten und vertrauten Grenzen des Normalen, Alltäglichen und Routinierten überschritten werden. Die Frage ist nur, wie weit die Grenzüberschreitungen gehen können, ohne ärgerliche Gegenreaktionen zu erzeugen. Das Genie darf mehr Zumutungen und Extravaganzen wagen als jeder andere.

Der Zustand der Genialität ist in sich selbst eine nicht alltägliche, ungewohnte Herausforderung der Gesellschaft, und Extravaganzen vor diesem Hintergrund sind die Ausnahme. Die große Mehrheit der Künstler und sonstigen Kulturschaffenden muss mühsamere Wege gehen, um sich und ihre Werke in die Öffentlichkeit zu bringen. Ver-Öffentlichung ist ein ganz normaler, gesellschaftsimmanenter Vorgang, dem sich Künstler ebenso stellen müssen wie Wissenschaftler, Politiker, Verbandsfunktionäre oder Unternehmer oder letztlich jeder, der einen Arbeitsplatz sucht und deshalb auf sich aufmerksam machen muss oder einfach gesellschaftliche Bedeutung erlangen will.

Das positive Erscheinungsbild eines Künstlers, eines Kunstwerkes oder einer Kunstinstitution in der Öffentlichkeit, das sich substanziell auf kulturelle Leistungen gründet und sich ästhetisch in mal feiner, mal aufdringlicher oder schreiender Form äußert, ist das meist langsam wachsende Ergebnis eines bewussten Gestaltungsprozesses. Indessen ist es kein Gemälde, das nur *einen* Meister als Akteur und Erschaffer kennt, sondern eine Vorstellung, die aus *Interaktion* entsteht, die zwar bewusst lanciert wird, aber ohne die Mitwirkung des Publikums nicht zustande kommt.

Die kulturelle *Substanz*, ihr Inhalt, ist Sache der Kulturschaffenden, insbesondere der Künstler. Aber diese Substanz bedarf der Mitteilung an die Außenwelt; sie ist auf deren Antworten angewiesen, sie will vom Publikum akzeptiert werden. Die ästhetische[2] *Form*, in der

---

[2] Wir verstehen Ästhetik im Sinne von Wahrnehmung mit den Sinnesorganen, nicht etwa eingeschränkt auf die Vorstellung von Schönheit als einer Geschmackskategorie oder gar eines objektiven Urteils. Die Wahrnehmung ist dem Urteil vorgelagert. Auch das, was allgemein vielleicht als hässlich empfunden wird, hat folglich eben darin eine ästhetische Komponente.

dies geschieht, die ankündigende Form der Präsentation in der Öffentlichkeit, ihre kommunikative Verpackung beim „Transport" in die Außenwelt mit der Hauptfunktion der Erzeugung von Auffälligkeit, ist eine typische Managementaufgabe. Kulturmanager sind, wenn man so will, Verpackungskünstler und die sind, denkt man an Christo, in der Tat oft in diesem erweiterten Sinne Künstler. Die Ausübung dieser Funktion bleibt zwar häufig Sache der Kunstschaffenden selbst, aber ihrer Funktion nach ist sie Management. Kultur- und Kunstmanagement ist nicht zwingend eine arbeitsteilig verselbständigte Funktion. Ein Künstler kann sich sehr wohl und wird sich oft selbst managen.

Kunst und deren Management liegen – auch in größeren Kulturbetrieben – oft in einer Hand, zum Beispiel in der Hand des Intendanten oder des Museumsdirektors. Dies geschieht in vielen Fällen aus nachvollziehbaren Gründen, die im dritten Kapitel ausführlich zur Sprache kommen werden. Vorerst aber können wir festhalten, dass die Aufgabe, den Prozess der öffentlichen Positionierung eines positiv wirkenden, das heißt Anziehung ausübenden Erscheinungsbildes für kulturelle Aktivitäten professionell zu steuern, eine wichtige, wenn nicht *die* Kernaufgabe des Kultur- und Kunstmanagements ist. Diese Umschreibung ist eine *erste schon richtunggebende, aber noch unscharfe Annäherung* an den Gegenstand dieser Abhandlung. Sie ist noch unvollständig und noch nicht ausreichend begründet, aber sie deutet an, dass sie von der verbreiteten administrativen Auffassung von Kulturmanagement abweicht. Behalten wir aber im Kopf: Kulturmanagement ist nicht in allen Fällen Kunstmanagement, und selbst Kunstmanagement im engen Verständnis von Kunst ist mit dem künstlerischen Schaffen verwoben, keineswegs arbeitsteilig abgetrennt. Im Abschnitt über *Kulturmanagement als Handwerk* wird davon noch ausführlich die Rede sein.

Die öffentliche Präsentation – hier nicht der einzelne öffentliche Auftritt eines Künstlers, sondern die Formung und Stilisierung eines dauerhaft tragfähigen Erscheinungsbildes, das die Bereitschaft oder Aufmerksamkeit des Publikums für eine Kunst oder einen Künstler heben soll – ist wie eine Gratwanderung auf einem felsigen, von steilen Abhängen umgebenen Gebirgskamm. Schon die geringste, als unangemessen empfundene Übertreibung kann vom Publikum als substanzloses Aufplustern abgewertet werden. Allzu lautlose, vornehme Zurückhaltung kann im Getöse der öffentlichen Selbstdarsteller als Arroganz oder auch als mangelnde Selbstsicherheit aufgefasst werden. Auch dies ist nur selten eine geeignete Strategie zum Erfolg. Die Praxis der Bearbeitung der Öffentlichkeit ist keine Sache von Technik, sondern eine Frage des Stils, der viel Feingefühl erfordert. Die Fähigkeit zur Empathie, das Einfühlungsvermögen in Inhalte von Kultur und Kunst, gehört zum Charakterbild guten Kultur- und Kunstmanagements. Der Stil, den es zwischen vielen nicht deckungsgleichen und oft oppositionellen Faktoren zu finden gilt, wird nicht vom Akteur allein bestimmt, sondern richtet sich nach den Bedingungen des sozialen Feldes, in dem das Publikum angesprochen wird und aus dem heraus es sich äußert und reagiert. Provokationen mögen angebracht sein, sie mögen sogar vom Publikum erwartet werden, wenn dies „branchenüblich" ist oder als belustigend aufgefasst wird. Anders kaum oft Aufmerksamkeit nicht erzeugt werden. Die Gefahr der Übertreibung liegt aber stets nahe, und es bedarf einiger „Branchenerfahrung", um nicht durch Maßlosigkeit oder im umgekehrten Fall durch Schüchternheit zu scheitern.

Öffentlichkeitsarbeit ist – wie gesagt – eine Frage des Stils, die ihrerseits Stiländerungen unterliegt. Es wäre nicht abwegig, eine Stilgeschichte der Öffentlichkeitsarbeit und Werbung zu verfassen, die im Zusammenhang mit Kunst in weitem Umfang mit dieser häufig verschwimmt. Sie könnte beginnen mit dem Singsang der Ausrufer und Kleinwarenverkäufer in den Straßen (wie er einst üblich war und noch heute in manchen türkischen Städten verbreitet ist) und bei den Homepages des Internets enden. Die Geschichte würde erhellen können, dass Stile der Öffentlichkeitsarbeit zugleich die Antriebe ihres Wandels sind, weil sie fortschreiten müssen, um nicht in Gewöhnung zu verfallen. Öffentlichkeitsarbeit ist ein Feld für Innovationen, Kreationen und Moden.

Auch der Stil der Öffentlichkeitsarbeit ist eine *Interaktionssache*; er bildet sich nicht durch die Wiedererkennungsmerkmale eines Schaffenstypus, wie man das etwa bei dem Schreibstil eines Romanciers oder dem Malstil eines Malers feststellen kann, sondern resultiert aus der Spannung zwischen dem bemerkenswerten und auffälligen Auftritt oder Aufruf in der Öffentlichkeit und der Dezenz seiner Wirkung beim Publikum und dessen Bereitschaft, *diese* Form der Selbstvorführung nicht als Anbiederung oder Aufdringlichkeit abzuwerten. Mit dem Wandel der Präsentationsformen in der Öffentlichkeit verändert sich der Stil. Er bleibt nicht gleich. Erfolgreiche Stilinnovationen, die aus dem Hervorragen aus dem Üblichen entstehen, verschleißen sich nicht nur durch ständige Wiederholung, sondern werden selbst eingeholt vom Stilwandel in der Öffentlichkeit.

Wer öffentliche Aufmerksamkeit für sich und seine Sache erzielen will, *muss* maßlos sein können, wenn auch nicht grenzenlos. Die üblichen Maßstäbe zu verlassen und der Öffentlichkeit etwas Neues, vielleicht sogar Extremes zuzumuten, ist der Kunst nicht fremd und muss es den publizierenden Aktionen, Kunst in die Öffentlichkeit zu bringen, ebenfalls nicht sein. Aktionskünstler sind bekanntlich beides in einem. Die Motive für manche Maßlosigkeiten in der Öffentlichkeit mögen Dreistigkeit, Überheblichkeit oder schlicht Überlebensangst sein, denn der eigene Erfolg wird von der öffentlichen Resonanz bestimmt. In einer von Konkurrenz, Rivalität, mentalen Blockaden und politischen Dogmen durchsetzten Öffentlichkeit ist jeder Versuch, von *sich* reden zu machen, zugleich ein Angriff auf die gleichen Absichten anderer, die um die Aufmerksamkeit und Gunst desselben Publikums buhlen. Entsprechende Abwertungsversuche von der Gegenseite sind einzukalkulieren.

Maßlosigkeiten sind problematisch, aber ganz ohne solche Antriebe, Wahrnehmungsgewohnheiten zu attackieren und zu durchbrechen, würden die Akteure in Kunst und Kultur alsbald in Vergessenheit versinken und letztlich scheitern. Der unbedingte Wille und Druck zum Erfolg, der Drang nach vorn ins Rampenlicht, liegen zwar nicht in der Natur der Kunst und geht vielen Künstlern, die lieber im Stillen arbeiten, vielleicht zu weit. Aber unter den konkreten gesellschaftlichen Bedingungen, unter denen auch Künstler arbeiten müssen, ist der Gang in die Öffentlichkeit irgendwann unvermeidlich, selbst für einen Lyriker, der seinen Gedichtband still gedruckt und geräuschlos veröffentlicht haben möchte..

Dies hat (zuerst im Kommerz, erst viel später auch in der Kunst, längst auch in der Politik) Anpreisungspraktiken hervorgebracht, wie sie unter den Bedingungen einer exklusiven, höfisch-feudalistischen Gesellschaft und selbst noch in der frühen bürgerlichen Gesellschaft unvorstellbar gewesen wären. In einer offenen Gesellschaft dagegen gehören der öffentliche Tausch (nicht nur von Waren, sondern auch von Ideen, Programmen und Erfahrungen) und damit auch die öffentliche Ankündigung zur Normalität, ja zu ihrem Wesen. Das Forum ist die Essenz der offenen Gesellschaft und zugleich der Geburtsort der Demokratie.

Es ist deshalb in jeder Republik geradezu eine *Staatsaufgabe*, Öffentlichkeit zu ermöglichen und sie gegen Anfeindungen zu verteidigen (besonders auch, neben der Freiheit von Kunst und Wissenschaft, die Pressefreiheit, weshalb die Medien zugleich die wichtigsten

Transporteure von Elaboraten der Öffentlichkeitsarbeit sind). Kunst als Möglichkeit, auf ihre Weise Öffentlichkeit zu erzeugen und damit den gesellschaftlichen *Eigenwert* von Öffentlichkeit zu unterstreichen, ist aus staatspolitischer Sicht eine Notwendigkeit. Kurz gesagt: Kunst selbst schafft Öffentlichkeit. Dies natürlich nicht mit interventionistischen Absichten und Kompetenzen, sondern *gerade weil* dies aus freien Stücken durch Kunst geschieht und damit die Gesellschaft ihren Anspruch als Urheberin demokratischer Praxis untermauert. Die materiellen und sozialklimatischen Rahmenbedingungen dafür zu schaffen, ist aber in der Tat eine Aufgabe des Staates und seiner Gliederungen. Hier liegt nach unserer Auffassung der Ansatz für eine Staatspflicht zur Ermöglichung von Kunst und kulturellen Aktivitäten.

Reklame, Werbung und methodisches Marketing sind – historisch – mit der Etablierung der auf die Wirksamkeit von Öffentlichkeit gegründeten republikanischen Gesellschaft mitsamt der Marktwirtschaft gewachsen. Die Praktiken der Geschäftswelt waren die Avantgarde der Formung und Nutzung der Öffentlichkeit – in diesem Falle für kommerzielle Zwecke. Das liegt in der Natur der Sache, denn der Marktplatz (das Forum) mittelalterlicher Handelsstädte war so etwas wie die Vorstufe der späteren (abstrakten) Öffentlichkeit. Der Ausrufer am Marktstand war der ferne Vorbote des Fernsehspots. Schon von daher gesehen liegt es nahe, den Markt nicht – wie in der Ökonomie üblich – als eigengesetzliche, isoliert darstellbare Distributionssphäre für Güter und Dienstleistungen, klischeehaft und banal als Ort des Zusammentreffens von Angebot und Nachfrage zu betrachten, sondern als einen cluster-artigen Raum, besser noch als eine Textur der Öffentlichkeit mit identifizierbaren Mustern aus kommerziellen Figurationen, jedenfalls nicht als herauslösbare und modellierbare Industrie- und Handelszone neben der Öffentlichkeit. Das Wesen des Marktes ist Kommunikation, nicht der physische Tausch von Dingen gegen Geld (welches ebenfalls ein Ding ist). Die geistig-schöpferische und erfinderische Natur von Marktkommunikation wird von der herkömmlichen Ökonomie und Betriebswirtschaftslehre durch die Betonung der dinglichen Seite des Wirtschaftens viel zu sehr verkannt und weit unterschätzt.[3] Die Identifizierbarkeit einer eigenen kommerziellen Textur trennt den Markt nicht von anderen Teilräumen der Öffentlichkeit mit ihren eigenen, zum Teil ganz anderen Akzenten, insbesondere nicht von der kulturellen Öffentlichkeit.

Die Öffentlichkeit umfasst den Markt als dessen entscheidend mitbestimmenden Kontext, so wie die spezifische *kulturelle* Öffentlichkeit nur im Kontext des Wirtschaftsgeschehens (und anderer Aktivitäten wie Politik, Wissenschaft oder Bildung) angemessen interpretierbar ist. Eine reale Erscheinung ohne ihren ebenfalls realen Kontext zu betrachten, der als Wirkungs- und Deutungshintergrund unverzichtbar ist, erzeugt eine Ideologie, die Vorstellung nämlich, dass man diese Erscheinung isoliert aus ihren inneren Kräften heraus objektiv verstehen, gestalten und beherrschen kann. Objektivität vorzugeben, wo Kontextbezug maßgeblich ist, täuscht Unabhängigkeit und Wertneutralität vor.[4] Dies ist einer der gravierenden Mängel der neoklassischen Ökonomie, weshalb sie sich zum Teil als Basis für kulturelle Managementkonzepte selbst entwertet. Davon wird noch die Rede sein müssen.

---

[3] Dafür gibt es methodologische Gründe, die Karlheinz Brodbeck schon 1998 (s. Brodbeck, 1998) ausgebreitet hatte. Vgl. auch Bendixen (2009a). .

[4] Zum wissenschaftlichen Kontext gehört nicht nur das Umfeld des Forschungsobjektes, sondern auch die soziale Gebundenheit des Forschers selbst, von der er sich nie ganz lösen kann. Edward W. Said (Said 1995, 10) schreibt dazu: „No one has ever devised a method for detaching the scholar from the circumstances of life, from the fact of his involvement (conscious or unconscious) with a class, a set of beliefs, a social position, or from the mere activity of being a member of a society."

In der Praxis des Kultur- und Kunstmanagements ist es hilfreich, sich die Übergänge zwischen Markt und Öffentlichkeit als ein breites, wenn auch akzentuiertes Mischgebiet vorzustellen, dessen Ambivalenzen und Fluktuationen ja gerade den interessanten Stoff für professionelles Management abgeben. Marketing und Werbung in der kommerziellen Geschäftswelt sind zugleich Paten und Profiteure der profanen „Kunst", sich ins Gespräch zu bringen und öffentlich aufzufallen. Wie nahe sich Kunst und Kommerz kommen können, ohne sich notwendigerweise wechselseitig beeinträchtigen oder gar demontieren zu müssen, belegen nicht nur so alte Institutionen wie der Buchverlag und der Buchhandel, der Kunst- und Antiquitätenhandel und die Musikverlage, sondern auch das Kultursponsoring und die Kulturabteilungen großer Unternehmen mit ihrer eigenständigen Arbeit. Sie sind traditionelle Wege der kommunikativen Verbindung von Kunst und Publikum; modernere sind die elektronischen Medien.

Das Publikum seinerseits reagiert auf die Präsentationsangebote aus den Arbeiten in Kunst und Kultur, wenn sie mit ihren Ergebnissen in die Öffentlichkeit gehen. Präsentationen dieser Art sind Versprechungen, so wie Werbung ganz allgemein Ankündigungs- und Versprechungscharakter besitzt. Das Publikum, der einzelne Interessierte, hat in diesem Stadium noch nicht die Möglichkeit, die Qualität der angekündigten Leistungen zu prüfen. Er kann bei einem angekündigten Konzert keine Probefahrt machen wie beim Autokauf.

Die Öffentlichkeit ist, so wie der Markt selber auch, ein Medium der Versprechungen; ihr Metier ist die Bildung von Vertrauen und Vertrauenswürdigkeit, aber auch Verlockung und Verführung. Diese sind psychische Energien, die den Willen zum Handeln mobilisieren können und sollen. Kunst und Kommerz sind in den Formen ihrer öffentlichen Ankündigungen und Versprechungen, besonders in der Theatralik ihrer Auftritte – man denke an die alltäglichen Inszenierungen der Konsumwerbung in den Straßen und in den Medien – einander nicht fremd, sondern nahe Verwandte. Dafür gibt es historische Evidenz.

Ohne diese Mobilisierung des Willens zum Handeln werden die Widerstände gegen das Aktivwerden – die Unlust gegen Anstrengungen, die Knauserigkeit gegen Ausgaben, der Widerstand gegen Unbekanntes – nicht überwunden. Werbung ebenso wie andere Formen der Versprechungen *muss* locken und mobilisieren. Das aufgeklärte, rein sachlich entscheidende Publikum, der kluge Konsument, der von selber aktiv wird, weil er exakt weiß, was er will, ist ein Traum- und Trugbild. Konsumentensouveränität ist eine theoretische Chimäre, die man offenbar braucht, um eine auf reiner Rationalität errichtete Theorie marktwirtschaftlichen Handelns begründen zu können. Entsprechend weltfremd ist diese Theorie.[5]

Weltfremdheit kann eine fruchtbare Phase der Kontemplation sein, eine notwendige Entfernung aus dem Gewusel des Alltags, um den Grundbedingungen des Seins und des Lebens auf die Spur zu kommen. Weltfremdheit ist nur dann eine Schwäche, wenn sie mit dem Anspruch auf unmittelbare Geltung in eben diesem Alltagsgewusel daherkommt. Aus der Distanz erscheint es völlig klar, dass der Mensch Bedürfnisse hat und dass er diese äußert und zu befriedigen sucht. Welcher Natur diese Bedürfnisse sind, welche prägnante Rolle dabei die Kultur spielt, muss die Ökonomen im Selbstverständnis der Traditionalisten

---

[5] Konsumentensouveränität ist ein logisch notwendiges Konstruktionselement in der ökonomischen Markttheorie. Ohne die Annahme, dass Nachfrage aus eigenem Kalkül und unbeeinflusst handeln, wäre das Marktmodell nicht rechenbar. Neuere Entwicklungen der ökonomischen Theorie haben sich allerdings teilweise von dieser Annahme weitgehend gelöst. Vgl. Hermann van Bömmel (2003) und Kosloswki/Birger (2006).

nicht interessieren. Ihnen genügt es zu wissen, *dass* ein Mensch welche hat und dass er sie nicht auf sich beruhen lässt, sondern gezielt aktiv wird, sie zu befriedigen. Mehr als diese Grundannahmen braucht der Ökonom neoklassischer Schule nicht für seine Theorie der Funktionsweise von Märkten.

Wir dürfen uns da nichts vormachen lassen. Die ökonomische Theorie der rationalen Konsumentenentscheidung ist eine mächtige Reduktion der Komplexität der Wirklichkeit. Aber sie ist *kein Spiegel* der Wirklichkeit, sie ist eine abstrakte Konstruktion, die mit den historischen und politischen Kontexten zu tun hat, aus denen die Ökonomie als Wissenschaft hervorgegangen ist. Die Ökonomie ist eine Wissenschaft der *Anbieterseite* (am prägnantesten in der Betriebswirtschaftslehre), die ihr Pendant, nämlich die Nachfrageseite, nur als eine selbst erzeugte Fiktion, als eine Projektionswand einbezieht. Diese Fiktion dient dazu, die Vernunftkonstruktionen und die instrumentelle Rationalität der Wirtschaftsmodelle aufrechterhalten und steigern zu können.

Es ist bemerkenswert zu beobachten, dass sich die Wirtschaften in der *Praxis* – anders als die Theorie – um ihres Überlebens willen sehr wohl intensive Gedanken um die sozialen, kulturellen und psychischen Komponenten ihrer aktivierten und potentiellen Käufer machen müssen. Die Unternehmen in der wirklichen Welt könnten es sich nicht leisten, sich auf eine Fiktion zu verlassen, sondern müssen den empirischen Gegebenheiten der gesellschaftlichen Bedürfnisentfaltung präzise nachgehen. Umfassende Marktkenntnis ist eine Überlebensfrage. Hingegen tritt die wissenschaftliche Ökonomie gern mit dem Gestus auf, die Rationalität des Wirtschaftens zu vertreten und zu untermauern, wohl wissend, dass sie sich eine Einseitigkeit leistet, die eben nicht das Wirtschaften als Ganzes erfasst. Es gibt zweifellos vertretbare methodologische Gründe für eine derartige wissenschaftliche Grunddisposition, nicht aber dafür, einen den selbst abgesteckten Fokus überschreitenden Geltungsanspruch zu vertreten. Es macht in vielen Fällen auch praktisch Sinn, der Rationalität industrieller Produktion einen hohen Rang einzuräumen, aber nicht immer und ungefragt auch einen Vorrang, etwa einen Vorrang vor ökologischen, sozialen oder kulturellen Werten, von denen das allgemeine Wohlergehen von Menschen entscheidend bestimmt wird.

Theoriearbeit ist eine wertvolle Stütze. Da sie aber mit Fiktionen arbeitet, die bestenfalls ein reduziertes Abbild, meist aber ein Zerrbild der Wirklichkeit sind, kann sie die Wahrnehmungen in der Realität beeinträchtigen, indem sie sie steuert. Theorien, wenn sie in sich stimmig sind, beeinflussen Wahrnehmungen durch den Selektionsmechanismus der Fokussierung der Sinne auf etwas im Gehirn Vorgeprägtes. Dieser Vorgang ist an sich ganz normal. Wir alle haben innere Bilder, die unsere Aufmerksamkeit und unsere Wahrnehmungen steuern und im Prozess von Versuch und Irrtum gefestigt oder korrigiert werden (Kahrmann/Bendixen, 2010). Innere Modelle oder Muster sind die Grundlage von Erfahrungen. Formelhaft ausgedrückt: Erfahrung = Erlebnis + Reflektion. Erlebnisse ohne Reflektion vergehen. Erst das nachdenkende Prüfen der Bedeutung des Erlebten ergibt Erfahrung. Reflektion allein, also die Aneignung von Theorien und Modellen, macht keinen Sinn. Aufgabe der Wissenschaft ist es, geeignete Reflektionsebenen, also solche, mit denen reale Wahrnehmungen geprüft werden können, bereitzustellen.[6]

---

[6] Don Quijote, die berühmte Romanfigur Miguel de Cervantes, ist eine glänzende Ironisierung des Glaubens an ein Leben aus Büchern. Alonso Quijano, ein ländlicher Edelmann aus der spanischen Region *La Manche* beschloss eines Tages, das Leben eines edlen Ritters zu führen und las sämtliche verfügbare Literatur über das höfische Leben der Aristokraten seiner Zeit, mit dem bekannten Ergebnis: Don Quijote geriet in all seinen Episoden mit dem wahren Leben in heftigen Konflikt.

Das Festhalten an einer Theorie, die sich nicht mehr der Wirklichkeit stellt, ist eine Gefahr. Eine in der Öffentlichkeit geglaubte Theorie wird leicht ungeprüft zu einem Maßstab des praktischen Handelns. Die fatalen Wirkungen von Zerrbildern, Vorurteilen und gelenkten Projektionen hat schon Platon mit seinem bekannten Höhlengleichnis zur Sprache gebracht. Die Realität entzieht sich fast immer letzter theoretischer Gewissheit und Eindeutigkeit durch ihre Vitalität und Mobilität und durch die Ungewissheiten und Ambivalenzen, die zu ihrem Wesen gehören. Der Reiz der Offenheit und Uneindeutigkeit – das Gegenstück zur Langeweile des Geklärten – ist Ermutigung zum Handeln. Das gilt für fast alle Lebenslagen und in eigenartiger Weise besonders für die Kunst. Kunst ist nicht der Versuch, Lebenslagen zu klären, sondern deren Vieldeutigkeiten wahrnehmbar zu machen, eben deren Ambivalenz immer wieder überraschende Momente abzugewinnen.

Der Gegensatz zwischen Theorie, die Klarheit schaffen, also erklären will, und Praxis, die sich mit der Bearbeitung von offenen Lebenslagen einer Hydra gegenübersieht, indem jede Problemlösung meist mehrere neue Probleme nach sich zieht, ist – vereinfacht gesagt – der zwischen Wahrheit und Vitalität, zwischen verlässlichem Wissen und der Lust, etwas Neues zu machen und dadurch Unsicherheit in die Wirklichkeit zu bringen. Der Mensch in der Öffentlichkeit reagiert eben nicht kalkulierbar, und es hilft nicht allzu viel, sich im theoretischen Modell vorzustellen, was wäre, wenn das Publikum oder jeder einzelne Konsument sich eindeutig an rationale Maximen hielte, wie es die Theorie der Konsumentensouveränität postuliert und wie dieses Theorem in erweiterter Form in der extremen Version der neoklassischen Ökonomie zum Paradigma der rationalen Wahl stilisiert wurde. Diese Extremform der Neoklassik setzt sich dem Risiko aus, dass ihr sowohl die Psychologie als auch die Gehirnforschung attestieren, einem Trugschluss über rationales Denken unterlegen zu sein.

Das *Streben* eines Konsumenten mag sich darauf richten, die für ihn objektiv bestmögliche Wahl zu treffen, vorausgesetzt er kann für sich eindeutig klären, was er wirklich will; was zu bezweifeln es eine Menge Anlass gibt. Aber die Realität zwingt ihn, sich seiner sinnlichen Wahrnehmungsfähigkeiten zu bedienen, um zu erkennen, was er und wen er unmittelbar und in der nahen oder fernen Zukunft vor sich hat. Das öffnet Ablenkungs-, Fehllenkungs- oder Verführungsversuchen durch die Ästhetik der Versprechungen, welche die Anbieter von Waren, Dienstleistungen, politischen Programmen und Visionen und kulturellen Produktionen in der Öffentlichkeit präsentieren, alle Türen.

Dieser verbreitete soziale Mechanismus ist wahrlich keine Erfindung unserer Zeit. Es war schon immer für viele ein Problem, die wirkliche Qualität einer Ware mit Kennerschaft zu prüfen und dem mephistophelischen Gehabe der Anpreisenden nicht zu erliegen. Anpreisungen und Verführungen sind auch außerhalb des Marktes alltägliche Erscheinungen des Soziallebens. Sie führen immer die Möglichkeit bei sich, den Widerstand der Angesprochenen in einem – aus deren Sicht meist erst nachträglich erkannten – irrationalen Ausmaß zu brechen, sie zu Aktionen zu bringen, die ihnen ihr Verstand blockiert hätte. Solche kognitive Dissonanz wird leicht dadurch zum Faktum, dass die Unstimmigkeit der Erfahrung durch nachträgliche Umdeutung des eigenen Willens geheilt wird. Wer sich hat verführen lassen, etwas zu erwerben, was im Widerspruch zu seinen Prinzipien oder Werten steht, kann im Nachhinein leicht erklären, dass er dies eigentlich immer schon so gewollt habe – es sei denn, er hat sich vorher öffentlich festgelegt. Auch diese Denkfigur ist in die neoklassische Ökonomie eingewandert, indem darauf verwiesen wird, dass eine bestimmte Entscheidung eines Menschen immer auf Gründen beruht, auch wenn diese nicht vollständig erkennbar oder bewusst sind. Welche Gründe im Handeln substanziell wirksam sind, interessiert den Ökonomen nicht. Es genügt anzunehmen, dass der Konsument überhaupt mit Gründen handelt. So kann man natürlich sein Axiom immunisieren, doch muss zugleich in Kauf nehmen, dass solche Theorie zur Beliebigkeit und damit pragmatischer Belanglosigkeit verkümmert (als Beispiel für eine Ökonomie als reine Theorie der rationalen Wahl sei verwiesen auf Hohmann/Suchanek 2000).

Öffentlichkeitsarbeit können wir also als die „Kunst" betrachten, mit Mitteln der Versprechungen und Verlockungen aus Passivität Aktivität zu machen, und zwar *bevor* die Sache selbst, um die es letztlich geht, rational und objektiv geprüft werden kann. Das gilt in ganz besonderem Maß für solche Ankündigungen, die sich nicht auf gegenständlich Prüfbares beziehen (vor dem Kauf einer Charge Wein sollte man besser eine Weinprobe nehmen), sondern nur in Aussicht stellen können, dass etwas Lohnendes passieren wird (ein Konzert kann man eben nicht vorher zur Probe hören, wohl aber eine Schallplatte). *Aus diesem Grunde – aber nicht nur aus diesem Grunde – spielt der nachhaltige Aufbau von öffentlichem Vertrauenskapital für eine Sache* (eine Kunst, eine Kulturinstitution, einen Künstler oder ein Ensemble) *eine bedeutende Rolle.* Im Kulturbereich sind allerdings die herkömmlichen Methoden von Werbung und Marketing nicht unbesehen und unverändert einsetzbar. Es hat sich in der Kulturpraxis als vorteilhaft erwiesen, eigenständige Konzepte und Instrumentarien des Marketings zu entwickeln, eine Einsicht, die auch für andere betriebswirtschaftliche Klassiker des Managements gilt.

Kunst und mit ihr die Kultur, die sie ermöglicht, ist den direkten, unverblümten Mechanismen des Marktes nur dort weniger ausgesetzt, wo (noch?) die Gesellschaft oder potente Kreise in ihr oder der Staat mitsamt seinen Untergliederungen eine schützende Hand über sie hält, genauer: ihr den Spielraum für unabhängige Arbeit freihält. Spielraum bedeutet – anders als Freiraum – nicht völlige Zurücknahme von Einmischungen, sondern die Gewährung der Initiative, der die gewollten und erhofften Kommentare und Reaktionen folgen. In der Initiative liegt indessen die Chance, das Neue zu wagen, das „über die Stränge schlägt". Vom gesellschaftlichen und politischen Kontext her wirken subtilere Formen auf Kunst und Kultur ein, die oft nicht weniger drastische Mechanismen der Beeinflussung und Steuerung hervorrufen. Nicht immer freundlich gemeinte Interventionen aus der Politik sind nur allzu bekannt. Kunst ihrerseits ist auch nicht immer frei davon, eben diese Reaktionen absichtlich zu provozieren. Die Frage ist äußerst brisant, ob Kulturmanagement sich da raushalten oder mäßigend, verteidigend, versachlichend eingreifen soll.

Die schützende Hand der Gesellschaft, die über einige Institutionen von Rang (wie beispielsweise die Verfassung) verfügt, die Maßstäbe setzen und Grenzlinien ziehen kann, besteht nicht nur aus finanzieller Unterstützung durch Subventionen oder staatseigene (bzw. kommunal betriebene) Betriebsformen in der Kultur, sondern auch aus infrastrukturellen, rechtlichen und sozialen Vorkehrungen und nicht zuletzt aus der Unterhaltung von Ausbildungsstätten für künstlerischen Nachwuchs. Diese schützende Hülle ist seit längerer Zeit löchriger geworden, die Zugluft des Marktes pfeift stärker durch die Ritzen, die Zwänge des Brotgebers „Markt" treten immer offener, unverhohlener zu Tage. In diesem gesellschaftlichen Klima des Umbruchs der jüngsten Vergangenheit ist – systematisch frühestens seit Mitte der achtziger Jahre – das Konzept geboren worden, das Überleben der Kultureinrichtungen und Kunststätten durch professionelles Management zu sichern.

In einem gesellschaftlichen Klima, in dem es zu einem Muss gehört, sich unter Gebildeten auch in den Künsten auszuweisen (aktiv, wenigstens aber passiv), ist öffentliche

Überzeugungs- und Überredungsarbeit kein zentrales Anliegen, keine gesellschaftliche Notwendigkeit oder hat allenfalls Informationscharakter. Das Bildungssystem selbst ist – wenn man so will – der große Stifter von Eigeninteresse und Eigeninitiative. Wenn es, vermittelt durch die Schule und andere Bildungsinstitutionen, zum guten Ton gehört, dass man sich um seiner selbst willen um die Künste bemüht, dann hat die Gesellschaft oder stellvertretend für sie der Staat gewissermaßen selbst die Antriebe gesetzt und bedarf dann nicht professioneller Öffentlichkeitsarbeit für die Kultur- und Kunsteinrichtungen. In einer vom Markt dominierten Gesellschaft dagegen ebbt die Wirksamkeit des großen Überzeugers und in autoritären Staaten auch Indoktrinators langsam a), und an seine Stelle tritt der (Bildungs- und Erlebnis-) Wille des Einzelnen, den er aus sich selbst schöpfen kann, oder die Empfänglichkeit für äußere Einflüsse, indem der Einzelne sich der Formung durch die Instanzen der Öffentlichkeit, besonders durch den Markt, überlässt.

Unter der massiven Einwirkung dieser Instanzen begibt sich der Einzelne immer weniger aus einem gegebenen, bewussten und überlegten Anlass auf den Markt, um etwas für sich Benötigtes zu erstehen und damit nach Hause zurückzukehren, sondern er beginnt, mitten im Markt zu leben – unentrinnbar. Der Markt ist in den Wohnzimmern. Außenwelt durchdringt die Sphäre der Intimitäten des privaten Lebens in einem vorher unbekannten Ausmaß mit Hilfe der Medien. Die Totalität dieser Durchdringung wird vielleicht in der Zukunft einmal erreicht sein, wenn Arbeit als Heimarbeit über Computer vermittelt wird, Bestellungen einschließlich Bezahlungen ebenfalls elektronisch erfolgen und die Ware ins Haus geliefert wird. Totalitäten pflegen im Allgemeinen nicht real zu werden, doch reicht schon ein fortgeschrittenes Stadium in diese Richtung, um verständlich zu machen, dass Kunst und Kultur von diesen Veränderungen massiv tangiert werden. Um diesen Wandel deutlich zu machen: Zu einem Konzert muss man sich in die Öffentlichkeit begeben; die CD lässt man sich nach einer elektronischen Fernbestellung ins Haus kommen. Das sind zwei grundsätzlich verschiedene Erlebnisformen, die natürlich die Kunstwahrnehmung spürbar beeinflussen.

Dieser längst in Gang befindliche Durchdringungsprozess hat kulturelle Konsequenzen, denn auch die Wahrnehmung von Kunst ist heute weniger als früher ein Akt des Hinaustretens aus der privaten Sphäre an die kulturelle Öffentlichkeit – etwa um ein Konzert oder eine Theateraufführung zu besuchen -, sondern tendiert zu Formen der Kunstrezeption, die man *im Haus* praktizieren kann. Umso stärker müssen der ästhetische und kommunikative Aufwand und die Auffälligkeit in der Öffentlichkeit werden, wenn weiterhin Menschen aus ihren Heimen in die öffentlichen Veranstaltungen gelockt werden sollen. Auch aus diesem Grund ist heute professionelle Öffentlichkeitsarbeit wichtiger als noch vor wenigen Jahrzehnten.

Der Markt wie die gesamte Öffentlichkeit hat immer schon Momente des Theatralischen, des Inszenierten an sich gehabt. Jahrmärkte waren Auftrittsorte für Musikanten, Komödianten, Bänkelsänger, Pantomimen, Virtuosen, Gaukler. Sie bildeten die sinnliche Projektionsfläche zur Anziehung von Publikum, das den Händlern auf diese Weise „in die Arme lief". Markttheatralik heute verläuft technisch, stilistisch und kulturell anders, aber es versteht sich fast von selbst, dass Öffentlichkeitsarbeit – ob für den Kommerz oder für die Kunst – eine Form von Regiearbeit darstellt. Von den Inhalten abgesehen, wird hier dem Einzelnen folglich nichts Ungewöhnliches oder Abartiges abverlangt, wenn seine Aufmerksamkeit in der Öffentlichkeit von allen Seiten bedrängt wird. Die Dichte und Eindringlichkeit dieser Vorgänge hat allerdings mit den gewandelten Lebensgewohnheiten und Lebensstilen zugenommen.

An die Öffentlichkeit zu treten, sei diese vom Markt dominiert oder mehr anderen öffentlichen Zonen der Gesellschaft zugewandt, ist heute die in der Kultur vorherrschende Praxis mit allen Konsequenzen der relativen Schutzlosigkeit, wie sie auch unternehmerischem Risiko anhaftet. Die Exklusivität der höfischen Kultur vergangener Epochen bietet jedenfalls keinen nennenswerten Broterwerb mehr. Von der höfischen Kultur ist ja selbst die Höflichkeit nur noch in verstümmelter Form geblieben. Private Auftraggeber für Kunst, ob Musikkompositionen, Gemälde oder Theaterstücke, sind eine Ausnahme, und selbst wo dies noch geschieht, dient Kunst meist dem öffentlichen Erscheinungsbild eines bestimmten Auftraggebers. Das Lied des Brotgebers zu singen, war vor nicht allzu langer Zeit für Künstler noch ehrenrührig oder wurde auch von der Bildungsgesellschaft selbst als Verrat an der Kunst diskreditiert. Die vor allem in politischen Debatten und wissenschaftlichen Diskursen gern beschworene Autonomie der Kunst wird zuweilen als absolute Freiheit, beinahe als ästhetische Willkür missverstanden. Gemeint sein kann mit Autonomie nicht Gesetz- oder völlige Bindungslosigkeit, sondern die *Freiheit zur Eigengesetzlichkeit*, die aus der Sache selbst heraus, hier also aus der Kunst und ihren Stoffen, hervorgeht. Die Freiheit zur *eigenen* Form ist etwas anderes als *Formlosigkeit*. Auch und gerade in der Kunst folgt die Form aus dem Inhalt – in Bürokratien scheint das Umgekehrte zu gelten.

Weshalb sollte dieses Prinzip der Eigengesetzlichkeit der Kunst unter den Bedingungen einer zwar noch weitgehend vom Staat getragenen, aber mehr und mehr sich dem Markt zuwendenden Kultur- und Kunstpraxis prinzipiell anders sein? Interventionen von außen in die Autonomie der Kunst (ebenso wie in irgendeine andere Autonomie, etwa die der Presse, der Wissenschaft oder der Gerichte) geschehen tagtäglich. Sie müssen entlarvt und diskutiert werden. Prinzipiell macht es aber für die Betroffenen nur einen Unterschied in der Richtung, nicht aber in der Art aus, ob die Interventionen in Kunst und Kultur vom Staat oder vom Markt kommen. Sie sind zwar meist nicht absolute Vorgaben oder Blockaden, aber nicht selten agile Kräfte, die häufig vitale (künstlerische) Gegenkräfte mobilisieren. Kunst kann schon dadurch ein politischer Faktor sein, dass sie durch ihre bloße Eigenwilligkeit auf ihren eigenen Handlungsspielräumen besteht, also widerständig ist.

Der Zwang zur Selbstbehauptung und zur Verteidigung der Eigengesetzlichkeit ist der Preis der Freiheit. Kunst in solchem Kontext *muss* etwas anderes sein und werden als Kunst im Kontext von autoritären Obrigkeiten mit ihrem Anspruch auf Erzwingung von ästhetischen und substanziellen Formen und der Einhaltung von obrigkeitlichen Regeln. Religiöse Kunst ist von dieser obrigkeitlich gebundenen Art, aber auch Kunst im absoluten Staat und in der Tyrannei. Kunst im Kontext des Marktes dagegen enthält die *Möglichkeit* zur Eigengesetzlichkeit, zur Bestimmung kunsteigener Formen. Aber die Möglichkeiten müssen konkret errungen werden, denn auch der Markt präsentiert seine Geltungsansprüche und versucht, sie sanft oder auch brachial durchzusetzen. Die Tyrannei des Marktes ist als Möglichkeit nicht unmöglich.

Es liegt nicht in der Natur des Marktes (falls dieser überhaupt eine hat), sich um seine eigenen Limitationen zu kümmern, sich etwa *freiwillig* zu einem Verzicht auf die Ausübung von Monopolmacht oder auf die Wahrnehmung von Einflussmöglichkeiten auf Kunst und Kultur zu verpflichten, wenn dies in sein Konzept passt. Und er ist als öffentlicher Raum zur Koordination von Versprechungen, Effekten und Willensbekundungen der verschiedensten Art eben auch ein Medium zur *Verdrängung* von konkreten Autonomieansprüchen. Die Kräfte des Marktes tendieren ständig dahin, die menschlichen Lebensverhältnisse *seinen* Bedingungen und Regeln zu unterwerfen, weil sie sonst nicht zum Zuge kommen, und das heißt letztlich: Profit machen können. Was ist ruinöser Wettbewerb, was sind Kartelle, Trusts und Fusionen anderes als – in der Tendenz – Formen der Aushebelung oder Aufhebung von Wahlfreiheit auf Seiten der Verbraucher und öffentlichen Nutzer? Alles aus einer Hand haben zu können (das kommerzielle Grundprinzip der Verbrauchermärkte, die damit die Vielzahl der kleinen Existenzen beseitigt haben und deshalb örtliche Monopole, mindestens aber Oligopole sind), ist eine mächtige Verlockung – auch für den freiheitsliebenden und zugleich bequemen Konsumenten.[7]

Die seit langem im Gang befindlichen und teilweise mit dramatischen Umbrüchen einhergehenden Konzentrationen in der Wirtschaft sind in der Bewertung ihrer Wirkungen ambivalent. Einerseits kreieren sie Marktmacht, andererseits bilden sie die Grundlage erweiterter Produktionskoordination mit einem deutlichen Kostensenkungseffekt. Die entscheidende Frage ist die, ob dieser Effekt an den Markt weitergegeben wird und damit der Gesellschaft zugute kommt, oder ob die Preissetzungsmacht diesen Effekt egalisiert oder sogar noch übersteigt, um in die Verteilungsmasse der Shareholder zu gelangen. Vieles spricht dafür, dass Letzteres in der Wirtschaftspraxis dominiert.

Von solchen Vorgängen ist der Bereich von Kunst und Kultur weitgehend frei, wenn man von den Konzentrationen im Bereich der Unterhaltungskultur und der Konzernbildung in der Kulturindustrie absieht. Der Markt behindert freie Kunst nicht. Er lässt sie nur nicht passieren, wenn sie seinen Regeln und Bestrebungen nicht folgt. Sie bleibt dann angewiesen auf andere (vornehmliche finanzielle) Unterstützung. Der Markt als Raum freier Dispositionen (die abweisenden nicht ausgenommen) ist entstanden aus der Zurückdrängung obrigkeitlicher Vorbehalte, steuerpflichtiger Privilegien der Feudalherrschaften und vom Staatsinteresse geleiteten Interventionen. Das freie Spiel von Angebot und Nachfrage, das – wie Adam Smith es angeblich[8] mit seinem berühmt gewordenen Bild beschrieb – wie von unsichtbarer Hand geleitet zu einem Optimum an Wohlstand für alle führen soll, ist ständig in Gefahr, durch seine eigenen Effekte (zum Beispiel durch Monopolbildung) und von außen außer Kraft gesetzt zu werden.

Der Markt macht Platz für das selbstbestimmte oder sagen wir lieber: für das zur Selbstbestimmung befähigte Individuum, das hier wie anderswo in der Öffentlichkeit eine doppelte Aufgabe vor sich hat. Es muss sich den Raum für seine Eigeninitiative nehmen, ihn ausbauen und verteidigen *und* es muss sich darin durch Leistung bewähren. Dieses doppelte Muster der Handlungspraxis wird uns als maßgeblich für jegliche Art von Managementtätigkeit im Verlauf dieser Darstellung ständig begegnen und über weite Strecken begleiten. Kulturmanagement ist davon nicht ausgenommen. Im Gegenteil: der öffentliche Raum, in dem kulturelle und künstlerische Aktivitäten stattfinden können, kennt viele Widersacher und bedarf der ständigen Erneuerung und Bestätigung. Kulturmanagement hat – wie jede andere Praxis von Management – niemals nur operativen Charakter, indem es sein

---

[7] Wir sollten den Konsumenten dafür nicht kritisieren. Die Unlust, sich dem Zwang zur wirtschaftlichen Rationalität beim Einkaufen zu unterwerfen (dem Ideal der theoretischen Konsumentensouveränität), hat zweifellos damit zu tun, dass es interessantere und lustvollere Dinge im Leben gibt, als ständig aufwendig nach der preisgünstigsten Einkaufsmöglichkeit für den langen täglichen Einkaufszettel zu suchen. Das Gefühl für Zeitverschwendung gibt der Intuition breiten Raum im Kaufverhalten, und die ist dem rationalen Kalkül häufig weit überlegen. Vgl. Gigerenzer (2008).

[8] Adam Smith hat an keiner Stelle seines berühmten Werkes über den Wohlstand der Nationen von der unsichtbaren Hand *des Marktes* gesprochen. Das ist ihm angedichtet worden. Vgl. Bendixen (2009a).

(betriebswirtschaftlich gestaltetes) Instrumentarium optimal einsetzt, sondern stets auch normativen Charakter, indem es an der Formung und Erweiterung von Rahmenbedingungen des Handelns arbeitet. Teilweise hat das Kulturmanagement in der Praxis überhaupt nur diesen Akzent, z. B. im Markting und Öffentlichkeitsarbeit und in vielen Aufgaben der Kulturfinanzierung.

Der Kontrast, der sich hier auftut, lässt sich auf die Formel verkürzen: Bei jeder absichtsvollen Handlung geht es inhaltlich um die Bestimmung eines Zwecks oder eines Ziels und operativ um die (dem Prinzip der wirtschaftlichen Verwendung von Ressourcen unterliegende) Rationalität der Mittelwahl und des Mitteleinsatzes. Die Betriebswirtschaftslehre beschränkt sich auf die Optimierung des Mitteleinsatzes (womit sie zweifellos einen wertvollen Beitrag zur Praxis liefert). Aber die sachliche Begründung und vor allem auch die normative (auch ethische!) Rechtfertigung eines Zwecks ist ein Bestimmungsmoment des Handelns, das auf äußere Bedingungen, Zwänge und Erwartungen reagiert. Das wiederum findet sich in keinem betriebswirtschaftlichen Lehrbuch, muss aber für die Konzeption von Kulturmanagement sowohl theoretisch als auch pragmatisch geleistet werden.[9]

Die Schwierigkeit einer theoretischen und pragmatischen Konzeption des Kulturmanagements ergibt sich aus den beiden Wortbestandteilen: „Kultur" und „Management", welche anklingen lassen, dass diese spezifische Managementpraxis in zwei in sich komplizierte Handlungsfelder hineinragt und beide auf eine praktisch brauchbare Weise in sich vereinigen, wenn nicht verschmelzen muss. Das gilt besonders für den Managementteil und dessen Hineinwirken auf Märkte und Öffentlichkeiten. Die Charakteristik des Marktes (oder weiter gegriffen: der Öffentlichkeit) besteht nicht nur darin, dass allen obrigkeitlichen Eingriffen zu widerstehen ist, wenn diese für unangemessen gehalten werden, sondern dass man prinzipiell und aktuell an Limitationen stößt, die einem von seinesgleichen *innerhalb* des Marktes oder der in Anspruch genommenen Öffentlichkeit gesetzt werden. Wer sich einen Handlungsraum zu erobern, ihn auszubauen und zu stabilisieren sucht, begegnet grundsätzlich den gleichgerichteten Absichten anderer Individuen. Unter bestimmten geografischen, territorialen, politischen und kulturellen Bedingungen ist der verfügbare Spielraum für individuelle Initiativen ein knappes (abstraktes, aber Kosten verursachendes) Gut, eine Erkenntnis, die einem Ökonomen nicht fremd ist.

Der Preis für dieses Gut besteht in den nötigen Investitionen für dessen Erwerb. Dies ist ein zu vielfältiges Gebiet, so dass wir es hier bei einer kleinen Aufzählung bewenden lassen müssen: Ankauf von Lizenzen oder Erwerb eines Patentes, wodurch die Ansprüche Dritter abgewehrt werden können (das für das Kultur- und Kunstmanagement wichtige Urheberrecht ist eine Besonderheit); die feindliche Übernahme eines Konkurrenten durch Erwerb einer Mehrheitsbeteiligung; die Etablierung einer Handelsmarke durch professionelles Marketing; die Aneignung von legalen (z. B. steuerlicher Art, Subventionen, infrastrukturelle Vorleistungen des Staates) oder illegalen Vorteilen (z.B. durch Korruption); die Ausübung von physischer Gewalt durch Maffia-Methoden; Verdrängungswettbewerb durch ruinösen Wettbewerb. Dies alles sind – von ihrer moralischen Seite hier abgesehen – kostspielige Investitionen für die Besetzung von Räumen im Markt wie in der Öffentlichkeit.

Die Energien zum Aufbau und zur Verteidigung und Festigung von Handlungsspielräumen für die eigenen Absichten schlagen sich zum Teil massiv in Kosten nieder. Ihre Höhe ist ein Indiz für die Widerstände, die es zu überwinden gilt. Ein Beispiel: The Wall

---

[9] Vgl. Näheres auch in Bendixen, Peter (2008a, S. 109-117).

Street Journal Europe" berichtet am 13. 4. 2000, dass die englische Brauerei Whitbread in diesem Sommer 2,5 Millionen engl. Pfund ausgeben will, um im Raum Manchester und Liverpool ihre neue Marke (nicht etwa ein neues Bier!) einzuführen. Die Werbung für einen (kostspieligen) Film, die in manchen Fällen bereits über Fernsehspots läuft, geht ebenfalls in die Millionen. Ähnlich hoch ist der Marketingaufwand für Musicals. Der entsprechende Aufwand für die klassischen Kunstbereiche hält sich demgegenüber (noch?) in bescheidenen Grenzen.

Auf den Märkten liegen die konstruktiven und destruktiven Kräfte nahe beieinander. Man muss gewiss den Staat kritisieren, wenn er dort interveniert, wo die Kräfte des Marktes ihre konstruktiven Potentiale zeigen. Aber man muss ihn in seiner Rolle als Protektor unterstützen, wenn die „unsichtbare Hand" des Marktes zum rücksichtslosen Waffenhalter für egoistische Zwecke zu werden droht und die soziale Balance zwischen wirtschaftlichen Interessen und der Gerechtigkeit, der menschlichen Würde und des zivilisierten Zusammenlebens ins Wanken gerät. Der Kampf des Individuums um seinen Platz in der Öffentlichkeit oder im Markt ist ein essenzieller Antrieb in einer offenen Gesellschaft. Die Eigengesetzlichkeit des Marktes, vor allem seine Regulationsmechanismen in Bezug auf die Steuerung von knappen Gütern durch kluges Wirtschaften, fällt nicht wie Manna vom Himmel und brauchte nur ergriffen zu werden. Sie muss aktiv ins Spiel gebracht und gegen unangemessenen Egoismus verteidigt werden. Dafür gibt es gute Gründe, die hier nicht erörtert zu werden brauchen.

Dass in diesem Gestaltungsdrama einer offenen Gesellschaft die Kultur und die Kunst eine besondere Rolle spielen, mag nicht immer klar ersichtlich sein und muss gelegentlich herausgearbeitet und immer wieder verdeutlicht werden. Man darf indessen nicht die Eigengesetzlichkeit des Marktes mit der Eigengesetzlichkeit der Kunst verstricken oder womöglich beide gegeneinander ausspielen. Die Eigengesetzlichkeit des freien Marktes (vor allem seine Regulationsfähigkeit in Bezug auf konkurrierende individuelle Raumansprüche) ist etwas anderes als die Eigengesetzlichkeit (Autonomie) der Kunst, die eine Freiheit des Gestaltens aus den Bedingungen ihrer Stoffe bedeutet. Die Autonomie der Marktkräfte macht nicht automatisch auch die Kunst frei. Denn diese verwirklicht sich nicht im Kräftemessen mit anderen Künstlern, sondern im eigenwilligen Werk.

Der Markt macht Kunst nicht automatisch frei. Er kann aber dem Künstler, wenn er sich über den Markt verwirklichen will, seine Bedingungen zudiktieren, nämlich die Bedingungen der Verkäuflichkeit dessen setzen, was an Kunst auf den Weg in die Öffentlichkeit gebracht werden soll. Deshalb können durchaus Bedenken aufkommen, falls der Markt eines Tages an Stelle des Staates oder anderer Gesellschaftsorgane vielleicht wirklich zum alleinigen Schiedsrichter über künstlerische Angebote wird. Reicht die Ethik des Marktes aus, die verantwortungsvolle Rolle eines Richters über Kunst zu übernehmen, falls es überhaupt eines Richters bedarf?

Kunst ist – trotz aller Eigengesetzlichkeit, die sie für sich in Anspruch nehmen kann – keine auf sich selbst bezogene, von der Gesellschaft isolierte Praxis, sondern eine Mitteilung an die Öffentlichkeit. Diese reagiert – vorausgesetzt sie versteht die Sprache der Kunst – mit Beurteilungen und Bewertungen. Sie reagiert allerdings nicht nur mit Applaus, sondern auch mit Preisen, Prämien, Honoraren und anderen geldlichen Zuwendungen, womit sie ihre Bewertungen demonstrieren und deutlich unterstreichen kann. Die Kunst zu preisen, indem man ihr applaudiert und sie mit Geld ehrt (honoriert), macht aus dem Vorgang keinen Markt (dessen Preisbegriff ja eine ziemliche sprachliche Kehrtwende in der Bedeutung des alten Wortes „preisen" im Sinne von „loben" oder „rühmen" macht).

Die Analogie zwischen Markt und kultureller Öffentlichkeit, zwischen dem Preis für eine Ware und der (auch monetären) Anerkennung der Öffentlichkeit für eine Kunst ist oft hergestellt worden. Ökonomen hätten wohl auch keine Bedenken, so tatsächlich zu verfahren. Trotz mancher struktureller Ähnlichkeiten, bleibt der entscheidende Unterschied, dass Kunst ihren eigenen Formgesetzen folgt, während der Markt das gnadenlose Auswahlprinzip zur Geltung bringt, dass einer den anderen im Wettbewerb aussticht und den Profit davonträgt. Nicht immer trägt die Qualität der angebotenen Leistung einschließlich ihres der Sache angemessenen Preises den Sieg davon, sondern die Überredungskunst des Marketings, welches bekanntlich über viele Schwächen eines Angebotes hinwegargumentieren kann (bis hin zur Illegalität).

Die Eigengesetzlichkeit der Kunst – auch wenn diese letztlich die Anerkennung durch das Publikum anstrebt – kreiert einen weiteren Unterschied. Er hat seine besondere Bewandtnis und Eigenart damit, dass das Kunstwerk zuerst sinnlich wahrnehmbar da ist, da (ausgenommen und anders als bei Auftragskunst unter autoritären oder diktatorischen Verhältnissen) ihr die Initiative gegeben ist und die Beurteilung und Bewertung durch das Publikum dem folgt, sobald es das Werk zur Kenntnis nehmen kann. Wäre die Reihenfolge umgekehrt, würde zuerst das Publikum gefragt (so wie man in der Industrie zuerst Marktforschung und Markttests durchführt) und dann die Kunst gemacht, hätte sich der Künstler statt seiner Formautonomie den Gesetzen des Marktes und dem vorauseilenden Beifall des Publikums unterworfen. Das Publikum setzt die Regeln und spricht seine festen Erwartungen aus, vielleicht bezahlt es sogar im Voraus, und der Künstler führt treuherzig oder gerissen aus, was man von ihm erwartet.

So entsteht das Dilemma eines imaginären Richters, der sein Urteil im Voraus fällt und vom Delinquenten anschließend verlangt, eine entsprechende Tat zu begehen. Die Äquivalenz von Tat und Sühne wäre hergestellt, aber der Sinn auf den Kopf gestellt.[10] Was auf dem Markt als regulär gilt, kann in anderen Tauschverhältnissen leicht anrüchig werden.

Im Mecklenburgischen erzählt man sich eine Anekdote, die in der Zeit des Ablasshandels spielt. Ein Sünder begegnet einem Priester und erbittet von ihm, freiwillig für begangene Sünden bezahlen zu dürfen. Der Priester akzeptiert und gewährt Erlass dieser Sünden. Der Sünder fragt nun weiter, ob er nicht auch für Sünden im Voraus bezahlen könne, die er vielleicht noch begehen würde. Dies erstaunt den Priester zwar, doch er nimmt das Geld gern entgegen und erteilt abermals Erlass der Sünden, auch wenn diese noch gar nicht begangen worden sind. Zwei Tage später lauert der Sünder dem wandernden Priester auf und raubt ihn aus.

Diese Anekdote ist kein *Appell* an Künstler, sich im Voraus bezahlen zu lassen, um anschließend unter Berufung auf die künstlerische Autonomie eben jenen freimütigen Geldgeber aufs Ärgste zu verunglimpfen. Dennoch kann selbst diese Verschlagenheit nicht ausgeschlossen werden. Die Eigengesetzlichkeit der Kunst ist eben etwas Eigenes und von

---

[10] Mathematisch betrachtet gilt: a + b = b + a. Sprachlogisch und vor allem auch substanziell wird diese Logik leicht lebensfremd. Wir können dies als Anregung mitnehmen, dass die Mathematisierung von Lebensverhältnissen, auch in der Wirtschaftspraxis, wie sie in der Betriebswirtschaftslehre so beliebt ist, nicht immer unser volles Vertrauen verdient.

der Eigengesetzlichkeit des Marktes, die ihrerseits eben auch nicht immer Fairness wahrt, nicht ohne weiteres aus dem Feld zu schlagen.

Das Problem der Autonomie der Kunst ist nicht nur eine Frage der Gestaltungsfreiheit im Einzelfall und der Abwehr unberechtigter Intervention von außen, sondern auch und vor allem eine Frage der Eigengesetzlichkeit oder Autonomie des ganzen Feldes. Nicht Gesetzlosigkeit oder die Willkür des „anything goes" ist hier die Frage, sondern die Entdeckung und Formulierung des Eigenen *als* Form. Mit *dieser* Intention wird man den Artikel 5 des Grundgesetzes interpretieren können. Es geht also um das ganze Feld der Kunst und um ihre Rolle in der Gesellschaft, um ihren Eigensinn als etwas Wertvolles oder jedenfalls zur Bewertung Angebotenes und um dessen Bedeutung für die Gestaltung gesellschaftlicher Verhältnisse. Nicht unbedingt und in allen Fällen, aber doch in der Regel kontrastiert die Eigengesetzlichkeit des sozialen Feldes „Kunst" mit der des sozialen Feldes „Wirtschaft" und deren kommerziellen (Markt-) Gesetzen, die sich beide hier und da und in letzter Zeit zunehmend im sozialen Feld „Öffentlichkeit" berühren und in Spannung geraten können. Diese Spannung beschreibt eine der Kernfragen des Kultur- und Kunstmanagements, nämlich die Frage der spezifischen Ethik dieser Profession, und sie wird im Verlauf der kritischen Diskussion über das Aufgabenprofil und die Handlungsgrundsätze des Kultur- und Kunstmanagements noch mehrfach thematisiert werden.

Brotgeber für die Kunst zu finden, um Künstler zu alimentieren und ihnen ihre Werke abzunehmen (was unter bestimmten politischen Verhältnissen auch „konfiszieren", in anderen auch „ausbeuten" bedeuten kann), war zu allen Zeiten die *profane* Seite der Kunstförderung. Die Kulturgeschichte hat eine wahrlich faszinierende Palette an Figuren hervorgebracht, die auf die eine oder andere Weise die Rolle des Brotgebers übernahmen und sich den Zeitumständen entsprechend darstellten als Mäzene im alten Rom, als Domherren im Mittelalter, als Päpste in der italienischen Renaissance und weiter durch die Jahrhunderte, als weltliche Fürsten, die sich zu ihrem Ruhm und Glanz Hofdichter, Hofmaler, Hofkapellmeister und feine Residenztheater hielten, als Ratsherren alter Hansestädte, als Patrizier des Großbürgertums oder Magistrate der heutigen Kommunen, die ihre Stadt zu einem Kulturstandort aufwerten wollen.

Der Brotgeber „Markt" dagegen ist abstrakt und entpersonifiziert, ist in der marktwirtschaftlich ausgerichteten Gesellschaft unserer Zeit – nicht nur wegen der großen Zahl, Anonymität und Launenhaftigkeit seiner Kollektive – ein schwer zu fassendes und zu haltendes Wesen. Doch was macht letztlich der anonyme Markt anderes als die konkreten, leibhaftigen Alimentierer früherer Epochen, wenn er die Aufgabe übernimmt, Künstlern Auftritte zu ermöglichen, Schauplätze ihrer Werke zu bieten, den Ankauf von Objekten zu organisieren, den Erwerb von Urheberrechten zu gestalten und den Verkauf von Eintrittskarten transparent zu machen?

Die Kunst, Kultur zu ermöglichen, findet hier eine ihrer wichtigsten Anknüpfungspunkte. Kulturmanager müssen die Kunst der Fingerfertigkeit auf der Klaviatur des Marktes beherrschen, gerade auch dort, wo es nicht um eine kommerzielle Einbindung geht, sondern um andere Formen der Ergreifung eines Teils des öffentlichen Raumes und der Positionierung einer Kunst, eines Künstlers oder einer Kulturinstitution. Erst mit der Konstituierung der offenen Gesellschaft, in der Auftritte der verschiedensten Art, nicht nur die von Künstlern, sondern auch von Politikern, Wissenschaftlern, Medienstars, Sportlern, Geschäftsleuten und allen, die Öffentlichkeit brauchen, essenziell geworden sind, wird so etwas wie Professionalität der Vorbereitung und Stützung von Auftritten nötig. Dies ist das spezifische Moment des Kultur- und Kunstmanagements.

Der lange Marsch der Künste durch die Institutionen der Kulturgeschichte, durch die religiöse Kunst der Klöster und Kathedralen über die aristokratische Kunst der Residenzkulturen durch die bürgerlichen Bildungsinstitutionen und die Heimkultur der bürgerlichen Eliten bis zur Marktkunst unserer Tage, die erst noch dabei ist, sich geistig und ökonomisch durchzusetzen, war niemals geradlinig, immer aber abhängig von der Gunst der Herrschenden. Auch die Kriterien, was gute Kunst ist, wandeln sich mit den Erwartungen und Geschmäckern der Herrschenden, auch mit den Verneigungen von Kunst und Künstlern, um die Herrschenden als Herrschende zu bestätigen. Ob der Markt allerdings eine vergleichbare Raffinesse des Kunstgeschmacks als Gestaltungserwartung an Kunst hervorbringen kann wie einst die Klöster, Fürsten und das Großbürgertum, ist eine offene Frage. Die Formen der Gestaltung von Lebensumständen durch den Markt werden vom Prinzip der Standardisierung und Massenproduktion getragen. Dieses Prinzip liegt quer zur Idee der Erringung von Meisterschaft im unnachahmlichen Einzelwerk und ist deshalb mit Kunst als Medium der elitären Geschmacksbildung und individuellen Identifikation kaum zu vereinbaren. Will man den herkömmlichen Kunstbegriff beibehalten, steht und fällt Kunst mit der Existenz von geistigen gesellschaftlichen Eliten, die vermittels der Akkumulation von Vermögen im Prinzip auch über den Markt möglich sind und die die Kriterien des guten Geschmacks und der Bewertung von guter Kunst weitgehend dominieren.

Wo die alten aristokratischen und großbürgerlichen Eliten die Künste in ihren Dienst nahmen, da animierten und manchmal drangsalierten sie die Künstler, damit sie die Lieder ihrer Brotgeber singen. „Die Kunst geht nach Brot", lässt Lessing seinen Maler Conti in ‚Emilia Galotti' sagen auf die vorangehende, ein wenig gönnerhaft klingende Frage des Prinzen: „Was macht die Kunst?". Es sollte also auch heute nichts Ungewöhnliches und nichts Anrüchiges darin erblickt werden, wenn Künstler ihre Kunst manchmal offen, manchmal verborgen an denen ausrichten, von denen sie Geld, Beifall und Ehre empfangen. Auch die Künstler vergangener Tage haben bei Gott nicht Meisterschaft durch servile Bestätigung von Erwartungen der Herrschenden erlangt, sondern dadurch, dass sie selbst noch unter tyrannischen Bedingungen das durchsetzen konnten, was sie für das Eigentliche, für die Formnotwendigkeiten ihrer Kunst hielten. Der Lebensweg Francisco de Goyas legt dafür beredt Zeugnis ab (Träger 2000).

Am Zustandekommen und Erfolg eines Kunstwerks sind stets die Kreativität des Künstlers *und* die gesellschaftliche Umgebung seines Schaffens beteiligt. Die Zusammenschau von Text und Kontext, von individueller Kreativität und gesellschaftlichem Klima bedeutet keine Relativierung der kreativen Leistungen eines Künstlers (so wenig wie es beispielsweise die individuelle Leistung eines Forschers ungebührlich relativiert, wenn man auf die mitwirkende Rolle seiner „Scientific Community" hinweist), sondern unterstreicht das erweiterte Blickfeld, das ein Kultur- und Kunstmanager ins Auge fassen muss, wenn er eben diesen Leistungen auf angemessene Weise den Weg in das ihnen zugedachte gesellschaftliche Umfeld ermöglichen soll. Etwas salopp formuliert, ist der Kulturmanager ein Kontextmeister.

Die Kunst, Kultur zu ermöglichen (im engeren Zusammenhang hieße das: die Kunst, Kunst zu ermöglichen), erstreckt sich folglich ebenso auf die Schaffensbedingungen des Künstlers wie auf die Publizitätsbedingungen für seine Werke. Diese zwei Seiten werden uns beim Herausarbeiten des Aufgabenprofils des Kultur- und Kunstmanagers noch ausführlich beschäftigen. Von der Funktion her, nämlich Mittler zwischen Kunst und Öffentlichkeit (Klientel, Publikum, Elite, exklusive Auftraggeber usw.) zu sein, ist Kultur- und Kunstmanagement eine relativ alte Sache. Dass sie der Professionalität bedarf, ist allerdings eine Konsequenz jüngerer historischer Entwicklungen.

Unter den Bedingungen einer offenen Marktgesellschaft liegen die sozialen und ökonomischen Akzente anders als in einer Welt der exklusiven Zirkel, insbesondere der höfischen Residenzkultur. Wie noch ausführlich darzulegen sein wird, rückt Kultur- und Kunstmanagement durch die Akzente der Marktgesellschaft teils näher an das Businessmanagement heran, teils aber muss es sich eigene Wege bahnen in einer immer weiter entgrenzten Öffentlichkeit, die – wenn man an die elektronischen Medien und das Internet denkt – in wachsendem Ausmaß praktisch grenzenlos geworden ist.[11] Einer der gravierenden Unterschiede zwischen Marktaktivitäten und dem Anbahnen von Auftritten in der kulturellen Öffentlichkeit liegt in den jeweils geltenden Erfolgsmaßstäben beider Bereiche.

Erfolg in der kulturellen Öffentlichkeit ist eine gelungene Aktion aus vielen Zutaten, die alle unverzichtbar sind, auch wenn sie unterschiedliche Gewichte im Ganzen haben. Niemand indessen könnte exakt beziffern, welche davon welchen Anteil hatte. Dies schon deshalb nicht, weil niemand endgültig sagen oder womöglich vorschreiben könnte, was Erfolg in der Kunst ist. Ein Künstler (ein Kunstwerk oder eine Kulturinstitution) kann als erfolgreich gelten,

- wenn sein Werk in aller Munde ist (als ein aufregendes Gegenwartsereignis),
- wenn sein Werk in aller Gedächtnis ist (als ein Bahn brechendes Ereignis, das neue stilistische, ästhetische, symbolische Maßstäbe gesetzt hat und der Erinnerung wert ist),
- wenn sein Werk als ein künftiges Bildungsgut bewertet wird (und deshalb von Museen gekauft und von Kunsthändlern gern angenommen und von Antiquariaten dringend gesucht wird),
- wenn sein Werk oder gar sein Lebenswerk in Feuilletons kommentiert wird (lobend erwähnt oder empfohlen oder gar gefeiert wird, mindestens aber einen Verriss wert ist) oder
- wenn der Künstler reich geworden ist (weil er kraft seiner öffentlichen Geltung seine Honorare in die Höhe treiben konnte).

Die Kunst, Kultur zu ermöglichen, ist eine Floskel, durch die das zuweilen recht harte Geschäft des Kultur- und Kunstmanagements einen spezifischen Anstrich von Bescheidenheit und Distanz erhält, denn es geht ja nicht darum, in der Kunst des ökonomisch Machbaren selber Kunst zu machen oder Kultur zu schaffen, sondern „lediglich" Wege zu bahnen und Vehikel zu konstruieren, damit die eigentliche, substantielle Kunst sich verwirklichen kann, indem sie an die Öffentlichkeit gelangt und angenommen wird. Rein sprachlich knüpft man mit dieser „Kunst des Managements" an eine Zeit an, in der Künstler den Handwerkern nahe standen und diese nicht selten beides waren: Künstler *und* Gewerbetreibende.[12] Lucas

---

[11] Entgrenzung umschreibt begrifflich das, was wir als die Grenzenlosigkeit permanenten Wirtschaftswachstums bzw. auf elementarer Ebene als Gewinnmaximierung kennen. Das Streben ins Unendliche ist ein Herzstück des modernen Wirtschaftsdenkens und birgt eine Menge Risiken. Vgl. Bendixen (2007).

[12] Die sprachliche Herkunft von „Management" ist nicht ganz sicher. Man zieht hauptsächlich die Herkunft von „managen" aus (lat.) „manus agere", etwas mit der Hand machen, in Erwägung. Manager sind also, linguistisch gesehen, durchaus Leute, die ein Handwerk verstehen.

Cranach d. Ält. betrieb eine Malerwerkstatt. Hier entstanden seine berühmtesten Gemälde. Von hier aus aber bemalte er auch die Wände im Schloss seines Herrn, Friedrich des Weisen, im profanen Sinne von Farbgebung und Bemalung und er dekorierte dessen Tafeln bei Festmahlen. In Florenz schrieben sich Maler wie Giotto, Lorenzetti und viele andere in der Zunft der „Arte dei Medici e Speciali" (Zunft der Ärzte und Apotheker) ein und trafen hier auf Flaschner, Barbiere und Hutmacher (Kempers, 199). Sie galten als Handwerker und standen hierarchisch unter den Kaufleuten.[13]

Bescheidenheit entsteht mit der Hervorhebung des Dienens durch das Wort „ermöglichen", was sich allerdings – wie wir noch sehen werden – mit manchen offensiven, Besitz ergreifenden und steuernden Attitüden des praktizierten Kultur- und Kunstmanagements meist schlecht vereinbaren lässt. „Kunst" (als Wort) leitet sich bekanntlich von „können" ab (ähnlich wie „Gunst" von „gönnen" oder „Brunst" von „brennen") und bezeichnet ein durch nachhaltige Übung erworbenes Können, das sowohl handwerkliche Fertigkeit (so wie noch in Carl Czernys „Kunst der Fingerfertigkeit") als auch Weisheit durch Aneignung von Wissen und Wissenschaft (man denke z.B. an den mittelalterlichen Wissenschaftskanon der „sieben freien Künste") einschließt. Im Englischen meint Arts noch immer (auch) Geisteswissenschaften und das Arts Department ist die Philosophische Fakultät vieler amerikanischer Universitäten.

Zweifel mögen aufkommen bei dem Gedanken, dass Kulturmanagement[14] etwas mit Fingerfertigkeit im handwerklichen Sinne zu tun haben könnte, wohl aber mit Fingerspitzengefühl bei der Wahrnehmung dessen, was an Kunst und Kultur tatsächlich, und das heißt meist wirtschaftlich, möglich ist. Management ist – dies natürlich nicht nur im Kulturmanagement – eine *intellektuelle* und nun ihrerseits eine kulturelle Technik, die dem, was substanziell geschehen soll, eine passende (im Zweifel Erfolg versprechende, gegebenenfalls auch profitable) Form gibt. In diesem Formgebungsaspekt, auch wenn er in manchen Fällen die dominierende Gestalt „ökonomischer Eleganz" oder „Stromlinienform für den Profit" annehmen mag, liegt zweifellos eine berechtigte Anknüpfung an ein spezifisches Können auf der Grundlage von kommerziellem Wissen. Die Kennzeichnung von Management als einer Kunst lässt sich folglich nicht einfach als willkürliche Aneignung des positiven Images von Kunst in unserem heutigen Verständnis deuten (was bei Wörtern wie „Kunststoff" oder „Kunstdünger" noch abwegiger wäre), sondern praktiziert eine Kunst in seiner alten Bedeutung.

Der Formgebungsaspekt des Managements wird noch eine wesentliche Rolle spielen, wenn in nachfolgenden Abschnitten vom problematischen Zusammenhang zwischen Form und Inhalt (ebenso von Form und Freiheit) im Management im Allgemeinen und im Kulturmanagement im Besonderen die Rede sein muss. Von der Betriebswirtschaftslehre her kommende oder von ihren Konzepten, Methoden und Instrumentarien beeindruckte Ansät-

---

[13] Die Verehrungshaltung, die zumindest namhaften Künstlern heute gelegentlich zuteil wird, hat kaum historische Vorläufer. Zu fast allen Zeiten, insbesondere in hierarchisch durchgeformten Gesellschaften wie dem Feudalismus, standen die Künstler meist an äußerst inferiorer Stelle. Auch Adam Smith, der Bürgerliche, befand, dass „Schauspieler, Clowns, Musiker, Opernsänger und Operntänzer" nicht nur zu den unproduktiven, sondern sogar zu den anrüchigen Berufen gehörten (Smith 1978, S. 273).

[14] Wir sprechen hier vorerst nur von dem eingebürgerten Begriff „Kulturmanagement", der „Kunstmanagement" zwar einschließt, aber in Fällen wie Management des Kulturtourismus, Management des kulturellen Erbes (Burgen, Schlösser, Kathedralen usw.) nicht Kunst im heutigen Verständnis bearbeitet, wohl aber wichtige Facetten der Kultur. Die Unterscheidung zwischen Kunst und Kultur wirft einige Probleme substanzieller Art auf, die mit der Dehnbarkeit des Begriffes „Kultur" und der landläufigen Monumentalisierung des Begriffs „Kunst" zusammenhängt. Wir kommen darauf an anderer Stelle noch detaillierter zurück.

ze zur praktischen Handhabung von Kulturmanagement laufen nämlich Gefahr, im Verhältnis zwischen Form und Inhalt insofern aus der Balance zu geraten, als die ökonomische Form unversehens den kulturellen Inhalt zu beherrschen in der Lage ist. Diese Gefahr wird in Fachkreisen durchaus erkannt und als Problem oder als das Risiko der Kommerzialisierung von Kunst deutlich thematisiert. Eine gewisse Diskrepanz entsteht dennoch oft, wenn im Detail ungeachtet dieser Warnungen betriebswirtschaftliche Konzepte und Instrumente zur Anwendung in Kunst und Kultur empfohlen werden. Der verallgemeinernde Begriff „Kommerzialisierung" ist allerdings seinerseits ambivalent und undifferenziert. Von Kommerzialisierung kann gesprochen werden, wenn Kunst um des Profits willen ihre inhaltliche Eigenständigkeit aufgibt. Aber Kommerzialisierung liegt nicht schon dann vor, wenn ein Künstler zu beachtlichem finanziellen Erfolg gelangt oder wenn ein Kunsthändler zu beträchtlichen Gewinnen aus dem Handel mit Kunstobjekten gelangt (wozu im Übrigen beträchtliche Kunstkenntnis nötig ist). Kunst ist zwar seine Ware, aber er erschafft sie nicht selbst.[15]

Mit Blick auf die Argumentationen weiter oben, wo von der Eigengesetzlichkeit der Kunst einerseits und des Marktes andererseits die Rede war, muss man im Auge behalten, dass Kunst (obgleich selbst Form) im Zusammenhang mit Kultur- und Kunstmanagement die Substanz repräsentiert, wohingegen Wirtschaften und speziell das professionelle Management die (ökonomische) Form bieten, in der Kunst an die Öffentlichkeit gebracht werden kann. Was sich als Polarität innerhalb der Funktion des Kulturmanagements zur Geltung bringt, ist der Kontrast zweier Formprinzipien, der ästhetisch-symbolischen Form eines Kunstwerkes und der ökonomischen Form, die aus Elementen der wirtschaftlichen Rationalität gestaltet ist. Beide konkurrieren gewissermaßen um den Vorrang, dem Stoff oder der Substanz ihre Prägung und Ästhetik zu geben.

Auf eine komplizierte Weise durchkreuzt wird diese Polarität allerdings durch die Dimension des Geldes als eines abstrakten, unspezifischen Steuerungs- und Akkumulationsmediums. Geld ist die abstrakte Form von konkreten Werten (Vermögensobjekten) und vermag Wertübertragungen zu organisieren, ohne dass etwas Physisches geschehen muss. Beim Verkauf eines Grundstücks wird dieses nicht physisch übergeben, sondern der Name des neuen Eigentümers wird grundbuchamtlich eingetragen. Der Markt selbst ist eine Abstraktion (geworden). Die Finanzmärkte funktionieren, ohne dass sich Wesentliches an der Physis dieser Erde bewegen muss, abgesehen von ein paar erregt umher eilenden und Mobiltelefone bedienenden Börsenmaklern, die man meist nur per Fernsehen zu sehen bekommt. Finanzmärkte funktionieren auch ohne Bindung an die reale (physische) Produktion, was die Gefahr der Entstehung von Spekulationsblasen gravierend erhöht, wie die Krise der Weltfinanzmärkte nach 2007 offengelegt hat. Irgendwann allerdings, wie sich ebenfalls gezeigt hat, schlagen solche Krisen auf die reale Wirtschaft durch.

Das abstrakte Geld und der abstrakte Markt haben das Disponieren in der Wirtschaft auf eine formale (Abstraktions-) Ebene gehoben, die – scheinbar – ohne Inhalte operieren kann und dennoch funktioniert, und zwar deshalb, weil jeder Beteiligte in jedem beliebigen Augenblick diese Abstraktionsebene verlassen kann, indem er sein Geld nimmt und es in

---

[15] Diese Formulierung ist vorerst noch unspezifiziert. Genauer wäre es zu sagen: Kunstwerke sind seine Ware, also die Gegenstände, die Kunst als Botschaft enthalten. Kunst besteht nur aus Botschaften, die allerdings meist nur mitteilbar sind, wenn sie für ein Publikum eine (ästhetisch) wahrnehmbare, von allem anderen unterscheidbare Gestalt bekommen. Wenn man so will, ist Kunst überhaupt nur Kommunikation, die ästhetisch eingepackt (und deshalb manchmal schwer zu entschlüsseln) ist.

Objekte investiert oder indem der dem Konsum frönt. Nur solange diese Ausstiegsmöglichkeit gegeben ist, funktioniert diese abstrakte Ebene. Was geschieht, wenn urplötzlich oder auch schleichend das Vertrauen in die abstrakte Geldebene (in eine Währung beispielsweise) verloren geht, ist aus vielen „schwarzen Freitagen" der Wirschaftsgeschichte und vielen dramatischen Inflationen wie in Deutschland 1923, weltumspannend 1929 oder in manchen Ländern der Dritten Welt hinlänglich bekannt. Die Finanzmarktkrise, die ihren vorläufigen Höhepunkt 2008 (ausgelöst durch die Pleite des Bankhauses Lehman Brothers in New York) erreichte, hat ein weiteres historisches Beispiel hinzugefügt.

Die Flucht aus einer Währung oder überhaupt aus dem Geld in die Sachwerte ist für denjenigen, der sich beruflich als Investor betätigt, nur ein vorübergehendes Parken von Werten in einer (scheinbar) unzerstörbaren physischen Ebene (z.B. Grundstücke). Gelegentlich kommen auch Kunstwerke dafür in Betracht, wenn ihnen ein ähnlich sicherer Marktwert zugedacht werden kann wie wertvollem Schmuck oder Antiquitäten. Von Momenten der Spekulation in Kunst abgesehen ist der Kulturbereich im Übrigen so gut wie nie ein Fluchtpunkt für verunsicherte Geld- und Anteilsbesitzer.

In der Möglichkeit des Changierens zwischen der Geldebene und der Ebene der Sachwerte liegt ein ebenso großer Reiz wie eine Gefahr. Geld ist nämlich nicht nur ein Steuerungsmedium, sondern auch ein Akkumulationsmedium, und als solches ist es ein Machtinstrument. Die in immer dichter werden Abständen zu beobachtenden, so genannten feindlichen Übernahmen (stille oder zuweilen auch laut angekündigte Aufkäufe der Aktien eines fremden Unternehmens, bis man die Majorität erlangt hat) auf internationalen Finanzmärkten sind lebende Beweise für diesen Machtaspekt. Unter Einbeziehung dieses mit dem Geld verbundenen Form- und Machtaspektes der Wirtschaft können wir von einer problematischen Spannung und Ambivalenz zwischen Form (Wirtschaft) und Inhalt (der physischen Ebene des Wirtschaftens, die auch die Kunst umfasst) sprechen und damit eines der Kernthemen in der Arbeit des Kulturmanagers formulieren.

Während in der Wirtschaft die Geldebene über die physische Ebene herrscht, spielt in der Kultur die physische Ebene (die konkreten Werke) die Hauptrolle, denn hier stellt das Geld nur ein Hilfsmedium zur Schaffung beeigneter Handlungspraxis dar. Kulturmanagement bewegt sich ständig im Spagat, eine wirtschaftlich vertretbare Form zu finden, ohne der Geldebene den Vortritt zu geben, weil in Kultur und Kunst die Inhalte das sind, worum es letztlich geht. Diese spezifische Spannung zwischen Form und Inhalt mit der ständigen Gefahr, letztlich doch der Geldebene zu verfallen, gehört unvermeidlich zum Alltag des Kulturmanagements. Form und Inhalt zusammen machen das Machbare aus, denn Kultur- und Kunstpraxis lebt in einer vom Geld dominierten Gesellschaftsformation. Und doch liegt darin die ganze Breite der Konflikte, die beinahe tagtäglich in der Kultur ausgetragen werden müssen. Man stelle sich vor, man habe eine Form (ein Modell, ein Denkschema, eine Organisation, ein Berechnungsprogramm usw.) und fülle diese mit kulturellen oder kunstartigen Inhalten! Was mag da an Angeboten herauskommen? Als was mag dies vom Publikum aufgenommen und begriffen werden? Wenn die Form dem Inhalt nicht angemessen ist, wird das Ganze missverstanden oder abgelehnt oder so verfälscht, dass das Werk seine Identität zu verlieren droht. Eine ästhetische Gestalt, die übergeordneten Geldinteressen verpflichtet ist, wird man nicht als Kunst, sondern als Werbung empfinden.

Man mag die Musik unserer Klassiker enttabuisieren, sie aus ihren Tempeln ans Tageslicht holen und bei vielen alltäglichen Gelegenheiten, auch im Kopfhörer zu Hause, zu Gehör bringen. Wenn sie aber in die Form eines Werbespots im Fernsehen eingebracht wird, wird sie allzu leicht deklassiert, banalisiert, ihres eigentlichen Inhalts beraubt. Die Form dient nicht mehr ihrem eigenen Inhalt, sondern einer äußeren Intentionen, nämlich dem Umsatz. Die Werbung schafft durch solche Zitate eine Stimmung zu Gunsten ihrer Sache. Das Zitiertwerden ist indessen für die Kunst nicht immer eine Wohltat. Man mag Edward Griegs Musik zu Peer Gynt als relativ volkstümlich bewerten oder nicht, der Anfang seines berühmten Satzes „Morgenstimmung" zur Untermalung für eine Biersorte wirkt anheimelnd und ist doch zugleich komisch, und zwar nicht nur wegen des seltsamen Kontrastes, sondern weil es sich um eine Stimmung des aufbrechenden Morgens in der Sahara handelt, und die macht bekanntlich wirklich ziemlich durstig.

Weniger komisch, weil mit finanziellem Misserfolg verknüpft, ist ein anderes Beispiel für ein Missverhältnis zwischen Form und Inhalt. In einer ostdeutschen Stadt wird seit einigen Jahren jährlich ein Open-Air-Musikfestival auf dem Zentralmarkt der Altstadt organisiert. In einem der letzten Jahre stand Jazz auf dem Programm und wurde ein ziemlicher Flop. Die Intimität, Milieugebundenheit und Spontaneität einer Musikgattung wie Jazz, die (etwas zugespitzt) eher in verrauchte Kellerkneipen passt als in den Spektakelrahmen eines Stadions oder eines Marktplatzes, eignet sich nur schlecht für diese Form und wurde vom Publikum nicht angenommen.

Bei der Gefahr der Unausgewogenheit oder Unverhältnismäßigkeit zwischen Form und Inhalt geht es noch nicht einmal immer um das extreme Formziel des Profits. Formdominanz wird schon dann virulent, wenn der Anspruch auf Wirtschaftlichkeit in der Kultur, etwa aus Gründen von Einsparzwängen im öffentlichen Kulturhaushalt ohne *inhaltliche* Begründung einfach durchgedrückt wird. Wirtschaftlichkeit ohne Bezug auf Inhalte ist reiner und deshalb gefährlicher Formalismus. Die Entscheidung, ob eine bestimmte Handlungsweise wirtschaftlicher (weil Kosten sparender) ist als eine andere, lässt sich mit nahezu endlosen Hinweisen auf (meist unvergleichliche) inhaltliche Implikationen leicht in die Länge ziehen. Was den tatsächlichen Entschluss in der Praxis herbeiführt, ist eben gerade nicht die formale Logik der ökonomischen Rationalität, sondern die Macht über substanzielle Werte und ihre Geltung.

In der Geschäftswelt bezieht sich die Wirtschaftlichkeit auf deren Hauptinhalt, nämlich das Geld als abstrakte Kategorie. *Dieser* Wirtschaftlichkeitsbegriff ist nicht oder nicht ohne weiteres anwendbar, wenn der Inhalt nicht das Geld, sondern etwas Konkretes, etwas Physisches oder eben Kunst ist. Der Begriff „Wirtschaftlichkeit" wird in der öffentlichen Debatte um die Stabilisierung von Kultureinrichtungen oft ohne genaue Kenntnis der tatsächlichen Bedeutung und des gravierenden Unterschiedes zur Geschäftswelt wie eine Drohung oder verbale Waffe benutzt. Der Bedrohte tut gut daran zu ergründen, was *wirklich* hinter dieser Gebärde (politisch oder eigennützig) steckt.

Substanz oder Inhalt braucht Form. Inhalt ohne Form ist nicht kommunizierbar, würde zerrinnen wie eine Flüssigkeit ohne Gefäß, müsste als bloße Vorstellung im Kopf des Künstlers bleiben. Kunst braucht ihre spezifischen Formen, sie besteht in (ästhetischen, symbolischen, stofflichen) Gestalten. Auch ihre Veröffentlichung, das heißt ihr Weg aus dem Intimbereich künstlerischen Werkens in die Publizität der Außenwelt, die auf die Kunst reagieren soll und will, bedarf einer kommunizierbaren Form (eines Mediums, einer Darstellungsweise, eines materiellen Trägers wie Buch oder Schallplatte usw.), die der Kunst nach Möglichkeit keinen Tort antut. Moderner ausgedrückt: Die ästhetische Form eines Kunstwerkes und die Form seiner Publizierung müssen kompatibel sein.

Die Inszenierung eines Dramas ist (künstlerische) Formarbeit, die Aufnahme eines Orchesterwerkes und das Brennen einer CD sind Formarbeit an einer gegebenen ästhetischen Form zum Zwecke ihrer Verbreitung in der Öffentlichkeit. Die Eröffnung des Dialogs mit dem potentiellen Publikum über Medien, PR-Events, traditionelle Reklame oder Fördervereine ist wiederum Formarbeit, die auf vorangegangene Stufen des Formens aufbauen und weiterarbeiten kann, bis das Ganze formvollendet ist. Wo in diesen Formkreisen endet die Arbeit des Künstlers (des Dramenschreibers, des Schauspielers, des Musikers, des Dirigenten, des Kunstinterpreten) und geht über in die Formarbeit des Kulturmanagers? Die vorläufige Antwort kann nur sein: Es sind ineinander greifende Tätigkeiten, die allesamt zu den Bedingungen oder Komponenten des Erfolgs gehören. Text und Kontext sind nicht immer eindeutig trennbar. Auch wenn im Grenzfall Künstler sich selbst vermarkten, handelt es sich um Kulturmanagement (wenngleich dieser Titel vielleicht bei Künstlern nicht sonderlich beliebt ist), wenn sie damit beginnen, ihr Werk an das Publikum heranzutragen, und auf positive Resonanz spekulieren.

Es gehört zu den Gepflogenheiten vieler, die im weiten Umfeld der Kultur tätig sind, über die beklagenswerten wirtschaftlichen Rahmenbedingungen für Künstler und Kunstwerke, für Aufführungsstätten und Ausbildungseinrichtungen zu räsonieren. Der Kultur gehe es schlecht, sagen sie, weil Kulturpolitiker sich nicht durchsetzen, weil objektiv Ebbe in den öffentlichen Haushalten ist, weil das Publikum von den Banalitäten der kommerziellen und öffentlichen Medien gefangen genommen wird, weil die Schulen in Sachen ästhetischer Bildung versagen, weil ... Es könnte noch eine Weile so weitergehen.

Ganz vorsichtig gefragt: Könnte es nicht auch sein, dass Künstlern kaum noch etwas anderes einfällt, als die Erinnerungskultur zu pflegen (die wievielte Inszenierung von Mozarts Zauberflöte, Shakespeares Hamlet, Wagners Ring, Grillparzers Jedermann; die wievielte Neuausgabe von Goethes Werken oder CD-Einspielung von Brahms Sinfonien)? Könnte es nicht auch sein, dass zeitgenössischen Künstlern zwar viel Neues und Hochgelobtes einfällt in der Erwartung, dass der Status des Genies von selber daraus resultiert und mit Selbstverständlichkeit erwartet wird? Könnte es sein, dass eben dies diffiziler geworden ist, weil man geniale Kunst der Gegenwart nicht mehr ohne Anleitung und bestimmte Inaugurationsriten versteht, so dass man damit auf verbreitetes Unverständnis beim Publikum stößt? Wenn Kunst nicht mehr die Öffentlichkeit erreicht, sondern nur noch eine neue Elite der Gebildeten, dann stimmt vielleicht etwas nicht mehr im Funkverkehr zwischen Sendern und Empfängern, dann hat sich die Kunst wieder zurückgebildet in ein Medium der Konstruktion von Exklusivität.

Könnte das ganze Dilemma der Kunst nicht auch eine groteske Einbildung sein, die sich an eine sterbende Gattung hängt, ohne dies zu bemerken, und dadurch den Blick für das Neue trübt? Könnte es nicht sein, dass wir es mit einem Mangel an Phantasie und an Kraft für Innovationen zu tun haben, bei Kulturmanagern ebenso wie bei Kuluradministratoren und Kulturpolitikern, die keine Wagnisse eingehen und sich statt von Visionen von Illusionen forttreiben lassen? Wenn Kunst nicht mehr verstanden wird, dann stimmt vielleicht etwas nicht mehr an der ästhetischen Bildung des Publikums, an dessen Urteilskraft und an dessen Lust an Erfindungen der Kunst. Auch damit ist Kultur- und Kunstmanagement konfrontiert, denn die Aufgabe der Vermittlung von Kunst an die Öffentlichkeit hat es mit mentalen, sozialen und materiellen Barrieren auch auf Seiten der Rezipienten zu tun.

Die Bedeutung der Freiheit, kulturelle und künstlerische Grenzen zu überschreiten und Neuland urbar zu machen, ist eine weitere Kernfrage des Kulturmanagements, über die ausführlich zu reden sein wird. Viele Ausbildungsprogramme für dieses an sich äußerst zukunftsträchtige Arbeitsgebiet sind zu sehr auf betriebswirtschaftliche und administrative Funktionen und auf das rationelle Funktionieren eines Organisationsapparates fokussiert, während das Training von ästhetischen Wahrnehmungsfähigkeiten, kreativen und innovativen Kompetenzen, weit zurückgefallen ist, falls es überhaupt jemals eine Rolle gespielt hat.

Es kann schwerwiegende Störungen geben, wenn Kulturmanager zwar professionell beherrschen, wie man eine Sache zum Funktionieren bringt, aber wenig über die Sache selbst wissen. Es muss ja nicht gleich so heftig kommen wie bei jemand, der eine Zeitlang ein gekonntes Marketing für eine Ausstellung konzipierte, die es in der eingebildeten Form gar nicht geben konnte und die folglich auch nicht realisiert wurde (ein Fall aus der Praxis, der für gewisses Aufsehen sorgte). Nicht im Kontext eines Projektes mitzudenken und angemessen zu reagieren, ist in der Praxis oft ein irreversibler Fehler.

Der Grundsatz wäre durchaus zu beherzigen und in der Ausbildung von Kulturmanagern zu verankern, dass profunde Kenntnisse über die Sache vorhanden sein oder angeeignet werden müssen und dass Managementkonzepte erst angegangen werden können, *nachdem* dies bis zu einem gewissen Grade geleistet worden ist. Selbst Lehrgänge, die deutliche Praxisphasen (als Praktikum oder als Projekt) vorsehen, müssen darauf vertrauen, dass gewisse kulturelle Erfahrungen und Kenntnisse bei Studienteilnehmern schon vorhanden sind oder zumindest parallel angeeignet werden. Viele Studienprogramme in Kulturmanagement sehen – richtigerweise – Phasen der Praxisarbeit vor. Der Fehler wird nur allzu oft gemacht, dass als Praxis die Administration einer Kultureinrichtung oder eines Amtes im Vordergrund steht. Besser wäre es, die Studierenden selber Hand anlegen zu lassen, wo es um die Schaffung von Kunst geht. Warum nicht (zeitweilig) an einer Theaterinszenierung oder der Konzipierung einer Kunstausstellung teilnehmen?

Dahinter verbirgt sich eine viel tiefer reichende Spannung. Management ist eine Methode des Ordnens, des Klärens, der Vermeidung von Umwegen, der Kontrollierbarkeit und Steuerbarkeit von Abläufen. Kunst ist, wenn man das so vereinfachend sagen darf, ein Spiel mit Ambivalenzen, mit Mehrdeutigkeiten, Widersprüchen, Spannungen. Ihr Bestreben geht weniger dahin, klare Lösungen hervorzubringen, eindeutige Ordnungen zu projektieren und alle Unklarheiten zu beseitigen, sondern dies alles sichtbar (oder hörbar) zu machen und ästhetisch aushalten zu lassen, was solche Ambivalenz bedeutet.

Kunst macht erfahrbar, wie die Welt in ihrer Widersprüchlichkeit, Verrücktheit und Ungezügeltheit sichtbar oder unterschwellig oft ist, und nicht, wie wir sie in unserem Hang zu Ordnung, Verlässlichkeit und Regierbarkeit haben möchten und wie es auf höherer Stufe die Wissenschaften vormachen. Kulturmanagement ist keine angewandte Wissenschaft, sondern ein Handwerk, das sich der Reflexion bedienen kann, die von wissenschaftlichen Einsichten geprägt ist. Kulturmanagement hat es mit beiden Welten zu tun, dem Handwerk und der Reflexion, und geriete dabei leicht ins Schleudern oder ins Zwielicht, wenn es allzu stark einer dieser Welten nachgibt, denn es ist weder bloß Handwerk noch reine (angewandte) Wissenschaft. Dies zu erkennen und in der Praxis damit umgehen zu können, gehört zu den Grundfähigkeiten professionellen Kulturmanagements.

2 Die ökonomischen Grundlagen – Anleihen aus der Betriebswirtschaftslehre

> Sometimes I think the surest sign
> that intelligent life exists elsewhere
> in the universe is that none of it
> has tried to contact us.
> (Bill Watterson)

Dieses Kapitel ist als eine etwas erweiterte Einführung in die betriebswirtschaftliche Managementlehre gedacht, die in vielen Konzepten und Textbüchern des Kulturmanagement als vertraute und bewährte Grundlage benutzt wird. Wem die Themen, Fragestellungen, Instrumente und Grundlagen des betriebswirtschaftlichen Management geläufig sind, mag über dieses Kapitel hinweggehen und der bloßen Warnung vertrauen, die Betriebswirtschaftslehre nicht stereotyp und uneingeschränkt auch als mustergültig für kulturelle und künstlerische Einrichtungen und Abläufe zu übernehmen. Die Betriebswirtschaftslehre hat aus ihrer Geschichte als akademisches Fach heraus eine deutliche Färbung aus dem bevorzugten Gegenstandstypus des (großen) Industriebetriebes heraus erhalten, die auch innerhalb des Fachs nicht unumstritten ist. Wenig wird darüber diskutiert, dass sich einige ökonomische Prinzipien der Theorie, beispielsweise das Postulat des Strebens nach Wirtschaftlichkeit (auch ökonomisches Rationalprinzip genannt), nicht auf die reale Situation von Unternehmen übertragen lassen. Wie soll man in der Praxis die Suche nach Produktinnovation, das Aufspüren von Marktchancen oder die Diplomatie der Marktverhandlungen mit dem Verlangen nach höchster Wirtschaftlichkeit in Einklang bringen?

Was volkswirtschaftlich vernünftig ist, nämlich beispielsweise die Vermeidung der Verschwendung von Ressourcen, wozu auch die Vermeidung von Arbeitslosigkeit gehört, trifft auf der Unternehmensseite auf den gegenwirkenden Standpunkt: Wen man nicht mehr produktiv einsetzen kann, der muss entlassen werden. Die Praxis hat hinreichend gezeigt, dass die Börsenkurse großer Aktiengesellschaften schon durch die bloße Ankündigung von Massenentlassungen einen Sprung nach oben machen. Das ist betriebswirtschaftlich rational, auch wenn einem das wirtschaftsethisch nicht gefällt. Aber es zeigt eben auch die Mängel des betriebswirtschaftlichen Denkens auf, wenn es zu solchen Widersprüchen auf theoretischer (!) Ebene kommt. Die Wahrnehmung einer realen Spannung, die in der Praxis unvermeidlich und in jedem Einzelfall ausgetragen werden muss, darf theoretisch nicht dadurch beseitigt werden, dass Gegensätze durch ein Beharren auf einzelwirtschaftlicher Rationalität vom Tisch gewischt werden.

In den folgenden Textpassagen werden und müssen die Widersprüchlichkeiten innerhalb der Ökonomie beider Versionen (Betriebswirtschaftslehre und Volkswirtschaftslehre) und im Verhältnis zu außerwirtschaftlichen gesellschaftlichen Aktivitäten, zu denen insbesondere auch kulturelle und künstlerische Arbeit gehört thematisiert werden. Denjenigen, denen diese methodologischen Erörterungen allzu geläufig sind oder die nicht in die Details dieser Debatten einsteigen wollen, mögen sich die entsprechenden Passagen schenken. Die Genauigkeit, mit der wir diesen Fragen nachgehen, um unsere eigenen Positionen verständlich zu machen, soll vor allem denjenigen, die mit den Theorien der Ökonomie nur wenig vertraut sind, helfen zu verstehen, welche Brisanz zum Teil aus den „Scheingefechten" zwischen kulturellem (und künstlerischen) Wollen und wirtschaftlichen Zwängen steckt. Man muss sich ständig vor Augen halten, dass in der Welt, in der wir leben und Kultur und Künste stützen wollen, die wirtschaftlichen Zwänge stärker sind und dass erfolgreiches Kulturmanagement kein Anrennen gegen die Macht der Wirtschaft bedeuten kann, sondern eine wie immer im Einzelnen geartete kreative Brückenfunktion ausüben muss. Auch wenn man innerhalb der Wirtschaft auf eher eingeschränktes Verständnis stößt, so bleibt doch das Argument unausweichlich gültig, dass der Mensch als kultiviertes Wesen oder die Menschheit als Weltzivilisation nur eine Chance zum Überleben haben wird, wenn sie sich mehr noch als in der Vergangenheit der fundamentalen Bedeutung von Kultur und ihren Grundwerten bewusst wird. In diesem Argument liegt eine Stärke, die sich die Praxis des Kulturmanagements zueigen machen kann.

2.1 Text und Kontext – Die Verbindung zwischen Management und Kultur

Dieses Buch handelt von *Kultur*management, in dessen Zentrum zum großen Teil, aber nicht nur *Kunst*management steht, das sich theoretisch und pragmatisch einigermaßen abgesicherter Pragmatiken des *Managements* bedienen will. Bei diesem Bestreben erliegt man leicht, wie noch ausführlich dargelegt wird, der Vorstellung, mit dem Managen eigentlich das Wesentliche schon getan zu haben. Kultur und Kunst verstehen sich von selbst, zumindest sind sie nicht *inhaltlich* Gegenstand des Kulturmanagements, und können nur von Fachkundigen eingebracht werden, auf die man sich als Kulturmanager verlassen können muss. Kulturmanagement handelt zwar *von* Kunst und Kultur, manchmal handelt es auch *mit* Kunst, aber es ist selbst kein unmittelbarer, jedenfalls kein inhaltlicher Kunst- oder Kulturmacher.

Diese verbreitete Erklärung erscheint nur bei vordergründiger Betrachtung als klar und einleuchtend. Kunstmanager *machen* in der Tat (gewöhnlich) keine Kunstwerke, aber sie sind an der Art ihrer Wahrnehmung durch die Rezipienten beteiligt. Kulturmanager schaffen (üblicherweise) keine Objekte des Kulturlebens, etwa Kulturdenkmäler, aber mit dem von ihnen kreierten Ambiente eines solchen Objektes geben sie diesem im Wahrnehmen und Erleben durch das Publikum bestimmte Bedeutungsakzente. Kultur- und Kunstmanagement sind folglich mit ihren Gegenständen verwoben, und in der Art und Weise ihrer Praxis sind sie selber eine spezifische Form von Managementkultur.

Wie jeder Text seinen Kontext hat, hat jede Kunst ihr Umfeld. Auf die eine oder andere Weise tangieren Umgebungsfaktoren den Gegenstand immer auch inhaltlich. In diesen Umgebungsfaktoren konstituieren sich erklärende, definierende, kommentierende und sensibilisierende Hintergründe. Ein und derselbe Gegenstand wird unterschiedlich wahrgenommen, je nachdem, in welcher Umgebung er präsentiert wird. Ein Gemälde wirkt in einer Kunstsammlung anders als bei solitärer Präsentation in einem Privathaus. Eine Statue der Antike regt die Phantasie an ihrem Fundort anders an als im Museum.

Umgebungsfaktoren bestimmen auch die Warten und Sehweisen des Betrachters, seine Wahrnehmungen und sein Verständnis von der Sache. Shakespeares „Romeo und Julia" erlebt man anders in Stratford upon Avon, in Verona oder als Film (in Anlehnung an das Stück). Aida in der Mailänder Scala wirkt anders als im Freiluftgelände vor den Pyramiden von Giseh. In diese Erlebnisunterschiede spielen nicht nur die Umgebungen der Kunstpräsentation hinein, sondern auch das ganz persönliche soziale Umfeld des Betrachters, jedes Einzelnen von ihnen unterschiedlich. Wie jedes Kunstwerk durch die Umgebung seiner Präsentation unterschiedlich wahrgenommen wird, ist jedes praktische Handeln in ein soziales Umfeld eingeflochten, aus dem es stimulierende, leitende, wertende, bindende und verwertende Impulse empfängt und dessen Kräftekonstellationen für den Beobachter zur Deutung des observierten und vielleicht zu kommentierenden Handelns unverzichtbar sind.

Kulturmanagement ist davon selbstverständlich nicht ausgenommen. Indessen stellt sich hier die ganz konkrete Frage, wie dessen realer sozialer Kontext aussieht, da diese Praxis doch in zwei irgendwie verschiedene, womöglich kontroverse, aber auch irgendwie aufeinander einwirkende Umfelder hineinragt: in die Sphäre der Kultur und in die Sphäre der Wirtschaft. Betont man die Relevanz der Kultur in der Praxis des Kulturmanagements, dann wird die Wirtschaft zur diffusen, aber intervenierenden Hintergrundkraft. Hält man dagegen das Managen und seine Professionalität für vorrangig im Kulturmanagement, entsteht ein völlig anderer Kontext.

Mit Blick auf diese Ambivalenz der Kontextfaktoren kann bei einer das Management betonenden Auffassung von Kulturmanagement leicht ein fundamentales Missverständnis aufkommen. Es könnte darin liegen, dass Kultur und Management additiv verstanden werden oder – was fast noch problematischer wäre – dass Management als die gesicherte, weil in der Wirtschaft bewährte Form genommen wird, mit der beinahe beliebige Inhalte transportiert werden können. Man braucht die Inhalte nur zu nehmen, wie sie sind, und (vielleicht leicht angepasst) mit den Konzepten des Geschäftsmanagement zu überziehen. Wenn die Kunst erst einmal da ist, dann braucht man sie nur noch in die Öffentlichkeit zu bringen, so könnte die Devise dann lauten.

Diese Auffassung von Management ist sehr verbreitet. Ihr Problem ist ihre Blickverengung auf das Managen selbst, ist der spezielle Fokus, dass wir, wenn wir Management praktizieren, die Dinge eben gerade *nicht* mehr so sehen können, *wie sie sind*, sondern sie im Bewusstsein von Management sehen. Wir sehen die Managementkomponente in dieser „Zweifelderpraxis" als wären wir Manager – gleichgültig, ob dies von Anfang an auch ein profitorientiertes Denken einschließt oder anderen Zielen verpflichtet ist. Der Managementblick kann nicht neutral sein, so wie auch jeder andere Blick durch irgendeine andere Position relativiert wird. Der Managementblick wird dadurch nicht irrelevant oder gar falsch, sondern ist ein kontextbezogener Zugang zu einer Sache, der diese nicht nur umhüllt oder einfängt, sondern auch inhaltlich tangiert.

Eine Sache, sei diese Kunst oder ein Stück historische Erinnerung, sei sie ein politisches Programm oder eine kommerzielle Werksidee, verändert sich auch inhaltlich (wenn auch vielleicht nicht physisch) durch die Art und Weise, wie sie an die Öffentlichkeit gerät. Ein Portrait wird immer anders gesehen, je nachdem in welcher Umgebung es hängt. Auch die perfekteste CD-Aufnahme ersetzt nicht den Konzertsaal. Die *Form, die Zeit und der Ort* der Präsentation einer Sache bestimmen mit, wie sie in der Öffentlichkeit wahrgenommen und verstanden werden kann. Mit dieser Aufgabe, nämlich der Bestimmung von Formen, Zeitumständen und Ortgegebenheiten bei der Bearbeitung der Öffentlichkeit (oder angepeilter Sektionen in ihr), ist eine Kernfunktion des Kulturmanagements benannt. Professionelles Kulturmanagement ist ein Kontexterzeuger; es bereitet die gesellschaftliche und physische Umgebung für eine Kunst oder ein Kulturwerk anderer Art vor, gestaltet es und gibt dadurch zugleich der Deutung durch die Rezipienten zumindest eine kommentierende Kulisse vor. Und da Kulturmanagement auf Kontexte gerichtet ist, diese die Kunstwahrnehmungen und -deutungen des Publikums mitbestimmen, ist Kulturmanagement unweigerlich immer mit den Inhalten verwoben. Kann Kulturmanagement in dieser Aufgabe einem eindeutigen Kontext zugeordnet werden?

Die verbreitete additive (wenn auch nicht immer als solche bewusste) Auffassung von Kulturmanagement ist kein Einzelfall, sondern hat sich mit der aus der Ökonomie selbst kommenden Idee gebildet, dass man die Einsichten in die Praktiken der Wirtschaft nahezu überall einsetzen kann, soweit sie rational durchdacht und insoweit in sich vollkommen schlüssig sind.[16] Professionelles Management hält sich prinzipiell für kompetent, überall einsetzbar zu sein, wo es um die Kunst der rationalen Leitung und Lenkung von Prozessen geht, in denen mit knappen Ressourcen gewirtschaftet werden muss. Das gilt mit gleicher Selbstverständlichkeit auch für derartige Aufgaben außerhalb des klassischen Objektfeldes, nämlich der Wirtschaft. Es entstehen auf diese Weise die so genannten Bindestrich-Management-Konzepte wie Politik-Management, Gesundheits-Management, Umwelt-Management, Wissenschafts-Management und eben Kultur-Management.

Fast alle diese „Bindestrich"-Gebiete haben es mit Inhalten zu tun, die gesellschaftlich empfindlicher sind als Maschinenbau oder Düngemittelproduktion. Fast alle sind nicht dafür gedacht oder von vornherein gemacht, in ihnen oder mit ihnen unbehelligt Profit zu erzielen. Doch der fast alles bestimmende Kontext des Managements als Praxis ist eine durch und durch kommerzielle Erfahrungs- und Handlungswelt. Deren spezifische Rationalität ist ihr zentrales Thema und Anliegen, und nur dieser Kern wird – so wie man ihn aus der Betriebswirtschaftslehre kennt – häufig zur Vorlage für die Gestaltung von Konzepten des Kulturmanagements in Anspruch genommen, nicht aber der unsichtbare Schweif des kommerziellen Kontextes, der die Praxis des Managements ebenso bestimmt wie die theoretischen Modelle und Erklärungen dazu. Wir sehen in dieser Herangehensweise die meist unerkannt bleibende Schaltstelle für problematische Auffassungen, curriculare Programme und praktische Konzeptionen des Kulturmanagements.

In den folgenden Abschnitten werden wir uns relativ ausführlich mit dem Thema „Management" besonders aus der traditionellen Sicht der Wirtschaftspraxis und der wissenschaftlichen Managementlehre in der Betriebswirtschaftslehre befassen.[17] Der Sinn liegt vor allem darin, den manchmal allzu unreflektierten Anlehnungen an dieses Wissens- und Praxisgebiet für das Kulturmanagement mit etwas weiter eindringenden Kenntnissen relativierend zu begegnen. Management in der Wirtschaft ist eine Quelle an Möglichkeiten, die Praxis der Gestaltung, Entwicklung und Sicherung von kulturellen Einrichtungen zu verbessern. Aber es ist nur *eine* Quelle, und es ist auch nur eine *Quelle,* kein Fundus fertiger Rezepte. Vorsicht ist also geboten, besonders dann, wenn keine anderen Möglichkeiten mehr in Erwägung gezogen werden, eine akzeptable Balance zwischen Form und Inhalt im Kulturmanagement zu finden.

Man muss die gesellschaftlichen Hintergründe, die marktwirtschaftliche Entfaltungsgeschichte und die mentalen Prägungen durch die Dominanz der ökonomischen Rationalität verstehen, um für die Zwecke der Kultur- und Kunstpraxis geeignete Konzeptionen ableiten zu können. Um ein differenzierendes Basisverständnis für die Managementpraxis von Wirt-

---

[16] Die in dieser Hinsicht wohl extremste Position nehmen Homann/Suchanek (2005) ein.

[17] In meinem (für 2010 in Druck befindlichen) Buch „Weltwirtschaft – Zwischen Chaos und Struktur" habe ich ausführlich dafür argumentiert, einige Konventionen und Gewohnheiten des betriebswirtschaftlichen Denkens nur zu formulieren und zu erweitern. Unternehmenspraxis und insbesondere Unternehmensführung wird vor allem in der Betriebswirtschaftslehre viel zu wenig als geistig-schöpferische und viel zu pointiert als Systemsteuerung betrachtet.

schaftsunternehmen geht es einerseits und um eine kritische Sichtung der Limitationen, die man in betriebswirtschaftlichen Lehrbüchern findet, anderseits. Nicht selten ist es besser, sich in der Wirtschaftspraxis selbst umzusehen, als sich an Lehrbüchern zu orientieren, die oft weitab der Realität zu Theorien und Modellen gelangen, die nichts anderes als Variationen und Differenzierungen immer desselben Themas sind: Ökonomische Rationalität in Verbindung mit dem Ziel, möglichst hohe Gewinne einzufahren.

Das Problem der (ökonomischen) Rationalität ist eigentlich unlösbar, wenn man es nur auf der formalen Ebene angeht. Infolgedessen können ökonomische Ratschläge, die die formale Ebene nicht verlassen und an sich zu logisch schlüssigen, inhaltlich womöglich vernünftigen Entscheidungen gelangen, nicht wirksam werden. Sie sind, genau besehen, tautologische Diskurse, die keine Lösungen bringen. R. Grimminger hat dieses Dilemma ausführlich beschrieben:

„Jede wissenschaftliche Diskussion um etwas Bestimmtes erschöpft sich mit der Zeit genauso wie jede andere Diskussion auch, zumal es keine ernst zu nehmenden Probleme gibt, die sich durch Diskussionen auf Dauer lösen ließen. Ernsthafte Probleme wie etwa das, wie man leben soll, lassen sich überhaupt nicht dauerhaft lösen, so auch nicht das Problem der Vernunft. Man kann bei jeder Diskussion den Zeitpunkt voraussehen, in dem sich die Beiträge zur Lösung eines – und wenn auch wichtigen – Problems in der Monotonie der bloßen Wiederholungen wie Gebetsmühlen automatisiert haben und der Wunsch übermächtig wird, den Raum der leeren Diskurse fluchtartig zu verlassen. Es ist der Wunsch nach etwas Neuem, noch Zukünftigem, und sei es nur nach einem neuen Stoff für eine neue Diskussion." (Grimminger, 1990, S.13).[18]

2.2 Übernahmen betriebswirtschaftlicher Managementprinzipien?

In den folgenden Abschnitten steht zwar die Ökonomie im Mittelpunkt der Argumentation, aber gemeint ist bei genauerer Betrachtung stets ihre Relevanz für den Kulturbereich insgesamt und für die Begründung von Konzeptionen des Kultur- und Kunstmanagement im Besonderen. Ein noch ausführlicher zu begründender Punkt ist auf die problematische Perspektive gerichtet, dass Kultur und Wirtschaft als zwei einander zwar beeinflussende, aber eigene Systeme, d. h. Untersysteme des Gesellschaftssystems aufgefasst werden. Diese Sicht teilen wir nicht, denn sie ist ein vor allem die Wirtschaft betreffendes Missverständnis des tatsächlichen Charakters der Wirtschaft. Jede menschlich bewusste Handlung ist eine Kopfgeburt, ein zuerst im Denken sich formierendes Entwerfen einer daraus folgenden physischen Handlung. Dieses Denken eines Menschen ist keine leere Hülle, sondern folgt einer kulturell geprägten, höchst individuellen Architektur des Gehirns. Es gibt folglich kein Handeln, das *nicht* in Kultur gebunden ist. Und das gilt auch für alles Wirtschaften. Deshalb sehen wir die Wirtschaft als eine spezifische Form von Kulturpraxis, die sich freilich von der Kulturpraxis des Kunstschaffens, des wissenschaftlichen Forschens und anderer gesellschaftlicher Aktivitäten unterscheidet. Wir kommen darauf noch im Einzelnen zurück.

An dieser Stelle ist eine wichtige Unterscheidung vorwegzuschicken, die in vielen öffentlichen Debatten und im Schrifttum nicht immer deutlich gemacht wird. Die wahrnehmende Beobachtung und Deutung dessen, was *real* in der Wirtschaft und ihren vielen Glie-

---

[18] Karl Valentin hat dies etwas kürzer formuliert: „Es ist schon alles gesagt worden, nur nicht *von* allen".

derungen geschieht, bedeutet eine intellektuelle Aktivität, die Einsichten in wirkende, erfahrene oder erfahrbare Zusammenhänge innerhalb der Wirtschaft und in ihren Verflechtungen mit dem gesamten sie umgebenden gesellschaftlichen und politischen Kontext zu gewinnen trachtet. Diese Realitätswahrnehmung ist standortabhängig (wo befindet sich der Betrachter real oder fiktiv, wenn er die Realität wahrnimmt?) und von den sozialen Umgebungsfaktoren des Betrachters (seinem gesellschaftlichen Umfeld, seinem Weltbild, seinen persönlichen Erlebnissen, seinen Glaubensgrundsätzen usw.) beeinflusst. Es ist nicht dasselbe (sondern allenfalls das Gleiche), ob jemand von einer Zuschauertribüne das Börsengeschehen auf dem Parkett beobachtet oder ob er daheim von einem bequemen Sessel aus diese Szene im Fernsehen zu Gesicht bekommt.

Eine dieser Vorbestimmungen kann auch durch eine ökonomisch geprägte Weltsicht eingefärbt sein. Die Vorstellung, dass die Wirtschaft die Hauptbewegungsenergie des Weltgeschehens darstellt – wie Liza Minnelli in ihrem bekannten Song „Money Makes the World go Round" durchblicken ließ -, ist sehr verbreitet, insbesondere auch unter Nicht-Ökonomen. Dies mag man für realistisch oder auch für übertrieben halten, doch die Tatsache, dass die ökonomisch geprägte Weltsicht aus den individuellen Wahrnehmungen unter dem Einfluss des individuellen sozialen Umfeldes hervorzugehen pflegt, lässt eine unermessliche Varianz an Auffassungen möglich erscheinen, von denen die meisten wohl nicht durch wirtschaftswissenschaftliche Vorbildung geprägt sind.

Man kann das Wirtschaftsgeschehen selbstverständlich wahrnehmen, ohne Ökonom zu sein – und auf diese Weise von den nicht mehr ganz freien Wahrnehmungsmustern und Fachfokussen der Ökonomen ungeschoren bleiben. Eine *spezifisch* ökonomisch bestimmte Weltsicht entsteht, wenn die Wahrnehmungen durch den Einfluss von und die Rücksichtnahme auf Fachtraditionen gefiltert werden. Diese sich auf eine wissenschaftliche Tradition oder Schule berufende Weltsicht hat die Eigenschaft, die eigenen Einsichten für wissenschaftlich abgeklärt und deshalb für die wahren und theoretisch begründeten zu halten. Überzeugungen fordern Geltung ein. Dies bringt uns zu dem Medium „wissenschaftliche Ökonomie", das durch die Festigkeit, mit der über viele Generationen an ihrem Wissensgebäude gearbeitet wurde, fast ein Eigenleben führt. Die Verselbständigung der Ökonomie und die Unerschütterlichkeit ihres Fundamentes sind in der Lage, selbst dann noch für wahr genommen zu werden, wenn sie mit den beobachteten Fakten nicht mehr übereinstimmen oder wenn methodologische Schwächen aufgedeckt werden, die an sich ein Umdenken, wenn nicht sogar einen Paradigmenwechsel erforderlich machen würden.[19] Die wissenschaftliche Ökonomie, die in den beiden akademischen Disziplinen Volkswirtschaftslehre und Betriebswirtschaftslehre ein über Generationen aufgebautes und gefiltertes Wissen repräsentiert, hat in ihren theoretischen Ansätzen und Modellen die Bezüge zu ihrem kulturellen (sozialen, politischen) Umfeld ausgefiltert und geht davon aus, objektives Wissen anbieten zu können, das unabhängig von einzelnen Personen und ihren subjektiven Wahrnehmungen und Bewertungen Bestand hat. Man muss nicht unbedingt ein Anhänger der konstruktivistischen Philosophie und ein Experte der modernen Gehirnforschung sein, um solche Postulate als irrational zu erkennen.

---

[19] Man muss heute mehr denn je auf die theoretischen, vor allem methodologischen Unzulänglichkeiten des traditionellen ökonomischen Denkens hinweisen, denn die Gegenwart zeigt immer deutlicher und brisanter, welche Fehlleistungen und Fehlentwicklungen insbesondere in ökologischen, aber auch sozialen und kulturellen Problemen der Weltlage letztlich auf ein übermäßig erhärtetes, neoliberal dominiertes Wirtschaftsdenken auch in der Politik zurückzuführen sind. Vgl. Brodbeck (2007), Bendixen (2003 a) sowie ders. (2005) und (2009a).

Diese beiden akademischen Disziplinen der Ökonomie stellen ein Rüstzeug an Theorien, Modellen und Verfahrensweisen zur Verfügung, das man bei der Erfassung und Deutung realer Vorgänge in der Wirtschaft als Projektionsfläche der Reflexion benutzen kann. Hier muss man sich aber darüber im Klaren sein, dass in den Wissensblock dieser beiden ökonomischen Disziplinen nicht exakt bestimmbare, zudem wandelbare Wahrnehmungs- und Deutungstraditionen und wissenschaftliche Erklärungsstrategien eingebaut sind. Diese Traditionen und Strategien konstituierten erhärtete Sichtweisen, die mit der Zeit und über Generationen zu eisernen Ansichten werden, die als wahr, logisch und unbezweifelbar aus- und weitergegeben werden. Es sind allerdings keine absoluten Wahrheiten, schon gar nicht im naturwissenschaftlichen Sinne, sondern relative, und das heißt grundsätzlich bestreitbare. Sie sind Konstruktionen menschlichen Denkens, die keine objektiven Wahrheiten beinhalten, sondern allenfalls in hohem Maß übereinstimmende Überzeugungen. Die Relativität dieser Wahrheiten ist ein gravierendes methodologisches Problem, wenn nicht sogar eine Belastung für den Geltungsumfang der tradierten theoretischen Ansätze und Resultate der Ökonomie. Insbesondere die neoklassische Ökonomie, die nach wie vor als die heute vorherrschende und politisch in Gestalt des Neoliberalismus sogar sich ausbreitende Auffassung zu gelten hat, repräsentiert einen solchen ziemlich zähen Weisheitsblock. Er ist nur schwer zu bewegen.

In den nächsten Abschnitten wird eine Menge Kritisches zur neoklassischen Ökonomie vorgetragen werden. Die Zielrichtung dieser Argumentationen ist in ihrer Substanz pragmatisch gemeint (mit Blick auf das Kulturmanagement) und besteht hauptsächlich darin, den selbstgewissen Geltungsanspruch dieser Ökonomie zu überprüfen und zu relativieren, und zwar mit besonderer Betonung ihres Geltungsanspruchs in kulturellen Fragen. Diese Kritik ist *nicht* zu verwechseln mit einer politischen Kritik an Praktiken der Wirtschaft selbst, die nur gelegentlich – soweit dies die Kultur tangiert –zur Sprache kommen wird. Die allerdings hier nicht intendierten Implikationen der – insoweit auch unsystematischen – Kritik an der Neoklassik gehen in die Richtung, dass mit Blick auf die realen Entwicklungen des Weltgeschehens neue Ansätze des ökonomischen Denkens und Forschens zu postulieren sind, ohne dass dies in irgendeiner Weise besonders ausgearbeitet wird. Das ist und kann nicht das Thema dieser Einführung in das Kultur- und Kunstmanagement sein.[20]

Die wissenschaftliche Ökonomie, insbesondere die Betriebswirtschaftslehre, repräsentiert eine Welt der Ordnungen, Planungen, Berechnungen, Zielstrebigkeiten und Kontrollen. Nichts wird dem Zufall überlassen. Wenn dieser dennoch in Erscheinung tritt oder mit ihm zu rechnen ist, wird ihm mit kalkulierter Beweglichkeit (Adaption) begegnet oder berechnend ausgewichen, als ob der Zufall immer ein Unglück sein muss, auch der glückliche Lottogewinn ist ja dem Zufall unterworfen. Tugenden des praktischen Handelns, die sich an diesen Maximen orientieren, sind die Basis für kommerziellen Erfolg. Dieser wiederum kann quantitativ an einer einzigen Größe, dem Profit (oder seinen Abkömmlingen wie Rendite, Dividende, Shareholder Value usw.) relativ einfach gemessen werden. Das Credo der Betriebswirtschaftslehre lässt sich mit diesen wenigen dürren Worten ziemlich klar umreißen; es zieht sich durch alle Lehrbücher und Curricula, durch alle Seminarthemen

---

[20] Diese Fragen sind nicht nur, aber auch unter Ökonomen in Bewegung gekommen. Die Zahl der kritischen Publikationen, die neue Formen des ökonomischen Denkens einfordern, wächst ständig (wenn auch vielleicht nicht wirkungsmächtig genug, um ein Umpolen der wirtschaftspolitischen Praxis einzuleiten). Anregungen dazu finden sich in Bendixen (2009a) und ders. (2010).

und Forschungsprojekte: Wirtschaften in Unternehmen bedeutet, in einer Marktwelt voller Chancen und Unsicherheiten klaren Kopf behalten und zielstrebig den Gewinn maximieren.

Die Wirkungen der generationenlangen, ständig in ihrer Präzision und Effizienz gesteigerten Methode der systematischen Erfolgsorientierung sind dort unmittelbar und am überzeugendsten ablesbar, wo sie historisch am längsten haben wirken und sich in ihrem selbst durch Katastrophen wie Kriege kaum unterbrochenen Aufstieg haben etablieren können: in den Wohlstandssteigerungen der Industrieländer des so genannten (marktwirtschaftlich orientierten) Westens. Dies ist nicht bloß eine Selbsteinschätzung des Westens, sondern kann sich auf eindeutige Fakten berufen. Dennoch bleiben manche Fragen offen, weil die positiven Belege nicht erkennen lassen, auf wessen Kosten (z.B. Natur und Umwelt) und mit welchen Schattenseiten (z.B. Peripherisierung der Dritten Welt) diese Erfolge erzielt wurden (Landes 1999, Aşik 2000, Stiglitz 2004, ders. 2010).

Der unbestreitbare materielle Erfolg dieser Wirtschaftsweise hat – trotz weiter bestehender und zum Teil sogar noch verstärkter Ungleichverteilung des Sozialprodukts innerhalb eines Landes und zwischen den Welten (Erste, Zweite, Dritte Welt) und trotz der teilweise problematischen (möglicherweise sogar irrationalen) Nebeneffekte im Umweltbereich – dennoch eine breite Basis (Beweiskraft und Zustimmung) in den beteiligten Gesellschaften erhalten. Den privaten Haushalten aller Schichten geht es heute im Vergleich zum 19. und der ersten Hälfte des 20. Jahrhunderts materiell erheblich besser. Dies alles muss man im Auge behalten, um zu verstehen, weshalb Management nach wie vor als eine auf Erfolg programmierte Kompetenz hoch angesehen ist, was sich unter anderem in dem immer noch anhaltenden Andrang zum Universitätsfach Betriebswirtschaftslehre und der weiter steigenden Zahl von Trainingszentren und Eliteschulen für Manager, heutzutage mit besonderen Akzenten auf Internationalität, ablesen lässt.

Die heimliche Verbeugung vor solchen Kompetenzen dürfte gewiss mitgespielt haben, als – beginnend in der achtziger Jahren des letzten Jahrhunderts und seither stark ansteigend – in den dramatischen Krisenlagen vieler kultureller Institutionen angesichts der vielfach bedrohten kulturellen Substanz ganzer Kommunen die Notbremse gezogen wurde und Wirtschaftsberater zu Hilfe gerufen wurden und immer noch werden. Man war und ist weiterhin von den Kompetenzen derer überzeugt, die sich in der Wirtschaft selbst einen Namen gemacht haben und denen man zutraut, ähnliche Wirkungen auch in der notleidenden Kultur erzielen zu können.

Dass sich die Erwartungen nicht immer erfüllten, ist weniger ein Zeichen für mangelnde Managementkunst der Berater als ein Menetekel für eine zum Teil amateurhafte Fehleinschätzung der Übertragbarkeit von Praktiken der Geschäftswelt auf den Kulturbereich. Dies hängt sicher auch damit zusammen, dass die tatsächlichen Spannungen – hier vereinfacht reduziert auf das problematische Verhältnis von kulturellem Inhalt und ökonomischer Form – zwischen beiden gesellschaftlichen Bereichen noch nicht einmal richtig diagnostiziert werden konnten und dass eine auf sicherem Boden stehende Ausbildungstradition in Sachen Kulturmanagement noch nicht Fuß gefasst hat.

Fehlende Resonanz kultureller Angebote beim Publikum oder überhaupt in der Öffentlichkeit sind dann nicht durch professionelles Management zu beseitigen, wenn übergreifende Probleme wirksam werden, wenn beispielsweise das Verständnis für anspruchsvolle Kunst in Folge von Mängeln des Bildungssystems entschwindet. Wo ein verständiges Publikum fehlt, kann auch das beste Kulturmanagement nicht zu Erfolgen führen, schon gar nicht zu wirtschaftlichen (von kommerziellen ganz zu schweigen). Kulturmanagement ist kein Heilmittel, sondern ein möglicher Verstärker dort, wo die Kunst selber Stärke zeigt durch meisterhafte Qualität, durch Einfallsreichtum und geglückte Umgebungskonstellationen.

Qualifikationen in Kulturmanagement sind allerdings auch nicht von selbst ein sanfter Weg des vorsichtigen Ausgleichs der Spannungen zwischen der ökonomischen und der kulturellen Welt. Die entscheidende Frage ist, welche Anleihen aus der – der Geschäftswelt zugewandten – Betriebswirtschaftslehre sinnvoll und welche im Interesse der Kulturerhaltung und -entwicklung besser zu meiden, umzugestalten oder zu ergänzen sind. Deshalb ist die Frage nach den Lehrstoffen und ihren Gewichtungen in den Ausbildungsstätten für Kulturmanagement keine, die man mit leichter Hand aus dem bewährten Arsenal der Betriebswirtschaftslehre beantworten sollte.

Die rasche Ausbreitung des professionellen (d.h. aus systematischer Ausbildung und Praxisvorbereitung hervorgehenden) Kulturmanagements in den vergangenen Dekaden ist ein weltweites Phänomen (vorerst hauptsächlich in den Industrieländern), das ohne den Hintergrund des Managementbooms in der Geschäftswelt kaum zu erklären wäre. Mehrere Ursachen haben dies im Zusammenspiel mit den historischen Begleitumständen, die übrigens in den verschiedenen Ländern zum Teil höchst verschiedenartig sind, bewirkt. Die politische Erstarkung des Neoliberalismus als Antreiber und Profiteur der wirtschaftlichen Globalisierung hat daran ebenso Anteil gehabt wie die damit verbundene gleichzeitige Abschwächung der fiskalischen Leistungsfähigkeit des Staates, der in den europäischen Ländern – im deutlichen Unterschied zu den Vereinigten Staaten, die einen ganz anderen kultur- und wirtschaftsgeschichtlichen Hintergrund aufweisen – bis dato noch immer, wenn auch schwindend, einen kaum verzichtbaren finanziellen Unterbau für Kunst und Kultur bereitstellt.

Neben vielen weiteren Ursachen, die zum Teil auch in Umbrüchen und Wertverschiebungen innerhalb der Kultur selbst und in veränderten Auffassungen und Praktiken von Kunst liegen, hat natürlich das Wirtschaftsmanagement als kommerzielle Erfolgsmethode eine immense Anziehungskraft für die unter finanziellen Druck geratenen Verantwortlichen in der Kultur ausgeübt. Wirtschaftsmanagement als anerkannt erfolgsorientiertes Lenkungs- und Gestaltungshandeln in der Unternehmenspraxis und als Ausbildungs- und Trainingsgebiet mit wissenschaftlichem Fundament und Format hat gegenwärtig, d.h. etwa seit den siebziger Jahren des letzten Jahrhunderts, einen Reifegrad und eine methodisch-instrumentelle Ausstattung erhalten, die den Gedanken nahe legen *mussten*, es mit Managementkompetenz auch außerhalb der Wirtschaft, so eben auch in der Kultur, zu versuchen.

Die Einführung von Praktiken des Managements unter dem Leitstern „Steigerung der Wirtschaftlichkeit und Leistungsfähigkeit" im Bereich der öffentlichen Verwaltungen hat – vornehmlich aus den USA und Großbritannien kommend – schon in den achtziger Jahren zu einem eigenen betriebswirtschaftlichen Arbeitsgebiet unter der Bezeichnung „Public Management" geführt (Damkowski/Precht,1995, Budäus 1998, Proeller/Schedler 2009, Thom/Ritz 2007). Public Management ist mehr als nur die Implantation von Kostenbewusstsein in öffentlichen Verwaltungen. Es ist vielmehr unter Beachtung der rechtlichen Besonderheiten öffentlicher Aufgaben die Einführung von (abgewandelten und angeglichenen) Unternehmenskonzepten, durch die eine stärkere Serviceorientierung zugunsten der Klientel und vor allem eine günstigere Kosten-Leistungs-Relation erreicht werden sollen.

Diese Entwicklung zeigt deutlich, dass es heute in den öffentlichen Verwaltungen nicht mehr nur um eine Verstärkung der internen Wirtschaftlichkeit geht, sondern dass mit der Serviceorientierung auch ein Denken in Kategorien des Marktes (vor allem Kundenorientierung) Einzug gehalten hat. Verwaltungen sollen sich unter den Bedingungen der Marktwirtschaft nicht mehr als Obrigkeiten begreifen, die die Angelegenheiten der Bürger in Ordnung halten und beaufsichtigen, sondern sich – zumindest indirekt – dem Zufriedenheitsurteil der Öffentlichkeit unterwerfen sollen. Auch eine Behörde braucht heute wohl ein Image, eine eigene Corporate Identity.

Eine inzwischen sehr weit in die Praxis umgesetzte Konzeption ist die relative Verselbständigung von geschlossenen betrieblichen Einheiten (öffentliche Regiebetriebe, Eigenbetriebe, Körperschaften, Anstalten). Die Maßnahmen reichen von der Übertragung von Globalhaushalten mit weitgehend eigener Entscheidungsbefugnis über die innere Aufteilung der Haushaltsansätze bei gleichzeitigem Verzicht auf die hemmenden Bestimmungen der kameralistischen Verwaltungstechnik bis hin zur rechtlichen Aussonderung solcher Einheiten in Stiftungen und Rechtsformen des Gesellschaftsrechts wie der GmbH. Letzteres war allerdings auch zuvor schon möglich. Die so geschaffenen Einheiten bleiben über Satzungsfestlegungen, Rahmenverträge, Aufsichts- und Prüfvorbehalte der Behörde sowie über vielfältige Formen des Kontraktmanagements mit der jeweiligen Kommune bzw. den staatlichen Organen verbunden.

In diesen Vorgängen zur Modernisierung der öffentlichen Verwaltungen sind Kenntnisse und Erfahrungen aus dem Wirtschaftsmanagement natürlich sehr gefragt, sofern sie mit detaillierter Sachkenntnis in der betreffenden Materie, z.B. dem Gesundheitswesen, der Abfallbeseitigung, den Schulen und Hochschulen, Forschungseinrichtungen, verbunden sind. Public Management, das sich mit den jeweiligen Inhalten von Kultur- und Kunsteinrichtungen genau auskennt, kann deshalb durchaus als Modell oder konzeptionelle Vorlage für die Präzisierung von Aufgaben im Kulturmanagement dienen. Managementdenken dagegen, das aus einer unreflektierten, die kulturellen Sachzusammenhänge übergehenden „freundlichen" Übernahme aus der Betriebswirtschaftslehre hervorgeht, läuft immer Gefahr, an den existenziellen Kräften des Kulturlebens zu zehren und zu einem Übergewicht ökonomischer Prinzipien auszuarten. Die schier endlose Zahl an Konflikten in den letzten Jahren zwischen behördlichen Sparkommissaren oder -auflagen und den Platzhaltern kultureller Bestände und Institutionen zeigen an, dass die Auffassungen über die Geltung ökonomischer Prinzipien wie Wirtschaftlichkeit umstritten sind, weil sie von den Kulturträgern als Bedrohung ihres inhaltlichen Anliegens empfunden werden.

Der Streit geht nicht etwa darum, ob diese Prinzipien logisch und vernünftig sind, sondern darum, mit welchem Grad an Vorrangigkeit sie inhaltliche Normen und Werte der Kultur zurückdrängen dürfen. Solche Kontroversen überraschen nicht. Erstaunlich ist nur, dass vor allem von Seiten der Verfechter der ökonomischen Rationalität deren normativer Charakter nicht durchschaut wird. Diese Streitfigur der Geltungskonkurrenz zwischen Handlungsprinzipien durchzieht den gesamten Bereich des Kulturmanagements.

Die Anstrengungen vieler Kämmerer in den Kommunen und vieler Ämter in den Ministerien, ihre Haushalte zu konsolidieren, haben sich auf erfolgreiche Praktiken des Managements auf der einen Seite und auf die noch vermuteten Reserven unausgeschöpfter Potentiale aus einer stärkeren Hinwendung zu marktwirtschaftlichem Denken auf der anderen Seite stützen können. Was die Intensivierung der Marktorientierung angeht, so mag es in manchen Kultureinrichtungen in der Tat einen erheblichen Nachholbedarf gegeben haben und zum Teil immer noch geben. Von Nachholbedarf kann indessen nur gesprochen werden, wenn es bereits ein allseits akzeptiertes und präzisiertes Fortschrittsstadium gibt, das als Minimalforderung gelten kann. Aber dieses Fortschrittsstadium ist das eigentliche Problem. Es ist letztlich ein gesellschaftspolitisches Thema ersten Ranges mit nachhaltigen Folgen.

Es muss allerdings nicht kommerzielles Denken sein, das hier eingefordert wird, sondern nur ein Abstreifen von verbreiteten Haltungen, die die öffentliche Finanzierung von Kultureinrichtungen als Selbstverständlichkeit und unhintergehbare Pflichtaufgabe unterstellen. „Theater muss sein", hat August Everding einmal ausgerufen und damit eben diesen Standpunkt deutlich herausgekehrt. Er ist in dieser Form nicht mehr zeitgemäß. Natürlich muss Theater sein (ebenso wie gute Literatur, Malerei, Musik, Filmkunst usw.), aber welches Theater und zu welchem Preis und in welcher Anzahl und welcher Größe der Spielstätten?

In vielen Fällen stellt sich heute nicht die Frage, ob das Alte in dem Zustand erhalten bleiben muss, in dem es immer stand, sondern in welcher Form es in eine neue Zeit, die sich längst angebahnt hat, mitgenommen werden kann, um nicht in Vergessenheit zu geraten. Kulturmanagement kann eine durchaus kreative Aufgabe darin sein, geeignete Formen zu entwickeln, um eben diesen historischen Transfer zu leisten. Das Publikum selbst, die Öffentlichkeit insgesamt, hat neue Formen der Rezeption von Kunst und Kultur angenommen, die es den alten Formen heute schwerer machen, sich noch zu halten und mit ihren Anliegen durchzusetzen. Grob gesagt: In der bürgerlichen Gesellschaft ging man als Gebildeter *aus eigenem Antrieb* (gelegentlich) ins Theater oder ins Museum. Das ist heute keine Selbstverständlichkeit mehr. Heute muss das Publikum dazu mit Mitteln der Öffentlichkeitsarbeit und des Marketing aus seiner Passivität gelockt werden (weil es seine Aktivitäten in andere Richtungen, z. B. häusliche Ablenkungen oder gesellige Vergnügungen, zu lenken sich angeeignet hat).

In vielen Fällen wird es sich auch nicht um den Markt mit seinen überwiegend kommerziellen Intentionen, sondern um die wesentlich umfassendere Kategorie der Öffentlichkeit handeln, die neben den erwarteten Besuchern einer Institution (dem Publikum im engeren Sinne) auch deren Freunde und Förderer sowie all jene einschließt, die kommentierend, kritisierend und applaudierend über Medien und Parlamente am kulturellen Geschehen teilnehmen. Insgesamt gesehen ist die professionelle Bearbeitung des kulturellen Umfeldes einer Institution ein bislang noch bei weitem nicht ausreichend entwickeltes Gebiet, und es ist selbstverständlich eine Aufgabe des Kulturmanagements, dafür die heute notwendige Professionalität zu entwickeln.

Kulturmanagement ist eine Form der Zusammenfügung beider Felder, dem der angemessenen Organisation und Steuerung betrieblicher Einheiten der Kultur *nach innen* und dem der Umfeldgestaltung *nach außen* im Sinne der Wegbereitung und der Öffnung von realen und virtuellen Handlungsräumen für die jeweiligen kulturellen Anliegen und Aktivitäten. Hier wie dort kann es sich nicht um schlichte Übernahmen von Managementkonzepten und -instrumenten der Betriebswirtschaftslehre bzw. der Geschäftspraxis handeln. Vielmehr müssen mit besonderer Berücksichtigung der Wert- und Sinnzusammenhänge von Kunst und Kultur konzeptionelle Anpassungen und Umformungen vorgenommen werden.

Die konzeptionellen, d.h. methodischen, instrumentellen und normativen Anforderungen an Kulturmanagement sind nicht die gleichen wie die der Wirtschaft. Wäre dies anders, hätte sich wohl kaum ein völlig eigenständiges Forschungs- und Lehrgebiet wie Kulturmanagement entwickeln müssen, und zwar bezeichnenderweise meist außerhalb der universitären Betriebswirtschaftslehre, nämlich an Kunst- und Musikhochschulen, kunst- und kulturwissenschaftlichen Fakultäten und zahlreichen Akademien und freien Organisationen.[21] Wenn der kulturelle Inhalt von sekundärem Rang wäre, könnte man betriebswirtschaftliche Absolventen ohne besonderes Spezialtraining in jeder beliebigen Kultureinrichtung einsetzen.

Bevor wir aber die Möglichkeiten angepasster Managementkonzeptionen zur Ermöglichung von Kunst und Kultur detailliert ausbreiten können, müssen zunächst die betriebswirtschaftlichen Grundlagen selber dargestellt und bewertet werden. Sie sind nicht nur faktisch, sondern auch theoretisch der Ausgangspunkt für alle weiteren Überlegungen, auch solche, die sich kritisch mit bestimmten Praktiken und ihren Begleiterscheinungen beschäftigen. Man muss genau kennen, wovon man sich partiell oder vielleicht sogar überwiegend distanzieren will und was man für eine Anleihe für geeignet hält. Es gilt die Frage zu beantworten: Worin besteht das Erfolgsrezept methodischen Managements und welche möglichen Nebenwirkungen hat diese Rezeptur schon innerhalb der Wirtschaft selbst und folglich auch bei der Transplantation ihrer Konzepte und dem Einsatz ihrer Instrumente in der Kultur? Worauf es ankommt, ist die Konzipierung von Praktiken des Managements im Bereich von Kunst und Kultur in Anpassung an die besonderen Bedingungen, Wertgeltungen und Empfindlichkeiten dieser gesellschaftlichen Sphäre.

Im Zusammenhang mit diesen Überlegungen wird (wenn auch mehr am Rande) auch darüber nachzudenken sein, welche Rückwirkungen sich aus den Einsichten und Erfahrungen des Kulturmanagements auf die Praxis des Unternehmensmanagements und von dort weiter rückwärts auf die betriebswirtschaftliche Managementlehre ergeben könnten. Dies könnte auf dreierlei Weise begründet sein:

- Zum einen nehmen die Anforderungen an eine komplexe Wahrnehmung der realen Umgebungen von Unternehmenstätigkeiten zu, beispielsweise dann, wenn die Unternehmenspolitik nicht nur die Anteilseigner (Shareholder) zu bedienen hat, sondern auch ihre Reputation gegenüber allen anderen Beteiligten (Stakeholder) aus Politik, Verbänden, Gewerkschaften, kommunalen Parlamenten, Pressuregroups usw. beachten muss. Kulturmanagement in der Wirtschaft (in Ausnahmefällen sogar Kunstmanagement in der Wirtschaft) kann in dieser Hinsicht spezifische Kompetenzen entwickeln, die im Unternehmensalltag wertvolle Dienste leisten.
- Zum zweiten kommt es für viele Unternehmen entscheidend darauf an, nicht nur unmittelbar mit ihren Produkten und deren ästhetischem Design, sondern mit ihrem gesamten Programm und darüber hinaus mit ihrem öffentlichen Erscheinungsbild Kontur zu zeigen. Kontur zeigen bezieht sich auf allgemeine Aspekte der Ästhetik, die in einer von Bildern, Symbolen und Figurationen überladenen Öffentlichkeit ein auffallendes Erscheinungsbild erbringen muss. Was hilft es, wenn man gut ist, und keiner sieht es. Kulturmanagement vor allem in seiner Kompetenz der Bearbeitung von Außenkontakten zur Öffentlichkeit ist oder kann sein ein professioneller Kontextgestalter.

---

[21] Von den 166 im Jahre 1997 verzeichneten europäischen Institutionen, in denen Kultur- und Kunstmanagement gelehrt wird, sind nur 13 in einer wirtschaftswissenschaftlichen Fakultät angesiedelt. (Council of Europe 1997). Seither hat sich einiges getan, so dass wir heute konstatieren können, dass Kulturmanagement fest in kultur- und kunstwissenschaftliche Fakultäten, Akademien und Institute eingebunden ist. Die spürbare Nähe zu den Künsten hat sich eben doch als vorteilhaft erwiesen.

- Zum dritten kann der Weg wissenschaftlichen Denkens in der Betriebswirtschaftslehre in Richtung einer Hervorhebung der kulturellen Dimension im Unternehmenshandeln gefördert werden. Die methodologische Entwicklung der Betriebswirtschaftslehre kann heute nicht mehr stehen bleiben bei rein dinglichen, quantitativen Analysen und Modellrechnungen, sondern muss sich mehr denn je den geistig-schöpferischen Qualitäten und Anforderungen an das Management öffnen. Die Beschäftigung mit Fragen der (spezifischen) Kultur und ihren ökonomischen Stützgerüsten dient also nicht nur dem praktischen Kulturmanagement, sondern erweitert zugleich die methodologischen Perspektiven der wissenschaftlichen Ökonomie.

In einer Welt, in der Produktionen irgendwo auf dem Globus etabliert und von beliebigen Entscheidungszentren aus gesteuert werden, spielt die Kostensenkung (vor allem in so genannten Billiglohnländern) eine ausschlaggebende Rolle. Erzeugnisse müssen preiswert sein, aber sie setzen sich international nicht durch, wenn sie ohne jedes Label schlicht als Produkte von kaum kontrollierbarer Qualität angeboten werden. Erst das Label, d.h. die Einpflanzung einer Handelsmarke (mit auf die Dauer nachzuweisender Qualitätsgarantie eines namhaften Herstellers) bringt den entscheidenden Markterfolg. Wer etwas produziert, was alle Welt auch produziert, wer sich also nicht abhebt von den anderen, begibt sich auf einen Wettbewerb allein auf der Basis von Kosten und Preisen. Deshalb sind Niedriglohnländer für viele (Roh-) Produktionszweige so interessant. Aus dem gleichen Grund werden diese Niedriglohnländer mit der Zeit den alten Industrieregionen der Erde uneinholbare Preiskonkurrenz machen können und damit in letzteren den Innovationsdruck mächtig erhöhen.

Geld wird immer seltener noch mit Produkten, sondern längst dominierend mit Namen oder Symbolen verdient. *Das* ist vermutlich der Hauptgrund, weshalb es Newcomer, vor allem aus der Dritten Welt, auf internationalen Märkten schwer haben sich durchzusetzen. Sie konkurrieren dort nämlich nicht mit ihren Waren, sondern müssen ihr Label, ihre Handelsmarke, gegen etablierte und sich professionell verteidigende Markeninhaber und Marktraumbesetzer durchbringen. Man muss ästhetische und symbolische Kontur zeigen, und dies ist keine klassische betriebswirtschaftliche Aufgabe mehr, sondern setzt die Qualifikationen einer – weit gefassten – Kulturarbeit voraus. Es erscheint keineswegs abwegig, Qualifikationen im Kulturmanagement als hierfür prädestiniert zu bezeichnen, vorausgesetzt, in der Gestaltung von Konzeptionen des Kulturmanagements und in der Praxis der Ausbildung von Kulturmanagern werden eindringlich auch Kompetenzen in ästhetischer Kommunikation eingebaut.

Kontur zeigen reicht auf lange Sicht allein nicht aus. Bloßes „ästhetisches Geräusch" in der Öffentlichkeit, ohne dass Substanz folgt (also etwa leistungsfähige Produkte, die den Verbraucher überzeugen, sowie daran gekoppelter Service, die ihn im Falle von Mängeln nicht im Stich lassen), bringt keinen dauerhaften Erfolg, weil die Glaubwürdigkeit eines Erscheinungsbildes sich nicht schon aus der Auffälligkeit an sich ergibt, sondern sich mit einer allmählich wachsenden Reputation bildet, und zwar in der Wahrnehmung der Außenwelt und im Gedächtnis der Menschen im Kontaktbereich. Wir werden sehen, dass es hier einige Analogien zum Kunst- und Kulturbereich gibt, die wiederum die Kompetenzen professionellen Kulturmanagements ins Spiel bringen. Die Prägung eines (positiven und natürlich auch eines negativen) Images ergibt sich im Zeitablauf aus der Verbindung von innerem Bild von der Sache und der wiederholten Erfahrung mit derselben. Reputation ist ein Gewächs, kein lauter Zuruf.

Diese allgemeinen Betrachtungen über das Verhältnis zwischen Kultur und Wirtschaft, über die wechselseitigen Einflüsse positiver wie negativer Art, über die Selbsteinschätzung des Kulturbereichs als etwas vom aggressiven Kommerz Fernzuhaltendes und über die Selbsteinschätzung der Wirtschaft als einer rationalen Zone, die für die (vermeintliche) Irrationalität außerhalb ihres Wirkungsbereichs zwar eine gewisse Sympathie, aber keine Mitverantwortung empfindet, dies alles ist Thema der Kulturökonomie, in der das Kulturmanagement nur ein (praxisorientierter) Teil sein kann (Vgl. Bendixen, 2001, ders. 2008 und 2009b). Dennoch werden diese Hintergründe stets präsent sein müssen, wenn es um die Konzipierung von Kulturmanagement für die Praxis geht. Das Thema „Kulturökonomie" mit seinen beiden Blickwinkeln der (angemessenen) Ökonomisierung der Kultur und der (eigentlich selbstverständlichen) Kultivierung der Ökonomie kehrt in den Ansätzen des Kulturmanagements ebenso wieder wie in den beiden Einsatzfeldern der Berufspraxis: Kulturbetriebe mit Modernisierungsambitionen einerseits und Wirtschaftsbetriebe mit aufgeschlossenem kulturellen Selbstverständnis andererseits. In einer Phase wachsender Internationalisierung müsste beides eigentlich eine Selbstverständlichkeit sein.

2.3 Die allgemeine Managementlehre

Die Betriebswirtschaftslehre hat als universitäres Fachgebiet innerhalb der Ökonomie von ihren Ursprüngen her eine gewisse Sonderentwicklung im deutschsprachigen Raum durchlaufen, die sich erst relativ spät, genauer: erst nach dem Zweiten Weltkrieg, konzeptionell und methodisch dem angloamerikanischen Management mehr und mehr angenähert hat. Diese Eigenart hat zu einem großen Teil historische Gründe, zum Teil aber beruht sie auch auf kulturellen und Mentalitätsunterschieden. Die Einführung von Studiengängen des MBA (Master of Business Administration) nach us-amerikanischem Muster und die europaweite Übernahme von Titeln wie Bachelor, Master und PhD sind sichtbare Indizien für eine weit reichende Verschmelzung amerikanischer und europäischer Denkansätze und wissenschaftlicher Konzeptionen der Ökonomie. Dennoch wird auch heute noch vielfach in der Fachliteratur der Begriff „Unternehmensführung" statt „Management" bevorzugt. Damit wird allerdings auch ein Aspekt besonderer Art und Delikatesse betont, der im Wort „führen" liegt und hierarchische Geltungsansprüche und Erwartungen einfordert, die eigentlich eher als veraltet oder überholt angesehen werden. Es muss – zumindest in dieser Schrift – offen bleiben, ob nicht manche mentalen Traditionen des „alten" Europa ihre Berechtigung hatten und noch haben und deshalb nicht unbedingt an einen Trend verschenkt werden müssen.

Führung, wenn auch mehr im Sinne von Leitung oder Anleitung, ist natürlich auch dem Management immanent. Doch spielen hier Kommunikation (Wechselgespräche) und Teamwork eine zentrale Rolle, und an die Stelle der Anweisung von oben tritt die Überzeugung. Es ist oft gesagt worden, dass die manchmal etwas hemdsärmelige Art der amerikanischen Managementpraxis eine unübersehbare Affinität zum offenen, liberalen, demokratischen Gesellschaftsklima habe. Dies würde zumindest erklären, warum solche Haltungen und Praktiken in Deutschland erst nach dem Zweiten Weltkrieg Fuß fassen konnten. Auch in diesem Punkt, der letztlich eine Frage des Stils ist, muss nicht alles, was einst galt, gleich über Bord geworfen werden.

54

Häufig wurden in Unternehmen in früheren Epochen (im kaiserlichen Deutschland natürlich noch besonders prägnant), aber auch in der Politik und beim Militär tatsächlich autoritäre Führungsstile auf der Grundlage von Folgsamkeit, Anerkennung hierarchischer Überordnung und manchmal auch Selbstaufgabe eingesetzt, eine Praxis, die in Kampfsituationen Erfolg versprechend, wenn nicht Erfolg bedingend zu sein scheint. Sowohl symbolisch als auch im konkreten Verhalten in Unternehmen, in der Politik und selbst in der Familie wurde diese Praxis zur Geltung gebracht, z.B. im Patriarchat oder zuweilen in einem Despotismus, wie er zwölf Jahre lang mit dem schlichten Wort „Führer" verkleidet werde.

Nun sind Kampfsituationen auf Märkten keine Seltenheit. Seit einiger Zeit und sicher im Zusammenhang mit den antriebsreichen Öffnungen der Weltmärkte durch die Globalisierung lässt sich das gut in den so genannten „feindlichen Übernahmen", den (friedlich ausgedrückt) Aufkäufen von Mehrheitsbeteiligungen über den Aktienmarkt, zeigen. In solchen „Kampfsituationen" mögen Konzepte wie Taktik, Schlachtpläne, verdeckte Operationen, Strategie – wie sie aus dem militärischen Jargon geläufig sind – angebracht sein. Diese Terminologie ist längst in den wissenschaftlichen Sprachgebrauch der Managementlehre eingedrungen, und die damit transferierten Analogien zum Militärischen sind sachlich durchaus nachvollziehbar, da die Durchsetzung am Markt oder die Eroberung oder Erweiterung von Markträumen tatsächlich eine Art von Kampf darstellt. Mag also sein, dass der Typus des napoleonischen Imperators und Draufgängers hier und da in der Wirtschaft eine Rolle spielt. Er ist wohl kaum noch die Regel.

In Verbindung mit Kultur- und Kunstmanagement hätte man sich jedenfalls zu fragen, gegen wen ein Theater kämpfen soll, wozu ein Sinfonieorchester eine Taktik oder einen Schlachtplan braucht oder wen ein Museum vom Markt drängen will. Wozu sollte man im Bereich von Kultur und Kunst strategische Planung und ähnliche Kampfattitüden einsetzen, wie dies in manchen Lehrbüchern empfohlen wird? Wir werden noch im Einzelnen sehen, dass hier teilweise und eher verdeckt Mentalitäten aus der Betriebswirtschaftslehre völlig unbedacht zusammen mit dem Instrumentarium übertragen werden, die vor allem auf dem Weg über die Ausbildung zu Fehlhandlungen in der Praxis führen können. Die Probleme sind eine Folge der Nichtbeachtung von Kontexten, aus denen die Managementpraxis hervorgegangen ist.

Die auf Mentalitätsbesonderheiten zurückgreifende Deutung von Unternehmensführung verdeutlicht mehr als nur einen graduellen Unterschied zum modernen Management und ist keineswegs nur eine akademische Begriffsspielerei, sondern hat in den fünfziger Jahren der alten Bundesrepublik auch in der Unternehmenspraxis eine handfeste Rolle gespielt. Unter Unternehmensführern der Industrie im Nachkriegsdeutschland war das Wort „Management" schlichtweg verpönt. Noch in den sechziger Jahren waren Vorschläge und Modelle zur Modernisierung der Unternehmensleitungen schwer durchsetzbar, wenn sie mit dem Wort „Management" verbunden waren, z.B. Konzepte des Managementtrainings.[22] Der Begriff galt als salopper Amerikanismus, zum Teil sogar als eine Art Entwürdigung der Autorität eines Unternehmensführers, wenn die Erwartung geäußert wurde, einen etwas offeneren Stil im Umgang mit Mitarbeitern (im alten Jargon: Untergebenen) zu pflegen. Einen freimütigen und kommunikativen Umgang mit den eigenen Mitarbeitern zu trainieren, wurde als eine Entehrung aufgefasst.

---

[22] Diese Erfahrungen habe ich in den sechziger Jahren in der deutschen Industrie selbst machen können. Vgl. Schnelle/Bendixen/Staehle 1968. Vgl. auch Bendixen 1991.

Das eigentlich Problematische an dieser von der Unternehmens*führung* her kommenden Entwicklung der älteren Betriebswirtschaftslehre liegt in der mentalen Begrenzung auf das Topmanagement, auch wenn in jüngeren Fachbüchern durchaus betont wird, dass es sich beim Management um eine hierarchisch mehrschichtige Funktion handelt. Doch in der Kompetenzabstufung mit deutlich abnehmenden Handlungsspielräumen im mittleren und unteren Management sowie in einer Sichtweise der meisten Abhandlungen, die indirekt letztlich dann doch wieder in der obersten Etage der Unternehmensführung landet, liegt weiterhin das Bild der Macht- und Weisheitsakkumulation in der Unternehmensspitze, wohingegen dieser Akzent im angloamerikanischen Sprachgebrauch keine, jedenfalls keine dominierende Bedeutung besitzt. Mittlerweile ist dieser „wirtschaftskulturelle" Unterschied allerdings weitgehend abgeschliffen.

Was die Akkumulation von Zuständigkeiten in der Unternehmensspitze so problematisch macht, ist nicht nur das enorme Risiko, dass jeder Fehler an der Spitze sich bis in alle Ecken der Hierarchie fortsetzt, ohne auf kritische und damit heilsame Gegenwehr zu stoßen (eine Problematik, die man auch in der Politik an vielen historischen Beispielen studieren kann). Hinzu tritt nämlich eine Form der Bürokratisierung von Vorgängen, durch die Umständlichkeiten, Fehlerquellen und vor allem mangelnde Eigeninitiativen in den unteren Rängen geschaffen werden. An dieser „Krankheit" leiden zahlreiche Institutionen der öffentlichen Hand, auch manche der traditionsreichen Kulturinstitutionen, denen diese Art von Bürokratie nicht fremd ist.

Ein weiteres nicht ganz unwichtiges Moment in der deutschen Entwicklung der Betriebswirtschaftslehre (früher hieß sie eine Zeitlang auch Privatwirtschaftslehre) ist ihr historischer Ursprung im Rechnungswesen. Bilanzierungsfragen, Kostenrechnung, Kalkulationen, Handelstechnik, Steuern und Buchführung standen am Anfang des letzten Jahrhunderts fast ausschließlich im Mittelpunkt der ersten Fachveröffentlichungen. Als Ende des 19. Jahrhunderts die ersten Handelshochschulen (anfangs noch außerhalb der traditionellen Universitäten, aber schon sehr bald als eigenständige Fachdisziplin innerhalb ihrer) gegründet wurden, betrug der Anteil an betriebswirtschaftlichen Lehrstoffen im Curriculum kaum mehr als 20%. und wurde von Gebieten wie Sprachen, Handelsgeographie, Handelsrecht, Nationalökonomie (in Hamburg auch Koloniallehre einschließlich Kolonialmedizin) weit überragt (Bendixen 1991, S. 14.ff.).

Diese anfängliche Fokussierung auf das interne Rechnungswesen hat sich, allmählich ergänzt um weitere *interne* Fragestellungen wie Organisation, Menschenführung (zeitweilig sogar mit gewissen faschistischen Anklängen unter dem Stichwort „Betriebsgemeinschaft") und Rationalisierung von Arbeitsabläufen (Refa-Studien begannen in den zwanziger Jahren), bis in die Zeit nach dem Zweiten Weltkrieg fortgesetzt. Daraus hat sich eine starke Betonung der *Binnen*orientierung in der Betriebswirtschaftslehre auf der Basis von Prinzipien wie Wirtschaftlichkeit, Produktivität und Rentabilität, aber auch Grundsätze ordnungsmäßiger Buchführung und Bilanzierung aufgebaut. Diese Binnenorientierung der Betriebswirtschaftslehre wurde erst in jüngerer Zeit allmählich relativiert und machte einer stärkeren *Außen*orientierung Platz. Spätestens seit den fünfziger und sechziger Jahren zeigte sich das in einem starken Auftrieb für das Fach Absatzlehre, das sich schon bald nicht nur terminologisch, sondern auch konzeptionell dem angloamerikanischen Marketing anschloss. Hinzu kamen Spezialgebiete wie Strategische Planung, Controlling und schließlich die Gestaltung von Corporate Identities und Corporate Images (dem Außenbild eines Unternehmens).

Die spezifische Konnotation von „oberer Etage der Unternehmenshierarchie" im deutschen Sprachgebrauch von „Management" mitsamt dem damit einhergehenden Macht- und Kompetenzanspruch hat es außerhalb der Wirtschaft, namentlich im Kulturbereich, nicht gerade leicht gemacht, diesen Begriff in Verbindung mit Kulturbetrieben und Kunstinstitutionen unvoreingenommen zu benutzen. Nach wie vor wird von manchen Direktoren in kulturellen Institutionen (Intendanten, Museumsdirektoren, Orchesterchefs usw.) unterschwellig oder freimütig Kulturmanagement abgelehnt. Man befürchtet wohl (oft nicht einmal ganz unberechtigt) einen Einbruch in die inhaltliche Entscheidungskompetenz durch Ökonomisierung und Kommerzialisierung zu Lasten der Substanz von Kunst und Kultur. Diese Befürchtung hat aber ihre Ursache in der Hochschätzung des Wortes „Management" durch Anhebung auf die Ebene der Führung mit weit reichendem Steuerungsanspruch, den ein Kunst- und Kulturmacher natürlich nicht ohne weiteres akzeptieren kann.

Auch aus diesem Grund sind Übernahmen aus der Betriebswirtschaftslehre in das Kultur- und Kunstmanagement mit Vorsicht und Überlegung zu handhaben. Dies ergibt sich daraus, dass in diesem Bereich den Inhalten von Kunst und Kultur eine überragende, vorrangige Rolle zukommt, die durch Kulturmanagement nicht verwässert werden darf. In der Wirtschaft *muss* die ökonomische Formebene die Sachinhalte dominieren, denn nur über die auf die Inhalte einwirkende ökonomische *Form* können die monetären Ziele realisiert werden. Kulturmanagement *muss* hier eine andere Balance finden oder sogar eine Umkehrung schaffen, was jedoch nicht zur Aufgabe bestimmter Grundsätze rationalen Managements führen muss.

Um in diesen Fragen zu einer gewissen Versachlichung einerseits, aber auch zur Offenlegung von tatsächlichen Spannungsverhältnissen andererseits beizutragen, müssen wir uns mit der Idee und Praxis von Management im Allgemeinen genauer befassen, bevor wir an partielle Umdeutungen für den Gebrauch im Bereich von Kunst und Kultur herangehen können. Dabei spielen Beobachtungen und Erfahrungen in der Wirtschaftspraxis eine ebenso bedeutende Rolle wie die Berücksichtigung von systematischen Abhandlungen in Fachpublikationen der Betriebswirtschaftslehre – ohne allerdings allzu tief in Fachfragen einzusteigen.

Ein erster Schritt in dieser Richtung ist die begriffliche Unterscheidung von Management in drei (miteinander verwobenen bzw. aufeinander bezogenen) Teilaspekten:

- Management ist ein *Strukturbezirk* in betriebswirtschaftlichen Leistungssystemen, ein oft vielköpfiges Netz von Personen, die sozusagen das Hirn des Ganzen ausmachen. Nur im Grenzfall eines sehr kleinen Betriebes mag dies in einer einzigen Person vereinigt sein. Wir können dies auch als Entscheidungszentrale bezeichnen und damit betonen, dass hier nicht nur alle wichtigen Informationen zusammenlaufen und zu verdichteten Situationsdarstellungen (mit all den Unwägbarkeiten, die ein Report, eine Graphik oder eine Tabelle enthalten können) verarbeitet werden, sondern dass hier auch das Bewusstsein für (kommerzielle, insbesondere natürlich finanzielle) Risiken am stärksten ausgebildet ist oder sein sollte.

- Management ist aus einem etwas anderen Blickwinkel eine bestimmte *Funktion innerhalb* dieses kollektiven Hirns. Auch als Funktion kann Management aus einem Kollektiv von vernetzten Hirnen, z.B. einem Stab oder einer Abteilung, bestehen oder auch nur von einer Einzelperson ausgeübt werden. Diese Funktion ist – wie der Begriff nahe legt – darauf angelegt, in einem arbeitsteilig gegliederten Leistungssystem einen bestimmten, regulierungsbedürftigen, aber mit anderen verknüpften und insofern unselbständigen Aufgabenbereich zu bearbeiten. Die Ausübung einer Funktion im Getriebe des Ganzen ist teilweise durch Routine zu bewältigen; dann gilt es, die Maximen dieser Routine zu bewachen, z.B. durch Kostenkontrollen oder Zeitkontrollen. Teilweise aber erfordern die Umstände eine Handhabung (durchaus im Sinne von manus agere = praktisch Hand anlegen), die in einer Abfolge von Erkundungen, Bewertungen und Entscheidungen zu Einzelfalllösungen führt. Management als Funktion hat in der Praxis immer einen Handlungs- und damit Entscheidungsspielraum.

- Management ist eine *Methode*. Sie konkurriert mit anderen Wegen und Formen der Unternehmensführung wie den patriarchalischen, autokratischen oder auch auratischen Methoden (falls man hier von Methode sprechen kann), die im Wesentlichen auf Alleinentscheidung und der Erzeugung von Emotionen der Gefolgschaft beruhen. In dieser Kategorie finden sich auch viele Praktiken, die in Kulturinstitutionen üblich sind. Das Spezifische des Managements ist sein nachdrücklicher Bezug auf Prinzipien rationalen und zielstrebigen Handelns auf der Grundlage von Planung, Berechnung und Kontrolle. Management ist eine durch wissenschaftlich begründete Theorien (Betriebswirtschaftslehre, aber auch benachbarte Disziplinen wie Volkswirtschaftslehre, Soziologie und Politologie) gestützte und sich daraus auch rechtfertigende Methode.

2.4 Managementstrukturen und -prozesse

2.4.1 Management als Kopfregion der Organisation

Management ist zwar eine relativ junge Form des methodischen Handelns von Unternehmern und in Unternehmen, aber es hat natürlich seine Vorläufer gehabt. Moderne Managementtechniken sind nicht über die alten Formen der Unternehmensführung übergangslos hereingebrochen, sondern sind Fortentwicklungen einer Handlungslogik des Wirtschaftens, die ihre Basis in einigen allgemeinen Vernunftregeln des Umgangs mit knappen Mitteln hat, zusammengefasst im Prinzip der ökonomischen Rationalität, und in der systematischen Entfaltung des Planens, d.h. des Vorausbedenkens von Möglichkeiten und Konsequenzen beabsichtigter Handlungen.

Das was in einem Unternehmen erreicht werden muss, nämlich Waren (oder Dienstleistungen) mit Gewinn zu verkaufen, sei es dass sie von anderen aufgekauft (Handel) oder selbst hergestellt (Gewerbe, Industrie) wurden, ist als Typus von Praxis so alt wie die Marktwirtschaft. Management ist dagegen eine moderne, in der zweiten Hälfte des vergangenen Jahrhunderts aufgekommene und zunehmend perfektionierte Methode der *Lenkung* einer Organisation, eines Unternehmens, auf der Grundlage von bewährten Instrumenten und Beurteilungsverfahren des systematischen Planens und Entscheidens. Es ist das Moment der Rationalität[23] (der Rechenhaftigkeit) einerseits und der Ausschließlichkeit in die-

---

[23] Zu unterscheiden ist ökonomische Rationalität als kalkulierendes Vorgehen bei der Erreichung von Zielen von logischer Rationalität im Allgemeinen als Gebrauch des verständigen Denkens in bewussten Lebenslagen. Beide sind zu unterscheiden vom Begriff der Vernunft. Diese wird wirksam, wenn die angestrebten Zwecke und ihre Folgen bedacht werden müssen. Rüdiger Safranski beschreibt den Unterschied bündig: „Der Mensch ist ein We-

ser Ausrichtung andererseits, welches die Idee des Managementhandelns im Unterschied zu älteren Praktiken kennzeichnet und sie zum Maßstab für die Qualität der Managementpraxis gemacht hat. Um dies näher zu beschreiben und zu verstehen, müssen zuvor die Besonderheiten dieser Praxis gegenüber der bis dahin seit Jahrhunderten üblichen herausgearbeitet werden. Was hat sich so rapide nach dem Zweiten Weltkrieg weltweit verändert? Auf die Wirkung welcher historischen Umfeldkräfte lässt sich die Erfolgsstory einer auf systematischer Planung, differenziertem Controlling und professionellem Marketing gegründeten Managementtechnik zurückführen?

Die Verwurzelung des (Wirtschafts-) Managements in der Marktwirtschaft führt uns zu einigen Grundtatbeständen des Operierens auf Märkten, die von alters her galten und nur historisch zeitbedingt in unterschiedlichem Gewand, in ihrer Grundanlage aber in immer gleicher Weise auftraten. Aus diesen Grundtatbeständen haben sich konkrete Managementstrukturen und -funktionen entwickelt, die diese Technik oder Praxis der Marktbearbeitung besonders kennzeichnen und die letztlich auch den historischen Erfolgsweg der Marktwirtschaft bedingt haben. Es ist ja nicht so, dass sich die Praktiken der Unternehmenslenkung an die Bedingungen eines schon vorhandenen Marktes eingefügt haben (dies geschieht so allenfalls im praktischen Einzelfall), sondern in der Weise, dass die kollektive Praxis von Handel und Gewerbe sich mit der Zeit und ständig daran weiterarbeitend *ihre* zeitbedingte Form von Marktwirtschaft geschaffen haben.

Märkte werden durch Praxis geschaffen; sie sind *soziale* Räume, die man sich für kommerzielle Zwecke genommen hat. Die in Lehrbüchern manchmal zu findende Beschreibung, dass sich die Managementpraxis aus den Bedingungen der Marktwirtschaft herleitet, ist eine Halbwahrheit. Die andere Hälfte besteht aus den Traditionen des Wirtschaftens selber, die sich als erfolgreich im *Schaffen* von Märkten, d.h. im Erobern und Konsolidieren von kommerziellen Handlungsräumen erwiesen haben. Die kaufmännische oder unternehmerische Praxis hat, wie eingangs bereits erläutert, stets eine operative Seite, die auf die optimale Erfüllung von Zwecken unter gegebenen Bedingungen gerichtet ist, und eine strategische Seite, die die Handlungsspielräume in der Öffentlichkeit mit kommunikativen und normativen Mitteln erweitert. Die Aufbereitung der Öffentlichkeit hat diesen Räume schaffenden Aspekt. Wir werden uns gerade mit Blick auf das Kultur- und Kunstmanagement noch detaillierter der Frage zuwenden, welche Rolle im praktischen Management die Arbeit an den (politischen, rechtlichen, sozialen, kulturellen) Rahmenbedingungen eines Handlungsraumes spielt und weshalb sie als eine Art Feldbestellung im Vorfeld der operativen Arbeit innerhalb dieses selbst bestellten Markt (hauptsächlich Warenverkauf) gekennzeichnet werden kann.

Die über die Jahrhunderte fortgesetzte, ständige kollektive Arbeit an diesen Rahmenbedingungen ist der eigentliche „Produzent" der Marktwirtschaft in ihrer jeweiligen historischen Ausprägung. Dieser „Produzent" ist die millionenfache Praxis von unternehmerischen Entscheidungen im Alltag, ohne dass jedem einzelnen Beteiligten immer bewusst ist, dass dies derartige historische „Kontextwirkungen" besitzt. Man findet oft in betriebswirtschaftlichen Lehrbüchern den Hinweis, dass Unternehmen unter den Bedingungen der

---

sen, das sich zu sich selbst verhalten kann. Verstand entdecken wir auch im Tierreich. Der Schimpanse, der durch Erfahrung lernt, mit einem Stock nach der Banane zu angeln, beweist verständiges Verhalten. Verstand ist am Werk, wo Werkzeuge hergestellt werden … Vernunft, im Unterschied zum Verstand, vermag über Zwecke zu disponieren." (Safranski 2004, S.7).

Marktwirtschaft eben so handeln *müssen*, wie sie zu handeln pflegen, nämlich kontinuierlich ihre Gewinne zu maximieren. Abgesehen davon, dass dies eine theoretische Vereinfachung ist, macht man es sich doch zu einfach. Mit der Berufung auf eine Zwangslage oder gar einen Notstand umgeht man die schwierige Diskussion über die Ethik des Gewinnmaximierungsprinzips, indem man sie den „Erfindern" und „Betreibern" dieses Wirtschaftssystems zuweist. Wer aber sind oder waren diese Erfinder und Betreiber?

Es gibt keinen benennbaren Erfinder der Marktwirtschaft, auch keinen weisen Herrscher, der dieses System angeordnet hat. Die Marktwirtschaft als Praxis auf der Makroebene hat sich nicht aus wissenschaftlichen Erkenntnissen ergeben[24], sondern es ist die Kulturgeschichte des Menschen, die im Verlauf von vielen Jahrhunderten wenn nicht Jahrtausenden langsam ein zivilisiertes System des Handelsverkehrs hervorbrachte, der ursprünglich tatsächlich nur aus Handel, nicht dagegen aus produzierendem Gewerbe bestand. Die Verschmelzung von Handel und industriellem Gewerbe ist ein relativ junges historisches Ereignis, kaum älter als 200 Jahre. Die „Methode" dieses historischen Prozesses ist der natürlichen Evolution sehr ähnlich: Versuch und Irrtum. Das Bewährte bleibt bestehen und prägt zunehmend die Strukturen und damit die Praxis.

Es wird in betriebswirtschaftlichen Lehrbüchern oft übersehen, dass es gerade die praktizierenden Unternehmen selbst sind, die sich *ihre* Märkte schaffen. Wie anders soll man sonst die Praxis des *Marketings* verstehen? Die Unternehmen der Praxis sind keine Schachspieler, die sich an die ewig gleichen Regeln halten und mit immer den gleichen Figuren spielen müssen und ihre Spielgewinne nur unter diesen ehernen Bedingungen durch strategische Klugheit und taktische Geschicklichkeit erzielen können, sondern sie sind Spieler *und* Regelgestalter zugleich. Der elementare Vorgang, eine Ware mit Gewinn zu verkaufen, also mehr Geld dafür zu bekommen, als man selbst beim Kauf oder bei der Herstellung hat bezahlen müssen, ist lediglich *ein Baustein* des wirtschaftenden Handelns. Er ist vielleicht der Kulminationspunkt, an dem sich der monetäre Erfolg entscheidet. Aus solchen und einigen anderen Bauelementen ist das Gebäude der Unternehmenstätigkeit errichtet, und daraus haben sich charakteristische Managementstrukturen gebildet.

Ein einzelner Verkaufsvorgang macht noch kein Unternehmen. Wer privat seinen Gebrauchtwagen per Annonce verkauft, ist kein Unternehmer. Der Gebrauchtwagenhändler dagegen macht aus dem An- und Verkauf von Fahrzeugen ein Gewerbe. Er betreibt dieses Geschäft betriebsförmig, also auf Dauer. Er bezieht auf Dauer sein persönliches Einkommen aus dem Profit, der daraus für ihn abfällt. Aus der Betriebsförmigkeit ergeben sich bestimmte Aufgaben, die auf die Erhaltung und gegebenenfalls auch auf das Wachstum des Gewerbes oder Unternehmens gerichtet sind. Es ist nämlich dafür Sorge zu tragen, dass *ständig*, möglichst regelmäßig – um in unserem Beispiel zu bleiben – Gebrauchtwagen von privater Hand angeboten werden und dass daraus ein ebenso beständiges Angebotssortiment gebildet werden kann, das in der Öffentlichkeit (dem Markt) einen gewissen Bekanntheitsgrad und Ruf aufbaut. Ein Gewerbetreibender erfasst und strukturiert für sich gedanklich oder in der ausformulierten Form eines Plans einen für ihn relevanten Handlungsraum, der je nach den Umständen eines Betriebes lokal, z.B. ein städtisches Fachge-

---

[24] Wohl aber haben kluge Köpfe wie Adam Smith und andere den besonderen Wert der im 18. Jahrhundert aufkommenden Ideen von Gewerbe- und Vertragsfreiheit, des Prinzips der Rückführung von Gewinnen in den investiven Wirtschaftskreislauf, der Freiheit der unternehmerischen Operationen auf Märkten und vieler weitere neuer Praktiken erkannt und systematisch durchgearbeitet. Vgl. Bendixen (2009a).

schäft, oder regional, beispielsweise eine Handelskette in einem Landesbezirk, oder global, etwa ein weltumspannend tätiger Pharmakonzern, sein kann.

Grundsätzlich hat man es deshalb *immer* mit einem, ggf. auch mehreren *physischen* Standorten, z. B. Fertigungsstätten, Warenlager oder Verwaltungsgebäuden einerseits, und einem oder mehreren, miteinander verschränkten oder unverbundenen, aber *gedachten* oder *abstrakten,* innerhalb der Öffentlichkeit nicht eindeutig abgrenzbaren Handlungsräumen andererseits zu tun. Letztere werden üblicherweise Märkte genannt. Es ist wichtig sich klarzumachen, dass Märkte etwas Abstraktes sind. Sie sind Konstruktionen von menschlichen Gehirnen, in denen sich Erfahrungen und Erwartungen abbilden, die das konkrete Handeln steuern. Über den Realitätscharakter von gedanklichen Konstruktionen zu philosophieren, ist hier vielleicht nicht ganz der richtige Ort.[25] Man muss sich jedoch klar machen, dass konkrete Handlungen im Denken vorbereitet werden, dass also vom Denken her die physische Welt angegangen wird, um sie herzurichten, für welchen Zweck auch immer. Insofern ist also das Denken zwar eine fiktive oder imaginäre Leistung des Gehirns, aber zugleich eine physisch wirksame Kraft, und in diesem Sinne haben Projektionen im menschlichen Gehirn Realität. Märkte sind real in dem Sinne, dass sie als Projektionen oder Konstruktionen im menschlichen Bewusstsein existieren und von dort aus äußere Realitäten in der dinglichen Welt schaffen. Was wir von ihnen in der Wirklichkeit sehen können, zum Beispiel die Auslagen auf einem Wochenmarkt, sind Konkretisierungen oder Materialisierungen von Marktdispositionen der Verkäufer.

Physische Standorte eines Gewerbetreibenden müssen nicht zwingend innerhalb des geografischen Marktraumes liegen; eine Ware kann durchaus an einem Ort gefertigt werden, an dem diese gar nicht nachgefragt wird. Import- und Exportfirmen handeln mit Gütern, die möglicherweise niemals physisch ihren physischen Standort passieren. Das sind in einer globalisierten Marktwelt durchaus keine ungewöhnlichen Verhältnisse. Aber als gedankliche Fixpunkte von Dispositionen liegen physische Standorte, zumal sie oft das Weltbild des Managers formen, immer innerhalb der realen Welt und bilden Konstruktionselemente des gesamten gedanklichen Handlungsraumes.

Das klingt komplizierter, als es ist. Es ist eine Alltagserfahrung, die jeder machen kann: Für die meisten liegen der Arbeitsort und der Wohnort mehr oder weniger voneinander entfernt. Beides sind physische Orte in einem gedanklichen (Lebens-) Raum, der immer eine geografische Perspektive besitzt. Man kann nicht gleichzeitig an verschiedenen Orten sein, aber sich in verschiedenen Räumen wähnen. Der jeweils andere Ort oder jeder beliebige sonstige Ort kann in Gedanken präsent sein; er ist nicht gegenwärtig, aber vergegenwärtigt. Gleichzeitigkeit in der Phantasie schafft ungeahnte Vervielfältigungen von Perspektiven, die man physisch nicht erreichen kann. Solche Verschlingungen der Perspektiven sind nur in der modernen Malerei darstellbar, die sich an ein physisches Gegenüber nicht halten muss. Die im Gedächtnis eines Menschen aktiven Lebensperspektiven bestimmen im wahrsten Sinne dieses Wortes seine Weltanschauung. Solche perspektivischen Strukturen prägen auch die Praxis der Marktbearbeitung, die im Markt eben einen solchen perspektivisch akzentuierten Raum vor sich hat. Der Markt, dem sich ein Mensch oder Gewerbetreibender gegenübersieht, ist *seine* Projektion, und diese innere Anschauung enthält die Dinge, wie sie sich ihm dargestellen und eingeprägt haben oder es gerade in einem

---

[25] Der philosophische Konstruktivismus in seiner radikalen Form verneint jede Gewissheit der Objektivität von Wahrnehmungen. Vgl. Glasersfeld 1997, Watzlawick (2010), von Foerster/Glasersfeld/Hejl (2009).

Vorgang aktiver sinnlicher Wahrnehmungen tun. „Wir sehen die Dinge nicht, wie *sie* sind, sondern wie *wir* sind", wie Anaïs Nin es einmal formulierte.

Ein deutscher Textilfabrikant, der im EU-Raum seine Verkäufe tätigt, lässt bestimmte Produktionsstufen bei der Herstellung seiner Waren in Indien und Malaysia und mehreren anderen Orten außerhalb Europas ausführen. Bei seinen Dispositionen (z.B. Muster, nach denen gefertigt wird; Halbfabrikate, die irgendwo hergestellt und zu bestimmten Terminen an bestimmte andere Orte zur Weiterverarbeitung verschickt werden) operiert er gedanklich und perspektivisch von dem Raumpunkt aus, an dem er residiert. Die Koordinaten des Raumes, den er gedanklich überblickt, treffen sich an diesem Punkt, ohne dass etwa die physischen Gegebenheiten dieses Standortes irgendeine Rolle spielen. Sein Standpunkt bestimmt seine Perspektiven. Das unendliche Universum hat (vermutlich) keinen räumlichen Mittelpunkt. Der Mittelpunkt eines jeden denkenden Menschen ist genau der Ort, an dem er an die Welt denkt, damit also das Zentrum seines Denkens selbst. Und der gedachte Raum lässt seine Koordinaten, z.B. gedachte Entfernungen, in eben diesem Zentrum beginnen und so weit reichen, wie das Denken sich bewusst machen kann.

Das bedeutet, dass selbst der Ort, an dem er zu leben pflegt, in Momenten des Disponierens eine gedankliche Abstraktion bildet. Die abstrakten Raumkoordinaten bringen jedoch alle relevanten Fakten seines Marktes, soweit sie ihm bekannt und bewusst sind, in eine Raumbeziehung.[26] Dem (real existierenden) Textilfabrikanten, der sich in einem Interview (im Rahmen des eben in der Fußnote erwähnten Projekts) geäußert hatte, war der Umstand völlig bewusst, dass seine kulturellen Interessen und das kulturelle Geschehen in der Stadt, in der er lebt, ihn persönlich zwar stark berühren, dass er seine geschäftlichen Disposition aber davon völlig unabhängig zu treffen pflegt. Dies ist eine völlig normale Erscheinung, die nicht nur im internationalen Geschäftsleben vorkommt und zum Teil skurrile Erscheinungen hervorbringt, zum Beispiel wenn in den Schnitzerwerkstätten der Makonde in Dar es Salaam, die durchweg Moslems sind, christliche Figuren (viele Kreuzigungsszenen!) für den Bedarf von Touristen und vor allem für den Export nach Europa hergestellt werden. Authentisch ist an diesen Figuren nur die Schnitztechnik am harten, schweren Ebenholz. Der traditionelle kulturelle Kontext dieses Handwerks spielt dabei praktisch keine Rolle mehr.

Die Idee, den sinnlich nicht erlebbaren Markt nicht mehr nur als inneres Bild bei sich zu haben, sondern in Modellform (vielleicht sogar in mathematischen Beziehungen) abzubilden und sich – auch als Theoretiker – an ihm abzuarbeiten, hat durchaus Sinn. Da der abstrakte Markt kein realistisches Abbild, sondern nur eine Konfiguration aus relevanten, also selektierten, Fakten darstellt, können leicht Entscheidungen gefällt werden, die die physische Welt in Bedrängnis bringen oder ihr Lasten aufbürdet. An einem konkreten Ort kann die Natur durch Übernutzung in Mitleidenschaft gezogen werden oder die ursprüngliche Kultur, wie im Falle der Makonde, kann in Vergessenheit geraten. Für letzteres gibt es an jedem beliebigen Touristenort, auch im Inland, reichlich Anschauungsmaterial in Souvenirgeschäften.

---

[26] Im Zusammenhang mit einem Forschungsprojekt im Auftrag der Wüstenrot-Stiftung (Wüstenrot 1999), das unter anderem Unternehmer und Manager nach der Bedeutung der lokalen, insbesondere kulturellen Gegebenheiten befragte, wurde dieses Thema behandelt. Die Befragten haben jeweils klar unterschieden zwischen der „Raumperspektive" ihrer beruflichen Arbeit im Unternehmen und der „Raumperspektive" ihres privaten Lebens am gleichen Ort. Nur die letzte kam bei den meisten für kulturelle Engagements am Ort in Betracht. Vgl. Bendixen/Sikorski (1999). Das Beispiel des Textilfabrikanten war darunter.

Die Fähigkeit zur Trennung der mentalen von der physischen Ebene ist für die Praxis des Managements eine Notwendigkeit, weil man in der Welt des Denkens jederzeit an den Anfang zurückkehren und neu starten kann, in der realen Welt des dinglichen Geschehens aber sind Taten unumkehrbar (Bendixen 2010). Hier gilt die Einsicht, dass der Pfeil der Zeit stets in eine Richtung weist. Eine Umkehr ist niemals möglich. Ein Manager muss lernen, zwischen beiden Sphären zu wechseln, und sich bewusst sein, dass er irgendwann entscheiden muss und von dem Zeitpunkt an die Risiken des Scheiterns wirksam werden können. Problematisch wird die Sache dann, wenn diese Trennung auch real dadurch vollzogen wird, dass dem Management der sinnliche Zugang zur physischen Welt, die er regiert, faktisch entzogen wird. Das ist der Fall, wenn Manager nach den Regeln und Empfehlungen von Lehrbüchern handeln, statt sich vorher, so gut es geht, gründlich der realen Lage zu vergewissern.[27] Hierin ist *seine* Kunst das genaue Gegenteil der *Werk*kunst, also des komplexen Erstellens eines Werkes mit eigenen Händen und aus eigenem intellektuellem Vermögen (Bendixen, 2009).

Wenn etwas in der physischen Welt *statt*findet, dann hat es eine *Stätte* gefunden, die ein physischer Standort ist. Wenn etwas nur im Kopf als bloßes Denkobjekt auftaucht, hat dieses Ereignis keinen physischen Ort und keine anderen Raumkoordinaten als die gedachten, die sich als inneres Bild einprägen. Der Markt im Kopf des Managers ist ortlos, ebenso seine Dispositionen. Die Einheit von Idee und Ausführung, die in der Kunst eine entscheidende Funktion hat – auch wenn alte Meister der Bildkunst nicht selten unter ihrer Anweisung und Kontrolle Teile ihrer Werke von Gehilfen ausführen ließen – , ist im rationalen Management gebrochen. Der Manager denkt voraus, legt aber (gewöhnlich) nicht selbst Hand an, muss also seine Sinnesorgane zur Anreicherung seiner Projektionen und zu deren möglicher Korrektur nicht gezielt aktivieren. Die Gefahren des modernen Managements liegen in der Trennung und Entfernung des Denkens von den fühlbaren und sinnlich erlebbaren Tatsachen der physischen Welt. So manche Managemententscheidung greift dann gefühllos in physische Verhältnisse ein und ahnt nicht die Brechungen und Verformungen, die sie dort anrichtet.

Deshalb kommt gerade im Management eine andere menschliche Fähigkeit als ein wichtiges Moment der Praxis ins Spiel, nämlich die Vorstellungskraft oder Phantasie. Diese hat nicht nur als Komponente von Kreativität eine Bedeutung, also als Schaffenskraft, sondern auch als die Fähigkeit, physische (auch soziale) Konsequenzen im Entscheiden mitzudenken (Bendixen 2009 d). Gerade weil Management eine intellektuelle Tätigkeit ist und gerade weil der Qualifizierungsprozess, etwa durch ein betriebswirtschaftliches Studium, auf einer hohen Abstraktionsebene stattfindet und die Phantasiefähigkeit meist verkümmert, ist praktische Erfahrung mehr als nur ein Stück realistischer Belehrung. Sie hat, richtig eingesetzt, eine ethische und eine rationale Funktion, weil sie Konsequenzen außerhalb des abstrakten Entscheidungsraumes fühlbar machen kann. Dies gilt selbstverständlich nicht nur für den Bereich von Kunst und Kultur.

Der Markt ist gekennzeichnet durch konkrete, d.h. benennbare, relativ gefestigte und mehr oder weniger verlässliche (z.B. durch Verträge gesicherte) Beziehungen zu Käufern, Lieferanten, Banken, Beratern, Behörden usw. Dieses Netz ist die Basis der Gewerbetätigkeit und bedarf der Pflege, z.B. durch regelmäßige Kontakte (konfirmierende Werbung, Besuche), durch vertrauensbildenden Service und seriöse Vertragserfüllung (Qualität der

---

[27] Das gründliche Scheitern eines gutgläubigen Menschen, der sein Leben nach Büchern einrichtet, ist wohl nirgends so überzeugend dargelegt worden wie in Miguel de Cervantes Figur des Don Quijote.

Produkte, Zuverlässigkeit in Terminsachen usw.) und manchmal durch kleine und große Gefälligkeiten (in der Praxis erfahrungsgemäß unter Einschluss von Korruption). Zu den konkreten, aktiven Beziehungen treten latente, die nur durch besondere Aktionen wie offensive (im Unterschied zu konfirmierenden) Werbekampagnen, Messen und Ausstellungen, Verdrängung oder Ausschaltung von Konkurrenten aktiviert werden können. Aus solchen Aktionen können dauerhafte Markterweiterungen entstehen (Ausdehnung oder Intensivierung des konkreten Netzes) oder vorübergehende Abschöpfungen (Extraprofite aus Sondermaßnahmen) erzielt werden. Marktbearbeitung bedeutet in der Praxis überwiegend, aus latenten Marktbeziehungen aktive zu machen und diese in den gesamten Kommunikations- und Handlungsraum des Agierenden einzubinden.

Die Grundfigur des Marktes als eines Handlungsraumes aus aktiven und latenten Beziehungen, über die Geschäfte abgewickelt werden können, hat ihre Entsprechung in bestimmten Managementfunktionen und -techniken, die der Pflege des Netzes (Formung, Intensivierung, Sicherung und Erweiterung) dienen. Sie werden unter dem Begriff „Marketing" zusammengefasst. Marketing ist also nicht einfach professioneller Verkauf, sondern eine diesen ermöglichende, umfassende Gestaltungsarbeit in der Außenwelt, durch die (ergiebige) Handlungsräume eingenommen, Positionen darin gefestigt und Wirkungs- bzw. Austauschbeziehungen darin aktiviert werden. Diese umfassende Sicht des Marktes bzw. der Öffentlichkeit und der Ausbildung von entsprechenden betrieblichen Funktionen und Organen wird in ganz analoger Weise in Verbindung mit Kultur- und Kunstorganisationen wiederkehren. Hier wird man zwar seltener von Märkten und mehr von der Öffentlichkeit und statt von Kunden mehr vom Publikum sprechen, doch der Typus der Bearbeitung und Pflege dieser spezifischen Öffentlichkeit ist sehr ähnlich.

Aus guten Gründen werden wir deshalb den Markt nicht – wie in der Ökonomie üblich – als Treffpunkt von Angebot und Nachfrage bezeichnen, sondern als ein clusterartiges Gebilde der Öffentlichkeit, hervorgehoben durch ausgeprägt kommerzielle Bestimmungsfaktoren. Der Markt ist also nicht etwas aus der Öffentlichkeit Isolierbares, sondern eine in ihr eingewobene Teilstruktur oder Textur. Das Wort „Textur" soll zugleich signalisieren, dass es sich nicht um einen eindeutig abgegrenzten Teilraum handelt (gedacht als ein eigenes Untersystem des Gesellschaftssystems), sondern um ein Gewebe kommerzieller Beziehungen und Vorgänge durch alle Zonen der Öffentlichkeit. Die Tätigkeit eines Gewerbetreibenden ist vornehmlich Kopfarbeit, selbst dann, wenn er seine eigenen Entscheidungen selbst physisch realisiert. Das Durchdenken der Handlungsmöglichkeiten in einer gegebenen oder für gegeben genommenen Marktsituation und die Überprüfung der eigenen Leistungspotentiale (Einkaufsmöglichkeiten, Fertigungskapazitäten usw.) sind im weitesten Sinne Abklärungen von Chancen und Risiken. Solche Abklärung ist nötig *vor* jeder physischen Handlung, z.B. Waren- und Rohstofftransporte, Bearbeitung von Material, Montage von fertigen Produkten, weil Taten meist unumkehrbare Fakten schaffen, von denen man selten ohne Verlust wieder freikommt.

Der Gewerbetreibende als Einzelperson oder in größeren Betriebseinheiten das leitende Kollektiv des Managements, die *Kopfregion eines Unternehmens* oder einer Organisation, entwickeln ihr Können und fundieren ihren Erfolg auf Erfahrung einerseits und auf kreative Phantasie andererseits. Phantasie oder Vorstellungskraft ist notwendig als die Fähigkeit, sich über das rein Faktische hinaus ein *Bild* zu machen, das *realistische* (zwar noch nicht faktische, aber auch nicht utopische) Möglichkeiten aufzeigen kann. Wir können hier von der *Kreativität zur Gestaltung von abstrakten Konfigurationen in sozialen Netzen* sprechen. Die heute sehr weit vorangetriebenen Möglichkeiten, sich mit Unterstützung elektronischer Medien ungeahnte, fiktive (virtuelle) Räume zu erschließen und sie zur Grundlage von Planungen zu machen, z.B. durch Cyberspace, ersetzt in keinem Fall die menschliche, auf sinnlicher Phantasie beruhende Vorstellungskraft. Ein elektronisches System kann Räume ausleuchten und sinnlich wahrnehmbar machen, aber es entscheidet nicht selbst. Menschlicher Wille muss hinzutreten, und die Sache (die Idee, der Werkplan, das Projekt) muss ein empfindendes, auch moralisch reagierendes, menschliches Gehirn durchlaufen, um den Anstoß zur Realisierung zu erzeugen.

Zwei Hauptkategorien von Wissen sind bei jeder Art von Gewerbetätigkeit erforderlich, die wir hier an unserem Beispiel des Gebrauchtwagenhändlers konkret beschreiben, aber auch jederzeit verallgemeinern, ja sogar auf Organisationen des Kultur- und Kunstlebens übertragen können. Diese beiden Hauptkategorien des Wissens sind die Quellen von Managementtätigkeit an sich, aber auch die Ursprünge für die Herausbildung von arbeitsteiligen Strukturen innerhalb der „Kopfregion" einer Organisation. Es sind dies die Kategorien:

- des Fachwissens (im Falle des Gebrauchtwagenhändlers zum Beispiel das Fachwissen über Fahrzeuge, damit die Eignung angebotener Gebrauchtwagen für einen profitablen Weiterverkauf beurteilt werden kann) sowie
- des Marktwissens (das im Falle des Gebrauchtwagenhändlers die Entwicklungen in den relevanten Bereichen des Automobil-Marktes wahrzunehmen und zu beurteilen hilft, und zwar sowohl nach der Ankaufsseite als auch nach der Verkaufsseite hin).

Beide Kategorien entsprechen bestimmten Funktionen im Management. In diesen Funktionen deutet sich bereits eine der schwierigsten Fragestellungen an, die uns im Zusammenhang mit Kulturmanagement noch intensiv beschäftigen werden. Um weiter in unserem Beispiel zu bleiben: Das Wissen in Fahrzeugtechniken repräsentiert den *Inhalt*, die Sache, den Gegenstand oder den Stoff einer gewerblichen Tätigkeit, während sich das Marktwissen dahingehend *form*iert, dass die Handlungsmöglichkeiten auf dem Markt (Ankäufe und Verkäufe) im Hinblick auf das Kriterium „profitabel" oder „nicht-profitabel" bewertet werden können. Auch diese Grundfiguren, die fachlich-inhaltliche Seite und die markttechnisch-methodische Seite, kehren in Kultur- und Kunsteinrichtungen (teilweise mit besonderer Brisanz wegen des hohen Rangs der inhaltlichen Komponente „Kunst") in analoger Weise wieder.

Die wichtige Arbeit der Einschätzung des Marktes, seiner Möglichkeiten, seiner Barrieren und seiner Entwicklungen, ist eine zwar auf Fakten (Erfahrungen, Analysen) beruhende, aber im stets ungewissen Vorausdenken in die Zukunft immer auch eine *intellektuelle Tätigkeit in einem virtuellen (nicht faktisch existierenden) Gedankenraum*. Sie erfordert neben Wissen eine erhebliche Portion Vorstellungskraft und den erfahrenen Umgang mit nur schwach geklärten, ständig von Zufälligkeiten bedrohten Situationen.[28] Die dadurch sich verdichtenden Erwartungen darüber, was auf einem Markt realisierbar sein wird, bil-

---

[28] Die Formulierung „von Zufälligkeiten bedroht" ist nicht ganz korrekt, denn unerwartete Ereignisse müssen nicht bedrohlich sein, sondern können auch Chancen beinhalten. Ein Glücksstreffer im Zahlenlotto ist zwar das Ergebnis eines – mechanisch kontrollierten – Zufallsgenerators, aber kein Unglück. Der unerwartete Erfolg eines Films war nicht planbar, ergab sich folglich aus dem zufälligen Zusammentreffen verschiedener Faktoren. Aber Produzenten und Schauspieler nehmen diesen „Zufall" sicher dankbar entgegen. Mit dieser Thematik beschäftigt sich meine Schrift „Weltwirtschaft – Zwischen Chaos und Struktur" (Bendixen 2010).

den letztlich den entscheidenden Antrieb, bestimmte konkrete Handlungen zu initiieren und zu riskieren, z.B. Warenaufkäufe zu tätigen oder Produkte zu fertigen. Das in der Praxis erforderliche Maß an Kreativität, die auf sinnlichen Wahrnehmungs- und Deutungsfähigkeiten ebenso wie auf Vorstellungskraft beruht, wird oft weit unterschätzt und durch Planungstechnik, formale Daten- und Zahlenwerke und (Geld-) Wertrechnungen überdeckt. Man glaubt, Intuition durch Kalkül ersetzen zu können.

Im Verhältnis zwischen Vorausdenken und Entscheiden auf der einen und dem physischen Machen auf der anderen Seite liegt – wie wir an anderer Stelle bereits dargestellt hatten – eine elementare Struktur, in der sich das einfache Bild von Kopf und Leib, von Geist und Körper, von Form und Inhalt wiederfindet. Die geistige Arbeit geht zwar gewöhnlich der körperlichen voraus, aber der Sinn erfüllt sich erst durch die physische Konkretisierung. Über Speisen und Getränke bloß nachzudenken, macht nicht satt, doch ohne sinnliche Erinnerungen könnte niemand eine Speisekarte verstehen und auswählen, was ihm behagen würde. Auch hier wird deutlich, dass dem Denken zwar nicht der Vorrang, wohl aber der auswählende Vorlauf gebührt. Was in diesem Zusammenhang von größter Bedeutung ist, das ist die *gedankliche Reichweite* der Kopfarbeit. Diese hat eine zeitliche und eine räumliche Dimension.

Zeitlich erstreckt sie sich in die Zukunft und strebt eine möglichst treffsichere gedankliche Ausmalung und planerische Durchdringung dessen an, was innerhalb eines realistischen Zeithorizontes (von ein paar Wochen bis zu ganzen Dekaden) für möglich gehalten wird. Die zeitliche Reichweite wird durch physische Bedingungen der konkreten Produktion angetrieben. Ein neues technisches Produkt, das von seiner Entwicklung bis zur Fertigungsreife und von dort bis zur tatsächlichen Lieferbarkeit einen vielleicht mehrjährigen Zeitraum in Anspruch nimmt, muss hinsichtlich seiner Verwertung am Markt erheblich weiter vorausgeplant werden als ein jederzeit in kurzer Frist beschaffbares oder herstellbares Erzeugnis, das längst auf dem Markt eingeführt ist.

Die Zeitdimension hat die Eigenart, nicht nur in die Zukunft zu weisen, sondern auch in die Vergangenheit, genauer: in die gedeutete und erzählte und nur zum Teil auch erlebte und ins Gedächtnis eingegrabene Vergangenheit. Die Vergangenheit ist eine empirische Plattform des Wissens (dessen Objektivität nicht immer gesichert ist), von der aus die Gegenwart erlebt und die Zukunft erahnt wird. Aber diese Plattform ist narrativ, sie ist eine Erzählung, die fast jeden Tag neu erzählt werden muss. „Wenn die Gegenwart ein Nachfahre der Vergangenheit, dann ist die Vergangenheit ein Nachfahre der Gegenwart", schreibt Amin Maalouf in seinem Roman „Die Spur des Patriarchen" (Insel Verlag, Frankfurt/M. 2005). Die Vergangenheit ist eine Erzählung, die nur aus der Gegenwart heraus verstanden werden kann. Die Geschichte des dreißigjährigen Krieges aus der Feder von Friedrich Schiller (1790 erschienen) ist eine andere Vergangenheit als Helmut Lahrkamps „Dreißigjähriger Krieg und Westfälischer Frieden: Eine Darstellung der Jahre 1618–1648" (aus dem Jahre 1999).

Jede Geschichtsschreibung ist eine Textfassung von einem bestimmten Zeitpunkt und einer bestimmten Plattform aus, und mit jedem Tag verändern sich der Zeitstandpunkt und damit die Plattform unmerklich. Es gibt so viele Vergangenheiten desselben Ereignisses, wie es Gegenwarten und Personen gibt, die sich ihrer erinnern können oder sich aus Dokumenten Vorstellungen über vergangene Ereignisse machen. Mit dieser Variabilität des denkenden Bewusstseins wird ein Zipfel jener Unsicherheit erfasst, der jedes Handeln, das alltägliche wie den großen Entwurf, zu einem riskanten Unternehmen macht. Schon der

Tag danach kann die Geschichte einer Tat anders erscheinen lassen, weil man sie, angestoßen von neuen Erfahrungen, anders sieht.

Der Faktor Zeit ist in der Geschäftswelt eine kalkulatorische Größe. Ihr metrisch gemessener Verlauf dient der Berechnung von Zinsen, Dividenden, Gehältern und Steuern. Der Faktor Zeit ist in der Geschäftswelt indessen auch eine perspektivische Größe, eine Raumkoordinate. Aus guten Gründen spricht man von Zeit*räumen*, in denen oder außerhalb derer Ereignisse erwartet oder Prozesse eingeleitet oder beendet werden. Zeiträumliches Denken strukturiert die Dispositionen. Weiterhin ist Zeit ein Stressfaktor in der Geschäftswelt. Er ist die Diktatur des Wer-zuerst-kommt oder Wer-zu-spät-kommt. Zeitverdichtung bis hinunter zu Online-Kompressionen von Zeit erfordern äußerste Konzentration, lineares, umwegloses, zielstrebiges Handeln. Zeitverschwendung ist Geldverschwendung. Schon aus diesen Herausforderungen kann praktiziertes Management kaum anders, als sich äußerst rational zu organisieren und möglichst jedes Beiwerk abzustreifen. Praktische Rationalität ist die Kunst des bedingungslosen Weglassen von Beiwerk, der Entsagung von Momenten des Innehaltens, der Verfolgungsjagd ohne Umwege. Zeitstress ist dem Kunstgenuss nicht nur fremd, sondern letztlich lebensfeindlich. Kunstgenuss verlangt das komplexe sinnliche, ganzheitlich Dabeisein. Dieses Klima in Augenblicken des Schaffens von Kunst und des Erlebens von geschaffenes Kunst mit professionellem Managementkönnen zu erzeugen und wirken zu lassen, ist ein Spagat zwischen Zeitstress und Rationalität einerseits und der Langsamkeit komplexer Sinnlichkeit in Augenblicken der Kunst.

Stress durch Zeitdruck ist eine verbreitete Managementattitüde, um zu demonstrieren, dass man das Handwerk des Managements beherrscht und gekonnt anwenden kann. Dass solche Attitüden selbst in der Geschäftswelt häufig nichts als Mache sind, wird nicht durchschaut. Mancher voll gestopfte Terminkalender ist nur Theater. Eine besonders auffällige Form ist der schnelle Gang über eine Geschäftsstraße mit dem eingeschalteten Handy am Ohr und starrem Blick nach vorn als Ausdruck der Zielstrebigkeit und Unbedingtheit. Wer nach der Ästhetik des Managements sucht, mag solche Figuren auf offener Straße betrachten. Stress durch Zeitdruck ist ebenso so oft ganz real mit der Folge, dass sich ein Manager auf die Ebene der sinnlichen, verlangsamten Wahrnehmungen in einer stets deutungsbedürftigen Umwelt so gut wie gar nicht einlassen kann. Genau diese Zeitverdichtung stört oder zerstört andererseits Kreativität. Wer die Zeit nach Stunden und Minuten einteilt, wird sie verlieren. Ob diese Attitüde mit den Notwendigkeiten des allmählichen Reifens von Dingen, der erforderlichen Geduld im Ringen um Lösungen, der Suche nach den Feinheiten einer Sache (vom Hang zum Ästhetisch-Raffinierten und der Suche nach dem Exquisiten ganz zu schweigen) zu vereinbaren ist, muss man bezweifeln, und ob sie mit dem, was in Kulturinstitutionen oft an Moderation vonnöten ist, in Einklang zu bringen ist, ist nicht weniger zweifelhaft.

Räumlich erstreckt sich die Kopfarbeit über die geografischen Marktregionen, die eine zunehmende Varianz an Möglichkeiten und Begrenzungen aufweist, je weiter sie sich in entfernte, zum Teil politisch, kulturell und ökonomisch unterschiedliche Regionen vorwagt. Der geografische Raum, den die Erde zur Verfügung stellt, ist eigentlich nur eine Fläche, der die dritte Dimension, die der Tiefe, abgeht. Da an kosmische Marktbearbeitung vorerst nicht zu denken ist, kann aber stattdessen eine in die Intensivierung gehende Raumdimension mit herangezogen werden. An die Stelle der dritten Dimension treten die Verdichtung in der Fläche und die Intensivierung in der Zeit. Eine der wichtigsten Komponenten dieser Bewusstseinsarbeit ist das immer tiefere und feinere Eindringen in die Gesetze der Natur und die Entwicklung von ökonomischen Verwertungen der Erkenntnisse daraus, z.B. in der Chemie, in der Medizin oder in der Metallurgie.

Im Zeitalter der Globalisierung und des Internets hat man Kommunikationsmöglichkeiten zur Verfügung, die ein ebenso schnelles wie differenziertes Reagieren auf Ereignisse im (flächigen, geografischen) Raum ermöglicht. Dieses technische Hilfsmittel der Kommunikation und Steuerung ist eine mächtige Antriebskraft für die globale Erschließung von Marktäumen ebenso wie für die Intensivierungsrichtung ins Innere der Natur. Umso erstaunlicher sind die vergleichsweise enormen Leistungen von Kaufleuten, die sich für ihre Handelsgeschäfte schon im frühen Mittelalter auf lange, abenteuerliche Wege machten und Wirtschaftsimperien „managen" konnten, die auch heute noch beeindrucken.

Raum und Zeit sind verbundene Dimensionen, die mit zunehmender Globalisierung eine eigenartige, pragmatische Wendung nehmen. Räume wurden bislang immer als geografisch konkret beschreibbare Untereinheiten des Globus gedacht. Sie haben also eine Grenze im Bewusstsein gehabt und beruhten zum Teil auch auf faktischen Grenzen, zum Beispiel Staatsgrenzen, Grenzen eines Wirtschaftsraumes wie der Europäischen Union oder auch Kulturgrenzen wie die der islamischen Welt. Durch die Globalisierung wird aber nicht einfach ein extrem großer geschaffen, sondern ein entgrenzter Raum (falls man nicht den Weltraum als Reflexionsebene benutzen will), der physisch zugleich ein unüberschreitbar endlicher ist (Bendixen 2007). Die disponierenden Gedanken ebenso wie Online-Kommunikationen können unendlich oft den Globus umkreisen, sie stoßen auf keine fassbare Grenze. Die *faktischen* Limitationen, z.B. die Endlichkeit bebaubaren Bodens oder erschöpflicher Naturressourcen, werden umso deutlicher bewusst. Es bedarf nicht allzu vieler Phantasie, dass die noch verbleibende Expansionsrichtung, die Intensivierung der Naturbearbeitung, in absehbarer Zeit das einzige Ventil sein wird, überschießende Wirtschaftsenergie (d.h. frei werdendes, Anlage suchendes Kapital[29]) aufzunehmen. Dies dürfte die physische Welt, in der wir leben, gewaltig umkrempeln, ob letztlich zum Vorteil der Menschheit, sei dahingestellt.

Die Diskrepanz zwischen der sinnlich erfahrbaren und durch Wissen beschreibbaren physischen Welt und der Reichweite menschlicher Gedankenräume war stets ein beflügelndes Element von Erkundung, Forschung und Besitzergreifung von etwas, das jenseits des physisch Bekannten lag. Dieses expansive Element menschlichen Handelns hat zu allen Zeiten auch Kaufleute angeregt, und die Lust am Entdecken und Erfinden ist auch heute noch ein treibendes Element von Management, das mehr sein will als nur Verwaltung und Optimierung des Bestehenden. Entdeckerqualitäten spielen auch im Kultur- und Kunstmanagement eine nicht zu unterschätzende Rolle, auf die wir noch eingehen werden.

Mit Blick auf die heute fast schon selbstverständlichen, äußerst schnellen und dichten, früher aber ausgesprochen spärlichen und langsamen Kommunikationswege und -techniken kann man die Leistungen von mittelalterlichen Kaufleuten wie dem Franzosen Jacques Coeur (Mollat 1991), die für damalige Verhältnisse zum Teil riesige Handelsimperien zusammenhielten, nur bewundern. Der Marktraum, in dem Jacques Coeur seine Handelsniederlassungen unterhielt, erstreckte sich von Ostfrankreich (Bourg-en-Bresse) über Südfrankreich (Marseille) bis in die Levante und besaß von dort aus, vor allem über Damaskus und Bagdad, direkte Anbindungen an die alte Seidenstraße über Indien, Afghanistan, Zent-

---

[29] Freies Kapital ist vergleichbar mit Arbeitslosigkeit von an sich verfügbarem Produktionsvermögen. Das beschäftigungslose Kapital irrt zum Teil in den globalen Finanzmärkten umher, um sich irgendwo einträglich niederzulassen (meist erfolgreicher als menschliche Arbeitskraft). Die Arbeitsagentur des Kapitals, die Banken, finden anscheinend günstigere Operationsbedingungen als die Arbeitsagenturen für Jobsuchende.

ralasien bis nach China. An allen wichtigen Handelsplätzen unterhielt er Kontore. Zu beachten ist dabei, dass den Fernkaufleuten keine brauchbaren Landkarten oder Seekarten vor der Mitte des 15. Jahrhunderts zur Verfügung standen (das erste kartographische Institut entstand unter Heinrich dem Seefahrer in Sagres/Portugal Anfang des 15. Jahrhunderts). Sie waren auf ihren Ortssinn und vor allem auf fremde Führer angewiesen.

Auch so bekannte Namen wie die Fugger in Augsburg oder die Ravensburger Handelsgesellschaft, ebenso die ungezählten und meist unbekannt gebliebenen Händler, die entlang der alten Seidenstraße einen tausendfünfhundertjährigen Warenstrom in Gang hielten, sind erwähnenswert. Sie haben immense koordinative Geschicklichkeit aufgebracht und zu einer bis in die Gegenwart reichenden Marktkultur beigetragen. Der Warentausch über diese Handelsstraßen ist im Übrigen ein überaus wichtiger Übermittler von Kultur aus fernen Regionen nach Europa (Kulturtechniken ebenso wie Geschichten, Religionen ebenso wie Musikinstrumente) gewesen. Ohne in diese für unser heutiges kulturelles Erbe gewiss sehr wichtigen historischen Einzelheiten einzusteigen, sei mit dem eben Geschilderten an dieser Stelle wenigstens schon angedeutet, dass es nicht so ohne weiteres möglich und sinnvoll ist, zwischen der Sphäre der Kultur und der Sphäre des Wirtschaftens eine klare Grenze zu ziehen. Die Dimension des Kulturellen wird für jeden Unternehmer, die sich der Entwicklung zur Globalisierung anschließt, immer wichtiger. Dabei geht es nicht nur um Sprachkenntnisse und Verhaltenskodices in fremden Kulturen, sondern auch um Designempfindlichkeiten und ästhetische Aspekte der Formung eines Corporate Image in einem fremden Land. Und es geht nicht nur um Kenntnisse, sondern auch um ein Bewusstsein der eigenen Kulturbedingtheit.

Auch die traditionellen Vorstellungen von abgrenzbaren Kulturräumen in geografischen Termini werden durch die jüngsten Entwicklungen tief greifend verändert. Kulturpraktiken von der Sprache bis zu den Lebensformen, von religiösen Traditionen bis zu den künstlerischen und architektonischen Entwürfen und Werken definierten bislang mehr oder weniger eindeutig konkrete geografische Räume oder sogar regionale Besonderheiten, in denen bestimmte Produkte und Produktionstechniken vorherrschen, die in Wechselbeziehung zu den Eigenarten der Lebensbedürfnisse der Bewohner entstanden. Handelbare Waren aus solchen Märkten waren folglich stets Kulturwaren im weitesten Sinne, weil in ihnen nicht nur die Physis der Ware, sondern auch das Kulturbewusstsein ihrer Gestaltung mitgewandert ist und – zum Beispiel als Exotik – einen spezifischen Reiz ausübten. Jeder, der sich in der Marketingpraxis auskennt, weiß, dass dies auch heute noch in großen Teilen des internationalen Warenverkehrs so ist, wenngleich die faktisch schon seit Generationen wirksame Globalisierung neue Bedingungen geschaffen hat.

Bei vielen Alltagsprodukten ist für die Käufer kaum noch zu rekonstruieren, wo sie tatsächlich hergestellt wurden, wer aus welchem Kulturbewusstsein ihnen das Design verpasst hat und wie sie im Verwendungszusammenhang des Nutzers oder Verbrauchers aufgenommen werden. Nicht die Physis einer Ware, nicht einmal ihre ästhetische Gestalt ist dann noch ein zu Differenzierungen geeignetes Kulturmerkmal, sondern die Charakteristiken ihres kulturellen Einbaus in die Lebensstile (ihre Komposition zu spezifischen Lebensumgebungen und -formen) einer regionalen gesellschaftlichen Einheit. Diese repräsentiert ihrerseits allenfalls die Dominanz einer historisch dort gewachsenen Kultur, kaum aber eine geschlossene Kultureinheit.[30]

---

[30] In diesem historischen Prozess des Vordringens der Warenwelt als (Alltags-) Kultur schaffende Kraft kommt zugleich die wachsende Macht der Wirtschaft zum Ausdruck. Es ist diese global wirksame Dominanz über die

Die von vielen im Fortschreiten der Globalisierung befürchtete kulturelle Vereinheitlichung von Lebensmustern rund um den Globus durch die immer standardisierter werdenden, wenn auch in sich selbst variantenreicheren Warenangebote auf den Märkten, ist ein ganz realer Vorgang. Er würde aber nur dann auch zu standardisierten Lebensstilen in den verschiedenen Regionen dieser Erde führen, wenn den Menschen nichts Eigenes mehr einfiele, aus den Elementen des Marktes spezifische, eigenartige Lebensmuster zu entwickeln. Standardisierte Ware muss nicht zwingend auch zu standardisierten Lebensverhältnissen führen. Dass diese Entwicklungen für die Arbeit von Kultur- und Kunstmanagern von erheblicher Relevanz ist, wird im ersten Blick vielleicht nicht erkennbar sein. Die allgemeinen Prägungen menschlicher Lebensstile spielen, wie wir noch sehen werden, in den Formen, Akzentuierungen und Praktiken der Wahrnehmung von Kunst eine bedeutende Rolle. Auch in der Wirtschaft selbst vollzieht sich seit langem eine Akzentverschiebung, die den Lebensumständen höhere Aufmerksamkeit schenkt.

Der Auftrieb des Marketings begann erst vor etwa vier Jahrzehnten und deutet diesen Wandel an. Wirtschaftsmanagement richtet sein Hauptaugenmerk nicht mehr hauptsächlich auf die betriebsinterne Optimierung von Abläufen, sondern auf die Gestaltung von Außenwelten und ihrer Konstituierung als Märkte mit einer deutlich von ästhetischen Wahrnehmungsfähigkeiten und kulturellem Bewusstsein geprägten Professionalität. Für die künftige Managementpraxis auf internationalem Parkett wird es immer weniger ausreichen, lediglich Betriebswirtschaftslehre studiert zu haben. Management als Kopfregion einer Organisation kann sich in großen, konzernartigen Unternehmenseinheiten zu komplizierten Strukturen ausdifferenzieren. Dies ist allseits bekannt und braucht hier nicht weiter ausgeführt zu werden, zumal konzernartige Zusammenschlüsse im Kulturbereich kaum vorkommen. Fragen des Konzernmanagements sind deshalb in diesem Themenzusammenhang kein zentrales Thema. Im Kultur- und Kunstbereich gibt es eher Verknüpfungen und Vernetzungen auf der Sach- oder Inhaltsebene, z.B. durch künstlerischen Austausch von Theaterinszenierungen. Einige Kulturinstitutionen bilden Netzwerke für einen geregelten und intensivierten Austausch.

Ein *Netzwerk* zeichnet sich (im Prinzip) dadurch aus, dass es darin zwar eine organisierte Form, aber *keine feste* Organisation mit einem Headquarter als dominierender Koordinationszentrale mit einem hierarchisierten Regulierungsanspruch gibt. Netzwerke bieten sich immer dann an, wenn die Beteiligten zwar die Vorteile vom Austausch in Anspruch nehmen, aber ihre Eigenständigkeit nicht aufgeben wollen. Bewusste Verschiedenartigkeit ist die Basis des Austauschs. Wenn alle das Gleiche tun, braucht man keinen Austausch, sondern allenfalls eine straff organisierte Interessenvertretung. Netzwerke sind nach Innen orientiert zum wechselseitigen Nutzen der Mitglieder. Nur in Ausnahmefällen wirken sie auch als Lobby nach außen.

Das Zusammenwirken einer größeren Anzahl von Personen mit unterschiedlichen, aber aufeinander bezogenen Aufgaben ist eine Organisationsleistung, die teils auf formalen Festlegungen beruht (z.B. hierarchischer Aufbau, Entscheidungsvorgaben, Aufgabenbegrenzungen), teils aber der Spontaneität und der Fähigkeit jedes einzelnen Beteiligten überantwortet wird, eigenständig im Ganzen mitdenken zu können.

Alltagskultur (mit immensen Auswirkungen auf die Traditionen und gesellschaftlichen Funktionen der Künste), die zugleich die Verantwortung der Wirtschaft für die Geschicke der Weltgesellschaft definiert. Mit diesem Begriff der Verantwortung habe ich mich in der Schrift „Unternehmerische Verantwortung" näher befasst. Vgl. Bendixen (2009 d).

In Gebieten, die sich nur schlecht formalisieren lassen, weil sie inhaltlich ständig in Bewegung sind, kann eine Organisation als System nur überleben, wenn sie bzw. die in ihr Tätigen die entsprechende Flexibilität aufbringen. Diese Fähigkeit jedes einzelnen Organisationsmitgliedes, sich im Interesse des Ganzen eigenständig und zugleich kooperativ, wenn nicht kongenial verhalten zu können, beschränkt sich nicht auf Leitungsfunktionen in der Kopfregion, sondern ist auf allen Ebenen und in jeder Funktion erforderlich und möglich. Management wird deshalb auch häufig als eine allgemeine, funktionale, individuelle Kompetenz verstanden, zu deren Praxis ein entsprechendes (Team-) Training durchaus Sinn machen kann (nur wenige sind in dieser Hinsicht Naturtalente).

2.4.2 *Management als Funktion und als Steuerungsaufgabe in Abläufen*

Arbeitsteilige Strukturen, die durch Spezialisierung auf bestimmte Aufgaben im Räderwerk des Ganzen wirtschaftliche Vorteile aus Routine, fokussierter Erfahrung und durchorganisierten Abläufen ermöglichen sollen, bedürfen einer klaren und stringenten Verknüpfung dieser Aufgabengebiete untereinander. Uneindeutigkeiten, Kompetenzüberlappungen, fehlende Anschlüsse an den Verbindungsstellen schaffen Konflikte, Arbeitsstau und Entscheidungsfehler. Dies ist eine bekannte Regel der Organisationsexperten.

Man hat solche Betriebssysteme oft als ein Räderwerk beschrieben und aus den bekannten betriebswirtschaftlichen Gründen die Gestaltung einer reibungslosen Organisation als Bedingung für erfolgreiches, d.h. profitables Agieren auf dem Markt eingefordert. Nun ist das Bild vom Räderwerk (von Charlie Chaplin in „Modern Times" einst meisterhaft ironisiert) insofern irreführend, als es zwar dem Traum perfekt rationaler Abläufe entsprechen und das Streben ökonomischer Extremisten nach absoluter Wirtschaftlichkeit anfeuern mag, aber nicht die Wirklichkeit wiedergibt. Maschinenartige Reaktionen und perfekte Abläufe gibt es nur in Maschinen. Wo Menschen beteiligt sind, sind solche Erwartungen – nicht nur aus humanitären Gründen – absurd.

Reale Organisationen werden besser beschrieben als Teppiche, zusammengesetzt aus unterschiedlichen, aber ein organisiertes Muster ergebenden Feldelementen. Jedes Element ist individuell, und doch bilden sie in ihrer Gesamtheit ein funktionierendes Ganzes. Die Metapher des Teppichs ist natürlich im wahren Sinne des Wortes nur Textur. Auch diese Analogie reicht nur so weit, wie das Leben *in* der Organisation ausgespart wird und nur die Strukturschablone übrig bleibt. Teppiche sind leblos. Leblos sind aber oft auch die Entwürfe für eine optimale Organisation. Autoritäre Systeme gehen oft so vor, dass sie eine optimale Schablone anfertigen (lassen) und das Leben, sprich die Abläufe darin, in diese Schablone hineinzwängen. Man muss schon felsenfest das rationale Optimum geplant haben, um nicht von einer Fülle von Abweichungen überrascht zu werden.

Dies gelingt aber nicht einmal immer in reinen Maschinensystemen. Auch in ihnen kommen Fehler oder Abweichungen vor, die menschliche Eingriffe erfordern. Was den rigiden Maschinen abgeht, ist die Fähigkeit des (Früh-) Erkennens von Phänomenen, die nur mit menschlichen Sinnen zu erkennen sind (z.B. fremdartige Geräusche oder Gerüche). Im Automobilwerk von DaimlerChrysler in Sindelfingen arbeitet eine Riechspezialistin, die die Ursache aufspürt, wenn es in einem Fahrzeug stinkt. Nicht diese Tatsache ist überraschend, sondern dass dies einen langen Bericht in „The Wall Street Journal Europe" wert gewesen ist (Wessel 2000). Das deutet darauf hin, dass man eigentlich an vollautomatische

Fertigungsstraßen denkt, in denen derlei Fehler nicht vorkommen sollten. Ganz ohne menschliche Sinnesorgane als Erkenntnis- und Erfahrungsmittel scheint es auch hier nicht zu gehen.

Wo immer in einer Organisation Menschen mitwirken, nehmen sie Handlungsspielräume in Anspruch, prägen ihrem „Element", ihrer persönlichen Aufgabe, einen eigenen Stempel auf und sind – gewiss nicht immer störungsfrei – in der Lage, ihre jeweiligen Handlungsspielräume im Hinblick auf das Ganze auszufüllen. Solche Handlungsspielräume mögen eng oder weit gezogen sein, in jedem Fall aber ergeben sich bestimmte Anforderungen an das individuelle Management eines solchen Feldes, und eine seiner Qualitäten ist die Fähigkeit, aus einem gewissen Verständnis des Ganzen heraus im Detail zu handeln. Man könnte definieren, dass dies der eigentliche Sinn des Wortes „*Mit*arbeiter" (im Sinne von „Mitdenken") ist.

Die unbestrittene Aussage, dass die Grenzen und die innere Bestimmtheit dieses Handlungsfeldes enger und definierter werden, je weiter man von der Leitungsebene hinabsteigt in die Basis, wo der Anteil rein ausführender, gebundener Tätigkeit entsprechend zunimmt, kann sich auf ein sehr altes Gestaltungsprinzip berufen, das zugleich Effizienzgewähr *und* Herrschaftssicherung bietet: die Hierarchie. Für Organisationen, die höchste wirtschaftliche Effizienz anstreben und darauf bedacht sind, die erzielten Erfolge letztlich und hauptsächlich denen zuzurechnen, die die Führungsleistungen erbringen und die Risiken bei sich kumulieren, gibt es im Grunde keine Alternative. Die rechtlich und sozial gesicherten Leitungsansprüche lassen sich direkt aus den Eigentumsverhältnissen herleiten, z.B. der private Unternehmer oder die Kommune als öffentlich-rechtlicher Eigentümer von öffentlichen Betrieben.

Die üblichen Eigentumsverhältnisse legen das Organisationsprinzip der Steuerung von einer Zentrale her nahe, denn die Erreichung eines vorgegebenen Ziels, nämlich die kompromisslose Maximierung des Gewinns, ist kein sich von selbst verwirklichender Verlauf komplexer Arbeitszusammenhänge. Wir sollten jedoch nicht außer Acht lassen, dass es andere – und in manchen Situationen sogar höhere – Formen intelligenten Handelns von zusammenwirkenden Individuen gibt. Neuere Forschungen zur so genannten Schwarmintelligenz sowohl bei Tieren als auch in vielen sozialen Gemeinschaften oder Vergesellschaftungen haben zeigen können, dass Kollektive ohne ein hierarchisches Zentrum gerade auch unter dem Gesichtspunkt höchster Effizienz in bestimmten Situationen leistungsfähiger sein können als rationale Systemstrukturen (Horn/Gisi 2009, Gigerenzer 2008).

Die Organisationsspitze (das Topmanagement, der Patriarch, der Führer, der General, der Vorstand) vereinigt auf sich die alleinige Zuständigkeit, Ziele zu setzen. Die Ziele sind oft an einen definierten Organisationszweck gebunden, z.B. durch kommunales Satzungsrecht, durch die Satzung eines eingetragenen Vereins oder einer Stiftung. Die Zielsetzungsfunktion ist zwar teilweise delegierbar, z.B. durch Dezentralisierung von Entscheidungsbefugnissen verbunden mit Ausnahmeregelungen für die Fälle, die den vorgesehenen Rahmen sprengen, aber niemals ganz aufgebbar – außer in Fällen von Führungsschwäche an der Spitze, so dass das mitdenkende Management in der zweiten Ebene dann die eigentliche Führung an sich ziehen muss.

Die Zielsetzung gilt als primäre Funktion des Managements. Sie tritt im Topmanagement stark hervor und hat sich in den vergangenen Dekaden sowohl in der Praxis als auch in der betriebswirtschaftlichen Managementlehre zu einer methodisch ausgefeilten, dem Prinzip des rationalen (systematisch durchdachten) Handelns folgenden Konzeption des strategischen Managements entwickelt. Strategisches Management beschreibt eine Konzeption der Organisations- oder Unternehmensführung, die – wenn man so will: wegen des Misstrauens gegenüber rein intuitiven oder instinktiven und deshalb kaum überprüfbaren, fehlbaren Entscheidungen von autokratischen Machtinhabern – auf breiter, umfassender Basis mit ausgreifenden Grundüberlegungen und Planungen arbeitet, und zwar in zeitlicher Hinsicht (weite Zeithorizonte in die Zukunft), in räumlicher Erstreckung (Erfassung des Marktraumes als Totale) und in sachlichen Dimensionen (Erschließung von Tätigkeitsfeldern, die erst noch erarbeitet werden müssen, z.B. durch Forschung und Entwicklung).

Wenn man so will, ist strikt rationale Strategieplanung ein Versuch, den weiteren Verlauf von Prozessen im Inneren wie im Äußeren von allen Zufälligkeiten frei zu halten. Sie hat zugleich offensiven und defensiven Charakter und kennt kaum Freiheitsgrade spontanen Reagierens auf Zufälle. Dies ist in relativ ruhigen Lagen kein allzu großes Problem. In unruhigen Zeiten, etwas Krisensituationen, kann dies zur Inflexibilität mit existenzieller Gefährdung führen. Die Unfähigkeit, konstruktiv mit unvorhergesehenen Ereignissen umzugehen, ist eine oft viel zu spät erkannte Schwäche. Die Ironie dieser Erfahrung besteht darin, dass in ruhigen äußeren Verläufen (z. B. des Marktgeschehens) im Grunde eine weit reichende Strategieplanung gar nicht nötig ist, dass sie aber in Krisenzeiten wegen der Unübersichtlichkeit und Unvorhersagbarkeit des Geschehens gar nicht möglich ist (Bendixen 2010).

Strategisches Management ist also nicht eine bestimmte (Top-) Funktion innerhalb des Managementprozesses, sondern die am weitesten vorangetriebene Ausformung rationaler Systeme der Organisations- bzw. Unternehmensführung. *Alle* Funktionen werden in ihrer Verknüpfung und ihrem Zusammenspiel in diese Strukturvariante einbezogen und ihr methodisch unterworfen. Von dieser Art von Rationalität verspricht man sich allerhöchste Effizienz im Kampf um Märkte und Marktvorteile und im Ausstechen von Rivalen. Ein so rigides Vorgehen ist Ausdruck eines absoluten Durchsetzungswillens in der Außenwelt, der kaum Rücksichten nach außen kennt und Nachlässigkeiten im Inneren duldet. Es ist die Verabsolutierung des Erfolgsstrebens. Diese in betriebswirtschaftlichen Textbüchern sehr verbreitete Konzeption der absoluten Rationalität ist dem Machiavellismus sehr nahe. Sie erinnert deutlich an die von Niccoló Machiavelli (1469 – 1527) entwickelte Staatskunst für Herrscher des Absolutismus, die ebenfalls auf einem extremen Rationalismus beruht (Kersting 1998).

Der aus dem Militärischen stammende Begriff „Strategie" erinnert an einen Kriegs- oder Schlachtplan. In der Geschäftswelt und für deren „Feldzüge" am Markt mag die Assoziation von Kampf einen gewissen Sinn machen. Was aber soll Strategisches Management, das in manchen Publikationen zum Kulturmanagement wie selbstverständlich als möglich und sinnvoll abgehandelt wird, in Institutionen der Kunst und der Kultur bedeuten? Gegen wen soll eine Kulturinstitution zu Felde ziehen, um Rivalen im Kampf auszustechen? Der Begriff „Strategisches Management" wirkt in dieser Verbindung zumindest unangemessen, und die Idee, etwa ein Opernhaus im betriebswirtschaftlichen Sinne strategisch zu managen, ist ausgesprochen fragwürdig. Dass andererseits Opernhäuser wie manch andere Kultureinrichtungen auch über mehrere Jahre vorausplanen müssen, weil Inszenierungen, Tourneen oder Kunstausstellungen einen mehrjährigen Planungsvorlauf benötigen, hat nichts mit betriebswirtschaftlichen Strategiekonzepten zu tun.

Planung ist ein Instrument zur Klärung und Durchsetzung von Zielen, ist also mit diesen eng verbunden. Wir haben es hier mit zwei Typen von Planung zu tun. Planung kann als ein methodisches Vorgehen zur Vorklärung, Bestimmung und Präzisierung von Zielen eingesetzt werden, und zwar in einer Phase, in der Ziele noch nicht verbindlich festgelegt sind. Planung ist hier also ein Instrument im Prozess der Entscheidungsfindung, beispielsweise strategische Planungen, die so präzise wie möglich den perspektivisch weit ausgreifenden Raum der langfristigen Handlungsmöglichkeiten nach sinnvoll wählbaren Alternativen ausleuchten und letztere nach ihren Konsequenzen (Chancen, Risiken, Profite, Marktpositionen, Gegnerschaften etc.) abtasten und so entscheidbar machen. Diese Art von weit reichender Planung mit eindeutigen Zielverbindlichkeiten dürfte, wie erwähnt, im Kultur- und Kunstbetrieb die absolute Ausnahme sein.

Von diesem Typus zu unterscheiden ist die Realisierungs- oder Ausführungsplanung, die den Zielfestlegungen *folgt*. Durch diese Realisierungsplanungen werden die Maßnahmen und Mittel zur Zielverwirklichung in zeitlicher, räumlicher und sachlicher Hinsicht detailliert ausgearbeitet und in Form von verbindlichen Vorgaben in die Organisation weitergeleitet. Bei der Zuordnung von Mitteln und deren operativer Verknüpfung ist das verbindliche Ziel das ausschlaggebende Selektionskriterium. Diese Art von Planung ist auch für Kulturbetriebe notwendig, um reibungslose Abläufe zu ermöglichen. Dies betrifft nicht nur interne Abläufe, z.B. die Arbeit der verschiedenen Werkstätten eines Theaters, sondern auch externe Aktivitäten, z.B. der geordnete Verlauf von Aktionen der Öffentlichkeitsarbeit.

In der bekannten Zweck-Mittel-Beziehung, deren Optimierung den Kern der ökonomischen Rationalität darstellt, ist die klassische Grundfunktion des Managements angelegt, nämlich diese Relation im Hinblick auf das ökonomische Ziel hin (in der privaten Wirtschaft die Gewinnmaximierung) zu arrangieren. Allgemeine Zwecksetzungen wie die eben genannte Gewinnerzielung oder ein öffentlicher Versorgungsauftrag wie beim Öffentlichen Personennahverkehr oder bei Krankenhäusern sind in konkret fassbare Handlungsziele umzusetzen, z.B. das Ziel, die Produktgruppe x innerhalb von y Jahren in die Gewinnzone zu führen, oder die städtische Müllabfuhr so zu organisieren, dass sie kostendeckend arbeitet. Je klarer diese Ziele definiert sind, umso eindeutiger lässt sich die zweite Hälfte des Optimierungsprozesses angehen, nämlich die wirtschaftlich bestmögliche Zuweisung von Mitteln zu den einzelnen, im Plan festgehaltenen Unterzielen und Aufgaben zu ermitteln.

Der Unterschied zwischen beiden Planungstypen liegt unter anderem darin, dass Zielplanung es mit der Ermittlung einer die Außenwelt mit ihrer kaum beherrschbaren Eigenwilligkeit einschließenden Bestimmung von Handlungspotentialen zu tun hat, während die Planung des Mitteleinsatzes (Allokationsplanung) auf interne Gegebenheiten Rücksicht nehmen muss, z.B. auf eine eingefahrene Organisation von Arbeitsabläufen, auf die qualifikatorische Zusammensetzung des Personals, auf Rechtsverhältnisse wie Lizenzen und Patente, auf die Liquiditätslage und die Sachmittelbestände (Bauten, Maschinen, Rohstoffe etc.). Zwischen beiden Planungstypen bestehen selbstverständlich Abhängigkeiten, und nur selten werden sie in der Praxis sachlich, funktional und zeitlich isoliert voneinander praktiziert. In die Zielplanung fließen die nur langfristig änderbaren, innerbetrieblichen Gegebenheiten ein, sei es als Konstanten oder mit festgelegten Änderungsabsichten. Diese Voraussetzungen müssen in die Allokationsplanung übernommen werden, damit letztere nicht Ressourcen einplant, für die die Ziel- oder Strategieplanung schon andere Dispositionen getroffen hat.

Aus dem Geschilderten ergibt sich, dass die innerbetriebliche Organisation der Aufteilung von Aufgabengebieten in Bereiche und Abteilungen, z.B. die Bereiche Einkauf, Fertigung, Verwaltung, Verkauf mit ihren Unterabteilungen, und die Regelung von Abläufen, insbesondere Arbeits- und Informationsflüsse, eine den Erfolg des Ganzen mitbestimmende Rolle einnimmt. Deshalb hat man die Funktion des Organisierens (das Strukturieren, Rationalisieren, Erneuern, Entwickeln) auf der Palette der wichtigsten Managementfunktionen häufig in einem Atemzug mit der Planung genannt.[31] Da erfahrungsgemäß die Festlegungen in Plänen und die Zuständigkeitsverteilungen in der Organisation nicht immer verlässlich sind – sei es, dass Fehler unerkannt geblieben sind, dass einzelne Festlegungen interpretationsbedürftig sind oder sich äußere Umstände wie beispielsweise die Marktbedingungen verändert haben –, obliegt es dem Management auf allen Ebenen, die jeweiligen Aufgabengebiete zu überwachen und gegebenenfalls einzugreifen. Diese Funktion des Controlling (oft fälschlich mit Kontrolle übersetzt) ist vergleichbar mit einem Fahrzeuglenker, der sowohl den Straßenverkehr als auch die Anzeigen auf seinem Armaturenbrett im Auge behält.

Controlling ist eine kybernetische Funktion, die einen Prozess so steuert, dass er im Falle von Schwankungen in den Abläufen stets in seine zielorientierte Bahn zurückkehrt und (in der Praxis meist von festgelegten Indizien her hochgerechnete) Signale abgibt, wenn dies aus bestimmten Gründen nicht mehr gelingt. In Abhängigkeit von der Vorwarnzeit des Controlling kann das Management (der nächst höheren Ebene oder das Topmanagement) Zielkorrekturen veranlassen oder eine Revision der gesamten Strategie einleiten. Controlling ist eine Managementfunktion, die nur dann einen methodischen Sinn macht, wenn das gesamte Management in so systematisierter und rationaler Manier vorgeht, wie es das Konzept des Strategischen Managements vorsieht. Zwar ist Controlling gelegentlich auch für Kulturbetriebe vorgeschlagen worden (Schneidewind, 1998), doch muss man sich auch über den administrativen Aufwand im Klaren sein, der damit verbunden sein kann.

Problematisch sind Vorschläge zur Einrichtung von Controlling insbesondere dann, wenn dieses nicht eingefügt ist in ein Strategisches Management. Was hilft ein differenziertes Controlling, wenn das zu steuernde Objekt wegen seiner schwach ausgeprägten organisatorischen Konturen nicht auf präzise Steuerungsimpulse reagieren kann, wenn also der Typus des durchrationalisierten Erfolgsstrebens im Sinne des Strategischen Management aus welchen Gründen auch immer nicht praktiziert wird.

Eine weitere wichtige Managementfunktion bezieht sich auf das Problem, dass das betriebliche Leistungspotential zwar entscheidend von der Ausstattung, Qualität und Zusammensetzung der benötigten Ressourcen bestimmt wird, insbesondere den Sachmitteln wie Bauten, Infrastrukturpotentiale, Verwertungsrechte, Maschinen, Material, dass diese Ressourcen aber unwirksam bleiben, wenn sie nicht durch qualifiziertes Personal aktiviert werden. Alle diese Sachmittel sind passive Ressourcen; sie fangen nicht von allein an zu arbeiten, sondern müssen aktiviert werden. Deshalb gehört der gesamte Bereich des Personaleinsatzes von den Entlohnungsfragen bis zum Betriebsklima, von der Weiterbildung bis zur Motivation durch angemessene Führungsformen und -stile zu den Kernfunktionen des Managements.

Nimmt man die genannten Funktionen zusammen, so ergibt sich der folgende Kanon von Grundfunktionen des Managements (hier nach Steinmann/Schreyöff 1991, vgl. zu anderen Klassifikationen Staehle 1999, S. 71 ff.):

---

[31] Zu den verschiedenen Funktionsgliederungen in der Fachliteratur vgl. Staehle 1999, S. 71 ff.

- Zielsetzung
- Planung
- Organisation
- Controlling
- Führung.

Man darf sich diesen Kanon nicht als Beschreibung des Management*prozesses* in dieser Reihenfolge oder überhaupt in einer definierten Reihenfolge vorstellen. Es sind Funktionen, die als wiederkehrende Phasen im Verlauf der Managementtätigkeit immer wieder erneut auftreten. Man spricht hier auch von einem revolvierenden Prozessverlauf.

Ziele können erst präzisiert werden, nachdem eine konkrete Vorstellung von den Handlungsmöglichkeiten verfügbar ist und die Gegebenheiten der Organisation (z.B. freie und gebundene Ressourcen, Laufzeiten von Verträgen etc.) transparent gemacht worden sind. Planungen ihrerseits tappen im Nebel, wenn ihnen nicht zuvor gesagt wird, wohin die Reise im Grundsatz gehen soll. Managementprozesse sind, real betrachtet, eher Zyklen als geradlinige Sequenzen (Heinrichs 1999, S. 133). Man kann noch einen Schritt weiter gehen und darauf hinweisen, dass selbst die Vorstellung eines Zyklus noch eine um ein paar Komplikationen bereinigte Beschreibung darstellt. Was im alltäglichen Management und dessen Umfeld tatsächlich geschieht, entzieht sich meist dem Einblick von außen und erscheint ganz und gar regellos. Der Managementprozess ist kein logisch strukturierter Mechanismus, sondern eine Handlungsweise in einem sozialen Umfeld. Die lehrbuchhafte Vorstellung, dass da jemand Ziele setzt und anschließend die Mittel optimiert, damit der Gewinn maximiert wird, ist eine Metapher, wenn nicht ein Klischee.

Der Verlauf eines Planungs- oder Entscheidungsprozesses wird bestimmt von der Ausgangslage, die eine Aufgabe oder ein Problem signalisiert, das zunächst einmal erkannt und präzisiert werden muss. Die Lösung der Aufgabe oder des Problems ist ein Prozess der Aussonderung von immer weiteren Lösungsmöglichkeiten unter den jeweils geltenden Selektionskriterien, in der Wirtschaft meist die Kosten (wenn es um Kostenminimierung geht) oder der Gewinn (wenn es um Gewinnmaximierung geht). Völlig unwirtschaftliche Lösungen werden schnell und meist methodisch sicher ausgeschieden. Die jeweils verbleibenden Lösungen zeichnen sich oft durch ihre Nähe aus und können nicht mehr vollständig rational entschieden werden.

Solche Nähe besteht zum Beispiel dann, wenn es mehrere nahezu gewinngleiche Möglichkeiten gibt, einen Sachverhalt zu regeln. Als weitere Hilfsgröße beim fortgesetzten Ausscheiden von unbrauchbaren Lösungen kann häufig das Risiko in Betracht kommen. Die Risikoeinschätzung und die Neigung des Managements, sie in Zweifel auf sich zu nehmen, gibt dann letztlich den Ausschlag. Führt auch dieses Kriterium zu keiner eindeutigen Lösung, dann bleiben nur noch Geschmacks- oder Gewohnheitsentscheidungen.

Was diese Prozeduren auszeichnet, ist ihr trichterförmiger Verlauf zwischen einer breiten Herangehensweise am Anfang und der Kulmination in einer Lösung am Ende. Dabei wird – entscheidungspsychologisch – die gesamte Situation, die den Anlass dazu gibt, synoptisch mitgeführt, d.h. man versucht, in allen Phasen den Überblick über das Ganze zu behalten. Diese synoptische Prozedur enthält ständig in zirkulärer Form die Funktionen Zielfindung, Ist-Zustandsbeschreibung, Mittelzuordnung, optimierende Bewertung, Selektion bzw. vorläufige Entscheidung. Sie ist folglich weder linear noch funktional-zirkulär in dem Sinne, dass jeweils deutlich in phasenförmiger Aufteilung die genannten Funktionen angegangen werden und die Überleitung ihrer Ergebnisse auf die nächste Phase erfolgt. Die bekannten Funktionsschemata und Verlaufsbeschreibungen in der Fachliteratur sind deshalb Hilfsvorstellungen, aber keine Beschreibungen realer Abläufe. Sie entspringen dem (wissenschaftlichen) Bedürfnis nach Ordnung und Rationalität mit dem Versuch, sie letztlich kalkulierbar oder mathematisierbar zu machen.

Viele dieser Prozeduren in der Praxis verlaufen noch aus einem weiteren Grund komplex. Ein Manager ist selten mit nur einer, sondern meist gleichzeitig mit einer Vielzahl von kleinen Angelegenheiten und umfangreichen Projekten in unterschiedlichem Reife- und Schwierigkeitsgrad befasst. Die Zeit- und Aufgabenstruktur eines Managers kann ein für Außenstehende kaum entwirrbares Geflecht von sich durchkreuzenden und manchmal auch störenden Arbeiten sein. So werden in einer Lagebesprechung meist alle laufenden Angelegenheiten, wenn auch durch eine Tagesordnung strukturiert, durchgenommen. Wer solche Lagebesprechungen oder Konferenzen miterlebt hat, wird das Bild vor Augen haben, dass jeweils einige Angelegenheiten lediglich einen oder zwei Schritte weiterkommen, während andere (endlich) abgeschlossen werden. Solche Momente zeigen im Querschnitt, was im Arbeitsalltag kontinuierlich abläuft. Das Bild eines Kaleidoskops, das sich beständig verändert, ist hier wohl angebracht.

Zur Kunst des praktischen Managements gehört deshalb auch und unabdingbar die Fähigkeit, die Transparenz des gesamten Aufgabenfeldes in jedem beliebigen Augenblick aufrecht zu erhalten und im Zweifel die Kunst des Delegierens zu praktizieren. Man spricht hier auch von der Funktion des Selbstmanagements.[32] Da kaleidoskopisch strukturierte Ströme von Aufgabenkomplexen sich einer ordnenden, klassifizierenden und eindeutig explizierenden Betrachtung weitgehend entziehen, ist die Alltagsproblematik für Manager, wie sie den Überblick über die einzelnen Angelegenheiten behalten und die jeweils richtigen oder angemessenen Zwischenentscheidungen fällen, in betriebswirtschaftlichen Managementlehrbüchern so gut wie gar nicht angesprochen worden.

2.4.3 Management als Methode und der Charme des Geldes

Von einer etwas anderen Perspektive her kann Management als eine spezifische Methode beschrieben werden, indem man fragt, nach welchen Prinzipien und Regeln diese „Sozialtechnik der Erfolgserzielung" vorgeht. Wonach lässt sich ermessen, ob eine bestimmte Handlungsweise ein gutes Management oder ein schlechtes ist. Diese Überlegungen werden uns einen Schritt näher bringen zur Grundsatzfrage der Eignung betriebswirtschaftlicher Managementkonzepte für die Bewältigung bestimmter Aufgaben im Bereich von Kunst und Kultur. Daraus werden einige Folgerungen abzuleiten sein, wie man für dieses Anwendungsfeld geeignete Umformungen und Anpassungen in der Methodik des Managements vornehmen kann.

Der ökonomische Erfolg oder Misserfolg (der Gewinn, der Kurs der Aktie, die Dividende usw.) steht in der Praxis als Maßstab erster Güte im Vordergrund, allerdings nicht in seiner absoluten Höhe, sondern im Vergleich zu dem, was branchenüblich und nach allgemeiner Konjunkturlage sowie den spezifischen Ausgangsbedingungen der betreffenden Unternehmung für möglich erachtet wird. Ein kritisierter Manager wird im Zweifel nicht erst dann abberufen, wenn er schon permanent Verluste zu verantworten hat, sondern schon

---

[32] Anregungen zum Selbstmanagement in Kulturberufen finden sich bei Kolfhaus/Liebald (1998).

dann, wenn die Höhe der Gewinne dauerhaft für im Vergleich zu den Chancen oder den branchenüblichen Renditen unbefriedigend gehalten werden, was sich z. B. im relativ schlechten Stand der Aktienkurse widerspiegeln kann.

Dieser Interpretationsspielraum für die Bewertung von Erfolgen ergibt sich daraus, dass der theoretische Maßstab des absoluten Erfolges, nämlich das Gewinnmaximum in einer gegebenen Situation, eine unrealistische Fiktion ist. Allenfalls könnte man sich darauf berufen, dass es nicht so sehr um gegebene Situationen geht (die ihrerseits eine Fiktion sind), sondern um die geschickte Schaffung von viel versprechenden, aber keineswegs sicheren, gedanklich projizierten Handlungsspielräumen, die dann wiederum Gewinn maximierend ausgeschlachtet werden. Da aber Handlungsräume als abstrakte Größen an keine physischen Grenzen zu stoßen pflegen, also einen ständig verschiebbaren oder überwindbaren Horizont aufweisen, ist Gewinn maximierendes Verhalten vergleichbar mit einem Zollstock aus Gummiband, dessen beide Enden keine Fixpunkte finden können. Als ein weiteres wichtiges Moment kommt noch hinzu, dass ein geschicktes Management in der Wirtschaft sich nicht allein durch die Höhe der erzielten Gewinne beweist, sondern auch durch die Fähigkeit, erzielte Gewinne in geeigneter Form zu verwenden, insbesondere für die langfristige Existenzsicherung des Unternehmens sowie für Expansionsabsichten. So ist der Wert eine Aktie an der Börse nicht allein das Ergebnis der zu erwartenden Dividenden, sondern vor allem auch durch ihren Anteil am inneren Wert eines Unternehmens mitbestimmt, an dessen Potentialen für die Zukunft einschließlich des Vertrauens in das Management, diese Potentiale auch kreativ nutzen zu können.

Das in der Praxis übliche Erfolgskriterium erweist sich auf diese Weise letztlich doch als ziemlich komplex und keineswegs frei von Subjektivismen und Irrationalität. In dem Moment, in dem individuelle Erwartungen und Lagebeurteilungen in die Bewertungen einfließen, ist der Maßstab „Erfolg" nicht mehr eindeutig objektivierbar, nicht mehr eindeutig in Geld quantifizierbar. Man kann zwar die Höhe des Gewinns errechnen, nicht aber die „Qualität" dieser Summe, nämlich ihre Fähigkeit, die aus subjektiven Vergleichen resultierenden Erwartungen der Hoffnungsträger zu erfüllen, die im Übrigen untereinander höchst umstritten sein können.

Einem Manager bleibt folglich im Allgemeinen kaum eine andere Wahl, als alle Energie des Unternehmens darauf zu konzentrieren, einen *möglichst* hohen Gewinn (der praktisch aber nicht der absolut maximale sein kann oder muss) zu erzielen und damit die Grundlage zu schaffen, das Unternehmen in eine prosperierende Zukunft zu führen. „Möglichst hoch" heißt, bis an die Grenzen des technisch, rechtlich, ökologisch, sozial Verantwortbaren zu gehen. Und auch diese Norm ist nicht objektiv, d.h. sie ist nicht Personen übergreifend allgemein gültig und eindeutig darstellbar, sondern bedarf der Interpretation und Bewertung. Nicht immer sind die Grenzen rechtlicher Bestimmungen, ökologischer Belastbarkeiten oder ethischer Verantwortbarkeit eindeutig, sondern unterliegen der Interpretation in Bezug auf eine konkrete Lage, nicht immer ist die vorherrschende Moral stark genug, die allgemein üblichen Grenzen nicht zu überschreiten.

Von dieser Unschärfeproblematik abgesehen, bleibt das Management dennoch im Kern eine Methode der bestmöglichen Nutzung gegebener Möglichkeiten (in *diesem* Sinne eine Methode der Optimierung), die üblicherweise etwas lasch und aus Lehrbüchern entnommen als Gewinnmaximierung bezeichnet wird. Gewinnmaximierung als die Verabsolutierung des Strebens nach der bestmöglichen (hier in Gewinn ausgedrückten) Lösung wirtschaftlicher Aufgaben kann man allenfalls als eine Metapher benutzen, um der Idee der reinen Rationalität zu einem Paradigma der Theorie und zu einer Richtschnur für die Praxis zu machen.

Mit Blick auf die Maßstäblichkeit der reinen ökonomischen Rationalität ist Gewinnmaximierung daher sicher die logisch korrekte Be- oder Umschreibung einer Methode. Dies ist nun aber nicht die Beschreibung des Unternehmensziels selbst, wie man es gelegentlich in Lehrbüchern liest. Dort heißt es, dass einem Unternehmen in einer Marktwirtschaft bei Strafe des Untergangs gar nichts anderes bleibt, als sich Gewinn maximierend auszurichten. Diese Kennzeichnung ist nichts als eine Simplifizierung der komplexen äußeren Zwänge, die mit der Vorstellung freier Entscheidungen einschließlich der Zielentscheidungen in offenen Handlungsräumen logisch unvereinbar ist. Entweder ist die freie Marktwirtschaft frei oder sie ist ein Zwangskorsett. Theoretiker müssen sich hier wohl entscheiden. Entscheiden müssen wird sich auch der Experte in Sachen Kulturmanagement, ob er in seiner Konzeption der reinen Lehre folgt oder sich differenzierend an die Managementpraxis halten will. Unser Thema hier ist aber zunächst die Diskrepanz zwischen betriebswirtschaftlicher Theorie und Managementpraxis.

Gewinnmaximierung ist also, wenn wir diesen Begriff hier metaphorisch benutzen, eine *Verfahrensweise* im Entscheidungsprozess, eine rein rationale zumal, durch die die Rationalität von gefällten Entscheidungen nachgewiesen werden soll. Eine *Vorgehensweise* aber als Unternehmens*ziel* zu deuten, also den Weg zum Ziel zu erklären, entspricht eigentlich eher der Logik eines Hedonisten, der die Lust am Machen dem Erreichen des Ergebnisses vorzieht. Hedonisten aber wird man in der Wirtschaft selten finden (was keinen Manager daran hindern muss, dieses außerhalb des Dienstes zu tun), denn den Aktionär interessieren nicht des Managers Lust, sondern die Früchte seines Strebens. Wir werden aber in Zusammenhang mit Kunst und Kultur durchaus Haltungen finden, die sich – selbst unter kommerziellen Bedingungen – aus innerer Neigung zu den Inhalten mehr den Wegen des Entdeckens, Erschließens und Gestaltens in den Künsten oder der Kultur widmen als dem wirtschaftlichen Ergebnis, letzteres natürlich als zwingende Nebenbedingung nicht missachtend. Viele Verleger beispielsweise stehen ihren Autoren und dem, was sie schreiben, sehr nahe und werden als Kenner schöngeistiger Literatur beratend tätig, was sie dennoch nicht daran hindern wird, sich an wirtschaftlichen Kriterien zu orientieren.

In der Wirtschaft, die es meist mit etwas profaneren Erzeugnissen zu tun hat, steht jedoch die Erfolgsorientierung im Vordergrund. Unternehmensziele, die ergebnisorientiertes Handeln steuern, sind in der Praxis ohnehin oft schwer präzisierbar, denn Unternehmen sind mehr als nur Gewinnmaximierungsmaschinen. Sie sind kleine oder große Imperien in der Marktlandschaft, die sich *auf Dauer* einrichten und die ihre Territorien erweitern und absichern wollen, wobei die Methode „Nimm, was du kriegen kannst" auf lange Sicht kontraproduktiv ist oder sein kann. Die Existenzsicherung geht deshalb dem puren Extrahieren von Gewinn aus jeder denkbaren Lage sehr häufig vor. Die verbreitete Formulierung, das Ziel der Unternehmung sei langfristige Gewinnmaximierung, ist eine vage und in ihrer Tendenz sehr unpräzise, wenn nicht unangemessene Beschreibung dessen, was mit dauerhafter Existenzsicherung gemeint ist.

Die Komplexität der Bewertung von Unternehmens- oder Managementleistungen macht deutlich, dass ein gar so großer Unterschied zur Leistungsbewertung bei nichtkommerziellem Management – zumindest formal – eigentlich gar nicht gegeben ist. Zieht man den Umstand in Betracht, dass die Bewertungen der Leistungen einer Institution und seines Managements immer aus dem *Umfeld* kommen, seien dies der Markt sowie die Aktionäre oder sonstige Anteilseigner, die Stakeholder (die Öffentlichkeit) und die kommentierenden Wirtschaftsmedien oder seien es bezüglich der Leistungen einer Kultureinrichtung das Publikum (z.B. eines Theaters), die übrige Öffentlichkeit und die kommentierenden Feuilletonisten, so sind die inhaltlichen Unterschiede zwar beträchtlich, rein formal aber ist eine vergleichbare Komplexität zu verzeichnen.

Die Methode des Maximierens ist ein wissenschaftliches Produkt, abgeleitet aus der ökonomischen Rationalität, die äußerste Konsequenz in der Realisierung von Zielen verlangt. Sie ist theoretischer Natur insofern, als sie ohne Umstände aus den akzeptierten Prinzipien des vernünftigen Wirtschaftens herleitbar ist, insbesondere aus dem Prinzip des sparsamen Umgangs mit knappen Ressourcen. Sie kann als Postulat zwar der Praxis empfohlen werden, aber allenfalls als eine Gerüststruktur in konkreten Entscheidungsabläufen. Diese nämlich müssen andere Dimensionen von Wertorientierungen hinzuziehen, etwa rechtliche Normen, soziale Rücksichten, kulturelle Werteverbindlichkeiten und politische Konstellationen (z.B. Wahrung demokratischer Verhältnisse), und sie müssen nicht zuletzt die eigene, langfristige Existenzsicherung beachten.

Die reine Methode des Maximierens wird von so vielen komplexen Wertedimensionen umstellt, dass sie nur auf dem Papier ihre Unschuld als Kategorie des reinen Verstandes und der Logik bewahren kann. In der Praxis macht sie für sich allein keinen Sinn. Die Praxis ist eine Methode des Abwägens, nicht des Maximierens, auch wenn dies in eng umgrenzten Fällen, z.B. eine Proberechnung der Ergiebigkeit einer geplanten Investition, zur Anwendung kommen kann. Der eigentliche Vorgang des Maximierens einer gegebenen und messbaren Zielgröße wie Gewinn (die allerdings im Kulturbereich durchweg fehlt) ist eine Herangehensweise, die sich auf einige mehrfach erwähnte Grundprinzipien bezieht. An erster Stelle steht die „ökonomische Rationalität" oder die „Vernunft des Strebens nach der wirtschaftlich bestmöglichen Handlungsweise", wir können auch kurz sagen „Die Vernunft der Optimierung". Dieses Prinzip verlangt – was zunächst völlig einsichtig ist -, unter den Bedingungen knapper Mittel den sparsamsten Weg zu gehen und möglichst wenig an Mitteln zu vergeuden. Nur wer im Weg selbst sein Ziel sieht, wird sich aus Neigung und Lust Umwege leisten, um seine Erlebnismöglichkeiten zu steigern und dabei vielleicht verschwenderisch erscheinende Ausgaben zu tätigen. Der Urlauber (falls er sich nicht selber unter den Stress setzt, möglich schnell am Zielort anzukommen) kann sich auf Zeit und Kosten verschlingenden Nebenwegen fortbewegen. Der unter Zeit- und Leistungsdruck stehende LKW-Fahrer oder Handelsvertreter wird dies sicher nicht tun.

Die Realisierung des Prinzips der ökonomischen Rationalität ist an einige formale und logische Bedingungen geknüpft, auf die wir hier nicht im Detail eingehen müssen, soweit sie nicht für eine sinnvolle Konzeption des Kulturmanagements unverzichtbar sind. Zu den unverzichtbaren gehören insbesondere die Bedingung der eindeutigen Wirkungszurechnung sowie die Bedingung der isolierten Darstellbarkeit eines wirtschaftlichen Situationszusammenhangs. Beide Bedingungen werden wegen ihrer Relevanz im Bereich von Kunst und Kultur noch erklärt. Die ökonomische Rationalität verlangt im Grundsatz das Streben nach Berücksichtigung *aller* relevanten Umstände und Faktoren, um in einer konkreten Entscheidungssituation genau diejenige Handlungsweise festlegen zu können, die eine maximale Differenz zwischen Ertrag oder Erfolg einerseits und dem dafür nötigen Aufwand (Opfer an Ressourcen oder Mitteln) andererseits verspricht. Es geht allerdings auch nur um die Berücksichtigung aller *relevanten* Umstände und Faktoren. Hier stoßen wir auf eine entscheidende Bruchlinie, die die Festigkeit des Rationalitätsprinzips in Probleme bringt.

Es geht um die gravierende Frage des Unterschieds zwischen individueller Rationalität und kollektiver oder gesellschaftlicher Rationalität oder, um es auf die Spitze zu treiben: zwischen Egoismus und Altruismus.

Der Unterschied zwischen individueller Rationalität (für die zum Beispiel solche Umweltschäden nicht relevant sind, die nicht bezahlt werden müssen) und sozialer Rationalität (für die Umweltschäden selbstverständlich relevant sind, nicht erst dann, wenn sie repariert und deshalb von der Allgemeinheit bezahlt werden müssen, sondern schon vorher, um sie gar nicht erst entstehen zu lassen) kann beträchtlich sein. Vernunft ist meist eine Frage der sozialen Perspektive und alles andere als objektiv. Diese Diskrepanz verschärft sich insbesondere dadurch, dass in der Wirtschaft und in vielen anderen Zusammenhängen mit Geld operiert wird und monetäre Wirkungen zum Kriterium von Rationalität gemacht werden. Was kein Geld kostet oder kein Geld einbringt, liegt nicht mehr im Fokus des Vernunfthandelns desjenigen, dem es nur um Geld geht. Anders ausgedrückt: Die Rationalität der Geldform registriert nicht die oft quer liegende Vernunft, die sich auf inhaltliche Aspekte bezieht. Umweltschäden, soziale Desintegration, kulturelle Entwertungen, für die keine Entschädigungen zu zahlen sind, bilden in Unternehmensrechnungen keine intervenierenden Faktoren. Die ökonomische Rationalität eines einzelnen Unternehmens durchkreuzt oder überwältigt deshalb nicht selten die gesamtgesellschaftliche Rationalität, die sich an inhaltlichen Werten oder Vorgaben zu orientieren hat.

Deshalb wird die Geltung der ökonomischen Rationalität, so einleuchtend sie als allgemeines Prinzip unter den Bedingungen nicht beliebig verfügbarer Ressourcen über die Wirtschaft hinaus ist, dann fragwürdig, wenn sie auf die abstrakte Ebene des Geldes gehoben wird. Die von der ökonomischen Theorie meist unreflektiert eingebrachte Geltung der ökonomischen Rationalität in der Wirtschaft bedarf einer überzeugenden Begründung aus der Kenntnis der Wirkungen, die die Geldebene in der physischen Welt auszuüben pflegt. Diese Begründungen fehlen in der (neoklassischen) ökonomischen Theorie durchweg.

Die methodische Forderung nach umfassender Berücksichtigung aller relevanten Umstände und Faktoren geht auf die allgemeine, nicht nur für die Wirtschaft selbst geltende Einsicht zurück, dass unter den Bedingungen von Knappheit eine absolut schonende Nutzung eines gegebenen Vorrats an Ressourcen *begründet* werden muss. Jede unbedachte Nutzung verringert die Möglichkeiten anderer oder späterer Nutzungen, für die es ebenfalls eine gewisse Dringlichkeit gibt. Dazu ein einfaches Beispiel: Ein Grundstück in einer zentralen Ortslage mit einer bestimmten Infrastruktur im Umfeld ist grundsätzlich geeignet für ein Mietshaus, einen Supermarkt oder ein Kino mit kleinen Nebenshops. Der Eigentümer kann dieses Grundstück dem Meistbietenden verkaufen. Damit ist für ihn der Fall erledigt. Er kann aber auch selbst investieren und steht dann vor der Frage, welche der angedeuteten Möglichkeiten er wählen soll. Die zu erwartenden Miet- oder Pachtzinseinnahmen sind nur ein Basiskriterium. Zu berücksichtigen ist nämlich auch das Risiko der Insolvenz von Mietern und Pächtern.

Das Grundstück in der begünstigten Lage und infrastrukturellen Einbettung im Zentrum der Stadt ist ein knappes und folglich begehrtes Gut, dessen Knappheit sich logischerweise auf die Nutzungsarten überträgt. Die Vernunftargumente zugunsten bestimmter Nutzungen könnten sich nun beziehen auf den Wohnbedarf in der Stadt, auf den Versorgungsbedarf der schon ansässigen Wohnbevölkerung für einen Supermarkt oder auf die Hebung der Lebensqualität in der Stadt durch verbesserte Freizeitangebote. Wie kann man die Knappheit und ihre Beantwortung durch die vernünftigste Nutzung entscheiden?

Eine legitime Lösungsform könnte sein, durch eine öffentliche Debatte die Stimmung unter der Bevölkerung zu ermitteln und – über Festlegungen im kommunalen Bebauungsplan – entsprechende Nutzungen amtlich einräumen oder bevorzugen zu lassen (populistische Methode). Eine andere Methode könnte darin bestehen, dass die jeweiligen Fernwirkungen, z.B. auf die Standortattraktivität der Stadt und ihre wirtschaftlichen Entwicklungsaussichten und die Festigung der sozialen Bindungen im Kulturleben der Stadt, von Experten ausgearbeitet und von politischen Amtsträgern bewertet und per Mehrheitsbeschluss entschieden wird (parlamentarische Methode). Schließlich bleibt noch der Weg, die Entscheidung über die Verfügbarkeit von Geld fällen zu lassen, indem die Bereitschaft zur Zahlung von Miete in einer Art Versteigerung ermittelt und das Objekt dem Meistbietenden zugeschlagen wird oder indem über Preisniveauanalysen des Immobilienmarktes eine (ebenfalls übers Geld vermittelte) Entscheidung herbeigeführt wird (Methode der Allokation durch den Markt). Die Dringlichkeit des Bedarfs erweist sich dann in der Bereitschaft, einen entsprechend hohen Preis zu zahlen.

Diese Argumentation enthält einen den Ökonomen durchaus bekannten Bruch, indem theoretisch eine direkte Beziehung zwischen der Dringlichkeit eines Bedarfs und der Verfügung über Geld unterstellt wird. Wer dringend auf Wohnraum angewiesen ist, aber nicht über reichlich Geld verfügt, wird demjenigen unterliegen, der viel Geld besitzt und sich eine Zweitwohnung im Zentrum der Stadt zulegen will. An diesem schlichten Beispiel wird ersichtlich, wie überaus problematisch das Postulat sein kann, stets die vernünftigste wirtschaftliche Lösung zu finden, wenn als Vergleichs- und Entscheidungsmaßstab lediglich das Geld in Betracht kommt. Da der Gewinn eine Geldgröße ist, also auch nur auf dieser Ebene angestrebt werden kann, ist eine Maximierungsempfehlung an die Praxis eine ethisch ziemlich heikle Angelegenheit. Das Maximum an Gewinn ist nur unter völlig weltfremden theoretischen Bedingungen zugleich die beste Lösung für die materielle Versorgung einer Bevölkerung. Diese Absurdität kommt dadurch zustande, dass die konkreten Bedürfnisse auf der dinglichen Ebene von denen der Geldebene abgelöst sind.[33]

Die Methode des Marktes, der Mechanismus von Angebot und Nachfrage und deren Ausgleich über das Regulationsmedium „Geld", wird damit begründet, dass das Geld nur eine Warenabstraktion darstelle und dieser „Umweg" alle dinglichen Dispositionen vergleichbar machen könne. Geld verkörpert in der Tat einen abstrakten Anspruch auf Waren und Dienste, ohne auf konkrete Dinge festgelegt zu sein. Die Knappheit der Güter und Dienste überträgt sich auf das Geld selbst, falls die Gelddrucker (Zentralbanken, Kreditbanken) sich an die Entwicklung des Sozialprodukts halten und keine Geldschwemme zulassen. Geld ist also selber knapp, wenn auch nur in der Gesamtsumme, nicht aber gleichmäßig in seiner Verteilung auf die Bedürfnisträger.

Geldknappheit ist folglich ein konkretes Thema auf der individuellen Ebene und in Verbindung mit den konkreten Bedürfnissen. Geld mag an einer Stelle so knapp sein, dass bestimmte Bedürfnisse nicht befriedigt werden können. Zur gleichen Zeit kann es an anderer Stelle für Bedürfnisse zur Verfügung stehen, die in allgemeiner Beurteilung vielleicht nicht höchste Dringlichkeit besitzen, sondern dem Luxus einiger zugute kommen. Diese

---

[33] Die theoretischen Grundlagen der Betriebswirtschaftslehre sind an diesem Punkt besonders fragwürdig, weil sie sich, ohne diese Problematik methodologisch zu reflektieren, wie selbstverständlich nur auf der monetären Ebene bewegt. Damit spiegelt sie zwar den Kern der Unternehmenstätigkeit wider, aber ihre ethische Basis als Wissenschaft, nämlich ihre Verpflichtung auf umfassende Wahrheitssuche und ethische Begründbarkeit ihrer Ansätze und Theorien ist äußerst schwach. Vgl. dazu auch Brodbeck (2007).

Vorbemerkungen sind für die Frage aufschlussreich, wieso es für kulturelle Zwecke zu Finanzierungsengpässen kommen kann, während in anderen Gebieten, zum Beispiel im Profisport, oft erstaunliche Beträge für Prämien und den Ankauf von Sportlern fließen. Geld ist einerseits ein Bewertungsmaßstab, durch den Unterschiedliches vergleichbar gemacht wird. Unterschiedliche Handlungsmöglichkeiten oder Nutzungsmöglichkeiten an einem Grundstück lassen sich über die finanziellen Konsequenzen (Einnahmen durch Nutzung und Aufwendungen für Herrichtung und Unterhaltung) vergleichbar und somit entscheidbar machen. Die mit jeder einzelnen Alternative verbundenen Erträge und Aufwendungen sowie die Differenz aus beidem (= Gewinne oder Überschüsse) ergeben insoweit ein eindeutiges Bild, als die finanziellen Konsequenzen relativ genau ermittelt werden können (was in manchen Fällen allerdings nicht ganz einfach ist).

Jede Nachlässigkeit in der Ermittlung der finanziellen Konsequenzen würde das Risiko erhöhen, die monetär wirklich günstigste Entscheidung zu verfehlen. Von daher erklärt sich das Streben nach weit reichenden Planungen, Berechnungen und Kontrollen, je höher die zu investierende Summe und die Dauer ihrer Bindung ist. Ein übertriebener Planungs- und Kalkulationsaufwand kehrt sich allerdings leicht auch gegen die ökonomische Vernunft, wenn er die Vorteile durchdachten Vorgehens durch erhöhten Verwaltungsaufwand wieder zunichte zu machen droht. Das Abwägen, wie umfassend man die Entscheidungsfindung bis ins Detail begründen soll, ist eine Kosten-Nutzen-Betrachtung, die selber dem Prinzip der Rationalität unterliegt. Steht jemand stark unter Rechtfertigungsdruck, kann er leicht dazu gebracht werden, sich durch übermäßige Detailarbeit gegen Kritik zu sichern. Diesen „Bürokratisierungseffekt" findet man keineswegs nur in Ämtern und Behörden, sondern auch in der Wirtschaft, an Hochschulen und in den Administrationen von Kultureinrichtungen.

Nun ist Geld nicht nur ein „Gleichmacher" und quantitativ eindeutiger Maßstab, sondern auch ein Wertspeicher. Da das Geld nicht (wie beim Naturaltausch) auf eine ganz bestimmte Ware festgelegt ist und auch nicht verdirbt, wenn man sie länger liegen lässt, sondern von der physischen Warenebene abstrahiert und den Zeitpunkt des Einwechselns gegen ein konkretes Gut (oder für die Ablösung öffentlicher Verpflichtungen oder als Schenkung oder Stiftung für kulturelle Zwecke) prinzipiell freigibt, besitzt es noch einige weitere, sehr wichtige Eigenschaften, auf die wir sogleich noch zu sprechen kommen. Zunächst ist festzuhalten, dass Management eine Methode ist, die das Prinzip der ökonomischen Rationalität zur Geltung bringt und (in kommerziellem Kontext ebenso wie zum Teil in außerwirtschaftlichen Bereichen) sich dispositiv in der Abstraktionsebene des Geldes formiert. Diese *Formierung im Geld* drängt die komplexen Unwägbarkeiten und Ungenauigkeiten, die mit der populistischen und der parlamentarischen Methode verbunden sind (diese allerdings auch näher an das konkrete Leben bindet), beiseite. Die Vorzüge der Formalisierung (Quantifizierbarkeit, Kalkulierbarkeit, Eindeutigkeit des Maßstabes, Vergleichbarkeit) werden allerdings erkauft mit der Glättung von Unterschieden in der Sache oder der Inhalte.

So werden bei der Bewertung in Geld nur solche Faktoren berücksichtigt, die entweder Kosten verursachen oder Erträge ermöglichen. Bei einem bebauten Grundstück also Steuern, Abschreibungen auf Bauten und Unterhaltungskosten auf der einen sowie Mieteinnahmen auf der anderen Seite. Keine Berücksichtigung finden dagegen die ästhetischen Wirkungen der Bebauung im Stadtbild oder die Folgen der Verkehrsverdichtung im Stadtzentrum (wenn sie nicht im Bebauungsplan rechtsverbindlich geregelt wurden). Solche

Effekte werden meist ergänzend vorgebracht und können unter Umständen die Entscheidungen beeinflussen, falls dazu die rechtlichen Möglichkeiten gegeben sind. Letzteres fehlt fast ganz, wenn sich ein Bauherr mit seinen Plänen *innerhalb* der Festlegungen des geltenden Bebauungsplans bewegt. In vielen öffentlichen Vorgängen, nicht nur im Bereich des Städtebaus, sondern auch im Bereich von Kunst und Kultur und weiterer öffentlichen Angelegenheiten, sind ausführliche Planungen selten allein ausschlaggebend. Auch wenn eine finanziell optimale Lösung gefunden und zur Entscheidung vorgelegt wird, machen die Planer meist die Erfahrung, dass die Rationalität ihrer professionellen, Details abwägenden Arbeit durch öffentlich vorgetragene (aus ihrer Sicht Neben-) Argumente wieder eingeebnet wird. Sie erleben dies aus ihrer Warte häufig als Rückkehr ins Reich der Irrationalität.

Diese Haltung entsteht leicht dadurch, dass die reine, unbefleckte Rationalität für das ideale Gestaltungsprinzip gehalten wird und dass eine durch weit reichende Planung erdachte Lösung *über* den individuellen Bedürfnissen, Ansichten und Anliegen steht und als neutral gelten kann. Jede Abweichung davon *muss* dann naturgemäß aus der Sicht der Planer als Störung, als Verfehlung der Vernunft oder als Beeinträchtigung der Objektivität erscheinen. Letzteres ist insofern nachvollziehbar, als die vorgebrachten Argumente ihrerseits nicht faktischer, sondern werthafter Natur sind. Sie entstammen individuellen und untereinander nicht immer vereinbaren Wertungen. Diese Argumentationslinie, durch welche Rationalität nahezu mit Objektivität gleichgesetzt wird, ist auch keine Seltenheit im Zusammenhang mit Kultur und Kunst. Kultur- und Kunstmanager müssen sich hüten, ihr zu verfallen. Die individuellen und öffentlichen Einstellungen zur Kunst und Kultur sind ohnehin nur schwer mit rationalen Kriterien darstellbar. Sie beruhen teils auf Traditionen (wir sehen die Dinge nicht, wie sie sind, sondern wie sie uns aus Gewohnheit erscheinen), teils auf Erziehung und teils auf eigener Urteilsbildung durch aktuelle sinnliche Wahrnehmungen. Sinnliche (ästhetische) Wahrnehmungen sind die Essenz von Kunst und Kultur. Aus ihnen lassen sich jedoch niemals allgemeingültige, objektive Urteile ableiten, und der Kontrast zur planerischen Rationalität ist künstlich und kann zur Missachtung der Geltung von sinnlichen Lebensäußerungen führen.

Die Eigenschaft des Geldes, beliebig gespeichert werden zu können, macht es praktisch unmöglich, den Aspekt der Akkumulation von Geld aus Gründen des Machterwerbs vom Aspekt des Geldes als Wertmesser und Vergleichsmaßstab klar zu trennen. Beides ist zugleich präsent, auch wenn sich je nach Lage die Akzente verschieben. Vergleicht man den Wert eines Grundstücks mit dem eines Aktienpakets, so mag das Grundstück besser wegkommen. Aber das Aktienpaket bietet, zumal es leicht weiter aufgebaut werden kann, Einfluss bis hin zur Mitbestimmung oder womöglich Dominanz in Hauptversammlungen. Entscheidend ist letztlich, was der Geld- oder Vermögensbesitzer will.

Die Macht des Geldes sollte eigentlich den Konsumenten die Basis ihrer Marktpositionen bilden, denn von ihren Entscheidungen hängt es ab, ob ein Unternehmen mit seinem Warenangebot Profit erzielt oder nicht. Der Produzent befindet sich im Prinzip in der schwächeren Position, zumindest dann, wenn er Wettbewerber fürchten muss. In der Stufenfolge der Produzenten von der Urproduktion, zum Beispiel die Landwirtschaft oder der Verfasser des Librettos für eine Oper, bis zu den Letztmärkten des Konsumbedarfs hat – wiederum im Prinzip – immer die Nachfrageseite die stärkere Position, weil sie über die Kaufkraft verfügt. Der produzierende Landwirt kommt deshalb meist schlechter weg als der Supermarkt, der dessen Waren in ihrer Endform verkauft. Drittweltländer, die im Wesentlichen Urproduktion leisten, kommen im Weltmaßstab meist schlechter weg als Industrieländer, in denen die Endprodukte hergestellt und verkauft werden (Bendixen 1998 b).

Die Macht des Geldes findet aber ihre Gegenmacht in alternativlosen Angeboten, zum Beispiel in alternativlos niedrigen Preisen, in alternativlos hoher Qualität der Ware, im Alleinvertrieb einer Ware aufgrund eines Patentes oder einer Lizenz. Ansonsten bleibt nur der Versuch der Werbung, den Konsumenten klar zu machen, dass es um ihren Vorteil (zum Beispiel ihre Gesundheit, ihren gesellschaftlichen Ehrgeiz, ihre Bequemlichkeit) geht, eine bestimmte Ware zu erwerben, und sie vergessen zu machen, dass es eigentlich nur um ihr Geld geht. Das Machtspiel mit dem Geld hat schon so manches Theaterstück, manchen Kriminalfilm und manchen Roman inspiriert.

Die Neigung und Disposition zur Akkumulation von Geld als Machtmittel ergibt sich aus der (kulturell angelernten) Fähigkeit, die Befriedigung von aktuellen Bedürfnissen auf spätere Zeitpunkte zu verschieben, also verfügbares Geld nicht sofort umzusetzen. Geradezu System bildend in der Geschichte der Marktwirtschaft ist die Verschiebung von spontanen Lebensbedürfnissen aus der Tagesarbeitszeit auf den Feierabend oder auf das freie Wochenende, schließlich auf den Jahresurlaub und zuletzt auf den Lebensabend. Diese physiologische Leistung war und ist die Basis für Intensitätssteigerungen in Arbeitsprozessen und damit des gesamten Industrialisierungsprozesses in der Neuzeit. Die Verschiebung spontaner Bedürfnisse verläuft meist parallel mit der Nichtausgabe von erworbenem Geld (Bildung von Ersparnissen) in der nahe liegenden Erwartung, die angesammelten Summen mit umso größerem Genuss in der Freizeit ausgeben zu können. Dies ist natürlich ein geeignetes Feld für marktförmige (Freizeit-) Angebote, die sinnlich verführerische Wege aufzeigen, wie man sein Erspartes zum eigenen Genuss wieder ausgeben kann. Sie sorgen dafür, dass der Mensch ein sinnliches Verhältnis zum Medium „Geld" entwickelt, dessen Charme die Nüchternheit dieses Wertmessers und rationalen Entscheidungskriteriums nach und nach verdrängt. Es verdrängt damit auch leicht die Fähigkeit, durch den Schleier des Geldes hindurchzublicken auf die ästhetischen Impulse und Varianzen der dinglichen Welt und ihrer kulturellen Formgestalten und Erlebnismöglichkeiten.

Geld ist ein Medium mit einer enormen Kapazität zur Entwicklung und Steuerung komplexer Systeme wie Märkte mit ihren mittlerweile weit vorgedrungenen globalen Verflechtungen und zur Steuerung von Allokationsprozessen. Optimale Allokation von Ressourcen ist ein Zentralbegriff der Ökonomie. Er beschreibt einerseits den Idealzustand eines Marktsystems, investitionsbereites Geld (Kapital) dorthin zu lenken, wo es am dringlichsten benötigt wird. Zugleich ist er eine Norm, an der strukturelle Maßnahmen zur Entwicklung bestmöglicher Marktverhältnisse sich messen lassen sollen. Das wichtigste Signal dazu, so sagt man, seien die Marktpreise. Sind sie vergleichsweise hoch, zeigen sich ein zu knappes Angebot, aber zugleich auch Gewinnmöglichkeiten für Unternehmen an.

Dass dies in der Praxis nur unter nahezu unrealistischen Bedingungen einwandfrei funktioniert und deshalb strukturelle Flankierung durch den Staat notwendig ist, dürfte leicht einsichtig sein. Allein die Tatsache, dass investiertes Kapital (z.B. in Fabrikanlagen) nur sehr langfristig und mit Verlusten wieder zu flüssigem Geld gemacht werden kann, das in anderen Gebieten oder Branchen eingesetzt werden könnte, wo es höhere Profite einbringt, lässt erahnen, warum die betroffenen Firmen nicht oder selten an Liquidierungen denken, sondern an flankierende Schutzmaßnahmen zur Festigung ihrer Position (zum Beispiel steuerliche Vergünstigungen, Subventionen, Erlangung von Marktmacht). Haben sie Erfolg damit, dann ist Abweichung von der optimalen Allokation im Spiel. Für die

Steuerung von Wirtschaftsprozessen über das Geld, auf einzelbetrieblicher Ebene ebenso wie auf volkswirtschaftlicher Ebene, ist ein Nebeneffekt von Bedeutung, der für manche Argumentationen im Zusammenhang mit der Finanzierung und Förderung von Kunst und Kultur von grundlegendem Gewicht ist. *Physische* Ressourcen und ihre Verarbeitungen, z. B. Rohstoffausbeuten, Bauten, Ackerland, Maschinen und Konsumwaren aller Art, spiegeln die *tatsächlichen, die realisierten* Dispositionen der Unternehmen aus dem weiten Umkreis der Möglichkeiten wider. Ihre soziale und regionale Aufteilung und sachliche Zusammensetzung gibt dagegen *nicht* zu erkennen, welche *nicht-realisierten* Dispositionen entfallen sind, weil sie auf der Ebene des Geldes als nicht genügend profitabel quasi durchgefallen sind.

All die Fülle an Gütern und Diensten, die uns tagtäglich vorgeführt werden, verführt zu der Annahme, wir befänden uns mitten in der objektiven Welt, die uns die Marktwirtschaft beschert hat. Tatsächlich aber handelt es sich nicht um *die* Objektwelt, sondern nur um eine Welt der sinnlich wahrnehmbaren Dinge und ihrer Konfigurationen, wie sie (überwiegend) durch das Sieb der Gelddispositionen gegangen und real geworden sind. Was wir als objektiv, weil überprüfbar faktisch empfinden, ist – sofern es sich nicht um natürliche Dinge handelt, über die die Natur selber zu entscheiden pflegt – lediglich Empirie, die das Kontinuum der realen, aber nicht realisierten Möglichkeiten nicht oder nur mit Hilfe von viel Phantasie zu erkennen gibt. Der normative Charakter der durch Kulturhandlungen hervorgebrachten Objektwelt, ihr imaginärer Kontext, muss durch Phantasie bewusst gemacht werden oder bleibt im Dunkeln.

Der durch die Geldwirtschaft weltweit erzeugte materielle Wohlstand ist, soweit er Menschen darin einbinden kann (was für viele nicht zutrifft), zugleich eine kulturelle Manifestation, die den Blick und die Sinne für kulturelle Alternativen (was man physisch auch anders hätte machen können), für kulturelle Verluste (zum Beispiel den Reichtum an sinnlichen Erlebnismöglichkeiten durch Kunst oder andere kulturelle Aktivitäten, der durch materielle Genüsse verstellt wird) und für kulturelle Kommunikation (zum Beispiel der Wert sozialer Bindungen, die mehr und mehr in eine Mensch-Ding-Beziehung verwandelt werden) schwächt oder trübt. Auch dies ist eine historische Strömung, die den Kontext von gegenwärtiger Kunstpraxis und Kulturpolitik erheblich prägt. Häufig ist uns der Schleier des Geldes, mit dem unsere reale Welt überzogen ist, nicht bewusst. Wer als Manager oder an anderem Platz mit wirtschaftlichen Dispositionen unter dem Kriterien „Geldabfluss" oder „Geldzufluss" zu tun hat, erkennt nicht ohne weiteres die nahen und fernen Wirkungen in der Objektwelt und ihren Konstellationen. Diese sind auch nicht weiter wichtig, wenn es nur darauf ankommt, dass der Geldabfluss nicht größer wird als der Geldzufluss.

Management wird auf diese Weise zu einer dominierend formalen und zugleich abstrakten Methode. Mit dem Anspruch, der Rationalität Geltung zu verschaffen, ist diese Methode nicht nur auf das Prinzip des wohlüberlegten Umgangs mit knappen Ressourcen eingeschworen, sondern bewegt sich zugleich auf einer Formalebene, die es nur mit der Knappheit des Geldes zu tun hat. Hier stoßen wir auf eine zweite bedeutende Bruchstelle in der ökonomischen Argumentation. Die Vernunftregel, mit knappen Mitteln sparsam oder wohlüberlegt umzugehen, wird erst gehaltvoll, wenn man sie auf physische Knappheiten *oder* auf Geldknappheiten bezieht und erkennt, dass beides gelegentlich unvereinbar ist.

Die Geldebene schwebt natürlich nicht beziehungslos über den physischen Vorgängen der Produktion, der Lagerung, des Transports. Aber sie wählt aus, welche von ihnen nützlich sind, und sie steuert sie von der Ebene des Geldes her unter dem Kriterium der Profitabilität. Deshalb sind die wichtigsten Instrumente des Managements nicht etwa Maßstäbe des technisch Machbaren, die zum Beispiel dem fachlichen Ehrgeiz von Ingenieuren nachkommen, auch nicht Maßstäbe von Meisterschaft, die dem Qualitätsstreben den höchsten Rang einräumen, ebenso wenig ästhetische Prägnanz und Vollkommenheit, die im Design irgendeinen Kunstanspruch oder wenigstens künstlerische Raffinesse verwirklicht.

Vielmehr sind es Instrumente, die durch die Bank (im doppelten Sinne dieses Wortes) auf der Geldebene angesiedelt sind: Bilanzen, Kostenrechnungen, Kalkulationen, Umsatzstatistiken, Investitionskalküle, Renditeprognosen, Kursprojektionen, Wirtschaftlichkeitsvergleiche. In der methodischen und instrumentellen Steigerung des rationalen Managements, wie es das Konzept des Strategischen Managements im Extrem verkörpert, werden diese monetären Steuerungsinstrumente eingebunden und in einem System des Controlling, fein aufeinander abgestimmt, arrangiert.

Der eigentliche Grund für die Bindung des Managements an die monetäre Ebene ist indessen nicht, jedenfalls nicht in erster Linie, die Eigenschaft des Geldes als Recheneinheit und Vergleichsmaßstab, sondern seine Eigenschaft als Medium zum Vermögens- oder Reichtumserwerb. Unter anderen historischen Bedingungen standen andere Reichtumskriterien im Vordergrund, z.B. die Anzahl der Untertanen (von denen man Abgaben erzwingen kann) oder die Quadratmeilen Land (von denen man ernten kann).

Reichtum (d. h. die Reichweite des Gebietes, über das ein Herrschender „gebietet", um seinen Bedarf daraus zu decken) war im Mittelalter und teilweise auch heute noch eine territoriale Kategorie (Landbesitz). Denkbar wäre aber auch das Entscheidungskriterium „Zeit". Reichtum an Zeit mit Gelegenheit zu *aktiver* Muße (nicht aber Müßiggang) spielte u. a. in manchen Klöstern des Mittelalters und später an den aristokratischen Höfen eine Rolle. Manches Kunstwerk verdankt sich dieser Ressource (z.B. die Lieder Oswald von Wolkensteins). Wahre Kunstwerke an Kalligraphie, Buchmalerei, Gedichten, Liedern und Gemälden aus der persönlichen Hand von Sultanen, Prinzen und anderen Aristokraten des osmanischen Reichs sind zum Teil noch heute zu besichtigende Zeugnisse einer der Muße ähnlichen Ressource, dem Keyif, das man ebenfalls nicht als Untätigkeit missverstehen darf.[34]

Das Streben nach materiellem Reichtum über das Medium „Geld" ist eine frühe und dominierende Praxis der Kaufleute gewesen und ist es natürlich nach wie vor. Es hat ihrem Handeln seit Alters her innegewohnt und hat marktwirtschaftliche Regeln und Institutionen über lange historische Zeiten zu einem System werden lassen. Das Geld als Entscheidungskriterium ist älter als die rationalen Methoden des modernen Managements. Dieses ist eine (historisch junge) Form der auf die Geldebene gehobenen, kompromisslosen Verwirklichung der ökonomischen Rationalität im Dienste der Gewinnerzielung und Vermögensbildung.

Kompromisslos bedeutet vor allem die Dominanz der Optimierung von Chancen, Gewinne zu maximieren. Der Gewinn selbst aber ist nur das Mittel der Vermögens- und Machtbildung, unabhängig davon, ob sich das Vermögen im Betriebskapital ständig aufstockt (Re-Investition von Gewinn = Sicherung und Erweiterung des Wirtschaftsimperiums) oder durch die Anteilseigner privatisiert wird (Ausschüttung von Gewinn = private

---

[34] Viele Anregungen und Hinweise zu diesen Fragen und Sachgebieten verdanke ich den Kollegen an der Bosporus-Universität in Istanbul und dem Vorlesungsmanuskript meiner Frau Perihan Laleli-Bendixen zur türkisch-osmanischen Kulturgeschichte für den Studiengang Kultur und Management der Hochschule in Görlitz im Wintersemester 1999/2000. Vgl. auch Laleli-Bendixen (1999).

Vermögensbildung). Es ist folglich viel zu kurz gegriffen, wenn man als Unternehmensziel den Gewinn über alles stellt, wie das regelmäßig in betriebswirtschaftlichen Lehrbüchern geschieht. Im Grunde müsste der gesamte Komplex der Unternehmertätigkeiten in ihren kulturellen Einbindungen in das gesellschaftliche Umfeld ihrer Epoche einbeziehen. Unternehmer waren und sind immer zugleich politische, gesellschaftliche, kulturelle Figuren.

Der auf die ökonomische Rationalität fokussierte Methodenzusammenhang des Managements ist am klarsten und ausführlichsten in der betriebswirtschaftlichen Fachliteratur zum Thema „Managementlehre" herausgearbeitet worden. Hier finden wir in allen Sachgebieten und Themen nicht nur die impliziten und expliziten Bezüge zur Rationalität des Handelns (Theorie der rationalen Entscheidung) sowie die wissenschaftlichen Begründungen und Empfehlungen für praktisches Wirtschaften, sondern auch den klaren Hinweis auf die begleitenden Bedingungen, unter denen sich rationales Management am besten entfalten kann.

Zwei wichtige Bedingungen dieser Art, deren Nichterfüllung die Wirksamkeit des Managements beeinträchtigen würde, sind die bereits erwähnte:

- die eindeutige Zurechenbarkeit von Wirkungen (vom Erfolg ebenso wie von Aufwendungen) und
- die isolierte Darstellbarkeit eines Wirkungszusammenhang (die modellförmige „Befreiung" von irrationalen Einflussfaktoren, zu denen auch kulturelle zu rechnen sind).

Die *erste* Bedingung bezieht sich auf die Problematik, dass bestimmte Ressourcen wie beispielsweise Gebäude zwar berechenbare Anschaffungs- und Unterhaltungskosten verursachen, dass aber diese Kosten weder im Vorhinein noch im Nachhinein eindeutig den einzelnen Prozessen zugerechnet werden können, die darin stattfinden. In einer Fabrikhalle wird im Laufe ihrer Nutzungszeit von vielleicht 10, 20 oder mehr Jahren eine schier endlose Zahl von Produktionen und einzelnen Fertigungsvorgängen geschleust. Ähnliches gilt für ein Verwaltungsgebäude oder eine einzelne maschinelle Anlage. In Bezug auf solche mehrfach nutzbaren Ressourcen entsteht eine Verkettung von einzelnen Vorgängen untereinander, die keine eindeutige Zurechnung mehr möglich machen.

Die Berechnung einer optimalen Belegung mehrfach nutzbarer Ressourcen über mehrere Perioden hinweg könnte zwar prinzipiell durchgeführt werden, wenn die wirtschaftlichen Bedingungen (vor allem die Preise, das Zinsniveau, die Löhne usw.) über die Jahre hinweg konstant bleiben. Doch ist weder eine solche Konstanz gegeben noch entspricht die so erzeugte Zusammensetzung an Produkten mit Gewissheit der sich laufend ändernden Bedarfsstruktur des Marktes.

Die optimale Produktion kann man zwar theoretisch berechnen, aber sie kann in der Praxis nicht realisiert werden, weil die einzelnen Faktoren einer solchen Rechnung nicht konstant bleiben. Man müsste die Chancen der einzelnen Produkte auf den jeweiligen Märkten exakt beurteilen können, um das in ihnen steckende Kapital durch Verkauf wieder frei zu bekommen und auf diese Weise im Voraus zu berechnen, ob sich die Gesamtinvestition lohnt oder nicht. Dies ist keine neue Erkenntnis, sondern Managementalltag. Für uns bedeutet dies aber eine wichtige Einsicht in den Sinnzusammenhang der ökonomischen Rationalität. Wenn wir die Geldebene des Disponierens verlassen und uns auf die Dingebene der konkreten Ressourcen begeben, erhält die Aufforderung, mit knappen Mitteln sparsam umzugehen (was u. a. die gesamte Problematik der Umweltschonung einschließt, die auf der Geldebene praktisch nicht zu lösen ist), ein etwas anderes Gesicht. Sparsam oder schonend verwenden kann man Ressourcen nur in *realen* Situationen, in denen *physische* Mittel eingesetzt werden, nämlich in der Produktion und in produktionsähnlichen Vorgängen wie Transport oder Lagerung oder Display in einem Verkaufsraum.[35]

Diese Art von praktizierter Rationalität hat eine andere Bedeutung als die Rationalität des sparsamen Umgangs mit knappem Geld. *Diese zwei verschiedenen Ebenen der Anwendung des Sparsamkeitsprinzips, die physische und die monetäre, gilt es genau zu unterscheiden.* Ihre Verwechselung kann durchaus Folgen haben, weil physische Einsparungen, zum Beispiel Energie schonende Verfahrensweisen, häufig nicht zum Zuge kommen, weil die monetären Einsparungen (Schonung des öffentlichen Haushaltes) Vorrang erhalten haben, ohne dass letztere ihre wahre Rationalität (vielleicht auch Irrationalität) gar nicht erst freilegen musste. Sie gilt den meisten Ökonomen von allein, weil sie per se für rational gehalten wird. Es liegt nahe, sich an manche Sparmaßnahmen im Kulturbereich erinnert zu fühlen.

Auch die von der ökonomischen Rationalität abgeleiteten Maximen wie Wirtschaftlichkeit, Produktivität oder Effizienz beziehen sich auf *Herstellvorgänge*, in denen *physisch* etwas geschieht. Der Blick nach innen (und von der Dispositionsebene natürlich auch nach unten) ist eine zwar wichtige, das gute Management sicher auch auszeichnende und notwendige Orientierung. Aber mit dem Produzieren allein ist der Sinn des Wirtschaftens in einer geldgesteuerten Marktwirtschaft noch nicht erfüllt. Wer sein eingesetztes Kapital mitsamt einem Gewinn wieder zurückholen muss, muss zugleich den Verkauf im Auge haben. Hier stoßen wir auf eine weitere Problematik der praktischen Anwendung der ökonomischen Rationalität.

Die kostengünstige Produktion ist zwar eine notwendige Bedingung für das Bestehen im Wettbewerb (z.B. für das Aushalten von Preissenkungen auf harten Wettbewerbsmärkten über längere Zeit). Aber mehr ist sie nicht, und ein Manager, der sich nur diesem Aspekt zuwendet und dem Postulat der ökonomischen Rationalität die alleinige Aufmerksamkeit schenkte, käme kaum zum Erfolg. Die eigentliche Kunst oder Klugheit des erfolgreichen Managements liegt deshalb in der Wahrnehmung und Bearbeitung der wirtschaftlichen und darüber hinaus auch gesellschaftlichen (politischen, sozialen, kulturellen) Außenwelt. Das Postulat der ökonomischen Rationalität macht nun aber in der Erfassung, Bearbeitung und Nutzung der *äußeren* Umfeldbedingungen keinen Sinn. Wie soll man die positiven Beziehungen zu seiner Hausbank, zu einem Konkurrenten oder zu seinen Kunden unter dem Gesichtspunkt sparsamen Mitteleinsatzes pflegen?

Die ökonomische Rationalität müsste folglich um die Vernunft der sozialen Integration innerhalb des wirtschaftlich relevanten Umfeldes erweitert werden, ein Vernunftpostulat, das sich allenfalls auf die Klugheit der Überlebenssicherung im sozialen Umfeld und ähnliche Vernunftargumente berufen kann, das aber nicht in Geld bewertet werden kann.

---

[35] Auf die Frage der Knappheit des Geldes können wir hier nicht näher eingehen. Dies erforderte einen umfangreichen Rückgriff auf die Theorie des Geldes. Nur so viel sei angedeutet, dass die Geldmenge keine natürliche, sondern nur eine gewillkürte Knappheit kennt, indem der durch eine Notenbank ausgegebenen Geldmenge konkrete Gegenwerte in „wertvollen" Objekten, z.B. Goldbarren, Devisenvorräte, Grundstücke, die volkswirtschaftliche Erzeugung eines Jahres usw., entsprechen sollen. Der Wert dieser Gegenwerte ist aber selber eine manipulierbare Größe, die wiederum nominal in Geld gemessen wird. Die Geldmenge kann auch dadurch beeinflusst werden, dass die Fähigkeit der Banken, Kredite (Geldvorschuss) zu gewähren, durch Maßnahmen der Notenbank gesteuert werden kann. Aus alledem folgt, dass die Devise, mit knappen Geldmitteln sparsam umzugehen, auf der monetären Ebene etwas völlig anderes bedeutet als auf der physischen Ebene.

Immerhin aber käme eine solche Erweiterung des individuellen Rationalitätsprinzips der gesellschaftlichen Rationalität ein ganzes Stück näher. Dies ist indessen eine unrealistische Erwartung. Der Unterschied zwischen der Klugheit des Umgangs mit knappen Mitteln und der Klugheit des diplomatischen Umgangs mit einer nicht beherrschten Umgebung lässt sich indessen relativ leicht erklären. Beide „Klugheiten" haben ihren Sinn, aber beide gehören verschiedenen Handlungssphären an. Wenn wir nach dem Ursprung unserer heutigen Marktwirtschaft fragen, so wird deutlich, dass in den frühen Formen der mittelalterlichen Wirtschaft Produktionsweisen vorherrschten, deren Impulse noch nicht über die handelnden Kaufleute hin zu irgendwelchen Märkten erfolgte, sondern vom Eigenbedarf und von den erzwungenen Naturalabgaben an die Grundherrschaften bestimmt war.

Die schon in früher Zeit durchaus bekannte Vernunftregel des sparsamen Umgangs mit dem, was man hatte, war eng mit dieser (agrarischen und handwerklichen) Produktionssphäre verbunden. Ihre Bedeutung war unmittelbar erfahrbar und bedurfte keiner ausgefeilten Vernunftphilosphie, sondern lediglich eines pragmatischen Bewusstseins. Das Sparsamkeitsprinzip ist eine mit *physischem* Herstellen von Dingen verbundene Lebensregel. Der Handel dagegen befasste sich ausschließlich mit Edelwaren und Luxusgütern aus fernen Regionen für den gehobenen Bedarf der Höfe und hatte praktisch kaum etwas mit der beschriebenen Produktionssphäre zu tun. Händler sind keine Produzenten. Erfolgreicher Handel hatte deshalb auch keinen Bezug zum Sparsamkeitsprinzip, wenn man von physischen Einrichtungen des Handelsbetriebs absieht. Die Tätigkeit des Händlers hatte dagegen alles mit nützlichem Wissen über ferne Regionen und Kulturen, über Reisebedingungen und politische Umstände[36], über exotische Waren und ihre Nutzungsmöglichkeiten und über die Vorlieben der begüterten Käuferschichten an den Höfen und in den Klöstern zu tun. Sein Wissen war (und ist) seine Ressource. Da diese aber nicht physischer Natur ist, kann sie nicht dem gleichen Sparsamkeitsprinzip unterliegen. Wissen und Erfahrung unterliegen nicht der Knappheit; sie verringern sich nicht dadurch, dass man sie an andere weitergibt.

Unsere heutige Marktwirtschaft ist über sehr lange Perioden hinweg aus dem allmählichen Zusammenwachsen dieser beiden Sphären „Produktion" und „Handel" entstanden. Die Entdeckung der Möglichkeit, Produktionsüberschüsse über den Eigenbedarf und die Naturalabgaben hinweg an Händler zu verkaufen und dadurch ein Zusatzeinkommen zu erzielen oder überhaupt in den Besitz von Geld zu gelangen, mit dem man fremde, unbekannte Waren erwerben konnte, hat mit der Zeit Oberhand gewonnen. Gleichzeitig entstand für die Produzenten natürlich eine neue Abhängigkeit, nämlich die vom Handel.

Da die Kaufleute auch als Kreditgeber für Produzenten (am liebsten natürlich für solche aus dem Feudaladel) eine Bankenfunktion übernahmen und sich ihre Kredite in Form von Erzeugnissen, z.B. den Ernten am Jahresende, oder aber in Form von Grundstückverpfändungen (Hypotheken) physisch absichern ließen, erlangten sie eine lukrative ökonomische Zwickmühle. Sie konnten entweder die Zinsen kassieren oder günstig an ein wertvolles Grundstück heranzukommen, falls der Kreditnehmer zahlungsunfähig werden sollte (wohin man ihn gelegentlich auch absichtlich trieb). Aus ihrem dauerhaften Interesse an solchen Bankgeschäften haben sie die agrarischen und gewerblichen Produzenten natürlich auch zu (kreditgestützten) Produktionserweiterungen animiert. Damit war im Kern der

---

[36] Kein Wunder also, dass viele wichtige Reiseberichte über fremde Länder damals von Kaufleuten wie Marco Polo, Jacques Coeur oder Godrick von Finchale (Kulischer, Bd. I, 1958, S. 88) stammten. Sie sind zugleich bedeutende historische Quellen der Wirtschaftsgeschichte. Vgl. auch Niemann 2009, S. 5 ff.)

Treibsatz des Wachstums gezündet, der bis heute nachwirkt und der die fast bis zur Obsession gediehenen Impulse zu ständigem Wirtschaftswachstum kontinuierlich heiß hält.

Die alte Kunst des kostengünstigen Produzierens unter der Devise des sparsamen Mitteleinsatzes und weitsichtiger Dispositionen hat sich mit dem Aufkommen der Manufakturen und schließlich der Industrieunternehmen fortgesetzt und dabei allmählich enger werdend mit der ebenso alten Kunst der Aufbereitung von Märkten unter Nutzung von Händlerqualitäten und kaufmännischer Klugheit verschmolzen. Geblieben aber ist das Spannungsverhältnis zwischen den Rationalitätsmaximen der Produktion und den Regeln der strategischen Klugheit in der offenen (beeinflussbaren, aber niemals voll beherrschbaren, eigenwilligen, riskanten) Außenwelt. Wir können daraus entnehmen, dass die Kunst des Managements nicht schon dadurch erschöpfend erklärt ist, dass wir sie fest an das Prinzip der ökonomischen Rationalität binden und die weitaus wichtigere Komponente der klugen, professionellen, strategisch auch wohldurchdachten Bearbeitung des für das jeweilige Geschäftsgebiet relevanten Außenwelt (die Öffentlichkeit bzw. die Märkte) hintansetzen oder gänzlich unbeachtet lassen.

Dass die Kunst des Managements einige Charakterzüge von Diplomatie besitzt, findet man zwar nicht in den Lehrbüchern. Aber die starke Hinwendung zur Thematik „Bearbeitung der Außenbeziehungen eines Unternehmens zum Markt" findet immerhin ihren deutlichen Ausdruck darin, dass heute Marktorientierung bzw. Marketingorientierung auch in der Fachliteratur einen wesentlich höheren Rang einnehmen als noch vor wenige Dekaden. Andererseits ist das Prinzip der ökonomischen Rationalität nur dort anwendbar, wo es *physische* Mitteleinsätze zu organisieren gilt, auch wenn manche Kostenkomponenten auf nicht-physische Vorgänge zurückzuführen sind (z.B. Lizenzgebühren, Zinsen), auf deren Besonderheiten hier nicht eingegangen werden kann.

Die Materialität der Produktionsprozesse ist allerdings nicht der alleinige Grund dafür, dass ökonomische Rationalität in physischen Vorgängen, dagegen nicht in der strategischen Dispositionssphäre angesiedelt ist. Um rationale Dispositionen durchzusetzen, ist die *vollständige* Herrschaft über die betreffenden Vorgänge eine unabdingbare Voraussetzung. Ökonomische Rationalität macht als praktische Maxime nur Sinn, wenn sie realisierbar und nicht nur stimulierbar oder von Gegenspielern durchkreuzbar ist. Rationalitätserfolge im beherrschten Umfeld eines Produktionsbetriebes sind folglich auch dem (klugen) Management zurechenbar.

Daraus ergibt sich einerseits, dass dieses Prinzip sich auf nicht beherrschte Außenwelten, nicht einmal solche mit Monopolcharakter, nicht anwenden lässt und dass andererseits Erfolge des Managements in der Außenwelt nicht eindeutig dessen Aktivitäten *allein* zurechenbar sind. Andere Einflüsse, vor allem die gerade vorherrschenden Gunstfaktoren der Außenwelt und mancherlei Zufälle können mitgewirkt oder sogar den Ausschlag gegeben haben, z. B. Schwächen der Konkurrenz, Stimmungen der Käufer, konjunkturelles Klima oder politische Entscheidungen. Das erfolgreiche agierende Management setzt zwar Stimulans und Maßstäbe, aber der Erfolg wird vom sozialen und wirtschaftlichen Kontext mitbestimmt.

Da die Außenwelt zwar beeinflussbar, nicht aber beherrschbar ist, treten andere Qualitäten des Managements in den Vordergrund, z.B. synoptische Fähigkeiten (Erkennen von Zusammenhängen), interpretative Fähigkeiten (Deutung von Erscheinungen in der Außenwelt), persuasive Fähigkeiten (überzeugende Darstellung von Produkten, Argumenten und des Unternehmens als Ganzes) und perspektivische Fähigkeiten (Erfassung von Entwicklungsverläufen). Wir bezeichnen diese Qualifikationen als diplomatische Fähigkeiten des Managements.

Mit diesen Kontextfaktoren unterstreichen wir hier noch einmal, dass in der Praxis jedes Managementhandeln in Kontexte eingebunden ist, ohne die bestimmte Handlungsweisen und Entscheidungen nicht verständlich wären, weil es ein Gewebe (eine Textur) von Wechselwirkungen zwischen Text und Kontext, zwischen Handlung und sozialer Umgebung gibt, die nicht einfach ausgelassen werden dürfen. Wir kommen auf diesen bedeutenden Aspekt im Zusammenhang mit der Entwicklung von Konzepten des Kultur- und Kunstmanagements noch im Detail zurück. Diese Überlegungen sind – um auch dies noch einmal zu betonen – eine *prinzipielle* Absage an alle Konzepte der Managementlehre, die sich auf isolierte Modelle, auf die alleinige Geltung der Rationalität und auf das Prinzip des Denkens in rein wirtschaftlichen Dimensionen verlassen. Zum Kontext des Managementhandelns gehört zwar auch der Markt, er wird in ökonomischen Abhandlungen natürlich nicht unterschlagen, aber viel entscheidender sind die nicht-ökonomischen Faktoren, die oben und an anderer Stelle immer wieder hervorgehoben wurden.

Diese Kontextseite des Managements steht der Geltung der ökonomischen Rationalität zwar nicht entgegen, fordert aber ganz eigene, im Alltag meist dominierende kognitive Qualifikationen unter Einschluss von trainierten Wahrnehmungsfähigkeiten ein. Es bedarf gewiss keiner besonderen Betonung, dass diese Akzentuierung der Praxis des Managements grundlegende Bedeutung für die Konzipierung von Praktiken des Kultur- und Kunstmanagements hat. Diese Thematik wird im Zusammenhang mit dem Thema „Kultur- und Kunstmanagement in der Ausbildung" ausführlich behandelt. Was an Besonderheiten im Bereich von Kunst und Kultur in dieser Hinsicht noch hinzukommt, ist der Umstand, dass hier die Inhalte, also das was physisch-sinnlich geschieht (bei einer Aufführung, in einer Ausstellung, beim Betrachten eines Gemäldes oder dem Lesen eines Buches) ein ganz anderes Gewicht hat als im Geschäftsmanagement, das sich überwiegend auf der monetären Ebene bewegt.

Die *zweite* Bedingung, die der isolierten Darstellbarkeit von betrieblichen Wirkungszusammenhängen, ist ein kompliziertes Thema, weil es die methodologischen Grundlagen der Ökonomie tangiert. Die Geschichte der ökonomischen Theorien und Modelle ist eine Geschichte der ceteris-paribus-Klauseln (d.h. man studiert Probleme an Modellen durch die Variation bestimmter Einflussfaktoren, indem man jeweils alle anderen für gleich bleibend annimmt) und der Abstraktion des Wirtschaftens aus den realen Verwebungen mit nicht-ökonomischen Dimensionen, etwa solchen des politischen Systems, der kulturellen Traditionen oder der (rechtlich fixierten) ökologischen Limitationen.

Der Purismus der ökonomischen Theorie, ihr rationalistischer Radikalismus ist nach unserer Auffassung eine Flucht vor den tatsächlichen sozialen Kontexten, in denen Wirtschaft und natürlich Kultur stattzufinden pflegen und die bestimmte Auffassungen und Sichtweisen der Ökonomie gefördert haben. Die Hauptschrift Adam Smiths über den „Wohlstand der Nationen" lässt noch deutlich die historischen Bezüge zu seinem, damals im kolonialen Aufbruch befindlichen Land erkennen, obwohl auch er die Problematik nicht diskutiert, dass und wie der soziale Kontext „England im 18. Jahrhundert" auch seinen Blick beeinflusste, z.B. seine Sicht auf die englischen Kolonien.

Spätere Generationen von Ökonomen haben sich noch um Etliches weiter aus den historischen Bezügen ihrer Arbeiten entfernt und sich eine Theoriewelt erarbeitet, die für sich ganz vorzüglich, logisch funktioniert. Dieser Eskapismus kann indessen nicht darüber hinwegtäuschen, dass die (unpolitische) Ökonomie hochgradig ideologisch ist, ohne dies ausdrücklich zu thematisieren. Diesen Eskapismus mancher Fachwissenschaften vor den Realitäten ihres Forschungsgebietes hat Edward W. Said im Zusammenhang mit einem anderen, in weitem Verständnis auch kulturwissenschaftlichen Fach, nämlich dem Orientalismus, herausgearbeitet und kritisiert. Der Orientalismus, die Wissenschaft von den Ländern der islamischen, semitischen und zum Teil auch fernöstlichen Welt, arbeitet, so Said, mit einem über Generationen von Reisenden, Forschern, Schriftstellern und Diplomaten erzeugten, von der westlichen Sehweise bestimmten Bild, das weder die Realitäten in diesen Ländern ins Auge fasst und empirisch überprüft noch vor allem den eigenen historischen Kontext erkennt, aus dem heraus dieses Bild entstand. Dieses von den Realitäten in diesen Ländern kaum beeinflusste Bild vom Orient hat über Generationen ständig ideologische Resultate und Kommentare bis hin zu politischen Reaktionen erzeugt (Said 1995, insbes. S. 14). Die Eliminierung von realen Kontexten kreiert eine Ideologie.

Die Analogie zu manchen Modellkonstruktionen der Ökonomie ist auffällig. Diese Grundproblematik mit ihren fatalen Konsequenzen für die Wirtschaftspraxis kann hier allerdings nicht vertieft ausgeleuchtet werden. Wir beschränken uns auf den kritischen Aspekt, dass in den Modellen der Ökonomie und folglich auch in ihren Handlungsempfehlungen für die Praxis die *realen* Gegebenheiten des gesellschaftlichen Umfeldes teilweise nur als Konstanten (konstante Rahmenbedingungen) mitgeführt werden. Dadurch entsteht ein statisches Bild der Welt, das fernab der Realität ist und keine Geschichte oder Entwicklung zulässt. In dieser theoretisch und dem folgend dann auch pragmatischen Vorgehensweise wird noch einmal deutlich, dass die Ökonomie ihrem Selbstverständnis und ihrer wissenschaftlichen Praxis nach eine Formalwissenschaft ist, für die eine interpretative, kommentierende und integrierende Auseinandersetzung mit den Lebensinhalten der menschlichen Gesellschaften eine Aufgabe außerhalb ihrer Zuständigkeit zu sein scheint. Die methodologischen Gründe für diese Entwicklung sind bekannt. Sie hängen mit der Idee des 19. Jahrhundert zusammen, dass man die Gesetze der Wirtschaft mit den Methoden der Naturwissenschaften ergründen könne, weil sie (die Wirtschaft) wie ein Mechanismus funktioniert. Dazu muss man sie lediglich in Modellform herausarbeiten.

Weder ethische Erwägungen noch kulturelle, religiöse oder ökologische Rücksichten sind in den Modellen und Ratschlägen der Ökonomie enthalten (falls nicht einzelne Vertreter diese Ergänzungen aus eigenem Antrieb einbringen). Diese Methodologie ist in sich weder unlogisch noch etwa wissenschaftlich absurd, wohl aber problematisch und völlig unannehmbar, wenn sich die wissenschaftlichen Entdeckungs- und Erklärungsmöglichkeiten darin erschöpfen.

Spätestens im Übergang von theoretischen Erkenntnissen zu praktischen Empfehlungen sind die Ergebnisse extrem interpretations- und ergänzungsbedürftig. Mit anderen Worten: Ökonomische Erkenntnisse sind nicht unreflektiert anwendbar, und zwar weder in ihrem eigenen Aufgabengebiet, nämlich der Wirtschaft, noch außerhalb der Wirtschaft in Bereichen, in denen aus ganz anderen Gründen als der Gewinnerzielung gewirtschaftet werden muss. Dies tangiert den Kunst- und Kulturbereich in vieler Hinsicht fundamental.

Die Reflexion der realen Kontexte in den wirtschaftspolitischen Handlungsempfehlungen und in den angeratenen Managementkonzepten ist nicht nur aus methodologischen und aus ethischen Gründen in jeder Realwissenschaft nötig, die es mit menschlichem Handeln, ihren Begründungen, Steuerungen und Ergebnissen zu tun hat. Sie ist es auch mit Blick auf die Hochschulabsolventen, denen die Kunst der kontextgerechten Interpretation dessen, was sie gelernt haben, systematisch vorenthalten wird. Es ist nämlich keine einfache (logisch eigentlich kaum begründbare) Angelegenheit, wissenschaftliche Ergebnisse, die unter Isolationsbedingungen entstanden sind, nachträglich wieder zu ergänzen, ohne dass diese Resultate selbst davon tangiert werden.

Selbst wenn solche Ergänzungsleistungen bestmöglich in praktische Handlungskonzeptionen eingebracht werden, bleibt ein oft schwer durchschaubares Problem ungelöst. Es entsteht – wie schon weiter oben erwähnt – dadurch, dass die ökonomische Rationalität einen so dominierenden Rang (mit einer schwer relativierbaren Überzeugungswirkung) einnimmt, dass Problemlösungen unter ihrer Ägide zu Idealen stilisiert werden, denen gegenüber die mit komplexen Wertstrukturen geformte Wirklichkeit wie eine permanente Verletzung dieses Prinzips erscheinen muss und – wenn auch vielleicht ungewollt, so doch in der Wirkung – als irrational empfunden wird. Die Einschätzung der Wirklichkeit als ein Pfuhl von Irrationalität, an dessen Trockenlegung oder Beseitigung man energisch arbeiten müsse, ist dann nicht mehr sehr weit. Die Folge dieser Haltung sind dann Empfehlungen aus der ökonomischen Ecke wie diese von Wolfgang Kasper: „Nur ein konzentrischer Angriff auf alle Kostenelemente und alle kulturellen, sozialen und politischen Produktivitätshemmnisse kann Erfolg versprechen." (Kasper 1997). Hier zeigt sich unverblümt der Ideologiecharakter der neoklassischen Ökonomie.

2.5 Management zwischen Theorie und Praxis

In den folgenden beiden Abschnitten geht es um einige pragmatische Folgerungen und Erweiterungen des bisher Gesagten, mit denen wir zugleich eine Zuspitzung auf die Fragen des Kultur- und Kunstmanagements anstreben. Während der nächste Abschnitt sich hauptsächlich der Frage zuwendet, wie rational das Handeln in der Praxis des Managements wirklich ist, geht der zweite dem Aspekt nach, dass Management von seiner sozialen Typologie her viel weniger dem Bild eines rechnenden Administrators und rationalen Systemlenkers entspricht als dem eines Suchers, Entdeckers und Gestalters. Mit diesen Merkmalen im Gepäck werden wir dann das Feld des Kultur- und Kunstmanagements betreten und deutlicher sehen, wie sehr Kulturmanagement sich von betriebswirtschaftlichen Lehrbuchvorstellungen entfernt und zugleich der Wirklichkeit der Unternehmensführung in der Wirtschaft annähert.

2.5.1 Der Manager und der ‚Homo oeconomicus‘

Kein Mensch ist nur rational. Niemand ist in der Realität ein ‚Homo oeconomicus‘, der blutleer und entsinnlicht nur dem folgt, was ihm die Logik des Kalküls und sein kühler oder trockener Verstand sagen. Das ökonomische Ideal der reinen Rationalität, verkörpert in der (theoretischen) Figur des ‚Homo oeconomicus‘ als Idealbild für mustergültiges Management (und übrigens auch für mustergültige Konsumenten), ist in der Fachliteratur der Ökonomie seit langem unter Beschuss geraten, hat aber gleichwohl an den Modellanalysen der

Ökonomie nicht viel geändert.[37] Erst in allerjüngster Zeit hat der Nobelpreisträger für Ökonomie, Joseph E. Stiglitz, sich dazu geäußert: „Die meisten von uns haben gewiss wenig Sympathie für das Menschenbild, das den herrschenden ökonomischen Modellen zugrunde liegt und in dem der Mensch als ein berechnendes, rationales, selbstsüchtiges und eigennütziges Individuum erscheint. Für Einfühlung, Gemeinsinn und Altruismus ist hier kein Platz. Ein interessanter Aspekt der Wirtschaftswissenschaft besteht darin, dass dieses Rationalitätsmodell Ökonomen besser beschreibt als andere Menschen, und je länger Menschen Wirtschaftswissenschaft studieren und praktizieren, desto ähnlicher werden sie dem Modell" (Stiglitz 2010, S. 315).

Diese Kritik ist nicht neu, und sie geht insofern auch wieder ins Leere, als der ‚Homo oeconomicus' (übrigens auch die abgemilderte Version des ‚Homo sociologicus', der nicht nur kalkuliert, sondern sich immerhin sozial einordnet) eben nur eine theoretische Figur ist, eine Verhaltenskonstante in Modellen, insbesondere in Entscheidungsmodellen. Wie soll man – theoretisch – Wirkungszusammenhänge zwischen wirtschaftlichen Variablen erkennen, wenn maßgebliche Variablen des Modells unberechenbar (eben wie ein lebender Mensch) ihre Verhaltenslogik verändern und alle Erwartungen durchkreuzen. Wer A sagt, indem er erklärt, dass er mit knappen Mitteln sparsam umgehen werde, muss auch B akzeptieren, indem er konsequent den Weg des geringsten Mittelverbrauchs geht. An dieser Logik ist – zumindest formal – zunächst nicht zu rütteln. Fraglich ist nur, was man mit solch einer realitätsfernen Figur und Theorie anfangen soll.

Darin dass Menschen leicht von äußeren Einflüssen und inneren Stimmungen getrieben in ihrem Verhalten schwanken oder Sprünge machen, lassen sie – aus Sicht des rational argumentierenden Ökonomen – ihre irrationalen Wurzeln und Schwächen erkennen. Theorie muss nach Ansicht der Ökonomen als wissenschaftliches Streben nach verallgemeinerbaren Aussagen von den Unwägbarkeiten des Einzelfalls abstrahieren. Nichts anderes soll die erfundene Figur des ‚Homo oeconomicus' leisten. Wenn jemand (in B) tatsächlich einen Umweg macht, dann handelt er (allerdings nur) theoretisch irrational; praktisch mag er seine Gründe dafür haben. Es ist äußerst problematisch, etwas als irrational zu bezeichnen, nur weil man es nicht sehen oder empirisch sichtbar machen kann. Das, was sich im Kopf eines Menschen abspielt, die Ideenwelt eines Menschen ist real wie das, was daraus durch eine konkrete Handlung entspringt. Man kann dem ökonomischen Rationalismus entgegen halten, dass die Reduktion menschlichen Denkens und Bewusstseins auf das reine zielorientierte Kalkül selber irrational ist (Wright 2003, Senf 2004). Wissenschaftler der Neurologie und Psychologie weisen seit langem auf ihre gesicherten Befunde hin, dass das menschliche Gehirn nur zu einem sehr geringen Teil mit dem wachen Verstand operiert und dass tiefgründige Formen von Intuition das Verhalten von Menschen mit ihrer spezifischen Vernunft sogar häufig zu deutlich besseren Ergebnissen führt (Gigerenzer 2008).

Ökonomen pflegen auf solche Kritik ihre eigenen Antworten zu geben. Man würde eben theoretische Figuren nicht konstruieren und in Modellen einsetzen, wenn man nicht irgendwie die Wirklichkeit dabei im Auge hätte, auch wenn die Wirklichkeit aus methodischen Gründen vorübergehend zurückgestellt wird. Zumindest besteht ein erklärtes Erkenntnisinteresse daran, den Unterschied zwischen einer theoretisch optimalen Problemlösung und ihren realen Abweichungen zu erklären. Das Theoretische ist, wenn auch nur

---

[37] Die kritische Diskussion dieser „bemerkenswerten" Figur der ökonomischen Theorie ist bis heute nicht verebbt. Hier nur eine kleine Auswahl: Dueck (2008), Kirchgässner (2008), Blüm (2008): von Nee/ Kufeld (2006), Goldschmidt/Nutzinger (2009)..

unter idealen Bedingungen, das in der Praxis zumindest Anzustrebende. „Wissenschaftler sind oftmals so sehr von der Richtigkeit bestimmter Annahmen überzeugt, dass sie vergessen, dass es sich um bloße Annahmen handelt", schreibt Joseph E. Stiglitz und fährt fort: „Wirtschaftswissenschaftler nahmen an, dass vollständige Information (eine der Prämissen für die Gültigkeit des theoretischen Marktmodells, P.B.) gegeben sei, obgleich sie wussten, dass dies nicht der Fall war. Theoretiker *hofften*, eine Welt mit unvollständiger Information entspreche im Wesentlichen einer Welt mit vollständiger Information." (Stiglitz 2008, S. 307). Diese Art ungesicherter theoretischer Annahmen führt leicht und hat in der wirtschaftspolitischen Praxis in der Tat zu einer fehlerhaften Vorbestimmung konkreten Handelns durch Theorie geführt. Das allerdings nicht nichts als Ideologie, falls nicht naturgesetzliche Begründungen oder Axiome herangezogen werden können. Wird radikaler Rationalismus zur Handlungsempfehlung, dann darf man sich nicht wundern, wenn sich alle Welt mit der Zeit in eben diese Richtung entwickelt. Theoretiker neigen dann dazu, solche Erscheinungen wieder als Beweis ihrer Theorie zu werten. Grundannahmen wie reine Rationalität und die Figur des ‚Homo oeconomicus' sind, wie wir sehen werden, völlig unbrauchbar für die Konzipierung von Kultur- und Kunstmanagement und, wie sich ebenfalls zeigen wird, nicht einmal für eine Pragmatik der Unternehmensführung in der Wirtschaft geeignet.

Die Theorie setzt also, wenn man den Postulaten der Wissenschaft (Volkswirtschaftslehre und Betriebswirtschaftslehre der herkömmlichen Methodologie) wirklich folgt, die Maßstäbe, über die sich die Praxis nur mit überzeugenden Gründen hinwegsetzen darf, wenn sie nicht der Irrationalität beschuldigt werden wollen. Solche guten Gründe mögen ethischer Natur sein oder Gründe politischer Opportunität. Es bildet sich auf diese Weise ein Rechtfertigungszwang für Abweichungen von der Forderung nach ökonomischer Rationalität. Über diese Gründe kann dann gestritten oder verhandelt werden. Das ist allerdings nicht mehr Sache der Theorie, wie gewöhnlich von Seiten der Theoretiker hinzugefügt wird. In dieser Verabsolutierung der Forderung nach Wirtschaftlichkeit, die im Tagesgeschehen ständig auftaucht, liegt der eigentliche Kern des Problems, und dieses zeigt seine destruktive Seite besonders im Bereich von Kunst und Kultur.

In dieser methodologischen Konzeption der orthodoxen ökonomischen Theorie wird eine Haltung deutlich, die sich durch die Theoriegeschichte wie ein Leitfaden hindurch zieht und die ihren geistigen Ursprung im Newtonschen mechanistischen Weltbild hat. Die Welt wird durch eherne Gesetze zusammengehalten, die es zu entdecken, zu erklären und schließlich auf die menschlichen Lebensverhältnisse anzuwenden gilt, denn es gibt nichts Vollkommeneres als die reine (von Gott gegebene) Natur mit ihren unübersteigbaren Gesetzen.

Der Idealismus, der Glaube an die Geltung der reinen Idee, ist an sich schon ein philosophisches Problem. Ein pragmatisches Problem ergibt sich dadurch, dass den Ideen nur schwer mit empirischen Fakten beizukommen ist, da sie aus reinen Vernunftüberlegungen deduziert werden. Der Grundgedanke des philosophischen Rationalismus besteht (seit René Descartes) in der Vorstellung, dass sich der erkennende Mensch mit seinem denkenden Bewusstsein von der dinglichen Welt lösen muss, um die hinter dieser wirkenden (Natur-)Gesetze erfassen und deuten zu können. Die moderne ökonomische Theorie hat sich in ganz ähnlicher Weise paradigmatisch so orientiert, dass sie die Wirtschaft als einen Mechanismus begreifen kann oder soll und sich von der dinglichen Welt lösen kann, um die Gesetze wirtschaftlicher Verläufe hinter dem Vorhang der Wirklichkeit zu entdecken und zu deuten. Tatsächlich ist sie aber über die Wertebene des Geldes nicht hinausgekommen, und diese ist ja so dinglich wie jede Ware, Maschine oder natürliche Ressource.[38]

Die ökonomischen Markttheorien haben sich von Anfang an um die Darstellung von vollkommenen Märkten und ihren Mechanismen bemüht: um das freie Spiel von Angebot und Nachfrage unter der Bedingung rationalen Verhaltens und vollkommen unbehelligten Rahmenbedingungen, also ohne Monopolbildung, aber auch ohne Staatsintervention. Der vollkommene Markt, wiewohl rein theoretischer Natur, geistert noch heute durch alle ökonomischen Lehrbücher (Mankiw 1998, S. 50 ff, Schierenbeck 2000, S. 273 ff.). Die von Adam Smith so genannte „unsichtbare Hand des Marktes" nimmt, wohl realistischerweise, den menschlichen Eigennutz (Egoismus) als existent zur Kenntnis, verwandelt ihn aber in seinen unbeabsichtigten Wirkungen in eine gesellschaftliche Wohltat. Wenn nur jeder am Wirtschaftsprozess Beteiligte seinen Eigennutz pflegen kann, begrenzt allein dadurch, dass alle anderen dasselbe tun (so dass der Einzelne die Macht des gesamten Kollektivs zu spüren bekommt), dann wird das Maximum an Versorgung der Gesellschaft mit Gütern und Diensten erreicht. Welchen anderen Sinn soll Wirtschaften sonst haben?

Die Annahme, dass der Mensch eigennützig handelt, ist zunächst einleuchtend und entspricht unseren Erfahrungen. In diesem Sinne handelt ein Mensch durchaus rational, wenn er seinen Interessen nachgeht. Problematisch wird die Annahme dadurch, dass Eigennutz in der Theorie als kompromissloses Verfolgen selbstbezogener Ziele, im Fall von kommerziellen Unternehmen als Gewinnmaximierung erklärt wird, das keine anderen Rücksichten kennt als äußeren Zwang, z. B. Naturgegebenheiten oder das geltende Recht. In dieser streng rationalistischen Version ist für die Erfahrung kein Platz, dass ein Mensch in seinen Entscheidungen oft einen sehr viel weiteren Horizont gelten lässt, indem er beispielsweise das Wohl seiner Familie oder des Gemeinwesens, in dem er lebt, einbezieht. Es sind kulturelle Werte und Lebensmuster, die ein Mensch für sein eigenes Wohl für wichtig hält. Eigennutz in diesem Sinne ist also das Gegenteil von purem Egoismus. Die orthodoxe ökonomische Theorie – noch immer der Mainstream in der Ökonomie – ist, das darf gesagt werden, eine Konstruktion mit erheblichen Mängeln und kann also solche nicht zur Vorlage für Kultur- und Kunstmanagement dienen.

Man darf jedoch nicht aus den Augen verlieren, dass es sich um eine theoretische Konstruktion mit nur geringer Entsprechung in der Wirklichkeit handelt (Stiglitz 2010, S. 303 ff.). Nur unter solchen Idealbedingungen und nur auf dem Papier hat ein Modell dieser Konstruktion das Ergebnis optimaler Versorgung der Gesellschaft. Unter realen Bedingungen kann der Verlass auf die überindividuellen Wohlstandswirkungen des menschlichen Eigennutzes schnell in krassen, unmoralischen Egoismus umschlagen. Eigennutz ist eine viel zu komplexe Kategorie, als dass er auf rationale Zielorientierung verkürzt werden kann. Eigennutz kann sich sehr wohl mit einem ausgeprägten Gemeinsinn verbinden, aber eben auch zu Verschlagenheit und List, Täuschung und Drohung, Schmeichelei und Schönrednerei degenerieren. Adam Smith selbst hat diese Problematik durchaus gesehen und vielleicht schon vorausgeahnt, als er in einem dem „Wohlstand der Nationen" siebzehn Jahre vorausgehenden philosophischen Werk „Theory of Moral Sentiments" (Smith 1994) von der Grundannahme ausging, dass jeder Mensch von Natur aus mit der Fähigkeit zur Empathie (bei Smith „Sympathy") ausgestattet ist, also in der Lage ist mitzuempfinden, wie es anderen Mensch ergeht, und sich rücksichtsvoll verhält. Es ist kaum vorstellbar, dass

---

[38] Mit dem dinglichen Charakter des Geldes habe ich mich an verschiedenen Stellen befasst, zuletzt in Bendixen (2009a, S. 135 ff.)

Adam Smith später den Eigennutz als ein Gegenstück zum Einfühlungsvermögen hat verstehen wollen. Diese philosophische Seite von Adam Smith ist in der klassischen und neoklassischen Ökonomie völlig entfallen (Bendixen 2006).

Der heutige neoklassische Ökonom befasst sich allerdings nicht mit den (aus seiner Sicht) Verzerrungen des rationalen Wirtschaftssubjektes, jedenfalls nicht im Sinne von Einlassungen einer Soziallehre, einer Kulturlehre, einer Morallehre oder was sonst an wissenschaftlichen Fachzugängen zu dieser Figur denkbar wäre. Die Problematik dieses ökonomischen Denkens liegt darin, dass es eben ein rein ökonomisches ist, das seinen Horizont sehr eng gezogen hat. Über kulturelle Faktoren in der Gesellschaft bis hin zur Prägung individueller Vorlieben wird unter Ökonomen nicht nachgedacht; die sind eben gegeben. „Economists normally do not try to explain people's tastes, because tastes are based on historical and psychological forces that are beyond the realm of economics" (Mankiw 1998, S. 64). Richtig gelesen, sagt dies aus: Wer die Wirklichkeit ganz erfassen und verstehen will, darf sich auf die Ökonomie allein nicht verlassen. So weit reicht der Arm ihrer Erkenntnis nicht, und zwar durchaus beabsichtigt, aber mit ungeahnten Folgen für die realen Entwicklungen in den globalen und nationalen Wirtschaften. Die wissenschaftliche Ökonomie bedarf heute angesichts der globalen ökologischen Probleme, der extremen Ungleichverteilung zwischen armen und reichen Ländern bzw. Schichten innerhalb der Länder und vieler anderer brennender Symptome einer grundlegenden Revision. Darauf können wir hier natürlich nicht eingehen, obwohl der Kulturbereich von den Problemen der Wirtschaft auf nationaler wie internationaler Ebene aufs Engste berührt wird.

Wir müssen uns aber zumindest klarmachen, dass ein unreflektiertes Befolgen von Aussagen, Modellen und Instrumenten der Ökonomie in Sachen Management, Unternehmensethik und Geltung von Basisprinzipien wie der ökonomischen Rationalität zu inakzeptablen Konzeptionen im Kulturmanagement führen kann. Deshalb kann es durchaus sinnvoll sein, sich auch einige Widersprüchlichkeiten oder Ungereimtheiten innerhalb der ökonomischen Theorie vor Augen zu führen, um nicht alles an Mitteln zu billigen, nur weil es mit dem Label „Wirtschaftlichkeit und Rationalität" versehen ist.

Es ist kein Geheimnis, dass die Logik ökonomischen Denkens in der Öffentlichkeit, insbesondere in wirtschaftspolitischen Auseinandersetzungen, aber ganz dezidiert auch im Kulturbereich eine hohe Akzeptanz besitzt. Dagegen wäre ja an sich nichts einzuwenden, wenn unbezweifelbar gelten könnte, was im Namen des Ökonomischen gesagt wird, wenn das, was in und durch die Wirtschaft geschieht, unumstößlich und alternativlos das für die Gesellschaft Beste wäre. Genau hier aber gibt es in vielen Punkten Zweifel. Eine dieser fundamentalen Widersprüchlichkeiten oder riskanten Unschärfen liegt im Prinzip der ökonomischen Rationalität selbst. Dieses enthält nämlich eine Aufforderung zur Radikalität, die jedes abweichende Verhalten oder Handlungsergebnis tendenziell als irrational disqualifiziert. Die Wortwahl „irrational" ist nicht nur eine normative Aussage durch Sprache, die als solche gemäß verbreiteter methodologischer Auffassung eigentlich nicht in eine Wissenschaft gehört, sondern sie deckt auch eine Haltung auf, die schon für genügend begründet hält, was den Titel „Rationalität" trägt.

Natürlich gibt es gute Gründe dafür, wo immer es möglich ist, klares, unvoreingenommenes Denken gelten zu lassen und die schwer beherrschbaren emotionalen Energien einer gewissen Beherrschung (auch Selbstbeherrschung) zu unterziehen. Bloße Emotionalität ist Energie pur, die sich in der Tat unkontrolliert zerstörerisch auswirken kann. Die Überformung des menschlichen Gefühlshaushaltes ist eine gewaltige Kultur- und Zivilisationsleistung, die über Jahrtausende wirksam werden konnte und, obgleich bei weitem noch nicht an ihrem möglichen Höhepunkt angekommen, im Prinzip und ihrer Tendenz nach einem Leben in Frieden, Toleranz, Solidarität und freundlicher Gelassenheit zustrebt. Wie kann man eine Wirtschaftsphilosophie gelten lassen, die sich zwar von diesen Werten nicht offen distanziert, sie aber auch nicht ins eigene Kalkül einbezieht? Der Widerspruch besteht darin, dass der eingeschränkte und auf Rationalität kanalisierte Blick des Ökonomen den Anspruch auf dominierende Geltung auch in der gesellschaftlichen Realität formuliert, indem alles, was nicht als (ökonomisch!) rational gilt, folgerichtig als irrational disqualifiziert wird.

Problematisch und auf lange Sicht riskant ist die Einschränkung von umfassender Vernunft, welche die „Intelligenz des Unbewussten und die Macht der Intuition" (Gigerenzer 2008) einschließt, auf Rationalität im Sinne von Verstandesleistungen. Vernunft ist die über den reinen Verstand hinausreichende Fähigkeit des Menschen, über sich selbst und die Bedingungen und Wirkungen seines Handelns nachzudenken. „Der Mensch ist ein Wesen, das sich zu sich selbst verhalten kann ...", schreibt Rüdiger Safranski, „Verstand entdecken wir auch im Tierreich. Der Schimpanse, der durch Erfahrung lernt, mit einem Stock nach der Banane zu angeln, beweist verständiges Verhalten. Verstand ist am Werk, wo Werkzeuge hergestellt werden.... Vernunft, im Unterschied zum Verstand, vermag über Zwecke zu disponieren." (Safranski 2004, S.7). Man könnte sarkastisch sagen: Die ökonomische Rationalität verkürzt den Menschen auf den Status eines verständigen Tieres.

Ökonomen sprechen bewusst von *ökonomischer* Rationalität, also von einer spezifischen Rationalität, was darauf hindeutet, dass noch andere Dimensionen von Rationalität ins Spiel gebracht werden könnten und dass es einen allgemeinen Begriff von Rationalität im Sinne von durchdacht begründetem Handeln gibt. Um solche anderen Rationalitäten aber muss sich der Ökonom nach seinem Selbstverständnis nicht kümmern. Im Moment der Aufspaltung der Rationalität in Unterarten, von denen die ökonomische (das Sparsamkeitsprinzip angesichts knapper Ressourcen) dann auf jeden Fall nur *eine* ist, hinterlässt nämlich nicht nur das Reich der Irrationalität als ihr Gegenstück, sondern verleugnet zugleich die Geltung übergeordneter Prinzipien einer allgemeinen Vernunft, zum Beispiel das Prinzip der Erhaltung sozialer Kohäsion oder das Prinzip der Gewährung von Lebenschancen für die ganze Natur und nicht nur für den Menschen. Es ist deshalb völlig falsch, der ökonomischen Rationalität einfach die Irrationalität gegenüberzustellen. Viele Abhandlungen der Ökonomie sind in diese logische Falle gegangen.

Die im Prinzip der ökonomischen Rationalität eingekleidete Aufforderung artikuliert sich in der Vorgehensweise des Maximierens (Gewinnmaximierung oder Nutzenmaximierung). Maximieren ist eine – im Idealfall mathematische – Form des systematischen Suchens nach der bestmöglichen Lösung verbunden mit dem Bestreben, dies auch praktisch umzusetzen. Es ist also ein Streben nach ökonomischer Vollkommenheit, das mit dem Ideal des vollkommenen Marktes (der vollständigen, unbehelligten Konkurrenz auf Seiten des Angebots ebenso wie auf Seiten der Nachfrage) übereinstimmt. Vollkommenheit ist nun aber ein Zustand, bei dessen Erreichen alle Aktionen, die auf Veränderung aus sind, aufhören müssten. Im Ideal gibt es keine Verbesserungsmöglichkeiten mehr; jede Veränderung am Zustand der Vollkommenheit kann nur eine Verschlechterung bewirken.

Die Ökonomen haben sich mit einer gewissen Lust der Frage zugewandt, unter welchen Bedingungen ein ganzes Wirtschaftssystem den Zustand eines vollkommenen Optimums erreicht. Wir werden sogleich sehen, dass diese „Lust" zwar nur ein theoretisches Spiel ist, aber es ist bezeichnend, dass man sich überhaupt eines solchen Gedanken- oder Modellspiels hingibt, von dem man weiß, dass es nichts mit der Realität zu tun hat. Dieses in der Fachwelt als Pareto-Optimum[39] bekannte Modell beschreibt das Ideal der Vollkommenheit (des absoluten volkswirtschaftlichen Gleichgewichts). Es müsste eigentlich das Feindbild der freien Marktwirtschaft sein.

Freiheit, auch und besonders die des freien Handels, des freien Zugangs zu Märkten, der Vertragsfreiheit und Koalitionsfreiheit, setzt zwingend eine *unvollkommene* Welt voraus. Nur in ihr macht das Suchen nach der besseren Lösung (die im Erfolgsfall eben mit Gewinn oder anderen Meriten entgolten wird) einen Sinn. Wir wissen natürlich, dass die Welt weit entfernt ist vom Zustand der Vollkommenheit und dass die Vorstellung, jemals dort anzukommen, wenig Aussicht auf Erfolg hat. So weit geht auch dieser ökonomische Idealismus denn nicht. Die theoretisch herausgearbeiteten Bedingungen der Vollkommenheit zeigen aber immerhin auf, welche Instrumente und Maßnahmen die Entwicklung einer Wirtschaft auf den Weg dahin bringen, auch wenn dieser ein endloser ist. Das bedeutet, dass sich das theoretische Ideal auf das Verständnis pragmatischer Instrumente der realen Gestaltung überträgt und deren Einsatz lenkt. Mit diesem Denken verliert die Unvollkommenheit der Welt, in der wir leben, offenbar ihren Schrecken, wenn auch nicht ihre nach menschlichem Maß beurteilten Mängel, denn sie ist – so meint man – im Grundsatz beherrschbar oder wenigstens steuerbar. Unvollkommenheit (auf diesen eigentlich diskriminierenden sprachlichen Ausdruck kann nur kommen, wer die Vollkommenheit als Maß im Kopf hat) ist deshalb nicht einfach ein Zugeständnis an die menschlichen Realitäten und Schwächen, sondern sie ist eine der Rechtfertigungskomponenten der Marktwirtschaft überhaupt.

Wir sind nicht einmal in jedem Fall und ganz genau in der Lage, objektiv zu bewerten, ob eine verbesserte Lösung, die beispielsweise ohne weiteres patentfähig wäre, tatsächlich ein Schritt zur Vollkommenheit ist und nicht eine Täuschung auf dem Weg in die Irre. Für diejenigen, die mit der Unvollkommenheit der Welt Geld verdienen wollen (Unternehmer, Ingenieure, Wissenschaftler, Künstler – wir könnten die Aufzählung fortsetzen), ist das Ideal eines vollkommenen Marktes vermutlich eine Horrorvision, und folglich ist auch der ideale Manager entsprechend dem Vorbild des ‚Homo oeconomicu' ein Schreckgespenst. Dies alles sind zwar akademische Diskussionen, aber von ihnen färbt doch manches ab auf die Wirklichkeit. Theorien sind häufig Anrufungsinstanzen zur Rechtfertigung von praktischen Konzepten und Handlungen. Die Betriebswirtschaftslehre und die Volkswirtschaftslehre haben – je für sich und dennoch beide zusammen – erheblichen Einfluss auf die Wirtschaftspraxis gehabt.

Theorie hat für die Praxis durchaus Bedeutung, weil sie dem Argument von Unternehmensführern und Verbandsmanagern ein starkes Gewicht gibt, ihnen sei im Interesse ihres Unternehmens bzw. ihres Wirtschaftszweiges unabdingbar aufgegeben, sine ira et studio (also rein rational) ständig nach Verbesserungen der Wirtschaftlichkeit zu suchen, und dieses Ziel rangiert nun mal höher (im Interesse der Volkswirtschaft und der Arbeitsplätze, wie meist betont wird) als soziale, kulturelle, politische oder ökologische Rücksichten. Wir erinnern hier noch einmal an den zitierten Satz von Wolfgang Kasper: „Nur ein

---

[39] So bezeichnet nach dem Ökonomen Vilfredo Pareto (1848 – 1923), dessen Modell „eine effiziente Gestaltung des Wirtschaftsprozesses in dem Sinne (abbildet), dass kein Wirtschaftssubjekt durch seine Aktivitäten sich verbessern kann, ohne dass ein anderes sich verschlechtert." Heinsohn/Steiger,(1996, S. 43).

konzentrischer Angriff auf alle Kostenelemente und alle kulturellen, sozialen und politischen Produktivitätshemmnisse kann Erfolg versprechen." (Kasper 1997). Der Wirtschaftlichkeit ebenso wie der Methode der konsequenten Gewinnmaximierung wird dadurch nicht nur Vorrangigkeit attestiert, sondern die Frage der Rücksichtnahme auf andere gesellschaftliche Werte und Belange erhält eine neue Qualität. Sie wird zu einem Thema der freiwilligen Zugeständnisse (die man bei Missfallen oder im Falle wirtschaftlicher Bedrängnis wieder fallen lassen kann) und somit zu einer Sache der Ethik stilisiert. Dies bedeutet nicht, dass man sich in der Wirtschaftspraxis solchen ethischen Diskursen entzieht, wohl aber, dass man auf einer bestimmten Rangfolge der Wertigkeiten besteht.

Diese in der Praxis nicht immer leicht zu durchschauende Rangfolge der Wertigkeiten tangiert den Kulturbereich unter anderem dadurch, dass Ausgaben für kulturelle Aktivitäten, soweit sie nicht nachweislich investiven Zwecken dienen und mit ihnen zumindest dem Bestreben nach profitabel gearbeitet wird, den Charakter der Freiwilligkeit und der Wohltätigkeit erhalten und beispielsweise steuerlich in den Firmen nicht als normale Betriebsausgaben behandelt werden. Kulturausgaben sind in Kommunal- und Staatshaushalten in der Regel keine satzungs- und verfassungsmäßige Verpflichtung; sie kann man leichter beschneiden als andere, z.B. Sozialausgaben oder Maßnahmen zur Wirtschaftsförderung. Zuwendungen der Wirtschaft ihrerseits zu Gunsten der Kultur – die im Übrigen wachsende Bedeutung bekommen – sind freiwillig und unterliegen dem Kulturverständnis und Verantwortungsgefühl des Managements jedes einzelnen Unternehmens.

Diese Fragen sind nicht akademisch. Es gibt durchaus Indizien dafür, dass wirtschaftliche Belange auch in der Praxis (in der Unternehmenspraxis ebenso wie in der Wirtschaftspolitik) *systematisch* als vorrangig betrachtet werden. Unter allen Beteiligten herrscht gewiss ein hohes Maß an Übereinstimmung, besonders natürlich in der Kultur selbst, darüber, dass eine Gesellschaft verkümmert und an Vitalität verliert, wenn ihr nicht genügend Raum und Ressourcen für kulturelle Aktivitäten zur Verfügung stehen. Gesellschaftliche Vitalität äußert sich nicht nur in Sportbegeisterung, rauschhaften Rockfestivals und Straßenfesten, sondern in der Fähigkeit einer Gesellschaft, soziale Werte wie Solidarität, Rücksichtnahme auf Mensch und Natur, Schaffung und Pflege angemessener urbaner Lebensverhältnisse und – keineswegs an letzter Stelle – im verbreiteten Interesse an den Künsten, sei dies durch eigene Aktivität oder als Rezipient. In diesen Aktivitäten entstehen Kreativität und Motivation, ohne die auch eine Wirtschaft in ihrer Entwicklung nicht sehr weit kommt. Kulturarbeit ist also eine äußerst ernste, keineswegs immer nur vergnügliche Sache.

Dies wird von Vertretern der Wirtschaft durchaus nicht bestritten. Dennoch ist die Haltung verbreitet, dass für derlei Dinge in erster Linie der Staat und die Kräfte der Gesellschaft zuständig seien. Gelegentlich wird auch ein erklärter Unterschied gemacht zwischen der traditionellen Hochkultur, den feinen Künsten und ihren alten Meistern, und der zeitgenössischen Kunst, insbesondere wenn diese mit gesellschaftskritischem Unterton daherkommt. Vermutlich hält man Kunst aus dem Reservoire des kulturellen Erbes für politisch weniger brisant als zeitgenössische.[40]

---

[40] Eine spezifische Variante habe ich mehrfach, u.a. von Theatermachern in Sofia und Istanbul, erfahren, die von zahlungskräftigen Geschäftsleuten gedrängt wurden, sich lieber der leichten Muse zuzuwenden, die würde mehr goutiert. Die bekannte Istanbuler Schauspielerin und Theatermacherin Dilek Türker berichtete mir in einem persönlichen Gespräch von ernst gemeinten Ratschlägen von Unternehmerseite (und ihren Verbänden), sie solle doch nicht so ernste (gemeint sind nicht nur sozialkritische, sondern überhaupt anspruchsvolle) Sachen machen, sondern sich lieber an Stücken vom Broadway orientieren. Dann würde auch von ihrer Seite einiges Geld fließen.

Zwei diametral entgegen gesetzte Ansätze zum Schutz und zur Pflege von Kunst und Kultur sind (theoretisch wie praktisch) denkbar. Sie erinnern ein wenig an den Unterschied zwischen Gesundheitsvorsorge (Prävention) und effizienter medizinischer Krankenbehandlung. Die Rücksichtnahme auf kulturelle (und analog ökologische, soziale, gesundheitliche, religiöse und andere wichtige) Belange der Gesellschaft kann von wirtschaftlichen Aktivitäten *im Vorhinein* eingefordert werden, indem Handlungen, die mit solchen Anliegen in Konflikt geraten, aus Einsicht in ihre Schutzwürdigkeit entweder ganz unterbleiben oder nur unter bestimmten Auflagen erlaubt werden. In einer zweiten Version wird der Wirtschaft zugebilligt, ihre Belange legal und bis an die Grenze des Möglichen zu verfolgen und auszuweiten, bis die Widerstände aus Politik und Gesellschaft (für den Augenblick) zu heftig werden oder, was leider allzu oft geschieht, bis die Überschreitung des Verantwortbaren aufgedeckt wird, z.B. durch die Presse. Die so (in den meisten Fällen durchaus legal) erwirtschafteten Gewinne werden nun aber *im Nachhinein* mit Forderungen konfrontiert, einen maßgeblichen Anteil davon entweder direkt zu spenden oder in Form von Steuern und Abgaben auf gesetzlicher Grundlage zur Umverteilung dem Staat zu überlassen.

Wenn sich nun, wie das in vielen Fällen geschieht und in vorparlamentarischen Debatten und Aktionen von Verbänden und Parteien regelmäßig vorgetragen wird, die Haltung durchsetzt, dass man das Geld für die Kultur zuerst einmal in der Wirtschaft verdienen muss, so setzt sich unweigerlich die Praxis der *nachträglichen* Stützung außerwirtschaftlicher Belange durch. Den wirtschaftlichen Aktivitäten wird unbeschwerte Arbeit ermöglicht; über die Früchte ihrer Arbeit kann man dann immer noch streiten. Auf diese Weise entsteht der Eindruck, dass Wirtschaft das Primäre und alle anderen gesellschaftlichen Belange nachrangig sind – ein fataler Irrtum, der allerdings weltweit real geworden ist. Die Wirtschaft erhält dadurch eine entscheidende Mitbestimmung darüber, *welche* Kunst und Kultur zu fördern ist. Wir können hier von einem ökonomistischen Vorbehalt sprechen. Wenn sie Unternehmen freiwillig für die Kultur einsetzen, wollen sie zumindest mitbestimmen, welche davon begünstigt werden soll.

Da die Gewinne in der Regel rechtmäßig erwirtschaftet wurden, fällt die Entscheidung darüber, in welchem Umfang und für welche Aktivitäten Geld für die Kultur gegeben werden soll, legal und moralisch natürlich zu einem Teil der Wirtschaft zu. Dieser Teil könnte erheblich ansteigen, falls die Barrieren des aktuellen Steuerrechts und der kommunalen Kameralistik geschliffen würden. Derzeit sind Ausgaben zu Gunsten der Kultur, wenn sie nicht in direktem Zusammenhang mit der Wirtschaftstätigkeit stehen, steuerlich grundsätzlich nicht als Betriebsausgaben absetzbar. Die Logik dieser (wohl vorherrschenden) Praxis der *nachträglichen Freiwilligkeit* hat eine innere Verwandtschaft mit dem Postulat, dass dem Markt als dem besten und umfassenden Regulator aller wirtschaftlichen Vorgänge in allen gesellschaftlichen Belangen Vortritt zu gewähren ist. Diese historisch nur langsam sich bildende Einsicht war ein Treibsatz für die Entwicklung und Ausbreitung von Marktwirtschaften. Die so freigesetzten Kräfte des Märkte können sich auf diese Weise entfalten. Aber sie entfalten in gleichem Maße auch ihre Schattenseiten. Die Erfahrungen der letzten Jahre, insbesondere die großen Krisen von 2008 und 2010, haben überdeutlich gezeigt, dass man dem Markt zwar einiges zutrauen kann und muss, aber ihm nicht allein das Feld überlassen darf, denn die in ihm freigesetzten Energie können sich rasch und umfassend destruktiv auswirken. Die Philosophie des politischen Neoliberalismus, welche von der Vorrangigkeit und Vernunft des Marktes ausgeht und staatliche Interventionen allenfalls als Notbehelf zulässt, ist in den letzten Jahren zunehmend unter Druck geraten.[41]

Die etwa seit der Renaissance voranschreitende Zurückdrängung von gesellschaftlichen Werten und Lebensinhalten über den Rand des Wirtschaftens (gewissermaßen dessen Bereinigung von nicht rationalen Elementen), die fortschreitende Segregation der Wirtschaft aus ihren gesellschaftlichen Umfeldern, erfolgte und erfolgt immer noch mit dem (in der Öffentlichkeit kaum hinterfragten und eben deshalb so schlagenden) Hinweis auf die Geltung der Eigengesetzlichkeit von Märkten. Märkte werden als ideale Medien zur bestmöglichen Zuteilung von Mitteln (Allokation) für produktive und konsumtive Zwecke gekennzeichnet, was sie allerdings nur in dem Maße leisten können, wie in ihnen das freie (also das von hemmenden rechtlichen, politischen, religiösen, kulturellen, sozialen Postulaten unbedrängte) Kräftespiel von Angebot und Nachfrage zum Zuge kommt.

Die Entfaltung der Marktwirtschaft lässt sich historisch beschreiben als eine lang anhaltende, in langsamen Schritten die gesellschaftlichen Verhältnisse umwälzende „Befreiungsbewegung" zur Etablierung und Ausbreitung der ökonomischen Rationalität und der Regulationskraft des Marktes in allen ihren Facetten. Wir können dies auch als einen Raum ergreifenden und die historischen Limitationen immer weiter zurückdrängenden Besetzungsprozess darstellen. Nicht zufällig heißt das politische Programm dieser „Befreiungsbewegung" (Neo-) Liberalismus.[42] Damit eng verbunden ist die Rechtfertigung des Gewinn- bzw. Nutzenstrebens der einzelnen Wirtschaftssubjekte. Hohe Gewinnerwartungen locken freies Kapital an und leiten damit (zumindest theoretisch) eine Steigerung des Produktionsvolumens ein (praktisch können sie aber auch Begierden von Anlegern und Aufkäufern von ganzen Unternehmen stimulieren, was nicht in jedem Fall auch volkswirtschaftlich von Nutzen ist; die so genannten international operierenden Hedgefonds sind dafür ein krasses Beispiel (Malle 2009). Aus der Perspektive eines einzelnen Unternehmens ist der Markt mit seinen zuweilen auch lästigen Wettbewerbsregeln indessen nur der äußere Rahmen für die Entdeckung von Möglichkeiten der Gewinnerzielung. Die Perspektive des Managers ist eine andere als die des Wirtschaftspolitikers.

Die *theoretische* Erklärung und Begründung für den Erfolg des historischen Prozesses der Herausbildung der modernen Marktwirtschaft mit ihrem enormen Leistungspotential ist von der theoretischen Warte her gesehen ziemlich klar. Das sich allmählich professionalisierende Management bildete in diesem historischen Prozess das entscheidende Aktivum. Dessen Wirksamkeit beruht im Grunde auf nicht viel mehr als auf der konsequenten Durchsetzung dieser ökonomischen Rationalität in jeder Lage mit Hilfe zielorientiert entwickelter Instrumente und Modelle und es brauchte sich als ein methodisches Prinzip nicht auf Inhalte und nicht auf externe Vernunftgründe zu stützen, sondern kann sich unabhängig von Inhalten auch auf Gebieten außerhalb der Wirtschaft anbieten. Das Prinzip der ökonomischen Rationalität gilt, wie es ist. Und es ist mit Blick auf das Wissen über und die Erfahrung in Knappheitslagen in sich völlig logisch und stringent, aber für praktisches Handeln wegen der Ausklammerung der Zweckbegründungen des Handelns allein unzureichend.

---

[41] Joseph E. Stiglitz hat sich in zahlreichen Büchern dazu umfassend und aus eigenen Erfahrungen in der Praxis der Weltbank geäußert, zuletzt in Stiglitz (2010).

[42] Der Wirtschaftsliberalismus, der mit dem Begriff des Neoliberalismus angesprochen wird, ist zu unterscheiden vom politischen Liberalismus, der eng mit der Entfaltung demokratischer Staatsverhältnisse auf der Grundlage von Verfassung und mündigem Bürger zusammenhängt. Vgl. dazu die bedeutende Schrift von Alexander Rüstow (2001).

Wir hatten schon im vorigen Abschnitt darauf hingewiesen, dass sich die ökonomische Rationalität auf *physische* Knappheiten bezieht und deshalb nur dort Sinn macht, wo es um den Einsatz *physischer* Ressourcen geht. Ideen, Gedanken, Meinungen, sozialer Sinn, religiöser Glaube, Weltanschauungen sind nicht knapp (manche von ihnen können allerdings durch Rechtsgüter wie das Urheberrecht künstlich knapp gemacht werden). Knapp dagegen ist das physisch unvermehrbare Raumschiff „Erde" mit allem, was es an Ressourcen bereithält.

Wenn wir akzeptieren, dass der Mensch – auch wenn er von Ökonomen in solchen Zusammenhängen oft als „Verbraucher" verbal diskriminiert wird – mehr ist als ein sein Leben irgendwie fristendes, instinktgelenktes Wesen, sondern ein zu einem zivilisierten Dasein und zu Kultur und Gesellschaftsbildung befähigtes Individuum ist, dann *kann und darf* die ökonomische Rationalität nicht der alleinige Maßstab praktischen Handelns sein. Es gibt umfassendere Vernunftgründe, und zwar innerhalb wie außerhalb der Wirtschaft. Gegen alle diese Einsichten, die im Prinzip (auch wenn man kein Kantianer ist) von kaum jemand ernsthaft bestritten werden, liefert tagtäglich gerade die verengte und geteilte Version der ökonomischen Rationalität die durchgreifenden Rechtfertigungsgründe für die fortschreitende Zurückdrängung von *nicht-ökonomischen* Werten. Wir befinden uns auf einer kulturellen und ökologischen Entwicklungsstraße mit unabsehbaren Folgen für die gesamte Lebenswelt, für die Natur als Existenz- und Erlebnisraum ebenso wie für das kulturelle Erbe mitsamt seinen Sinn stiftenden Werten, Traditionen und Visionen und für die Kohäsionskraft vitaler Kultur. Das ironische Wort von Bill Watterson könnte hier seine fatale Bestätigung finden: „Sometimes I think the surest sign that intelligent life exists elsewhere in the universe is that none of it has tried to contact us".

Unter Mitwirkung der wissenschaftlichen Ökonomie und des praktizierenden Managements könnte mit der Zeit alles, was nicht in das Formgesetz der Ökonomie passt, als nebensächlich, nicht maßgeblich und allzu aufwendig und pflegebedürftig vernachlässigt werden und vielleicht ganz verschwinden. Nur was auf dem Weg über die monetäre Steuerung Aussicht auf Profit bietet, würde Bestand haben. Zivilisation würde dann zu definieren sein als die Bändigung der Natur durch Verwertung und zugleich die Bändigung des Menschen durch Reduktion auf den Status des Verbrauchers. Das ist die Logik des ‚Homo oeconomicus'. Der Konjunktiv dieser Sätze zeigt die *Möglichkeiten*, nicht schon ein akutes Menetekel an, die in dem von Ökonomen durchaus ernst gemeinten theoretischen Spiel mit dem ‚Homo oeconomicus' angelegt sind. Der Mainstream der ökonomischen Theorie hält sich allerdings für maßgeblich, pragmatische Ratschläge für die Wirtschaftspraxis zu erteilen (kritisch dazu Stiglitz 2010).

In der starken Betonung des materiellen Versorgungsgedankens, den wir aus der dominierenden Geltung der ökonomischen Rationalität herauslesen können, kommt eine immanente Abkehr von geistigen Lebensinhalten tendenziell zum Vorschein, die dann politisch-argumentativ nur noch entsprechend mühsam aufrechterhalten werden können. Der oft kritisierte Materialismus hat in einigen Ländern mit einer langen kapitalistischen Tradition ein Stadium an Überversorgung bei gleichzeitiger Infantilisierung der Gesellschaft zu einer Micky-Mouse- und McWorld-Kultur (Handschuh-Heiss 1997) und einen Grad an „Disneyfizierung" erreicht, die den kulturgeschichtlichen Ursprung dieser Entwicklung schon nicht mehr erkennen lassen.

Es gibt wohl kaum etwas so „Irrationales" wie die vom rationalitätsgeleiteten Kommerz erzeugte Alltagswelt, wenn man die ökonomische Rationalität als gedankliche Plattform gelten lässt. Gleichzeitig behindern die zunehmend integrierten Weltmärkte in den materiell bedürftigen Ländern der Dritten Welt eine marktwirtschaftliche Praxis, die den eigentlich intendierten Versorgungsgedanken in den Mittelpunkt stellt.[43] Was sich heute zum Teil als Markt, als bloßer Kampf von Labeln und Brandmarks um Anteile an der Kaufkraft der Konsumenten darstellt, ist eine kulturelle Perversion (Rüstow 2009). Sie ist jedoch eine überaus starke Realität, die es für die vertrauten Kultur- und Kunstinstitutionen, aber auch für neue Entwicklungen auf diesem Gebiet zunehmend schwieriger machen, von der Öffentlichkeit wahrgenommen zu werden. Die historischen Antriebe für das ausgeprägte Streben nach materiellem Wohlstand hauptsächlich in den westlichen Kernländern des Industrialismus dürften in tief verwurzelten Urerfahrungen von Hunger und Mangel und in deren psychologischem Gegenstück, dem erträumten Schlaraffenland, liegen.

Je mehr von den Menschen die irdischen Ursachen solcher traumatische Erfahrungen erkannt wurden, darunter als historische Hauptursache die politischen und ökonomischen Systeme des Feudalismus mit ihren die Untertanen häufig auf Armutsniveau niederdrückenden Abgabenzwängen, und je mehr über die Wissenschaften eine Verbesserung der materiellen Versorgung greifbar erscheint, umso stärker werden die sozialen Energien, alles daranzusetzen, um drohender materieller Unterversorgung zu entgehen. Es gibt deshalb nachvollziehbare, starke Motive für eine funktionierende Marktwirtschaft im Dienste der gesellschaftlichen Versorgung. Was aber, wenn bereits ein hohes Versorgungsniveau erreicht ist und dieses (in den Weltstrukturen versteckt) ganze Völker in der Dritten Welt auf Armutsniveau niederdrückt?

Demokratisierung auf der einen und Leistungssteigerung durch rationales Wirtschaften auf der anderen Seite liegen sozusagen im historischen zivilisatorischen Trend. Von daher gesehen wird erklärlich, warum das Erscheinen und die rasche Verbreitung des berühmten Buches von Adam Smith über den „Wohlstand der Nationen" mit seinem Credo für die Leistungsfähigkeit der Marktwirtschaft kein Zufall war, sondern mit der Erstarkung des Bürgertums und der beginnenden Ablösung des Feudalismus zusammen gesehen werden muss. Verständlich wird vor diesem geschichtlichen Hintergrund auch die bis heute nachwirkende Philosophie Adam Smiths, wonach erzielte Gewinne nicht in vollem Umfang, sondern nur in „vernünftigen" Maßen dem privaten Verbrauch zugeführt werden sollen, weil das Gros der Gewinne aus Gründen der Wohlstandssteigerung in erweiternde Geschäftstätigkeit investiert werden soll.

Die bis heute anhaltende Dominanz des Ökonomischen auch außerhalb der Wirtschaft hat also nachvollziehbare Gründe, auch wenn wir uns heute fragen müssen, ob wir nicht die Grenzen des Verantwortbaren teilweise (d.h. in den Wohlstandsländern) überschritten haben (Bendixen 2009 d). Wie immer sich die Dinge weiterentwickeln werden, für unser Thema „Kulturmanagement" ist es nützlich, wenn nicht notwendig, dass wir uns über die historisch nachhaltig wirksame und tief greifende Kräftekonstellation im Verhältnis von dominierender materieller Versorgungsorientierung und den geistig-kulturellen Bedürfnissen in der Gesellschaft im Klaren sind. Kulturmanagement ist unter diesen Bedingungen keine leichte Aufgabe, es sei denn, es segelt im Trend mit.

Gesellschaftliche Belange wie Kultur und insbesondere Kunst (neben anderen sie beispielsweise das Gesundheitswesen oder die Bildung) stehen in der Defensive, und zwar

---

[43] Die Tragik dieser Entwicklung liegt nicht nur in der relativen sozialen und kulturellen Entwürdigung von Menschen in der Dritten Welt, sondern auch in der Verschleierung des kulturellen Niedergangs in den Industrieländern, die dabei sind, sich selbst durch Maßlosigkeit und puren Materialismus zu entwürdigen.

nicht nur in finanzieller Hinsicht, sondern auch im Hinblick auf ihre allgemeine Akzeptanz. Wenn *diese* abfällt oder sich andere Schwerpunkte bilden, dann bleiben finanzielle Probleme in Form von Subventionsbeschneidungen kaum aus. Aus dieser Einsicht werden sich einige wichtige Anhaltspunkte dafür ergeben, in welcher Form Kultur- und Kunstmanagement eigene Wege gehen muss. Die Defensive, in der die Kultur vor allem in den Industrieländern steht, kann auch nicht einfach durch Optimismus umgekehrt werden, und eine unangebrachte Übernahme von Mentalitäten und Methoden des Geschäftsmanagements wird den Defensivzustand eher noch verstärken als konstruktiv bewältigen. Die Unmöglichkeit, ein großes Theater privatwirtschaftlich zu betreiben und von Subventionen unabhängig zu machen, wird geradezu offenkundig, wenn man es mit herkömmlichen betriebswirtschaftlichen Mitteln versucht.

Um einem möglichen Missverständnis ausdrücklich vorzubeugen sei betont, dass der Begriff „Defensivcharakter" nicht etwa konservativ gemeint ist als die unbedingte Bewahrung aller kultureller Werte, Praktiken und Hinterlassenschaften. Es geht nicht darum, um jeden Preis jedes Theater, jede Oper, jedes Sinfonieorchester oder jegliche Art von Erzähl- und Malkunst aufrechtzuerhalten. Dies ist eine Frage der Kultur- und Kunstentwicklung aus ihren eigenen, inneren Strömungen heraus. Defensive hat immer einen Gegner, und dieser heißt nicht etwa zeitgenössische gegen altbackene Kunst- und Kulturpraxis oder umgekehrt sondern er heißt Invasion des kommerziellen und materialistischen Denkens und damit Erosion des Geistigen in der Kultur.

In der Defensive befinden sich zeitgenössische Kunst- und Kulturaktivitäten (zum Teil sogar kommerzielle Kulturaktivitäten) genauso wie die Eigenständigkeit in der Bestimmung und Formung von Lebensstilen. Es betrifft also, um diese Marktbegriffe metaphorisch zu benutzen, die kulturellen Anbieter ebenso wie die kulturellen Nachfrager. Die Nachfrager werden unter anderem bedrängt durch die Standards der modernen Stadtarchitektur, durch die Fremdprägung von Geschmack und Mode, durch die Kommerzialisierung von Festen wie Weihnachten, durch den Pauschaltourismus zu Animationszentren am Mittelmeer, um nur einiges plakativ zu nennen. In den Sog dieser Entwicklung geraten auch die Spontaneität von Freizeitgestaltungen, die Vitalität von Subkulturen (z.B. das Verschwinden von spezifischen Milieus in den Metropolen durch urbane „Begradigungen") und die Kultur von Solidarverhältnissen.

Den Defensivcharakter der Kultur können wir auf verschiedene Weise bei der konzeptionellen Gestaltung von Kulturmanagement aufgreifen. Die *pessimistische* Haltung zeichnet sich durch die Vorstellung aus, dass man dem Andrang des Kommerziellen in der Alltagskultur und in den Künsten so gut wie nichts entgegenzusetzen habe, dass dies geschehen werde, ob man sich nun zur Wehr setze oder nicht. Also ergreift man die Verlockungen der Kommerzialisierung und spielt nach deren Regeln mit. Pessimistisch ist diese Haltung deshalb, weil sie den Kräften von Kunst und Kultur nicht zutraut, sich gegen scheinbar übermächtige Entwicklungen zu behaupten. Wer den Kulturinstitutionen das Loblied des kommerziellen Marketings singt, ist im Grunde ein Pessimist (oder ein Zyniker).

Die *optimistische* Haltung zeichnet sich durch die Vorstellung aus, dass man gegenüber dem Andrang des Kommerziellen keine Schwäche zeigen dürfe, dass die Konzentration auf Gegenkräfte und ihre kulturelle und künstlerische Formung ein geeignetes Mittel sei, die Eigenständigkeit von Kunst und Kultur als notwendiger Arbeit zur Werterhaltung und - gestaltung einer zivilisierten Gesellschaft zu untermauern und einer sonst überbordenden, verwildernden Materialität in der Öffentlichkeit entgegenzutreten. Also stützt man oppositionelle, eigenwillige, durch ihre Vision und Ästhetik beeindruckende Kunst- und Kulturaktivitäten und verhelfe ihnen durch professionelles Management zur Wirksamkeit in der Öffentlichkeit. Der Optimist glaubt an die Realisierbarkeit dieser Strategie.

Beide Positionen sind extrem und wahrscheinlich in der Realität nicht in reiner Form durchzuhalten oder als solche von Erfolg gekrönt. Sie sind ihrerseits theoretische Positionen an den extremen Enden einer Skala von Möglichkeiten. *Realistische* Konzeptionen des Kulturmanagements werden vermutlich aus beidem genährt, aber nicht indoktriniert, und sie werden sich nicht ein für allemal auf einen bestimmten Punkt festlegen lassen. Wichtig erscheint hier aber immerhin, dass der Charakter des Kommerziellen, seine Festlegung auf das Prinzip der ökonomischen Rationalität, die Machtkomponente des Geldes und die daran anschließende Durchsetzungsmentalität des Wirtschaftsmanagements realistisch wahrgenommen und kritisch befragt werden muss.

Dies bedeutet nicht, die Wirtschaft wie einen Gegner zu behandeln, sondern durch Brückenschlag und durch Umgestaltung geeigneter Handlungsweisen des Wirtschaftsmanagements zu einer auf Kultur und Kunst bezogenen und deren Besonderheiten und Eigenwerte betonenden Konzeption des Kulturmanagements zu gelangen, welche die Unterschiede nicht verkleidet, sondern zur Basis des Argumentierens macht. Der Kulturmanager braucht die Cleverness eines Wirtschaftsmanagers, den Suchinstinkt eines Forschers und die Sensibilität eines Künstlers, ohne tatsächlich Geschäftsmann, Forscher oder Künstler zu sein.

Wir haben hier eine Problematik berührt, die zwar den Kulturbereich sozusagen hautnah angeht, aber innerhalb der Wirtschaft nicht weniger brisant ist. Wenn wir, um der Verkürzung und Vereinfachung der Argumentation willen, das Verhältnis zwischen dem Vordringen ökonomischer Belange und dem Zurückdrängen nicht-ökonomischer gesellschaftlicher Belange auf die Kultur beschränken, dann stehen sich zwei Gestaltungsweisen oder Formprinzipien zum Teil diametral, zum Teil überlappend, aber kaum kongruent gegenüber. Beide beziehen sich auf die Frage, nach welchen Vorstellungen, Maßstäben und Kriterien der Mensch die physische Welt für sich in Anspruch nehmen soll, um sie entsprechend seinen Gewohnheiten oder seinem Streben umzuformen.

Die Umformung der physischen Welt in ein zivilisiertes Habitat kann durch *unmittelbare* Kultivierung (d.h. Vergegenständlichung von kulturellen Lebensstilen und gesellschaftlichen Wertvorstellungen) erfolgen; sie kann andererseits *mittelbar* durch ökonomische Verwertung von physischen Ressourcen und durch technische Konstruktion von Lebenswelten erfolgen. Wir können überall beispielsweise beobachten, wie sich rein äußerlich der manchmal unverhüllte Kontrast zwischen einer gewachsenen Altstadt (deren Baumaterialien und Bauweisen meist einen direkten Bezug zur umgebenden Natur aufweisen) und den sie meist ringförmig umgebenden, ihre Herkunft aus wirtschaftlichen Kalkülen kaum verleugnenden Neubausiedlungen ästhetisch aufdrängt. Baumaterialen wie Beton, Glas und Stahlkonstruktionen haben keinerlei Bezug zur umgebenden Landschaft, ihre Herkunft ist völlig gleichgültig. Selbst beste Architektenarbeit kann dies nicht hintergehen. Überspitzt formuliert: eine Stadt, die aus näheren Materialien gebaut ist, wächst aus der Landschaft heraus; eine Stadt, die aus überall verfügbaren standardisierten Materialien gebaut ist, ist der Landschaft draufgesetzt.

In beiden Gestaltungsweisen menschlicher Habitate handelt es sich um eine Aussonderung und Hervorhebung aus der Natur, ihrer physischen Konfiguration und ihrer lokal spezifischen Naturästhetik. Zwischen der kontextorientierten, kulturell bestimmten und der kontextlosen, auf sich selbst bezogenen, ökonomisch bestimmten Gestaltungsweise besteht Übereinstimmung darin, dass sie die für die menschliche Existenz im Allgemeinen notwendige Distanz zu und den Schutz vor den oft lebensbedrohlichen, zumindest rauen natürlichen Bedingungen der jeweiligen Lokalität schaffen. In der Frage des Wie aber konkurrieren beide Formprinzipien untereinander. Beide Formprinzipien haben einen unterschiedlichen Zugang zu den Inhalten ihrer Arbeit, nämlich bewohnbare Verhältnisse zu schaffen.

Die Umgestaltung der physischen Natur durch Kultur kann unmittelbar dadurch erfolgen, dass die Gestalten (z.B. Bauten unterschiedlicher Zweckbestimmung) zum Ungestalteten (d.h. „organisch" Gewordenen) der umgebenden Natur zwar deutlich kontrastieren; der Mensch hinterlässt also sichtbar die Spuren seiner Kulturarbeit. Aber diese Gestalten verweisen durch ihre Materialien, durch die ästhetischen Formen und ihre Sinnbezüge auf die sinnlich nahe Natur. In dieser Gestaltungsweise bleibt bei aller betonten Abhebung von der Natur der geistige, emotionale und ästhetische Bezug erhalten. Auch der Kontrast verbindet. Kultur in dieser unvermittelten Verwirklichung lässt das Bemühen erkennen, eine ästhetisch und symbolisch annehmbare Balance zwischen den Kulturgestalten (die in sich selbst eine Balance zwischen Inhalt und Form suchen) und den natürlichen Gegebenheiten zu finden. Wir können auf diese Weise oft noch nach Jahrhunderten kulturelle Werke, z.B. Altstädte oder Ruinen, als etwas erleben, das den Kontrast zur Natur in einer ästhetischen Balance zur Natur versöhnt.

Altstädte, die ja nicht am Reißbrett anstanden, sondern oft das Ergebnis Jahrhunderte langer Entwicklungen sind, lassen erkennen, welche älteren Bauten offensichtlich in Generationen für gelungen und deshalb bewahrungswürdig gehalten wurden, sonst hätten sie irgendwann – und viele haben eben auch – zu allen Zeiten Neubauten weichen müssen. Das erhalten gebliebene Ensemble ist somit ein interpretierbarer Spiegel kultureller Wertorientierungen. Kein Wunder, dass sie beliebte Zielorte des Tourismus sind.

Der Kultur ebenso wie den Künsten die Eigenständigkeit zu erhalten, damit sie in der gestaltenden Auseinandersetzung mit den Möglichkeiten ihres jeweiligen Inhaltes (Stoff, Material, Thema usw.) Formen entwickeln können, die etwas mit den inhaltlichen Bedingungen und Konfigurationen dieser Dinge zu tun haben, erfordert eine bestimmte innere Haltung (Ethik) des Kulturmanagements. Zwar ist auch Management eine formende Gestaltungsarbeit, indem Wege bereitet werden, um kulturell oder künstlerisch geschaffene Gestalten in die Öffentlichkeit zu bringen. Aber der Inhalt dieser Formarbeit ist es, das *autonom entstandene* und damit *gegebene* Produkt der Kultur- und Kunstarbeit in eine Form einzubinden, in der es an die Öffentlichkeit herangetragen werden kann. In diesem Sinne besteht also im Kultur- und Kunstmanagement ein spezifisches Verhältnis von Form und Inhalt, das unter kommerziellen Bedingungen eben ganz anders aussieht.

Auch durch die ökonomisch (besser: kommerziell) vermittelte Aneignung und Umformung von Stoffen der Natur entstehen Werke, z.B. Waren, Bauten, ganze Siedlungen. Auch sie sind auf ästhetische Wirkung bedacht. Das Gestaltungsbestreben ist hier aber nicht auf die Balance zwischen den stofflichen Möglichkeiten und der Ästhetik der Gestalten, auch nicht auf die Versöhnung zwischen Kulturding und Naturding gerichtet, sondern auf *Verkäuflichkeit.*

Um hier im Beispiel des Bauens zu bleiben: Es geht in kommerziell vermittelten Bauten um technische Konstruktionen, deren physische Umsetzung wiederum dem Prinzip der ökonomischen Rationalität folgt, also alles vermeidet, was unnötige Kosten verursacht. Häufig bedeutet dies Standardisierung der Formen und Verwendung von Material, das sich nicht in die Umgebung einpassen muss, sondern mit höchstmöglicher Wirtschaftlichkeit (vor-) gefertigt werden kann, gleichgültig an welchem Ort dieser Erde, oder leicht umformen und einbauen lässt.

Wir kennen solche Siedlungsformationen, die sich nicht nur durch „die Diktatur der geraden Linie" (einem ziemlich naturfernen, aber betriebswirtschaftlich effektvollen Gestaltungsmoment) hervortun, sondern auch durch die häufig gewollt aussehende ästhetische Einkleidung, z.B. durch gleichfalls betriebswirtschaftlich durchgeformte gärtnerische Anlagen, deren Flächen der Wirtschaftlichkeit des mechanischen Rasenmähens folgen, nicht aber den ästhetischen Träumen von Bewohnern und Besuchern. Die kommerziell vermittelten Gestalten ergeben im Resultat natürlich ebenfalls Kultur, allerdings eine, die nicht von den Inhalten hergeleitete Formen, sondern eine durch die ökonomische Rationalität und das Profitstreben selektierte Überformung realisiert. In diesem selektiven Moment liegt letztlich der fundamentale Unterschied zwischen einer direkten kulturellen Gestaltung und einer kommerziell vermittelten. Wer nicht bewusst beobachtet und zu interpretieren gelernt hat, wird dem, was er in der Objektwelt vorfindet, kaum ansehen können, wes Geistes Kind die Dinge sind. Es ist nicht auszuschließen, dass der Anblick einer solchen Welt für den, der in sie hineingeboren wird, objektiven Charakter annimmt, den es nicht lohnt zu befragen.

Dies alles ist hier nicht zu kritisieren, wohl aber zu konstatieren und zu kommentieren, um es konzeptionell zu benutzen. Man muss wissen, welche Handlungslogik dem aus dem Kommerziellen hervorgegangenen Management innewohnt. Was folgt daraus für das Kulturmanagement? Allzu unbedachte Übernahmen von Managementkonzepten aus der Wirtschaft oder der Betriebswirtschaftslehre bedeuten die Gefahr, dass in die Wege zur Ermöglichung von Kunst und Kultur unversehens Leitlinien der Gestaltung eingeführt werden, die die Balance zwischen Form und Inhalt wesentlich erschweren oder verhindern können.

Wir plädieren deshalb dafür, konzeptionelle Wege zu bestimmen, in denen inhaltliche Bezüge (zu den jeweiligen kulturellen künstlerischen Aktivitäten und ihren Autonomieansprüchen) nicht von vornherein durch vorgelagerte Prinzipien aus der Ökonomie verdrängt werden. Das eigentliche „Kunststück" des Kulturmanagements ist das Anbahnen von Wegen von der Idee bis zur Einbringung in die Öffentlichkeit, die dem inhaltlichen Anliegen im Zweifel den Vortritt lässt. Auch kulturell bestimmte Gestaltungen sind Formgebungen; auch sie greifen auf physische Ressourcen zurück (direkt durch Material, aber auch durch menschliche Arbeitsleistung; indirekt durch Geld, das gegen solche direkten Mittel eingetauscht werden kann). Wie weiter oben schon herausgearbeitet, gilt das Prinzip des sparsamen Umgangs mit knappen (physischen) Mitteln nicht nur in der Wirtschaft, sondern überall, wo sie genutzt werden.

Kulturmanagement ist also durchaus auf rationale Mittelverwendungen eingestellt, darin ist es nicht anders zu konzipieren als das Wirtschaftsmanagement. Es hütet sich aber vor einer Vorherrschaft und Vorbestimmung der Formgebung durch kulturfremde Kriterien, die im Falle des privatwirtschaftlichen Strebens in der Akkumulation von Geld und Vermögen aus Profiten besteht. Wirtschaftlichkeit kann sich mit kommerziellen Intentionen verbinden, die ihrerseits nicht mit dem Prinzip der ökonomischen Rationalität gleichgesetzt werden dürfen. Sie kann sich aber auch mit anderen Intentionen verbinden, ohne dadurch ihren Geltungscharakter zu verlieren.

Lässt man den ‚Homo oeconomicus' das sein, was er sein soll, nämlich eine theoretische Hilfskonstruktion, und wendet sich bei der Konzipierung von Praktiken des Kulturmanagements der kommerziellen Realität zu, um manches davon zu lernen, anderes abzulehnen und im Übrigen auch selbst erfinderisch zu werden, dann kommen Aspekte ins Spiel, die man nicht in Lehrbüchern finden wird. Im weitesten Sinne ist dies die (geschulte oder durch Talent zugewachsene) Fähigkeit zur Wahrnehmung der äußeren Welt, ihrer Interpretation und ihrer Durchleuchtung nach kreativen Möglichkeiten. Diese Kompetenzen sind in jeder Art von Management gefragt.

2.5.2 Der Manager als Sucher und Macher

Die vorangegangenen Abschnitte dieses Kapitels haben die Figur des Managers verschiedentlich im Kontext der *Realgeschichte* der Marktwirtschaft beleuchtet und in Verbindung mit den theoretischen Grundannahmen und Sichtweisen der wissenschaftlichen Ökonomie zu beschreiben versucht. Wir haben dabei Aspekte hervorgehoben, die durch die Absicht begründet sind, zu einer pragmatisch fundierten und tragfähigen Konzeption des Kulturmanagements zu gelangen. Im Vorfeld aber ging es zunächst einmal darum, einige essenzielle Merkmale der Managementpraxis in der Wirtschaft und einige Facetten der Managementmentalität in der Geschäftswelt herauszuarbeiten. Eine solche Annäherung kann nur unvollständig sein, aber sie liefert uns wichtige Bauelemente und zeigt Fallstricke auf, in denen man sich verfangen kann beim Versuch, Kulturmanagement praktisch zu gestalten.

Eine wichtige Einsicht aus diesen Überlegungen, die durchaus als eine deutliche Akzentverschiebung im Vergleich zur *betriebswirtschaftlichen* Managementlehre aufgefasst werden kann, ist aus der historischen Betrachtungsweise hervorgegangen, dass das Management eine modernisierte Version bekannter unternehmerischer Funktionen in sich vereinigt, also nicht etwas prinzipiell Neues ohne alle Vorläufer ist. Wir sehen den Manager in wesentlichen Grundzügen seiner Funktionen und seiner Konturen in der historischen Nachfolge all jener, die sich als Kaufleute und Unternehmer über Jahrhunderte als treibende Kräfte der Wirtschaft betätigt haben. Diese historische Betrachtungsweise hat hier vornehmlich die Funktion eines Interpretationsmittels, um bei der Qualifizierung des Terminus „Management" möglichst nahe an der Realität zu bleiben und sich nicht von Theorien allein leiten oder dominieren zu lassen. Die historische Betrachtungsweise hält sich an geschichtliche Fakten, ohne aber selbst Geschichtswissenschaft zu sein. Nicht historische Detailgenauigkeit ist das Erkenntnisziel, sondern die Herausfilterung von Grundzügen der Entwicklung.

Namhafte Ökonomen (der Vergangenheit) haben sich dieser Betrachtungsweise bedient, erwähnt seien beispielsweise Werner Sombart und Gustav Schmoller (Stavenhagen 1964, Sl 197 ff., Ziegler 2008). Auch Adam Smith hat sich zur Begründung seiner Sicht des Marktes und der Faktoren, die den Wohlstand der Nationen herbeiführen, in vielen Passagen seines Hauptwerkes auf reale (historische oder zeitgenössische) Fakten berufen. Wir können auch auf Wissenschaftler wie Joseph A. Schumpeter verweisen, der dem Unternehmer eine historische Rolle als Innovator und damit Antreiber im volkswirtschaftlichen Entwicklungsgeschehen zuwies.

Manager von heute unterscheiden sich nicht im Prinzip, wohl aber in der konkreten Ausgestaltung und Methodik von den Kaufleuten und Unternehmern früherer Epochen. Sie waren und sind dynamische, ständig nach Neuem suchende, ihr Gewerbe und ihre Beziehungen entwickelnde und ihr Arbeitsfeld zuweilen zu ganzen Imperien ausgestaltende Figuren inmitten eines als Markt beschriebenen Handlungsraumes.

Wir werden unsere Vorstellung vom Markt (in ökonomischer Sicht: als Ort des Zusammentreffens von Angebot und Nachfrage) beträchtlich erweitern müssen, um die Reichweite solcher geschäftlicher Netzwerke erfassen zu können, die die entscheidenden Voraussetzungen für kaufmännische oder unternehmerische Erfolge bilden. In früheren Epochen waren es – völlig normal und an sich auch nachvollziehbar – die Beziehungen zu Königen, Fürsten und dem Klerus, aber auch die zu Magistraten, Gilden und Arbitragegerichten, durch die ein Kaufmann seine Positionen und Aussichten zu sichern trachtete. Die Verlässlichkeit und Ergiebigkeit dieser Beziehungen waren der eigentliche Schlüssel zum unternehmerischen Erfolg, weniger die kompromisslose Verwirklichung der ökonomischen Rationalität in der Produktion, zumal die gewerbliche Erzeugung von Waren erst sehr spät (zu Beginn der Neuzeit) unter das Kommando von Warenhandel kam. Der sparsame Umgang mit knappen Ressourcen war eine alltägliche Selbstverständlichkeit, kein die Praxis dominierendes Credo.

Dass das Management eine durch Rationalität (der ökonomischen Version) und strikt methodisches Vorgehen gekennzeichnete Handlungsweise von seinen Vorläufern deutlich abhebt, hat indessen an bestimmten Grunddispositionen nichts geändert, vor allem jener nicht, wonach der Erfolg zwar auch, aber nicht in erster Linie in der internen Produktivität des Betriebes, sondern vor allem in der gekonnten Wahrnehmung der Chancen der Außenwelt zu suchen ist. Management ist eine Art Außenpolitik im Interesse eines Unternehmens, die zwar in der Rationalität der Binnenverhältnisse verankert ist, aber den Kopf in jene Sphären der Außenwelt steckt, in denen Chancen zu vermuten sind. Mit dieser komprimierten Beschreibung greifen wir noch einmal die historische Erklärung der modernen Marktwirtschaft auf als eine allmähliche, erst in der Neuzeit tragend gewordene Verschmelzung von zwei ursprünglich ganz unabhängigen wirtschaftlichen Tätigkeitsbereichen: dem mittelalterlichen Handel einerseits und der agrarisch-handwerklichen Produktion andererseits.

Letztere ist eine lokal gebundene, von den physischen Bedingungen vor Ort (agrarisch nutzbare Bodeneigenschaften, Klima, bergbaulich nutzbare Bodenschätze) abhängige Wirtschaftstätigkeit, die spezifische Dispositionsfähigkeiten (insbesondere die Organisation sinnvoller Arbeitsabläufe) und Sachwissen (Erfahrung, Meisterschaft) auf sich vereinigt. Aus dieser Sphäre stammen – wie schon erwähnt – die Tugenden des klugen Umgangs mit den verfügbaren physischen Ressourcen, wie sie schon im 15. Jahrhundert von Leon Battista Alberti (Alberti 1986, S. 213 f.) ausführlich beschrieben wurden.

Die Kunst, sein Haus in Ordnung zu halten, ist *eine* Sache. Eine *andere* Sache ist die Kunst, handelbare Waren *aufzuspüren* und sie mit Gewinn, wo immer dazu Chancen bestehen, wieder zu verkaufen. Die Handel treibenden Kaufleute, vor allem die mittelalterlichen und neuzeitlichen Fernkaufleute mit ihren große geografische Räume umspannenden Handelstätigkeiten benötigten einen ganz anderen Typus von Dispositionsfähigkeiten und Sachwissen. Der Erfolg des Handels liegt im *Finden von Geschäftsmöglichkeiten* (was viel Er*fahrung* erfordert, die sich – im ganz ursprünglichen Sinne des Wortes – durch *Fahren* bildet) und im *Aufbau und der Festigung von Geschäftsbeziehungen* (um sie auf lange Sicht und gestärkt durch Vertrauen statt List nutzen zu können). Handel ist – ganz im Gegensatz zum Hauswesen – eine Tätigkeit außer Haus in zum Teil sehr entfernten und kulturell fremden, keineswegs immer freundlich gesinnten Umgebungen. Die Verschmelzung beider Sphären, der des Handels und der der gewerblichen Produktion, zur allmählich sich herausbildenden und schließlich dominierenden Marktwirtschaft industriellen Typs hat beide

Qualifikationsprofile der klugen Leitung, die des Hauswirts und die des Händlers, ebenfalls vereinigt.

Spätestens in der Phase der Industrialisierung, in der Handel zunehmend zu einer die Produktion (von den Absatzmöglichkeiten her) steuernden Aufgabe geworden ist, hat die Kunst der Unternehmensführung eine neue Qualität oder Akzentuierung erhalten. Sie arbeitet rationalisierend (d.h. organisierend und den technischen Fortschritt einsetzend) nach innen und strategisch (d.h. Aktionsfelder suchend und festigend) nach außen. Der Marktpreis, der von den Kosten her zwar nicht automatisch, wohl aber als Preisuntergrenze, eine immer stärkere Bedeutung im Konkurrenzkampf bekam, ist dafür der Hauptgrund. Management in der modernen Methodik hat an dieser Grundstruktur des Aufgabenprofils nichts geändert. Die in vielen ökonomischen Textbüchern dargestellte, stark vereinfachte Modellform des Marktes als eines interaktiven Systems zur Regelung von Angebot und Nachfrage durch Preise lässt allzu leicht die Tatsache übersehen, dass die Anbieter nicht einfach anbieten, was sie nach ihren Möglichkeiten optimal erzeugt haben, sondern dass sie etwas nur mit Erfolg anbieten können, wenn sie den Markt zuvor intensiv bearbeitet haben oder ihn überhaupt erst geschaffen haben. Erfindungen, die sich in Produktinnovationen umsetzen lassen, entstehen nicht durch einfallsreiche Nachfrage, sondern kommen aus der Angebotssphäre. Folglich muss diese erst einmal einen Markt dafür schaffen. Geräte wie Fernsehen oder Computer sind nicht dadurch auf den Markt gekommen, dass sie nachgefragt worden sind.

Der Verkauf einer Ware ist nur der allerletzte (natürlich unentbehrliche) Akt, aber der Akzent der Außenarbeit liegt im Moment des Strategischen, des Erfassens von Räumen und Festigens von Positionen. Wir werden gewisse Ähnlichkeiten im Kulturbereich darin erkennen, dass auch hier in der wichtige Räume ergreifenden Bearbeitung der Außenwelt (gegenüber dem Publikum und der übrigen Öffentlichkeit) eine wichtige Teilaufgabe liegt. Die Produktinnovation ist das Ergebnis eines Such- und Gestaltungsprozesses, der sich seiner Verkaufschancen vorher zu vergewissern trachtet. Dies ist die industrielle Version des Suchens und Realisierens, die sich von den Suchvorgängen des traditionellen Handels deutlich unterscheidet. Aber beide sind bewusst eingeleitete und abwägende Suchprozesse.

Da das Schicksal oder der Markterfolg eines Unternehmens sich in der Außenwelt (und nicht im durchrationalisierten Innenbetrieb) entscheidet, ist es einleuchtend, dass das Hauptgewicht der Managertätigkeit im Suchen nach Erfolgschancen und nach einer die Existenz sichernden Positionierung des Unternehmens in der Außenwelt (in diesem weiten Sinne also Marketing) liegt. Zwar wird die Grundlage des Erfolgs innerhalb der rationalen Produktion gelegt; wer zu teuer produziert, kann seine Chancen auf dem Markt nicht wahrnehmen. Da aber der Erfolg des Managements sich in der (einen möglichst großen Überschuss enthaltenden) Wiedergewinnung des Geldes, das einmal in die Produktion investiert worden ist, durch den Verkauf und in den nachhaltigen Aussichten (dem festen Platz, dem guten Ruf, dem wirksamen Image im Markt, dem Goodwill) spiegelt, ergibt sich zwingend, dass letzteres das eigentliche, maßgebliche Profil professionellen Managements ausmacht. Der Manager ist wie der Kaufmann und Händler früherer Zeiten ein Sucher und ein Macher zugleich.

Spätesten dann, wenn wir den Unterschied zwischen kommerzieller Wirtschaft und kulturellen Einrichtungen zu diskutieren haben, wird deutlich werden, wie wichtig gerade dieses Merkmal von Management ist. Während in einem herstellenden Gewerbe- oder Industriebetrieb die Produktion nicht nur formal-rational, sondern vor allem auch *inhaltlich* an den Verwertungschancen am Markt orientiert werden muss, haben wir im Bereich von Kunst und Kultur zu berücksichtigen, dass eine solche Außenbestimmung mit dem Autonomieanspruch der künstlerischen Produzenten in Konflikt gerät. Kunst muss ihren eigenen (ästhetischen) Formgesetzen folgen und nicht in erster Linie danach streben, mit möglichst wenig Mitteln vom Publikum akzeptiert und honoriert zu werden.

Kultur- und Kunstmanager können – wenn sie nicht einem kommerziellen Kulturunternehmen dienen – ihre Professionalität im Wesentlichen *nur* auf die Arbeit im Suchen von Chancen und im Bereiten von Wegen anwenden. Sie selbst steuern dagegen nicht die künstlerische Produktion. Dass ihnen hier auch administrative Funktionen zukommen, um die künstlerischen Produktionsvorgänge organisatorisch abzusichern, ist unbestritten. Aber hier liegt nicht der Akzent. Der Kulturmanager unterscheidet sich vom kaufmännischen Leiter, wie wir ihn in Theatern und Museen kennen, durch die betonte Rolle als „außenpolitischer Diplomat". Diese Funktion kann in der Praxis vieler Kulturinstitutionen ein so starkes Gewicht bekommen, dass sie dem Wahrnehmungs- und Entscheidungsvorbehalt von Leitungen (Intendanz, Orchesterchefs, Museumsdirektoren usw.) unterliegen.

Um es auf eine äußerst knappe Formel zu bringen: Manager in der Wirtschaft sind Sucher *und* Macher; Manager in Kultur und Kunst sind dagegen Sucher *für* Macher.

3 Management in Kultur und Kunst – Funktionen und Methoden

> We don't see things as they are,
> we see them as we are
> (Anaïs Nin)

3.1 Das Schrifttum zum Thema „Kulturmanagement"

Kulturmanagement hat als Praxis und Ausbildungsfeld, wie Max Fuchs schon vor mehr als zehn Jahren schrieb, „vermutlich die beeindruckendste Karriere in der Kulturlandschaft der vergangenen zehn Jahre gemacht" (Fuchs 1999, S.2). Dies hat sich nicht nur in der in den letzten Jahren weiter zunehmenden Zahl an Ausbildungsstätten, sondern auch in der kaum noch überschaubaren Menge an Veröffentlichungen im In- und Ausland niedergeschlagen [Wir können hier nur eine kleine Auswahl vorschlagen: Höhne (2009), Klein (2008), Schneidewind (2006), Mandel (2008), Zembylas (2004), Lewinski/Lüddemann (2008), Birnkraut/Wolf (2007), Mandel (2007), Bendixen 2009), Thomas (2008), Byrnes (2008), Stein/Bathurst (2008), Grady (2006)]. Die Gründe dafür sind vielfältig und teilweise uneinheitlich. Die Probleme der Wirtschaftsführung in kulturellen Einrichtungen haben sich verstärkt. Der Druck von dieser Seite auf die kulturellen und künstlerischen Inhalte ist keineswegs geringer geworden.

Eine ganz andere Rolle spielt die Erweiterung der Anwendung von Qualifikationen auf diesem Gebiet auch weit außerhalb des herkömmlichen Kunst- und Kulturbetriebs, nämlich im Kulturtourismus, im Eventmanagement und erstaunlicherweise sogar in der Wirtschaft selbst. Nicht dass diese sich mit Kunst und Kultur befasst; sie beschränkt sich weiterhin auf die Rolle des Sponsors und Stifters, allenfalls betreiben einige große Unternehmen eigene Kulturabteilungen, in denen diese und weitere Aktivitäten gepflegt werden. Es gibt noch einen anderen Grund: Wer als Kulturmanager oder Kulturmanagerin sich darin qualifiziert hat, mit Fingerspitzengefühl das Geschehen in einem öffentlichen Sektor zu beobachten und systematisch auszuwerten, wer sich mit den Lebensstilen und Lebengefühlen von Menschen befasst hat, der ist nicht nur professionalisiert für die unmittelbaren Kunstbereich, sondern für alles, was in den so genannten „Creative Industries" (z.B. Mode, Design, Messen und Ausstellungen usw.) getan wird. Einen deutlichen Hinweis darauf geben die Studien von Richard Florida (Florida 2002, 2005, 2005a). Dieses Fachgebiet hat sich inzwischen zu einem eigenen Zweig des Kulturmanagements entwickelt (Mayerhofer/Peitz)Resch 2008, Deutsch 2007, Caves 2002, Hartley 2005, Henry 2008).

Das bekannte „Handbuch KulturManagement" des Raabe-Verlages (Raabe 1992 – 2002), das mit der Sammlung 1992 begann, hatte bis 2002 (dem Jahr des Auslaufens der Sammlung) einen Umfang von sieben Bänden mit einem geschätzten Volumen von mehr als 8000 Seiten. Darin spiegelt sich ein bedeutender Detaillierungs- und Spezialisierungsgrad in den einzelnen Themen und Sachgebieten wider, der als ein Indiz für die Praxisnähe gesehen werden kann. Zugleich wird die hohe Varianz der Inhalte, Aufgaben und Konstellationen des gesamten Kulturfeldes und der Praktiken des Kulturmanagements deutlich.

Ganz im Gegensatz dazu ist das *systematische, theoretisch* fundierte Schrifttum immer noch eher mager, wenngleich sich in den letzten Jahren durch die Gründung des „Fachverbandes für Kulturmanagement"[44] in 2007 und das erste Jahrbuch, das 2009 daraus hervorging, einiges bewegt hat (Bekmeier-Feuerhahn/van den Berg/Höhne/Keller/Koch/Mandel 2009; vgl. auch Zembylas 2006). Die Schwierigkeiten, für dieses Fach ein standsicheres theoretisches Fundament zu finden, hängt zweifellos mit der raschen, beinahe rastlosen Entwicklung der letzten Jahre zusammen, die ein systematisches Sichten, Einordnung und Erklären von Themengebieten, Vorgehensweisen und Managementinstrumenten erschweren. Zugleich ist auch zu vermerken, dass sich die Ökonomie, die ja eigentlich eine tragende Rolle dabei spielen könnte, in die Entwicklung eines wissenschaftlichen Fundamentes so gut wie gar nicht eingebracht hat, auch wenn einige grundlegende Bücher zum Kulturmanagement entschieden auf betriebswirtschaftlichen Grundlagen aufgebaut ist. Inzwischen ist auch weitgehend klar geworden, dass dies dem Geist der neo-klassischen Ökonomie widersprochen hätte, weil die Anforderungen an ein wirtschaftswissenschaftliches Fundament für Kunst und Kultur zu markanten Revisionen der herkömmlichen Ansätze hätte führen müssen. So bleibt also nach wie vor die Aufgabe bestehen, im gesamten Bereich von Kunst und Kultur (fast) eine eigene Ökonomie (ganz im Gegensatz zu „Cultural Economics", wie sie aus den anglo-amerikanischen Ländern bekannt ist) zu entwickeln.

Systematische Darstellungen sind ihrer Natur nach eher statisch, verzeichnen und interpretieren Grundzusammenhänge, die als relativ beständig gelten können, und setzen eine gewisse Vollständigkeit der Feldbeschreibung voraus. Diese Bedingungen waren zumindest anfänglich kaum gegeben. Auch die vorliegende Schrift kann nicht mehr sein als ein Rastplatz auf dem Weg der weiteren Entfaltung (Ausbreitung und inneren Differenzierung) des Kulturmanagements in der Praxis und im Lehrbetrieb der Ausbildungsstätten.

Lassen sich gemeinsame Grundzüge in der großen Zahl der Einzelbeiträge entdecken, die einen gewissen Konsens in den Auffassungen anzeigen? Allen Autoren scheint klar zu sein, dass Kulturmanagement zwar viele Übereinstimmungen mit dem Wirtschaftsmanagement besitzt, dass der Kulturbereich aber einige bedeutende Besonderheiten aufweist, die Abgrenzungen notwendig machen und zur Vorsicht raten, Konzepte und Rezepte der Betriebswirtschaftslehre unreflektiert zu übernehmen (Fuchs 1999, Kaltwasser 1999). Mit dieser von nahezu allen Beteiligten geteilten *Er*kenntnis ist fast immer auch das *Be*kenntnis zum besonderen Eigenwert der Kultur, zum Teil auch zur Autonomie der Kunst verbunden. Die Frage ist allerdings, *wie* die kulturellen Werte und Dimensionen in den Konzepten des Kulturmanagements zur Geltung kommen, was ja nichts anderes heißt, als dass sie das Wesentliche darin sind. Wie weit darf im Allgemeinen und im spezifischen Einzelfall die Autonomie der Kunst an eine Managementform gebunden werden, eine Form, die häufig die einzige ist, um ein Werk kommunizierbar zu machen und es in dieser Form dem Publikum nahe zu bringen? Wo liegen die Grenzen der Beeinträchtigung der Autonomie? Sind, um ein Beispiel zu nennen, Auswahlsendungen an beliebten Stücken der klassischen Musik im Rundfunk akzeptabel, wenn es letztlich nur darum geht, Hörer am Lautsprecher zu halten, um ihnen Werbung zu präsentieren oder andere kommerzielle Nachrichten zu überbringen?

Diese Fragestellungen sind nicht neu. Beispielsweise ist das Buch eine Form der Verbreitung von Wissen und von Erzählgut (im Gegensatz zum umherwandernden Erzähler

---

[44] Fachverband für Kulturmanagement e.V., Sitz: Hochschule für Musik FRANZ LISZT, Weimar. Vorsitzender: Prof. Dr. Steffen Höhne, Stellvertreter: Dr. Rolf Keller.

früherer Epochen), das auf diese Weise leicht verbreitet werden kann. Die Buchform aber verlangt definitive, endgültige Texte. Die Autonomie des mündlichen Erzählers, die während eines Vortrags Variationen durch kleine Abweichungen und Ergänzungen sowie besondere Betonungen durch die Stimme und die Gestik ermöglicht, kann das Buch nicht verwirklichen. Aus der Gleichzeitigkeit des Vortragens und Zuhörens wird das Nacheinander des Schreibens und Lesens. Das Buch ist eine *Form* der Veröffentlichung von Wissen und Erzählkunst, die sowohl auf die Kunst zurückgewirkt hat (sie hat zum Beispiel die Kunstform des Romans ermöglicht) als auch eine der ältesten „Erfindungen" auf dem Gebiet des „Kunstmanagements" darstellt, nämlich die Kunst des Buchdrucks und damit zusammenhängend den Buchverlag.

Ganz ähnliche Überlegungen ergeben sich im Zusammenhang mit der Schallplatte und dem Film. Die physische Form eines Kunstwerks ist zugleich das Formelement, von dem her oder an das gebunden geeignete Konzepte des Managements, d.h. professionelle Konzepte der Einbringung in die Öffentlichkeit, insbesondere in den Markt, ausgearbeitet und praktiziert werden können. In all diesen Fragen bleibt immer das Grundproblem, wie weit die Managementkonzepte um ihres Erfolges willen auf die Werkgestalt Einfluss nehmen können und sollen.

Die Spannung zwischen den beiden Begriffsbestandteilen „Kultur" und „Management" wird im Schrifttum allgemein durchaus gesehen, aber nur selten diskursiv ausgetragen. Diese Spannung ist ein klassisches Beispiel für die den Philosophen wohlbekannte Thematik des Verhältnisses von Form und Inhalt, worin Management die (ökonomische) Form und Kultur oder Kunst den (geformten) Inhalt darstellen. Wirtschaftsmanagement ist allerdings eine *besondere* (auf die Geldebene bezogene oder in ihr angesiedelte) Form, und Kultur ist nicht *irgendein formloser* Inhalt, der sich im Kulturmanagement der Geldebene einpassen lässt. Kunst hat nicht *keine* Form, sondern hat eine den ästhetischen Gesetzmäßigkeiten folgende *eigene* Form.[45] *Diese* ist es, die mit dem auf Geld ausgerichteten Wirtschaftsmanagement leicht in Konflikt gerät. Inhalte ohne irgendeine Form wären nicht kommunizierbar. Sie trügen keine Bedeutung. Denkbar und wahrscheinlich im Kulturmanagement auch notwendig ist die Umkehrung, dass die künstlerische oder kulturelle Gestalt die Managementform bestimmt. Die von den Inhalten bestimmte Managementform lässt Kunst und Kultur als Gestaltungen selbst kommunizieren.

Die Zusammengehörigkeit beider, wie immer man die Balance und damit die Geltung der Kultur gegenüber den Ansprüchen der ökonomischen Form für sich bestimmt, hat zur Folge, dass es keine Managementform geben kann, die nicht auch in der einen oder anderen Weise den kulturellen Inhalt berührt oder auch tief greifend beeinflusst. Form und Inhalt bleiben eine offene Frage im praktischen Einzelfall. Genau diese Offenheit aber müsste in generalisierenden Abhandlungen ausdiskutiert werden, die sich auf einen bestimmten Typus von Managementpraxis festlegen. Nicht akzeptabel ist jedenfalls eine a-priori-Geltung betriebswirtschaftlicher Kategorien und Modelle. Diese haben sich nämlich längst für den Vorrang des Geldes gegenüber den Inhalten entschieden. Sie lassen eine Aufweichung

---

[45] Wir können es auch so formulieren: Kommerzielles Management braucht Stoffe, die sich nach monetären Interessen formen lassen. Das gilt für Kunstwerke grundsätzlich nicht. Die einzige Art und Weise und zugleich eine historisch sehr alte Form, Kommerz und Kunst zu verbinden, ist der Kunsthandel und die Kunst vermittelnden Unternehmen, z. B. Buch- und Musikverlage, Auktionshäuser, Konzertagenturen. Sie alle erzeugen nicht Kunst, sondern organisieren gegen Entgelt die Vermittlung von Kunst und Publikum.

dieser Position ohne eine ausreichende, und das heißt sehr eindringliche Begründung nicht mehr zu. Genau daran aber fehlt es im Schrifttum zumeist.

Die unbestreitbare Tatsache, dass man auch in der Kultur mit Geld umgehen können muss, beweist nicht die Notwendigkeit, dass die Geldebene auch zugleich das Steuerungsmedium sein muss. Deshalb liegt eine schlichte Übertragung betriebswirtschaftlicher Managementkonzepte eben gerade *nicht* nahe. Da die Diskussion dieser zentralen Fragestellung fast regelmäßig ausbleibt, kommt es schließlich doch dazu, dass der Kultur zwar *deklamatorisch* ein hoher Rang, vielleicht sogar Vorrang zugebilligt wird, dass dies aber in der *gedanklichen Ausbreitung* im Hintergrund bleibt. Die logische Feststellung, dass Kulturmanagement – anders als das Wirtschaftsmanagement – ein *unselbständiger* Aufgabenkomplex ist, kommt nicht als Messlatte zur Anwendung. Auf diese Weise lugt dann letztlich doch wieder eine starke Betonung oder gar Dominanz der dem Wirtschaftsmanagement und der Betriebswirtschaftslehre entlehnten Konzeptionen für Kulturmanagement hervor.

Aus der Einsicht in die besondere Rolle des Managements in Verbindung mit kulturellen Inhalten folgt an sich ganz logisch die Unselbständigkeit des Kulturmanagements (als fördernder Begleiter der eigentlichen Kulturprozesse). Ausgenommen in kommerziellen Kulturbetrieben (und selbst diese in vielen Fällen nur eingeschränkt) kann Kulturmanagement im Prinzip nur in zwei Versionen praktiziert werden: entweder ist es eine mit den kulturellen Inhalten und ihrer Gestaltung verschmolzene, in die Institutsleitung integrierte Funktion oder sie wird in ausgegliederter Aufgabe verselbständigt als eine dem Ganzen dienende (nicht aber dieses dirigierende) Position.

Im Unterschied zum Wirtschaftsmanagement, bei dem die Geldebene die Sachebene dominiert, kehrt sich dieses Verhältnis im Kultur- und Kunstmanagement um. Schon aus diesem Grunde sind *eigenständige* Ansätze dieses Managementtypus erforderlich, auch wenn in vielen instrumentellen Belangen auf das Wirtschaftsmanagement zurückgegriffen werden kann, z.B. in den Instrumenten des Rechnungswesens oder einigen Techniken des Marketings. Was diese spezifische Konzipierung und theoretische Begründung des Kultur- und Kunstmanagements angeht, ist noch nicht allzu viel geschehen. Dies mag damit zusammenhängen, dass die Notwendigkeiten des Alltagsgeschehens im Bereich der Studienangebote für Kultur- und Kunstmanagement noch nicht genügend Zeit zum Sedimentieren der ersten Praxiserfahrungen gelassen haben. Der Rettungsanker Betriebswirtschaftslehre liegt dann durchaus in helfender Reichweite, obwohl der Stoff, der sich dort in Lehrbüchern sedimentiert hat, selbst oft weit vom Ufer der Wirtschaftsrealität und ihren Aktualitäten entfernt ist.

Das Risiko, dass ein zunächst überzeugender Text sich seinen eigenen Kontext schafft, hat eine lange, eigenartige Geschichte in der Bildung wissenschaftlicher Schulen. Gerade in der Betriebswirtschaftslehre gibt es dafür anschauliche Beispiele, etwa das Grundlagenwerk Erich Gutenbergs aus dem Jahre 1951, dessen erste Ansätze zur Mathematisierung des Fachs offenbar so überzeugend erschien, dass sich alsbald ein enormer Kranz ergänzender, vertiefender, erweiternder Veröffentlichungen anschloss. Diese bilden den narrativen Hintergrund, der immer wieder neue Texte anregt, ihre Editionen stützt und so einen Selbstverstärkerkreislauf in Gang hält, der sich nur noch um sich selbst kümmert. Von empirischen Belegen oder interpretativen Bezügen zur Wirklichkeit ist dann bald keine Rede mehr. Eine Abhandlung gilt ab einem bestimmten Stadium dieser Entwicklung als genügend wissenschaftlich fundiert, wenn es die Urschriften und ihre Nachfolger als zitierte Evidenzen zur Begründung eingebaut hat. So bilden sich wissenschaftliche Lehrmeinungen und Schulen.

Gerade die Gutenbergsche Schule der Betriebswirtschaftslehre mit ihrem seit bald fünfzig Jahren unverändert gebliebenen Theoriegerüst und Begriffsapparat ist ein gutes Beispiel für den Mechanismus der Kontextproduktion, die über Jahrzehnte und bis heute nachwirkend eine bestimmte Denkschule kreierte. Irgendwann kommt dann der Punkt, wo man sagt, so viele qualifizierte Denker können sich doch nicht geirrt haben. In solche Denkfestungen einzudringen, ist schon schwierig genug. Auch wenn man sie nur als Fluchtburg ansieht, weil man in seinem eigenen Gebiet keinen festen Boden zu finden glaubt, bleibt kaum etwas anderes übrig, als sich des gleichen Theoriegerüstes und des gleichen Begriffsapparates zu bedienen.

Hier zeigen sich durchaus Gefahren, weil mit der Übernahme des methodischen Formalismus der Betriebswirtschaftslehre eine Vorprägung zu Lasten der Inhalte einhergehen kann (nicht unbedingt muss), wonach das ökonomische Kalkül letztlich vorgibt, was inhaltlich als realisierbar erscheint. Diesem Risiko ist beispielsweise Dieter Kaltwasser erlegen, wenn er darauf hinweist, dass in subventionierten Kultureinrichtungen der „existenzielle Zwang zum marktgerechten Handeln nicht richtig spürbar wird" und dann fortfährt: „So wie sich dem erwerbswirtschaftlichen Prinzip der Gewinnmaximierung unterworfene Unternehmen auf die Nachfrage und konsequent auf die Kunden ausrichten, ist auch die Kultur im Zuge der *Professionalisierung* und knapper Haushaltslagen diesem Verhalten unterworfen." (Kaltwasser 1992, S.2). Hier wird dem Kulturmanagement eine Haltung empfohlen, die sich weit von einer sensiblen Berücksichtigung kultureller und künstlerischer Anliegen und Besonderheiten entfernt.

Eine ähnliche, wenn auch nicht sogleich sichtbare Haltung findet sich bei Matthias Nowicki. „Das Privileg, Theaterspielpläne ausschließlich nach künstlerischen Erwägungen zu konzipieren, ist inzwischen nur noch den Leitungen der wenigen Bühnen möglich, deren finanzielle Ausstattung eine mehr oder weniger ausgeprägte künstlerische Freiheit erlaubt" (Nowicki 1999, S. 2). Die verbreitete Auffassung, dass künstlerische Gestaltungsfreiheit kostspielig, weniger anspruchsvolle Inszenierungen dagegen einträglich sind, hält indessen keiner Prüfung stand. Manche kommerziellen Produktionen sind sehr aufwendig und dennoch profitabel, wie Beispiele aus dem Musical-Bereich zeigen. Manche künstlerische Glanzleistung kommt mit wenigen Mitteln aus und ist dennoch – betriebswirtschaftlich gesehen – ein Verlustgeschäft. Die Idee, gute Kunst sei aufwendig, wenn nicht unbezahlbar, ist ein überaus schädliches Vorurteil.

Planung als gedankliche Vorwegnahme möglicher, steuerbarer Entwicklungen ist eine unverzichtbare Unterstützung der kulturellen Arbeit, aber sie löst die finanziellen Probleme nicht. Planung im Sinne einer abschätzenden Voraussicht ist andererseits auch keine Bedrängnis, wenn sie nicht in unbeugsamen Vorschriften verfasst und verkündet wird. Planung muss nicht gleichbedeutend sein mit ästhetischer Verarmung durch eine präjudizierte Form, und sie muss auch nicht zwangsläufig einen Trend ins inhaltlich Banale begünstigen. Aber sie kann.

Woran das Publikum Geschmack findet, ist nicht von vornherein mit künstlerischer Anspruchslosigkeit verbunden. Es kommt auf die Art der Ausführung und den Willen zur Qualität und vielleicht auch der Fähigkeit zur Meisterschaft in der Darstellung an. Planung ist ein Instrument, das gegenüber Qualitätsentscheidungen, die im Vorfeld der Planung erfolgen, neutral ist (wenn man es in geeigneter Weise handhabt), und *diese Qualitätsentscheidungen* sind es (allerdings auch nicht allein), die die Kosten antreiben *können,* aber nicht müssen. In einem sozialen Umfeld wie der Kultur, in dem die Inhalte die Botschaft tragen und nicht der Profit, kann es auch gar nicht anders sein, als dass die Qualitätsentscheidungen die formalen Strukturen (Planung, Organisation, Publikation) mehr oder weniger präjudizieren.

In den Schriften zum Kulturmanagement und seinen verschiedenen Spezialgebieten, vor allem auch zu den Themen „Kulturfinanzierung" und „Kulturmarketing", hat die Bindung an betriebswirtschaftliche Managementauffassungen in vielen Abhandlungen zur Folge, dass in der meist unverbunden daneben gestellten Klassifikationsebene auf die so genannten „Hauptfunktionen des Managements" zurückgegriffen wird. Ohne nähere Prüfung wird davon ausgegangen, dass die Funktionen „Planung", „Organisation", „Führung", „Controlling" und „Personal" in Kultureinrichtungen in der gleichen Aufteilung und Funktion vorkommen wie in jedem privatwirtschaftlichen Unternehmen. Hier kommt es in vielen Veröffentlichungen allerdings zu einer eigenartigen Inkonsequenz, genau genommen zu einem systemlogischen Bruch, indem diese (so genannten, in allen betriebswirtschaftlichen Lehrbüchern mit kleinen Abweichungen wiederholten Haupt-) Funktionen ergänzt werden durch die Funktionen „Marketing" und „Finanzierung" und einige weitere, meist weniger akzentuierte Funktionen. Diese Gliederungsschwäche findet sich auch im Handbuch KulturManagement. Das erklärt sich daraus, dass dieses Werk zu einem Zeitpunkt konzipiert wurde, als Anlehnungen an die Betriebswirtschaftslehre mangels eigenständiger Konzeptionen aus der Praxis des Kulturmanagements eine erste Plattform fachlicher Erörterungen bieten konnten. Diese Gliederungsschwäche findet sich aber beispielsweise auch bei Werner Heinrichs Neuauflage seiner ersten Schrift aus dem Jahre 1993 (Heinrichs 1999, Kap. 5).

Das Problem wird akut, wenn man einen Fall oder einen Text sucht oder zuordnen will. Planung beispielsweise hat immer einen Gegenstand. Dieser kann zum Beispiel aus einem Fragenkomplex zum Thema Marketing bestehen. Wie soll man das rubrizieren? Was hier nur allzu deutlich sichtbar wird, ist die Wirkung der Gutenbergschen Schule, die Planung und Organisation zu den Führungsfunktionen rechnet, und zwar in einer Abstraktheit, dass man Planung schlicht als eine Entwurfstechnik bezeichnen kann. Sie ist dann von so allgemeiner, fast beliebiger Art, dass sie als Handlungsmoment überall vorkommt, auch wenn jemand sagt: „ich plane eine Reise". Planung hat folglich keine spezifische Kontur, es sei denn, sie wird auf einen konkreten Sachverhalt bezogen.

Eine Managementkonzeption zu entwickeln, die ihren systematischen Hauptrahmen in solchen abstrakten Hauptfunktionen sieht, bewirkt einen gedanklichen Ansatz, der sich weiter (als nötig) von den Sachverhalten entfernt, statt sich ihnen aus pragmatischen Gründen zu nähern. Kulturmanagement ist aber, wie wir verständlich zu machen suchen, gerade eine Praxis, in der die Inhalte eine vergleichsweise überragende, wenn nicht dominierende Bedeutung besitzen. Deshalb ist ein konzeptioneller Ansatz auf der Grundlage der betriebswirtschaftlichen Hauptfunktionen wenig sinnvoll.

Planung, Organisation, Führung, Controlling und Personal sind im strengen Sinne und ihrem Charakter nach auch keine Funktionen, sondern so etwas wie Handlungsschablonen oder gebündelte Techniken, die im Verlauf von Managementprozessen in bestimmten Momenten eingesetzt werden. Sie haben zum Teil den Charakter von Instrumenten, also von routinierten Verfahrensweisen, die in bestimmten Phasen benutzt werden und – worauf es ja bei Instrumenten letztlich ankommt – vergleichbare Resultate erbringen. Auch die Bilanz ist ein solches Instrument (und keine Funktion), und hier hat eben wegen der Vergleichbarkeit sogar der Gesetzgeber eingegriffen und hat bestimmte Formvorschriften erlassen. Auch für das Instrument Kostenrechnung haben sich bestimmte Formtraditionen gebildet.

Die professionelle Handhabung dieser Instrumente oder Techniken kann dann allerdings zu einer Funktion werden, wenn sie in einen größeren, arbeitsteiligen Gesamtzusammenhang systematisch eingegliedert wird. Ein Schraubenzieher ist ein Instrument. Wer in einem Fließbandprozess an einer bestimmten Stelle ständig Schrauben festzieht, übt dort in ständiger Wiederholung eine (allerdings eingeengte) Funktion aus. Wer nichts anderes macht als „planen" an einer bestimmten administrativen Stelle (z. B. Einplanen eingehender Fertigungsaufträge), übt ebenfalls eine (eingeengte) Funktion aus. Ob man sie Planung nennen sollte, ist zweifelhaft, denn in Planung steckt so etwas wie *Nachdenken über Möglichkeiten* und beste Wege. Planung ist eine Entwurfstechnik. Wer regelmäßig Hochrechnungen der Umsatzentwicklung erstellt und Eingreifszenarien ableitet, übt Planung als eine Funktion aus, die dann besser konkret als Marketingplanung bezeichnet würde. Diese Funktion wird nur verständlich, wenn sie sich auf einen konkreten, komplexen, gestaltungsbedürftigen Gegenstand bezieht.

Wir können die so genannten „Hauptfunktionen des Managements" auch als *Phasen* in Entscheidungsabläufen verstehen, die in einer (in jedem Betrieb spezifischen) Weise systematisch vorgesehen sind und dort einen notwendigen, das Ganze fördernden Arbeitseinsatz verlangen. In bestimmten Momenten eines Entscheidungsprozesses wird eine Phase eingeleitet, deren Ergebnisse bewertet und entschieden werden. Diese wiederum gehen an die entsprechenden Stellen zur Ausführung weiter, die ihrerseits im Vorfeld und oft auf Dauer durch die Organisation festgelegt sind. Die laufende Gestaltung, Festigung und Umgestaltung der Organisation wird dann auch als eine (Haupt-) Managementfunktion, als Funktion im Managementprozess verstanden.

Der Phasen-Aspekt macht die einzelnen Funktionen indessen noch nicht konkret, sondern betont auf sehr abstraktem Niveau einige Charakteristika von so hoher Allgemeinheit, dass sie fast nur Schablonen ohne Inhalt sein können. Planung hat – wie übrigens jeder Entscheidungsprozess – als Hauptfunktion den systematischen Blick ins Ungewisse der Zukunft, Organisation wird zu einer künftige Ausführungstätigkeiten strukturierenden Ordnungsarbeit, Controlling wird zu einem auf bestimmte Zielpfade ausgerichteten Rückmeldesystem und über allem hält Führung das alles allein oder verbunden mit dem dafür motivierten Personal zusammen. Eine den Phasencharakter – statt die Instrumente – betonende Darstellung von Managementprozessen kann eine brauchbare Konzeption für Kulturmanagement sein, wenn den einzelnen Phasen konkrete Inhalte zugeordnet werden können. Denkbar wäre zum Beispiel Programmplanung in einem Theater oder einem Museum.

Durch solche Konkretisierungen wird nicht nur der Zugang zu pragmatischen Konzepten des Kulturmanagements verbessert, sondern die darin benötigten Qualifikationen können präziser bestimmt werden. Um den Aufgabenkomplex in einer Phase wie beispielsweise Programmplanung oder Führungsaufgaben in einer Festivalorganisation ausfüllen zu können, sind bestimmte, spezifizierbare Qualifikationen des Managements erforderlich. Werner Heinrichs nennt sie Schlüsselqualifikationen des Kulturmanagements: initiieren, motivieren, informieren und kommunizieren sowie entscheiden.[46] Auch andere Phasentypo-

---

[46] Vgl. Heinrichs (1999, Kap. 4). Entscheiden ist zwar an sich keine Qualifikation, sondern eine zugewiesene Zuständigkeit oder Rolle. Aber angesichts vieler Fehlentscheidungen in der Managementpraxis ist ein gewisser Qualifikationsbedarf für kompetente Problemlösungen und damit eine gewisse Eignung zum Entscheiden durchaus begründbar.

logien sind vorstellbar, z.B.: entdecken, interpretieren, konzipieren, inspirieren, gestalten, realisieren, und auch sie könnte man genau so gut als Funktionen beschreiben, obwohl sie an sich nur formale Kennzeichnungen von charakteristischen Tätigkeitsmomenten im Managementprozess sind.

Die zuletzt aufgeführten Phasen (die selbstverständlich nicht in linearer Form, wie hier aufgezählt, auftreten) kennzeichnen in der Tat Schlüsselqualifikationen für Management im Allgemeinen und für Kulturmanagement im Besonderen. In ihnen kommt die Hinwendung zu den konkreten Vorgängen in der Realität deutlich zum Ausdruck. In jeder von ihnen können Momente oder Techniken des Planens, des Organisierens, der Führung und des Controlling enthalten sein. Aber diese *Momente* sind nicht das Wesentliche, sondern die *Gegenstände,* um deren Gestaltung und Kommunikation an die Öffentlichkeit es geht. Es ist die Art der Herangehensweise oder Bearbeitung dieser Gegenstände und die jeweiligen Positionen im Gesamtprozess der Gestaltung, was diese Phasen oder Funktionen und charakterisiert.

Das Entdecken, Interpretieren, Konzipieren, Gestalten und Realisieren bezieht sich immer auf ein reales Etwas; und dieses ist der kulturelle Inhalt, um den es in der Arbeit des Kulturmanagements geht. Da Kulturmanagement auf eine viel direktere Weise (als es für das in der monetären Ebene angesiedelte Wirtschaftsmanagement der Fall ist) mit den Inhalten verknüpft ist, bieten sich Strukturierungskriterien wie die eben genannten viel eher an, da sie die Berührungen und Spannungen zwischen der methodischen Form der Handhabung im Management und dem künstlerischen oder kulturellen Inhalt deutlich werden lassen, deren Gestalten nicht Sache des Managements ist. Diese allgemeinen Grundfunktionen (oder Qualifikationen oder Phasen) des Managements werden deshalb für die weitere Darstellung vorrangig behandelt und stehen deshalb auch gliederungstechnisch zunächst im Vordergrund. Von diesen zu unterscheiden sind die sachlichen Hauptaufgabengebiete des Kulturmanagements, vor allem die Kulturfinanzierung und das Kulturmarketing.

Die Begriffe „Kulturfinanzierung" und „Kulturmarketing" greifen *Sachgebiete* (nicht etwa Funktionen) auf, die seit längerer Zeit zu den heiklen und essentiellen Kernthemen des Kulturmanagements gehören und dies wohl auch weiterhin bleiben. Diese Gewichtung erklärt sich aus den aktuellen Umständen im gesamten Kulturbereich, der es mit enger werdenden öffentlichen Haushalten und einem verstärkten Druck zu Eigeneinnahmen durch Marktorientierung zu tun bekommen hat.

Kulturfinanzierung und Kulturmarketing sind Sachgebiete auf der Managementebene, nicht kulturelle oder künstlerische Sachgebiete, obwohl sie sich auf diese beziehen. Diese unscheinbare Unterscheidung ist deshalb wichtig, weil der dienende Charakter der Finanzierung und des Marketing gegenüber den kulturellen Inhalten deutlich bleiben muss. Die beiden Begriffe bezeichnen Sachgebiete, die auch zu den klassischen betriebswirtschaftlichen Aufgabenbereichen gehören. Deren Hauptmerkmal ist die Zugehörigkeit zur Managementebene der Steuerung von Sachvorgängen wie Beschaffung, Lagerung, Fertigung, Vertrieb (Distribution). Zu deren Steuerung sind bestimmte Managementqualifikationen und -funktionen erforderlich. Abstrakt ausgedrückt: Das Management dirigiert den ständig umlaufenden Umwandlungsprozess von „Geld" in „Sachmittel" und von diesen wiederum zurück in „Geld". Finanzierung ist darin die Aufgabe der Geldbeschaffung (Eigenkapital, Fremdkapital, liquide Mittel aus Umsätzen). Marketing ist darin die Aufgabe des Antreibens dieses Prozesses.

In Betrieben, die auf *Inhalte* fokussiert sind (Kulturbetriebe also beispielsweise), haben diese beiden Aufgaben ganz andere Ausprägungen. Wegen der gebrochenen Geldkreisläufe in (subventionsabhängigen) Kulturinstitutionen (s. Kap. 5.4) ist Finanzierung hier eine *nach außen* gerichtete Tätigkeit (Einwerben von Spenden, Drittmitteln, Subventionen usw.) und ist zum Teil mit dem Marketing integriert zu einer verschmolzenen Tätigkeit der Kontaktierung der Öffentlichkeit auch in Finanzfragen. Wie immer dies im Einzelnen in der Praxis gestaltet wird, diese Aufgaben ebenso wie die Aufgaben des Organisierens und Rationalisierens behalten stets ihre *dienende* Zuordnung zu dem eigentlichen Hauptanliegen einer Kulturinstitution, nämlich Kultur- und Kunstprojekte oder –werke zu schaffen und der Öffentlichkeit zugänglich zu machen.

Spätestens an dieser Stelle wird deutlich, dass der Kanon „Planung", „Organisation", „Führung", „Controlling" und „Personal" wirklich nur *Momente* im Managementprozess oder gebündelte Managementtechniken sind und nicht klassifikatorisch mit den Funktionen „Finanzierung" und „Marketing" auf die gleiche Stufe gestellt werden können, so wenig wie sie Sachfunktionen auf der Ebene der physischen Prozesse sind. Diese Klassifikationsfrage ist nicht ganz unwichtig, denn mit der Wahl des Funktionsbündels, mit dem man das Management detaillierter bearbeiten will, fällt schon eine gewisse Vorentscheidung über die Gewichtung der Komponenten des Managements und einzelner Qualifikationen und Sachaufgaben.

Man könnte sich beispielsweise vorstellen, einen Kulturbetrieb auf der ersten Gliederungsebene nach den Sachfunktionen „Beschaffung", „Produktion" und „Vertrieb" (was dann konkret teilweise auch statt Vertrieb Publikation, Vorführung oder Ausstellung heißen mag) aufzuteilen und diesen Sachgebieten genau umschriebene, inhaltlich gekennzeichnete Managementfunktionen zuzuschreiben, die ihrerseits mit bestimmten Qualifikationen in Verbindung gebracht werden.

Wir werden sehen, dass sich die Themen „Kulturfinanzierung" und „Kulturmarketing" nicht so ohne weiteres in eine solche Klassifikation einbinden lassen. Finanzierung kann man zwar als eine Unterart der Beschaffungsaufgaben auffassen, weil es um die Beschaffung von Geldmitteln geht, aber als eine aktive Bearbeitung von Teilen der Öffentlichkeit mit dem Ziel, Geldgeber zur Deckung von Lücken in der Eigenfinanzierung zu finden, hat Kulturfinanzierung erstens ein ganz anderes Gewicht und zweitens erfordert es ganz andere Managementqualifikationen, beispielsweise diplomatisches Geschick im Umgang mit potentiellen Geldgebern.

Weiter geht es in dieser Reihenfolge der Sachaufgaben nach der Beschaffung (d.h. dem Erschließen von Bezugsquellen, der Organisation der Lieferungen) mit dem Thema „Produktion", eine im Bereich der darstellenden Künste sehr zentrale Fragestellung, die oft ein professionelles Produktionsmanagement wie etwa in der Filmproduktion angeraten erscheinen lässt. Auch die Distribution wirft im Kulturbereich manche markanten Probleme auf. Man denke etwa an die Distribution von Filmen durch Filmverleiher, an die Distributionsprobleme im Buchhandel oder im Tonträgergeschäft. Die Praxis ist zwar überall sehr unterschiedlich, aber alle sind auf ihre Weise auf erfolgreiches Marketing oder im erweiterten Sinne auf Öffentlichkeitsarbeit angewiesen.

Zu all diesen Aufgabenbereichen ist eine Menge an Fachbeiträgen publiziert worden, die reichhaltiges Material enthalten und sich prägnant mit praxisnahen Fragen und Problemlösungen befassen. Eine dies alles integrierende, umfassend einordnende und kommentierende Darstellung, die zugleich wissenschaftlich fundiert und mit Blick auf die Besonderheiten der Kultur eigenständig vorgeht, ist bislang noch nicht an die Öffentlichkeit gelangt. Die Anlehnung an die Betriebswirtschaftslehre ist, wie schon ausgeführt, ein Problem für sich, das teilweise mit diesem Fach selbst zusammenhängt. Ohne die Standfestigkeit betriebswirtschaftlicher Ansätze, Konzepte und Empfehlungen zu prüfen, und zwar *im Vorfeld* möglicher Übernahmen für das Kulturmanagement, wird man leicht auf Abwege geführt.

Ein Blick in die Fachliteratur der betriebswirtschaftlichen Managementlehre zeigt, dass auf diesem Gebiet nach mehreren Dekaden intensiver Forschungsarbeit ein Stand an Differenzierung und methodischer Festigkeit erreicht zu sein scheint, der zugleich praktische Relevanz und Bewährung signalisiert. Der theoretisch-formale Charakter dieser Literatur, ihre sich selbst verstärkende Dynamik dadurch, dass eine Veröffentlichung auf die andere aufbaut und nicht immer auf die Wirklichkeit Bezug nimmt, um sich von dort inspirieren und auch korrigieren zu lassen, wird leicht übersehen oder übergangen.

Die methodologischen Probleme der Betriebswirtschaftslehre zu hinterfragen und mit den Tatsachen der Wirklichkeit in der Wirtschaft zu konfrontieren, kann und muss hier nicht zum Thema gemacht werden. Es kann kein Zweifel darüber bestehen, dass hier viele nützliche Einsichten und Ratschläge zu holen sind. Aber die Systematik, das Instrumentenarsenal und die Operationsmethoden zeigen nicht immer an, dass sie in entscheidenden Punkten (z.B. dem ständig im Hintergrund präsenten Gewinnmaximierungsprinzip) einem ökonomischen Rigorismus entstammen, der nichts als die ökonomische Rationalität kennt. Ihre Geltung in pragmatischen Zusammenhängen ist eingeschränkt oder muss durch umfassendere Ansätze ergänzt und erweitert werden. Dies ist allerdings nicht die einzige Limitation dieses Fachs.

Ein Studium der einschlägigen Fachliteratur, vor allem das besonders ausführliche Werk von Wolfgang H. Staehle (Staehle (1999); neuere Literatur aus der Betriebswirtschaftslehre geht teilweise etwas andere Wege: Steinmann/Schreyögg/Koch 2005, Malik 2006, Drucker 2009, 2009b.), macht etwas deutlich, was als leitende Hintergrundikone ständig zu spüren ist, ohne dass diese expressis verbis vorgeführt wird: das Bild des Großunternehmens. Die Betriebswirtschaftslehre hat sich schon seit langem, vielleicht sogar von Anfang an, abgesehen von wenigen Seitenentwicklungen mit eher beiläufigem und ergänzendem Charakter, als eine Teildisziplin der Ökonomie entpuppt, deren Vorzugsobjekt das große, von Technik durchdrungene, funktional feingliedrig strukturierte, komplexe Unternehmen ist. Die Entstehungsgeschichte der Betriebswirtschaftslehre im deutschsprachigen Raum beginnt in einer Epoche der ersten großen Industriekomplexe im Deutschen Reich um die Jahrhundertwende vom 19. zum 20. Jahrhundert. Dort fand sie auch wissenschaftlich ihre ersten Anknüpfungen.

Es kann natürlich sein, dass Großunternehmen eben wegen ihrer Komplexität tatsächlich der besonderen Bearbeitung durch die Wissenschaft bedarf, dass Kleinbetriebe auch bei weitem nicht einen Professionalisierungsbedarf aufweisen, der Absolventen mit Staatsexamen in Ökonomie erfordert. Dann allerdings handelte es sich bei der Betriebswirtschaftslehre um einen Fall von selektiver Intervention in die Praxis, die methodologisch kaum systematisch ausdiskutiert worden ist.[47] Sie geht von der politischen Prämisse aus,

---

[47] Mittlerweile haben sich die Verhältnisse deutlich geändert. Es ist nicht nur umfangreiche Fachliteratur zum Thema „Kleine und mittelgroße Unternehmen" (KMU), sondern sind auch eigene Institute und Fachabteilungen innerhalb der universitären Betriebswirtschaftslehre hervorgetreten. (Mussnig 2007, Roeben 2007; Schwarz/Kraiger/Dummer 2006, Stiefl 2008.

dass Großunternehmen wissenschaftlich besonders förderungswürdig sind. Das Fach vollzieht damit allerdings auch nur, was in der Praxis ohnehin immer schon ein mächtiger Trend zur Machtkonzentration auf Großunternehmen der Wirtschaft gewesen ist.

Dem Bestreben des Fachs nach immer differenzierteren Methoden der Unternehmensführung liegt nun in der Tat eine – wenn auch vielleicht nicht immer bewusste – Bevorzugung des Großunternehmens und ein durchaus nicht stilles Plädoyer für systematisches Unternehmenswachstum zu immer größeren Einheiten zugrunde. Denn die immer feiner und komplexer gewordenen wissenschaftlichen Ergebnisse (Modelle, Verfahren, Techniken) sind nur dort anwendbar. Es gibt keine Betriebswirtschaftslehre des Zeitungskiosks. Im Großunternehmen treten intellektuell interessante Fragestellungen auf, für die sich der Schweiß der Besten unter den Wissenschaftlern lohnt, und nur in diesem Kontext lässt sich wohl ein mehrjähriges Studium rechtfertigen.

Vor dem Hintergrund dieser Ausrichtung der Betriebswirtschaftslehre erscheint die in der Fachliteratur übliche Einteilung des Managements nach den genannten Funktionen (deren Klassifikationskriterien sich bis zu Erich Gutenbergs „Grundlagen der Betriebswirtschaftslehre" aus dem Jahre 1951 zurückverfolgen lassen) in einem etwas anderen Licht. Weder kommt in Kultureinrichtungen ein abstraktes, mit Zahlen, Statistiken, und Modellen operierendes, durchrationalisiertes Management in Betracht noch hat man es irgendwo mit Großunternehmen und Konzernverflechtungen zu tun. Manches Opernhaus und einige bedeutende Museen mögen zwar relativ große Betriebseinheiten darstellen, aber gegenüber der Industrie oder einer Großformation des Versicherungs- oder Bankenwesens machen sie sich doch recht bescheiden aus.

Wenn wir jetzt einen Blick in das Schrifttum zum Kulturmanagement werfen, so fällt auf, dass zwar die Funktionen „Planung", „Organisation", und „Controlling" als Leitlinien zur Systematisierung und Strukturierung des Managementhandelns häufig benutzt werden, dass aber die Funktion „Führung" meist fehlt (Heinrichs 1999, Kap. 5). Dies könnte aus der Einsicht hervorgegangen sein, dass dem Kulturmanagement nur in Ausnahmefällen auch eine unbestrittene Führungsfunktion zukommt, meist nur in Personalunion mit künstlerischer Leitung, z.B. in der Intendanz eines Theaters oder der Direktion eines Museums. Eine selbständige Führungsfunktion für das Kulturmanagement kann jedoch im Regelfall nicht postuliert werden. Von diesem „Führungsaspekt" abgesehen werden die Schemata und Begründungen der Betriebswirtschaftslehre für die Konzeption des Kulturmanagements übernommen und (meist mehr beispielhaft als substanziell) mit kulturellem Inhalt aufgefüllt.

Der Ansatz, Kulturmanagement von den genannten betriebswirtschaftlichen Funktionen her zu konzipieren, ist auch insofern problematisch, als damit eine Blickrichtung in der Vordergrund rückt, die der herkömmlichen *Binnen*ausrichtung der Betriebswirtschaftslehre und ihrer Orientierung am rationalistischen Denken entspricht. Da soll etwas reguliert werden mit Hilfe der Techniken der Planung, der Organisation, der (Personal-) Führung und des Controlling. Das schafft eine *Binnenorientierung*, deren Erfolge in geglätteten, stabilen Aufbau- und Ablaufstrukturen liegen und in Kategorien von Produktivität, Wirtschaftlichkeit und anderen Derivaten des ökonomischen Prinzips gemessen werden.

Die Binnenorientierung ist zugleich eine Produktionsorientierung, die mit einem weiteren deutlichen paradigmatischen Akzent in der Betriebswirtschaftslehre zusammenhängt. Man kann leicht herausfinden, dass in Textbüchern der (große) *Industriebetrieb* als Muster im Vordergrund steht. Die Allgemeine Betriebswirtschaftslehre ist bei genauem Hinsehen eine Industriebetriebslehre. Dieses Muster ist quasi der Normalfall, über den auch nicht weiter räsoniert wird. Jeder andere Akzent muss ausdrücklich hervorgehoben werden und erhält seine Aufmerksamkeit dann in so genannten Bindestrich-Wirtschaftslehren: Handelsbetriebslehre, Bankbetriebslehre, Versicherungsbetriebslehre, Verkehrsbetriebslehre usw.

Das bedeutet aber, dass der Erfahrungskontext des (großen, komplexen) Industriebetriebes bestimmte Akzentsetzungen bewirkt, unter anderem eben die funktionale Überbetonung von Binnenorientierung in den Themen „Führung", „Planung", „Organisation" und „Controlling". Im Kulturmanagement ist aber – so die hier vertretene Auffassung – eine Binnen- oder gar Produktionsorientierung der falsche Ansatz. Er hätte einen massiven Regulierungsanspruch gegenüber künstlerischen oder kulturellen Produktionen zur Folge.

Diese ursprünglich fast ausschließliche, erst viel später durch die Absatzlehre relativierte Binnenorientierung, die im Wirtschaftsmanagement eine ganz andere Bedeutung gewinnt, weil es dort um kostengünstigste Produktion als Basis der Wettbewerbsfähigkeit auf dem Markt geht, lässt die an früherer Stelle für das Kulturmanagement hervorgehobene Außenorientierung vergleichsweise in den Hintergrund treten. Wir vertreten hier den Standpunkt, dass die Außenorientierung, die weit mehr umfasst als nur das Marketing, im Kulturbereich (wie mit unterschiedlichen Akzenten und Inhalten natürlich auch in anderen Bereichen mit betonter Sachorientierung) einen sehr hohen Rang, wenn nicht sogar Priorität einnehmen muss.

Kulturmarketing ist zwar ein im Schrifttum durchaus gewichtiges Feld. Aber die meisten Darstellungen sehen darin eine erweiterte, systematisierte Form der Verkaufsvorbereitung. In der Betriebswirtschaftslehre ist Marketing in der Reihenfolge der Sachfunktionen von der Beschaffung über die Produktion bis zum Vertrieb die letzte, zwar die entscheidende, weil jetzt der Markt zu Wort kommen muss, aber eben nur eine Funktion. Kulturmarketing, so eng gefasst, kommt dem Aspekt der umfassenden Kontaktarbeit in der Öffentlichkeit zwar näher, aber eben nicht nahe genug. In diesem Punkt bleibt im Kulturmanagement noch einiges an Grundlagenarbeit zu tun. Wegen der Bedeutung dieser Aufgabe werden wir auf diese Thematik noch ausführlich eingehen müssen.

Mit der stärkeren Hinwendung zur Außenorientierung im Kulturmanagement kann auch eine Basis geschaffen werden, dieses Streben nach Professionalisierung nicht auf den Bedarf von (relativ) großen Einrichtungen wie Theater, Opern, Museen, Sinfonieorchester, Festivals zu beschränken, sondern zu verallgemeinern. Kleine Einrichtungen haben wegen ihres geringeren inneren Differenzierungsgrades zwar einen entsprechend verringerten oder gar keinen internen Regulierungsbedarf in Sachen Planung, Organisation, Führung und Controlling – eine Kleinkunstbühne oder ein Jazz-Ensemble brauchen kein Controlling. Aber ihre Positionierung in der (kulturellen) Außenwelt ist als Basis ihres Erfolges (ob kommerziell oder nicht) unabhängig von ihrer Betriebsgröße eine unverzichtbare Aufgabe, für die professionelles Kulturmanagement eingesetzt werden kann, ob als selbständige Aufgabe oder in Personalunion mit der künstlerischen Leitung oder den Künstlern oder Kulturmachern selbst.

Nach unserer Auffassung würde man die Wirkungsbereiche für Kulturmanagement erheblich einschränken, wenn man dessen praktische Gestaltung und wissenschaftliche Konzeption von der vorherrschenden betriebswirtschaftlichen Managementlehre her aufzieht und das Management hauptsächlich auf interne Steuerungsaufgaben festlegt, so wie es

Horst Steinmann und Georg Schreyögg definieren: „Management ist ein Komplex von Steuerungsaufgaben, die bei der Leistungserstellung und -sicherung in arbeitsteiligen Systemen erbracht werden müssen. Diese Aufgaben stellen sich ihrer Natur nach als immer wiederkehrende Positionen dar, die im Prinzip in jeder Leitungsposition zu lösen sind, und zwar unabhängig davon, in welchem Ressort, auf welcher Hierarchieebene und gleich auch, in welchem Unternehmen sie anfallen." (Steinmann/Schreyögg 1991, S. 7).

Deutlicher kann man die Binnenorientierung kaum ausdrücken und zugleich den methodisch-formalen Charakter herausstellen, denn diese Steuerungsaufgaben *müssen* demnach erbracht werden, *gleichgültig* in welchem Unternehmen sie anfallen. An sich braucht man gar kein Kulturmanagement, denn auf die Inhalte kommt es nach diesem Verständnis von Management gar nicht an. Wir schließen uns weder dieser Auffassung noch diesem Ansatz an, weil er ohne weitere Debatte im problematischen Verhältnis zwischen (ökonomischer) Form und (kulturellem) Inhalt eine Vorentscheidung zu Gunsten der (ökonomischen) Form fällt. Dies ist nach unserem Verständnis für das Kulturmanagement gänzlich ungeeignet und wissenschaftlich im Übrigen fragwürdig.

Zahlreiche Publikationen (z.B. im Handbuch KulturManagement), die sich auf Einzelfälle oder eine einheitliche Gruppe von Kultureinrichtungen beziehen, werden in Sachen Organisation sehr konkret und fassbar (z. B. Wiese 1999, Schäfer 1999), sind also nicht formalistisch angelegt, wie in der Managementlehre üblich. Auch der Bereich Planung hat sich weit von der betriebswirtschaftlichen Methodik und Kalkülhaftigkeit entfernt (Ausnahme Heinrichs 1996). Planung wird im Kulturbereich zu einem großen Teil auf Fragen und Themen weit außerhalb der Unternehmenspraxis bezogen, z.B. Kulturentwicklungsplanung, kulturelle Entwicklung in der Region, Kulturtourismus und Veranstaltungsplanung (Richter 1992, Bendixen 1997, 1998 c, 1999 d, Berger 1999). Diese „Ausbrüche" aus oder Abweichungen von der betriebswirtschaftlichen Systematik zeigen deutlich an, dass die Praxis im Kulturbereich doch zum großen Teil sehr weit von betriebswirtschaftlichen Denk- und Handlungsmustern entfernt ist und sich konkret nur das aneignet, was sich in der Wirtschaft an brauchbaren, bewährten Techniken und Verfahrensweisen zur Anwendung anbietet.

Eine weitere Auffälligkeit im Schrifttum zum Kulturmanagement besteht in der starken Fokussierung auf *klassische* Kulturinstitutionen wie Museen, Theater, Orchester, Opern. Dagegen bleiben Malerei, Bildhauerei, Installationskunst, Fotografie, Film und ganz besonders Literatur weit zurück. Hier besteht ein klarer Zusammenhang zur Entstehungsgeschichte dieses Fachgebietes um die Mitte der achtziger Jahre. Die am meisten gefährdeten Kulturinstitutionen waren die darstellenden Künste (vor allem die Live Performing Arts, und zwar in festen Institutionen ebenso wie bei Events und Festspielen), die wegen ihrer relativ aufwendigen Betriebsformen einen deutlichen Bedarf an Ressourcen zu entwickeln pflegen, den professionell zu managen zweifellos Sinn macht. In dieser Fokussierung auf die traditionellen darstellenden Künste mit ihren vergleichsweise großen betrieblichen Einheiten liegt nicht die geringste Analogie zur betriebswirtschaftlichen paradigmatischen Ausrichtung auf den industriellen Großbetrieb. Dass vielmehr die prekäre finanzielle Lage hier den Ausschlag gab, sieht man schon daran, dass es in anderen Kulturbereichen, zum Beispiel im Verlagswesen oder in der Phonoindustrie, weitaus größere Betriebseinheiten gibt.

Andererseits haben sich viele Konzeptionen von Kulturmanagement auch von Anfang an nicht auf das Management von Kulturinstitutionen beschränkt, sondern häufig die Perspektive von kommunalen Verwaltungen oder von anderen öffentlichen Einrichtungen eingenommen (Braun/Gallus/Scheidt 1996). Dies nicht nur, weil die Kommunen häufig Eigentümer kultureller Einrichtungen sind (Regiebetriebe, Eigenbetriebe, GmbH), sondern weil Kulturarbeit umfassender gedacht wird und die Leistungen von Kulturämtern, Kulturministerien, Kulturräten und anderen Institutionen als notwendige Ergänzungen zu den kulturellen Hauptaktivitäten zu Recht einbezogen werden.

Der Begriff „Kulturmanagement" scheint nur eine eindeutige Vokabel zu sein, aber sie täuscht konzeptionelle Einheitlichkeit vor. Tatsächlich ist Kulturmanagement nicht nur inhaltlich, sondern auch institutionell extrem weit gefächert. Die englische Unterscheidung zwischen „Arts Management" und „Cultural Administration" kommt der Realität auch nur um einen kleinen Schritt weiter entgegen. Der Begriff „Arts Management" umfasst nicht nur die klassischen Künste, sondern zieht einen wesentlich weiteren Kreis um kulturelle Aktivitäten. Er kann z.B. Jazz, Folk- und Countrymusic, Rock und Pop sowie Ethnomusik, aber auch Kleinkunst und zum Teil Kunsthandwerk enthalten.

Das gesamte Schrifttum zum Kulturmanagement ist, wenn man auch die internationale Szene zu dieser Thematik einbezieht, kaum mehr vollständig erfassbar. Dennoch lassen sich einige Trends erkennen und noch offene Fragen herausarbeiten. Einige Grundzüge dieses Trends sind in diesem Abschnitt schon angesprochen, insbesondere das Beharren auf der Betriebswirtschaftslehre als der großen Lehrmeisterin in Sachen Management. Auch in der angloamerikanischen Literatur wird der Rückgriff auf Management Science, Management Administration und Microeconomics mit einer gewissen Selbstverständlichkeit gehandhabt. Der der Ökonomie anhaftende Formalismus wird kaum hinterfragt, die notwendige Relativierung von Managementkonzeptionen durch die inhaltliche Geltung von Kunst und Kultur tritt zurück oder unterbleibt ganz.

In diesem Beharren auf (scheinbar) Bewährtem liegt zugleich die Gefahr, die Entwicklungen in der Realität nicht angemessen wahrzunehmen und auf sie nicht gebührend einzugehen. Dazu gehört als besonders brisante Erscheinung das rasante Vordringen der elektronischen Kommunikation, die nicht nur die innerbetriebliche Regulation und Organisation tangiert, sondern vor allem ein wahrscheinlich umwälzendes Moment in der Formierung und Gestaltbarkeit von Öffentlichkeit und besonders von Märkten darstellt. Sowohl technologische Herausforderungen der genannten Art als auch strukturelle Umbrüche von fundamentaler Bedeutung wie beispielsweise die Globalisierung, die längst auch die Kultur ergriffen hat, gehören dazu.[48]

Ist dies schon für die Betriebswirtschaftslehre selber zum Teil ein Problem, gerade auch ein Problem der Managementkonzeptionen, so kann es zu einem riskanten Versäumnis werden in der unmittelbaren Praxis, wenn die Chancen nicht erkannt werden, die darin liegen, und die Risiken unterschätzt werden, von aufgeschlossenen Konkurrenten, die aus unerwarteten Winkeln auftauchen, überrollt zu werden. Klassisches Beispiel aus dem Bereich der Musik ist der globale Direktvertrieb über Internet. Ein anderes Beispiel aus dem Verlagswesen ist die Möglichkeit, Bücher erst nach Bestellung mit elektronischer Technologie zu drucken (Book on Demand), und zwar sowohl als Autor als auch als Leser. Auch dieser Weg ist globalisiert und nutzt Internet als Kommunikationsform.

---

[48] Beide Themen finden allerdings auch in ökonomischen Textbüchern so gut wie keinen Niederschlag, nicht einmal als Stichworte. In einem der gängigsten, auch in Europa verbreiteten, amerikanischen Lehrbuch (Mankiw, 1998) zur Ökonomie (Principles of Economics) sucht man das Thema „Globalisierung" im Inhaltsverzeichnis und im Stichwortverzeichnis vergebens.

Ein wichtiger Aspekt des literarischen Trends im Kulturmanagement ist die wachsende Anzahl von sehr ins Detail gehenden, zum Teil monografischen Darstellungen. Sie sind wichtige Materialien, die als Bausteine für eine sich allmählich bildende theoretische Grundlage für das Kulturmanagement genommen werden können. Sie zeigen in diesem frühen Stadium an, mit welcher Varianz und Weitläufigkeit dieses Gebiet konfrontiert ist und dass der Versuch, eine allumfassende generelle „Einführung in das Kultur- und Kunstmanagement" zu verfassen, sich des vorläufigen Charakters solcher Bemühungen bewusst sein muss.

3.2 Die Reichweite des Kulturbegriffs

3.2.1 Annäherung

Die Problematik des Begriffs „Kultur" liegt in seiner *Ausdehnbarkeit* bis hin zum Gegensatzpaar „Kultur" und „Natur". Alles, was nicht von selber geschieht, sondern vom Menschen in seinem Sinne und Verständnis und zur Gestaltung seiner Lebensverhältnisse verändert und geschaffen wird, ist letztlich Kultur. Das spezifische Habitat des mit Verstand (aber nicht immer mit abgeklärter Weisheit) und Projektionsfähigkeit (aber nicht immer mit visionärer Klugheit) ausgestatteten *Menschen* ist Kultur. Habitate im Tierreich bilden sich zwar auch nicht immer von selber. Vögel müssen ihre Nester schon selber bauen, Füchse finden in der Natur keinen fertigen Bau vor, aber den Tieren gewähren wir üblicherweise nicht den Status „Kultur".[49]

Die Problematik des Begriffs „Kunst" liegt in seiner *Reduzierbarkeit* auf die gesellschaftlich anerkannten hohen, klassischen Künste der Literatur, der Malerei, der Musik, des Schauspiels, des Tanzes und ihrer verschiedenen Kombinationen. Die Vorstellung davon, was „hohe" Kunst ist und ab welcher Grenze „niedere" Kunst beginnt (falls diese überhaupt so eingestuft wird), wird von Traditionen, Schichtenbewusstsein, sozialer Zugehörigkeit, Weltanschauungen, historischen eingeprägten Verehrungshaltungen, akademischer Definitionslust geformt. Hier hat kaum etwas objektive Geltung, wohl aber gibt es ein im Kern übereinstimmendes und nur in den Übergangszonen umstrittenes, allgemeines Vorverständnis von dem, was Kunst ist und wo sie zu finden ist: überall dort, wo das Streben nach Meisterschaft vorherrscht und nicht der finanzielle Erfolg allein und wo es um soziale Kommunikation über wichtige Werte und Lebensmuster geht. Solche Umschreibung aus dem Vorfeld der Alltagssprache und des unwissenschaftlichen Vorverständnisses reicht natürlich für höhere wissenschaftliche Ansprüche nicht aus. Kunst ist im Übrigen ein für das Gesellschaftsleben viel zu wichtiges, zugleich schwer zu fassendes Phänomen, als dass es von Philosophen, Forschern, Publizisten und Politikern in Ruhe gelassen werden könnte.

Dass Kunst ein Teil der Kultur ist, kann als Aussage ungefähr so viel besagen, wie wenn man beteuerte, dass Autos ein Teil des Verkehrs sind. Die allseits bekannten Schwie-

---

[49] Biologen werden hier vielleicht widersprechen. Ameisenstaaten, Bienenvölker, Termitenbauten, Lummenkolonien sind gestaltete Gebilde, denen wir – zu unserem eigenen Verständnis – Begriffe aus der allgemeinen Kulturlehre geliehen haben. Bei Pilzkulturen, Samenbanken und Baumschulen hat allerdings auch schon der Mensch seine Hand im Spiel. Die offene Frage hängt damit zusammen, ob man Kultur als eine Verstandesleistung ansehen will (ein Affe, der mit einem Stock nach einer Banane angelt, zeigt durchaus verständiges Verhalten) oder ob Kultur mit der Weisheit der Selbstreflexion, also Vernunft, in Verbindung steht. Wir neigen hier zu einem Kulturbegriff, der auf Vernunftfähigkeit beruht.

rigkeiten mit dem Begriff „Kunst" haben offenbar etwas damit zu tun, dass Kunst keine objektive Erscheinung ist, sondern eine Urteilskategorie, die sich auf Bemühungen von Menschen bezieht, die dem Leben mehr abgewinnen wollen als nüchterne Sachlichkeit und physische Daseinsvorsorge. Die Transzendierung des Menschseins über sein Dasein als Lebewesen hinaus in metaphysische Zusammenhänge erfordert die geistige Erfahrung und das sinnliche Erlebnis durch Taten und Werke, die die Physis der Natur ästhetisch und imaginär überwinden.

In der Vagheit dieser Umschreibung liegt nicht nur die subjektive Sicht, die wir hier eingenommen und als Möglichkeit angeboten haben, sondern auch eine Unbestimmtheit, die aus der historischen Wandelbarkeit der gedanklichen Annäherung an Kunst hervorgeht. Die Frage, was Kunst ist und was nicht, was die Zuschreibung „wertvoll" erhält und was nur ehrbares, vielleicht sogar stümperhaftes Bemühen sein soll, hängt von zeitbedingten Umständen, Strömungen und Anschauungen ab und wird zu keiner Zeit von allen Zeitgenossen übereinstimmend, wohl aber zuweilen vorherrschend zu beantworten sein.

Trotz der Subjektivität der Annäherung und Bestimmung von Kunst, trotz des immer wieder erneut zu führenden gesellschaftlichen Diskurses zur Beurteilung und Bewertung von angebotenen Werken, die als Kunst ausgegeben werden, und trotz der Unzuverlässigkeit und Unbeständigkeit solcher Bewertungen im Zeitablauf ist gerade diese gesellschaftliche Aktivität das zentrale Metier des Kultur- und Kunstmanagements. Dessen Schwierigkeiten, dieses Phänomen mit einer ökonomischen Bodenständigkeit von einiger Standfestigkeit – zumindest was den Faktor Ausstattung mit finanziellen Mitteln angeht – in haltbare Verbindung zu bringen, wird damit deutlich sichtbar.

Kunst hat es – wenn wir dem bisher Gesagten einen weiteren generalisierenden Aspekt hinzufügen wollen – im Unterschied zu Wissenschaften nicht damit zu tun, für die offenen Fragen des Lebens und die Grundfragen menschlichen Erkenntnisstrebens klare Antworten zu geben. Kunst ist keine Forschung, obwohl Künstler sich ihren Stoff häufig auf eine ähnlich investigative Weise aus der erfahrbaren und erlebbaren Welt aneignen. Aber es geht dabei nicht um Klärung, sondern um das Sichtbarmachen des Ungesehenen, das Hörbarmachen des Ungehörten, das Sagen des bislang Ungesagten.

Die uns umgebende Welt ist in den seltensten Fällen eindeutig, verstehbar, klar und geordnet, sondern ambivalent, verschleiert, täuschend und widersprüchlich. Die Rolle der Kunst ist nicht die Klärung und Beseitigung von Ambivalenz, sondern eher im Gegenteil die Verunsicherung dort, wo falsche Bilder, Simplifizierungen und Ideologisierungen – mit all ihren politischen Gefahren – sich festgesetzt haben, und einfach Antworten geben, wo Horizonterweiterungen und gedankliche Differenzierungen notwendig wären. Dies ist vielleicht der wichtigste Aspekt des Wahrheitsbegriffes in der Kunst, der alles andere als der Wahrheitsbegriff der Wissenschaft ist.

Über diese Zusammenhänge nachzudenken und dazu für sich selbst Position zu beziehen, macht die Sache, nämlich Kultur- und Kunstmanagement, nicht gerade einfacher. Man hat es im Kunstmanagement – wenn nicht kommerzielle Ambitionen mit ihrem unbedingten monetären Erfolgsmotiv zu einer anderen Einstellung zwingen – mit einem Metier zu tun, das in der Öffentlichkeit, wenn man es so simpel sagen darf, dazu da ist, Unruhe zu stiften (wenn auch Unruhe, die unterhaltsam, spannend, aufregend sein kann, aber nicht zwingend politisch aufwiegelnd sein muss) und Menschen aus ihrer Zurückhaltung herauszulocken. Ein solches Metier ist zwangsläufig etwas anderes als ein fertiges Produkt der

Industrie, auch der Kulturindustrie, die nicht Komplikationen verkauft, sondern im weitesten Sinne Problemlösungen, Beschwichtigungen, Beschönigungen, Verharmlosungen.

Auch wenn die Frage, was Kunst ist und was nicht, offensichtlich keine eindeutige Grenzziehung außer durch willkürliche subjektive Festlegungen erbracht hat, können wir uns hier der weiteren Diskussion dadurch entziehen, dass wir den Begriff „Kulturmanagement" seinerseits weit genug fassen, dass er Kunstmanagement zwar einschließt, aber darüber hinaus auch alle anderen Aktivitäten im weiten Feld der Kultur in den Blick nimmt, soweit dort so etwas wie Management für erforderlich gehalten wird.

Die angebotenen Erläuterungen zum Begriff „Kunst" spiegeln nicht nur die subjektive Sicht des Autors wider, sondern müssen aus der Zeit heraus verstanden werden, die solche Sichtweisen anregt oder vielleicht auch einfordert. Der historische Kontext eines Autors spricht immer ein bedeutendes Wort in solchen Fragestellungen mit. Dazu kommt noch ein weiterer Umstand, auf den wir sogleich noch zu sprechen kommen, nämlich die unvermeidliche Position eines Abendländers, dessen Anschauungen – die spezifische Geschichte dieses höchst variantenreichen Kulturkontinuums am westlichen Ausläufer des euroasiatischen Festlandblocks im Hintergrund – von Kunstpraktiken der Vergangenheit und der Gegenwart, von tradierten Vorstellungen über Kunst, von kontroversen Diskursen über Kunst und von manchen quälenden akademischen Disputen über die Definition von Kunst beeinflusst ist.

Zwar kann niemand akademisch präzise sagen, was Kunst als Phänomen, als gesellschaftlicher Bereich, als politischer Stachel, als ökonomischer Nutzenstifter und so weiter tatsächlich ist. Aber es scheint doch so etwas wie ein unausgesprochenes, nicht fixiertes, abendländisch-europäisches Kunstverständnis zu geben, das bislang in der Lage war, einigermaßen annehmbare Beurteilungen und Bewertungen zustande zu bringen. Das Kriterium des eigenständigen, um nicht zu sagen: autonomen Kunstschaffens, das Freisein von äußerem, vor allem politischem Druck scheint für das abendländische Kunstverständnis essenziell zu sein.

Ästhetische Praktiken, die sich an diese tradierten Vorstellungen, Bilder, Regularien und Institutionalisierungen nicht halten, tun sich schwer, im öffentlichen Bewusstsein als Kunst akzeptiert zu werden. Das gilt für viele kulturelle Aktivitäten innerhalb des eigenen Kulturkreises ebenso wie für ästhetische Praktiken in fremden Kulturen. Schamanentänze sind Kultur, darüber hinaus auch noch exotische, aber in unserem europäischen Verständnis nicht Kunst. Ihnen fehlt der unabhängige, künstlerische Wille zur Gestaltung, ihnen haftet das Flair des Instrumentellen zur Beschwörung von Geistern und der Erlangung religiösen Abstands vom Diesseits an.

Dass hier westliche Überheblichkeit im Spiel sein könnte, wird gewöhnlich nicht reflektiert. Die Überzeugung, dass der abendländische Rationalismus jeglichem Okkultismus überlegen ist, sitzt zu tief. Dass mit dem Rationalismus auch die Furcht vor der Sinnlichkeit, vor dem Hinabgezogenwerden in die Schwarzen Löcher der unkontrollierbaren Mächte der starken Gefühle gewachsen ist und vielen das sinnliche Erlebenkönnen in der Kunst erschwert, gehört offenbar mit zu dieser Entwicklung. Religion, Okkultismus, Schamanentum und was sonst noch die Seele des Menschen packen könnte, entzieht sich der Kontrolle des Verstandes. Deshalb muss man Künsten, die sich diesen Mächten verbünden, misstrauen und sie der Unaufgeklärtheit und Abhängigkeit bezichtigen.

Was im Status der Abhängigkeit verbleibt, kann aus abendländischer Sicht eigentlich nicht Kunst sein, allenfalls eine Vorstufe davon, auch wenn die Objekte noch so filigranes

Können im stofflichen Gestalten und ästhetische Ausdruckskraft auszeichnen mögen. Die Ebenholzschnitzereien der Makonde in Ostafrika sind im Verständnis der Abendländer keine Kunst, allenfalls so genannte Flughafenkunst, die dem eilig abreisenden Touristen noch eine letzte Chance bietet, ein wertvolles Souvenir mitzunehmen. Die alten, antiken Stücke sind begehrte Objekte der afrikanischen Kultur, aber ihr Sammlerwert macht sie nicht zur Kunst. Die heutigen Schnitzwerke sind dagegen schon weit dem Geschmack der Fremden angepasst. Die komplizierten, arabesken Ornamente und Kalligraphien an orientalischen Bauten sind bewundernswert, aber sind sie Kunst? Sind sie nicht gerade Ausdruck des religiös verordneten Bilderverbots im Islam? Auch hier scheint Eurozentrismus im Spiel. Auch sie haben inzwischen längst ihre Verflachung in Souvenirwaren für Touristen erfahren.

Werke der Architektur werden selbst bei uns selten als Kunst angenommen, weil sie trotz aller unabhängiger Gestaltung letztlich doch einer konkreten Funktion dienen. Alte gotische Kathedralen sind wahre, beeindruckende Meisterwerke der Architektur. Aber sind sie Kunstwerke? Sie sind jedenfalls nicht Ausdruck einer künstlerischen Vision des Baumeisters, die sich in ihnen verwirklicht hat. Die Kunstauffassungen zu früheren Zeiten sind sicher anders gewesen. Der Künstler galt im Mittelalter nicht als Schöpfer seiner Werke, sondern als Werkzeug Gottes, der sich seiner bediente und ihm dafür das Talent gab. Darin unterschied sich das christliche Abendland in keiner Weise von den Meistern islamisch-orientalischer Kunst der Vergangenheit.

Die berühmten Eingangstore der seldschukisch-türkischen Baukunst an Moscheen, Medresen und Karawansereien sind Erbstücke der Weltkultur, aber nicht wirklich freie (Bau-) Kunst. Ihre Ästhetik ist nach *unserem* Kunstverständnis und aus *heutiger* Sicht nicht eigenständig, sondern dient einer Religion: Du verlässt durch dieses Tor die profane Welt, in der du lebst, und betrittst eine andere Welt. Dass wir mit jedem unserer Kunstwerke allerdings ebenfalls unsere Alltagswelt verlassen, uns als Betrachter transzendieren, wenn wir uns ihnen nur lange genug hingeben, spielt dabei anscheinend keine entscheidende Rolle. Gegenüber fremden Kulturen kommt die Andersartigkeit ins Spiel, die es schwer macht, in deren Werken Kunst zu entdecken, wenn man das eigene Kunstverständnis zum Maßstab macht.

Und was ist mit unserer eigenen religiösen Vergangenheit, mit alten Kirchengesängen und ihrer sehr fremd anmutenden, fast exotisch wirkenden Monophonie, mit den Wandmalereien in Kirchen und Klöstern? Hat nicht die europäische Theaterkunst ihre Wurzeln in den mittelalterlichen Fassnacht- und Passionsspielen? Ab wann sprechen wir von Kunst und nicht mehr nur von Kultur? Gilt Kunst, die sich befreit hat und nach autonomer Entscheidung der Themen des Alltags annehmen kann, während sie sich von jenen der Religion abwendet, als absteigend, wenn sie volksnah wird, und nur dann als hoch stehend, wenn sie die weltlichen Eliten oder einfach ihre eigene Genialität feiert?

Jazz als die hohe Kunst der musikalischen Improvisation im Ensemble hat es schwer, als Kunst zu gelten, selbst wenn Jazz hohe Virtuosität und vielleicht ein langes (Selbst- oder organisiertes) Studium erfordert. Hier spielt offenbar ausnahmsweise der soziale Kontext, die Herkunft dieser Musikkunst, eine Rolle bei der Aufnahme in den Kanon der Künste. Auch Film und Fotografie haben es – vielleicht wegen ihrer leichten Missbräuchlichkeit für banale oder unwürdige Werke? – schwer, in den Rang hoher Kunst erhoben zu werden. Es ist ja auch nicht weiter schlimm, wenn etwas nicht Kunst ist; es bleibt ja immer noch Kultur.

Die Grenze zwischen Kunst und Nichtkunst (letztere fällt dann in das allgemeine Reich der Kultur zurück) trägt in sich auch den Versuch von Künstlern selbst, eine Sphäre des für normale Sterbliche Unerreichbaren, Genialen und Unnachahmlichen zu kreieren. Dies geschieht selten im Alleingang, sondern erfordert komplizierte Wirkungsbeziehungen zu einer Klientel, die innerhalb der Gesellschaft die Macht (oder jedenfalls starken Einfluss darauf) hat, sich mit einer Kunst oder besser einer Kunstgattung als ihr zugehörig zu identifizieren.

Hohe Kunst ist folglich nicht nur die Meisterschaft eines oder mehrerer Künstler, sondern auch gleichzeitig die Mit-Anhebung des akklamierenden und Kennerschaft zu erkennen gebenden Publikums. Kunst ist gesellschaftlich rückbezogen, sie hat ihren sozialen Kontext. Grenzen schaffen Reviere und definieren damit zugleich Grenzgänger, Eindringlinge, Emporkömmlinge, aber auch Versager, Deklassierte oder Durchgefallene.

Die Grenze zwischen Kunst und Nichtkunst ist nicht scharf, sondern besitzt einen Übergangsgürtel mit unzähligen Möglichkeiten für Grenzverletzungen und Verteidigungspositionen. Juristen, vor allem Verfassungsrechtler, entwickeln ihre eigenen Kriterien, um den Artikel 5 des Grundgesetzes mit Inhalt und Profil auszustatten und „Kunsturteile" fällen und begründen zu können. Verwertungsgesellschaften, die im Falle von Kunst weniger Gebühren erheben können als bei Unterhaltungskultur, ziehen ganz andere Kriterien heran. Kunsthochschulen lassen auch schon mal Studiengänge in Graphik und Design zu, obwohl es sich eigentlich eher um Gebrauchskunst handelt. Aber was bedeutet schon „Kunst" in Gebrauchs-„kunst"?

Kulturpolitiker, je nach ihren philosophischen, soziologischen und gesellschaftspolitischen Präferenzen, lassen zwar Sozio*kultur* gelten, aber Sozio*kunst* ist nicht einmal als Begriff üblich. Kulturminister und -senatoren sind für die traditionellen Kunstsparten zuständig, aber nicht für Architektur (schon gar nicht für Städtebau, außer für Kunst am Bau, falls so etwas heute noch praktiziert wird) und nicht für Gartenbau und Parkanlagen, es sei denn, sie gehörten zu einem wertvollen Stück kulturellen Erbes in Verbindung mit einem Schloss.

Die Filmwirtschaft untersteht zum Teil den Wirtschaftsministerien, die Filmförderung dagegen in vielen Fällen dem Innenministerium (was irgendwie daran erinnert, dass noch im 19. Jahrhundert für die Theater die Sitten- und Ordnungspolizei zuständig war und dass noch vor wenigen Dekaden auch die sittliche Kategorie „jugendfrei" auf gewisse Verdachtsmomente fernab der Kunst schließen lässt, die irgendein Ordnungsamt einem Film verpasste). Vom Film als Kunst ist dagegen nur selten die Rede, außer im Rausch von Filmfestspielen oder als Ausdruck der Verehrung von Darstellern, die man als große Künstler feiern möchte. Ohnehin ist der gesellschaftliche Status „Künstler" viel weiter gefasst als der übliche Begriff „Kunst".

Wie soll sich angesichts der enormen begrifflichen Spannweite zwischen Kultur und Kunst das Kultur- und Kunstmanagement positionieren? Welche Ausdehnungen und Spezialisierungen müssen die Curricula der Ausbildungsstätten aufnehmen, um nicht verschwommen zu werden und sich dem Vorwurf auszusetzen, Management für nahezu alles Mögliche professionalisieren zu wollen, oder andererseits Kunsteliten im Auge zu haben, die nur Kunstmanagement vom Feinsten akzeptieren? Objektive und gegen alle Einwände gefeite Definitionen für Kunst und Kultur und für die Abgrenzung zwischen beiden scheint es wohl nicht geben zu können. Das haben schon zu viele versucht, und die Schwierigkeiten, eine umfassende, in sich geschlossene Kulturwissenschaft (Cultural Studies) zu etablieren (Böhme/Matussek/Müller 2000) legen dafür noch in jüngster Zeit Zeugnis ab.

Mittlerweile ist es üblich geworden, an Stelle entschiedener, wenn auch angreifbarer, dafür aber eindeutiger Gebrauchsanweisungen für die diskursive Handhabung der beiden Begriffe die Erklärung abzugeben, dass man Eindeutigkeit nicht erreichen könne und wolle, sondern lieber einen Interpretationsspielraum lasse. Es wird dem Leser oder Zuhörer zugemutet, sich selber ein Bild zu machen, das für ihn einigermaßen stimmig ist. Ambivalenz mag für offene Diskurse angemessen sein, vor allem dann, wenn man nach einer gemeinsamen tragfähigen Definition sucht. Für ein Lehrbuch wie dieses kann das nicht genügen. Die hier angebotenen Erklärungen und Definitionen sollen aufzeigen, welche Auffassungen diesem Buch zugrunde liegen. Aber sie beanspruchen keine endgültige und verbindliche Geltung.

3.2.2 Definitionsversuch

Der methodologische Ausgangspunkt für eine sinnvolle Erklärung und Definition des Begriffs „Kultur" (dem eine Zuordnung des Begriffs „Kunst" folgen wird) ist die wissenschaftliche Sicht der Kulturanthropologie (Assmann/Gaier/Trommsdorf 2004, Reinhard 2006, vgl. auch die einschlägige Literatur zur philosophischen Anthropologie: Thies, 2009, Illies 2006). Sie hat den Vorzug, sowohl die Abstraktionen der Kultursoziologie als auch die dinglichen Perspektiven der Wirtschaft und der Wirtschaftswissenschaft einbinden zu können, und dieser Vorzug wird ausschlaggebend für unsere Konzeption von Kultur- und Kunstmanagement sein.[50]

Die Anthropologie betrachtet den Menschen in seinem Verhältnis zu der ihn umgebenden Natur und in seinen Anstrengungen, der Natur eine von menschlichem Können und Schaffensgeist angetriebene Lebensform abzugewinnen. In dieser Sicht kommen einige wichtige Dimensionen des Verhältnisses von Mensch und Natur zum Vorschein, nämlich die dinglich gestaltende Arbeit an den Gegenständen und Konfigurationen der unmittelbaren (in höheren Entwicklungslagen der technischen Ausstattung des gestaltenden Menschen auch der ferneren) natürlichen Umgebung und das Potential der geistig-schöpferischen Arbeit, welche sich vor einer konkreten Handlung im Geiste (oder auf Papier oder im Computer) Gestaltvorstellungen macht, die als möglich, sinnvoll, zweckführend oder lustvoll erdacht werden, um sie entsprechend dem verfügbaren Können und den instrumentellen Hilfemitteln real werden zu lassen.

Der Mensch beginnt sein Handeln mit Entwürfen und entwickelt, da er in vielen Fällen als ein Einzelner das Entworfene nicht ohne Hilfe zu konkreter Gestalt bringen kann, über Sprache (nicht nur verbale, sondern auch Bildsprache, Tonsprache, Körpersprache usw.) ein soziales Beziehungsgeflecht, über das er wechselseitige Verständigung zu praktizieren sucht. Daraus ergeben sich als wichtige Merkmale der Kultur ihre Verankerung im individuellen Denken und ihre Verbindung zu sozialen Strukturen. Die Quelle der menschlichen Kultur ist also das geistig-schöpferische Potential in seiner ganzen Fülle der Empfindungen, inneren Bilder und im Gedächtnis archivierten Erlebnisse und Erfahrungen. Zugleich ist Kultur soziologisch das Medium der kommunikativen Vernetzung Einzelner zu einem

---

[50] Im Folgenden habe ich einige Passagen aus meinem Buch „Weltwirtschaft – Zwischen Chaos und Struktur" (Bendixen 2010) sowie „Fastfood-Ökonomie" (Bendixen 2008b) übernommen und leicht umformuliert.

überindividuellen Ganzen (z. B. einer Sippe, einer Gemeinschaft, einer Gesellschaft, einer Nation).

Das Profil dieses Ganzen wächst aus der Praxis der Naturgestaltung und der normativen (auf Werten beruhenden) Gesellschaftsbildung durch Sprache heraus. Es ist wegen seiner Abstraktheit und historischen Wandelbarkeit ein geistiges Etwas, das man so wenig zu fassen bekommt wie die Atemluft, wenn man versucht, sie mit den Händen er ergreifen. Ein entscheidender Punkt in diesem Zusammenhang ist das Merkmal, dass Kultur sich nicht auf den rationalen Verstandesgebrauch reduzieren lässt, weil der über sein Handeln denkende Mensch nicht nur die technischen Möglichkeiten im Auge hat, sondern auch die Vernunft aufzubringen imstande ist, über die allgemeine Akzeptanz für die umgebende soziale Gemeinschaft, im Zweifel sogar für die Weltgemeinschaft aller Zivilisationen, nachzudenken und damit Verantwortungsbewusstsein zu zeigen (Bendixen 2009 d).

Dass Kultur eine Geistesqualität sowohl auf individueller als auch auf kollektiver Ebene hat und dass diese Ebenen in einem dialektischen Wirkungsverhältnis stehen, füllt den Satz mit Inhalt, dass der Mensch nicht alles verwirklichen sollte, was ihm an technischem Potential und handwerklichem Können gegeben ist, sondern dass er die Vernunft oder auch Weisheit aufbringen muss, sich weit reichende Gedanken über die Folgen seines Handelns zu machen (und in einer zivilisierten Welt auch soll). Das Wohl des Ganzen, also das gesellschaftliche Wertegerüst, hat einen hohen Rang, doch die Wertinhalte bedürfen der ständigen Aktualisierung, Pflege und Weiterentwicklung durch kreative Individuen. Wir werden noch darauf zu sprechen kommen, dass in dieser wichtigen Aufgaben der individuellen Kreativität der Kunst eine gesellschaftlich überaus wichtige Rolle zuzuweisen ist.

Die Kulturgeschichte der Menschheit hat im Laufe von Jahrtausenden ein wachsendes technisches Potential geschaffen (Tschopp/Weber 2007). Dieses Potential erstreckte sich zur Hauptsache auf die Techniken der Naturbearbeitung von der Landwirtschaft und dem Siedlungsbau bis hin zur großen Industrie unserer Tage. Erst in jüngeren Eppochen hat sich eine neue Ebene der Technikgeschichte als Kulturgeschichte aufgetan: die Informations- und Kommunikationstechnologien. Diese Entwicklung ist insofern nicht unproblematisch, als das kognitive Element des Rationalen (in tieferem Sinne: das Verstandesdenken in Kategorien des logisch Unabweisbaren) in sehr enge Berührung mit anderen geistigen Qualitäten des Menschen gerät und zur schleichenden Lähmung oder Verdrängung von Gehirnleistungen wie Intuition, Phantasie, Empfindsamkeit und Emotionen beiträgt. Der sich abzeichnende Weg in die digitale Rationalisierung des menschlichen Denkens, wie sie Frank Schirrmacher (Schirrmacher) beschrieben hat, und damit letztlich die Abkehr von der Kultur des schöpferischen Individuums, ist nicht eine Folge der mächtigen Entfaltung der elektronischen Informationstechnologien, sondern diese haben vollzogen, was sich zuvor schon im historischen Vorfeld seit langem mit der bevorzugten Ausbreitung einer spezifischen Form des Rationalismus angebahnt hatte, der ganz langsam, aber unumkehrbar das Profil der (alten abendländischen, aber nicht nur ihrer) Kulturen verändert hat.

Die gesellschaftlichen Voraussetzungen für die Entfaltung intuitiver und kreativer Kompetenzen insbesondere im Bereich des Kultur- und Kunstmanagements, aber kaum weniger im Bereich der Unternehmensführung in der Wirtschaft, sind derzeit nicht sonderlich günstig. Das Übermaß an kognitiver Unterweisung durch Schule und Studium, die gesteigerte Rationalität der Anforderungen an die Bewältigung von Aufgaben im Berufsleben und – wie Max Weber es sagen würde – der Prozess der Entzauberung der Welt durch das technologisch dominierte Zeitalter einer wachsenden Weltzivilisation haben sich als massive Hindernisse erwiesen, die Überzeugung von der Notwendigkeit intuitiver und kreativer Kompetenz in der öffentlichen Diskussion fest zu verankern. Das aber wäre die Voraussetzung für einen über das bloß Rationale weit hinausreichenden Kulturbegriff.

Um das noch einmal hervorzuheben: Der hier bevorzugte anthropologische Kulturbegriff verneint selbstverständlich nicht die Bedeutung und in vielen praktischen Situationen sogar die maßgebliche Rolle des rationalen Verstandesgebrauchs. Es kann nicht ernsthaft darum gehen, das aufmerksame, zweckbezogene, somit rationale Vorgehen in bestimmten Lebenslagen zurückzudrängen und durch Intuition und andere psychische Kräfte zu ersetzen. Zwischen Rationalität und Emotionalität wird immer noch häufig klischeehaft ein Kontrast behauptet. Doch Denkprozesse weisen stets, wenn auch in unterschiedlicher Akzentuierung, beide Komponenten auf. Die Gewichtung ist das Problem, nicht die Kategorisierung in ein Entweder-Oder. Die Emotionen sind, wenn wir das so plakativ sagen können, die Energie, die über den Verstand in gewollte Bahnen geleitet werden muss. Die Bahnen des klärenden Verstandes sind für sich allein nichts als leere Hüllen. Doch die treibenden Energien des menschlichen Gefühlslebens zerrinnen ins Ziellose ohne die Wege, auf die sie mit Hilfe des Verstandes geleitet werden. Wir verstehen deshalb unter Kultur eine auf der Denkfähigkeit des Menschen einschließlich seiner Imaginationskraft und der sie treibenden Emotionen beruhende, individuelle und darauf aufbauend kollektive Struktur der Ordnung von Lebensverhältnissen, die sich auf zwei Ebenen bezieht: auf die Natur und die Möglichkeiten, sie gestaltend für sich in Anspruch zu nehmen, und auf die soziale Umgebung und die Möglichkeiten, sich mit Taten in sie einzugliedern und sie mitzuentwickeln. Kultur ist das allgemeine Phänomen, das den Menschen in die Lage versetzt, unter den jeweiligen natürlichen Bedingungen Zivilisationen unterschiedlicher Stufen und Ausprägungen hervorzubringen.

Kultur verstehen wir auf der Ebene des Individuums als eine das Gedächtnis des Menschen strukturierende Architektur des Gehirns, welches im Denkvorgang das Bewusstsein strukturiert und das Gefühlsleben in bestimmte Bahnen lenkt, so dass Entscheidungen darüber, was sein soll und was nicht sein soll, unter Einbeziehung von Erfahrungen und eingeprägten sozialen Mustern möglich werden. Kultur ist daher unlösbar mit dem Sittlichkeitsempfinden des Menschen verbunden. Die verinnerlichten kulturellen Muster ergeben sich aus den verarbeiteten Sinneseindrücken und dem konkreten Erleben, in das das Widerständige in der Natur und in der Gesellschaft als Erfahrung eingebaut ist. So formt sich im menschlichen Gehirn eine individuelle Kultur als Reflex auf die Möglichkeiten der Natur und die Erwartungen und Gebote der sozialen Umgebung.

Ein weiterer wichtiger Punkt ergibt sich daraus, dass wir in allem menschlichen Handeln dem Geistigen, dem entwerfenden Denken, den Vorrang geben vor der materiellen Ausführung. Wer einen Gegenstand herstellen will, macht sich zuvor Gedanken über das Material und die Gestalt, die er ihm geben will. Das gilt für ein Wirtschaftsgut ebenso wie für den Bau eines Hauses oder die Gestaltung einer Skulptur. Alles menschliche Handeln wurzelt im Geistigen, weil hier die Ideen gebildet werden und die Prozesse der Abklärung (des Herstellers mit sich selbst oder der Kommunikation mit anderen, z.B. in einer Organisation) ablaufen bis zu einem Entschluss zur Tat. In dieser formalen Hinsicht gibt es folglich keinen Unterschied zwischen einem wirtschaftlichen Gut und einem künstlerischen Werk.

Jedes wirtschaftliche Gut ist ausnahmslos ein kulturell gestaltetes Objekt, denn es sind die sozialen Kulturmuster, die sich der Hersteller zu eigen macht, indem er sich über die kulturelle (symbolische, ästhetische, funktionale) Akzeptanz seiner Kundschaft Gedanken macht, und das Design seiner Erzeugnisse sind ein Spiegel (nicht aber ein naiver Abklatsch) dieser Kulturmuster. Das Maß der Rücksichtnahme auf diese Kulturmuster in der Gesellschaft ist der Schlüssel für erfolgreichen Verkauf, wobei kluge Marketingexperten wissen, dass über das Warenangebot auch innovative Lösungen des Designs wichtig sind. Der Mensch bevorzugt meist das, was etwas Neues darstellt, und lehnt das ewig Gleiche häufig gelangweilt ab. Dass für die Kongruenz von Produktdesign und Käuferpräferenzen die Innovation wie die Würze einer Speise wirkt, ist jedem Praktiker geläufig. Ebenso geläufig ist aber auch, dass die Entwicklung von Gestaltungsmöglichkeiten ein hohes Maß an Erfahrung, kreativer Vorstellungskraft und Intuition erfordert, während das rationale Kalkulieren weitgehend in den Hintergrund tritt oder erst in der Endphase der Produktentwicklung herangezogen wird. Was wir damit zum Ausdruck bringen wollen, ist die Feststellung, dass die Tätigkeit des Erzeugens von marktfähigen Produkten eine kulturelle Gestaltungsarbeit darstellt und dass wir die Wirtschaft nicht von allem Kulturellen einfach abkoppeln, wie das in der Wirtschaftstheorie seit Generationen geschieht.

Mit Blick auf den Kunstbegriff kommen wir zu folgendem Definitionsvorschlag: Das Werk eines Künstlers ist ein Kulturobjekt besonderen Inhalts, das sich in einigen entscheidenden Momenten von dem Erzeugnis eines Warenherstellers unterscheidet. Um es kurz und bündig zu formulieren: Das ästhetische Design, der kulturelle Mantel eines Wirtschaftsproduktes, dient der Geschmeidigkeit des Verkaufs. Die Hauptfunktion darin spielen die stofflichen Elemente, denn sie sind der Träger von Kosten und der Hoffnungsträger auf Gewinn. Der kulturelle Mantel eines Wirtschaftsgutes ist mithin ein Mittel, um den Verkauf möglichst reibungslos durchzubringen. Die ästhetische Gestalt eines Kunstwerks birgt die künstlerische Botschaft und auf ihr liegt folglich der Hauptakzent. Das verwendete Material ist zwar nicht ganz belanglos, weil die ästhetische Form den Bedingungen des Materials folgt, eine Skulptur aus Holz wirkt, wenn sie gekonnt gemacht ist, ganz anders als eine vergleichbare aus Marmor oder Gips. Entscheidend ist hier aber die Tatsache, dass ein Kunstwerk eine Erzählung oder Botschaft enthält, die aber nur „gelesen" werden kann, wenn die materielle Gestalt, die ihm der Künstler gegeben hat, dem Publikum kein Rätsel aufgibt, sondern dessen Phantasie aufleben lässt. Wir können durchaus ganz krass sagen: Ein Kunstwerk, das keine Botschaft enthält, das also die soziale Kommunikation nicht in der einen oder anderen Form vitalisiert, ist kein Kunstwerk.

Damit wird auch verständlich, warum jede Zeit, jede Epoche und jede Kulturgemeinschaft ihre eigenen Weisen der Kommunikation über die Ästhetik von Kunstwerken pflegt und honoriert, sei es die höfische Kunst der Barockzeit, die Volkskunst einer kulturellen Minderheit, die Filmkunst des 20. Jahrhunderts oder die sich anbahnenden Kunstformen übers Internet. Dieser Kunstbegriff, der sich zur Hauptsache auf die Ästhetik und Technik der Kommunikation anregenden Botschaften des oder der Künstler (bei einem Theaterstück ist es z. B. ein ganzes Ensemble mitsamt dem Regisseur) erstreckt, wird zu einem essenziellen Bestandteil unserer Konzeption von Kultur- und Kunstmanagement mit der Forderung, dass diese Dienstleistung in einem kulturellen oder spezifisch künstlerischen Ambiente niemals ohne ein empathisches Mitgehen in den Wegen der Kunst und ihrer Präsentation funktionieren kann. Darauf kommen wir noch im Einzelnen zurück.

Der Begriff der Kultur weist noch einige weitere Komponenten auf, die für die weitere Arbeit an der Konzeption von Kultur- und Kunstmanagement wichtig sind. Es geht nämlich nicht nur um die Ebene der Beziehungen des Menschen zur Natur als der ihm außen vorgegebenen Welt, in die er gestaltend eingreifen will, sondern auch um seine eigene innere Natur. Kulturelle Bemühungen sind durchwegs Versuche, die Willkürlichkeit und Gefährlichkeit der äußeren Natur in Schach zu halten, symbolisch gesprochen also Dämme gegen Fluten zu bauen, entsprechen Versuchen, das Triebhafte und Animalische im Menschen selbst unter einer angemessenen Kontrolle (Steuerung) zu halten. In diesem weiten Sinne hat Kultur sowohl im Äußeren als auch im Inneren einen Defensivcharakter, denn es gilt, sich gegen die Zufälligkeiten und Eigenwilligkeit der Natur draußen wie drinnen zu stemmen, also Durchbrüche oder Ausbrüche zu verhindern. Diese kulturelle Anstrengung, die man nur durch entsprechende Bildung lernen kann, kann jedoch weder den Zufall noch die Übermacht der Natur ausschalten; sie kann die äußere Natur und das Animalische im Menschen lediglich auf angemessene oder erträgliche Bahnen lenken und ihnen ihre Gefährlichkeit für das Individuum und seine Umgebung zu nehmen versuchen. Das Versagen des Menschen in der Bewältigung dieser Spannung zwischen Kultur und Natur ist zu allen Zeiten eines der zentralen Themen der Kunst (und der Religion, der Philosophie, der Wissenschaft) gewesen. Es ist wichtig, sich diese Ambivalenz des Kulturbegriffs wach zu halten, wenn es um die Konzipierung eines sinnvollen Kultur- und Kunstmanagements geht.

Das Verhältnis zwischen der animalischen Basis des Menschen und den kulturellen Errungenschaften seiner Vergesellschaftung ist ihrerseits in einem anhaltenden Prozess zur Grundlage der neuzeitlichen Wissenschaft, Kunst, Bildung und Politik geworden (Elias 1978 2 Bd., Neuaufl. 2008). Dies war und ist ein historischer Prozess, der von entsprechenden individuellen Bildungsprozessen getragen werden muss. Jedes Individuum durchläuft in seiner Entwicklung einen Prozess der Formung seines Trieblebens durch Kultur, so dass es seine Position innerhalb der Gesellschaft finden kann. Diese zivilisatorische Schicht oder Gestalt, die den kultivierten Menschen ausmacht, ist keine Selbstverständlichkeit, sondern beruht auf Anstrengungen, und sie ist kein dauerhaft gefestigter Zustand, sondern bedarf der Obhut und Pflege während des gesamten Lebensverlaufs.

Der Begriff *Zivilisation* ist in Bezug auf *Kultur* unterschiedlich, zum Teil konträr verstanden worden. Eine der häufigsten Erklärungen bezeichnet Zivilisation als eine übergreifende Form der Vergesellschaftung, die sich der Errungenschaften von Wissenschaft, Kunst und Rechtsstaatlichkeit bedient und auf regionaler oder lokaler Ebene unterschiedliche Kulturen hervorbringen kann. Andere Erklärungen setzen *Zivilisation* und *Kultur* im Wesentlichen gleich. *Civilization* und *Culture* werden im Englischen praktisch auswechselbar gebraucht, wenn auch häufig mit einer Betonung des Gegensatzes von *barbarisch* und *zivilisiert*.

Barbarisch wird eine Gesellschaft genannt, die das Tierische und Instinktive des Menschen nur schwach überformt. Das Animalische bleibt bestimmend für archaische, naturnahe Gesellschaften. Der Begriff *Zivilisation* bekommt dann einen wertenden Einschlag. Zivilisation wird zu einem Maßstab für den Fortschritt der menschlichen Kultur. Mit dem Anspruch auf Zivilisierung sind zahlreiche europäische Mächte in der Vergangenheit in ihren Überseekolonien tätig geworden, einem Geltungsanspruch, der teilweise noch heute unterschwellig wirksam ist. Er ist vielfach (in der Entwicklungspolitik) das tragende Moment in der Ausbreitung des segensreichen Systems *Freie Marktwirtschaft* über den gesamten Globus. Die Idee und das pragmatische System der freien Marktwirtschaft werden auf diese Weise als ein Bestandteil der zivilisierten Welt betrachtet.

Der Begriff *Zivilisation* geht – vor allem im politischen Sprachgebrauch meist aufgeladen um die Nuance der Aufklärung – einen wertenden Schritt weiter. Die Verbindung von

Zivilisation mit dem (abendländischen) Begriff der Aufklärung, die zugleich eine Form der Verweltlichung menschlicher Lebensverhältnisse durch die Wissenschaften, durch technische Errungenschaften und staatstragende Rechtssysteme anzeigt, bringt den Begriff *Zivilisation* in eine Gegenposition zu autoritären ebenso wie religiös-fundamentalistischen Gesellschaftsverhältnissen. Im Anspruch auf Zivilisation wird zugleich das Postulat der *Privatisierung des Glaubens* (Verlagerung ins Individuelle) und der Auflösung religiöser Obrigkeit als Bestimmungsmacht menschlicher Lebensverhältnisse erhoben.

Ein weiterer Aspekt des Begriffs *Zivilisation* ergibt sich aus dem Anspruch auf Zähmung des menschlichen Trieblebens zugunsten einer von Vernunft und Verstandesgebrauch bestimmten Vergesellschaftung des Individuums. Die Zähmung des Trieblebens oder die Formung des Animalischen im Menschen gilt als eine zwingende Voraussetzung für Friedfertigkeit und Duldsamkeit unter Menschen einer Kulturgemeinschaft sowie zwischen verschiedenen Kulturgemeinschaften. Andererseits lebt der Mensch ständig mit einem Unbehagen (Freud 1994), welches die Zähmung von Trieben und die Barrieren gegen unbedacht ausgelebte Emotionen durch Kultur hervorruft. Mit anderen Worten: Die Kulturschicht des Menschen ist dünnhäutig und kann, wenn das Triebhafte in ihm angestachelt wird und ausbricht, Kultur und Zivilisation zerstören, oft mit verheerenden Folgen für den Betreffenden selbst und seine gesellschaftliche Umgebung.

Das Animalische im Menschen kann durch den individuellen Bildungsprozess und den gesellschaftlichen Kultivierungsprozess geformt und dessen Energien teilweise umgelenkt werden, nur auslöschen lässt es sich nicht. Der Mensch muss sich ernähren, muss sich und Seinesgleichen zum Schutz seines Lebens wohnlich einrichten und wehrhaft bleiben gegenüber Gefahren aus der Natur oder gegen Angriffe unfriedlich gesonnener Mitmenschen. Das Animalische ist deshalb nicht das grundsätzlich zu Bekämpfende, sondern das zu Gestaltende und im Sinne der ästhetischen Erziehung des Menschen (Schiller) zu vergeistigter Lebensführung zu Steigernde.

Nicht die angeborenen existenziellen Bedürfnisse des Menschen sind das Problem[51], sondern deren gelungene oder misslungene kulturelle Überformung, beispielsweise die Fähigkeit des Aufschubs von Bedürfnissen. Das Bedürfnis nach Erholung vom Arbeitsstress kann und muss vielfach in einer zivilisierten, hochgradig arbeitsteiligen Lebenswelt vom Tag auf den Abend, vom Werktag auf den Sonntag, von der Arbeitsperiode zum Jahresurlaub und schließlich von der Lebensarbeitszeit zum Lebensende verschoben werden.

Das Verhältnis von Zivilisation und Kultur ist mit diesen knappen Andeutungen natürlich nicht wirklich und umfassend geklärt. Das ist hier auch nicht unsere Absicht. Wir versuchen nur, eine etwas anders akzentuierte Sicht einzubringen, die der *Kultur den Rang des Umfassenden* gibt und die Zivilisation als einen Unterbegriff der Kultur versteht. Soweit diese individuellen Kulturmuster über die laufende Kommunikation mit anderen Individuen derselben sozialen Gemeinschaft sich ähneln oder weitgehend übereinstimmen, bildet sich eine dinglich nicht existente, wohl aber intellektuell wirkende, überindividuelle Kulturabstraktion. Sie ist eine nur im Bewusstsein der beteiligten Individuen wirkende Super- oder Makrostruktur, deren wichtigstes Bindemittel die gemeinsamen Sprache ist (die Wortsprache, die Tonsprache, die Bildsprache, die Gebärdensprache). Die Zähmung des Animalischen, also seine Formung zu einem Einklang oder einer angemessenen Verträglichkeit mit

---

[51] Deshalb sind Entsagungsphilosophien wie die des Diogenes von Sinope oder überzogene Triebunterdrückung wie in manchen zeitgenössischen Religionen problematisch, wenn nicht bedenklich.

der sozialen Umgebung, ist eine Kultivierungsleistung, die über Sprache im Bildungsprozess stattfindet.

Die in den Gehirnen der Mitglieder eines Sozialgebildes existierenden Kulturmuster drängen durch Taten an die Außenwelt, z. B. durch die Herstellung nützlicher Erzeugnisse. Es hilft ja nicht zu wissen, dass der Mensch sich ernähren muss, er muss auch tatsächlich essen. Seine kreative Intelligenz und seine Erfahrungen, einschließlich der Belehrungen, die er erfährt oder die er durch kognitive Schulung annimmt, kann er benutzen, um in einer ihn selbst und die Gemeinschaft förderlichen Anstrengung der Natur das physisch Notwendige und das ästhetisch Mögliche abzuringen. Soweit ihm dies gelingt und er allmählich gesteigerte Formen der Gestaltung seiner Lebenswelt aufbringt, können wir von Zivilisation sprechen. Zivilisation ist in unserem Verständnis die gesteigerte Form der realen Selbstgestaltung des Menschen in seinen Gesellschaftsverhältnissen, deren Fundament die Kultur darstellt.

Diese Erklärung der Zivilisation ist nicht ganz unproblematisch, denn sie unterstellt unausgesprochen, dass die Menschheit sich insgesamt auf einem aufsteigenden Weg zu einer immer filigraneren, sich in der Zeit durch Innovationen selbst überholender Fortschrittlichkeit befindet. Zwar ist durchaus historisch rekonstruierbar, dass auf lange Sicht gesehen die Menschheit zu immer komplexeren, für viele Zeitgenossen inzwischen schon undurchschaubar gewordenen Daseinsformen vorangegangen ist.

Aber nach welchen Maßstäben kann man, so ist zu fragen, höhere Komplexität als das Wertvollere beurteilen, wenn gleichzeitig die Verbindungen zur biologischen Basis innerhalb der irdischen Biosphäre rissig und die gesellschaftlichen Zustände instabil und prekär werden, weil festgezurrte Strukturen unflexibel sind und gravierenden Vorkommnissen gegenüber relativ wehrlos sind? Falls dieser aufwärts weisende Weg des Fortschritts nicht in die Unendlichkeit hinaus gedacht wird, wie kann man wissen, ob nicht der Zenit dieser Entwicklung schon längst überschritten ist?

Das Verhältnis von Zivilisation und animalischen Grundtatbeständen des Menschen kann nicht zu einer tragfähigen Balance entwickelt werden, wenn eine der beiden Komponenten ein allein herrschendes Gewicht bekommt. Wer sich dem Animalischen hingibt, macht sich zum Raubtier; wer seine Geistespotenziale zum Tyrannen aufwertet, entfernt sich vom wirklichen Leben. Zivilisation erzeugt und tradiert das gesamte Können der Menschen und schafft damit die Grundlage für das, was im marktwirtschaftlichen Sinne als Wohlstand bezeichnet wird. Die physischen und die kulturellen Bedürfnisse sind nicht gleichwertig oder gegeneinander austauschbar. Die Vorstellung einer Hierarchie der Bedürfnisse, wie Abraham Maslow (1908 – 1970) sie vorstellte, kann sehr leicht in wertendem Sinne missbraucht werden, wie dies verschiedentlich in ökonomischen Lehrbüchern zu finden ist.

Kultur ist auch nicht schlicht eine sublimierende Fortsetzung des Animalischen. Das ergibt sich daraus, dass die Befriedigung der animalischen Grundbedürfnisse eine existenzielle Notwendigkeit darstellt und nicht einfach umgestaltet werden kann, während kulturelle Bedürfnisse, auch solche der Verfeinerung von Speisen und Getränken, von Wohnkultur und Freizeitbetätigungen, prinzipiell formbar sind. Die gesellschaftliche Funktion der Wirtschaft als Leistungserbringer ist daher in einer den Grundbedürfnissen zugewandten und stets knappheitsbedrohten Situation anders zu beurteilen als in einer materiellen Überflussgesellschaft mit ihren filigranen, teilweise verspielten und bisweilen völlig überspannten Lebensmustern.

3.2.3 Folgerungen für das Kultur- und Kunstmanagement

Begrifflich können wir aus dem vorigen Abschnitt ableiten, dass Kulturmanagement im weitesten Sinne den ganzen Bogen an gesellschaftlichen Praktiken umfassen, indem es auf das menschliche Handeln unter der Geltung von bestimmten kulturellen Wertmustern gerichtet ist und einen dienenden Beitrag zu geeigneten wirtschaftlichen und technischen Arrangements leistet. Das bedeutet nichts anderes, als dass Kulturmanagement eine sehr weit ausgreifende Form der Managementmentalität beinhaltet, die sich von der Landschaftsgestaltung bis zum Sport, von touristischen Programmen bis in die Bildung hinein erstrecken kann. Der anthropologische Kulturbegriff reicht in der Tat so weit. Aber in gleichem Maße wird er praktisch unverbindlich und eigentlich kaum handhabbar. Daraus folgt, dass die konkrete Konzeption einer bestimmten Handlungsabsicht im Stile von Management aus den betreffenden Inhalten heraus entwickelt werden muss. Das geht letztlich so weit, dass in jedem Einzelfall eine passende Konzeption für die Praxis bestimmt werden muss.

Ein Lehrbuch wie dieses kann so weit natürlich nicht gehen. Es ist kein Rezeptbuch zur unmittelbaren Anwendung, wohl aber eine auf bestimmte Kategorien bezogene, strukturierte und begründete Sammlung von Prinzipien, Methoden und Erfahrungen aus der Praxis. Methodologisch ist es nicht schwierig, mit den gleichen Prinzipien zu arbeiten, die für ein Kunstmanagement postuliert werden, beispielsweise das Prinzip des Vorrangs des Inhalts vor der Form, auch Projekte der Schaffung von Grünanlagen in einer Stadt, der Sanierung eines verwahrlosten Stadtviertels, der Durchführung einer internationalen Warenmesse, der Unternehmensführung in einem Verlag oder der Marketingarbeit für ein Museum. In der Praxis sieht das Kulturmanagement zwar in jedem Fall anders aus. Aber alle diese Praktiken folgen bestimmten verallgemeinerbaren Erfahrungen.

Kulturmanagement, insbesondere auch seine spezifische Ausprägung als Kunstmanagement, hat noch keine lange Geschichte hinter sich, ist also ein sehr junges Gebiet sowohl in der Kulturpraxis als auch auf akademischer Ebene. Im Zusammenhang mit Kultur- und Kunstmanagement konnte man in den letzten Jahren eine wahrscheinlich auf viele andere Gebiete übertragbare Beobachtung machen. Die Kreation dieses Arbeitsgebietes war (in den achtziger Jahren des vergangenen Jahrhunderts) eine Reaktion auf bestimmte aktuelle Umstände, allem voran auf die wachsenden Probleme der nachlassenden Steuerkraft der Kommunen und ihrer Leistungsfähigkeit, Kultur zu subventionieren, und auf die das internationale Vordringen von Wirtschaftspolitiken, die auf Privatisierung und marktwirtschaftliche Ausrichtung im öffentlichen Sektor setzten, insbesondere auch in der Kultur.

Kultur- und Kunstmanagement war keineswegs eine Erfindung jener achtziger Jahre; man hat die entsprechende Praxis früher nur nicht so bezeichnet und nicht auf den Fall des subventionierten Kulturbetriebes bezogen. Galeristen waren immer schon auf ihre Weise Kunstmanager, und Buchverlage bedurften immer schon des professionellen Management oder der erfahrenen Geschäftsführung. Nur sprach man eben nicht von Management. Die neue Lage führte indessen zur Herausbildung von Qualifikationen mit vielseitiger Einsetzbarkeit, so dass sich die Verhältnisse umzukehren begonnen haben. Kultur- und Kunstmanagement schafft sich durch seine Professionalisierung seine Einsatzmöglichkeiten zum Teil selber. Das Konzept „Kulturmanagement" akkumuliert und ordnet Erfahrung, Beobachtung und Deutung auf spezifische Weise und wächst sich langsam zu einem professionell einsetzbaren Wissen.

Kulturmanagement erzeugt Kulturmanagement dadurch, dass die wachsende Erfahrung und Beobachtung, welche Vorteile diese Art von Praxis für Kultur und Kunst einerseits und die Entlastung der öffentlichen Haushalte andererseits bringen kann, als nachahmenswert aufgegriffen wird. Phantasie wird in Gang gesetzt, sich auch im eigenen Umfeld zu fragen, wo und unter welchen noch zu schaffenden Bedingungen diese Potentiale nützlich werden können. Aus diesen Überlegungen ergibt sich, dass es schon berufsstrategisch unklug wäre, sich auf einen festen Begriff von Kunst und Kultur einzulassen, sondern sich den realen Entwicklungen anzuvertrauen. Dies bedeutet natürlich, dass jede Ausbildungsstätte für Kultur- und Kunstmanagement sich realistische Vorstellungen darüber machen muss, für welche aktuellen und künftigen Berufsfelder in Sachen Kultur und/oder Kunst trainiert werden soll. Letztlich muss sich jeder einzelne, der hier als Lehrender oder Lernender tätig werden will, seine eigenen Gedanken darüber machen. Auch in anderen Berufsbereichen dürfte die Epoche langsam zu Ende gehen, dass man sich einen Leben füllenden Beruf erwählt, sich für diesen ausbilden lässt und ihn dann eben hat. Danach folgt man nur noch der Karriere innerhalb dieses Feldes.

Für die vorliegende Schrift hat diese Pragmatik Folgen, denn sie kann nun ihrerseits nur eine von subjektiven Erfahrungen und Beobachtungen geleitete, unvollständige Auswahl an für relevant gehaltenen Sachgebieten und Fragestellungen bieten. Sie bleibt in jedem Fall ergänzungs- und fortsetzungsbedürftig. Wenn man die Unmöglichkeit einer objektiven Definition von Kultur- und Kunstmanagement akzeptiert und diese Einsicht positiv dahin wendet, es nicht als Nachteil, sondern als pragmatische Chance zu verstehen, bleibt Kultur- und Kunstmanagement entwicklungsfähig. Allerdings sollte dies auch nicht als Zugeständnis an die so genannte Postmoderne missverstanden werden, wonach nun eben alles möglich und alles erlaubt ist.

Wir sehen vielmehr in der Hinwendung zur Realität einen Schritt zur Wiedergewinnung einer Form von Wissenschaft, deren Theorien und verallgemeinerbaren Erkenntnisse vor den Schiedsrichter der Realität gebracht werden. Nur was dort Bestand hat, kann als brauchbar mitgenommen werden. Manche Theorien und Begriffssysteme – gerade auch in der Ökonomie – tendieren dazu, einen Grad zeitloser Allgemeingültigkeit zu postulieren, der die Wahrnehmung von Realitäten leicht trüben kann. Man sieht die Dinge dann eben nicht, wie sie sind, und behält sich noch nicht einmal die Möglichkeit vor, neue Sichtweisen zu entwickeln, wenn man einem starren Denkschema verhaftet bleibt und damit zwar sehr einfach entscheiden kann zwischen „wahr" und „unwahr", aber man gewinnt dadurch nur subjektive Wahrheiten.

Wir werden im Folgenden dort, wo es die Verständlichkeit nicht beeinträchtigt, allgemein von Kulturmanagement sprechen, aber dort, wo es sich eindeutig um Kunst handelt und die Besonderheiten einer Kunstsparte offensichtlich eigene konzeptionelle Lösungen für das Management verlangen, dies dann durch den Begriff Kunstmanagement zum Ausdruck bringen. Im Zweifel bleiben wir bei der Wortkombination „Kultur- und Kunstmanagement".

Auf eine weitere Komplikation des allgemeinen Gebrauchs des Wortes „Kunst" werden wir aus ähnlichen Erwägungen nicht weiter eingehen, sie aber wenigstens benennen. Wenn von Kunst die Rede ist, liegt zunächst der Gedanke an bildende Kunst, also Malerei und Bildhauerei nahe. Das ist sprachüblich. In einer Kunsthalle erwartet man Bilder und Skulpturen, aber keine Kammermusik. Was in einer Musikhalle geschieht, mag zwar manchmal umstritten sein, aber es handelt sich um Musik und nicht um Kunst (allenfalls

„Tonkunst" genannt). Der Begriff „Künstler" seinerseits wird ohne Zögern einem Schauspieler, einem Musiker, einem Komponisten und einem Schlagersänger zugebilligt. Es ist hier nicht beabsichtigt, eine neue Grenzziehung zu problematisieren. Das Leben ist oft nicht besonders konsequent; die Sprache ebenfalls nicht. Alles in allem heißt das, dass wir nicht den akademischen Gepflogenheiten folgen wollen, jeden Begriff, nicht einmal die zentralen Fachbegriffe wie „Kultur", „Kunst", „Management" oder „Wirtschaft" bis in die letzten Winkel auszuloten und in eine griffige Definition einzubauen. Solche dann meist kompliziert ausfallenden Begriffsformulierungen erwecken leicht den Eindruck, dass sie auf angestrengter Denkarbeit beruhen und an Exaktheit kaum noch etwas zu wünschen übrig lassen. Es gibt aber keine perfekten, ewig gültigen Definitionen, sondern nur vorübergehende Übereinkünfte oder Vorschläge.

3.3 Bauelemente für Kultur- und Kunstmanagement

In diesem Abschnitt rekapitulieren wir die wesentlichen Merkmale und Aspekte des Wirtschaftsmanagements mit dem Ziel, sie im Detail auf ihre Eignung oder Relevanz für das Kulturmanagement abzutasten und gegebenenfalls umzugestalten oder anders zu akzentuieren. Eine gewisse Vorfestlegung hatten wir an anderer Stelle bereits getroffen mit dem generellen Postulat, dass im Kulturmanagement den Inhalten ein erheblich stärkeres Gewicht zukommt als im Wirtschaftsmanagement, das seinen Erfolg auf der monetären (von den sachlichen Inhalten abstrahierenden) Ebene erzielt und das sein methodisches Vorgehen von der Formalie der ökonomischen Rationalität her konzipiert.[52] Diese Vorfestlegung ist eine wissenschaftlich zwar nicht objektiv beweisbare, also keine irgendeinem Naturgesetz unterworfene Erkenntnis; sie ist also auch bestreitbar.[53] Aber sie kann sehr wohl im Hinblick auf Sinnfragen von Kultur und Kunst argumentativ begründet werden und folglich als Startbasis für die Entwicklung von pragmatischen Konzeptionen des Kulturmanagements angeboten werden.

---

[52] Gegenstand des Wirtschaftens in Unternehmen ist das Geld, aus dem bestimmte Formkriterien der praktischen Arbeitsgestaltung abgeleitet werden. Diese Formkriterien wirken ihrerseits auf die physische oder Sachebene ein. Geld ist bei Wirtschaftstätigkeit zugleich Inhalt (Zweckkategorie) und Formgeber physischer Vorgänge (Mittelstrukturierung). Viele Missverständnisse resultieren daraus, dass man beispielsweise einem Chemieunternehmen unterstellt, es befasse sich mit Chemie. Tatsächliche aber befasst es sich mit Geld, das *über* chemische Produkte vermehrt werden soll.

[53] Im Unterschied zu den Erscheinungen der Natur, die ohne Zutun des Menschen existiert, bildet sich die Kultur aus menschlichem Gestaltungswillen und folgt dessen Eingebungen und Ideen. Dies ist die einzige fundamentale Logik, die als methodologische Basis für jegliche Art von Gestaltungskonzepten fundiert genug ist, um allgemeine Geltung beanspruchen zu können. Da nun alles, was in der Kultur und ihr geschieht, seinen Ursprung in menschlichen Köpfen, und nur dort, hat, kann es keine objektiven Beweisgründe geben, die denen der Naturwissenschaften entspricht. Was im Kulturbereich zählt, ist die Übereinstimmung der Beteiligten hinsichtlich der Geltung von Normen, ästhetischen Mustern und Lebensentwürfen, und die wird durch Kommunikation erzielt. Wo dies über Generationen entsteht, indem sich solche Muster und Entwürfe unter zusammenlebenden Menschen festigen, bildet sich Kultur als normatives Profil und Identität stiftende Einheit (mit offenen, veränderlichen Strukturen und Rändern!). Wenn wir uns einig sind, dass auch das Wirtschaften Menschenwerk ist, dass folglich Wirtschaftswissenschaft Kulturwissenschaft (mit spezifischen Akzenten) ist, dann kann es keine Objektivität wie in den Naturwissenschaften geben, sondern nur die Bescheidenheit und Relativität von unstrittigen oder strittigen, aber etwas Gemeinsamem zustrebenden und durch Kommunikation sich festigenden Entwürfen, Mustern und Werten geben. Auch aus dieser methodologischen Perspektive können wir begründet herleiten, dass Kultur etwas Primäres ist, wenn es um die Gestaltung menschlicher Lebensverhältnisse geht.

Diese Startbasis steht auf dem und besteht auf dem Eigenwert von Kultur als Medium der Gesellschaftsgestaltung, was vermutlich wenig umstritten ist, und sie bezieht die im Detail vielleicht umstrittene Eigengesetzlichkeit (Autonomie) der Künste mit ein. Solche Grundbestimmungen sind wissenschaftsmethodisch umstritten, sie können – wie gesagt – keine unabweisliche, objektive Geltung beanspruchen. Dies gilt dann allerdings auch für jede andere konzeptionelle Vorfestlegung, insbesondere auch für die der Vorherrschaft des ökonomischen Prinzips.

Auch die gesamte betriebswirtschaftliche Managementlehre ist *nicht* objektiv. Da hilft es auch nicht zu sagen, man beschreibe ja bloß, was der Fall ist. Das methodologische Problem liegt in der *Beschreibung* und dem mühsamen und nie endgültigen, stets unvollständigen Wahrheitsbeweis. Die Kennzeichnung, dass das Unternehmensziel die Gewinnmaximierung sei, ist die nachvollziehende Beschreibung einer logischen Ableitung, die aus einer Abstraktion gewonnen wird, keineswegs ein verlässlicher Bericht aus der Wirklichkeit. Dieser wird das genannte Prinzip oder Ziel nur zugeschrieben. Solche Zuschreibungen sind zwar nicht ganz willkürlich, sie beruhen auf einer gewissen nicht-empirischen Evidenz, aber sie sind eben auch nicht objektiv. Käme die Wirklichkeit zu Wort, würde sie möglicherweise anders reden. Sie würde zeigen, dass eine aus komplexen Verhaltensweisen herauspräparierte Figur, der Gewinn maximierende Unternehmer, mehr einem skelettierten Wirbeltier gleicht als irgendeinem Lebewesen.

Gegen die Grundannahme, dass der Kultur und der Kunst gegenüber ökonomisch-formalen Prinzipien ein stärkeres Gewicht, wenn nicht der Primat zukomme, könnte man durchaus ins Feld führen, dass die beobachtbaren allgemeinen Strukturentwicklungen, insbesondere die immer stärker sich durchsetzenden Kräfte der Globalisierung auf eine fortgesetzte Kommerzialisierung auch in der Kultur hinausläuft. Diese beobachtbare und beschreibbare Entwicklung könnte indizieren, dass die Menschheit auf dem Wege eines neuartigen Feudalismus ist, in dem die Kultur ein anderes Gesicht annimmt und den Künsten wieder starke Begrenzungen ihrer Autonomie auferlegt werden könnten. Dieser, wie wir ihn nennen wollen, Geldfeudalismus, der auf die Bildung einiger großer (und vieler kleiner) Machtzentren hinausläuft, gründet sich nicht wie der alte Feudalismus auf Territorialbesitz, sondern beruht auf der Macht aus akkumuliertem Geld- und Sachvermögen. Das Kultur- und Kunstleben – so können wir spekulieren – bestünde dann teils aus und lebte in oppositionellen Nischen, wo die Agitationsrichtung schon kaum noch Autonomie zuließe, teils auch aus oder in affirmativen Klimazonen dieses neuen Feudalismus, profan gesagt: in Kommerzkultur und Warenkunst. Solche ziemlich spekulative und zugleich pessimistische Plattform wird, soweit zu überblicken, bislang im Bereich von Kultur- und Kunstmanagement nicht explizit vertreten.

Eine Plattform oder Startbasis mit solch pessimistischer Erwartung – pessimistisch vor allem auch vor dem Hintergrund der Werte einer demokratisch verfassten, auf bestimmten Autonomien beruhenden, Freiheit garantierenden und gleichwohl auf Gleichheit und Solidarität setzenden Gesellschaft als dem Gegenpart des historischen Feudalismus – wird hier nicht geteilt. Eine nachdenkenswerte Deutung des verbreiteten Phänomens des Kulturpessimismus bietet das Buch von Oliver Bennett (Bennett 2001).

Die endzeitliche Vorstellung einer puren Kommerzkultur und Warenkunst würde nicht nur mit der Entartung der parlamentarischen Demokratie zu einer Farce verbunden sein, sondern unausgesprochen unterstellen, dass bestimmte Stadien der Aufklärung und des Bewusstseins über Prozesse der Machtbildung und des Machtmissbrauchs wieder in die

Dumpfheit der Unmündigkeit (eine Art Umkehrung der Kantschen Philosophie) widerstandslos zurückgetrieben werden könnten. Genügend Indizien in der realen Welt – in den Programmen politischer Gruppierungen ebenso wie unter Wissenschaftlern, Künstlern, Journalisten, Gewerkschaftern und Unternehmern – deuten darauf hin, dass ein solcher Zustand des totalen Kommerz kein tragfähiges politisches Traumbild darstellt, dass vielmehr die Vitalität einer zivilisierten Gesellschaft auf eigenständige und eigenwillige Individuen, auf kulturelle Wertoffenheit und Wertevielfalt und nicht zuletzt auf institutionelle Kontrolle von Machtbildungen durch unabhängige Medien, Gerichte und bürgerliche Initiativen weiterhin angewiesen ist.

Diese Vorbemerkungen zur Frage des Gewichtes, das die Inhalte der Kulturarbeit in kulturellen Einrichtungen erhalten sollen, begründen so etwas wie eine Bauanweisung für die Einrichtung eines stabilen, multifunktionalen Kulturmanagements für die Praxis. Diese Bauanweisungen sind allerdings relativ offen, indem Spielräume der Gestaltung geschaffen werden ohne definitorische Festlegungen im Detail. Dies liegt schlicht in der relativen Unbestimmtheit der Aussage, dass den kulturellen Inhalten mehr Gewicht zukommen soll. Gewichte sind bekanntlich skaliert. Das kann im Extrem bedeuten, das Kunst und Kultur die dominierende Rolle erhalten oder behalten sollen, und selbst das bedeutet keine Eindeutigkeit. Dominanz heißt nicht absolute Geltung oder Alleinherrschaft. „Theater muss sein" (August Everding), gewiss – jedenfalls für absehbare Zeit noch. Aber unter welchen Bedingungen, vor allem unter welchen wirtschaftlichen Opfern zu Lasten welcher anderen gesellschaftlichen Aufgaben? Wenn man postulieren würde „Theater muss nicht unbedingt sein", ist damit auch noch nicht deren Existenz bedroht, sondern nur eingefordert, dass man sich eben über die Bedingungen Rechenschaft ablegen muss. Die Balance zwischen der ökonomisch akzeptablen Form und dem kulturell akzeptablen Inhalt zu finden, ist das eigentliche „Kunststück" des Kulturmanagements.

Die „Bauarbeiten" beginnen in diesem Abschnitt mit der thesenförmigen Aufstellung der wichtigsten Bauelemente aus dem Wirtschaftsmanagement und deren systematischer Eignungsprüfung für die konzeptionelle Entwicklung von Kulturmanagement. Die Ausführung im Detail erfolgt in den anschließenden Kapiteln. Wir verstehen diese Aufstellung als Vorschläge zum weiteren Vorgehen. Die Vorschläge sind interpretationsbedürftige, ergänzungsfähige und veränderbare Eckpunkte der Konstruktionen.

1. Management in der Wirtschaft hat es mit einer Wirklichkeit zu tun, deren tieferer Sinn auf die *physische Gestaltung* der Lebenswelten gerichtet ist. Da diese aber kulturell verfasst sind, ist jedes Erzeugnis der Wirtschaft selber ein kulturelles Objekt. Management in der Wirtschaft ist keine von der Kultur trennscharf isolierbare Handlungspraxis. Wirtschaftsmanagement ist selbst Kultur.

   Management in der Kultur hat es mit einer Wirklichkeit zu tun, die auf die *normative und ästhetische Gestaltung* von Lebenswelten gerichtet ist und dabei physische Ressourcen beansprucht. Kulturmanagement ist in doppelter Hinsicht mit der Wirtschaft verflochten.

   Erstens setzen kulturelle Einrichtungen Erzeugnisse der Wirtschaft ein, die ihrerseits Kulturgüter sind, etwa beim Bau eines Museums, für die Bestuhlung eines Theaters, für die Instrumente eines Orchesters.

   Zweitens ist Kulturmanagement in vorgegebene Inhalte eingebunden, durch die Kulturwerte geschaffen, verändert oder gefestigt werden. Unter Kulturwerten verstehen wir alle hergestellten Objekte und diesbezüglichen Handlungen, die sich auf die Wahrnehmung, Deutung und Beeinflussung von für wichtig gehaltenen Aspekten der Lebenswelt beziehen.

Zu den Kulturwerten gehören neben den künstlerischen Werken (Kulturwerke im engeren Sinne) auch solche der Architektur, der Traditionspflege, der Bildung, der Gestaltung der persönlichen Lebens- und vor allem Wohnverhältnisse und insbesondere auch der interkulturellen Kommunikation. Es ist unmöglich, definitorisch eindeutige Grenzen zu ziehen oder klassifikatorisch Vollständigkeit zu erreichen.

2. Mit Management wird in der Umgangssprache meist das *Topmanagement* assoziiert, wodurch ein Führungsanspruch der Unternehmensleitung unterstrichen wird. Wenn in der Wirtschaftspraxis eine andere, erweiterte Bedeutung von Management zur Geltung kommen soll, dann muss die Assoziation von Führung und hierarchischer Spitze problematisiert werden, wie das in betriebswirtschaftlichen Lehrbüchern auch geschieht. Dort ist auch von mittlerem und unterem Management die Rede. Ganz vermeidbar ist der eingebürgerte Bedeutungsakzent von „Top-" meist nicht.

Kulturmanagement dagegen kann nur in Ausnahmefällen zugleich Topmanagement sein, weil damit förmlich ein Führungsanspruch und Letztentscheidungsvorbehalt etabliert würde, der den kulturellen Inhalten nicht angemessen wäre. Ausnahmen ergeben sich hauptsächlich dadurch, dass in manchen Kultureinrichtungen die inhaltliche Gestaltungsaufgabe und das formale Management in einer Hand liegen, z.B. bei einem Theaterintendanten oder einem Museumsdirektor.

3. Management ist aus der Entwicklung der *gewerblichen Wirtschaft* unter den Bedingungen der Marktwirtschaft hervorgegangen. Es hat sich durch Überwindung älterer Leitungspraktiken, vor allem durch die Einverleibung rationaler Methoden und Instrumente zur Gestaltung von Erfolgschancen in der Außenwelt (den Märkten) und der Rationalisierung der Innenwelt (des Betriebsaufbaus und der Arbeitsabläufe) durchsetzen können.

Kulturmanagement ist eine Kombination von Funktionen und Fähigkeiten, die auf besondere Weise *Inhalte* zur Geltung und Wirksamkeit in der Öffentlichkeit bringen sollen. Mit dieser Qualifikation kann Kulturmanagement im Prinzip auch in der gewerblichen Wirtschaft eine Bedeutung erhalten.

Zum einen können sich privatwirtschaftliche Gewerbebetriebe mit kommerziellen Zielsetzungen innerhalb der Kultur betätigen, wobei diese Kulturbetätigung zur herkömmlichen Wirtschaft hin nicht scharf abgrenzbar ist (Stichwort: Kulturwirtschaft, vgl. Wagner 2008). Wir können belletristische Verlage, Musikverlage, Phonoindustrie und Kunstgalerien zwar unbestritten zur Kulturwirtschaft rechnen. Wie aber ist es mit Porzellanmanufakturen, Kunsthandwerken, Wissenschaftsverlagen oder Veranstaltern im Kulturtourismus? Auf alle Fälle aber braucht man bei ihnen eine Spürnase für kulturelle Inhalte.

Zum anderen können sich Unternehmen der privaten Wirtschaft aus mäzenatischen Motiven, aus ökonomischem Kalkül (Sponsoring), aus Gründen der internen Unternehmenskultur oder einer Mischung aus allen in die gesellschaftliche Kulturarbeit einbringen. Viele Firmen unterhalten eigene Kulturabteilungen mit zum Teil beachtlichen Budgets.

Qualifizierte Kulturmanager können ihre berufliche Zukunft folglich auch in diesen speziellen Bereichen der Wirtschaft selbst suchen.

4. Wirtschaftsmanagement *regiert* physische Abläufe durch planerisches Vorausdenken und auf Strategien gestütztes Agieren.

   Kulturmanagement dagegen *regiert nicht* die physischen Abläufe in einem kulturellen Zusammenhang, insbesondere nicht die künstlerische Gestaltungsarbeit, sondern es *reagiert* auf die Inhalte und *registriert* deren Potentiale, regt die Beachtung des sparsamen Umgangs mit knappen Mitteln an oder fordert auch dessen Beachtung ein. Diese Funktion hat insofern einen wichtigen planerischen Aspekt, als in den meisten Fällen sinnvollerweise nicht erst im Nachhinein eingegriffen werden sollte, sondern im Vorhinein absehbare Entwicklungen – etwa vorzeitige Erschöpfung von Haushaltsmitteln – aufgedeckt werden.

5. Wirtschaftsmanagement reflektiert Märkte als *potentielle Handlungsräume*, die als spezifisch kommerzielle Texturen der Öffentlichkeit mit spezifischen Schichten, Strukturen und Milieus beschrieben werden können, zu denen je nach Geschäftsinteresse Beziehungsnetze entwickelt, gepflegt und erweitert werden. Wirtschaftsmanagement ist deshalb auch in der Außenarbeit nicht unmittelbar in physische Vorgänge involviert, sondern hat projektiven Charakter. An seinen Resultaten (Entscheidungen) sollen sich die physischen Realisierungsprozesse orientieren.

   Kulturmanagement reflektiert die Öffentlichkeit ebenfalls als einen geschichteten gesellschaftlichen Handlungsraum, in dem die Kultureinrichtung sich positioniert und aus dem sie kommentierende und finanzierende Reaktionen erwartet (Beifall, Ticketverkäufe, Sponsoren, politisch Fürsprecher usw.). Dem kulturellen Milieu der Klientel, den aktivierbaren Szenen und sozialen Feldern sowie dem geistigen Klima unter Kritikern, Medien und Experten gehört besondere Aufmerksamkeit.

6. Wirtschaftsmanagement ist eine *intellektuelle Tätigkeit*, die auf Erfahrung (anhaltende, reflektierte Praxis) und auf Kreativität (Phantasie und Gestaltungsgabe) aufbaut. Es ist folglich nicht administrativ (Abwicklung vorstrukturierter Arbeitsaufgaben), sondern interpretativ und innovativ.

   Kulturmanagement ist wegen seiner spezifischen Ausrichtung auf Kunst und Kultur in doppelter Hinsicht eine intellektuelle Tätigkeit, nämlich sowohl als Methode als auch bezüglich der Inhalte seiner Arbeit. Wie das Wirtschaftsmanagement reflektiert es Erfahrung und macht das praktische Handeln schrittweise effizienter und es muss Phantasie einsetzen, um sich pragmatisch, d.h. unter Machbarkeitsgesichtspunkten, konkrete Umwelten vorstellen zu können, in die sich die Kulturinstitution hineinentwickeln kann.

   Diese Funktion bezieht sich zwar auch auf administrative Aufgaben in der Mitverantwortung für ressourcensparende, die kulturelle Arbeit aber stützende Abläufe im Innenbereich der Institution. Die Außenorientierung des Kulturmanagements steht indessen im Vordergrund. Es geht hauptsächlich um die Wahrnehmung der öffentlichen Wirkungen der kulturellen Arbeit und um die konzeptionelle Bearbeitung der Öffentlichkeit im Sinne der kommunikativen Festigung der Beziehungen zum Publikum und zu anderen Kreisen und Institutionen der Außenwelt.

7. Die primäre Funktion des (Top-) Managements in der Wirtschaft ist *Zielsetzung,* die eine Zeitpunkte bestimmende Konkretisierung einer allgemeinen Zwecksetzung darstellt. Zu sagen, man wolle eine Kapitalrendite oder eine Umsatzsteigerung von x % erreichen, ist unklar, solange nicht bestimmt wird, innerhalb welchen Zeitraums das geschafft werden soll. Solche Ziele erlangen ihre Präzision durch Formalisierung auf der Geldebene, dies allerdings in Übereinstimmung mit den üblichen Unternehmenszwecken.

   Abweichend von der Praxis in der Wirtschaft kommt dem Kulturmanagement keine eigenständige Zielsetzungkompetenz zu, außer in kommerziell ausgerichteten Kulturbetrieben. In allen anderen Fällen werden die Zwecke der Kultureinrichtungen mehr oder weniger prägnant von den Inhalten her bestimmt, z.B. durch Satzungen oder durch Vereinbarungen mit den zuständigen Organen der Kommune (Kontraktmanagement). Zwecksetzungen beispielsweise für Theater wie „Pflege des kulturellen Erbes und der zeitgenössischen Werke der dramatischen Kunst" sind inhaltlicher Natur und zudem nicht quantifizierbar.

   Eingeschränkte Zielsetzungskompetenz für das Kulturmanagement bedeutet allerdings nicht den Verzicht auf die Einhaltung wirtschaftlicher Nebenbedingungen wie „ausgeglichenes Budget" oder „Steigerung der Eigeneinnahmen als Gegengewicht zu Subventionskürzungen".

   Eindeutige (formale, monetäre) Zielsetzungen wie Kapitalrendite oder andere in der Wirtschaft übliche fehlen im Kulturbereich weitgehend und können auch nicht durch Ersatzgrößen wie „maximale Auslastung der Sitzplatzkapazität" substituiert werden. Der Vorbehalt einer kulturell-inhaltlichen Zielfestlegung, etwa in Form von mehrjährigen Programmen und Inszenierungsvorhaben, kann nicht umgangen werden. Allenfalls können Modifikationen angestrebt werden, wenn die inhaltlichen Ziele zu unrealistischen wirtschaftlichen Belastungen zu führen drohen (ein Beispiel, wie flankierendes Kulturmanagement den Bestand und die Entwicklung eines Theater unterstützen kann, bietet z. B. Nowicki, 1999).

8. Wirtschaftsmanagement bedient sich zur Zielerreichung bestimmter *Instrumente,* die ihrerseits meist zu funktionalen Betriebseinheiten (Abteilungen, Ressorts) zusammengefasst werden: Planung, Organisation, Führung und Controlling. Erst durch die integrative Einbindung dieser Instrumente bildet sich Management als komplett methodisierte Handlungsweise in der Praxis aus.

   Kulturmanagement fördert durch begleitende, Folgen abschätzende und dadurch Planungen modifizierende Anpassungsarbeit ebenso wie durch eine die Inhalte fördernde Organisation die inhaltliche Arbeit der Kultureinrichtung. In der Praxis wird seit längerer Zeit ständig Druck auf Kulturbetriebe ausgeübt, mit knapper werdenden Haushaltsmitteln zurecht zu kommen, also intern zu rationalisieren. In vielen Fällen kann man dies erreichen, indem administrativer Ballast entfernt und zugleich mehr Raum für kulturelle Inhaltsarbeit geschaffen wird (statt an den Inhalten zu kürzen). Kulturmanagement versucht, die Inhalte zu stützen und eine Balance mit den wirtschaftlichen Zwängen zu finden.

9. Wirtschaftsmanagement ist in jedem Augenblick seiner Praxis auf *Transparenz der wirtschaftlichen Lage* angewiesen, weil ein Manager in seinem Aufgabengebiet stän-

dig mit einer Vielzahl von Angelegenheiten und Vorgängen in unterschiedlichen Stadien der Entscheidungsreife konfrontiert ist.

Im Kulturmanagement muss sich Transparenz auch auf *inhaltliche Vorgänge* der betreffenden Kultureinrichtung erstrecken, also auch, wenn nicht sogar vornehmlich auf das, was in Kunst und Kultur geschieht. Dies ist im Wirtschaftsmanagement nicht prinzipiell, wohl aber in den Akzenten anders. Wer z. B. einen Chemiebetrieb managt, wird einiges über Chemie wissen müssen, zentriert um das Gebiet, das Gegenstand des Betriebes ist. Das Kulturmanagement ist jedoch in das Kultur- und Kunstgeschehen relativ stark involviert, so dass die Transparenz der eigenen Aufgaben als Manager eine zusätzlich Komplexität bewältigen muss.

10. Das unmittelbare *Erfolgskriterium* des Wirtschaftsmanagements ist der erzielte Gewinn, eine leicht quantifizierbare Größe, die aber durch die Erfolgsbewertungen durch die Außenwelt (Aktionäre, Börsenexperten, Stakeholder) ergänzt und erweitert wird. Vielmehr werden die Gesamtlage und die Aussichten der weiteren Entwicklung einbezogen.

Im Kulturmanagement ist ein unabhängiges, objektives Erfolgskriterium nur schwer auszumachen. Die positiven oder negativen Wirkungen der Managementtätigkeit fließen unmittelbar in die kulturelle Arbeit ein als einer unter mehreren förderlichen oder manchmal auch hemmenden Faktoren. Der künstlerische oder kulturelle Erfolg einer Einrichtung ist an sich schon nicht quantifizierbar; seine Zurechnung zu den einzelnen Faktoren, u.a. eben dem gekonnten Management, wäre objektiv selbst dann nicht möglich, wenn der kulturelle Erfolg quantifizierbar wäre. In besonderen Fällen lassen sich aber abgeleitete Kriterien bilden, z.B. wenn die Kürzung von Subventionen intern zu verkraften ist und die Leistung des Managements daran gemessen wird, inwiefern dies erreicht wurde, ohne die kulturellen Inhalte zu beeinträchtigen.

Ähnlich wie in der Wirtschaft spielt auch im Kulturbereich (in den meisten Fällen sogar noch akzentuierter) die Außenbewertung eine wichtige Rolle. Die Beurteilungen durch das Publikum, die Feuilletonisten, die subventionierenden Ämter, die Sponsoren aus der Wirtschaft usw. ergeben eine, wenn auch nicht quantifizierbare, Grundlage für die Bewertung der Managementarbeit.

11. Wirtschaftsmanagement ist im Kern eine *Methode* der systematischen Ermittlung *der bestmöglichen Nutzung* gegebener Erfolgschancen; seine Logik ist die des *Maximierens* (unter Berücksichtigung von Spätfolgen und bestimmten externen Effekten auch Optimierung genannt).

Maximierungsverhalten ist nur bei eindeutigen, quantifizierbaren Zielvorgaben annäherungsweise praktizierbar. Schon mehrfache, quantifizierbare Zielsetzungen sind mathematisch nur maximierbar, wenn eine unzweideutige Zielhierarchie feststellbar ist. Als vereinheitlichende Messgröße kommt in vielen Fällen, auf jeden Fall bei kommerziellen Zielsetzungen, das Geld in Betracht. Es dürfte aber schwierig sein, einem Orchester oder einem Museum eine Messlatte anzulegen, die sich ohne Umstände und ohne Verfälschung der eigentlichen Ziele in Geld bewerten lässt.

Die Maximierung der Kartenverkäufe bis an die Grenze der Sitzplatzkapazität des Veranstaltungsortes ist genau betrachtet ein Minimierungsvorgang, denn im Erfolgsfall erreicht man zumindest ein Minimum an Subventionsbedarf. Ein volles Haus ist künstlerisch und vom Renommee her meist erwünscht, aber keine Garantie dafür, dass die Kunst ihre beabsichtigte Wirkung erzielt (sie also vom Publikum verstanden und entsprechend gewürdigt wird).

Kostenminimierung ist indessen – obwohl eine Form des Maximierens von Vorteilen – niemals eine eigenständige Prozedur. Sie ist immer gebunden an einen vorher entschiedenen Zweck. Ohne einen bestimmten Zweck würde Kostenminimierung mathematisch gegen Null gehen, d.h. es werden überhaupt keine Mittel eingesetzt. Bei einer einigermaßen genauen Zielvorgabe oder Zweckbestimmung, beispielsweise in einem Theater der Hauptzweck „Hochwertige, zeitgenössische Stücke der dramatischen Kunst auf die Bühne zu bringen und der Öffentlichkeit zu präsentieren" dann macht die Bemühung, die Sitzplatzauslastung zu maximieren, Sinn. Wegen der zu erwartenden Zurückhaltung des Publikums bei zeitgenössischen Werken wäre dies zudem eine interessante Aufgabe für das Kulturmanagement, ausverkaufte Veranstaltungen zu bewerkstelligen.

Wenn auch das rationale Streben nach bestmöglicher Nutzung vorhandener Ressourcen oder gegebener Chancen, womöglich mit Hilfe mathematischer Modelloperationen, im Kulturbereich wegen des hohen Rangs der kulturellen Inhalte meist wenig Sinn macht, so bleibt doch die komplexe Aufgabe bestehen, das, was inhaltlich geschehen soll, mit dem geringsten Aufwand zu realisieren.

12. Wirtschaftsmanagement ist *ergebnisorientiert*. Manager halten sich nicht lustvoll oder genießerisch mit den Prozeduren des Machens auf (wie der Winzer in seinem Weinkeller oder der Reisende, der öfters innehält, um den Augenblick zu genießen). Je schneller sich Ergebnisse abzeichnen, desto früher können die nachfolgenden Projekte begonnen werden. Auch dies ist ein Maximierungsverhalten, weil Nutzungsmöglichkeiten Angebote in der Zeit sind. Ungenutzt verstrichene Zeit kann nicht nachgeholt werden.

Ergebnisorientiert zu sein, ist im Wirtschaftsmanagement eine einsichtige Komponente der Praxis, denn nur das Ergebnis weist den gewünschten Effekt aus, nämlich investiertes Geld mit einem Überschuss aus den Verkäufen wieder zurück zu gewinnen.

Im Kulturbereich geht es aber nicht in erster Linie, allenfalls in kommerziellen Kulturbetrieben, um einen Früchte tragenden Geldkreislauf, sondern um *kulturelle oder künstlerische Wirkungen* (die sich natürlich in Künstlergagen und -honoraren auszahlen sollen). Die Resonanz des Publikums besteht jedenfalls nicht in der Hauptsache in der Zustimmung durch entsprechende Geldgaben, sondern im Applaus als Ausdruck für die Wertschätzung des Gebotenen (vielleicht in der Zahl der Vorhänge). In gewisser Weise ist auch dies natürlich eine Ergebnisorientierung, aber sie ist inhaltlicher Art, und dafür ist das Kulturmanagement nicht direkt und nicht zur Hauptsache zuständig.

Der Unterschied wird deutlich, wenn man sich beispielsweise vor Augen hält, weshalb ein Orchester eine bestimmte Anzahl von Proben braucht, um ein musikalisches Werk der Öffentlichkeit darbringen zu können. Wäre die Orchesterleitung im kommerziellen Sinne ergebnisorientiert, müsste sie die Zahl der Proben minimieren, und zwar bis zu einem Punkt, den man aus Gründen der Qualität nicht unterschreiten darf (d.h. bis zu dem Punkt, an dem das Publikum merken würde, dass das Orchester weitaus weniger gibt, was es kann). Ein Orchester, das in dieser Weise die Zahl der Proben minimiert, könnte in der gleichen Zeit mehr Stücke einstudieren als ein anderes, dem es auf künstlerische Höchstqualität und Meisterschaft ankommt. Die Ergebnisorientierung, die natürlich auch in solchem Fall gegeben wäre, kontrastiert deutlich mit jener, die kommerziellen Intentionen unterliegt.

Es wäre nun gänzlich falsch, daraus eine prinzipielle Gegensätzlichkeit zwischen Kunst und Kommerz herzuleiten. Meisterschaft und kommerzieller Erfolg können in vielen Fällen kongruent sein. Ein belletristischer Verlag ist langfristig umso erfolgreicher, je mehr hochrangige Schriftsteller sich ihm anvertrauen. Ein Phonoindustrieller ist – da er ja üblicherweise keine eigenen Orchester unterhält – auf hohe Qualität von Orchestern angewiesen.

13. Wirtschaftsmanagement ist eine *Methode*, die sich an formalen Kriterien der ökonomischen Rationalität orientiert und – wegen der kommerziellen Intention der Gewinnerzielung – mit der von den konkreten physischen Dingen abstrahierenden Geldsphäre verbunden ist. Die Methode ist gleichzeitig formal und abstrakt.

Management bleibt auch in Kulturbereichen eine Methode, eine Handlungsweise also, die sich unter anderem an Kriterien wie Wirtschaftlichkeit orientiert und sich im umfassenden Sinne ökonomisch rational verhält. Es verwirklicht diese Methode allerdings nicht um des Profits willen, operiert also nicht von der Abstraktionsebene des Geldes her, sondern bleibt mit der konkreten Ebene der kulturellen Prozesse und künstlerischen Produktionen verbunden.

Management ist, wenn man es sehr allgemein betrachtet, eine Haltung und Methode des Dienens. Auch wenn diese abgehobene Betrachtungsweise wenig substanziell zu sein scheint, so betont sie doch die Unselbständigkeit einer Methode, die ohne Bezug auf ihren Gegenstand nicht recht verständlich wird. Erst in Verbindung mit dem Objekt „Geld" und dem Ziel, dieses zu vermehren, bekommt die Methode des Wirtschaftsmanagements ihren eigentlichen Sinn. Der Gegenstand des Managements, in der Wirtschaft das Geldverdienen, färbt natürlich in der konkreten Ausprägung der Handlungskonzeptionen und ihrer Instrumente auf die Praxis und ihre Resultate ab.

Wenn wir an die Stelle der Geldsphäre die kulturelle Sphäre setzen und uns zugleich bewusst machen, dass die erste eine abstrakte, die zweite dagegen eine konkrete Ebene darstellt, dann bekommt Kulturmanagement nicht nur eine spezifische Färbung durch den Gegenstand, sondern erweist sich zugleich als konkreter oder dichter an den Gegenständen. Aus dieser Nähe zum Konkreten der Kultur ergibt sich zugleich die hohe Varianz an Konzeptionen des Kulturmanagements in Abhängigkeit von den inhaltlichen Aufgabenzusammenhängen.

14. Wirtschaftsmanagement als Methode ist in der Tendenz und konkreten Wirkung *substanzfern* (nicht substanzlos oder inhaltsleer!). Substanzfern bedeutet, dass dem, was letztlich physisch vor sich geht (Produktion, Transport, Verbleib und physische Nutzung bei den Käufern) nur eine sekundäre Rolle zukommt. Die Dinge durchlaufen den Wirtschaftsbetrieb nicht wegen ihrer (Gebrauchs-) Wertigkeit an sich und in sich, sondern wegen ihrer Formbarkeit im Interesse der Verkäuflichkeit und damit wegen ihrer Wirkungen auf das Ziel der Geldvermehrung.

Die Substanzferne ist im Wirtschaftsmanagement eine Folge der Abstraktion von der Ebene der physischen Vorgänge der Produktion und der dinglichen Warenwelt und einer – auch die Mentalität beeinflussende – Formierung auf der Geldebene. Diese Geldebene hat zwar eine finale Beziehung zur physischen Welt (bekanntlich kann man Geld nicht essen und im Geld nicht wohnen, allenfalls im übertragenen Sinne schwimmen). Irgendwann wird Geld wieder in konkrete Dinge umgewandelt. Aber das Wirtschaftsmanagement beginnt auf der Geldebene (Anfangsinvestition von Kapital) und bleibt dort (mit dem erzielten Gewinn endet die Managementarbeit; die Entscheidung über die Gewinnverwendung, also Ausschüttung oder Re-Investition, hat nur noch Empfehlungscharakter).

Kulturmanagement operiert zwar auch mit Geld. Es hat mit der Beschaffung und Verwaltung von Mitteln zu tun. Aber es steuert die Vorgänge nicht ausschließlich oder vornehmlich von der Geldebene her, sondern bezieht diese integrativ auf die konkreten, dinglichen Vorgänge der kulturellen Produktion und Publikation. Kulturmanagement ist essenziell auf die sinnliche Wahrnehmung dessen angewiesen, was substanziell in einem Kulturbetrieb oder -projekt abläuft.

Aus dieser substanziellen Nähe folgt nicht nur eine Relativierung der Steuerungskompetenz über das Geld, sondern auch eine erhöhte Komplexität der Managementaufgaben. So ist das Kriterium für eine funktionale Organisation nicht in der Hauptsache Schlankheit im Interesse der Minimierung des Aufwands, sondern die Gewährleistung der Funktionsfähigkeit der kulturellen Prozesse mit all ihren Besonderheiten. Viele Abläufe enthalten ein hohes Maß an Varianz und folglich nur einen relativ geringen Anteil standardisierbarer Verrichtungen. Letztere aber sind die Voraussetzung für generelle, beständige Organisationsentwürfe.

Das erklärt zugleich die Beobachtung und Erfahrung, dass selbst zwei Museen oder Theater mit ähnlichen Aufgaben und vergleichbarer Größe sehr eigene Konzeptionen für ihre Organisation, ihre Öffentlichkeitsarbeit, ihre Finanzierungspraktiken und Leitungsstrukturen aufweisen. Wir haben es im Kulturbereich mit einer großen Varianz an Konfigurationen und konkreten Bedingungen im Einzelfall zu tun, die selbst innerhalb derselben Kultur- oder Kunstgattung Unterschiede aufweisen. Kulturmanagement in der Praxis kann seine Leistungsfähigkeit deshalb erst wirklich entfalten, wenn die Detailerfahrungen des Einzelfalls zum Tragen kommen.

15. Im Wirtschaftsmanagement hat das *Prinzip der ökonomischen Rationalität* mit seinen abgeleiteten Kriterien der Wirtschaftlichkeit, der Produktivität und Rentabilität keine allein herrschende Bedeutung, weil der Erfolg nicht schon mit dem physischen Machen erlangt wird, auf das allein dieses Prinzip als Messlatte des Handelns anwendbar ist, sondern auf die Akzeptanz durch die Außenwelt (den Markt) angewiesen ist. Der erzielte Gewinn ist nicht (allein oder gar ausschließlich) ein Ergebnis rationaler Produktion, sondern ergibt sich durch die Wertschätzungen der Außenwelt, nämlich in der Bereitschaft, einen bestimmten Preis zu bezahlen. Die Wertschätzungen der Außenwelt bestehen in kommerziellem Zusammenhang nahezu ausschließlich in der Hergabe von Geld.

Dieses Muster, wonach letztlich die Außenwelt entscheidet, ob eine produktive Arbeit anerkannt wird oder nicht, gilt indessen ganz allgemein. In diesem Punkt setzt das Kulturmanagement keine eigenen Akzente, und in diesem Punkt treffen sich die Strukturmerkmale des Managements aller Kategorien, ob Wirtschaftsmanagement, Sozial- und Gesundheitsmanagement, Umweltmanagement oder Kulturmanagement, weil sie allesamt der Umstand methodisch verbindet, in einer offenen Gesellschaft praktiziert zu werden, und sie auf das Urteil der Öffentlichkeit einlassen müssen.

Das Grundmuster der offenen Gesellschaft ist die vitale Verknüpfung von privater Exklusivität, in der etwas Schöpferisches entsteht – sei dies ein physisches Produkt, ein geistiges Erzeugnis, menschliche Qualifikation oder Gemeinschaft stiftende Motivation – und frei zugänglichen sozialen Kontakträumen, in denen sich die Sinnfälligkeit und Werthaftigkeit des Geleisteten erweisen muss. Der Erfolg individueller (privater, privatwirtschaftlicher) Betätigung oder Arbeit lebt von der Akzeptanz durch die Öffentlichkeit (das Publikum, die Klientel, die Kundschaft). Die Akzeptanz durch die Öffentlichkeit ist in vielen Fällen existenziell; nur auf diesem Wege sind Einkommen, Anerkennung, Macht, Reputation zu erzielen. Die kommerzielle Öffentlichkeit wird Markt genannt, aber sie hat die gleiche Grundstruktur und ist im Übrigen nicht wirklich ein isolierbarer Sektor der gesellschaftlichen Öffentlichkeit. In allen Fällen geht es darum, sich einen Zugang zur Öffentlichkeit zu bahnen, seine Leistungen zu präsentieren und positive Reaktionen abzuwarten und entgegenzunehmen. Deshalb erschöpft sich auch die Arbeit des Wirtschaftsmanagements nicht mit dem ökonomisch gut disponierten Machen (der Produktion und der Distribution), sondern verwirklicht sich darin, dass geeignete Wege in die Öffentlichkeit gebahnt und eine Position darin gefunden wird, durch die Aufmerksamkeit, ein Interesse und schließlich der aktive Austausch (in Märkten vor allem Ware oder Dienstleistung gegen Geld, auch Kunst gegen Geld und öffentliche Anerkennung) erreicht wird.

16. Wirtschaftsmanagement in der Praxis ist in erster Linie eine *nach außen gerichtete Tätigkeit*, und zwar deshalb, weil im Binnenverhältnis (Lenkung der Betriebsabläufe) Dispositionsmacht (Anweisungsmacht) besteht, während im Außenverhältnis nur Überzeugungsmacht entwickelt werden kann (niemand kann zur Akzeptanz eines Angebotes gezwungen werden). Deshalb stehen Kommunikationen über Marketing, insbesondere Werbung, Gestaltung eines Firmenimages, Entwicklung von Beziehungen, systematischer Aufbau von Reputation im Mittelpunkt des nach außen orientierten Managements. Diese Außenaufgabe ist ungleich diffiziler als die Durchsetzung von interner Rationalität.

Auch in der These, dass Management hauptsächlich eine nach außen gerichtete Tätigkeit ist, unterscheidet sich das Kulturmanagement nicht wesentlich vom Wirtschaftsmanagement. Die Begründung, dass im Innenverhältnis des Betriebes eine dispositive Herrschaft über Sachabläufe (Arbeitsprozesse) gegeben ist, die im Wirtschaftsmanagement von der Geldsphäre aus agiert und somit die Erfüllung der Kriterien der ökonomischen Rationalität nahezu erzwingen kann, gilt jedoch im Kulturmanagement nicht, sofern es sich nicht um kommerziell geführte Betriebe handelt. Doch liegt auch im Kulturmanagement der Akzent auf der Außenorientierung.

In der Typologie dieser Außentätigkeiten des Kulturmanagements kommt bei aller Varianz in den Einzelfällen der Umstand zum Tragen, dass es außer in kommerziellen Umfeldern (und selbst hier nicht in der extrem profitmaximierenden Ausrichtung) nicht um die Stimulierung von Waren- oder Dienstleistungsverkäufen zu höchstmöglichen Preisen geht, sondern um die Anbahnung von kommunikativen Kontakten zwischen Kunst und Publikum.

Das Kulturmanagement wirkt hier wie eine Bahnmeisterei, die den inhaltlichen Verkehr zwischen der Einrichtung und der Öffentlichkeit bahnt, in Gang bringt und wirksam werden lässt. Die Kommunikation ist immer ein wechselseitiger Vorgang, der die Erwartungen des Publikums als antreibende Kraft ebenso einschließt wie im Gegenverkehr die künstlerische Lust an Neuem, Aufregendem, Provozierendem, Unterhaltendem.

Die gewünschten Effekte sind physische Begegnungen oder vermittelte Kontakte (das Dabeisein in einer Aufführung, der Besuch einer Ausstellung, das Abhören einer CD, die Teilnahme an einer kulturtouristischen Rundreise). Aus dieser Kommunikation erwächst allmählich die Reputation der Einrichtung und die Erwartungen des Publikums, die nachhaltige Bindungen erzeugen. Sie bilden das kulturelle Kapital, das beiden Seiten nützlich ist, den kulturellen Produzenten   ebenso wie dem teilhabenden Publikum.

Diese sechzehn Spezifizierungen des Kulturmanagements im Vergleich zum Wirtschaftsmanagement könnten fortgesetzt und jeder Punkt in sich noch weiter differenziert werden, wenn die Unterschiede einzelner Kunstgattungen und Kulturaktivitäten ins Blickfeld kommen. Mit diesen sechzehn Bauelementen lässt sich allerdings auch nicht viel mehr als ein formales Baugerüst mit ein paar festen Verankerungen und einer gewissen Bodenhaftung und Standfestigkeit errichten. Der konkrete Bau selbst bekommt dadurch eine Statik, aber noch kein inhaltliches Profil. Dieses kann sich letztlich auch nur in einem konkreten Einzelfall bilden, wenn für eine bestimmte Kultureinrichtung unter Berücksichtigung ihres urbanen, sozialen, politischen und kulturellen Kontextes eine derartige Aufgabe begründet, formuliert und schließlich praktiziert werden soll.

Das Zwischenstadium dazu sind Konzeptionen des Kulturmanagements, die, angereichert durch die Details pragmatischer Arbeit und empirisch gestützter Einblicke, ihren Niederschlag in den Curricula von Ausbildungsstätten finden und die zugleich auf einem relativ gesicherten theoretischen Fundament errichtet sind. Diesem Zwischenstadium sind die folgenden Abschnitte gewidmet, bevor in den anschließenden Kapiteln über die möglichen Einsatzfelder für Kulturmanager und schließlich über die Ausbildung zu solchen Tätigkeiten gesprochen werden kann.

3.4 Kulturmanagement als Handwerk[54]

Der Vergleich des Kulturmanagements mit dem Wirtschaftsmanagement hat gezeigt, dass beide zwar Verwandte sind, aber sich in einigen bedeutenden Elementen auch klar unterscheiden. Der Vergleich reicht aber für eine profilierte Kennzeichnung der Besonderheiten des Kulturmanagements nicht aus. Weitere Komponenten ergeben sich aus einem anderen Vergleich, der für die Entwicklung und Praxis des Kulturmanagements wahrscheinlich noch wichtiger ist: der zwischen Handwerk als Typus des Herstellens und industrieller Produktion als auf massenhafte Ausführung standardisierter Muster ausgerichtetem Herstel-

---

[54] Dieser Abschnitt folgt in wesentlichen Grundzügen meinem Aufsatz „Kulturmanagement als Handwerk". Vgl. Bendixen (2009c).

len. Verbunden ist der Vergleich mit der Frage, welchem Typus das Kulturmanagement näher steht und ob es verschiedene Konzepte des Kulturmanagements gibt, die sich in analoger Weise aufteilen lassen.

Kunst als der zentrale, wenn auch nicht der einzige Gegenstandsbereich des Kulturmanagements hat bis heute den Charakter des Handwerks behalten. Das Kunstschaffen ist, das wird gewiss nicht kontrovers gesehen, nicht planbar, wohl aber in der Einheit von Kopf- und Handarbeit gestaltbar. Eben das macht ihren handwerklichen Typus aus Der handwerkliche Charakter der Kunst ist folglich die Ausgangslage, und in Verbindung mit dem Postulat, dass die Inhalte oder Gegenstände des Kulturmanagements auf dessen Konzeption zurückwirken, kann es nicht ausbleiben, dass Kulturmanagement selber zu einer Art Handwerk wird. Das ist die Hypothese, die es zu verifizieren (oder falsifizieren) gilt. Weiters können wir davon ausgehen, dass das entscheidende Merkmal von Handwerk (historisch alter Art) die innige Verschmelzung von Kopfarbeit und Handarbeit ist. Dagegen ist die Trennung von Kopf- und Handarbeit, wie sie typisch für das herstellende Geschehen in den Betrieben der Wirtschaft ist[55], der Kunst fremd. Trennung heißt nicht Unterbrechung, sondern Teilung und Verbindung oder Polarisierung. Die getrennten Teile gehen nur auf vermittelte Distanz, doch die Beziehung bleibt auch in der Distanz erhalten; sie erhält eine interdependente Struktur. Die im ursprünglichen Handwerksprinzip noch ungebrochene Wechselwirkung zwischen einer Gestaltidee (im Kopf) und ihrer Vergegenständlichung (durch die Hand, die Mimik, die Stimme, die Körperhaltung, die Körperbewegung) hat seit alters her die Grundfigur kreativen Schaffens gebildet, wie sie in früheren Epochen eben auch das alte Handwerk bestimmt hatte. In industriellem Zusammenhang bildete sich aber eine andere Form heraus: Der Entwurf entsteht durch reine Kopfarbeit (am Reißbrett des Konstrukteurs) und bildet als Vorlage oder Bauanleitung die Basis für die schier endlose physische Ausführung. Die Trennung von Muster und Massenfertigung ist gewissermaßen das Symbol industrieller Produktion. Aus ihr sind ganze Organisationskomplexe entstanden nach dem Muster Leitung = Kopfarbeit und Fertigung = dingliche Verwirklichung.

Zwischen den beiden Grundfiguren des rationalen Herstellens liegt eine oft schwer zu überbrückende Spannung, denn beide haben in sich vernünftige Argumente. Kunst als ästhetisch geformter Ausdruck einer komplexen künstlerischen Botschaft lässt sich meist nur schwer arbeitsteilig aufspalten in Kopfarbeit (des Künstlers) und Handarbeit (von angestellten Hilfskräften).[56] In den meisten Fällen ist das Herstellen von Kunst ein aus der Einheit von Kopf- und Handarbeit hervorgehender Prozess.

In dieser Spannungslage stellen sich mehrere Fragen. Die naheliegende ist die nach den Perspektiven der Kunst in der uns bis heute geläufigen Tradition. Es gehört keine pessimistische Phantasie dazu zu erkennen, dass die Dominanz des rationalen Denkens und Handelns bereits weit in die kreative Dynamik des Kunstschaffens vorgedrungen ist[57] und

---

[55] Dies hängt letztlich mit der Überformung des dinglichen Geschehens durch das Medium *Geld* zusammen. Vgl. Bendixen (2007).

[56] Solche Verhältnisse sind natürlich auch in vielen Kunstbereichen nicht auszuschließen. Maler wie Peter Paul Rubens unterhielten Werkstätten mit mehreren Mitarbeitern, viele Bildhauer arbeiten auch heute noch in Werkstätten mit Hilfskräften und letztlich ist das technische Bühnenpersonal eines Theaters im Verhältnis zur unmittelbaren Kunstproduktion auf der Bühne auch eine entwickelte Form der Teilung von leitender Kopfarbeit und ausführender Handarbeit.

[57] In den darstellenden Künsten ist dies ablesbar aus der Neigung mancher Intendanzen und Regiekünstler zum Event, welches ein Kind des planvollen, monetär-intentionalen Denkens ist. Die Verwandlung einer klassischen Oper in ein Schaustück unter Einschluss obszöner Aktionen mag dem Ruf des Regisseurs als Eventmeister, nicht aber der vorwiegend musikalischen Kunst eines Musikdramas dienen. Vgl. die Autobiographie von Weikl (2007).

dass dieser Prozess weiter voranschreitet.[58] Eine ganz andere Frage stellt sich indessen, ob die Praxis des Kulturmanagements im Nahbereich des Kunstschaffens tatsächlich immer ihre instrumentelle Rationalität durchhalten kann (und soll) und ob nicht der gestalterische Kunstanspruch die betriebswirtschaftliche Rationalität durchkreuzen und sich damit unter Unständen durchsetzen muss. Dass Kulturmanagement in der Praxis oft am längeren Finanzhebel sitzt, macht es zu einer ethischen Frage: Soll Kulturmanagement die Hebelwirkung benutzen, um Kunst in die historischen Bahnen des Planhandelns zu zwängen? Es lohnt sich daher darüber nachzudenken, ob Konzeptionen des Kulturmanagements im Stile des Homo faber (des kreativen Handwerkers) ein Weg sein könnten, geschmeidigeren Umgang mit der Kunst zu entwickeln und auf eine elegantere, aber auch flexiblere und weniger kommandoartige Weise der Kunst zu dienen. Managen kann man Kunst selbst ohnehin nicht, allenfalls kann man ihre Ergebnisse vermarkten.

Von der soziologischen Systemtheorie beeinflusst hat sich die Vorstellung ausgebreitet, dass Kultur (und mit ihr Kunst) neben anderen Bereichen wie Wirtschaft, Bildung, Politik oder Wissenschaft ein Untersystem des Gesamtsystems *Gesellschaft* darstellt. Diese Vorstellung wird dem komplexen abstrakten Gebilde und den Charakterzügen der Kultur nicht gerecht. Kunst als eine handwerklich orientierte Formation eigener Art mag man als Untersystem neben anderen verstehen können. Kultur dagegen, deren Kern Sprache[59] ist (Ludwig Wittgenstein), ist eine Bewusstseinsschicht der ganzen Gesellschaft, kein womöglich mit anderen wetteiferndes Untersystem. Wirtschaft, Wissenschaft oder Politik wären sonst kulturlose (sprachlose) Gebilde[60]. Allein diese Logik verlangte ein anderes Verständnis von Kultur, wozu wir mit unserem anthropologischen Ansatz einen Betrag bieten wollen.

Alles, was in einem menschlichen Herstellungsprozess hervorgebracht wird, sei es Kunst oder ein kommerzielles Produkt oder ein sonstwie erzeugter Gegenstand, hat seinen Ursprung im Kopf.[61] Dessen neuronale Gehirnarchitektur geht aus dem aktiven Leben eines Menschen hervor, spiegelt also individuelle Erfahrungen wider, die so einmalige Prägungen bilden wie der Fingerabdruck. Die Gestalten, die im Denken geformt werden, sind keine autarken Einfälle, sondern reflektieren erlebte Gegebenheiten der Außenwelt (natürliche wie soziale, normative wie faktische). Das im dinglichen Tun sich bildende Objekt, welches im Entstehen oder als fertiges Ergebnis von der Außenwelt wahrgenommen und gedeutet werden kann, ist der vergegenständlichte Ausdruck der Botschaft, die der Erschaffer seinem Objekt mitgibt oder mitgegeben hat. Diese dem Objekt als geformte Masse imprägnierte Botschaft sieht im Falle einer kommerziellen Ware anders aus als im Falle eines Kunstwerks, auch wenn die Grenze häufig fließend ist. Man sieht mancher Ware nicht auf den ersten Blick ihren auf Gelderwerb ausgerichteten Charakter an. Im Prinzip besteht jedoch in allen Fällen eine *Korrespondenz* (nicht dagegen Identität, denn die Vergegenständlichung kann auch missraten sein) zwischen dem kulturellen Gestaltmuster im Kopf und der physischen Gestalt, d. h. der Form der dinglichen Masse.

---

[58] Einen wohl unumkehrbaren Schub hat die Elektronifizierung der öffentlichen Kommunikation bewirkt. Die Folgen sind nicht unproblematisch. Vgl. Weber (2008).

[59] Genauer: das Verständigungsmedium sozialer Kommunikation, ebenso wie des Denkens, das man als monologische Kommunikation einbeziehen kann.

[60] Das ökonomische Modell der Wirtschaft ist in der Tat kultur- und sprachlos. Aber das ist eben Theorie fernab der Realität.

[61] Ich beziehe mich in Grundzügen auf Arendt, Hannah (2007). Vgl. mit etwas anderen Akzenten auch Sennett (2008).

In einem konkreten kulturellen Muster – und daran knüpft der anthropologische Kulturbegriff an – muss der Zusammenhang zwischen (ursprünglich und initiierender) Denkgestalt und der durch Arbeit dinglich gewordenen Gestalt gesehen werden. Zwischen der gedachten und der verdinglichten Gestalt besteht eine unauflösliche Korrespondenz, auch wenn durch eine Trennung von Kopf- und Handarbeit eine gravierende und durch regelnde Strukturen überbrückte Distanz verwirklicht wird. Der Denkapparat in einem Industriebetrieb hat sich strukturell zwar weit von den Vorgängen in den Produktionswerkstätten entfernt (aus Gründen der Rationalisierung, die hier nicht ausgebreitet werden können). Der Vorteil größerer Effizienz der jeweils getrennten Aktivitäten wird indessen erkauft mit dem Entzug von kreativen Ambitionen auf der Ebene der ausführenden Tätigkeiten und einem Entzug der „Bodenhaftung" in reiner Kopfarbeit.

Da alles konkrete Handeln eine Kopfgeburt ist, liegt es in der Natur der Sache, dass dem Denkapparat eine beherrschende Rolle gegenüber den dinglichen Operationen zukommt. Dieses Phänomen ist in der Soziologie seit langem bekannt und ist immer wieder Gegenstand von akademischen Diskursen. Es läge an sich nahe, im Verhältnis zwischen der dinglichen künstlerischen Arbeit und den organisierenden und wegweisenden Arbeiten des Kulturmanagements eine spezifische Variante dieser Grundfigur zu vermuten. Doch ganz so einfach liegen die Dinge nicht.

Künstlerische Arbeit und der Leistungsfächer des Kulturmanagements unterscheiden sich zwar hinsichtlich ihrer Rollen und den inhaltlichen Merkmalen ihrer Tätigkeiten. Aber beide sind verbunden durch die gesellschaftliche Kultur, die sie mit ihren Wertprägungen überspannt. Jeder geschaffene Gegenstand ist daher nicht nur ein materielles Ding, sondern zugleich eine kulturelle Mitteilung, die den kommunikativen Bogen zwischen dem Hersteller und dem oder den Adressaten spannt. Es gibt also nicht nur eine Korrespondenz zwischen Denken und dinglichem Objekt, sondern auch eine reflektierende, dialektische Beziehung zwischen schaffendem bzw. empfangendem Individuum und deren sozialer Umgebung, vermittelt über das Medium *Kommunikation*.[62]

Das Denken können wir zwar mit den geläufigen Methoden empirischer Forschung mangels direkter Zugänglichkeit nicht objektiv feststellen. Dennoch ist das Denken in dem Sinne ein reales Faktum, als aus ihm Wirklichkeiten in der Welt der menschlichen Gestalten hervorgehen. Die Realität des Denkens kann nur aus den Äußerungen des Denkenden geschlossen werden. Diese Deutungsbedürftigkeit von geschaffenen Objekten ist bei Kunstwerken mit ihrer oft verwickelten Ästhetik und symbolischen Komplexität ausgesprochen hoch und gerade deshalb reizvoll, während man bei kommerziellen Waren alles Rätselhafte vermeiden und eine ästhetisch geschmeidige Gestalt den Käufern präsentieren muss. Daraus ergibt sich ein erstes Rollenelement für Kulturmanagement: Wo der Prozess der kommunikativen Begegnung von Künstlern und Publikum über das Kunstwerk, sei es ein fertiges Kunstwerk oder eine künstlerische Vorführung, aus einer räumlichen und zeitlichen Distanz hervorgeht, die erst überbrückt werden muss, damit kunstbezogene Kommunikation stattfinden kann, helfen professionelle Arrangements des Kulturmanagements. Es kann diese Distanz verkürzen oder überbrücken.

---

[62] Kulturdefinitionen, die nur die soziologische Seite ansprechen und beispielsweise von einem gesellschaftlichen Gefüge von Normen, Werten und Stilen sprechen, müssen wir aus anthropologischer Sicht als unvollständig zurückweisen. Das Umgekehrte, die Reduzierung von Kultur auf die Selbstformung des Individuums müssen wir ebenso als unzureichend ablehnen.

Kunst ereignet sich zwar in der Regel an einem bestimmten physischen Ort, z. B. in einer Ausstellung oder einem Konzert. Diesem Fixpunkt steht die Nichtörtlichkeit des unbekannten Publikums gegenüber. Natürlich lebt jeder Mensch an einem bestimmten Ort, doch das Publikum als Ganzheit ist ein Abstraktum ohne präzise räumliche Begrenzung, ein Überall und Nirgendwo, das nicht immer von selbst aus sich heraustritt und sich zu Wort meldet, wenn irgendwo Kunst stattfindet. Das ist nun der Moment, in dem professionelles Kulturmanagement seine dienende Funktion zeigen kann, indem es kommunikative Beziehungsstrukturen aufbaut, sei es auch nur für eine einzige Veranstaltung oder sei es als eine dauerhafte, jederzeit mobilisierbare Beziehungsstruktur für eine bestimmte Kultureinrichtung, etwa ein Theater. Kulturmanagement ist keine bloß administrative Stützfunktion, sondern stellt als eine dem Kunstereignis und zugleich dem anonymen Publikum zugewandte kommunikative Gestaltarbeit von der Unübersichtlichkeit der Öffentlichkeit zur punktuellen Bestimmtheit eines konkreten Ereignisses dar. Was dabei entsteht, ist ein abstraktes, auf den Potentialen der ansprechbaren Kommunikationsbeziehungen beruhendes Werk, das selber handwerklicher Kreativität bedarf. Es ist also selbst (fast) ein (oft flüchtiges) Kunstwerk.

Die Gesellschaft und in ihr jenes unscharfe Cluster „Publikum" ist eigentlich eine bildliche Vorstellung in den Köpfen der Beteiligten, die sich über dieses abstrakte Ding über Sprache verständigen und einigen können. Das Publikum ist wie die Gesellschaft selbst in diesem Sinne also im Grunde eine nur in *individuellen* Gehirnen existierende *Vorstellung*, eine Einbildung; sie hat keine gegenständliche (dingliche) Seinsweise. Wohl aber können unter der Geltung gemeinsam geteilter Visionen (Normen, Stile, Muster, Erfahrungen und ihre Deutungen) Gemeinschaftserzeugnisse hervorgebracht werden, die auf die abstrakte Existenz des Gesellschaftlichen verweisen, z. B. herausgelesen aus den Architekturschichten einer alt gewordenen Stadt oder aus den beobachteten Verhaltensgewohnheiten in einer Kulturgemeinschaft. Die individuellen Gesellschaftsvorstellungen besitzen dennoch eine, wenn auch abstrakte Realität, denn sie formen mental individuelle Gestalten und lösen korrespondierende Handlungen aus (worin *Hand* eine nicht ganz gleichgültige Bedeutung hat). Zur Kunst gelungenen Kulturmanagements gehört, sofern man dieses nicht bloß administrativ begreift, die Empfänglichkeit für solche geistesklimatischen Besonderheiten und der gekonnte Umgang mit solchen kommunikativen Strukturen. Im Kunstmarketing kann nicht jeder beliebige Jargon eingesetzt werden.

Der einsame Mensch vergewissert sich seiner sozialen Existenz durch Kommunikation, die ihm verstehen hilft, dass seine Lebensmuster von anderen geteilt werden (oder auch nicht), dass er sich bei gravierenden Diskrepanzen auf gemeinsame Muster hinbewegen oder mit kreativem Impuls auf Veränderungen drängen kann. Der einsame Mensch vergewissert sich aber auch seines Könnens in der Herstellung von Gegenständen aus den Stoffen der Natur[63], welche seine individuellen Kulturmuster zum Ausdruck bringen und die als Mitteilungen an die Außenwelt wirken können. Eine marktfähige Ware nimmt aus Gründen ihrer Verkäuflichkeit in deutlich stärkerem Maße die Gestalterwartungen der Adressaten (Nützlichkeitserwartungen, Qualitätsstandards, ästhetische Präferenzen usw.) auf als ein Kunstwerk, welches in erster Linie eine zu entschlüsselnde besondere, mit einer gewissen

---

[63] Der besondere Fall der darstellenden Künste, in denen der eigene Körper und seine Bewegungen und Äußerungen die Position des gestalteten oder gestaltenden Gegenstandes einnehmen, kann hier nicht im Einzelnen diskutiert werden. Das ist bei aller Komplexität jedoch keine Ausnahme von der elementaren Gestaltfigur des Handwerkens.

Neuigkeit versehene Botschaft des Künstlers aus seiner Gedankenwelt preisgibt.[64] Im Prozess des Herstellens vollzieht sich der ungebrochene Kreislauf von Kopfarbeit und Handarbeit, welcher bei genügender Wiederholung wachsende Könnerschaft hervorbringt; im Prozess der Wahrnehmung als Rezipient vollzieht sich der umgekehrte Vorgang: das Objekt und die Objektkonstellationen werden im Gehirn nachgebildet und von ihnen kann auf ihre vermutete Bedeutung geschlossen werden.[65]

Die Einheit von Kopf- und Handarbeit ist die traditionelle Figur des Handwerks, die auch das Kunstschaffen seit grauer Vorzeit ausmacht. Auch manch andere Schaffensprozesse, auch solche gewerblicher Art wie beispielsweise im Kunsthandwerk, werden häufig noch in dieser Form ausgeführt. Der Architekt, der seine Entwürfe zunächst am Modell studiert, der Forscher, der in seinem Labor verschiedene Experimentanordnungen ausprobiert, oder der Bühnenbildner, der die Spielszenen vorher in Kleinformat modelliert, sind in diesem Sinne Handwerker. Die Arbeit des Lehrers, welcher sich unmittelbar der Persönlichkeitsformung von Kindern widmet, indem er fortlaufend ihr geistig-seelisches Wachstum beobachtet und unterstützend eingreift, ist in diesem Sinne ein kreativer Handwerker.

Die Rolle des Kulturmanagements haben wir als einen permanenten Spagat zwischen künstlerischer Nähe und empathischem Mitgehen mit der Kunst einerseits und wirtschaftlichen Zwängen andererseits beschrieben und darauf bestanden, dass dem künstlerischen Inhalt stets der Vorrang vor den wirtschaftlichen Bedingungen und Interessen gebührt, stets unter der Voraussetzung, dass die wirtschaftliche Existenz nicht gefährdet werden darf. Aus diesem Umstand ergibt sich, dass die handwerkliche Komponente des Schaffens von Kunstwerken, ob als materielles Objekt (etwa als Skulptur) oder als Vorführung (etwa eines Konzertes), auf die Arbeit des Kulturmanagements „abfärbt". Der künstlerische Schaffensprozess seinerseits besteht aus den beiden Phasen der Formung der Botschaft mit Mitteln der ästhetischen Objektgestaltung oder der ästhetischen Einstudierung und der Vorführung oder Verbreitung des Kunstwerks in der Öffentlichkeit. Hier muss unterschieden werden zwischen Kunst, deren Botschaft über ein *dingliches* Medium vermittelt wird (z. B. Buch, Gemälde, Skulptur, Compact Disc) und Kunst, die uno actu in Anwesenheit von Publikum geschaffen wird (z. B. Theater, Oper, Ballett, Orchestermusik).[66]

Der Kern des Kunstschaffens besteht in der wirkenden *Einheit* von Kopf- und Handarbeit, ausgeführt unter dem Prinzip, dass der Inhalt (die Botschaft) die Form (die ästhetische Gestalt) bestimmt. Kunstschaffen geschieht allenfalls vorübergehend (physisch, aber nicht mental) isoliert von der Gesellschaft und beruht keinesfalls auf autistischen Einfällen. Das Denken und die Phantasie des Künstlers arbeiten nicht abgeschnitten, sondern verwoben mit dem kulturellen Klima der umgebenden Gesellschaft (z. B. die gemeinsame Zeichensprache, d. h. Worte, Laute, Gebärden, Symbole). Die ausführende Handarbeit, die künstlerische Produktion, ist zwangsläufig physisch eingebunden in die Verfügbarkeit von Ressourcen (Material, technisches Werkzeug, Zugang zu Kompetenzen anderer Individuen). Diese Verfügbarkeit herzustellen, ist bekanntlich eine Kernkompetenz des Kulturmanage-

---

[64] Das Wort *preisgeben* bedeutet hier, etwas zur Bewertung anbieten, nicht dagegen, etwas für verloren geben.

[65] Dies ist kraft der so genannten Spiegelneuronen möglich, mit denen das menschliche Gehirn in besonderem Maße ausgestattet ist. Man kann im Kopf die Bewegungen eines Schauspielers oder eines Tennisspielers nachbilden und entsprechende Empfindungen erzeugen, als ob man selbst spiele. Vgl. Rizzolatti/Fogassi/Gallese (2006).

[66] Die Einstudierung von Ensemble-Kunst ist zwar eine ratsame Übung, aber das Kunstwerk selbst entsteht bei jeder Vorführung neu, oft mit der Zeit verbessert. Kenner legen deshalb nicht unbedingt Wert darauf, einer Premiere beizuwohnen, sondern warten ab, bis das Ensemble nach mehreren Vorführungen wirklich zu einer produktiven Künstlereinheit zusammengewachsen ist.

ments mit Servicecharakter, und darin verbinden sich Kunst und Management, ohne zu verschmelzen.

Kulturmanagement ist indessen nicht nur in die Phase des Kunstschaffens, sondern auch in die Phase der Kunstpublikation involviert. Das kulturelle Klima der Gesellschaft ist nicht nur die Quelle künstlerischer Inspiration, sondern auch das Milieu der Mitteilung von Kunst. Die Komplexität des den Künsten zugewandten gesellschaftlichen Milieus sei hier beiseite gelassen, um allein die Rolle zu bestimmen, die das Kulturmanagement in der Phase der Kunstvermittlung in der Öffentlichkeit spielen kann. Diese Aufgabe hat durch die historische Entwicklung der modernen Öffentlichkeit ein hohes Maß an Erfahrung und Können erforderlich gemacht. Wurde einst der Dichter, der Komponist, der Theatermacher an den aristokratischen Hof geholt und mischte sich der Bänkelsänger von sich aus unters Volk, muss heute das in Wartehaltung verharrende (vom Konsum verwöhnte) Publikum mobilisiert werden, um dort zu erscheinen, wo Kunst geschieht. Die Aktivierung von Publikum geschieht nicht schon dadurch, dass sich Kunst ereignet, sondern bedarf angesichts der Reizüberflutungen einer hochgradig kommerzialisierten Gesellschaft der professionellen Gestaltung. Das ist (keine ganz einfache) Sache des Kulturmanagements.

Diese üblicherweise als Kunstmarketing (einschließlich Öffentlichkeitsarbeit) bezeichnete Aufgabe erfordert ebenso wie die Ressourcenbeschaffung vom Kulturmanager Einfühlungsvermögen (Empathie) und Einfallsreichtum (Kreativität), und zwar aus genauer Kenntnis und tief reichendem Verständnis der Bedingungen des Kunstschaffens heraus. Kulturmanagement ist zwar vom unmittelbaren künstlerischen Schaffensprozess klar abgekoppelt; der Kulturmanager schweigt, wenn die Kunst beginnt. Aber im weiten Vorfeld von Kunstereignissen geht es um die Überwindung von Passivität in der Öffentlichkeit und um die Überwindung von konsumorientierten Haltungen, die vor den nicht immer bequemen Anstrengungen der Kunstwahrnehmung zurückschreckt. Das gilt bei der Ressourcenbeschaffung (etwa die Überwindung der Passivität von Gönnern, Sponsoren oder politischen Entscheidungsträgern) nicht weniger als bei der Mobilisierung des Publikums für ein Kunstereignis.

Kunstverständnis ist eine holistische (hermeneutische) Kategorie. Kunst ist aus der Perspektive des Schaffenden wie des Rezipienten eine ganzheitliche Erscheinung. Sie ist daher keiner analytischen Methodologie zugänglich wie etwa bei der Zerlegung einer chemischen Substanz in ihre Elemente. Ein Mosaik ist der Effekt einer vom Erschaffer genau bestimmten Anordnung von einzelnen Steinchen. Die Botschaft eines Mosaiks steckt *nicht* in den einzelnen Steinchen, sondern *nur* in der holistischen Erscheinung. Kunst ist ein Ereignis in Raum und Zeit und gebunden an bestimmte Sachzustände. Ein Kunstereignis (ein Konzert, eine Filmvorführung, Bilder einer Ausstellung) wirkt an verschiedenen Orten anders. Ein und dasselbe Konzert in einem Schlosspark oder innerhalb einer Konzerthalle erzeugt beim Publikum unterschiedliche holistische Phantasien und Erlebnisse. Die Örtlichkeit definiert den Charakter der Kunstpräsentation und Kunstwahrnehmung. Man kann sagen, dass das örtliche Umfeld ein interpretatorischer Bestandteil des Kunstereignisses ist. Das Arrangement an einem Ort ist dennoch nicht ausschließlich Sache des Kunstschaffens (beim Bühnenbild wohl überwiegend, bei einem Open-Air-Konzert eher nicht), sondern auch eine des Arrangements durch einfühlsames Kulturmanagement. Beide Seiten sind nicht unabhängig voneinander, sondern bedürfen der sensiblen Kooperation. Empathie ist hier gefragt, nicht Eigenwilligkeit auf der einen und administrativer Eifer auf der anderen Seite.

Entsprechende Überlegungen ergeben sich auch in Bezug auf die Zeit, in der ein Kunstereignis stattfindet. Shakespeares *Ein Sommernachtstraum* hat mitten im Winter vielleicht seine besonderen Reize so wie umgekehrt Schuberts Liederzyklus *Winterreise* im Hochsommer. Eine Matinee erzeugt einen anderen Erlebnisrahmen als ein Abendkonzert. Auch in solchen Fragen ist die sensible Kooperation zwischen Künstlern und Management geboten. Das absolutistische Insistieren auf künstlerischer Autonomie ist hier ebenso unangebracht wie das diktatorische Beharren auf den Prinzipien der Wirtschaftlichkeit.[67]

Neben Raum und Zeit kommen weitere Umfeldaspekte eines Kunstereignisses ins Spiel, die sich aus den konkreten räumlichen und zeitlichen Verflechtungen im realen gesellschaftlichen Wirkungskreis ergeben. Das kann sich auf parallele Kunstereignisse konkurrierender, ergänzender oder stützender Art beziehen. Es kann auch weiter darüber hinausreichen, etwa in den Raum politischer Ereignisse hinein. Eine Matinee an einem Wahlsonntag kann Sinn machen; es kommt nur darauf an, was gegeben wird, vielleicht Christian Morgensterns *Galgenlieder* oder Verdis *Ein Maskenball* oder Die *Macht des Schicksals*. Das gesellschaftliche Umfeld zu beobachten und kooperativ einzubringen, gehört zum wohlverstandenen Aufgabenbereich des Kulturmanagements.

Andere Aufgaben, die gewöhnlich dem Kulturmanagement zugewiesen werden und administrative Funktionen beinhalten, sind vor allem in größeren Kultureinrichtungen Notwendigkeiten (z. B. Budgetverwaltung, Controlling, Personaldienste, Ablauforganisation), aber eigentlich keine Managementaufgabe. Ihnen fehlt das Moment des offenen, kreativen Mitgehens im gesamten Kunstgeschehen. Auch in der Wirtschaft spricht man nicht von Management bei weitgehend determinierten Tätigkeiten, deren Hauptmerkmal die arbeitende Hand bei ausgeschaltetem (schöpferisch tätigem) Hirn ist. Den kreativen Kulturmanager findet man eher in einer kunstnahen Werkstatt(atmosphäre) als in einer Abteilung mit fixierten Zielen und Kompetenzen.

Die Werkstatt ist ein sozialer Raum des gestaltorientierten Einsatzes von Stoffen und Werkzeugen, geleitet durch das kreativ arbeitende Denken des werkenden Homo faber. Homo faber wird hier als der seine Umwelt nach eigenen Vorstellungen schaffende, also Kultur erzeugende Mensch verstanden, nicht als eine Kreatur, die kraft ihrer Intelligenz grade mal ein bisschen mehr kann als ein Tier. Der Mensch ist hier Problemfinder (manchmal auch Problemmacher) und Problemlöser; Problem im weitesten Sinne aufgefasst als eine drängende oder von außen aufgedrängte Spannung in einem Ereignisfeld, deren Lösung zu einem entspannten Zustand führen soll. Es kann sich um eine produktive Aufgabe handeln, z. B. der Bau einer Brücke, um die Inszenierung eines Theaterstücks oder um das Aufspüren von Finanzquellen für eine notleidende Ausstellung.

Der Raum muss nicht zwingend ein physischer Ort sein wie in einem Atelier oder in einer Manufaktur. Er kann ein virtuelles Gebilde sein, wie ihn die Arbeit am Computer erzeugen kann. Entscheidend ist die Offenheit der Ergebniserwartungen (es gibt Zielräume, aber keine Zielpunkte) und die kreative Annäherung an mögliche Lösungen nach dem Prinzip von Versuch und Irrtum. Dort, wo es um eine fruchtbare Kooperation zwischen Kunst und Management geht, kann die Werkstatt zu einem zentralen (physischen oder virtuellen) Ort der intensiven Konsultationen entlang einer konstruktiven Ergebnisorientierung werden. So kann sich beispielsweise in einem Theater aus einem künstlerischen Regieeinfall eine gravierende Budgetverschiebung ergeben. Eine administrative (restriktive) Grundhal-

---

[67] Wirtschaftlichkeit ist als Maxime logisch und zugleich völlig nutzlos und sinnlos ohne Bezug auf einen konkreten Sachverhalt.

tung seitens des Kulturmanagements im Stile von Wagners Sixtus Beckmesser (in *Die Meistersinger von Nürnberg*) entspräche nicht dem Selbstverständnis eines Kulturmanagers als kooperierender Handwerker in einer gemeinsamen Werkstatt. Ein handwerklich arbeitender Kulturmanager ginge auf die Suche nach einer brauchbaren Lösung für ein solches Problem. Das Ergebnis ist offen und besteht nicht immer und nicht zwingend aus der Erschließung zusätzlicher Finanzquellen.

Es gibt zahlreiche weitere Beispiele für Kulturmanagement als kreatives Handwerk, die jedoch allesamt den Charakter einer konstruktiven Kooperation mit nicht fixiertem, wohl aber Richtung weisenden Ausgang besitzen. Ohne ausgebreitete Beschreibung seien hier genannt das Handwerk des Verlegers, der aus seiner Kennerschaft des Metiers und erfahrener Lektor seinen Autoren Anregungen geben kann, das Handwerk des Galeristen, der in ganz analoger Weise seine ihm anvertrauten Kunstmaler betreut, oder der Musikeragent, der als einfühlsamer Kenner der künstlerischen Qualitäten seiner Sängerklientel von manchen Engagements abrät, andere dagegen promoviert. Die Liste praktizierten handwerklichen Kulturmanagements ließe sich erheblich verlängern.

Handwerk hat eine Jahrtausende alte Tradition, die mit dem Aufkommen der industriellen Produktionsweise in Bedrängnis geriet, nicht nur technisch-organisatorisch, sondern auch kulturell. Die für das Handwerk charakteristische Geisteshaltung war und ist in Randgebieten immer noch das Streben nach Meisterschaft. Doch die verloren gegangene Welt des alten Handwerks ist nicht wieder herstellbar. Das zu versuchen, wäre fruchtlose Nostalgie. Dagegen kann der Grundgedanke des Handwerks, der in der Wahrnehmung realer Konfigurationen *Hand anlegt* und in der kreativen Einheit von Kopfarbeit und Ausführung besteht, sehr wohl in einer modernen Fassung der professionellen Herausforderungen des Kulturmanagements belebt werden. Ein Stück weit könnte damit, letztlich auch im Interesse der Künste, ein sachliches und zugleich ethisches Gegengewicht zu den rigiden, fast möchte man sagen freudlos-monetären Rationalisierungen in der Gesellschaftskultur geschaffen werden.

3.5 Die Grundfunktionen des Kulturmanagements

Die Beschreibung von Grundfunktionen des Kulturmanagements hat klassifikatorischen Charakter. In der Reihenfolge „Entdecken und Erfinden", „Bewerten und Entscheiden", „Entwickeln und Gestalten" und „Realisieren und Verändern" deutet sie zwar an, dass es sich um Vorgänge handelt, die meist aufeinander aufbauen, also einen konkreten Prozess bilden, der mit dem Entdecken oder Erfinden beginnt und, falls die Zwischenstufen positiv ausfallen, mit der Realisierung endet. Doch darf man sich diesen Verlauf nicht als einen linearen, ungebrochenen Strom von miteinander verketteten Einzeltätigkeiten vorstellen.

Ein (kreativer oder innovativer) Handlungsprozess hat bestimmte Akzente in seinen einzelnen Phasen. Man kann sagen, dass die Suche nach neuen Möglichkeiten durch Entdeckungen oder Erfindungen den Anfang zu bilden pflegt, aber viele Ideen und Anlässe, etwas Verwertbares zu suchen, entstehen erst in späteren Phasen des gesamten Prozesses. Der Prozess ist folglich keine Kette, sondern eine Spirale um einen Zeitpfeil herum und er ist kumulativ, d.h. das jeweils Vorausgegangene bildet den Ausgangspunkt für eine neue Aktivität und geht in sie mit ein. Genau genommen lässt sich ein präziser Anfang eines schaffenden Gestaltungsprozesses gar nicht bestimmen, denn die Anfänge liegen in den Anregungen und Auffälligkeiten der äußerlichen Welt und in den „eingeschalteten" Aufmerksamkeiten eines wachen Geistes. Ein solcher Prozess hat auch kein wirkliches Ende, sondern er mündet als etwas vorher nicht Dagewesenes in vitale Lebensverhältnisse ein und setzt dort sein kulturelles Werk als Element einer neuen Konfiguration in Gang oder fort.

Die kumulative Form, in der sich ein Handlungsprozess von seinem Anlass bis zu seinem (vorläufigen) Abschluss aufbaut, nimmt in sich einen Grundtatbestand des Handelns in der Realität auf: keine Aktion geschieht voraussetzungslos. Jede Handlung ist in einen konkreten Raum von Konfigurationen, ihren realen Kontext, eingebunden. Ihn aufzunehmen, zu interpretieren und darin den Startpunkt zu fixieren, bedeutet eine Weichen stellende Vorentscheidung (mit allen Risiken der Fehleinschätzung der Realität). Manche Irrläufer des Handelns, die sich erst in der Phase der Gestaltung und konkreten Implementation (Wiedereinführung in den Kontext) zu erkennen geben, haben hier ihre Ursache.

Die außerordentliche Komplexität realer Handlungsprozesse, zum Beispiel die Aufgabe, die kulturellen Ressourcen einer Region durch Fremdenverkehr für die soziale und wirtschaftliche Entwicklung in Wert zu setzen, zwingt häufig zu arbeitsteiligen Strukturierungen von Abläufen (Planungsprozesse können sie dann genannt werden) nach den hier genannten Grundfunktionen. Das bedeutet, dass Vorgänge des Suchens, Entdeckens und Erfindens erst einen gewissen Reifestand (z.B. durch einen Ideenwettbewerb oder durch ein kreativ arbeitendes Team) erreicht haben müssen, bevor man die Ergebnisse systematisch bewerten und entsprechende Beschlüsse fassen kann. Erst der verbindliche Beschluss schafft die Grundlage für die Ausarbeitung und Gestaltung und schließlich die Realisierung und Implementierung.

Die arbeitsteilige Strukturierung komplexer Handlungsverläufe baut systematisch und methodisch Phasen ein, die jeweils von anderen Personen ausgeführt werden. Dies ist ein in der Industrie und vielen anderen Lebensbereichen völlig normaler Vorgang, der die Lenkung des Gesamtprozesses erleichtert und durch zwischengeschaltete Prüfungen Risiken vermindern kann. Der Nachteil dieser Anordnung liegt darin, dass die Akkumulation, d.h. der Aufbau durch Hinzufügen von Wissen (genauer: von positiv aktualisiertem Wissen, Kontextwissen, das vom Ballast nicht benötigter Information, Daten und Kenntnisse befreit ist), nicht mehr in einer Hand liegt, sondern – meist in verdichteter Form – von Stelle zu Stelle überreicht wird. Jede nachfolgende Stelle muss die Resultate ihrer Vorgängerin erneute aufnehmen, interpretieren und als Plattform der eigenen Aktionen einrichten.

Die meisten künstlerischen Kreationsprozesse würden gestört, wenn sie phasenförmig gegliedert und womöglich arbeitsteilig ausgeführt würden. Sie bleiben gewöhnlich von Beginn bis Ende in einer Hand. Dies schließt keinesfalls aus, dass bestimmte Werksausführungen (zum Beispiel die Ausführung eines Bronzegusses in einer Gießerei) aus dem Kreationsprozess ausgegliedert werden. Viele Maler wie Rembrandt, Peter Paul Rubens, Lucas Cranach d. Ält. führten Werkstätten, in denen unter ihrer Anleitung bestimmte Arbeiten an Gesellen übertragen wurden (z.B. das Ausmalen des Bildhintergrundes). Man darf deshalb keinen prinzipiellen Gegensatz zwischen industriellen und handwerklichen Kreationsprozessen konstruieren. Es sind, wenn auch bedeutsame, graduelle Unterschiede.

Die Grundfunktionen, wie sie eben beschrieben wurden, beziehen sich allerdings in unserem Zusammenhang weder auf industrielle noch auf künstlerische Handlungsprozesse, sondern auf die spezifischen Aufgabenkonstellationen des Kulturmanagements. Dieses ist nun keine eigenständige, sondern eine gebundene oder angebundene Tätigkeit. Mit Blick auf die Aufgaben des Kulturmanagements muss betont werden, dass die Grundfunktionen hier einen so starken Inhaltsbezug zur eigentlichen Arbeit der betreffenden Kulturinstitution aufweisen, dass eine eindeutige Trennung zwischen den Aufgaben des Kulturmanagements und den kulturellen oder künstlerischen Aufgaben nicht immer möglich ist. Die Aufgabe eines Kulturmanagers ist, von ihrer funktionalen Bestimmung her, eine Dienstleistung gegenüber den Inhalten, aber in der konkreten Arbeit ist sie mit den Inhalten eng verbunden. Auch die Dienstleistungen eines Taxis oder eines Friseurs sind schwerlich ohne ihre Objekte vollziehbar.

Beispielsweise ist die Bewertung der Aussichten, ob die Inszenierung eines neuen Theaterstückes beim Publikum genügend ankommt, um nicht vor halb leerem Saal spielen zu müssen, eine Frage der Beurteilung der Qualitäten dieses Stückes aus den Erfahrungen der künstlerischen Theaterarbeit *und* eine Frage der Einschätzung der Öffentlichkeit aus den Erfahrungen des Kulturmanagements. Schon das Aufspüren von Veränderungen beim Publikum, zum Beispiel ein sich langsam vollziehender Generationenwechsel, verbunden mit einem entsprechenden Einstellungswechsel, kann eine auch für die inhaltliche Arbeit wichtige „Entdeckung" sein, die sich in einem Theater in der Programmpolitik und den Inszenierungsideen spürbar auswirken kann. Wie diese Fragen und durch wen sie in der Praxis beantwortet werden, ist nicht verallgemeinerbar. In vielen Fällen wird die künstlerische Leitung sich die Gesamtbeurteilung vorbehalten und dadurch selbst diese Seiten des Kulturmanagements ausüben. In anderen Fällen, vor allem in solchen Kultureinrichtungen, deren Existenz von den positiven Reaktionen des Publikums oder des Marktes entscheidend abhängt, wird es genau umgekehrt sein. Eine eindeutige Aufgabenteilung zwischen künstlerischer Leitung und Kulturmanagement kann es aus nahe liegenden Gründen ohnehin nur in relativ großen Betriebseinheiten geben und selbst hier nur in verzahnter Form.

Wir lassen die Frage, wie im konkreten Fall diese Verzahnung organisatorisch gelöst wird, in diesem Zusammenhang offen und betrachten die Thematik rein von der funktionalen, nicht von der organisatorischen Seite her. Zwar haben wir die Professionalisierung des Kulturmanagements mehrfach als eine Besonderheit der jüngeren Entwicklung seit Mitte der achtziger Jahre dargestellt und kommentiert, aber die Hervorhebung von Aspekten des modernen Managements in Verbindung mit Kunst und Kultur bedeutet nicht zwingend die Schaffung eines völlig neuen Berufsstandes.

Aus gutem Grund haben viele Ausbildungsstätten für Kulturmanagement sich dahingehend formiert, eine Ergänzungsqualifikation zu ermöglichen. Dies bedeutet nichts anderes, als dass in der Hauptsache eine *inhaltliche* Qualifikation bei den Studienteilnehmern entweder schon vorhanden ist oder angestrebt wird. In einigen Ausbildungsstätten des In- und Auslandes wird sogar der Nachweis eines abgeschlossenen künstlerischen oder kulturwissenschaftlichen Studiums sowie einer mindestens einjährigen Praxis in einer Kultur- oder Kunsteinrichtung zur Zulassungsvoraussetzung gemacht.

Ein Blick in die Lehrpläne von Ausbildungszentren für Kulturmanagement unterstreicht diese Sicht dadurch, dass die funktionale Seite des Kulturmanagements weit im Mittelpunkt steht. Die Problematik des Funktionsbegriffs, die wir an anderer Stelle schon aufgegriffen hatten, sei hier ebenfalls zurückgestellt. Von Grundfunktionen sprechen wir hier in dem Sinne, dass ihnen spiegelbildlich entsprechende Grundqualifikationen zuzuordnen sind, die sich quer über alle vorstellbaren praktischen Einsatzmöglichkeiten für Kulturmanager als qualifikatorische Basis hindurch ziehen. Die Akzente sind sicher von der Art der Aufgabe und auch von den persönlichen Dispositionen und Anlagen abhängig. Viele dieser facettenreichen Qualifikationen sind, zugeschnitten auf charakteristische Aufgaben in konkreten Einsatzgebieten, trainierbar, teils durch eigene Initiative, teils durch spezifische Lernangebote. Dies wird im Kapitel 8 ausführlich behandelt.

3.5.1 Entdecken und Erfinden

Die Funktion des Entdeckens hat neben ihren pragmatischen Aspekten, die hier im Vordergrund stehen, eine psychologische Seite: die Lust an der Erfahrung und dem Erlebnis des Unbekannten. Auch diese Seite ist eine nicht zu unterschätzende Komponente der weit gefassten Kultur, da von ihr unzählige Antriebe ausgehen, in Unbekanntes, noch nie Erlebtes vorzudringen.

In der Lust an neuen Erfahrungen liegt eine Antriebskraft, die Abenteurer, Forscher, Künstler und Kaufleute zu allen Zeiten auf Reisen in ferne Länder, ins Innere der Natur oder ins Reich der Phantasie gebracht hat und die Ursache für viele weltbewegende Entdeckungen war. Aufzubrechen, also sich zu erheben, angetrieben von der uralten Frage, was hinter der bekannten Welt ist, und sich vom vertrauten Ort zu entfernen, ist die Urform des Reisens. Das mit „reisen" sprachverwandte englische Wort „to rise" (sich erheben, aufbrechen) bringt dies noch deutlich zum Ausdruck.

Reisen aus Lust an Entdeckungen und Reisen, um systematisch zu erkunden, wie es beispielsweise die Fernkaufleute des Mittelalters betrieben, um interessante, handelbare Waren zu finden, unterscheiden sich wie Zufall und Methode. Viele gerade auch kulturelle Entdeckungen waren vielleicht eher zufällige Begleiterscheinungen anderer Betätigungen. Kaufleute der alten Seidenstraße handelten in erster Linie mit wertvollen Waren, aber sie brachten auch Erzählungen und Lieder mit. Durch ihr Wirken sind über die Jahrhunderte viele uns heute geläufige und sehr europäisch erscheinende Musikinstrumente aus Zentralasien nach Europa gelangt. Die Funktion des Entdeckens kann aber auch methodisch ausgearbeitet sein, d.h. Suchprozesse können systematisch organisiert werden, z.B. Experimente. Dies alles kann im Kultur- und Kunstmanagement durchaus relevant werden.

Schier endlose Varianten des Reisens von abenteuerlichen Entdeckerfahrten bis zu Selbsterfahrungen in Phantasiereisen, vom organisiert betriebenen Suchen nach handelbaren Waren bis zur Selbstgestaltung durch Kultur- und Bildungsreisen haben eine der vitalsten Komponenten des heutigen Kulturlebens geformt. Ganze Länder haben ihre wirtschaftlichen Aktivitäten auf den Tourismus eingestellt. Die Kultur des Reisens hat für das Kulturmanagement in jeder Hinsicht Bedeutung, und zwar in professioneller Dimension (z.B. das Berufsfeld „Kulturtourismus und Management des kulturellen Erbes"), in explorativer Dimension (z.B. die Entdeckung von Talenten, aufkommenden Kunststilen und unbekannten Kulturwerken) und in qualifikatorischer Dimension (z.B. die Entwicklung von Fähigkeiten zu grenzüberschreitendem Denken, zur kreativen Organisation von Prozessen des Suchens und Findens).

Kulturmanagement ist hinsichtlich der Funktion des Entdeckens dem Handel (alter Art, nicht dem heutigen Industriehandel) näher als der Industrie. Beider Motivation ist die Erweiterung ihrer Arbeitsfelder durch etwas Neues, das sie (nicht selbst herstellen, sondern) finden, bewerten und ihren Betätigungsfeldern einverleiben. Galeristen, Antiquitätenhändler, Verleger produzieren die Gegenstände ihres Geschäfts nicht selbst, sondern übernehmen sie von anderen. Sie müssen für ihr jeweiliges Genre nicht handwerkliche Meisterschaft entwickeln, sondern Kennerschaft und vielleicht auch Instinkt und Kreativität. Die bekannte Regel des Handels, der Segen des Geschäfts liege im Einkauf, trifft für die genannten Tätigkeiten sicher ebenso zu.

Entdeckungen sind zwar oft Zufälle, meist aber Ergebnisse bewussten, zum Teil systematischen (organisierten) Suchens. Bewusstes Suchen bedeutet Fokussierung der Entdeckungsenergien auf ein für ergiebig gehaltenes Gebiet, d.h. es beginnt nicht voraussetzungslos, sondern ruht in Vorerfahrungen und Intentionen. Weiterhin erfordert bewusstes Suchen Vorstellungskraft und Wachsamkeit. Die Vorstellungskraft setzt den Prozess des Suchens in Gang, indem sie Erwartungen und Hoffnungen stärkt, und gibt ihm Richtung. Die Wachsamkeit ist eine intellektuelle wie sinnliche Leistung, die es ermöglicht, das Gefundene als das Gesuchte zu erkennen und zu ergreifen.

Die Psychologie der Wahrnehmung und die Physiologie der Funktionsweisen des menschlichen Gehirns machen – soweit dies bislang wissenschaftlich erhärtet ist – deutlich, dass Wahrnehmen und Denken uno actu ablaufen, dass unsere Sinnesorgane (vor allem das Auge und das Ohr) nicht irgendwie oder zufällig unsere Umgebung abtasten und dabei etwas Auffälliges finden, sondern von (teils einfachen, teils äußerst komplexen) Mustern gelenkt werden, die sich im Laufe eines individuellen Lebens durch Erfahrung formen. Diese Einprägungen, ihre Stärke und ihre Konturenschärfe, bilden die Grundlage des (Wieder-) Erkennens von Gleichem und Ähnlichem und zugleich der Bestimmung von Ungleichem oder Neuem aus Abweichungen vom Vertrauten. Man kann Kreativität als die Fähigkeit beschreiben, aus gewohnten Wahrnehmungs- und Denkmustern auszubrechen und sich etwas Neuem zuzuwenden. Mit dieser Thematik hat sich besonders der Kunstpsychologe Rudolf Arnheim befasst.[68]

Bewusstes Suchen enthält aber auch das Element des Systematischen, des Organisierten. Talentsuche beispielsweise lässt sich organisieren, indem regelmäßig Veranstaltungen arrangiert werden, auf denen sich Talente präsentieren können. Man kann Sound Scouts in die Szenen entsenden, wo in einem frühen Stadium neue musikalische Trends oder vielversprechende neue Musiker zu hören sind. Systematik liegt auch in dem Bestreben, eine Kulturinstitution in den Ruf zu bringen, empfänglich für Entdeckungen zu sein und sich als ein kreativer Ort für Innovationen anzubieten. Dies kann in kommerziellem Zusammenhang mit der Intentionen gewerblichen Erfolgs als Promotor talentierter Künstler geschehen. Entdeckerlust ist aber nicht auf das Profitmotiv beschränkt, sondern kann sich ebenso auf die kulturellen oder künstlerischen Inhalte und ihre Qualitäten erstrecken oder diesen im Zweifel Vorrang einzuräumen.

Das Suchen (und Finden) von Erweiterungsmöglichkeiten des Aufgabenfeldes schließt nicht nur kulturelle (inhaltliche) Entdeckungen ein, z.B. neue Stilrichtungen, talentierte Künstler, interessante Literatur, sondern auch die Entdeckung von neuen Formen der Präsentation von Kunst und Kultur in der Öffentlichkeit, z.B. neue Veranstaltungstypen, neue Medien wie Internet, neue Cluster des Publikums, neue regionale Felder. In den letzten Jahren haben sich beispielsweise Kulturveranstaltungen etablieren können, die kulturelle und künstlerische Aktivitäten mit Fragen der regionalen Entwicklung in Verbindung bringen.

Entdeckungen sind konkret, das heißt fassbar und darstellbar. Ihnen liegt nicht irgendeine deduktive, abstrakte Herleitung zugrunde, sondern die Vorstellung von etwas im unmittelbaren Tätigkeitsbereich Bedeutsamem, Handfestem und Machbaren. Entdeckungen sind keine Konstruktionen, also Erfindungen, sondern Begegnungen, ob diese in der physi-

---

[68] Arnheim (2000); ders. (2001); vgl. aus neurologischer Sicht auch Zeki (1999), Schuster (2007).

schen Welt oder in der Phantasie stattfinden. Das bedeutet nicht, dass das Gefundene ungestaltet übernommen werden muss.

Die Gestaltungsfunktion, die im Folgenden noch dargestellt wird, bezieht sich im Rahmen des Kultur- und Kunstmanagements allerdings nicht auf die künstlerische Werkgestaltung, sondern auf die Begleitumstände ihrer Publikation. Entdeckungen können sich auf *Werke* beziehen, deren Veröffentlichung noch aussteht oder die im Verborgenen (Unentdeckten) entstanden sind (zum Beispiel die Entdeckung eines jungen Talents). Sie können sich aber auch auf den Kontaktbereich zur Öffentlichkeit beziehen, in der bekannte oder unbekannte Werke präsentiert werden sollen.

Im Unterschied, aber nicht im Gegensatz zu konkreten Entdeckungen, ist visionäre Phantasie, mag sie durch konkrete Begegnungen angestiftet sein oder nicht, eine Kraft eigener Art bei der *Erzeugung* von etwas Neuem (Erfindung im Unterschied zu dessen Entdeckung), bei der Schaffung von etwas noch nie Dagewesenem oder noch nie so Gesehenen oder Gesagten. Sie ist charakteristisch für künstlerische Arbeit, und sie kennzeichnet das wirkliche Wirken im Sinne von künstlerischem Produzieren. Dies ist nicht die Arbeit des Kulturmanagements, aber ein bedeutender Kontextfaktor oder besser: die Basis in dessen Arbeit, wenn es darum geht, künstlerische Erfindungen der Öffentlichkeit zu übermitteln. Das Ungewöhnliche in der Kunst erfordert ungewöhnliche Wege, ihr die Bahn in die Öffentlichkeit freizumachen. Kulturmanagement muss in solchen Lagen auch in seinem Metier erfinderisch sein können. Konstruktionen von etwas Neuem spielen neben Entdeckungen indessen eine parallele und oft mit den Entdeckungen integrierte Rolle. Man kann sagen, dass Erfindungen aus Entdeckungen in der Phantasie hervorgehen.

Die Entdeckung von etwas Konkretem erfordert ein hohes Maß an Sachkenntnis. Kulturmanager, die ihre Aufgabe überwiegend administrativ und betriebswirtschaftlich auffassen und praktizieren, sind den Inhalten oft zu sehr entfernt, um mit Sachkenntnis und Erfahrung mithalten zu können, wenn es um das Entdecken und Bewerten von inhaltlichen Aufgabenerweiterungen für die Kulturinstitution geht. Entdeckungen sind zwar gelegentlich auch Zufallsergebnisse, in der Regel aber sind sie von konkreten Wahrnehmungen, gepaart mit Sachkenntnis, angeregt und geleitet.

Wenn die Ausbildung von Kulturmanagern und Kulturmanagerinnen ohne Fundus an Sachkenntnis erfolgt, sei diese zuvor durch eigene Praxis erworben oder hat sie in der Ausbildung einen sehr breiten Raum inne (z. B. begleitet durch geeignete Praktika während des Studiums), dürften in den meisten Fällen die nötigen Stimulanzen für Entdeckungen fehlen. Diese Anstiftungen zu grenzüberschreitendem Denken gehen zwar über das vertraute Wissen oft hinaus, haben aber in diesem ihre Bodenhaftung.

Die betriebswirtschaftliche Managementlehre ist kein Kreativität förderndes Fach, sondern unterweist im Klären, Ordnen, Berechnen und Kontrollieren, das alles sind Qualifikationen, die in allen Funktions- und Arbeitszusammenhängen des Kultur- und Kunstmanagements gebraucht werden. Aber klären, ordnen, berechnen und kontrollieren kann man nur etwas Substanzielles, etwas Gegenständliches. Dies zu entdecken, geht als Funktion folglich allen anderen betriebswirtschaftlichen Aufgaben und Festlegungen voraus.

Bewerten bedeutet die Anwendung von Wertmaßstäben auf einen interessierenden Gegenstand oder eine Situation mit dem Ziel zu entscheiden, ob aus dem bloßen Interesse eine konkrete, konstruktive Verwendung mit entsprechenden Aktivitäten gemacht werden kann. Im Vorgang des Bewertens liegt einerseits der Aspekt der Interpretation. Diese bezieht sich auf die erklärenden Umstände im Umfeld des Entdeckten. Andererseits enthält der Bewertungsvorgang den Aspekt der Gewichtung der Relevanz von geltenden Werten in Bezug auf den Bewertungsgegenstand. Diese Werte ihrerseits beziehen sich auf die Lebensumstände, in denen sie verwurzelt sind und die das Entdeckte entgegennehmen und integrieren sollen.

Interpretation ist Erkennen und Deuten von Eigenschaften und Konstellationen, die zu einem vertieften Verständnis der Sache führen. Beispielsweise sind die musikalischen Eigenarten und Reize der Musik zentralasiatischer Völker den meisten Westeuropäern und sogar vielen Osteuropäern erst seit wenigen Jahren zugänglich, wenn auch bei weitem noch nicht wirklich bekannt. Diese Musik war während der Sowjetzeit verboten oder verpönt und nur spärlich auf Umwegen gelegentlich in den Westen gelangt. Sie sind also mögliche und erst zu einem kleinen Teil realisierte Entdeckungen für Touristen, Veranstalter und Plattenproduzenten.

Der kulturelle Sinnhintergrund, z. B. die Beziehungen zu tradiertem Erzählgut und zu schamanistischen Ritualen, die eigenartige Instrumentierung und Spielweise dieser Instrumente, die Gesangstechnik sowie die musikalische Formensprache sind interpretationsbedürftig. In einem weiteren Schritt sind sie hinsichtlich der europäischen Hörgewohnheiten und damit ihrer Chancen, verstanden und gewollt zu werden, in Beziehung zu bringen, also im eigentlichen Sinne zu bewerten. Dieser Bewertungsvorgang ist äußerst komplex und oft unbewusst durch Vorprägungen gekennzeichnet, die kein einheitliches Resultat und daher auch keine objektive Beurteilung der Erfolgschancen erlauben.

Bewertungen können allenfalls so objektiv sein, wie die zugrunde liegenden Werte ihrerseits innerhalb der relevanten Gruppe unbezweifelte Allgemeingeltung besitzen. Nicht selten läuft es deshalb umgekehrt: ein Veranstalter oder Produzent ist bekannt für bestimmte Haltungen, die in den Charakteristika seines Programms zum Ausdruck kommen. Sie sind *sein* Angebot, das in einem identifizierbaren Image verankert ist. In solchen Fällen bedeutet Bewertung auch die Einschätzung der Integrierbarkeit einer Sache in das Programm oder Image einer Institution.

Selbst ein so vergleichsweise einfacher Wertmaßstab wie der Profit, z.B. die aus einer Berechnung von Kosten und Umsätzen abgeleitete Gewinnerwartung eines Veranstalters oder eines CD-Label-Produzenten, ist kompliziert, weil die Risikokomponente sich vor allem auf die nicht monetarisierbare und nicht genau vorhersagbare Reaktion des Publikums und der Kommentatoren bezieht. Der Erfolg solcher Aktionen, wenn sie zustande kommen, kann zwar in begrenztem Rahmen durch gutes, flankierendes Kulturmarketing gestützt, aber nicht risikofrei gemacht werden. Der Kontrast zwischen den Erwartungen des Publikums – z.B. seiner Hörgewohnheiten und seiner Bereitschaft, etwas Neues anzunehmen – und dem Präsentierten kann unter Umständen auf eine harte Zerreißprobe gestellt werden.

Eine wesentliche Bewertungskomponente, die die Sache weiter komplizieren kann, ist die Erfahrung, dass der Kontrast zwischen Erwartungen und Erlebtem oft nur beim ersten Mal strapaziert wird und zu einem Misserfolg führt. Erfolge stellen sich häufig erst nach mehreren Wiederholungen ein, wenn sich das Publikum an das Neue gewöhnt hat. Einzelveranstaltungen, die kein Signal für wiederholbare Erlebnisse aussenden, sind deshalb für kommerzielle Veranstalter selten attraktiv, es sei denn, es handelt sich um eine durch einen langen Medienvorlauf schon namhaft gemachte Kunst, Künstlergruppe oder Produktion. Stabiler Erfolg stellt sich meist auch erst dann ein, wenn sich um das Neue herum Fan-Gruppen und Szenen bilden. Diese zu fördern und ihre Beziehungen zur Institution zu festigen, gehört zu den klassischen Marketingaufgaben im Kulturmanagement.

Es kann durchaus im öffentlichen Interesse liegen, Veranstaltungen mit dem Reiz des Neuen und kreativer Herausforderungen, aber einem entsprechenden wirtschaftlichen Risiko öffentlich zu subventionieren. In diesen Fällen treten andere Wertmaßstäbe auf den Plan, z.B. kulturpolitische, bildungspolitische, außenpolitische (etwa wegen der Pflege der Beziehungen zu einem anderen Land) oder standortpolitische Gründe für eine positive Bewertung. Bewertungen sind Alltag im Management. Sie sind Teil von *Entscheidungs*prozessen. Bewertungen im individuellen Entscheidungsprozess bewirken das Aussortieren von Alternativen des Handelns, die der Betreffende für nicht erwünscht oder zu riskant bewertet. In kollektiven Entscheidungsprozessen, z.B. in einem mehrköpfigen Vorstand, bedeuten Bewertungen auch Offenlegung von Beurteilungen, um sie für andere diskutierbar zu machen. Auf diese Weise bilden sich (im positiven Falle; Streitfälle sind keinesfalls selten) gemeinsam getragene Entschlüsse.

Im Kulturmanagement erweitert und kompliziert sich diese Funktion dadurch, dass inhaltliche oder auf die kulturelle Substanz bezogene Wertmaßstäbe herangezogen werden, meist zusätzlich zu den wirtschaftlichen. Diese Wertmaßstäbe sind kaum quantifizierbar, nicht auf den gleichen Nenner zu bringen, von subjektiven Präferenzen geprägt und dienen nicht selten als Hebel zur öffentlichen Selbstdarstellung, z.B. wenn einem Politiker die Gelegenheit zu einer Ansprache gegeben wird. Die eigenen Wertmaßstäbe und Beurteilungen einer Sache weichen häufig von denen anderer Beteiligter deutlich ab. Eine der bekanntesten und delikatesten Situationen in dieser Hinsicht sind die Bewertungen durch Kommissionen, die über Zuwendungsanträge von Kulturinstitutionen entscheiden müssen. Zwar geben sie im Rahmen von so genannten Vergaberichtlinien konkrete Kriterien heraus, auf die man sich antragstaktisch einstellen kann. Damit ist aber das Bewertungsproblem nicht vollständig gelöst, denn es unterliegt dann immer noch den Einschätzungen der Kommissionsmitglieder, ob und in welchem Ausmaß das Kulturprojekt mit den (subjektiv beeinflussbaren) Skalen innerhalb der relevanten Kriterien in Einklang steht.

Selbst wenn dies völlig eindeutig zu klären wäre, bliebe ein weiter Spielraum für zusätzlich herangezogene Wertmaßstäbe. Dies liegt in der Natur der Sache. Wenn von zwei gleichrangigen Anträgen nur einer angenommen werden kann, dann *müssen* erweiterte, zuweilen ziemlich künstlich anmutende Kriterien herangezogen werden. Letztlich entscheidet in den meisten Fällen die inhaltliche Überzeugungskraft des Antrags (die Brillanz der Darstellung etwa) sowie die persönliche Wirkung der Antragsteller selbst. Gerade in Bewertungsfragen kommt eine Qualität des Kulturmanagements zum Zuge, die wir später mit „Diplomatie" bezeichnen werden und die mit der starken Betonung der Außenbeziehungen zur Öffentlichkeit und zum Markt zusammenhängen.

3.5.3 Entwickeln und Gestalten

Entwickeln ist ein gedanklicher, konstruktiver Vorgang, bei dem aus einer Entdeckung, Erfindung oder Idee eine in das Gestalten überleitende Konkretisierung erreicht wird. Entdeckungen und Erfindungen sind quasi Rohlinge, deren wirkliche Tragfähigkeit im Hinblick auf die Absichten oder Pläne eines produzierenden Menschen oder einer Institution sich erst noch erweisen soll. Mit dem Entwickeln (Erarbeiten einer festen Form oder Kontur für eine Sache im Hinblick auf ihre Realisierbarkeit) geht meist auch Entfaltung einher (Differenzierung und Detaillierung nach Innen, um die inhaltlichen Formbedingungen freizulegen und zur Geltung zu bringen). Erst im Detail zeigen sich häufig die Hürden und Fallen; erst durch die Kleinarbeit kann ermittelt werden, auf welche Umstände bei der Gestaltung geachtet werden muss.

Entwickeln und Gestalten sind häufig miteinander verwobene und ineinander übergehende Vorgänge. Entwickeln ist, wenn man eine Nuancierung herausstellen will, der geistige Vorlauf, bevor man konkret ans Werk geht. In der Wirtschaft und vielen vor allem technisch orientierten Lebensbereichen sind diese Vorgänge meist arbeitsteilig getrennt. Jemand entwickelt eine Maschine (als Konstruktionsplan) oder erarbeitet die Baupläne für ein Gebäude bis zu einem Stadium, das als geprüft (im Falle eines Gebäudes sogar amtlich, vor allem auf die Statik bezogen) und machbar erklärt wird. Die Pläne werden dann zur konkreten Gestaltung an andere Stellen oder Einheiten weitergereicht. In künstlerischen Schaffensprozessen, aber auch in vielen handwerklichen Prozessen sind die Funktionen des Entwickelns und Gestaltens nicht scharf voneinander abgesetzt.

Kunstwerke und andere Kulturproduktionen sind gestaltete Objekte, die in erster Linie den inneren und äußeren Sinnzusammenhang durch eine ästhetische Form wahrnehmbar machen, ihn zum Ausdruck bringen, ihn gewissermaßen „lesbar" und identifizierbar machen. In einem gestalteten Objekt nimmt eine Idee eine Form an, die sich dem Eingeweihten meist ohne weiteres erschließt, für manchen Außenstehenden vielleicht ein ewiges Rätsel bleibt. Ein kultischer Ort wie Stonehenge oder die Dolmen im Mittelmeerraum, eine religiöse Figur aus dem christlichen Kulturkreis (Wandgemälde, Skulptur, Litanei, ästhetische Formen von Baukörpern) oder die spezifische Anordnung von Bauachsen (z.B. die Ausrichtung der Gebetsnischen islamischer Moscheen nach Mekka) können über ihre Formensprache von der betreffenden Kultgemeinde „gelesen" und verstanden werden, nicht aber immer von einem Außenstehenden (im Falle Stonehenge blieb deshalb vieles unverständlich). Kulturobjekte lassen auf das Ganze oder wesentliche Aspekte einer Kultur schließen, falls ihr Sinn aus der Gestalt und ihrem Kontext entschlüsselt werden kann. Sie sind in einem bestimmten kulturellen Klima entstanden und somit Ausdruck *kollektiver* Bestimmungen.

Moderne Malerei und zeitgenössische Kunstinstallationen sind ästhetischer Ausdruck von *individuellen* Visionen ihrer Hersteller, die von Außenstehenden „gelesen" und verstanden werden können, wenn sie die ästhetische Sprache des Künstlers verstehen. Solche Objekte öffnen sich nur selten dem schnellen Blick, sondern können erst nach längerer Beschäftigung mit diesem Objekt verstanden werden. Kultur- oder Kunstobjekte aus einer die Individualität betonenden Kultur finden in den Kulturwerten des gesellschaftlichen Kontextes zwar Anknüpfungspunkte, d.h. sie können sie reflektieren, aber sowohl die Schaffenden als auch ihre Werke verfügen über ihre eigene individuelle (Gestalt-) Sprache.

Der Gestaltbegriff, der an den geschilderten Beispielen deutlich gemacht werden sollte, ist angelehnt an einen künstlerischen oder kulturellen Werkbegriff, der im spezifischen
Zusammenhang von Kultur- und Kunstmanagement nicht unmittelbar gemeint ist, denn die
Gestaltungen dieser Tätigkeit sind keine Werke im physischen Sinne, sondern Werke im
Sinne sozialer Konstruktionen, die allerdings *für* Kunst- oder Kulturwerke gedacht und
gemacht sind. Ein gestaltetes und folglich wahrnehmbares und verstehbares Werk ist nicht
nur *Ausdruck von etwas*, sondern auch die *Mitteilung einer Identität* an die Außenwelt. Die
Gestalt hebt sich von ihrer Umgebung ab, benutzt sie als Kontrast oder als
mitinterpretierendes Umfeld, als ihren Kontext (wie das Bühnenbild im Theater), so dass
sie als herausgehobenes Etwas wahrgenommen und angenommen (verstanden, gewollt,
erworben) werden kann. Das gestaltete Werk spricht insofern zunächst für sich selbst und
bedarf keiner sozialen Konstruktion für ihren Zugang, die das Metier des Kultur- und
Kunstmanagements ist oder sein kann.

Der auf die *soziale Ebene der Kommunikation*, der Mitteilung in einem öffentlichen
Raum bezogene Gestaltbegriff ist kein physischer Werkbegriff, sondern ein kommunikati-
ver Begriff. Er bezeichnet vielmehr eine soziale Konstruktion von Verhältnissen zwischen
Menschen, im Kultur- und Kunstmanagement hauptsächlich zwischen den Werkgestaltern
(Künstlern und andere Kulturproduzenten) und der Öffentlichkeit (Besucher, Publikum,
Kritiker, Experten, Politiker usw.). Die sozialen Verhältnisse zwischen Kultur und Öffent-
lichkeit können sich spontan oder institutionell organisiert (zum Beispiel durch eine religiöse Einrichtung) oder aus gesellschaftlicher Tradition formen und auf die Dauer tragfähig
bleiben. Wo dies der Fall ist, bedarf es keiner sozialen Konstruktion durch ein Kultur- oder
Kunstmanagement. Erst wenn ein Werk nicht mehr selbstverständlich seinen Weg in die
Öffentlichkeit findet, insbesondere wenn es nicht von selbst die erwartete kulturelle Aufmerksamkeit oder kommerzielle Resonanz finden kann, wird eine entsprechende Professionalität der Herstellung und Pflege von Kontakten benötigt.

Die kommunikative Gestalt kann und wird zumeist mit dem Werk eng verzahnt sein.
Der Gestaltbegriff mit den beiden genannten Akzenten kann dies nicht immer deutlich zum
Ausdruck bringen, weil die Selbstpräsentation eines Werkes in der Öffentlichkeit, wenn es
da ist, und das durch professionelle soziale Konstruktion herausgehobene Dasein des Werkes eher ein Kontinuum als ein Paar trennscharf identifizierbarer Kommunikationsformen
je eigener Art darstellen. Irgendwo in einer großen Stadt wird beispielsweise ein Memorial
errichtet. Es wirkt dort auf jeden, der zufällig vorübergeht oder sich absichtlich zu den
betreffenden Stelle begibt. Wenn darüber hinaus Besuche organisiert und vielleicht kommentierende Erklärungen abgegeben werden, dann handelt es sich um Kulturmanagement
in Verbindung mit Kulturtourismus.

Die Komplexität der physischen und sozialen Gestaltvorgänge im Zusammenhang von
Kultur- und Kunstmanagement lässt sich am Beispiel von Museen verdeutlichen. Museen
sind Bauten zur Beherbergung und Besichtigung von Gestalten besonderen kulturellen
Interesses, die dort an sich nicht hingehören, deren Ursprung woanders liegt, unter Umständen in einem entfernten, fremden Kulturkreis. Teilweise sprechen die Objekte für sich
selbst, teilweise bedürfen sie der Erläuterung, der Führung, der Einstimmung und erwei-
ternden Kommentierung. Besucher können aus eigenem Antrieb oder auf Grund einer öffentlichen Ankündigung erscheinen.

Das kommunikative Geflecht von der reinen Objektebene bis zur professionellen Öffentlichkeitsarbeit ist kaum auflösbar. Deshalb kann die Öffentlichkeitsarbeit durch profes-

sionelles Kulturmanagement nicht von den übrigen Kommunikationsebenen isoliert aufgebaut und gestaltet werden. Auch aus diesem Grund kann Kulturmanagement ohne Sachkenntnis in den betreffenden Genre praktisch nicht sinnvoll ausgeübt werden.

Die Komplexität dieses Kommunikationsgeflechtes ist in anderen Kulturbereichen nicht weniger ausgeprägt. Am Beispiel des Museums lässt es sich aber besonders gut veranschaulichen. Ein einzelnes Museumsobjekt, das aus seiner Ursprungsumgebung entfernt wurde und nun in einem Schauraum zu Vergleichszwecken oder zur historischen Erklärung und Demonstration eines bestimmten Stranges der Kulturentwicklung mit anderen in Kombination präsentiert wird, wird vom Betrachter anders verstanden als in seiner ursprünglichen, ihrerseits aber vielleicht nicht mehr im Originalzustand erhaltenen, kulturellen Umgebung.

Die Sammlung vieler zueinander in Beziehung stehender Objekte in einem Museum ist selbst ein Gestaltungsprodukt, das in keinem Falle dem Originalzustand entspricht, da ja Kunst- und Kulturpraxis gewöhnlich nicht mit der Intention, eine Sammlung aufzubauen, betrieben wird, sondern mit den authentischen Lebensverhältnissen in Verbindung steht. Museen sind deshalb nicht einfach Aufbewahrungsorte, sondern Gestaltungs- und Erlebnisorte eigener Kreativität mit eigenen Anforderungen an die soziale Konstruktion ihrer öffentlichen Beziehungen. Objekte verlieren einen Teil ihrer Identität, wenn sie von ihrem angestammten Ort entfernt werden, und gewinnen durch eine gestaltete Umgebung eine neue, meist eine durch den ordnenden und deutenden Verstand intellektualisierte Identität. Die meisten Anordnungen in Museen sind klassifikatorischer Art, z.B. nach Epochen oder Stilrichtungen. Klassifikationen aber sind Erzeugnisse des menschlichen (forschenden, ordnenden, erklärenden) Verstandes, die dem Objekt selbst und seinem Kontext zwar nicht völlig fremd, aber auch nicht immanent sind.

Kein Maler hat, soweit man weiß, jemals ein Gemälde geschaffen in dem Bewusstsein, dadurch ein weiteres Element zu einer Stilrichtung oder Sammlung hinzuzufügen (ausgenommen selbstverständlich zyklische Sammlungen wie Goyas ‚Los desastres de la guerra'[69]). Veränderungen des physischen Kontextes, z.B. die Einbringung eines Objektes in ein Museum, schafft auf der Verstehensebene eine andere kommunikative Gestalt. Schon die Nachbarschaft eines Gemäldes zu anderen Gemälden an einer Wand erzeugt in der Wahrnehmung des Betrachters etwas Spezifisches, nicht immer ganz Bewusstes. Schon ein Umhängen der Gemälde kann das verändern. Dieser Umstand ist für den Gestaltbegriff des Kultur- und Kunstmanagements zwar von einiger Bedeutung, aber er steht nicht im Zentrum dieser Aufgabe, sondern gehört zur inhaltlichen Arbeit des Museums.

Aus den vielfältigen Bemühungen von Archäologen und Restauratoren, aus einzelnen gefundenen (entdeckten) Versatzstücken ein Ganzes wieder entstehen zu lassen und dieses der Öffentlichkeit zugänglich zu machen, aber auch aus den Konzeptionen von Ausstellungsleitern und museumspädagogischen Diensten kann man entnehmen, dass es so etwas wie eine gewollte, intentionale Kontextproduktion gibt. Gestaltungen durch bewusste Anordnung von Einzelstücken werden durch eine begleitende, erklärende Umgebung zu etwas Lesbarem, sinnlich Wahrnehmbarem und Identifizierbarem in einer bestimmten, z.B. klassifikatorischen, Richtung verständlich. Schon die Tatsache, dass dies in einem Museum (und nicht im Foyer einer Bank oder eines Rathauses) stattfindet, hat kommunikative Be-

---

[69] Die Serie wurde post mortem 1863 veröffentlicht und umfasst 82 Radierungen, die sich hauptsächlich mit dem „Unglück des Krieges" und seinen Folgen befasst. Goya galt in seiner Spätphase als freier, kritischer Geist in der europäischen Malkunst. Vgl. Traeger, 2000, S. 143 ff.

deutung. Die Tempelartigkeit der Architektur eines Museums ist eine mitschwingende Deutungskomponente.

Der Pergamon-Altar in Berlin wäre an seinem ursprünglichen Standort, dem heutigen Bergama in der Westtürkei, ohne archäologische Rekonstruktionsarbeit ein Ruinentorso, der für unkundige Außenstehende kaum verständlich wäre. Seine Wirkung als Torso vor Ort (rekonstruiert oder nicht) wäre in jedem Falle eine andere als in Berlin. Die Platzierung und bauliche Umhüllung des Altars an einem zentralen Punkt des Museums gibt ihm eine zusätzliche Bedeutung und Prägnanz. Ergänzende Rekonstruktionen, wie man sie überall an archäologischen Stätten findet, z.B. in Ephesos (türkisch: Efes) oder in Knossos auf Kreta mögen im Einzelnen unbefriedigend, vielleicht übertrieben sein. Ihre Gestaltung vor Ort macht sie immerhin für Besucher fassbarer und verstehbarer.

Durch die Rekonstruktionsarbeit am Ort wird die klassifikatorische Zugehörigkeit der Objekte etwa zur antiken Welt hervorgekehrt, dafür entfernt sich der zeitgenössische Kontext zur Kultur der heutigen Türkei oder des heutigen Griechenland auf Kreta. Dieser Aspekt ist für die Konzipierung und das Management von kulturtouristischen Angeboten ein Kernelement der „Produktgestaltung". Die Heraushebung einer Stätte aus dem Alltag der Gegenwart macht sie zu einem sakralen Ort der Erinnerungskultur, die beim Besucher eine innere „Umstimmung" bewirkt oder bewirken soll. Türen, Tore und Portale haben eine ganz spezifische kommunikative Bedeutung, was man manchen ihrer Gestaltungen sofort ansieht.

Dieses inhaltliche Verständnis ist eine der wichtigsten Komponenten bei der Konzipierung von Kulturmanagement in Verbindung mit Kulturtourismus. Die professionelle soziale Konstruktion von Zugängen zu dieser Art von Kultur und Kulturstätten ist mit dem besonderen Umstand des Reisens, des Verlassens von vertrauter Umgebung verbunden, was selbst oft heikle Gestaltungsprobleme verursacht. Viele historisch und kulturell wichtige Stätten bewegen sich – sicher zum Teil auch aus kommerziellen Interessen, zum Teil aber auch aus Unkenntnis der kommunikativen Wirkungen – auf dem riskanten Pfad der Entfremdung der eigentlich gemeinten Kultur durch vordergründige „Shows" und so genannte „Experiences" (Halman 1999, Bendixen 2000a).

Die Dinge zu lassen, wie die Zeitumstände sie geschaffen und hinterlassen haben, kann manchmal seinen eigenen Reiz haben. Man findet an vielen Orten der Westtürkei ältere Bauten, in denen antike Fundstücke (z.B. Säulenreste, Quadern mit noch lesbaren Inschriften) als Baumaterial eingefügt wurden (z.B. in der weit über tausend Jahre später errichteten Festung der Genueser in Candarlı in der Westtürkei; ähnliche Einbauten mit altgriechischen Inschriften findet man in den Mauern der Festung von Ankara (dem antiken Angora) und im Mauerwerk der aus dem 13. Jahrhundert stammenden, alten Moschee aus der seldschukischen Zeit ebendort.[70]

Archäologen, Restauratoren, Ausstellungsleiter und Museumspädagogen schaffen keine neuen Objekte, sondern präsentieren Fundstücke. Dennoch ist ihre Arbeit gestalterisch, indem sie die kommunikative Ebene der Beziehungen zwischen den Fundstücken und den Besuchern aufbauen. Die genannten Beispiele aus dem Reich des archäologisch bedeutsa-

---

[70] Für Reiselustige interessant ist in dieser Hinsicht die Stadt Bodrum (Westtürkei). Ihren Namen verdankt sie dem Johanniter-Kastell St. Peter (osmanisch: Bodros = Peter), das im 15. Jahrhundert von Kreuzrittern erbaut wurde und dabei zahlreiche Reste des antiken Mausoleums aus dem 4. vorchristlichen. Jahrhundert ins Mauerwerk eingefügt bekam.

men, kulturellen Erbes machen anschaulich, wie eng der Werkbegriff mit dem kommunikativen Begriff des Gestaltens verbunden sein kann und in der Regel auch ist.

In den genannten Fällen ist die fachkundige Arbeit unverzichtbar und steht im Vordergrund. Die Bearbeitung der Kommunikation mit dem Publikum, obwohl an sich das zentrale Thema des Kulturmanagements, bleibt der Sache selbst zu sehr verhaftet, um sie aus der engen Fachverantwortung völlig zu lösen und sie einem eigenständigen Kulturmanagement zu überlassen. Diese Problematik ist im Kulturtourismus institutionell angelegt, weil die Zuständigen vor Ort (Archäologen, Kulturhistoriker, Kustoden usw.) einer anderen Institution angehören als das Management des Kulturtourismus, das zumeist dem touristischen Veranstalter angehört. Viele Kulturstätten sind dazu übergegangen, kulturtouristische Programme in eigener Regie und Aufsicht zu arrangieren, weniger aus kommerziellen als aus Gründen der Kulturpflege.

Das Thema „Management des kulturellen Erbes" einschließlich der schwierigen Problematik seiner Nutzung und Übernutzung durch den Tourismus ist in jüngster Zeit vor allem an englischen und an türkischen Universitäten in der interdisziplinären, wissenschaftlichen Diskussion (Robinson/Evens/Callaghan (1996) und Korsay/Kuran-Burçoğlu/Yarcan/Ünan (1999); Bendixen 2000 a). Die Notwendigkeit, zum Schutz der „Erbstücke" geeignete Formen des Managements zu entwickeln, die den Zugang schaffen und zugleich regulieren, wird gesehen und bearbeitet. Diese Aufgabe ist ein anschauliches Beispiel für die Gestaltungsarbeit im Sinne des kommunikativen Gestaltbegriffs, wie er für das Kulturmanagement in Betracht kommt.

Die Gestaltung des Zugangs zu Stätten des kulturellen Erbes im Zusammenhang mit dem Tourismus ist eine Besonderheit, die jedoch nicht allzu weit abweicht von den Gestaltungsaufgaben des Kulturmanagements in anderen Bereichen. Die Gestaltung von Kommunikationsebenen zwischen Kulturinstitution und Publikum oder allgemein der Öffentlichkeit ist vielschichtig und taucht in unzähligen Varianten in der Praxis auf. Doch zeigt sich in allen Fällen, dass die Öffentlichkeitsarbeit des Kulturmanagements zwar arbeitsteilig, aber nicht isoliert betrieben werden kann.

Während die Verständigungsebene um das eigentliche Kultur- oder Kunstereignis (eine Ausstellung, ein Konzert, eine Theatervorführung usw.) unmittelbar die wahrnehmenden Sinne betrifft und deshalb eine überwiegend substanzielle oder physische Gestaltungsaufgabe im Sinne des künstlerischen und kulturellen Werkbegriffs darstellt, wozu z.B. auch die Akustik eines Zuschauerraumes, die Anordnung einer Bühne, die Lichtverhältnisse in einer Ausstellungshalle, die Eingangsarchitektur eines Museums usw. gehört), liegt die Gestaltung der Beziehungen zur Öffentlichkeit *im weiten Vorfeld* einzelner Kultur- oder Kunstereignisse im sozialen, kommunikativen Bereich, d.h. auf der Ebene der Schaffung von Beziehungen zu Teilen der Öffentlichkeit und der Entwicklung eines beständig wirkenden Images.

Zur Außenwirkung einer Institution gehören die zahlreichen Techniken der Kommunikation, die aus dem Arsenal des Marketing bekannt sind: vom Logo der Institution über die Plakatgestaltung und die allgemeine Werbung bis hin zur Pressearbeit. Zwar ist Werbung eine besonders plakative Form der Bearbeitung vom Images mit stark auffordernden Gehalten ihrer Mitteilungen, aber sie hat im Bereich von Kultur und Kunst im Vergleich zu den übrigen Image bildenden Faktoren eine eher untergeordnete und eher informierende als persuasive Bedeutung.

Dagegen hat die öffentliche Gesamtwirkung, die Reputation und die einprägsame Distinktion (Hervorhebung) als etwas Eigenes, Besonderes, Auffälliges, eine erheblich größere Bedeutung. Werbung und ähnliche Gestalten der Kommunikation sprechen die Sinne der Adressaten direkt an. Die Imagebildung dagegen beruht auf der Erzeugung von inneren Vorstellungen, also auch auf Phantasie, und spricht das Gedächtnis an, um dauerhafte Prägungen zu erzeugen. Öffentliche Kommunikation über die Medien, durch spezielle Veranstaltungen und andere Wege der Kommunikation sind im Allgemeinen wirksamer als ein paar Plakate. Beide Ebenen, die Werkebene und die kommunikative Ebene, wirken aufeinander und sollten in der Praxis folglich aufeinander abgestimmt sein. Plakate, Faltblätter, Anzeigen sollten dem Image der Institution nicht widersprechen, sondern es unterstützen. Die Reputation ist ein langsamer „Bauprozess", der mit den wiederholten und öffentlich kommentierten Kultur- und Kunstereignissen vor sich geht und der gegen störende Kommunikation äußerst empfindlich sein kann.

Die Distinktion, der in der Prägnanz des Images liegende Erinnerungs- und Auffälligkeitswert, zielt auf die Abgrenzung gegen die Umgebung ab. Diese kann eine städtebauliche sein (z.B. in welcher urbanen Umgebung befindet sich ein Museum, eine Stadthalle, ein Kino oder ein Jazzkeller?). Sie kann aber auch eine gesellschaftliche sein (welchem sozialen Milieu gehört eine Institution als Ereignisort an?).

Gestalten ist eine zentrale Aufgabe des Kultur- und Kunstmanagements, die sich von Entdeckungen und Erfindungen einschließlich deren realitätsbezogener Bewertungen ständig neu anregen und anreichern lässt. Gestalten erfordert neben einem profunden Sachwissen in dem betreffenden Kultur- oder Kunstsujet vor allem Einfallsreichtum und Einfühlungsvermögen, weil die Art und Weise einer sinnvollen Ansprache der Öffentlichkeit und vor allem des Publikums selbst durch intensivste Zielgruppenanalysen nicht (ausreichend) objektivierbar, sondern allenfalls in einigen Eckpunkten eingrenzbar ist.

Eine besonders wichtige Komponente des Gestaltens ist die Innovation. Das Image einer Institution, kommunikativ repräsentiert in Logos, Plakaten, Informationsblättern, Ton- und Textkassetten und anderen verbalen und nonverbalen Trägern, schleift sich mit der Zeit ab. Sie werden fast zu Bestandteilen des Alltags und finden nur noch die Aufmerksamkeit des ‚déjà vue'. Sie sind dann keine geeigneten Medien mehr, um Neues, Besonderes oder bedeutsame Veränderungen in der Institution in die Öffentlichkeit zu bringen. Folglich sind diese Medien neu zu gestalten. Indessen knüpfen diese Erneuerungen üblicherweise an die früheren Gestaltungen an, schaffen also nicht etwas abrupt und bruchartig Neues, sondern gehen in ihrer ästhetischen Entwicklung einige Schritte weiter, ohne das Vergangene völlig in Vergessenheit geraten zu lassen.

3.5.4 Realisieren und Verändern

Die konkrete Ausführung eines Konzeptes, eines Planes oder einer Bauanleitung verlangt die aufmerksame Steuerung jeder einzelnen Handlung und die besondere Beobachtung von Verknüpfungsstellen in arbeitsteiligen Abläufen. Ein präziser und getesteter Plan, zum Beispiel die Konstruktionspläne für ein Haus oder eine technische Anlage, müssen so exakt wie möglich ausgeführt werden. Abweichungen sind im Allgemeinen nur unter besonderen Bedingungen und Prüfungen möglich.

Realisieren ist ein Terminus, der mit ausführender Planung in einem dialektischen Zusammenhang steht. Der Plan ist das Ergebnis eines intellektuellen Vorgangs, durch den Ideen konkrete gedankliche Gestalt annehmen. Seine Geltung führt dazu, dass die physische Ausführung zwar eine gewisse Flexibilität vorsehen kann, die dann ein kongeniales Mitdenken im Sinne des Plans erfordert, die im Grundsatz aber nur die Ausführung eines vorgefassten, unumstößlichen Konzeptes sein soll. Dahinter steckt die Vorstellung der Herrschaft des Geistes über die körperliche Welt, eine Herrschaft, die sich die physische Welt untertan macht. Planung ist eine Herrschaftstechnik, Realisieren ist die unterworfene Ausführung.

Das Gegenbild ist das Schaffen aus dem Moment, aus dem Stoff, aus den physischen Gegebenheiten heraus mit der Leitidee, diesem ungeformten Korpus eine Gestalt zu geben, so wie ein Holzschnitzer aus einem Rohling allmählich eine Form herausarbeitet, die sich den immanenten Formmöglichkeiten des Objektes abgewinnen lässt. Solche Gestaltungsvorgänge sind natürlich nicht ideenlos, aber die Idee wird hier eben nicht auf rein intellektuellem Weg in einer vorher bis zur festen Form vorangetriebenen Plangestalt präzisiert, sondern lässt sich von den physischen Gegebenheiten, die sich erst im konkreten Gestalten offenbaren, leiten. Ein von Künstlern oft benutztes Zwischenstadium ist die Vorstudie, die aber der eigentlichen Gestaltungsarbeit weitgehend (selbstbestimmt) Raum gibt, davon abzuweichen. Diese Figur entspricht vielen traditionellen Formen des Handwerks, die heute nur noch in wenigen Berufszweigen wie dem Kunsthandwerk üblich sind. Auch künstlerische Arbeit folgt diesem Muster, wie die oft zahlreichen Vorstudien und Versuche von Malern, Bildhauern, Komponisten oder Novellisten nahe legen. Die Grundhaltung in dieser Gestaltungsdisposition ist die Einsicht in das dialektische Verhältnis des gestaltenden Geistes zum Gegenstand seiner Arbeit. Kennzeichen dieses Gestaltungstypus ist die Personalunion zwischen geistiger Ideengebung und physischer Ausführung.

Wir haben hier zwei Gegenpositionen des Gestaltens dargestellt, die in Bezug auf die Realisierungsaufgabe einen außerordentlich breiten Zwischenraum an konkreten Konfigurationen möglich macht, der in der Praxis in Abhängigkeit von den konkreten Verhältnissen auch in Anspruch genommen wird. Wir können vom handwerklichen Typus auf der einen und vom Planungstypus auf der anderen Seite sprechen. Reine Spontaneität, die sich an die physischen Gegebenheit und Möglichkeiten bindet und ohne leitende Idee nur realisiert, was der Stoff erlaubt, ist ebenso ein Extrem wie auf der anderen Seite eine strikte Planung, die unbeugsam zum Diktator einer bloß noch knechtischen Ausführung wird. Daraus folgt für die Realisierungsaufgaben im Zusammenhang mit Kultur- und Kunstmanagement, dass man die konkreten Bedingungen natürlich genau kennen muss, um sich entweder mehr dem Planungstypus oder mehr dem handwerklichen Typus zu nähern. Abweichungen von gefassten Plänen und verabschiedeten Konzepten oder Programmen sind – so kann man sagen – im Zusammenhang mit Kultur- und Kunstereignissen beinahe die Regel.

Kaum ein Plan kann im Vorhinein so präzise abgefasst werden, dass ein sicherer Realisierungsablauf gewährleistet werden könnte. Deshalb ist die Realisierungsphase, zum Beispiel die technischen und organisatorischen Vorbereitungen für ein Open-Air-Festival oder die Herrichtung einer Ausstellungshalle, eine Aufgabe, die aus dem Verständnis des Gewollten eingreifen kann und nötige Abweichungen so integrieren kann, dass ein reibungsloser Verlauf des Kultur- oder Kunstereignisses gewährleistet werden kann.

Realisierungsqualitäten gehören zum Rüstzeug eines Kulturmanagers. Sie können durch Sachwissen, unter anderem durch die Anwendung von betriebswirtschaftlichen Verfahren der Organisation und Steuerung von Abläufen auf der physischen wie auf der informationellen Ebene zwar gestützt werden, aber dies allein reicht keinesfalls aus. Neben der Kongenialität der Erfassung des Sinns eines Aktion ist praktische Erfahrung in den betreffenden Feld unersetzlich. Wegen der Bedeutung dieses Umstandes werden wir auf Rolle von Praxiserfahrung in der Ausbildung noch ausführlich eingehen.

Im dialektischen Zusammenhang von Planung und Realisierung liegt noch ein weiteres problematisches Moment: der Umgang mit dem Risiko. Wir können Planung auch betrachten als einen Versuch, durch weit ausgreifendes Vorausdenken (welches irreführenderweise oft Nachdenken genannt wird) möglichst alle Risikofälle wenigstens bedacht, wenn nicht sogar ausgeräumt zu haben. Wir gehen dieser Frage in einem eigenen Abschnitt noch ein Stück weit nach, denn der Umgang mit dem Risiko ist eine Sache für sich. In manchen sozialen Umfeldern, besonders in ministeriellen Bürokratien und Ämtern, erscheint eine Risikobereitschaft, wie sie etwa den Kommerz, aber auch zeitgenössische Kunst auszeichnet, als ein mit dem öffentlichen Rechts- und Sicherheitsverständnis nur schwer zu vereinbarendes Spiel mit dem Feuer. Im Zusammenhang mit Kultur- und Kunstmanagement geht es aber nicht um kommerzielle Risiken, sondern um ein aus Gründen der Kreativität und Erneuerungsfähigkeit notwendiges Inkaufnehmen der Möglichkeit, in der Öffentlichkeit kulturell zu scheitern. Experimente sind aber – nicht nur in den Naturwissenschaften – oft die einzige Möglichkeit herauszufinden, ob eine Idee gestaltet und vor allem in der Öffentlichkeit verständlich gemacht werden kann. Kunst und Kultur ohne Versuche, die immer auch Irrtümer werden können, ist eigentlich kaum vorstellbar.

Der Begriff „Realisierung" setzt einen starken Akzent auf die Umsetzung dessen, was zuvor erarbeitet und für machbar befunden wurde. Damit sind oft starke Eingriffe in den Kontext der Sache verbunden, bevor das Neue „in die Landschaft gesetzt" werden kann. Für ein neues Bauwerk müssen zahlreiche infrastrukturelle Maßnahmen ergriffen werden. Bei großen Projekten, zum Beispiel beim Bau des Birecek-Staudamms im Südosten der Türkei, bei dem vor der bereits begonnenen und in Kürze vollendeten Flutung die Ruinen der alten römischen Stadt Zeugma von Archäologen gerettet werden müssen[71], oder anderen Projekten in Indien und Südamerika, wo ganze Volksgruppen umgesiedelt wurden, ist dafür ein beachtlicher Aufwand notwendig. Realisieren bedeutet meist gravierende Eingriffe in den Kontext.

Viele Entwicklungsprozesse, die einen kreativen Anschub geben wollen, *erfinden* nicht etwas völlig Neues, sondern gehen behutsam von den Gegebenheiten des Kontextes aus, suchen dessen Potentiale zu *entdecken* und verändern die Sachlage schrittweise (z.B. kulturell, sozial und ökologisch verträglich), anstatt von außen ein Modell, einen festen Plan oder gar ein ganzes System (oft ohne allzu große Rücksicht auf Nebenwirkungen) zu implementieren. Der Begriff „Verändern" setzt folglich andere Akzente als „Realisieren".

---

[71] Nach dem derzeitigen Stand (2006) werden die Archäologen einen großen Teil dieses Kulturdenkmals nicht mehr rechtzeitig retten können. Aus betriebswirtschaftlichen Gründen wird die Flutung unbeirrt fortgesetzt. Das Gleiche gilt für den Tigris-Staudamm in der Provinz Batman, dem die kulturell wertvolle Stadt Hasankeyf mit einigen einmaligen Baudenkmälern aus römischer und seldschukischer Zeit zum Opfer fällt. Vgl. die beiden Berichte in „The Economist" v. April/Mai 2000, S. 29 bzw. 96 – 97. Inzwischen (2010) wird der Bau des Staudamms in Angriff genommen. Teile der antiken Reste sollen an anderer Stelle wieder aufgebaut werden.

3.6 Planung oder Versuch und Irrtum?

Der Gegensatz zwischen Planung und der Methode von Versuch und Irrtum ist relativ einfach zu beschreiben. Planung ist der Versuch, dem künftigen Geschehen möglichst jeden Überraschungswert zu nehmen, während die Methode von Versuch und Irrtum ein offenes Spiel mit dem Risiko ist, eine Sache auch dann zu wagen, wenn man sie nicht bis in alle Details hat voraus denken können. Vermutlich stehen beiden Methoden gewisse psychologische Grunddispositionen zur Seite, die im einen Falle zur Akzeptanz von Risiken führt, im anderen Falle ein Sicherheitsstreben hervorbringt. Es wird sich allerdings zeigen, dass zwischen beiden kein diametraler Gegensatz besteht, sondern sich insbesondere die Fragen der Risikobereitschaft und der Handlungssicherheit graduell auf die Praxis des Gestaltens auswirken. Der Freiraum für spontane Veränderungen, wie er bei der Bearbeitung eines Kunstwerks oft anzutreffen ist, würde in hochkomplexen Situationen rasch zur Verzettelung oder zu unannehmbaren Gefahren führen (etwa Unfallrisiken).

Die Kontroverse zwischen der rationalen, berechnenden Methode der Planung und der (angemessen betrachtet natürlich ebenfalls rationalen) Methode des Fortschritts durch Versuch und Irrtum ist sehr alt. Versuch und Irrtum muss ständig mit der Möglichkeit rechnen, dass ein Schritt in unbekannte Gefilde zu einem folgenschweren Irrtum führt. Infolgedessen sind die gewagten Schritte im Allgemeinen eher klein, um sich auf die Dauer auf einem kontrollierbaren Weg zu fühlen. Diese Vorgehensweise hat über die Jahrhunderte hinweg den Typus des handwerklichen Arbeitens stark geprägt. Der technische Fortschritt durch kleine Erfindungen war dementsprechend langsam. Das bedeutet, dass die Methode von Versuch und Irrtum zwar mit dem Risiko zu operieren gelernt hat, dass dies aber nicht bedeutet, dass auf diesem Wege die großen Impulse zum technischen und gesellschaftlichen Fortschritt zu erwarten sind.

Das systematische Planen, das von einem gewissen Fundus an Wissen und Erfahrung ausgeht und einen berechneten Aktionsschritt in die Zukunft nach seinen beherrschbaren Komponenten vorher abtastet, hat sich erst in der Neuzeit in Verbindung mit der allmählichen Rationalisierung (hier im Sinne von vernunftgeleitetem Handeln) in der abendländischen Kulturentwicklung herausgebildet. Die handwerkliche Methode von Versuch und Irrtum ist also die ältere von beiden. Die rationale Methode der Planung setzt ein gesteigertes Bewusstsein von der menschlichen Fähigkeit zu weiter Voraussicht und (einigermaßen) sicherer Beherrschung von physischen Realisierungsprozessen voraus, um sie möglichst punktgenau ins Ziel zu steuern. Punktgenaues Erreichen eines durch menschliche Aktion, nämlich Planung, festgelegten Zieles gilt umgekehrt als Beweis für rationales Vorgehen. Der Plan fixiert dabei in der Regel sowohl das Ziel als auch den Weg dahin.

Das Bewusstsein prinzipieller Beherrschbarkeit der Zukunft und ihrer faktischen Beherrschung nach Maßgabe des Standes des technischen Fortschritts und damit nach Maßgabe der verfügbaren und umsetzbaren naturwissenschaftlichen Erkenntnisse bei der Bearbeitung und Umgestaltung der physischen Welt ist ein Kulturprozess ersten Ranges. Dieses Bewusstsein nahm seinen Anfang in der Renaissance, die damit zugleich einen bedeutenden Schritt zur Befreiung von den übermächtigen klerikalen Begrenzungen tat. Dieser kulturhistorische Vorgang leitete zugleich den Aufstieg der modernen Naturwissenschaften ein, begleitet von aufklärerischer Philosophie und Geschichtsbetrachtung und einem veränderten Verständnis der modernen Welt als menschliches Werk, und dies alles getragen von der Formung des Menschen als eigenständiges, zur Selbstregulation fähiges Individuum.

Es bedarf sicher keiner weiteren Diskussionen, dass diese Beschreibung nicht nur eine starke Verkürzung und Vereinfachung, sondern auch eine gewisse Idealisierung dieser historischen Vorgänge enthält. Die Wirklichkeit der vergangenen Jahrhunderte ist viel stärker durch unzählige Fehlschritte und misslungene Aktionen gezeichnet als durch wenige gelungene Beispiele. Die gelungenen Aktionen indessen waren die entscheidenden Schritte vorwärts, die oftmals Wendepunkte in der Geschichte wurden, und mit der Rationalisierung des menschlichen Geistes konnten diese durch vorausschauendes Handelns räumlich und zeitlich weiter ausgreifend und systematischer werden. Risiken und Fehlberechnungen sind auch bei entwickelter Rationalität nicht auszuschließen.

Die Modelle der Ökonomie, vor allem aber die Darstellungen des Instrumentariums der Planung in der Betriebswirtschaftslehre lassen aus ihrer Sicht keinen Zweifel an der prinzipiellen Geltung der Rationalität, und zwar in möglichst unbehelligter Form. Sie zeigen die Idealform der Verlaufs eines Marktes (des vollkommenen Marktes) und sie beschreiben den Idealverlauf eines Planungsprozesses (der optimalen Verlaufssteuerung). Natürlich wird angemerkt, dass in der Praxis unerwartete Ereignisse das Ganze zu Fall bringen können und dass man eine Risikobewertung in die Planung einschließen müsse. Doch gerade dies bestätigt die prinzipielle Vorherrschaft des (ökonomisch-) rationalen Planungsdenkens, der Erwartung, dass man im Falle eines Falles Planumstellungen vornehmen oder einen Alternativplan aus dem Tresor holen können muss. Den Unwägbarkeiten des Lebens wird auf diese Weise rational begegnet.

Die Gefahr idealisierender Beschreibungen liegt im Perfektionismus, in der Radikalität des Vertrauens in die Verstandestätigkeit und in der Nüchternheit der Verstandestätigkeit durch Verdrängung der Sinnlichkeit. Solange der Glaube an einen übermenschlichen Gesetzgeber fest genug war, genügte die Erkenntnis der Welt durch Kontemplation. Das, was real geschah, war Gottes Wille. Die Befreiung des menschlichen Geistes brachte die Überzeugung der eigenen Schöpferkraft durch den denkenden und forschenden Verstand mit sich und begann, diesen zur Herrschaft zu bringen. Der Geist der Überlegenheit, der dem Gebrauch des Verstandes den Vorrang vor der sinnlichen Wahrnehmung und Welterfahrung zubilligt, ist auch der Methode der Planung immanent, wie wir sogleich sehen werden.

Die problematische Folge solcher als Muster und Maßstab dienender, perfekter Gestalten wie dem Plan (oder der Konstruktionszeichnung oder anderer Entschiedenheit ausweisender oder vorgebender Dokumente) ist in der Praxis das Unbewusstbleiben des Grabens zur Realität und ihrer Sinnlichkeit, verbunden mit einer negativen Haltung gegenüber allem, was „der schmuddeligen Wirklichkeit" (Hartmut von Hentig) anzuhaften pflegt. Der planende Intellekt kann der Wirklichkeit nicht gestatten zu sein, was sie ist und wie sie ist, Der Verstand muss seine Überlegenheit dadurch demonstrieren, dass er eine andere Realität intendiert, die er auch dann durchgesetzt wissen will, wenn die unauflösliche Komplexität der Wirklichkeit Widerstände zeigt, die unterdrückt oder ausgeschaltet werden müssen.

Diesem Ergebnis fällt auch das feine Netz sinnlicher Beziehungen zwischen Menschen und zu den Kreaturen und der natürlichen Lebensumwelt zum Opfer. Rationale Planungsprozeduren kennen das Risiko nur als die Gefahr des *eigenen* Scheiterns, nicht dagegen als die Gefahr unwiederbringlicher Verluste in der Außenwelt. Mit anderen Worten, die (meisten) Planungsmodelle werden betrieben wie Texte ohne Kontext. Ein einmal gefasster Plan, beispielsweise zur Steigerung der Energieerzeugung einen gewaltigen Staudamm in die Landschaft zu setzen, kann nur dann scheitern, wenn die Berechnungen fehlerhaft waren und wenn Bedenken für die *wirtschaftliche* Nützlichkeit auftauchen.

Der Plan sorgt sich um die innere Rationalität des Projektes, nicht um die Rationalität des gesamten Kontextes. Dies ist ein prinzipielles Manko des ökonomischen Rationalitätsbegriffs, der den Egoismus zur positiven Norm erhebt in dem vagen und realitätsfernen Glauben, dass der Egoismus aller durch die „unsichtbare Hand des Marktes" (Adam Smith) in das Glück und den Wohlstand aller verwandelt wird. So wird zum Beispiel derzeit in der Osttürkei ein Staudamm bei Birecik gewässert, der die archäologisch noch nicht voll erschlossenen Ruinen der alten römischen Stadt Zeugma mit unersetzlichen Mosaiken, Skulpturen und sonstigen Kulturschätzen unwiderruflich verschwinden lässt (Fraser, 2000). Die kulturhistorischen Belange hatten vor den wirtschaftlichen Interessen an diesem Milliardenprojekt so gut wie keine Chance. Deren Nützlichkeit erschien als viel zu gering und außerdem als externe Angelegenheit außerhalb der Projektkalkulation.

Planung ist ein Prozess der Projektion, der gedanklichen Vorwegnahme von Handlungsmöglichkeiten und der Konzipierung von Handlungsabläufen, *bevor* diese physisch beginnen. Planung in der Praxis kann – wenn man es denn will – durchaus auch als kontextbewusste Prozedur organisiert werden. Sie muss keineswegs zwingend sture Konstruktion und breschenartiges Eindringen in die vorgefundene Wirklichkeit sein. Sie ist es allerdings nicht selten, vor allem dann, wenn mächtige Interessen hinter ihr stehen. Planung ist deshalb, wenn ihr ein bestimmter ethischer Anspruch eingegeben wird, auch eine mögliche Methode zur Verringerung absehbarer Risiken und Kontexteffekte sowie der Vorsorge gegenüber Ungewissheiten, da sie im Rahmen ihrer Methodik selbstverständlich auch Vortests und andere Prüfverfahren einbauen kann.

Die handwerkliche Methode ist, wenn man es so sagen will, bodenständiger als Planung. Sie ist eine Vorgehensweise *innerhalb* eines schon begonnenen Handlungsprozesses. Sie praktiziert nicht, wie wir im vorigen Abschnitt gesehen haben, eine dem physischen Tun zeitlich vorausgehende, definitive Denkarbeit. Ihre gewagten Schritte voraus (ihre Fortschritte), die das Vertraute überschreiten und sich in Neuland vorwagen, bauen auf dem Prinzip auf, dass kleine Schritte in der Realität weniger große Folgen haben, falls sie sich als Irrtümer herausstellen, und dass in diesen Fällen Korrekturen noch möglich sind.

Große Schritte ins Unbekannte waren und sind Stoffe für Heldentaten, etwa die Entdeckerfahrten von Christoph Kolumbus oder Vasco da Gama. Sie sind kein Maß für die handwerkliche Methode und im Übrigen auch nicht für die Methode der Planung. Erst jüngere Entdecker wie beispielsweise Fridjof Nansen haben ihre Fahrten jahrelang geplant und präzise wissenschaftlich durchdacht, soweit dies im Voraus möglich war. Fridjof Nansens Polarforschungen können wegen der Stringenz ihrer planerischen Vorbereitungen, die gewiss der Grundstein seines Erfolgs waren und die Wagemut selbstverständlich nicht ausschlossen, sondern diesen als Antrieb benötigten, als der Typus des systematischen Entdeckerns in der modernen, rationalen Welt beschrieben werden.

Die Methode der kleinen Schritte in Form von Versuch und Irrtum erklärt, warum der technische Fortschritt in der langen Periode des Mittelalters, in der die handwerkliche Form absolut dominierte, nur äußert langsam vor sich ging (Krohn 1976, Zilsel 1976). Dies lag nicht etwa an mangelnder Ausbildung und geringerem Können der Handwerker, sondern an dem noch nicht geweckten und von klerikalen Mächten auch nicht erwünschten Bewusstsein, dass der Mensch (natürlich nicht völlig unbegrenzt) Gestalter seines eigenen Schicksal sein kann. Dies hätte die Idee eines allmächtigen und allein bestimmenden Weltenherrschers über den Menschen durchkreuzt.

Die Methode von Versuch und Irrtum hat ihre Wurzeln jedoch nicht nur in der menschlichen Vorsicht, mit möglichst wenig Schaden im Falle von Irrtümern davonzukommen. Eine besonders auch in der bildenden Kunst maßgebliche Komponente ist die, dass das Werk, das man herstellen will, einen Grad an Komplexität aufweist, der durch alles kluge Vorausbedenken nicht im Voraus in die eindeutige, geklärte, festlegbare Gestalt eines endgültigen Zustandes umgewandelt werden kann. Auch ein Handwerker oder ein bildender Künstler arbeiten häufig nach Skizzen, die sie vorher anfertigen, um sich ein ungefähres Bild zu machen. Versuch und Irrtum ist also nicht völlig planlos.

Versuch und Irrtum ist keine unkontrollierte, den Zufall ins Spiel bringende Vorgehensweise, wohl aber eine, die noch während der physischen Ausführung sowohl Korrekturen als auch intuitive, durch das allmähliche Gestaltwerden des Werkes angeregte Einfälle erlauben. Gerade diese sind möglicherweise in vielen Kunstwerken der eigentliche Witz (Geist), der die Einmaligkeit und Originalität eines solchen Werkes mitbestimmt. Deshalb ist ein solches Werk unwiederholbar. Das Handwerk schaffte in seiner klassischen, vorindustriellen Zeit Unikate, die heute eben deshalb als Antiquitäten geschätzt werden.

Wo Intuition, also starke sinnliche Wahrnehmungen aus den Momenten des Objektes und aus der Phantasie ins Spiel kommen, verliert die Rationalität, die Kontrolle des Verstandes, ihre Alleinherrschaft an die Komplexität des Augenblicks. Solche Situationen sind unwiederholbar, sind nicht regelhaft und daher auch nicht planbar. Folglich *kann* es keine Wiederholungen und damit auch keine mit dem Original verwechselbaren Imitationen geben (auch wenn die Unterscheidung selbst Experten nicht immer leicht fällt).

Selbst die perfekteste Imitation wird, wenn sie als solche entdeckt wird, sofort den Glauben an den Witz des Werkes zerstören, weil die Nachbildung das Fehlen der authentischen Kreativität belegt, eine Eigenschaft, auf die Kenner und Sammler den größten Wert legen. Bekanntlich liegen Fälschungen, so interessant sie ihrerseits manchmal sind, aus guten Gründen im Kunsthandel weit unter dem Wert des Originals. Das Moment des Kalkulierten, des Absichtlichen, das jeder geplanten Aktion innewohnt und das auch jedem Industrieprodukt anhaftet, verändert die Bewertung abrupt. „Man merkt die Absicht und ist verstimmt", spottet Wilhelm Busch nicht zu Unrecht.

Planung oder Versuch und Irrtum? Das klingt nach gegenseitigem Ausschluss. Eine solche Dichotomie existiert in der Realität jedoch nicht. Die durch Planung vorbereitete Aktion kann Spielräume einschließen, in denen aus Gründen der Erhaltung von Spontaneität und Experimentierlust keine definitiven Festlegungen getroffen, sondern lediglich Rahmenbedingungen geschaffen werden. Andererseits wären völlig ungeplante Arbeiten nach der unorganisierten Methode von Versuch und Irrtum ihrerseits ein Methodenirrtum, weil dies letztlich die Vorherrschaft des Zufalls bedeuten würde. Es kommt also im Einzelfall darauf an, um welche Sache es geht, welchen Sinn sie erfüllen soll und wie viel Risikospiel man sich glaubt erlauben zu können.

Beide Methoden haben für das Kulturmanagement Relevanz. Komponenten von Versuch und Irrtum sind im Zusammenhang mit Entdecken und Gestalten, teilweise auch noch Realisieren enthalten. Die Entdeckung einer talentierten Rockband, die einen neuen Sound verkörpert, und das professionelle Bemühen, mit Auftritten einen Erfolg herbeizuführen (für die Band ebenso wie für die Agentur), lassen sich nicht planen. Man muss es einfach versuchen, Irrtum nicht ausgeschlossen. Aber die Praxis zeigt zugleich die Notwendigkeit des Planens, denn das Scheitern kann nur allzu leicht seine Ursache in Unbedachtsamkeiten der Projektierung und Organisation der Auftritte, in dilettantischem Marketing und vielen anderen Unwägbarkeiten haben, nur nicht in der Qualität der dargebotenen Musik.

3.7 Management

Die allgemeine Umschreibung des Kultur- und Kunstmanagements als die Kunst, Kultur zu ermöglichen, ist zwar relativ griffig, lässt aber auch zahlreiche Konkretisierungen und Akzentuierungen zu. Bei genauerem Hinsehen wird deutlich, dass weitgehend übereinstimmend die künstlerischen und kulturellen Inhalte, um deren Weg an die Öffentlichkeit es im Wesentlichen geht, als eine feststehende Größe angesehen werden.

Management schafft *Rahmenbedingungen* des Kultur- und Kunstschaffens. Es nimmt sich der Kommunikation zwischen Kunst und Öffentlichkeit an, ohne in die Inhalte einzugreifen und dadurch deren Integrität zu verletzen. Vom Handlungstypus her befasst sich Kultur- und Kunstmanagement mit dem *Umfeld* künstlerischer und kultureller Inhalte oder, um noch einmal die Formel von Text und Kontext aus dem Abschnitt 2.1. aufzugreifen und hier etwas zu vertiefen: Es nimmt die kulturellen Werke entgegen und gestaltet für sie ein geeignetes Ambiente. In der Praxis lässt sich eine so klare Brechung der Zuständigkeiten von Kulturmanagement und künstlerischer oder kultureller Arbeit nicht erreichen, und zwar nach beiden Seiten nicht.

Der Begriff „Ambiente" ist zugleich konkret, unmittelbar und kommunikativ. Das Umfeld betrifft den konkreten Ort eines kulturellen Ereignisses oder Objektes, z.B. das für eine Veranstaltung hergerichtete Gebäude mitsamt der zugehörigen Infrastruktur. Kommunikativ ist diese Aufgabe darin, dass über das Ambiente für das Publikum wahrnehmbare, erlebbare und deutbare Beziehungen zu den im Mittelpunkt stehenden kulturellen oder künstlerischen Inhalten aufgebaut werden. Mit anderen Worten: Wie die Kulisse auf der Bühne spielt ganz generell das Ambiente eines Ereignisses eine Sinn vermittelnde, interpretative Rolle im Prozess der Rezeption des Ereignisses durch das Publikum.

Es geht an dieser Stelle darum hervorzuheben, dass sich Kultur- und Kunstmanagement in einem erweiterten Sinne mit der Gestaltung eines konkreten Ambientes für ein kulturelles Ereignis befasst und durch seine Wirkungen im Rezeptionsprozess inhaltlich nicht (völlig) neutral sein kann. Da umgekehrt die künstlerische bzw. kulturelle Arbeit am Inhalt eines Ereignisses diese Umgebungswirkungen nicht außer Acht lässt, sondern als zu gestaltendes Medium einzubauen pflegt, ergibt sich eine Überschneidungs- und manchmal Konfliktzone, über die keine der beiden Seiten eigenmächtig hinweggehen kann.

Das konkrete Ambiente spielt nicht nur in die Inhalte einer Veranstaltung hinein, sondern wirkt zugleich in die Öffentlichkeit als Image bildender Faktor hinaus. Daraus ergeben sich Verbindungen zu der akquisitorischen Funktion des Kulturmanagements, die sich auf die Bearbeitung der Öffentlichkeit bezieht, und zwar auf zwei Ebenen, nämlich im Vorlauf eines geplanten kulturellen Ereignisses Aufmerksamkeit zu erzeugen und mit einem weiteren Horizont das Image der Institution zu formen. Mit der zuletzt genannten Aufgabe bilden sich in der Öffentlichkeit Erwartungen. Über die Gestaltung des konkreten Ambientes formt sich ein Image im Bewusstsein der Öffentlichkeit, das Erfahrungen (z.B. erlebte kulturelle Ereignisse oder Veranstaltungen) mit einem physischen Bild des konkreten Ortes zu mehr oder weniger profilierten Erwartungen (auch im Bezug auf Reputation oder Renommee bildende Leistungen) verdichtet.

Vom Erfolg dieser Gestaltungstätigkeit in der breiten Spanne zwischen der generellen Bearbeitung der Öffentlichkeit in einem bestimmtes Milieu oder einer Szene sowie der Prägung eines dauerhaften Images bis hin zum konkreten Ambiente eines bestimmten Ereignisses wird die Kommunikation mit dem Publikum (die Schaffung von Aufmerksamkeit und Interesse, die Stimulierung von Teilnahme, die Rezeption der angebotenen Inhalte und deren Erlebnisgehalt) wesentlich beeinflusst. Die Erfahrungen, die das Publikum macht, wirken in den Prozess der Milieu- und Imageformung hinein. Kulturmanagement ist also kein bloßes „Verpacken" und marketingtechnisches „Präsentieren" von Kultur- und Kunstobjekten, sondern selbst eine gestaltende Tätigkeit von integrierender Wirkung für den gesamten Prozess der Rezeption.

Der Wirkungszusammenhang zwischen Objekt und Ambiente ebenso wie der Wahrnehmungszusammenhang zwischen der Gegenstandsebene (Objekt und dessen Ambiente) und dem (betrachtendem, deutendem) Subjekt – sei dieser ein Kunstbetrachter oder ein wissenschaftlicher Analytiker, ein Designer oder ein kommerzieller Verwerter – ist ein völlig alltäglicher Vorgang, wie jeder weiß, der für ein Bild einen passenden Rahmen und einen geeigneten Platz zum Aufhängen sucht. Das Konkrete in solchem Arrangement hat indessen nicht nur eine spontan ästhetische, sondern auch eine Phantasie stiftende Wirkung. Das Ambiente eines Ereignisses trägt weiter als nur bis zum Registrieren dessen, was dem Betrachter unmittelbar gegenständlich begegnet. Theateraufführungen im Innenhof des Papstpalastes in Avignon (während der Theaterfestspiele wird dieser Ort regelmäßig dafür hergerichtet) haben auf die Zuschauer eine spezifische Wirkung, vor allem wenn das Stück selbst sinnhafte Verbindungen zum Ambiente erzeugt, z.B. die Inszenierung von Lessings „Nathan der Weise" im Sommer 1997.

In einem weiter ausgreifenden Sinne kann das Ambiente des Objektes auch die Entstehungshintergründe der Schaffung des Werkes einschließen (auch der *Be*schaffung des Werkes, wenn sich daran vielleicht die Erinnerungen an eine aufregende Auktion oder die Begegnung mit dem Künstler knüpft). Jeder Musikwissenschaftler und jeder Literaturwissenschaftler findet es wahrscheinlich völlig normal zu untersuchen, in welchem geistigen und gesellschaftlichen Milieu ein bestimmtes Werk entstanden ist und wie sich die soziale Umgebung des Dichters oder des Komponisten in diesem oder in all seinen Werken niedergeschlagen hat. Wer diese Umstände kennt, liest oder hört ein Werk anders als einer, der wenig darüber weiß.

Neben dem Werkskontext (Objekt und Ambiente) ist eine weitere Ebene zu beachten, nämlich die zwischen dem Objekt (mitsamt seinem Ambiente) und dem Kontext des wahrnehmenden Subjektes selbst oder dem Erfahrungs- und Deutungshintergrund des analysierenden und interpretierenden Wissenschaftlers. Jede Zeit hat ihre eigenen Wahrnehmungshintergründe, so dass ein und dasselbe Objekt, sagen wir beispielsweise: das Niederwalddenkmal bei Rüdesheim, in jeder Epoche anders wahrgenommen wird. Zu heroischen Zeiten des 19. Jahrhunderts wurde es sicher anders erlebt als in den weniger heroischen Zeiten nach dem Zweiten Weltkrieg. Die Deutung des Werkes von Caspar David Friedrich hat ihre eigene Interpretationsgeschichte.

Gäbe es hier nicht Besonderheiten des jeweiligen Zeitgeistes und damit einen Wandel in der Wahrnehmung und Deutung, wäre z. B. ein wissenschaftliches Werk wie Heinz Kindermanns „Das Goethebild des 20. Jahrhunderts" wenig sinnvoll.[72] Vielleicht hat jede Zeit, hat jeder Interpret oder Analytiker auch seine zeitbedingten und persönlichkeitsbedingten

---

[72] Vgl. Kindermann (1966)

Herangehens- und Betrachtungsweisen. Anaïs Nin hat wohl Recht mit ihrer Bemerkung: Wir sehen die Dinge nicht, wie *sie* sind, sondern wie *wir* sind. Daraus folgt für das Kulturmanagement, dass die Gestaltung des Ambientes eines kulturellen Ereignisses kein Freiraum für Beliebigkeit ist, sondern die Schwingungen des Zeitgeistes erfassen und beachten muss.

Walter Benjamin sprach einmal von der „Überschätzung der produktiven Person im Namen des Prinzips der Kreativität".[73] Er hat damit auf die Problematik aufmerksam gemacht, dass für künstlerische Arbeit zwar Talent und Kreativität unverzichtbar sind, dass aber das konkrete Werk (oder Lebenswerk) ohne die spezifischen Impulse aus der gesellschaftlichen Umgebung des Künstlers nicht verstanden werden kann und deshalb den sozialen Rahmenbedingungen im künstlerischen Schaffen eine nicht zu unterschätzende Bedeutung zukommt. Rahmenbedingungen sind nicht nur zeitgleiche Konfigurationen im Umfeld eines Künstlers, sondern auch gegenwärtig gebliebene Vergangenheit. Auch in dieser geschichtlichen Dimension ist künstlerische (wie jede andere) Arbeit kein isoliertes oder allein aus sich selbst heraus verstehbares Ding).[74]

Aus diesen, zugegeben hier sehr allgemein gehaltenen Verbindungen zwischen einem kulturellen Objekt oder Ereignis und dessen konkreten Ambiente lassen sich einige Präzisierungen und zugleich neuralgische Punkte dieser Teilaufgabe des Kulturmanagements ableiten und kurz skizzieren. Wir können grob zwischen einem traditionellen, einem modernen (auch postmodernen) und einem kommerziellen Ambiente unterscheiden. Insbesondere letzteres ist in der letzten Zeit massiv in die Kritik geraten, weshalb wir diesem Aspekt noch etwas genauer nachgehen wollen.

Der Wirkungszusammenhang zwischen Objekt und Ambiente ist an sich ein allgemeines Phänomen, keine Besonderheit der Kultur oder Kunst. Es gibt praktisch keine isolierten Ereignisse; jedes besitzt seine Raum- und Zeitbezüge und erst mit diesen zusammen erschließt sich ihr Sinn. Jedes Ding, jedes Ereignis, jede Handlung trägt – ob bewusst oder nicht – in sich die ganze Fülle des sie bedingenden geschichtlichen Vorlaufs und sie reflektieren ihre weitläufig verwobenen, zeitgleich wirksamen Umgebungskonstellationen. Der Spezialist, der sich auf ein isoliertes Thema oder Sachgebiet eingrenzt, läuft ständig Gefahr, den Sinn der Sache zu verfehlen. Dieser ergibt sich erst aus der Synopsis von Objekt und Ambiente.

Im Unterschied zu den allgemeinen hochkomplexen Lebensumständen, in denen das meiste sich historisch-organisch bewegt, ausbreitet und vergeht, ohne dass dem eine bewusste Gestaltung zu Grunde liegt, kommt es in einigen Bereichen zur geplanten, konstruierten und absichtlich geformten Gestaltung von Umgebungsfaktoren. Das bewusst gestaltete Ambiente lässt zwar die konkrete Absicht des Gestalters nicht immer und unmittelbar offenkundig werden. Aber in manchen, z.B. in kommerziell überzogenen Fällen (darauf wird sogleich noch einzugehen sein) kann das Gewicht der Intentionen des Gestalters zu einem Übergewicht werden, das das Objekt und dessen Bedeutung zurückdrängt. Eine musikalische Aufführung kann, wenn sie zusammen mit einem hochrangigen gesellschaftlichen Ereignis organisiert wird, durch ein aufwendiges Arrangement des Ambientes zu einem sekundären Vorgang werden, wie man das von Jubiläumsfeiern mit ihren zahlreichen

---

[73] Im Original: "the overtaxing of the productive person in the name of ... the principle of 'creativity'" zit. nach Said (1995, S.13).
[74] Vgl. zu diesem methodischen Ansatz auch Said (1994), insbes. S. 37 ff.

Grußworten her kennt. Musik erhält oft selbst eine Rahmenfunktion in einem größeren kulturellen Ereignis.

Das Gewichtsverhältnis zwischen Objekt und Ambiente oder von Veranstaltungsinhalten und den Arrangements ist nicht eindeutig definierbar. Mit der Verlagerung des Gewichts zu den Arrangements wird zwar ein Kunstereignis tendenziell zu einem gesellschaftlichen Ereignis. Aber zahlreiche Werke sind speziell für solche Anlässe geschaffen worden. Telemanns Tafelmusik bei einem Festdîner aufzuspielen, würde man kaum als Respektlosigkeit gegenüber der Kunst auffassen können. Sie ist ja – wie damals in der höfischen Gesellschaft üblich – für solche Zwecke komponiert worden. Auch Militärmusik ist nicht unbedingt als Kunst gemeint, sondern wird hier zu einem begleitenden Bestandteil eines Arrangements (z.B. für eine Parade).

Eine besondere Form des Ambientes für Kunst und Kunstereignisse ist das Museum. Es ist ein spezifischer Ort mit den Exponaten und ihrer Wahrnehmung durch das Publikum förderlichen Arrangements. Das Museum ist als Bau und Stätte im Ganzen ein Ambiente, das seinerseits meist einem urbanen (in einigen Fällen auch rustikalen) Umfeld angehört. Es hat also selbst ein Ambiente, das nicht ohne Wirkung in der Öffentlichkeit und auf das Publikum bleibt. In diesem bewusst geschaffenen, einem Lern-, Bildungs- oder Erlebnisziel verpflichteten Ambiente *muss* ein Kunst- oder Kulturobjekt anders wirken als an seinem ursprünglichen Ort.

Jedes Museum ist an sich eine Stätte für Gegenstände, die dort nicht hingehören, aber aus verschiedenen, meist kultur- und bildungspolitischen Gründen zu Sammlungen mit erhellender, unterhaltender oder aufklärender Intention vereint werden. Gemälde sind in den seltensten Fällen für Sammlungen gemalt worden. In einer Sammlung aber nehmen wir ein Gemälde, gewissermaßen eingerahmt durch seinesgleichen, anders wahr als an jedem beliebigen singulären Ort. Das bekannte Altarbild von Matthias Grünewald wirkte an seinem ursprünglichen Bestimmungsort, nämlich dem Isenheimer Kloster, ganz anders als in einem Museum, in diesem Fall in Colmar.

Kirchenmusik wirkt in einer Kirche anders als in einem Konzertsaal, besonders wenn sie mit profaner Musik zu einem Gesamtprogramm zusammengestellt wird. Jede äußere Form der Darbietung von Musik schafft einen eigenen Kontext. Auch die Schallplatte oder die CD mitsamt der Abhörtechnologie daheim schafft einen eigenen Kontext der Wahrnehmung, nicht aber ein neues Werk der Tonkunst. Neue organisatorische Formen wie Festivals oder Freiluftkonzerte ändern nichts an dem Werk selbst, bieten aber neue Wahrnehmungsmöglichkeiten durch einen veränderten äußeren Kontext. Die Wahrung des kulturellen Erbes erfordert es in vielen Fällen, dem Publikum zeitgemäße Formen des Zugangs und unterstützende Arrangements als Ambiente zu bieten, wenn man so will: Bewahrung durch ein mit der Zeit gehendes Ambiente. Aus diesen Beschreibungen ergeben sich zunächst zwei verschiedene Ansätze der Gestaltung von Umgebungsfaktoren. Bei einem traditionellen Ambiente geht es – zumindest in der Tendenz – darum, ein Kultur- oder Kunstwerk in einer Umgebung zu präsentieren, die zugleich auch als Ort ein vertrautes oder zuweilen auch ein feierliches oder sogar nostalgisches Erlebnis ermöglicht.

Historische Orte wie beispielsweise Stratford upon Avon, dem Geburtsort William Shakespeares, bieten sich für solche Erlebnisse zweifellos an. Zu dieser Konzeptionsrichtung gehören auch die (von der Royal Shakespeare Company z.B. in Stratford, andere vor einigen Jahren in London errichtete) Nachbauten des zu Shakespeares Zeiten üblichen Theaterbaus mit einer in den Zuschauerraum hineinragenden Bühne. Traditionelle Stätten (auch alte Theaterbauten, Kirchen und Schlösser) sind jedoch dadurch nicht auf traditionelle (historisierende) Inszenierungen von Kunst verpflichtet. Kontraste sind bekanntlich ein ästhetisches Mittel zur besonderen Hervorhebung und Erzeugung von Spannung.

Eine entgegen gesetzte Konzeption, die wir als modernes Ambiente bezeichnen können, schlägt mit der Gestaltung von Kultur- und Kunststätten eine Brücke zur eigenen Zeit. Open-Air-Veranstaltungen gehören ebenso dazu wie die Nutzung leerer Fabrikhallen für Aufführungen und Ausstellungen, zum Beispiel die Kampnagel-Fabrik in Hamburg. Ein modernes Ambiente ist nicht zwingend nur mit zeitgenössischer Kunst verknüpft. Werke der Klassik, seien es Musik oder Theater, Dichtung oder Sammlungen der Malerei, können in einem modernen Ambiente neue, ungewohnte Zugänge bieten. Solche Verknüpfungen können ihrerseits zu Traditionen werden, wie das Schleswig-Holstein Musikfestival mit seinen Spielorten in der ländlichen Region zeigt.

Ein spezifisches und zugleich vielschichtiges Thema ergibt sich dann, wenn kommerzielle Interessen ins Spiel kommen. Wo immer und wann immer Kunst- und Kulturereignisse einen großen Publikumsstrom hervorbringen oder sonst wie öffentliche Aufmerksamkeit erzeugen, kommt leicht eine Art Mitfahrer-Interesse der werbenden Wirtschaft auf. In vielen Fällen bleibt es bei einem eher harmlosen Sponsoring mit deutlicher Nennung eines Mitfinanzierers der Veranstaltung. Von diesen Beziehungen soll hier nicht die Rede sein. Vielmehr geht es um jene Fälle, in denen Werke der Kunst, namentlich solche der Musik, wegen ihrer direkten oder unterschwelligen Wirkungen auf das Publikum bzw. die Besucher kommerziell geprägter Stätten, etwa Einkaufs-Malls, benutzt oder instrumentalisiert werden.

Das mögliche Interesse der Wirtschaft, sich in der Kultur zu engagieren, beschränkt sich nicht auf die Ebene der Werbung und des Imagetransfers. Sofern für Kunst- oder Kulturereignisse Rahmenbedingungen geschaffen werden können, die eine (großzahlige, wenn nicht massenhafte) Verwertung eines reproduzierbaren Werkes erlauben, steht einer privatwirtschaftlichen Betriebsform nichts im Wege. Das authentische Konzert in einem traditionellen Konzerthaus ist für die private Wirtschaft wegen der begrenzten Sitzplatzzahl meist ein schwieriges Geschäft. Dasselbe Konzert unter Freiluftbedingungen (man denke an Veranstaltungen der drei Tenöre) schafft bessere betriebswirtschaftliche Bedingungen, aber auch einen anderen Kunstgenuss. Ganz andere Bedingungen mit völlig anderen Wahrnehmungsbedingungen bietet die CD, die man zu Hause anhört.

Das Musikstück, etwa eine Opern-Arie, kann gleich bleiben, doch sowohl die Rezeption als auch die ökonomischen Verwertungsbedingungen variieren mit dem Arrangement oder Ambiente. Das wirtschaftliche Interesse ist auf die Gestaltung profitabler Rezeptionsbedingungen gerichtet und im Übrigen auf qualitativ attraktive künstlerische Produktionen angewiesen. Nur was wirklich gut ist, lässt sich mit einem passenden Kontext oder Ambiente verbinden. Das Werk selbst aber bleibt immer die Hauptsache.

Es wäre falsch zu meinen, privates Kapital führe zwangsläufig zur Verflachung der Kunst und zur Bevorzugung seichter Musen. Renditedenken ist hauptsächlich auf die Einnahmenseite gerichtet, und das heißt entweder Maximierung des Ticketverkaufs oder (bei geringer Sitzplatzzahl) Maximierung der Ticketpreise oder eine Balance aus beidem. Dies funktioniert indessen nur, wenn die gebotenen Inhalte (die Kunst) hochrangig ist oder aus anderen Gründen begehrt wird. Dazu reicht manchmal das (marketingtechnisch verstärkte) Gefühl aus, dass „man" dabei gewesen sein muss. Von diesen Fällen der Schaffung profitabler Verwertungsbedingungen sind jene zu unterscheiden, in denen lediglich die

Attraktivität von Kunst benutzt wird, um ein kommerzielles Ambiente in seinem Wirkungswert zu steigern. Wird beispielsweise Musik gemacht, um Kunden ins Kaufhaus zu locken oder, wenn sie schon drin sind, dort möglichst lange zu behalten, dann kann die Sache problematisch werden und ist für manche Kritiker indiskutabel.

Man stelle sich ein Theater vor, dessen Bühnenbild aus lauter Werbeplakaten und Warendisplays besteht! Die Veranstalter möchten eigentlich erreichen, dass das Publikum sich für die Waren interessiert, und benutzt dafür als Lockmittel des Menschen Lust am Theatralischen, indem man irgendein bekanntes Stück aufführen lässt, aus betriebswirtschaftlichen Gründen ein wenig gekürzt, aber mit Dramatik und Witz, vielleicht aus Kleists „Zerbrochenem Krug" lediglich die spannende Szene, wo der Dorfrichter Adams überführt wird. Das ist natürlich in diesem konstruierten Fall absurd. Doch die Umkehrung von Rahmen und Inhalt ist unter kommerziellen Bedingungen keine Seltenheit. Der Kommerz lebt von und in der Show.

Kunst wird vielerorts selber zum Rahmen, um einem ganz anderen Zweck zu dienen. Genau das geschieht, wenn Musik der Klassik, die nicht für die Werbung komponiert wurde, als tönende Untermalung in einem Werbespot auftaucht. Was würde ein Werbeexperte antworten, wenn man ihn fragte, was er sich dabei dachte, Mozarts „Kleine Nachtmusik" in einem Werbespot für ein Scheuermittel einzusetzen? Wahrscheinlich wird er sagen: Jeder Werbespot im Fernsehen ist auch eine Chance, nebenbei dem Publikum Klassik nahe zu bringen. Warum eigentlich nicht? Eine mögliche Antwort wäre der Hinweis darauf, dass die mitfließende musikalische Untermalung in einen (fehlleitenden) Deutungszusammenhang gebracht wird, dass die werbliche Intention nicht neutral sein kann in der Rezeption der musikalischen Untermalung. Mag sein, dass mancher TV-Zuschauer Mozart lieben lernt, aber er wird vielleicht sein Leben lang bei der „Kleinen Nachtmusik" an Scheuermittel denken müssen. An genau diesem Punkt aber trennen sich die Auffassungen von Befürwortern und Kritikern. Letztere sehen in solchen Verknüpfungen eine Sinnverdrehung der Kunst, weil einerseits das Werk fragmentiert wird, z.B. auf eine kurze, aber einprägsame Passage, und weil andererseits durch die durchdringenden kommerziellen Interessen und deren Arrangements eine Art Entwürdigung der Kunst oder zumindest Respektlosigkeit stattfindet.

Da gibt es zweifellos Empfindlichkeiten und Aufregung, die man ernst nehmen muss, wenn das Hauptmotiv aus Mozarts Prager Sinfonie als musikalisch denaturiertes Läutezeichen für Handys dienen muss, wenn Beethovens „Wut über den verlorenen Groschen" als Gewinnerfanfare in Glücksspielautomaten ertönt oder wenn Schuberts Forellenquintett als Klangteppich in einer Fischbratküche erklingt (wie der Verfasser selbst erlebt hat). Diese Aufregung hat auch Fachkritiker auf den Plan gerufen, z.B. Klaus Peter Richter mit seinem Buch „Soviel Musik war nie – Von Mozart zum digitalen Sound" (Richter 1997) oder noch heftiger Norman Lebrecht mit seinem Buch „When the Music stops – Managers, Maestros and the Corporate Murder of Classical Music" (Lebrecht 1997). Diese Beispiele weisen auf eine schwierige Grenzzone hin, in der die Position zwischen Missbilligung wegen Entehrung der Kunst und Belustigung wegen witziger Einfälle nicht allgemeingültig bestimmt werden kann. Wie spielen die Interessen der Wirtschaft in dieses offene Feld hinein und wie kann sich ein Kulturmanager dazu verhalten? Allgemeine Regeln oder fixierte Normen lassen sich hier sicher nicht aufstellen. Die Entscheidungen hängen von den Bedingungen des Einzelfalls ab, z.B. Rücksichtnahme auf die Empfindlichkeiten der Klientel, und erfordern ein sensibles, kulturelles Bewusstsein für die Wirkungsbeziehungen zwischen Objekt und Ambiente und für die Wahrnehmungswirkungen beim Publikum.

Was die Instrumentalisierung von Musikkunst für kommerzielle Zwecke angeht, mögen folgende Langzeit-Aspekte besondere Beachtung finden:

- Die Hörgewohnheiten des Publikums gegenüber Klängen aus der Welt der Klassik können sich langsam zu einer oberflächlichen Wahrnehmungsform verändern, in der Musik nur noch eine Rahmen- oder Hintergrundfunktion ausübt. Was macht es schon, wenn Klassik-Radio den ganzen Tag lang im Hintergrund läuft? Man nimmt diese Musik nicht gezielt wahr, man nimmt sie vielleicht auch nicht ernst. Auf ähnliche Weise verschwimmen visuelle Ästhetiken, die aus der bildenden Kunst über das Produktdesign in die Werbegraphik vordringen (oder hereingeholt werden). Geschieht dies, werden sie für die Kunst belanglos. Ästhetik wird genau so verbraucht wie ein Konsumartikel.

- Die Gesellschaft ist andererseits längst zu einer offenen Marktgesellschaft geworden. Das Leben spielt sich im Umfeld von Konsum, Werbung, Einkaufspassagen und Supermärkten ab. Es ist also völlig normal, dass Musik, auch klassische, dabei ins Spiel kommt und dass visuelle Ästhetiken aus der Kunst ins Alltagsleben wandern und dort verbraucht werden. Die gesellschaftliche Umgebung hat immer schon eine interpretative Bedeutung gehabt mit der Folge, dass Musik oder andere Kunst, die wir heute als alte oder moderne Klassik bezeichnen, bei weitem nicht immer mit dem von vielen geforderten Respekt behandelt wurde. Eine deutliche Trennung zwischen (abgehobener, zum Teil auch elitärer) Kunst und (profanem) Alltagsleben hat zu anderen Zeit ebenso wie in vielen außereuropäischen Kulturen bei weiten nicht die Rolle gespielt wie zeitweilig, besonders zur Blütezeit der bürgerlichen Gesellschaft, teilweise aber auch heute noch im abendländischen Kulturkreis.

Zur Illustration des zuletzt Gesagten sei hier eine Passage aus der 1860 erschienenen Autobiographie von Ludwig Spohr (1784–1859). Er berichtet darin aus der Zeit um 1800 von seinen Erlebnissen mit den Hofkonzerten am Braunschweigischen Hof (zit. nach Schleuning 1989/47):

„Diese Hofconcerte bei der Herzogin fanden in jeder Woche ein Mal Statt und waren der Hofkapelle im höchsten Grade zuwider, da nach damaliger Sitte während der Musik Karten gespielt wurde. Um dabei nicht gestört zu werden, hatte die Herzogin befohlen, dass das Orchester immer piano spiele. Der Kapellmeister ließ daher Trompeten und Pauken weg und hielt streng darauf, dass nie ein forte zur Kraft kam. Da dies in Symphonien, so leise auch die Kapelle spielte, nicht immer ganz zu vermeiden war, so ließ die Herzogin auch noch einen dicken Teppich dem Orchester unterbreiten, um den Schall zu dämpfen. Nun hörte man das ‚ich spiele, ich passe' usw. allerdings lauter als die Musik". (Autobiographie Ludwig Spohrs. Neuausgabe 1954, Bd. I., S. 11, zitiert aus Schleuning 1989, S. 47).

4 Management der Markt- und Öffentlichkeitskontakte

Advertising is a valuable economic factor because it is
the cheapest way of selling goods, particularly
if the goods are worthless.
(Sinclair Lewis)

4.1 Die Bearbeitung des kulturellen Umfeldes

Als Hauptaufgaben des Kulturmanagements werden Arbeitsfelder und Aufgabeninhalte bezeichnet, die zu den existentiellen Angelegenheiten einer Kultureinrichtung oder eines kulturellen Projektes gehören. An erster Stelle ist hier die kulturelle oder künstlerische Aufgabe selbst zu nennen. Sie ist die Substanz, um die es konkret geht. Für deren Vitalität und Wirkung im lokalen, regionalen oder internationalen kulturellen Umfeld sind geeignete, Wege bereitende Unterstützungen durch professionelles Kulturmanagement gefragt. Diese kulturelle oder künstlerische Grundfunktion *inhaltlich* auszufüllen, ist nicht Gegenstand des Kulturmanagements, wohl aber die wirtschaftliche Basis dafür zu schaffen und vor allem das kulturelle Umfeld vorzubereiten und die Möglichkeiten zu entwickeln, kulturelle Produktionen oder künstlerische Werke der Öffentlichkeit zugänglich zu machen. Wir werden sehen, dass eine völlig klare funktionale Abgrenzung zwischen inhaltlicher (künstlerischer oder kultureller) Arbeit und der konstruktiven Arbeit an den wirtschaftlichen Bedingungen des Erfolges nicht zu ziehen ist. Überlappungen (und damit auch Konflikte) sind methodisch geradezu notwendig, weil die künstlerische Form (die Ästhetik des Kunstwerks) nicht ohne Nutzung wirtschaftlicher Ressourcen zustande kommt und das Kunstwerk seinen Sinn nicht erfüllt, wenn es nicht an die Öffentlichkeit gebracht wird.

Diese allgemeine Umschreibung des Aufgabenprofils von Kulturmanagement enthält einige zentrale Gebiete und Themen, die im Folgenden ausführlich vorgestellt und erörtert werden sollen. Wir gehen davon aus, dass es sich um *ständige* Aufgaben handelt, die in ihrer konkreten Ausgestaltung zwar von den Bedingungen des Einzelfalls bestimmt werden, die aber zugleich als ein verallgemeinerbarer Reflex auf dauerhaft wirksame Problemfelder in der Praxis verstanden werden können. Sie kehren in der einen oder anderen Weise und mit unterschiedlichen Akzenten praktisch in jeder Kulturinstitution und in jedem Kulturprojekt wieder. Wir können sie grob einteilen in:

- Die Aufgabe der Bearbeitung des kulturellen Umfeldes, eine Funktion, die üblicherweise mit Begriffen wie *Marketing und Öffentlichkeitsarbeit* benannt wird. Wir werden auf einige Abweichungen von den traditionellen betriebswirtschaftlichen Sichtweisen eingehen müssen, die teils in den schon an früherer Stelle angesprochenen Unstimmigkeiten in den Ansätzen dieses Fachgebietes liegen, teils aber auch mit den Besonderheiten des Kulturbereichs selbst zu tun haben;
- Die Funktionen der innerbetrieblichen Steuerung (Einsatz, Verwaltung und Kontrolle) der verfügbaren Ressourcen. Hier geht es um die in der Praxis meist sehr heikle Frage, wie man die kulturellen Prozesse fördern und doch gleichzeitig auch auf Wirtschaftlichkeit und sparsamen Umgang mit den knappen Mitteln achten kann. *Rationalisie-*

rung ist in der Praxis immer ein Seiltanz zwischen Form und Inhalt. Praktische Lösungen dazu sind von existenzieller Bedeutung. Diesem Thema ist ein eigenes Kapitel gewidmet (s. Abschn. 6.4.)

- Die Aufgabe der finanziellen Ausstattung einer Kulturinstitution oder eines Kulturprojektes bildet einen dritten bedeutenden Themenkomplex. Auch hier werden wir andere Ansätze und Methoden zur Sprache bringen als in der betriebswirtschaftlichen *Finanzierung*. Im Kulturbereich lässt sich nur selten ein geschlossener Geldkreislauf zwischen Kapitaleinsatz (Eigen- und Fremdkapital) und Geldrückfluss aus dem profitablen Verkauf von Leistungen und Produkten organisieren. Je stärker die finanziellen Lücken in den Vordergrund rücken und durch öffentliche Subventionen oder sonstige Geldquellen ausgeglichen werden müssen, um so stärker wird die Finanzierungsaufgabe zu einem nach außen gerichteten Aufgabenfeld des Kulturmanagements. In der Praxis rückt die Kulturfinanzierung deshalb in die Nähe von Marketing und Öffentlichkeitsarbeit und ist teilweise sogar mit diesen Funktionen überlappend verschmolzen.

Die drei hier herausgestellten Aufgabenbereiche sind eng miteinander verzahnt, und nur für die Zwecke einer fokussierten Darstellung können sie so eindeutig getrennt werden, dass ihnen eigene Kapitel gewidmet werden können. Die Bearbeitung der Außenkontakte zum Markt und allgemein zur Öffentlichkeit gibt sowohl den Fragen der Finanzierung als auch den Problemen der inneren Organisation und ihrer Gestaltung eine bestimmte Richtung, denn alles konzentriert sich letztlich darauf, die Existenz und Wirksamkeit der Institution oder des Projektes über ihre Akzeptanz in der Außenwelt zu sichern.

Zwar gilt sie auch für kommerzielle Unternehmen; auch sie realisieren ihr Überleben nur durch entsprechende Leistungen in ihren Märkten. Da ihr Überlebenskriterium aber ein monetäres ist, nämlich der Profit, steht die Frage ihrer Wettbewerbsfähigkeit auch hinsichtlich der Produktionskosten zur Diskussion. Hier hat die Kosten sparende innerbetriebliche Struktur- und Ablauforganisation, über die der optimale Mitteleinsatz letztlich gesteuert wird, als eigenständiges Thema neben den Fragen der Durchsetzung im Markt einen besonderen Rang im Unternehmensmanagement.

Die Kostenkomponente hat in einem Kulturbetrieb – trotz der Wichtigkeit, auch hier die Prinzipien der Wirtschaftlichkeit zu praktizieren – keine richtunggebende Bedeutung. Diese wird vielmehr in der Bearbeitung der Markt- und Öffentlichkeitskontakte gesehen. Wegen der überragenden Bedeutung dieser Komponente müssen einige terminologische Grundfragen geklärt werden, die über die geläufigen Definitionen von Begriffen wie Markt und Öffentlichkeit hinausgehen.

4.2 Begriff und Bedeutung des Marktes und der Öffentlichkeit

Öffentlichkeitsarbeit wird sowohl in der Literatur als auch in der Praxis meist getrennt vom Marketing behandelt, wenngleich die Nähe beider Aktivitäten üblicherweise unterstrichen wird. In großen Firmen werden diese beiden Aufgabengebiete dennoch auf verschiedene Abteilungen verteilt. Begründet wird dies damit, dass Marketing unmittelbar produkt- und leistungsbezogen operiert, während die Öffentlichkeitsarbeit (oft in verkümmerter Form mit

Pressearbeit gleichgesetzt) es im Wesentlichen mit der Erhaltung und Förderung des guten Rufs der Firma zu tun hat.

Wir lassen vorerst offen, ob dies selbst innerhalb der Wirtschaft immer Sinn macht und ob nicht auch in den Lehrbüchern der Unternehmensführung und des Managements vielmehr darüber nachzudenken wäre, ob tatsächlich ein so gravierender Unterschied zwischen dem Markt und der Öffentlichkeit besteht. Im Kulturbereich wäre eine womöglich noch organisatorisch vollzogene Trennung wenig sinnvoll (Bendixen 2000c). Das, was wir an anderer Stelle die diplomatische Funktion genannt hatten, die so etwas wie die Außenpolitik des Unternehmens darstellt, gehört zweifellos in die Kopfregion auch eines Wirtschaftsunternehmens. Dass das Marketing dem praktisch untergeordnet ist, wird vielleicht nicht immer erkennbar sein. Worin die beiden Teilfunktionen „Marketing" und „Öffentlichkeitsarbeit" sich gleichen, ist die Tatsache, dass sie in die Außenwelt der Institution hineinwirken. Wie ist nun diese Außenwelt im Falle von Kultureinrichtungen beschaffen? Was muss man über sie wissen, um sich erfolgreich in ihr zu positionieren und um in einen Leistungstausch, hier also mit kulturellen Produktionen oder künstlerischen Werken, einzutreten?

Wir können die allgemeine Aufgabe zusammenfassend beschreiben als „*Positionierung des Anbieterstatus einer Institution, einer Aktion oder eines Projektes im Bewusstsein der Öffentlichkeit*". Diese Beschreibung schließt das Marketing im engeren Sinne ebenso ein wie die Öffentlichkeitsarbeit, die meist viel zu eng auf „Imagepflege" oder gar nur „Pressearbeit" ausgelegt wird. In einigen Fällen der Praxis wird es nun tatsächlich um Marketing im herkömmlichen Verständnis, also um die Techniken der Aufbereitung von Märkten für den unmittelbaren Verkauf von Produkten oder Dienstleistungen gehen. In anderen Fällen kann es sich speziell um die Aufgabe handeln, in einem weit gefassten Rahmen das Image und die Reputation eines Unternehmens oder einer Kultureinrichtung zu formen und zu präsentieren. Wir schließen also keineswegs aus, dass beide Teilfunktionen auch gesondert behandeln werden können.

Mit der begrifflichen Umschreibung von Markt und Öffentlichkeit als Handlungsräume, in denen sich der *Anbieterstatus* einer Institution oder einer Aktion durch geeignete Kommunikation ins Bewusstsein der Öffentlichkeit bringt, ist eine unübliche Perspektive ins Spiel gekommen. Sie bricht mit der in der ökonomischen Literatur üblichen Definition des Marktes (und der ihn umgebenden Öffentlichkeit) als Ort des Zusammentreffens von Angebot und Nachfrage und nimmt (hauptsächlich) die Position desjenigen ein, der der Öffentlichkeit oder dem Markt eine bestimmte Leistung in Erwartung einer Gegenleistung (in Geld, aber nicht nur in Geld, sondern zum Beispiel in kultureller oder künstlerischer Anerkennung) anbietet. Mit diesem „bodenständigen" Blickwinkel (statt der Vogelperspektive der ökonomischen Markttheorie), der mit der betriebswirtschaftlichen Sicht (im Unterschied zur Volkswirtschaftslehre) insoweit übereinstimmt, sind einige weitere Komponenten in den Fokus gerückt, die keineswegs so selbstverständlich berücksichtigt werden, wie es die Realität eigentlich verlangen würde.

Eine dieser Komponenten ergibt sich aus der Frage, was eigentlich Gegenstand des Anbietens und Nachfragens ist. Die übliche Antwort lautet: Güter und Dienstleistungen. Wir setzen dem entgegen oder wenigstens hinzu: angeboten und nachgefragt werden *Versprechungen* (jede Werbung ist eine Versprechung), denen im Falle erfolgreicher Marktagitation die physische Einlösung (Überreichung der Ware und Überreichung des Geldes) folgt. Das Begriffspaar „Versprechungen und Erwartungen" verweist auf die Tatsache, dass erstens das Markthandeln kommunikativer und nicht physischer Natur ist und dass es zweitens intentional angelegt ist, also auf gewollte Aktionen in der Zukunft ausgerichtet ist. Das Markthandeln kulminiert in einer Einigung, etwa eine Ware hergeben und einen Geldbetrag entgegen nehmen zu wollen – und umgekehrt. An diesem Punkt endet das Markthandeln. Die gegenständliche Aktion, die Übergabe der Ware bzw. des vereinbarten Geldbetrages, ist schon nicht mehr der Markt, sondern nur noch die physische Umsetzung von vorausgegangenen Marktdispositionen. Auch die Preise sind zunächst kein Faktum, sondern häufig sogar noch zu verhandelnde Ankündigungen, eine bestimmte Ware auszuhändigen, wenn die Gegenseite ihr Versprechen einlöst, eine entsprechende Menge Geld zu überreichen (in welcher Form auch immer).

Wie wir gleich sehen werden, handelt es sich hier nicht um akademische Haarspalterei, sondern um die Präzisierung dessen, was die Realität des Marktes ausmacht, um sodann deutlich zu machen, wie sehr sich in einigen Dimensionen Markt und Öffentlichkeit überlappen und zugleich kommerzielle Vorgänge auch im Kulturaustausch denen strukturell analog sind. Diese Präzisierung schafft man aber nur, wenn man die Klischees der ökonomischen Theorie auflöst und sowohl ihren Kern als auch ihren Kontext etwas klarer fasst.

Weiterhin werden die zuvor genannten Marktversprechungen für die Zwecke der Kommunikation ästhetisch eingekleidet in Form von Marken, Labels, Brandmarks, Trademarks und Maskottchen. Bei genauem Hinsehen auf die alltägliche Wirklichkeit von Märkten wird man bald feststellen können, dass es naiv ist zu glauben, dort würden klar erkennbar nützliche Produkte hergestellt und angeboten, die ebenso klar von Konsumenten eingeschätzt und nach erfolgreichen Preisverhandlungen erworben werden. Das ist reine Theorie fernab der Wirklichkeit. Markt ist reine Kommunikation, und solange diese nicht auf einen Einigungspunkt zuläuft, geschieht in der Regel materiell überhaupt nichts. Beide Seiten könnten noch kurz vor der Einigung umkehren, ohne dass ein konkreter gegenständlicher Schritt (in der Produktion) getan worden ist.[75]

Allenfalls der Wochenmarkt mit seinen Auslagen hat noch etwas von der integrierten Form von Märkten, auf denen die Dispositionen (der Händler und einkaufenden Konsumenten) unverzüglich in die Tat umgesetzt werden und wo zumindest der Anschein besteht, als wäre dies noch ein Markt, an dem sich Anbieter und Nachfrager einfinden, um unmittelbar Ware gegen Geld zu tauschen. Der Ort ist aber nur ein Treffplatz, der geeignet ist, visuell und akustisch Versprechungen zu machen durch Auslagen und Ausrufe und diese entgegenzunehmen, zu prüfen und daraus Dispositionen abzuleiten. *Diese* Ankündigungen und Versprechungen sind auch auf dem Wochenmarkt die Essenz dessen, was wir Markt nennen können. Was dem unmittelbar physisch folgt, ist die Realisation, wenn der Marktvorgang beendet ist. Was die Direktheit von Angeboten und Bedarfsinteressen angeht, so

---

[75] Das gilt auch für industrielle Massenproduktion, die auf Verdacht und mit dem Risiko, als Ladenhüter zu enden, vor einzelnen Verkaufsverhandlungen erfolgt. Ein industrieller Produzent nimmt (gewissermaßen massenweise) den Verlauf von Marktverhandlungen über sein Produkt gedanklich vorweg und prognostiziert, dass er genügend Fälle konkreter Einigung erzielen wird. Dieser Vorgang wird üblicherweise Marktforschung und Markterkundung genannt. Ähnliches gilt auch für den Handel, der einen Warenbestand aufkauft, bevor er an konkrete Verkaufsverhandlungen herantritt. Er hat sozusagen als Beweismittel die tatsächliche Ware in seiner Hand (oder im Regal). Dennoch wird auch er seine Einkäufe nicht ohne gedankliche Vorwegnahme von Verkaufschancen tätigen. Gedankliche Vorwegnahme ändert jedoch nichts daran, dass immer zuerst die Kommunikation (im Falle des Industriellen eine monologische Simulation des Wahrscheinlichen) stattfindet, bevor es zum realen Transfer der Ware und des Geldes kommt. Da wir es im Bereich von Kultur und Kunst nicht, jedenfalls in der Regel nicht mit industrieller Produktion zu tun haben, sondern mit Dienstleistungen, können wir auf weitere Einzelheiten hier verzichten.

haben die Wochenmärkte durchaus nostalgisch etwas von der kommunikativen Komplexität bewahrt, die ursprünglich für Marktvorgänge aller Art die Regel war. Man darf sich aber keiner Täuschung hingeben. Auch in historischen Formationen von Märkten bestanden diese aus der mal langen, mal kurzen Phase des Verhandelns (und nicht aus der physischen Übergabe), und die Wochenmärkte von heute haben sich der allgemeinen Theatralisierung des Marktgeschehens längst angeschlossen.

Um Versprechungen handelt es sich auch in den meisten Fällen von *kulturellen* Angeboten, denn die tatsächliche Qualität kann der Interessent im Allgemeinen nicht im Voraus prüfen, um sich dann erst zu entscheiden. Dies ist das allgemeine Merkmal von Dienstleistungen. Man kann ein Taxi nicht vor Antritt der Fahrt testen, man kann auch nicht zuerst in einem Konzert Probehören verlangen, um sich dann zu entscheiden. Alle Dienstleistungen können ihrer Natur nach nur in Form von Versprechungen verhandelt werden, weil sie noch keine physische Entsprechungen aufweisen, die vorrätig gehalten werden können, sondern durch die Aktivität (oder Passivität) des Dabeiseins entsteht die Leistung erst, wie man am Beispiel des Friseurs leicht nachvollziehen kann.

Selbst bei einem Roman, der als Buch an sich eine fertige Ware darstellt, kann man erst *nach* dem Lesen oder allenfalls während des Lesens entscheiden, ob sich der Erwerb dieses Kunstwerkes gelohnt hat oder nicht. Der Fall, dass jemand den Roman in einer Leihbücherei liest, um ihn dann für sich und seine private Bibliothek zu erwerben, dürfte eine Ausnahme sein. Das Buch ist eine fertige Ware, doch prüfen kann der Käufer lediglich, ob der Buchdeckel unbeschädigt ist oder andere physische Mängel vorliegen. Ihm wird vielleicht Gelegenheit gegeben, kurz hineinzulesen, so wie man in die Musik einer CD hineinhören kann. Der Käufer kann also Stil und Diktion erkennen, er kann einen Zipfel des Inhalts erfassen, um eine Ahnung vom Ganzen zu bekommen. Aber er kann üblicherweise nicht das Werk als Ganzes lesen, um es dann zu kaufen oder womöglich ungekauft zurückzugeben.

Zur Evidenz unserer Behauptung, dass Märkte ganz allgemein diese Komponenten des Versprechens und des intentionalen Kommunizierens über ästhetisierte Symbole aufweisen, können wir uns auf Alltagsbeobachtungen berufen, die jeder jederzeit selbst machen kann. Dabei wird klar werden, dass mit der öffentlichen Einbringung eines Produkt*namens* ein eigenständiger Wert (und nicht nur Schall und Rauch) geschaffen wird, der Investitionen erfordert. Dieser „Wert" ist die Vorstufe für den eigentlichen Verkauf von Produkten oder Dienstleistungen. Zur Illustration lassen wir zwei aktuelle Beispiele zu Wort kommen:

In einer Meldung des ‚Wall Street Journal Europe' vom 13.4.2000 wird von der englischen Brauerei Whitbread berichtet, dass sie wegen der sich verschlechternden Beziehungen zu ihren beiden kontinentalen Kooperationspartner Heiniken NV und Interbrew SA und zur Aufrechterhaltung des Wertes ihrer Brauereianlagen (d.h. ihrer Umsätze) eine neue Marke (nicht etwa ein neues Produkt!), „GB" oder „Get Brewing" genannt, herausbringen und zunächst im Raum Manchester und Liverpool testen wolle. Ein Börsenanalyst bemängelte dies – dieser Meldung zu Folge – als „window-dressing", was so viel bedeuten soll, dass hier jemand lediglich den äußeren Schein verändere, nicht aber die Substanz der Produkte. Die Brauerei Whitbread beabsichtige, für diese Kampagne im Laufe dieses Sommers 2,5 Mill. Pfund für die Markeneinführung auszugeben, heißt es weiter in dieser Meldung.

Es wird also nicht substanziell ein neues Produkt herausgebracht, sondern nur ein neues Label, und für dieses Label – und nicht für ein neues Produkt! – wird eine beachtliche Summe für das Marketing „investiert" (!) in der Erwartung, dass diese „Investition" sich rechnen wird. Dies ist ein ganz normaler Vorgang in allen Bereichen der nationalen und internationalen Märkte. Es wird hier ganz klar in die Erzeugung eines ästhetischen Symbols investiert mit den gleichen Kalkülen wie bei der Investition in eine Produktionsanlage oder andere physische Produktionsmittel.

In einem zweiten, sehr ausführlich geschilderten Beispiel aus derselben Ausgabe des „Wall Street Journal Europe" beschreibt der Autor (Frank, 2000) die Erfolgsstory einer amerikanischen Fast-Food-Kette in Thailand, die mit dem Namen „Big Boy" und einem entsprechenden (Micky Mouse style -) Maskottchen in Bangkok auf den Markt ging und zunächst Schiffbruch erlitt. Der Misserfolg beruhte hauptsächlich darauf, dass die Marke „Big Boy" und vor allem das überlebensgroß vor dem Restaurant angebrachte Maskottchen von den Thailändern abgelehnt oder missverstanden wurde (in einigen Fällen wurde es, dem Bericht zu Folge, sogar als Votivfigur angesehen; man fand dort eines Morgens Opfergaben zu Füßen der Figur). Erst nachdem die Namen für die Fast-Food-Produkte drastisch verändert und das Angebot auch substanziell dem Thai-Geschmack angenähert wurde, traten endlich Erfolge ein. Auch in diesem Beispiel reagierte die Nachfrage auf das Label und das Maskottchen (zunächst negativ und nach Änderungen positiv). Die kommerziellen Erfolge der weltweit allseits bekannten Fast-Food-Ketten beruhen durchweg auf professionellem Marketing, das kaum auf die Physis der Produkte selbst, sondern auf die ästhetischen Begleitumstände abzielt (sie signalisieren durch die Räumlichkeiten und den gesamten Servicestil „life is an easy-going experience; one can feel free and easy", was bei bestimmten Altersgruppen offenbar verfängt). Die beiden Beispiele sind im Übrigen beliebig austauschbar, weil sie für die heutige Realität von Märkten zur absoluten Normalität gehören.

Die modernen Märkte sind – ob man dies gutheißen will oder nicht – Kulturräume, und die Anbieter sind Kulturproduzenten, nicht unbedingt Kunstproduzenten. Ihr dominierender Einfluss auf den Lebensalltag und die Lebensstile von Menschen ist Legion. Dies wird in den vertrauten Kulturbereichen, die sich enger um die Künste scharen, spätestens dann spürbar, wenn sie auf Einstellungen, Gewohnheiten und Lebensstile ihres Publikums stoßen, die deutlich von der Kommerzkultur geprägt sind. Eines dieser Kennzeichen, das wir noch besonders unter die Lupe nehmen müssen, ist die relative Passivität des Publikum, das mehr und mehr daran gewöhnt worden ist, auf Angebote zu *reagieren*, sich also herauslocken zu lassen statt aus eigenem Antrieb zu agieren.

Die alte bürgerliche Vorstellung verdünnt sich langsam, dass man als kultivierter Mensch aus eigenem Antrieb und bewusstem Drang zur Bildung der eigenen Persönlichkeit von Zeit zu Zeit ins Theater oder ins Konzert geht und sich alle wichtigen Ausstellungen von Kunst ansieht. Die Kunsthalle seiner eigenen Stadt kennt oder kannte man als Gebildeter fast auswendig. Stattdessen treten heute Grunddispositionen wie Sensationslust und Erlebnishunger stärker in den Vordergrund. Das Kulturpublikum will heute mehr als früher umworben und stimuliert werden. Dieser Wandel auf Seiten des Publikums hat – beispielsweise – das Profil der meisten Museen stark verändert. Waren sie einst ein Garten der Erinnerung an große Leistungen der Vergangenheit und hatten einen betont kontemplativen Charakter, so sind sie heute zum großen Teil Veranstalter von themenzentrierten Ausstellungen, die häufig mit vielen Exponaten bestückt sind, die nicht aus dem eigenen Archiv stammen.

Diese Verschiebungen in der Öffentlichkeit müssen vom Kulturmanagement in jedem praktischen Einzelfall registriert und in die eigenen Konzeptionen eingearbeitet werden.

Kulturmanagern mit entsprechender Ausbildung ist dies eigentlich nichts Neues. Aber in manchen traditionsreichen Häusern der Kultur, die mental noch stark in der bürgerlichen Bildungskultur verankert sind, ist die Einsicht noch nicht genügend verbreitet, dass im Verharren auf den überkommenen Mustern der Keim der Scheiterns liegen kann. Scheitern heißt in diesem Falle, dass neue „Transportformen" der Präsentation von Kunst nicht rechtzeitig erkannt und ausprobiert werden. Gerade sie aber sind oft der einzige Weg, wertvolles Kulturerbe in eine sich längst anbahnende neue Zeit mitzunehmen und gerade *dadurch* zu bewahren.

4.3 Strukturen des Marktes und der Öffentlichkeit

4.3.1 Marketing und Marketingmix

Aus diesen Vorüberlegungen ergibt sich, dass wir uns mit einigen Begriffen aus dem Buch des Marketings etwas genauer befassen müssen. Nicht mit dem Ziel präziser Definitionen, sondern um mit einer inhaltlich ausdifferenzierten Umschreibung ihres Bedeutungsumfangs und Geltungsbereichs in der Wirklichkeit deutlich zu machen, welche Labilität an Erscheinungen der Realität häufig allen Versuchen trotzten, sich ihrer in festen Definitionen wenigstens auf der sprachlichen Ebene zu bemächtigen.

Die aus der Betriebswirtschaftslehre stammende und dort auch über die letzten Jahrzehnte stark ausgefeilte Marketinglehre ist das am meisten von der Fachliteratur zum Kulturmanagement angezapfte Wissensgebiet (Aus der neueren Literatur seien genannt Günter/Hausmann 2009, Mandel 2009, Geyer/Manschwetus 2008, Reimann/Rockweiler 2005, Neumann/Walter/Tischer/Wendt/Lohr/Möckel 2010, Klein 2002, Braun 2008.). Die oft wenig durchdachte Übertragung geht offenbar davon aus, dass die betriebswirtschaftliche Marketinglehre, ähnlich wie schon zuvor zur allgemeinen Managementlehre geäußert, eben wegen ihrer kontinuierlichen Ausdifferenzierung genügend erprobt ist und wegen der Ähnlichkeit der Fragestellungen im Kulturbereich auch nicht weiter hinterfragt zu werden braucht. Dass gerade die Marketinglehre große methodologische Probleme aufwirft, weil sie nicht nur terminologisch unpräzise ist, sondern mit den klassischen Paradigmen der Ökonomie (unter anderem der ökonomischen Rationalität, aber auch dem „Reinheitsgebot" der Ökonomie, sich nur mit den ökonomischen Dimensionen an sich komplexer Wirklichkeiten zu befassen) auch nicht im Einklang steht.

Zu den klassischen Paradigmen der Ökonomie gehört das Prinzip des sparsamen (rationalen) Umgangs mit knappen Ressourcen. Dieses Prinzip kann logischerweise aber nur zur Geltung kommen, wenn der Zweck oder der Sinn einer Aktion bereits abgeklärt ist, d. h. wenn man sehr genau und womöglich ethisch weit reichend hat bestimmen können, dass der Zweck innerhalb der Allgemeinheit oder Öffentlichkeit gerechtfertigt werden kann. Die Rechtfertigung einer Handlungsabsicht ist niemals nur eine Sache der reinen Rationalität. So kann beispielsweise das Ziel, aus einer Produktion möglichst viel Gewinn zu schlagen, mit Fragen der Gerechtigkeit kollidieren, die Pressionen auf die Innenverhältnisse eines Betriebes problematisieren, die Existenzansprüche von Menschen in der Dritten Welt verletzen oder die Bewahrung einer langfristig intakt bleibenden Natur in Frage stellen. Kein ernst zu nehmender Betriebswirt in Theorie und Praxis wird diese Aspekte bestreiten. Er wird sie sich nur nicht als Kernpunkte seiner Theorie zueigen machen. Solche und unzählige weitere Themen zeigen, dass wir mit Einsichten der (herkömmlichen) Ökonomie äußerst vorsichtig umgehen müssen, gerade auch im Hinblick auf Marketing und Öffentlichkeitsarbeit.

Die auf einer schwer durchschaubaren Mischung aus Kreativität und Macht, aus der Erfindung immer neuer ästhetischer Reiz-Konfigurationen und den psychologisch untermauerten Instrumenten ihrer Durchsetzung beruhende Marketingpraxis hat sich vom Typus einer optimalen Mixtur aus rationalen Instrumenten zum Typus einer theatralischen Inszenierung in der Öffentlichkeit entwickelt. Mancher mag darin ein Zugehen zu den Regietechniken in der Kultur sehen und darin einen Hinweis auf ihre innere Verwandtschaft zum kommerziellen Marketing erkennen wollen, aber gerade diese Analogie ist das Risiko.

Im Einzelnen geht es also um den zentralen Begriff „Marketing" und dem damit in enger Verbindung stehenden Begriff oder Konzept des „Marketingmix", sodann um den parallelen Begriff „Öffentlichkeitsarbeit" sowie um das Begriffspaar „Markt" und „Öffentlichkeit". Marketing wird pragmatisch meist als eine Technik auf der Ebene von Kommunikation diskutiert und für praktische Belange konzipiert. Übersehen wird dabei meist – und das hat Relevanz speziell für das Kulturmanagement –, dass Marketing keine bloße Technik ist, sondern kulturell geformt und nur aus diesem kulturellen Sinn- und Wertzusammenhang verstanden werden kann. Die ersten beiden Begriffe bezeichnen die der Gesamtstruktur einer Institution zugehörigen und in ihr verankerten *Themen oder Aufgabeninhalte*. Marketing ist ein Thema in der Praxis, also eine Sache, die sich nicht mit leichter Hand fast von selbst erledigt. Die beiden Begriffe „Markt" und „Öffentlichkeit" beziehen sich dagegen auf den *Raum in der Außenwelt*, auf den sich diese Aufgaben beziehen und in denen sie sich erfüllen sollen.

Der geläufige Begriff „Marketing" lässt sich zwar lexikalisch kurz und bündig mit „Marktaufbereitung" oder „Märkte schaffen" erklären. Mit solch dürrer Erklärung verschwindet aber die Komplexität dessen vollends, was sich dahinter verbirgt. Auch der Begriff (oder besser: die Übersetzung) „Vermarkten", den man häufig liest, engt den Blickwinkel ein auf die unmittelbaren Vorgänge des Verkaufens und setzt überdies unausgesprochen voraus, dass ein Markt an sich schon besteht und es nur noch darum geht, die eigenen Produkte möglichst günstig abzusetzen. Mit dieser Fokussierung wird aber der oft viel entscheidendere Gesichtspunkt in den Hintergrund gedrängt, dass Märkte als ökonomische Räume erst einmal geschaffen werden müssen, bevor man sie systematisch nutzen kann. Märkte sind in der Realität weit mehr als nur Tauschplätze, wo sich Anbieter und Nachfrager treffen, und sie sind erheblich komplexer als die simple Vorstellung, es ginge dort um geschicktes Verhandeln, um Cleverness, Taktik und Überredungskunst, um das Jonglieren mit Preisen und Konditionen.

In der deutschsprachigen Literatur zum betriebswirtschaftlichen Marketing wird diese Fokussierung auf den Absatz, den bestmöglichen, zumeist die Gewinne maximierenden Verkauf von Waren deutlich, wenn man der üblichen thematischen Untergliederung. folgt. Die Absatzorientierung ist zu einem nicht mehr auf seine realen Entsprechungen befragten Schema mit Variationen geworden. Diese Vorstellung hat eine auf den schon erwähnten betriebswirtschaftlichen Autor Erich Gutenberg zurückgehende Konzeption zur Grundlage, die er bereits in den fünfziger Jahren entwickelt hatte. Der Begriff „Absatz" hat sich noch lange gehalten, auch nachdem die modernere Version von Marketing in die Fachliteratur Einzug gehalten hatte.

Gutenberg gliederte die Absatzpolitik, wie man damals noch das auf den Verkauf ausgerichtete Managementhandeln bezeichnete, in die instrumentellen Bereiche der „Preispolitik" und der „Präferenzpolitik", letztere wiederum unterteilt in „Produkt- und Sortimentspolitik", „Vertriebswege und -techniken" und „Werbung". Mit Präferenzpolitik als Gegenstück zur Preispolitik wird deutlich gemacht, dass man die Käufer entweder über attraktive Preise für sich einzunehmen versuchen kann oder über Maßnahmen der Überzeugungsarbeit an den Präferenzen der Konsumenten zu gewinnen suchen kann, angefangen bei der Qualität der Produkte, über die Werbung, den Service und schließlich durch entgegenkommende Konditionen. Diese Klassifikation ist – zumindest in Lehrbüchern – bis heute das Grundgerippe des Forschens und Lehrens auf dem Gebiet des Marketing geblieben.[76]

Dieter Kaltwasser nennt sie „die berühmten vier „P's": product (Produktpolitik), price (Preispolitik), place (Distributionspolitik), promotion (Kommunikationspolitik) (Kaltwasser 1999/3; ebenso Colbert/1993/19). Dieses Schema ist später in zahlreichen Varianten fortgeführt und teilweise noch weiter differenziert worden, ohne dass deren Inhalte wesentlich verändert wurden. Die Aufgabe des Marketings besteht nach diesen Auffassungen darin, ein optimales Mix dieser Instrumente zu entwickeln. Jedes von ihnen enthält eine relativ große Anzahl von gestaltbaren Variablen, die an die jeweils gegebenen Marktlagen angepasst werden sollen. Sie können aber sinnvollerweise nicht jede für sich, sondern nur in Kombination miteinander optimiert, d.h. aufeinander abgestimmt werden. Mit anderen Worten, sie müssen untereinander abgestimmt werden. Dann erst würden sie ihre volle Wirkungskraft entfalten können, nämlich das Ziel der gewinnmaximalen Umsatzsteigerung zu verwirklichen.

Dies zu erreichen, ist die essenzielle Aufgabe von Marketingentscheidungen vor dem Hintergrund strategischer Projektionen, die die langfristigen Basisentwicklungen festlegen. Die Marketinginstrumente ihrerseits beinhalten „die Gesamtheit möglicher Marketingaktivitäten, die darauf ausgerichtet sind, das (Kauf-) Verhalten der Marktteilnehmer im Sinne absatzpolitischer Zielsetzungen zu beeinflussen", heißt es in einem Grundlagenwerk der Betriebswirtschaftslehre (Schierenbeck, 255). Im Marketing-Mix spiegelt sich eine vorgeschaltete Analyse des Marktes, manchmal auch nur eine subjektive, von Erfahrungen ausgehende Einschätzung des Marktes wider. Das Mix wird mit planerischer Stringenz aus Analysen abgeleitet. Die Analysen haben den Zweck, begründete und einigermaßen gesicherte Entscheidungen zu ermöglichen.

Es ist nicht schwierig zu erkennen, dass darin der Blick des Marketingpraktikers letztlich immer unmittelbar auf den Verkauf gerichtet ist, und in der Tat lässt sich der Unternehmenszweck nur realisieren, wenn die Produkte, die man eingekauft oder hergestellt hat, tatsächlich vom Markt abgenommen werden. Auch wenn sich in der jüngsten Zeit die Idee und Praxis des Marketing von seinen aggressiven Formen (kurzfristig alles an Gewinn mitzunehmen, was man kriegen kann, kann kurzsichtig sein) entfernt hat und den Unternehmen empfiehlt, sich zufriedene Kunden zu schaffen, die auch ein zweites oder drittes Mal kaufen würden, so bleibt doch die Fokussierung auf den gewinnbringenden Verkauf eine fast paradigmatische Fixierung.

---

[76] Für den ökonomisch interessierten Leser sei darauf hingewiesen, dass diese Terminologie und Klassifikation auf die weit zurückreichenden und heute noch gelehrten Marktmodelle zurückgeht, auf die sich auch Erich Gutenberg seinerzeit bezog. In diesen Modellen werden traditionell nur die Preis-Mengen-Reaktionen analysiert entlang den Angebots- und Nachfragekurven. Die Präferenzpolitik führt dagegen zu einer Verschiebung der Nachfragekurve. Ausführlich beschreibt dies Mankiw (2008).

So richtig diese Auffassung im Kern für die auf Gewinnerzielung ausgerichteten Unternehmen der Wirtschaft ist, die ihren Weg ins *monetäre* Optimum eben auf der Geldebene aufbereiten, entscheiden und ausführen, so problematisch wird sie andererseits in solchen Organisationen oder Einrichtungen, in denen die *Inhalte* eine herausragende, wenn nicht dominierende Bedeutung haben. Dies ist eben im Kulturbereich überwiegend der Fall, auch dort, wo es sich um privatwirtschaftliche Unternehmen handelt (z.B. belletristische Verlage, Phonoindustrie), die trotz allen Strebens nach Gewinn mit ihren Objekten nicht beliebig umspringen können und wollen.

Der Markt (in diesem Falle eigentlich besser: die Öffentlichkeit) soll mit kulturellen Leistungen versorgt werden, was im Einzelfall kommerzielle Ziele gar nicht ausschließt. Welche kulturellen Produktionen oder künstlerischen Werke jedoch zum Zuge kommen sollen, ergibt sich nicht aus den ökonomischen Bedingungen des Marktes. Es geht nicht um Umsatz, Produktdifferenzierung, Sortimentsbildung, Verkaufskonditionen und maximalen oder optimalen Gewinn. Es hilft auch nicht, die üblichen Marketinginstrumente sprachlich auf die Verhältnisse eines Kulturbetriebes umzuschreiben. Der Schematismus des Originals wird durch die analoge Übertragung sogar noch gesteigert. Welches Gewicht hat schon der Umsatz in einem Museum, die Produktdifferenzierung in einer Oper, die Sortimentsbildung in einem Theater?

Die Handhabung der Marketinginstrumente (der vier „Ps") ist einmal entwickelt worden für die charakteristische Lage eines *Industriebetriebes*, der seine Produkte selbst fertigt und aus verkaufspolitischen Gründen auf ihre funktionale und ästhetische Gestaltung (Design) autonomen Einfluss hat. Wir hatten an anderer Stelle bereits darauf hingewiesen, dass die Allgemeine Betriebswirtschaftslehre eigentlich eine Industriebetriebslehre ist und ihre Terminologie aus diesem Kontext zu deuten ist. Schon der Handel oder die Banken bedürfen wegen ihrer Charakteristika eine angepasste Terminologie. Schon hier also passt der Schematismus der allgemeinen Marketinglehre nicht. Wie viel problematischer muss er im Kultur- und Kunstbereich sein?

Was macht es für einen Sinn, über Produktdesign zu sprechen, wenn man es mit Kunst zu tun hat, die in ihrer ursprünglichen Substanz, z.B. als Komposition, von und in der Kultureinrichtung nicht *geschaffen*, sondern „nur" *aus- oder aufgeführt* wird, wenn auch mit eigenständigen künstlerischen Ambitionen? Ein künstlerisches Werk wird zunächst einmal übernommen, z.B. eine Oper aus der urheberrechtlich nicht mehr geschützten Opernliteratur oder gegen Lizenzzahlung an einen Musikverlag. Wie könnte ein Theater, das ein Stück – sagen wir von Elfriede Jelinek oder Botho Strauß – einstudieren und aufführen möchte, es wagen, dieses mit Hinweis auf die Verkäuflichkeit inhaltlich so hinzutrimmen, bis es für alle Welt verständlich wird?

Die Regel im Kulturbereich wird sein, dass die Produkte (Dramen, Orchesterwerke, Bilder, Manuskripte usw.) außerhalb der Kulturinstitution entstehen und einen bestimmten oder auch unbestimmten, aber eigenständigen Willen des Künstlers zum Ausdruck bringen. Auch wenn manche Funktionen in der konkreten Bearbeitung der Außenwelt (ob Markt oder Öffentlichkeit) eine deutliche Ähnlichkeit zu den Marketinginstrumenten aufweisen, so bleibt doch ein ganz entscheidender Unterschied (vgl. Colbert 1994/16 sowie Bendixen 2000c):

- Im konventionellen Industriebetrieb beginnt der gesamte Verwertungsprozess mit einer Analyse des (Absatz-) Marktes und plant von dessen Bedingungen und Gegebenheiten her ein geeignetes Produkt- und Leistungsprogramm, und zwar retrograd bis in die Produktentwicklung und die Fertigung hinein. Dass der Markt damit letztlich entscheidet, was produziert wird, gehört zu seinem Wesen und wird zur Rechtfertigung des ansonsten schwer zu begründenden Profitstrebens auch in der Öffentlichkeit und in der Fachliteratur regelmäßig herangezogen.[77]

- Im Kulturbetrieb dagegen geht der Publikationsprozess von dem *vorhandenen* künstlerischen Werk aus und tastet den Markt nach Möglichkeiten ab, um dieses kulturell und gegebenenfalls auch kommerziell erfolgreich in die Öffentlichkeit zu bringen. Das dominierende Maß ist hier die Kunst, und ihre Publikation schließt für die Öffentlichkeit Zumutungen, Irritationen, Unverständnis und Provokationen nicht nur nicht aus, sondern intendiert sie nicht selten.

Der hier herausgestellte Unterschied zwischen einem konventionellen Industriebetrieb und einem Kulturbetrieb darf nicht verwechselt werden mit dem Unterschied zwischen Sachgütern und Dienstleistungen. Ein kommerzieller Dienstleister wird, auch wenn er nicht im Voraus produzieren und damit die Ware auf Vorrat halten kann, dennoch seine Leistungskapazitäten und ihre qualitative Auslegung auf eine vorausgehende, begründete Bedarfsanalyse stützen. Wir können allerdings, und auch das muss gesagt werden, nicht ausschließen, dass im Kulturbereich Werke erzeugt werden, die ganz gezielt und mit kommerziellen Absichten einen zuvor genau analysierten Markt bedienen.

Solche Werke geben dann allerdings ihre Eigenständigkeit auf und bieten stromlinienförmige Produkte der Bedarfsdeckung an. Es müssen hier Zweifel angemeldet werden, ob man das dann noch als Kunst bezeichnen kann. Sie stattdessen als Kulturprodukte (z.B. mit hohem Unterhaltungswert) zu kennzeichnen, wäre keine Abwertung, sondern würde nur auf einen entscheidenden sachlichen Unterschied verweisen zwischen Kunst im Allgemeinen, im öffentlichen Verständnis einerseits und dem umfassenden Begriff „Kultur" einschließlich der Kulturindustrie andererseits.

Nach all dem Gesagten macht es also keinen Sinn, sich für Konzepte des Kulturmanagements wiederum der eingefahrenen Vorgehensweisen und Schemata der Betriebswirtschaftslehre zu bedienen (vgl. u.a. Benkert 1994/9; Vermeulen/Geyer 1995/92 ff.; Goertz/Lemmer 1995/177 f; Conzelmann 1995; Heinrichs/Klein 1996/202; Lohkamp/Maletz 1997/90; Kaltwasser 1999/3; Heinrichs 1999/,162 ff.; interessanterweise taucht das Schema in *praxisnahen*. monographischen Darstellungen selten auf. vgl. z.B. Weber/Waldner 1998). Mit Schematismus kommt man der kulturellen Realität nicht näher, jedenfalls nicht auf dem Gebiet des Marketing.

Letztlich bleibt es in jeder Hinsicht unbefriedigend, wenn man die genannten absatzpolitischen Instrumente einfach mit kulturellen Inhalten füllt oder zum Teil sogar nur sprachlich anders fasst. Was für die private Wirtschaft gelten mag (doch selbst hier wären einige Zweifel anzumelden), gilt nicht automatisch auch für die Kultur. „As a result, the traditional marketing model cannot adequately reflect the reality of the artistic milieu", resümiert François Colbert (Colbert/1994/16).

---

[77] Diese Formulierung ist an sich blauäugig, denn der Markt ist nicht etwa die Nachfrage oder irgendeine ausgewählte Gruppe von Konsumenten, sondern der Markt ist das vom Anbieter und zum Teil seinesgleichen selbst geschaffene Medium. Die übliche Rechtfertigungsfigur ist also eigentlich eine Selbstbestätigung, die nur eine vermeintlich neutrale oder unabhängige Instanz, nämlich den Markt, als objektiven Determinator vorgibt. Der Markt ist weder neutral noch objektiv; er ist überhaupt kein handelndes Subjekt.

Abgesehen von den erwähnten Unstimmigkeiten, die man sich durch schematische Übernahmen einhandelt, bleiben auch im Detail der einzelnen Marketinginstrumente Zweifel. Es klingt zwar zunächst überzeugend zu sagen, dass die vier Instrumente „Preispolitik", „Produktpolitik", „Distributionspolitik" und „Kommunikationspolitik" aufeinander abgestimmt werden müssen. Aber solche Abstimmungsnotwendigkeit ist eine recht lapidare Feststellung von etwas an sich Selbstverständlichem. Welche Handlungen, die aufeinander einzuwirken pflegen, müssten denn *nicht* abgestimmt werden?

Ursprünglich ist mit der Kombinatorik der Instrumente in der Betriebswirtschaftslehre gemeint gewesen, dass man die Wirkungsvariationen jedes einzelnen Instrumentes herausfindet (z.B. wie viele Käufer bleiben weg, wenn man den Preis um x % anhebt, oder mit wie viel zusätzlicher Nachfrage kann man rechnen, wenn man das Werbebudget um y % aufstockt). Aus der Kenntnis dieser Wirkungszusammenhänge werden die Instrumente dann aber nicht isoliert optimiert, sondern in Kombination mit den übrigen. Das alles entscheidende Problem ist hier, dass, selbst wenn es mathematisch gelänge, die Varianten der vier in sich optimierten Instrumente zu einem optimalen Mix zusammenzustellen, damit die Gesamtwirkung eines solchen Vorgehens in der Praxis keineswegs gesichert ist. Mit dem Mix bildet sich nämlich ein anderes, praktisch nicht berechenbares Phänomen nach dem Prinzip, dass das Ganze mehr ist als die Summe seiner Teile. Mit anderen Worten: Das ganze Gebilde einer Vorgehensweise auf dem Markt hat andere, oft ungeahnte Effekte als die Summierung der modelltechnisch errechneten Einzeleffekte der Instrumente.

Der praktische Nutzen der vielen zum Teil ziemlich komplizierten mathematischen Modelle wird im Vergleich zu einer relativ simplen Kombination aus langjährigen Erfahrungen und begründeter Einschätzung der Zukunft den Aufwand kaum lohnen. Die Praxis ist oft wirksamer als theoretische Modelle, weil sie darauf verzichtet, auch den hintersten Winkel denkbarer Handlungsmöglichkeiten im Detail auszuleuchten und auszuwerten. Hier spielt die Intelligenz der Intuition, auch Bauchgefühl genannt, eine oft weit unterschätzte Rolle (Gigerenzer, 2008). Ein gestrenger Rationalist würde solches Verhalten wahrscheinlich als tendenziell irrational beargwöhnen und missbilligen. Diese analytische Herangehensweise in der Betriebswirtschaftslehre ist methodisch sehr problematisch, weil sich Wirkungszusammenhänge einzelner Marketinginstrumente in der Praxis nicht einmal annähernd isolieren lassen. Sie alle wirken, wenn auch aus verschiedenen Winkeln kommend, auf ein und dasselbe Gesamtbild ein, das sich die Kundschaft oder die Öffentlichkeit von einem anbietenden Unternehmen macht, von seiner Leistungsfähigkeit, seiner Seriosität, seinem Service, seiner Verlässlichkeit, seiner Fortschrittlichkeit, seinem Verantwortungsbewusstsein und so fort. Wenn man es so ausdrücken will: Die Marketinginstrumente erzeugen gemeinsam und untrennbar ein wirtschaftlich einsetzbares kulturelles Kapital. Die öffentliche Wahrnehmung eines Gesamteindrucks löst diesen nicht nach den einzelnen Komponenten auf.

In der angloamerikanischen Literatur zum Kulturmarketing sind Konzepte entwickelt worden, die den Realitäten im Kulturbereich erheblich näher sind und sich deshalb besser eignen, eine anders akzentuierte und – wie wir meinen – pragmatischere Auffassung von Marketing zu entwickeln. Diese Konzepte arbeiten mit der Vorstellung, dass es im Kulturmarketing (Arts Marketing) um die Konstruktion einer für langfristig nachhaltige Kunstpraxis geeigneten Umwelt („building an environment for the long-term sustainability of the arts", Harvey 1999/pp 40 – 47) geht. In dieser Vorstellung von einer kulturellen Umwelt steckt ein viel weiterer Marktbegriff, als er in der Ökonomie üblich ist. Er rückt dem Begriff „Öffentlichkeit" ein erhebliches Stück näher, und wir werden sehen, dass dieses „Zusammenrücken" im Kulturbereich durchaus Sinn und Pragmatik ergibt (Hier einige neuere Bücher zu „Arts Marketing" aus dem angloamerikanischen Sprachraum: Bernstein 2006, Kerrigan/Fraser/Ozbilgin 2004, Kolb 2004, Smith 2007, Talbot/Howard 2005).

4.3.2 Markt und Marktbearbeitung

Auch wenn man die Auffassung im Grundsatz teilt, dass im Kulturbereich nicht in erster Linie Waren oder Dienstleistungen verkauft, sondern für die Öffentlichkeit Kultur (insbesondere Kunst) geschaffen, gepflegt und vermittelt wird, ist dafür ein *anderes Verständnis* von Marketing nicht unbedingt notwendig, wohl aber damit schon ein *anderer Ansatz* für ein erweitertes Marketing im Kulturbereich eingeleitet. Es geht im weitesten Sinne darum, mit welchen Intentionen, welchen inhaltlichen Vorstellungen und welchen Verfahrensweisen die kulturelle Öffentlichkeit bearbeitet werden soll, um einen Kulturauftrag zu erfüllen oder einer Kunst den Weg zu bahnen. Mit dieser Sicht ist dennoch eine nicht nur inhaltliche, sondern auch perspektivische Erweiterung des Marktbegriffs verbunden.

Das Aktionsfeld „Markt" hat durch die paradigmatisch bedingte, formalistische Theorieentwicklung der traditionellen Wirtschaftswissenschaft eine Sicht, Deutung und Akzentuierung erfahren, die dem Bedürfnis nach Formalisierung zwar entgegenkommt, die sich aber zugleich eine Abkehr von der physischen Ebene einerseits und einen Rückzug auf das rein Ökonomische andererseits angeeignet hat, der im Kulturzusammenhang unbedingt wieder aufgelöst werden muss.

Der Markt ist seiner „Natur" nach ein kommunikativer, die physische Ebene überlagernder, diese allerdings bestimmender Handlungsraum. Die Apostrophierung von „Natur" weit auf einen Widerspruch hin: Der Markt kann nicht wirklich „Natur" sein, wenn er aus menschlicher Kommunikation herausgeformt wird. Er ist eben „Kultur". Er ist eine Konstruktion des Denkens von einer Prägnanz, dass daraus konkrete, auch dingliche Handlungen abgeleitet werden. Doch auch die Ergebnisse dinglicher Handlungen, z. B. eine Skulptur, ist aus dem gleichen Grund nicht Natur, sondern Kultur, und das Kulturelle an solch einem Werk ist nicht sein Stoff, sondern die ihm in der ästhetischen Form und Gestalt mitgegebene Botschaft. Der Markt weist – wie viele andere abstrakte Begriffe – eine Komplikation dadurch auf, dass ihm nichts Physisches entspricht, wenn man nicht naiv den Gemüsemarkt im Stadtzentrum als Prototyp des Marktes sieht. In diesem Sinne ist also der Markt eine gedankliche Konstruktion – übrigens eine, die nur in individuellen Gehirnen entsteht – aus ebenfalls gedanklichen Elementen, nämlich den gedachten Gestalten von Anbietern und Nachfragern und deren Intention zum Verhandeln über ersehnten Tausch. Wenn es nicht so frivol klingen würde, können wir sagen: Der Markt ist eine Einbildung.

Das Abstraktionsproblem der Ökonomie, wenn sie sich dem Marktgeschehen zuwendet, entsteht dadurch, dass sie diesen nicht-physischen, kommunikativen Markt seinerseits abstrahiert, d.h. ihn seiner außerordentlichen kommunikativen Komplexität beraubt und zugleich simplifiziert, indem nur ökonomische Dimensionen – und das ist im Allgemeinen und zur Hauptsache die Geldebene – ins Visier genommen werden.

Die ökonomische Theorie hat sich im Vorgang dieser Abstraktion von benachbarte, in der Realität eigentlich untrennbare Dimensionen abgekoppelt, indem sie die Dimension des Kulturellen (ebenso wie die des Politischen, des Ökologischen und anderer bedeutender

Dimensionen und Aktionsfelder der Gesellschaft) eliminiertet, so dass diese nachträglich nur noch mühsam, wenn überhaupt, wieder integriert werden können, wenn es um die Rückübertragung von Erkenntnissen in die Wirklichkeit geht. Das einmal Getrennte und dann isoliert Weiterentwickelte lässt sich nur noch schwer mit anderen Faktoren zusammenbringen. Die isolierte Bearbeitung stellt die Kompatibilität mit dem Kontext weitgehend in Frage. Nichts passt mehr richtig. Die weit vorangetriebene und ausgewachsene Monokultur eines Nadelholzforstes lässt sich im Nachhinein nicht mehr in einen naturnahen Mischwald zurückverwandeln (außer durch eine Radikalumwandlung per Kahlschlag). Das auf die eindimensionale Mechanik von Angebot und Nachfrage reduzierte Marktmodell wird nicht dadurch realitätsnäher, dass zurückgelassene Dimensionen je nach Bedarf wieder in den Kranz der Rahmenbedingungen eingebunden werden. Die realen Dimensionen sind ja nicht additiv wirksam, sondern integriert. Die Mechanik von Angebot und Nachfrage müsste fundamental umgewandelt werden in eine Organik der sozialen Kommunikation und der Suche nach einem komplexen Interessenausgleich.

Die Methode, ein wissenschaftlich interessierendes Objekt mit den sprachlichen Mitteln und dem Klassifikationsinteresse eben dieser Wissenschaft zu beschreiben, ist bereits Modellkonstruktion. Wird ein solches Modell im Laufe der Zeit (vielleicht über Generationen von Fachwissenschaftlern) mit Differenzierungen, Details und (vom Erkenntnisinteresse angeleiteten, also selektiven) empirischen Studien angereichert, dann stellt sich allmählich ein Objektbild ein, das eine künstliche Produktion darstellt, die mit der Realität nicht mehr allzu viel zu tun hat und dennoch den Glauben an ihre reale Geltung nicht mehr erschüttern kann. Die Funktion dieser Modelle besteht in der Bestätigung der besonderen Perspektive dieser Wissenschaft. Je stärker dies ausgeprägt ist, desto schwieriger wird es, ihre Resultate in die Wirklichkeit interpretativ einzufügen und mit ihnen praktisch zu arbeiten. Ein beeindruckendes Beispiel für diesen methodologischen Mechanismus hat Edward W. Said mit seiner Studie „Orientalism – Western Conceptions of the Orient" (Said 1995) geboten. Wir haben in anderem Zusammenhang schon darauf hingewiesen. Said hat gezeigt, dass das westliche Bild vom Orient eine okzidentale Überzeichnung zur Bestätigung der Überlegenheit des Westens darstellt, die im 19. Jahrhundert noch kolonialistischen Interessen diente und heute noch imperiale Politiken des Westens stützt. Es fehlen bislang analoge Studien dieser Art auch für die Ökonomie, die ebenfalls mit einem selbst erzeugten (und durchaus nicht in allen Punkten abwegigen) Bild vom Markt arbeitet.

Die Vorgehensweise der Ökonomie, mit *Modellen* der wirtschaftlichen Realität statt in ihr selbst zu arbeiten, ist prinzipiell methodologisch durchaus begründbar, weil Realstudien am lebenden Objekt (wegen dessen Komplexität, aber auch wegen dessen Empfindlichkeit) selten möglich sind. Man kann die Verbraucherreaktionen auf Preisveränderungen nicht dadurch studieren, dass man probeweise mit Preisen auf dem Wochenmarkt experimentiert. Solche Modelle müssen aber offen bleiben für Korrekturen durch Wahrnehmungen und begründete Interpretationen in der Realität; sie sind also nur Instrumente der Erkenntnis, nicht ihr Endzweck. Die Arbeit mit Modellen ist eine Phase im Wahrnehmungs- und Erklärungsprozess von Realitätsausschnitten. Dies kann eigentlich in allen Humanwissenschaften nicht anders sein.

Die ökonomischen Modelle tragen jedoch eine folgenschwere Anfangslast mit sich. Modelle sind in fast allen Wissenschaften üblich. Sie bestehen in Reduktionen auf das *Wesentliche* eines Realitätsausschnittes. „All models – in physics, biology, or economics –

simplify reality in order to improve our understanding of it" (Mankiw 1998, S. 21).[78] Die Entscheidung jedoch, was Wesentlich ist und was weggelassen werden darf, ist eine schwer zu begründende, meist auf Konvention beruhende, normative Vorausbestimmung.

Wie aber will man begründen, dass für die Wirkungszusammenhänge einer Wirtschaft oder eines Marktes ausgerechnet die Dimensionen des Politischen, des Rechtlichen, des Ökologischen oder des Kulturellen entbehrlich sind? Wie definiert man überhaupt die Dimension des Wirtschaftlichen? Dass das Disponieren mit knappen Mitteln diesen Kern ausmacht, wird oft behauptet. Doch wird man sehr bald feststellen, dass dieses zwar ein Vernunftprinzip ist, das für jeden Menschen mit Verstand gilt. Doch das alles kann doch nicht in dieser Breite Gegenstand der Ökonomie sein! Ökonomie kann nicht ernsthaft als eine allgemeine Vernunftlehre verstanden werden und sich dadurch Kompetenzen der Philosophie aneignen. Da muss schon substanziell etwas gesagt werden zu dem realen Bereich des menschlichen Wirtschaftens.[79]

Die methodologischen Probleme der Ökonomie sind so tiefgreifend, dass wir sie hier nicht ausbreiten können und wir dies mit Blick auf die Pragmatik des Kulturmanagements auch nicht im Detail müssen.[80] Zumindest die Dimension des Kulturellen aber gilt es für unser Thema „Kultur- und Kunstmanagement" zurückzugewinnen und ihr letztlich sogar im ureigenen Themenbereich der Ökonomie, der Wirtschaft und ihren Untergliederungen, jene Bedeutung zurückzugeben, die sie in der Realität immer innehatte und in der Praxis als deren Fundament nicht hat aufgeben können. Was damit zum Ausdruck kommen soll, ist die Tatsache, dass jede Ware, jeder von Menschen gefertigte Gegenstand die kulturellen Werte und Lebenskonstellationen in sich aufnimmt, *aus* denen heraus sie konzipiert und dann konkret gemacht werden, oder *für* die sie konzipiert und dann konkret gemacht werden. Kultur ist, wenn man den Begriff hier weit genug fasst und Bereiche wie Politik, Wissenschaft, Bildung usw. einbezieht, der alles begründende Kontext des Wirtschaftens in der Wirklichkeit. Kontext bedeutet, dass die Wirtschaft aus ihrem gesellschaftlichen Umfeld ihre konkreten Prägungen erhält und dass sie als vom Denken her geleitete Leistung selbst auch kulturelle Komponenten aufweist. Das Thema „Wirtschaft und Kultur" (Bujard/Cerny/Gutzeit/Weyel 2010) oder „Kultur und Wirtschaft" (Busek/Abfalter 2003, Bendixen 2008 c) gehört zu den beliebten Titeln von Büchern und Konferenzen; Präziser wäre es, von „Wirtschaft als Kultur" zu sprechen.

---

[78] Der Fehler, den Mankiw hier begeht, ist die verräterische Gleichsetzung von Modellen der Physik, der Biologie und der Ökonomie. Naturwissenschaften stehen vor völlig anderen Erkenntnisproblemen als Kulturwissenschaften, zu denen zweifellos eine richtig verstandene Ökonomie gehört.

[79] Die jüngere Entwicklung der ökonomischen Theorie ist den Weg gegangen, sich als eine Theorie der rationalen Wahl zu verstehen und damit ihre Zuständigkeit beispielsweise auch auf den Fall auszudehnen, dass jemand sich entscheiden will, mit wohl erwogenen Gründen aus seiner Kirche auszutreten oder ihre die Treue zu halten. Vgl. in diesem Sinne Hohmann/Suchanek (2000). Ein solcher Ansatz drückt sich vor der Notwendigkeit, substanziell etwas darüber zu sagen, was Wirtschaften real bedeutet und wie sie als ein gesellschaftliches Untersystem nach welchen Regeln funktioniert. Der Weg in eine immer weiter gesteigerte Abstraktion der theoretischen Ansätze ist Rationalismus pur, wie ihn einst René Descartes und andere Philosophen gefordert hatten, aber er ist – wie diese Philosophen betonen – immer ein Weg hinweg von der dinglichen Welt und ihren singulären, zufälligen Erscheinungen und hin zu dem, was an Gesetzen hinter den physischen Erscheinungen wirkt. Der lebende und wirtschaftende Mensch ist aber keine metaphysische, sondern eine ganz reale, die Welt gestaltende (und manchmal verunstaltende), lebende und Spuren in der Dingwelt hinterlassende Figur. Wege wie die von Karl Hohmann und Andreas Suchanek führen wissenschaftlich ins Nichts.

[80] Für ökonomisch interessierte Leser sei auf Karlheinz Brodbeck: „Die fragwürdigen Grundlagen der Ökonomie" hingewiesen. (Brodbeck 1998), Bernd Senf: „Die blinden Flecken der Ökonomie" (Senf 2004), John Wright: „Ethics of Economic Rationalism" (Wright 2003), Bendixen (2009 a).

Die beiden Präpositionen „aus" und „für" signalisieren einen überaus wichtigen Unterschied zwischen zwei Tendenzen, die einmal historisch von prägender Bedeutung waren:

- Im einen Fall entstehen Erzeugnisse im unmittelbaren Umfeld einer lokalen oder regionalen, kulturell zusammengehörigen Lebensgemeinschaft. Wenn die Produktion ergiebig genug ist und mit einer gewissen Beständigkeit läuft, dann kann es für den Handel interessant werden, den Erzeugnissen auch Absatzmärkte außerhalb ihres kulturellen Wirkungsbereiches zu erschließen. Der historische Ursprung des *Handels* liegt *hier*, in der Erweiterung von Absatzmärkten für lokale Erzeugnisse. Handelswirtschaft geht von *vorhandenen* Produkten aus und dehnt deren Absatz auf weiter entfernte, oft sogar entlegene Regionen aus.
- Im anderen Fall entstehen Erzeugnisse von Beginn an aus der Absicht, in jenen Regionen – seien sie nah oder fern – mit Erfolg Umsatz und damit Gewinn zu machen, in denen gute Chancen bestehen, wenn man die Erzeugnisse in ihren Gebrauchseigenschaften und ihrem Design auf die – auch dort kulturell bestimmten! – Bedürfnisse der Menschen in jenen Gebieten möglichst passgerecht fertigt. Industrie *macht* Produkte *verkaufsfähig*. *Hier* liegt der historische Ursprung von *Industrie*, die sich von Handwerken und Gewerben älterer Formationen genau darin unterscheidet, dass sie nicht innerhalb eines Kulturkreises für diesen Kulturkreis produziert, sondern einen sehr weiten, in jüngster Zeit zum Teil globalen Umkreis von höchster kultureller Varianz zu bedienen sucht.

Nicht die Tatsache, dass in der Industrie die große Technik zum Tragen kommt – dies ist eine *Folge* des Industrieprinzips –, sondern die bewusste Bedienung und in der entwickelten Phase des Industrialismus auch die bewusste Gestaltung von Käuferbedürfnissen macht das Wesen der Industrie aus. Die industrielle Form des Wirtschaftens enthält eine problematische Machtkomponente. Das angereicherte Wissen über die Lebenswelten von Menschen, über ihre psychologischen und kulturellen Dispositionen und Lebensstile, ihre Gewohnheiten und Vorlieben, bilden die Basis industrieller Produktgestaltung. Das Signal vieler industrieller Erzeugnisse lässt sich in dem Satz zusammenfassen: Wir wissen, was gut für dich ist. Aus dieser Machtkomponente gepaart mit der praktischen Unmöglichkeit für Konsumenten, diese Behauptung zu überprüfen (falls sie als solche überhaupt wahrgenommen wird), entsteht ein Gestaltungspotential gegenüber Lebenswelten, das ungeahnte kulturelle Implikationen in sich trägt. Aus diesem Grund können wir im Zusammenhang mit Kulturmanagement nicht darauf verzichten, die sozialen und kulturellen Mechanismen des Industrialismus transparent zu machen.

Aus historischen Gründen, die wir hier nicht ausbreiten können, liegt der Beginn der Industrialisierung als einer neuen Formbestimmung der schon entwickelten Marktwirtschaft keineswegs zufällig im 18. Jahrhundert (ebenso wenig zufällig ist das erste große Werk eines Nationalökonomen, nämlich Adam Smiths „Wohlstand der Nationen", in dieser Zeit entstanden) und festigte sich integriert mit der Herausbildung der bürgerlichen Gesellschaft und der beginnenden Auflösung des Feudalismus in Europa. Ebenso wenig zufällig fällt in diese Zeit das Aufblühen und Vorherrschen des europäischen Rationalismus, der Idee der Naturbeherrschung durch menschliche Verstandesleistungen. Das Prinzip der aktiven Marktgestaltung (dem Marketing im eigentlichen, betriebswirtschaftlichen Sinne) steht in engem Bezug zu der Vorstellung davon, dass es nicht einfach um Produkte und ihren Verkauf geht, sondern dass dem oft langwierige und aufwendige Vorarbeiten vorausgehen, die eher kreative Einfälle als rationale Planung verlangen.

Dass man Entwicklungen und Prosperität planen könnte, wird heute nicht mehr ernsthaft behauptet. Planung ist zwar in vielen Fällen ein recht brauchbares (Ord-nungs-)Instrument, aber kein Ersatz für Kreativität und innovative Antriebskräfte, kein Ersatz für Entdecken und Gestalten. Wenn wir über Management im Allgemeinen und über Kulturmanagement im Besonderen sprechen, treten *diese* beiden Komponenten viel stärker in den Vordergrund als dies im betriebswirtschaftlichen Schema der Fall ist.

Ein anschauliches Beispiel dafür, was man im erweiterten Verständnis von Marktbearbeitung unter Marketing verstehen kann, hat Ralph S. Hattox in seinem Buch „Coffee and Coffeehouses – The Origin of a Social Beverage in the Medieval Near East" gegeben:

> Als im 16. Jahrhundert der Genuss von Kaffee in den moslemischen Ländern, vor allem im Yemen und in Ägypten, allgemein üblich geworden war, versuchten arabische Händler ihren Kaffeehandel auf die großen Metropolen des osmanischen Reichs wie Damaskus und Istanbul auszudehnen. Aber sie wären niemals erfolgreich geworden, „hätten sie einfach Säcke mit Kaffee auf den Marktplätzen der großen Städte abgestellt... Wer hätte solche Erzeugnisse kaufen sollen, wo doch der Gebrauch und die Aufbereitung für ihn ein komplettes Mysterium war? Also war es besser, den Verkauf dadurch anzuregen, dass man fertig gebrauten Kaffee an kleinen Ständen und in speziellen Kaffee-Shops verkaufte. Dies war, wie wir gesehen haben, exakt die Vorgehensweise von Hakm und Shams (zwei damals im Orient bekannte Kairoer Kaffeegroßhändler, P. B.). Wahrscheinlich haben die meisten Leute Kaffee zum ersten Mal in einem Kaffee-Shop probiert" (Hattox 1996/S. 79; Übersetzung P. B.).

Um die neue Kultur des Kaffees als eines gesellschaftlichen Getränks, das mittlerweile den ganzen Globus erobert hat, zu kreieren, auszubreiten und zu festigen, war die Errichtung von Kaffeehäusern das wichtigste Instrument, um einen wachsenden Markt vom Jemen aus beliefern zu können. Der Jemen hatte in jener Zeit das Monopol des Kaffeeanbaus und unterhielt seine Handelszentren in Kairo.

Die Kaffeehäuser in Damaskus und Istanbul waren keine Kneipen oder Spelunken, sondern kulturelle und zeitweilig auch politisch-oppositionelle Treffpunkte (weshalb sie hin und wieder von osmanischen Sultanen verboten oder von Wesiren mit besonders hohen Steuern belegt wurden). Bis in die jüngste Zeit (in Istanbul angeblich noch in den dreißiger Jahren des letzten Jahrhunderts, in Damaskus vereinzelt noch heute) haben sich dort regelmäßig die Meddah, die orientalischen Geschichtenerzähler, Musikanten, Literaten und Geschäftsleute eingefunden. Kultur und Wirtschaft waren sich eben immer schon nahe, auch in der Form von Erzählkultur und Wirtshäusern.

Auch der Handel mit fertigen Erzeugnissen muss sich seine Märkte schaffen, gleichgültig ob die Waren *aus* einem bestimmten Kulturkreis kommen und ihre Provenienz keineswegs verleugnen, sondern vielleicht sogar (mit Stolz) besonders betonen, oder ob sie *für* einen bestimmten Kulturkreis gefertigt und über den Handel vertrieben werden und ihre Designs von dessen kulturellen Werten und Präferenzen her gezeichnet sind. Im Falle des jemenitischen Kaffees ist das nicht schwierig, da er weder in Damaskus noch in Istanbul wächst. Die Kaffeehauskultur war in diesen Metropolen etwas Neues, das im Laufe der Zeit kulturell adaptiert und nach Europa weitergetragen wurde. Festzuhalten ist also zunächst, dass in beiden Fällen, dem Handel mit fertigen Produkten und der industriell gefertigten Ware, die Erzeugnisse nicht einfach nur physische Gegenstände sind, deren Erzeugung technische und betriebswirtschaftliche und deren Vertrieb lediglich distributionsmethodische Fragen aufwerfen, sondern dass sie – wenn wir es so emphatisch sagen wollen – einem darstellbaren kulturellen Kontext angehören.

Jede Ware hat eine solche „Kontextkomponente", die man ihr gewöhnlich zwar nicht direkt ansieht – sie ist ja nicht immer sinnlich wahrnehmbar, sondern bleibt hinter der Marke oder dem Logo verborgen –, die aber konkret sehr wirksam sein kann. Der Kontext vermittelt sich teils durch ästhetische Eigenschaften, z.B. Stilelemente von Keramik, die etwas über ihre Herkunft und ihre authentische Verwendung aussagen, oder handwerkliche Techniken wie Porzellanmalerei und deren Brenntechniken, die auf lokalen Traditionen und Rezepturen beruhen. Auch Waren, die speziell für den Gebrauch in einem bestimmten Käufer- oder Kulturkreis gefertigt werden, z.B. viele Souvenirwaren in touristischen Zentren, transferieren diesen Kontext mit. Dieser kulturelle Kontext ist nicht etwa eine Beigabe, um die Ware attraktiver zu machen, sondern er ist in vielen Fällen sogar der Entscheidungsgrund, sie zu erwerben. Selbstverständlich kann eine Ware auch mit einem künstlich kreierten Kontext umgeben sein, indem sie mit einem persuasiven ästhetischen Marketingmantel umhüllt wird. Hier ist der Übergang zu einer von der Physis der Ware abstrahierenden Kulturproduktion, die ganze Lebensstile umfassen kann, eingeleitet mit Konsequenzen, die wir an anderer Stelle bereits diskutiert haben. Wie immer aber der kulturelle Kontext entstand und transferiert wurde und wie immer man ihn als Kulturerzeugnis kommentiert und einschätzt, er ist auf jeden Fall keine Nebensächlichkeit.

Nach verbreitetem Sprachgebrauch wird von Ware dann gesprochen, wenn sie zu dem Zweck des Gelderwerbs entworfen und hergestellt worden ist. Die Erwerbsintention fügt sich dann dem kulturellen Kontext ein, wenn ein handelbares Objekt seine Authentizität bereits eingebüßt hat und einer den Verkauf fördernden Umgestaltung in welcher Form auch immer unterworfen worden ist. Das Wort „Ware" klingt in bestimmten Zusammenhängen fast wie eine Deklassierung, wenn dadurch der kulturelle Kontext in ein schiefes Licht gerät. Originalgemälde namhafter Künstler auf Auktionen sind keine Ware, obwohl natürlich das, was mit ihnen in einer Versteigerung geschieht, alle Merkmale von Handelsware aufweist.

Dem einzelnen Objekt sieht man oft nicht an, ob es durch die Intention „Profit" gegangen ist, ob es in seiner physischen Gestalt als etwas Profitables mit der Absicht erzeugt oder eingekauft worden ist, über sie den Geldaufwand für die Herstellung oder den Einkauf zurückzuholen und das investierte Kapital zu verzinsen. Indizien können allerdings Hinweise geben. So lässt absolute Perfektion der Ausführung auf industrielle Produktion schließen, ebenso bestimmte Designeigenschaften, wenn Standardqualitäten an die Stelle von meisterhafter Qualitätsausführung erkennbar sind. Wie immer sich jemand aus persönlichen Geschmacks- oder Empfindungsgründen dazu stellt, *dies* und nicht die bloße Physis sind die Kriterien, nach denen der Gebrauchswert eines Objektes beurteilt zu werden pflegt.

Der kulturelle Kontext einer Ware oder Warengattung erschließt sich aber nicht nur aus den Objekten selbst, sondern häufig erst im erweiterten kulturellen Zusammenhang von individuellen oder kollektiven Lebensstilen. Nicht nur das, was konkret geschieht, wirkt auf den Kontext ein, sondern auch das, was eben nicht geschieht, aber aus bestimmten Gründen geschehen müsste. Spürbar wird das Phänomen zum Beispiel, wenn jemand nach Waren für seinen persönlichen Geschmack sucht, die der Markt nicht bietet, weil sie zu ausgefallen oder zu kompliziert in der Produktion sind.

Empiristen, die nur das für glaubhaft und beweisfähig halten, was faktisch geworden ist, die ihre kulturellen Urteile davon herleiten, wie Menschen tatsächlich leben, was die kaufen und ihrem Lebensstil einverleiben, vergeben die Chance, den kontingenten Raum der Möglichkeiten auszuleuchten und in die Kommentierung und Beurteilung einzubeziehen. Empiristen pflegen nicht zu träumen und der Phantasie zu trauen. Sie machen den typischen Fehler von (manchen) empirischen Sozialforschern, die bis in die letzten Details von den Besuchern eines Theaters oder den Urlaubern eines touristischen Ortes wissen wollen, weshalb sie gerade dies gewählt haben, welche Erwartungen und Befürchtungen sie dabei hatten usw. Viel ergiebiger für die Zwecke der Optimierung ihrer Angebote wäre eine Befragung derjenigen, die sich *nicht* für diese Sache entschieden haben. Das ist natürlich viel aufwendiger. Aber selbst wenn solche Ermittlungen unterbleiben, so ermöglicht wenigstens das Bewusstsein von Kontingenz über das vordergründig Empirische hinaus die Einsicht, dass jenseits der Fakten Potentiale schlummern könnten, die vielleicht mit der Kraft der Phantasie erschlossen werden könnten.

Die Aufdeckung des Warencharakters vor dem Kontinuum des kulturellen Kontextes eines Individuum, einer Gruppe oder einer Schicht ist eine kognitive Operation, eine Entdeckung durch Nachdenken und mit Phantasie. Es ist die Entdeckung, dass der Markt zwar im Prinzip Bedürfnisse zu befriedigen sucht, aber nicht jedes und zu allen Zeiten und – wie ländliche Konsumenten oft schmerzlich erfahren – nicht in allen Winkeln. Diese Selektion des gesamten gesellschaftlichen Warenkorbs nach dem Kriterium „profitabel" macht die Dinge eben zur Ware und schafft dadurch die Spannung zwischen faktisch gewordenem und potentiellem kulturellen Kontext. Der *potentielle kulturelle Kontext* aber ist gerade die Quelle für Innovationen.

Industrielle Ware kann zweifellos technisch sehr hohe Qualität erreichen, aber aus Gründen des Profits nur im Rahmen von betriebswirtschaftlich vertretbaren Standards. In der Industrie werden keine Ingenieurmeisterschaften ausgetragen. Es geht auch nicht um Extravaganzen und um den glaubwürdigen Nachweis ästhetischer Genialität, sondern um massenhaft wirksame Nachfrage zu angemessenen Preisen. In der Kunst allerdings geht es durchaus um Meisterschaft und Genialität – in der Regel jedenfalls – , wenn ein Künstler oder eine Kunstrichtung die Öffentlichkeit überzeugen soll. Dies hat man im Kultur- und Kunstmanagement zu beachten.

Die Selektion von Produktionsmöglichkeiten nach dem Kriterium der Verkäuflichkeit und Profitabilität ist mit dem marktwirtschaftlichen System essenziell verbunden und überträgt sich überall dorthin, wo Leistungszusammenhänge in die Tauschsphäre des Marktes gebracht werden. Das gilt selbstverständlich auch für Erzeugnisse der Kunst, wenn sie handelbar sind, wenn man ihnen mit den gewohnten Techniken des Marketings erweiterte Absatzmöglichkeiten verschaffen und sich mit ihnen einen Gewinn ausrechnen kann.

Unbeschadet der Tatsache, dass auf dem Buchmarkt und dem Tonträgermarkt, bei Filmen und anderen Sparten immer wieder und in voller Absicht auch nicht marktgängige Produktionen aufgenommen und publiziert werden, ändert sich nichts am Warencharakter dieser Erzeugnisse. Die „Neue Musik" beispielsweise ist sicher (noch?) kein Markttrenner. Dennoch wird sie verlegt und aufgeführt, zum Teil aus inhaltlichem Interesse der Verleger und Veranstalter, zum Teil auch aus Gründen des Firmenimages, das sich der Moderne nicht gänzlich verweigern zu dürfen glaubt (Sikorski 1998).

Es wäre aber ein fataler Irrtum anzunehmen, dass die Kultur- und Kunstmärkte (im engeren Sinne) wegen des Warencharakters, den sie den gehandelten Objekten vermitteln, eine inhaltliche Nivellierung von Kunst und Kultur in Gang setzen, durch die Experimentelles, Ausgefallenes und am Publikumsgeschmack Vorbeilaufendes nicht zum Zuge kommen. Sie sind eben keine Industriemärkte, sondern Handelsmärkte, auch wenn in einigen Zusammenhängen von Kulturindustrie gesprochen wird.

Nivellierung kann sich hier wie dort ereignen. Davor ist niemand sicher. Industriewaren, auch solche der Kulturindustrie, selektieren nach ihren Zielkriterien und reduzieren dadurch die Vielfalt auf ein betriebswirtschaftlich handhabbares und vor allem konkurrenzfähiges Maß. Welches aber wäre auch die Alternative, wenn man kulturelle und andere Erzeugnisse der Mehrheit einer Bevölkerung zugänglich machen will? Unter den Bedingungen nicht-marktförmiger Distribution von Kunst- und Kulturobjekten, etwa in den rigoros exklusiven Kunstpraktiken des Feudalismus sowie teilweise noch des großbürgerlichen Patriziertums, käme die Mehrheit der Bevölkerung aus Gründen der exorbitanten Preise käuflich überhaupt nicht an solche Dinge heran. Veranstaltungen wie Theater oder Konzert waren exklusive Hofkünste. Das Volk hatte seine eigenen Künste, seine Musikanten, Bänkelsänger, Wanderbühnen und Komödianten

Literatur und bestimmte Formen der Malerei (Kupferstiche, Lithographien etc.) sind – wegen ihrer leichten Reproduzierbarkeit und weitläufigen Distribuierbarkeit – keineswegs zufällig diejenigen Kunst- und Kulturbereiche geworden, die schon relativ früh vom Handel angenommen wurden und sich einem breiten (gebildeten) Publikum öffneten, und zwar zum Teil schon seit vielen Generationen. Die Kulturpolitik der sozialistischen Länder hatte zwar viel zur klassenlosen Verbreitung von Kultur getan, sie war das Gegenteil von Exklusivität, aber auch sie hat dem künstlerischen Individualismus wenig Raum gegeben oder ihn jedenfalls misstrauisch überwacht. Aus ideologischen Gründen waren Kulturerzeugnisse zwar (durch Subvention) leicht zugänglich gemacht, aber auch obrigkeitlich äußerst selektiv vorsortiert.

Ein nicht minderer Irrtum wäre es zu verkennen, dass der Handel mit Waren eine der ältesten Verkehrsformen des oft über viele Grenzen hinweg gehenden kulturellen Austauschs war und ist. Die Händler der Antike, die Fernkaufleute des Mittelalters, die Handelszüge entlang der Seidenstrasse, die Handelsimperien der oberitalienischen Hochburgen der Renaissance, die Kolonialwarenhändler des 19. und noch des 20. Jahrhunderts, sie alle haben mit Sicherheit und Erfolg ihren Profit im Auge gehabt, und doch waren sie – vielleicht ungewollt – zugleich Kulturvermittler. Deren Kulturverständnis muss immerhin so weit gegangen sein, dass die reich gewordenen Kaufleute solche kulturellen Erbstücke wie Rothenburg ob der Tauber, Lübeck oder Görlitz hinterlassen haben (die heute als wichtige Ressourcen dem Kulturtourismus zugeführt werden können).

Erst die kulturelle Prägung der privaten Lebensweise einer seit der Renaissance allmählich anwachsenden bürgerlichen Schicht hat in den (heute als Wohlstandsländer bezeichneten) Gesellschaften den Grundstein für eine wachsende Wirtschaft und die Ausbreitung der Marktwirtschaft als regulatives System gelegt. Vielfach wurde und wird die Entfaltung der Marktwirtschaft aus dem Blickwinkel von wachsender Kapitalakkumulation, technischem Fortschritt und dadurch bewirkter allgemeiner Wohlstandssteigerung gesehen. Hier wird die Welt indessen nur mit einem Auge wahrgenommen, nämlich der Anbieterseite, während das andere nur oberflächlich registriert, was auf der Nachfrageseite der Märkte historisch geschah.

Die Expansionsgeschichte der Marktwirtschaft kann man nicht umfassend von nur einer Seite her begreifen, nämlich von der Wirtschaft und ihren Kräften. Dies bewirkt ein schiefes Verständnis von den Realitäten marktwirtschaftlicher Entwicklungen. Der Markt hat immer *zwei* Seiten, die Angebotsseite *und* die Nachfrageseite. Nur wenn förderliche Bedingungen für *beide* gegeben sind, kann Wirtschaft gedeihen. Die Vitalität der *Nachfrageseite*, der Part der Konsumenten und Lebenskünstler als derjenigen, die *kulturell* für sich festlegen, wie und womit sie leben wollen, ist eine conditio sine qua non der Marktwirtschaft.

Die Dimensionen des Kulturellen ist in einer Marktwirtschaft so essentiell, dass eigentlich nicht nachvollziehbar ist, wieso gerade sie in der ökonomischen Theorie- und Modellbildung komplett entfallen ist. Man könnte auch so weit gehen und postulieren, dass die von der ökonomischen Theorie zum Paradigma erhobene Idee, Wirtschaften sei begründeter, sparsamer Umgang mit knappen Mitteln, wobei die knappen Geldmittel im Zentrum stehen, eine zwar wichtige, aber nicht essenzielle Bedingung der materiellen Versorgung der Gesellschaft darstellt und dass vielmehr die für eine Demokratie angemessene Form der Bestimmung dessen, was sachlich erwirtschaftet werden soll, von den selbst bestimmten Gesellschaftsmitgliedern und ihren Institutionen ausgehen muss.

Die Ökonomie befasst sich – folgt man diesem Gedankengang – eigentlich mit einer Nebenbedingung des wirklichen gesellschaftlichen Lebens, das seinerseits den gewiss nicht immer glücklichen Versuch macht, kultivierte und zivilisierte Zustände zu entwickeln. Die Ökonomie hätte sich eigentlich zu fragen, was sie dazu beiträgt. Die Abkoppelung von der Dimension des Kulturellen ist fragwürdig. Seltsam und auffällig, wenn auch theoriegeschichtlich rekonstruierbar, ist die einseitige Ausrichtung der Ökonomie auf die Angebotsseite. Sie hat bereits bei Adam Smiths deutlichen Auftrieb erhalten. Dies hängt mit der in ihrer Einseitigkeit irrigen, aber sehr verbreiteten Auffassung zusammen, dass das Wohl der Gesellschaft allein von einer blühenden Wirtschaft abhänge und dass dieser deshalb die spezielle Aufmerksamkeit einer nur ihr zugewandten, selbständigen Wissenschaft gebühre. Dies ist mittlerweile ein historisches Faktum geworden, das nur schwer zu revidieren ist. Mit diesem speziellen Fokus hat sich die Ökonomie ein Weltbild geschaffen und empirisch untermauert, welches eine eigene Dynamik bekommen hat, die nur noch schwer zu relativieren ist. Hat man erst einmal die ökonomische Brille aufgesetzt, dann erscheinen die Fakten der Wirtschaft zwangsläufig wie eine überzeugende und unumstößliche Bestätigung des ökonomischen Weltbildes.

Der Tatsache, dass die empirischen Studien und erhobenen Materialien von diesem Fokus her ihr Forschungsdesign erhielten und deshalb auf einem Auge blind geblieben sind, wird indessen kaum Beachtung geschenkt. Erst wenn man in der Wirtschaftspraxis auf Kenntnisse des Entscheidungsverhaltens von Konsumenten angewiesen ist, zum Beispiel in der Marketingpraxis, treten die Mängel der Theorie offen zu Tage. Das Bestehen auf der ökonomischen Rationalität als vorrangigem Leitbild geht dann so weit, dass zwar Anleihen in anderen Wissenschaften wie der Soziologie und der Psychologie gemacht werden, dass diesen aber kein gleichrangiger Status, sondern nur der einer Hilfswissenschaft, die gewisse Instrumente bietet, eingeräumt wird

Nach unserer Auffassung ist die herkömmliche (orthodoxe, neoklassische) Ökonomie an das Ende ihrer Entwicklungsmöglichkeiten auf der Grundlage ihres bisherigen Paradigmas gekommen. Ein Wechsel des Paradigmas zeichnet sich derzeit zwar nicht ab, aber eine Überschreitung ihrer perspektivischen Limitationen ist möglich und wird zunehmend in Richtung Interdisziplinarität praktiziert. Denkbar aber wäre durchaus auch eine Aufwertung der Kulturwissenschaft bis zur Gleichrangigkeit in einem interdisziplinären Forschungs-

und Lehrzusammenhang. Erst daraus könnte eines Tages eine erweiterte Theorie der Marktwirtschaft hervorgehen, die sich den physischen Objekten und Konstellationen einschließlich deren kultureller Verfasstheit nicht verschließt.. Der Markt gibt sich zwar in physischen, sinnlich wahrnehmbaren Gegenständen und Vorgängen zu erkennen, aber er *ist* dies nicht. Der Markt ist ein Abstraktum, das vom Geld her gelenkt wird und die physische Welt als ein geldwertes Durchgangsstadium für die Erzielung von Profit betrachtet. Weil aber dieses Durchgangsstadium unverzichtbar ist, bliebe eine Markttheorie ein Torso, wenn sie sich der Objektwelt einschließlich ihrer kulturellen Kontexte verschließt.

Der Markt ist ein Raum, der nicht physisch existiert, sondern eine „Einbildung", eine gedankliche Hilfskonstruktion, eine Projektion des Denkapparates ist. Man kann aus seinen physischen Hinterlassenschaften schließen, wo und wie er einmal gewirkt hat, z.B. in Bauten, Erzeugnissen, Anlagen, Veränderungen in der Landschaft, Mülhalden. Man kann sein Wirken ahnen, wenn man Menschen in bestimmten Posen, Gestiken und äußeren Erscheinungsbildern beobachtet. Ausrufende Anbieter auf Wochenmärkten bringen sich anders ein als Börsenmakler während der Öffnungszeiten einer Börse, wenngleich Ähnlichkeiten unverkennbar sind. Auf den Markt als wirkendes, normatives Regelwerk kann man aus dem Verhalten von Menschen schließen, z.B. aus charakteristischen Formen der Kommunikation, aus auffälligen Handlungsgewohnheiten oder aus der Deutung von ausgetragenen Konflikten, wie sie in Schiedsgerichten oder in Urteilsbegründungen angegangen wurden. Nur direkt sinnlich wahrnehmen kann man den Markt nicht, und dass er eine räumliche Ausdehnung besitzt, ist eine gedankliche Konstruktion.

Alles in allem können wir sagen, dass der Markt eine mentale Projektion darstellt, die im lebenden Gehirn von Menschen durch mentale Vorgänge gebildet wird, beispielsweise durch reflektierte Erfahrungen (Erinnerungen), durch gestärkte oder enttäuschte Hoffnungen, durch begründete Erwartungen und geformtes Wissen, durch die Bewertung eigener Potentiale zu kreativen Veränderungen und die Einschätzung von Begrenzungen objektiver oder eingebildeter Art. Der Markt ist eine gedankliche Konstruktion mit realistischem Hintergrund, die in den Köpfen derer existiert, die sich um Möglichkeiten der Nutzung von profitablen Tauschpotentialen bemühen, und zwar auf *beiden* Seiten des Marktes, oder die sich gestaltend den allgemeinen Rahmenbedingungen für ökonomische (insbesondere kulturökonomische) Entwicklungen und (vor allem ökologische) Limitationen widmen.

Wenn vom Markt die Rede ist, nimmt man unwillkürlich zunächst die Anbieterperspektive ein. Deren Perspektive ist vielleicht in vieler Hinsicht die kompliziertere, weil durch geschickte Dispositionen etwas, das eine physisch spezifizierte Existenz hat, in das unspezifische Geld zu verwandeln ist, und zwar durch Verkauf am Markt. Wer dagegen Geld in der Hand hält und etwas erwerben will, braucht keine besonderen Kalküle ablaufen zu lassen, sofern Klarheit darüber besteht, was es konkret (ungefähr) sein soll. Wenn überhaupt systematisch, dann werden nur Preisforderungen von Anbietern verglichen.

Mit ein wenig Anstrengung ist es leicht möglich, in Gedanken die Position eines Kaufinteressenten einzunehmen, wenn vom Markt die Rede ist. Sehr viel schwieriger aber die die gedankliche Operation, sich beide Seiten gleichzeitig vorzustellen und in beide Seiten einigermaßen gleichgewichtig differenzierend und theoretisierend einzudringen. Dies hat die ökonomische Theorie natürlich auch versucht. Sie hat eine (Teil-) Theorie des Anbieterverhaltens entwickelt und ebenso eine (Teil-) Theorie der Konsumentenentscheidungen. Problematisch ist die gedankliche Operation deshalb, weil realiter eine solche Operation nicht gelingen kann. Man kann nicht gleichzeitig vor und hinter einem Haus stehen. Man kann nur durch einen abstrakten, archimedischen „Trick" gleichzeitig die Anbieter- *und* die Nachfragerseite gleichrangig betrachten. Aus dieser (natürlich nicht umfassenden) Kennzeichnung des Marktes als mentale Konstruktion folgt eine Reihe von konkreten Eigenheiten, die die unmittelbar Beteiligten als Schwierigkeiten erleben und die die aus dem Abstand der Wissenschaft Forschenden als Unschärfe und Komplexität erklären. Zu den Kernelementen dieser Eigenheiten gehört die offene Erstreckung des Marktes in der Zeit, vor allem in die Zukunft hinein und die unscharfen Grenzen des Marktes im geografischen Raum. Auch dies sind gedankliche Konstruktionen, wenn man so will: Einbildungen oder Gedankenstützen.

Dass es sich um Einbildungen oder Hilfskonstruktionen handelt, wird durch die eigenartige, beinahe ironische Logik ersichtlich, dass der sich ausdehnende Markt im Moment vollendeter Globalisierung nicht etwa endlos wird, sondern eine absolute Grenze erwirkt. Der Globus als geografischer Oberflächenraum ist geschlossen, nur seine Teilräume sind offen. Die praktisch raumlose Online-Kommunikation ist die erste und echte Realisierung der Möglichkeit zu Selbstgesprächen. Die etwas irritierende Feststellung, dass je weiter der Markt sich ausdehnt, er umso geschlossener wird, hat bisher noch wenig auf die bekannte Einsicht gewirkt, dass die Marktwirtschaft von Expansion lebt. Dies war von Beginn an so.

Die Raumvorstellung ist jedoch nur eine Hilfskonstruktion, für die sich längst andere Ausdehnungsmöglichkeiten abzeichnen. Man kann die Handlungsmöglichkeiten im „Raum" nämlich auch dadurch erweitern, dass man sein Inneres immer weiter in sich differenziert. Der Trend zur inneren Differenzierung läuft zwar dem Maschinenzeitalter mit seinem enormen Druck zur Standardisierung aus betriebswirtschaftlichen Gründen entgegen. Aber die Technologie der elektronischem Medien zeichnet bei genauerem Hinsehen schon vor, welches Potential in der Möglichkeit liegt, immer feiner, immer differenzierter auf Bedürfnisse von Marktteilnehmern einzugehen. Ein gutes Beispiel dafür ist die Verlagsmethode „Book on Demand" sowie viele ähnliche, auf elektronische Vernetzung aufbauende Marketingformen. Vielleicht wird eines Tages „Car on Demand" angeboten.

Aus der konkreten, alltäglichen Position eines einzelnen, derzeit noch nicht global agierenden Unternehmens wird man in den meisten Fällen relativ deutliche Angaben über die geografische Ausdehnung seines relevanten Marktes machen können. Man weiß einigermaßen, woher die Kunden mit welchen Anliegen kommen, bis in welche Regionen sich die eigene Akquisition und Marktbearbeitung erstrecken soll und welches die einschätzbaren Konstanten und Verlaufsformen von Marktprozessen sind. Hier spielen Erfahrungen eine ebenso große Rolle wie nötigenfalls präzise Analysen durch systematische Marktforschung.

Die Bearbeitung eines Marktes hat die Eigenschaft einer mehrschichtigen Vernetzung. Das engste, meist durch jahrelange Praxis verdichtete, durch Kulturwerte wie Vertrauen, Verlässlichkeit und Vertragstreue, durch Bündnisse und Seilschaften und vor allem durch Verträge gestaltete Netz ist geknüpft zu Stammkunden, Stammlieferanten, Haupt- und Kleinaktionären, Hausbanken, festen Beratern, Konkurrenten, häufig kontaktierten Amtsträgern, Verbandsfunktionären und anderen wichtigen Personen und Institutionen des aktuellen Marktes. Dieses Netz aus jederzeit aktivierbaren Kommunikationspartnern ist so etwas wie das soziale Grundkapital, ohne das das Geldkapital seine volle Wirksamkeit kaum entfalten könnte (außer als Spekulationsmasse an der Börse).

Ein anderer Typus an sozialem Grundkapital, das hier aber nicht zur Debatte steht, obwohl es mindestens ebenso wichtig ist, besteht aus den kulturellen Bindungsformen und -

praktiken gegenüber der Belegschaft, ihrem Leistungsvermögen und ihrer Leistungsbereitschaft sowie ihren humanen (einschließlich kulturellen) Bedürfnissen. Die Bedeutung der innerbetrieblichen Bindekräfte zur Stärkung und Fokussierung von vor allem mentalen Energien ist in der achtziger Jahren ein verbreitetes, inzwischen etwas abgeklungenes Thema in der Betriebswirtschaftslehre gewesen: Unternehmenskultur.

Mit dem „Stammnetz" an verlässlichen Beziehungen ist jedoch nur der *aktivierte* Marktraum im nahen Umkreis bestimmt. Er ist selbst nur eine Art Cluster, das ständig seine äußeren Konturen und inneren Strukturen verändert, das sich in den Übergangszonen zu benachbarten Räumen weit öffnet. Diese angrenzenden Räume bilden ein Potential an noch nicht ausgeschöpften und häufig noch nicht einmal erkannten Möglichkeiten. Sie weisen nun ihrerseits kaum mit Gewissheit auszumachende äußere Grenzen auf, allerdings auch dies nur in mentaler Form. Selbst wenn man sich an ihre Aufbereitung und Eroberung machen würde, was ja geradezu zum Alltag eines wachstumsfreudigen Unternehmens gehört, würde man am Ende wieder die gleichen Erfahrungen machen: Hinter dem gerade bearbeiteten und nun integrierten Markt liegt wiederum ein weites, offenes Feld. Diesem „Treiben" würde erst die vollendete Globalisierung der Märkte ein Ende setzen.

Man benötigt gar nicht allzu viel Phantasie sich vorzustellen (oder kann dies in unzähligen Reiseberichten gerade von Kaufleuten nachlesen; man denke etwa an Marco Polo oder Vasco da Gama. Vgl. mehrere Beiträge in Bausinger/Beyer/Korff 1991), dass es genau solche Grenzerfahrungen gewesen sein dürften, die die Kaufleute früherer Epochen angetrieben haben, sich aus Abenteuerlust oder Profitsucht, aus persönlichem Machtstreben oder Forschungsambitionen ständig dadurch in Bewegung zu halten, dass sie sich die berühmte Frage stellten, was jeweils hinter den gerade erfahrenen und schon vertrauten Grenzen der erlebten Welt liegen mag, welche Schätze sich dort verbergen und auf welche persönlichen Bewährungsproben man dort gestellt werden könnte.

Die Antriebe mögen sehr vielfältig sein. Wir haben sie ausführlich im Abschnitt über die Grundfunktionen des Kulturmanagements unter „Entdecken" dargestellt. Die Grenzüberschreitungen der mittelalterlichen Fernkaufleute hatten in der Tat eine geografische Ausprägung. Die „Forschungsreisen" von Naturwissenschaftlern ins Innere der Natur hatten schon nicht mehr die geografische Dimension. Auch die Vorstellung, dass der Markt heutiger Provenienz eine geografische Idee sein könnte, entbehrt weitgehend der realen Grundlage. Zwar spielen physische Orte im Raum eine koordinierende Rolle, weil man Ereignisse, Personen und Institutionen geografisch fixieren kann. Aber das Netz zwischen ihnen ist eine gedankliche Hilfskonstruktion, um sich ein verlässliches Bild von den Verhältnissen zu machen. Dies zeigt, dass die Erschließung, Verknüpfung, Festigung und Intensivierung von Beziehungen zu nützlichen Netzen zwar einer erheblichen Portion an Erfahrung und Wissen bedarf, dass letztlich aber die stärkste menschliche Ressource ausschlaggebend ist: Phantasie (was ist dahinter?) gepaart mit Energie (wie komme ich dahin?).

Wer seine kaufmännischen Abenteuer mit Reisen zu bewältigen sucht, tut sicher gut daran, kundige Weggefährten und brauchbare Landkarten mitzunehmen. Erfolg aber kommt letztlich aus Eigenschaften wie Selbstvertrauen, Überzeugung in der Sache, Überzeugungskraft gegenüber den Unterstützern, den eigenen Begleitern und natürlich auch den Widersachern. Wer seine kommerziellen Interessen mit der mentalen Eroberung von Märkten außerhalb des gewohnten Wirkungskreises wahrzunehmen gedenkt, tut gut daran, sich qualifizierten Mitarbeitern und brauchbaren Marketinginstrumenten anzuvertrauen. Doch der Erfolg ist damit allein nicht garantiert.

Unter den Unternehmern und Kaufleuten früherer Zeiten wird es – kaum anders als heute, wenn auch unter stark veränderten Voraussetzungen – stets solche gegeben haben, die mit innovatorischem Drang und Abenteuerlust ständig hinter dem Neuen her waren und denen die Routine rational kalkulierter Nutzung dieser neuen Möglichkeiten eine eher nachrangige, vielleicht sogar langweilige Beschäftigung war. Wir können sie als Marktmacher bezeichnen. Andererseits gab und gibt es andere, die mit nicht weniger Geschick und Ausdauer die gegebenen, von den Ersteren geschaffenen Marktmöglichkeiten zu nutzen verstehen, die mit planerischer und organisatorischer Professionalität jene Netze konstruieren, von denen oben die Rede war. Beide aber sind Gestalter von Märkten, nicht bloß Nutzer fertiger Möglichkeiten.

Eine klare Trennungslinie zwischen beiden Dispositionstypen ist gewiss nicht immer zu ziehen. Beide werden in Wirklichkeit mit unterschiedlicher Ausprägung von beiden Eigenschaften Anteile entwickeln. Was jedoch mit dieser Umschreibung der Reichweite von Marktbearbeitung deutlich werden sollte, ist dieses: Selbst wenn man dem Marketing engeren, betriebswirtschaftlichen Verständnisses genaue Marktanalysen und strategische Planungsprojektionen in Form von Szenarios und anderen Planungstechniken vorweg schickt, wird allenfalls eine Vorarbeit geleistet für die eigentliche Entscheidungsproblematik. Ohne kreative Visionen und Machbarkeitsideen, ohne Intuition und weit ausholende Phantasie und ohne die Bereitschaft zu einem auch heute noch zuweilen abenteuerlichen Spiel mit dem Risiko wird planerische Vorarbeit nicht viel bewirken.

Marktbearbeitung wird man nicht ausschließlich mit den Techniken von Planung, Organisation und Controlling angehen können, und zwar weder in der Wirtschaft noch – aus schon benannten Gründen – im Kulturbereich. Die betriebswirtschaftlichen Instrumente folgen den – unter bestimmten Bedingungen sinnvollen – Antrieben zum Ordnen, Klären, Berechnen, Kontrollieren. Man kann diese Techniken aber erst anwenden, wenn es etwas Substanzielles gibt, das geordnet, geklärt, berechnet und kontrolliert werden soll. Es versteht sich also auch im Kulturbereich von selbst, dass man im richtigen Moment auf diese Techniken zurückgreifen können muss, dass sie in manchen Situationen unverzichtbare Werkzeuge darstellen. Die *Schaffung* von Märkten aber ist ein kreativer Vorgang, bei dem diese Techniken allenfalls eine Hilfsfunktion besitzen.

Die Humanressourcen „Phantasie" und „Antriebskräfte" stehen im Vordergrund. Sie sind derzeit ein noch zu wenig beachtetes Themenfeld in der Ausbildung von Kulturmanagern. Darauf wird im Kapitel 8 noch zurückzukommen sein.

4.3.3 *Öffentlichkeit und Öffentlichkeitsarbeit*

Je stärker das Augenmerk auf den *Markt* gerichtet wird oder werden muss, weil sich letztlich hier der Erfolg oder Misserfolg der Arbeit entscheidet, umso mehr rücken häufig *andere Elemente und Konfigurationen* der Außenwelt in den Hintergrund. Sie werden zur Kulisse, die sich zwar vom Rande her einmischt und von deren Wohlwollen und Stimmungen auch Einflüsse auf den Markt selbst ausgehen, die aber nicht mitentscheidet, sondern – wie der Chorus im antiken griechischen Drama – dem Geschehen auf der Hauptbühne lediglich als kommentierender, wenn auch ernst zu nehmender Deutungsrahmen dient. Entsprechend abgestuftes Gewicht und differenzierte Zuwendung bei der Marktbearbeitung erhält diese Kulissen- und Horizontszene, die auch als Öffentlichkeit bezeichnet wird.

Öffentlichkeits*arbeit* (oft auch Presse- und Öffentlichkeitsarbeit oder Public Relations genannt) findet in den allgemeinen Lehrbüchern der Betriebswirtschaftslehre so gut wie gar nicht statt. Sie betritt die Bühne der Erwähnung z.B. bei Henner Schierenbeck erst unterhalb eines Unterpunktes zum Marketing (dort Absatzplanung genannt). Zur Absatzplanung gehört demnach als *ein* Instrument unter anderen die Kommunikationspolitik. Innerhalb dieses Unterpunktes „Kommunikationspolitik" findet sich als *ein* Unterpunkt gleichrangig mit Werbung, Verkaufsförderung, persönlichem Verkauf und Direktmarketing die Öffentlichkeitsarbeit (Schierenbeck, 296). Diese Zuordnung ist an sich logisch, versteht man Öffentlichkeitsarbeit als „Werben um öffentliches Vertrauen. Letztlich geht es darum, durch geeignete Maßnahmen ein positives Firmenimage zu schaffen und zu erhalten, das dann indirekt dazu dient, den Markterfolg der Unternehmung zu verbessern" (ebda., 296). Eine präzise Abgrenzung zur „eigentlichen" Werbung wird für *dieses* „Werben" um Vertrauen nicht gegeben – als ob Produktwerbung nicht auch auf öffentliches Vertrauen zielt!

In speziellen Lehrbüchern zum Management, die sich mit Topentscheidungen und den Strukturen der oberen Etagen eines Unternehmens befassen, bewegen sich die Autoren und Leser in einer Region, wo man solche Aufgaben wie Öffentlichkeitsarbeit anscheinend als zu unbedeutend schon nicht mehr wahrnimmt. In dem vermutlich umfangreichsten und ausführlichsten dieser Lehrbücher von Wolfgang H. Staehle kommen der Begriff „Öffentlichkeitsarbeit" oder verwandte Begriffe nicht einmal im Stichwortverzeichnis vor (Staehle 1999, ebenso Hungenberg/Wulf 2007). Diese Haltung ist offensichtlich eine Konsequenz der überaus starken Fokussierung der Aufmerksamkeit auf jene eng auf den Markt bezogenen Vorgänge in der Außenwelt, in denen sich definitiv entscheidet, ob ein Unternehmen mit Gewinn abschließt und ob dieser das Optimum dessen repräsentiert, was für möglich gehalten wurde. Der Markt steht hier völlig im Mittelpunkt.

Management wird aber nicht nur als eine Fokussierung auf den Markt (dieser ganz abstrakt genommen), sondern zudem – wie wir schon mehrfach betont haben – extrem formalistisch gesehen. Management wird in äußerster Formdetaillierung abgehandelt, als käme es nur auf die Prinzipien der ökonomischen Rationalität, auf die (abstrakten, maximierenden) Entscheidungs- und Verhaltensregeln und die optimalen Qualifikationsanforderungen an die Manager an, unabhängig davon, worum es *inhaltlich* geht. Wahrscheinlich geht man – und dies nicht ganz zu Unrecht – davon aus, dass die Relevanz inhaltlicher Bezüge in einer verallgemeinernden Abhandlung über Management nicht behandelt werden können, sondern sich im Einzelfall der Managementpraxis quasi von selbst ergeben. Dies aber stärkt nur allzu leicht den Glauben, dass man die Kunst des Managements in seinen Grundregeln schon beherrscht, wenn man die Prinzipien und Logiken kennt und verinnerlicht hat. Von hier aus ist der Schritt nicht weit zu sagen, dass es im Grundsatz keinen Unterschied mache, ob jemand Management im Schrotthandel, im Versicherungswesen oder in der Kultur zur Anwendung bringt.

Was nun die Fokussierung auf den Markt und die Peripherisierung der Öffentlichkeit angeht, so stellt sich natürlich die Frage: Was ist falsch oder problematisch daran, dass der Markt so stark im Mittelpunkt steht? Theoretisch folgen solche Positionen sehr leicht aus der in der Ökonomie üblichen Herauslösung des Marktes aus seinen realen Verknüpfungen im sozialen Raum und seiner bis zur Mathematisierbarkeit getriebenen Modellierung als ein isoliertes Ding an sich.

214

Praktisch führt das dazu, dass jene Bezirke des Managementhandelns, die weit über den unmittelbaren Markt hinaus auf die Konstruktion von Beziehungen zu entscheidenden Figuren des öffentlichen Lebens und zu Vernetzungen mit wichtigen Institutionen gerichtet sind, nicht als delegierbare Stabsaufgabe unter Presse- und Öffentlichkeitsarbeit fallen, sondern undelegierbar als ein politisches Moment des Managens selbst verstanden werden. Aus betriebswirtschaftlicher Perspektive kann – nach dem Selbstverständnis dieses Faches als reine ökonomische Lehre – zur politischen oder diplomatischen Kompetenz und Praxis des Managements nicht Stellung genommen werden. Was die Betriebswirtschaftslehre lehrt, ist ein Gerippe, das selten die Logik seines Aufbaus und die Funktionsbeziehungen seiner Gliedmaßen übersteigt. Von der Management*vitalität* unter realen Bedingungen ist in den Texten kaum eine Spur. Das Management lebt nicht. Der Manager erscheint wie ein Systemsteuerer, wie ein Maschinenführer auf gehobenem Niveau.

Presse- und Öffentlichkeitsarbeit erscheint in der betriebswirtschaftlichen Fachliteratur folglich dann nur als ein drittrangiges Unterfeld des Marketings und beschränkt sich auf Aktionen wie:

- Informationen und Themenanregungen für Presse, Funk und Fernsehen (Pressedienst)
- Redaktionsbesuche, Betriebsbesichtigungen, Pressekonferenzen
- PR-Anzeigen und -Veranstaltungen
- Spenden, Stiftungen, Preisverleihungen (vgl. Schierenbeck 299).

Dieser aufzählende Hinweis auf das, was in der Öffentlichkeitsarbeit geschieht, ist alles, was in dem umfangreichen Lehrwerk zu finden ist.

Selbstverständlich kann ein Lehrbuch weder die Komplexität eines Praxisfeldes noch die Vitalität der Handelnden bearbeiten und zur Sprache bringen. Lehrbücher vermitteln Grundwissen mit Zeit übergreifender Geltung. Aber die Perspektive muss stimmen. Hinweise darauf muss der Leser oder Studierende erwarten, dass die Praxis nicht der Theorie folgt (sondern umgekehrt: Theorie kann Praxis erklären und verstehen helfen) und dass die Theorie ihre Funktion als Plattform nur wahrnehmen kann, wenn sie das Ganze im Auge behält. Das Ganze heißt hier: das Umfeld des Marktgeschehens, auch wenn es scheinbar außerhalb rein wirtschaftlicher Vorgänge zu liegen scheint, bestimmt dennoch das praktische Verhalten mit.

Wenn man sich so sehr auf die Evidenzebene des Unternehmenserfolgs, nämlich den Markt als Entscheidungsfeld des Gewinns, konzentriert, dann nimmt es nicht Wunder, dass die Arbeit im Vorfeld des Markterfolges, nämlich im weitesten Sinne die Positionssicherung in der Öffentlichkeit (wir haben dies bereits als Unternehmensdiplomatie bezeichnet), zur Kulisse wird. Im Grunde wird hier eine Reduzierung und Deklassierung des praktischen Managements auf die Figur des Gewinnmachers vorgenommen.

Anders als in Lehrbüchern wird in der Unternehmenspraxis die Nähe dieser Funktion „Presse- und Öffentlichkeitsarbeit" zum Topmanagement dadurch unterstrichen, dass die zuständige Abteilung üblicherweise eben nicht dem Bereich „Vertrieb", Unterabteilung „Kommunikationspolitik", untergeordnet wird, sondern als Stabsstelle bei der Unternehmensleitung angesiedelt wird. Theorie und Praxis sind sich hier anscheinend nicht einig. Von dem, was essenziell zur Bearbeitung der relevanten Teile der Öffentlichkeit gehört, zum Beispiel dem Lobbyismus, Sport- oder Kultursponsoring, Pflege der Beziehungen zu politischen Parteien und Gewerkschaften, Wissenschaftsförderung, ist allerdings bei beiden kaum die Rede. Gerade diese Aktivitäten aber tragen zur Bildung von virtuellem, sozialem Kapital bei, das zwar keine monetäre Entsprechung oder Bilanzierbarkeit enthält, aber nicht minder bedeutsam für die Positionierung und die Entwicklungschancen eines Unternehmens ist. Solche virtuellen Werte (Goodwill) kommen häufig dann monetär zum Tragen, wenn ein Unternehmen als Ganzes verkauft (oder aufgekauft) wird oder aus anderen Gründen eine Bewertung des Unternehmens als Ganzheit ansteht. In diesem Fall ist eine abstrakte Entität wie der Goodwill sogar ganz pragmatisch monetarisierbar, ein sicheres Zeichen dafür, dass ihr Aufbau Sinn macht und „Investitionen" in die Reputation und in funktionierende Beziehungsnetze sich irgendwann auszahlen.

Während das, was wir als Unternehmensdiplomatie bezeichnet haben, aus nahe liegenden Gründen kaum aus dem Topmanagement delegierbar ist (was ja deren wirkliche Bedeutung geradezu unterstreicht), gibt es Bereiche der Bildung sozialen Kapitals, die in manchen (meist großen) Unternehmen zu eigenen, der Unternehmensspitze nahe stehenden Stabstellen oder Abteilungen ausgestaltet worden sind – wohlgemerkt in der Praxis. Die Kulturabteilungen beispielsweise bei Firmen wie Jenoptik, Siemens, BMW, Daimler-Chrysler und dem Volkswagenwerk sowie bei den meisten Großbanken und Versicherungen, um einige konkrete, beliebige Beispiele aufzuführen, leisten inhaltlich und, vom Budgetumfang her betrachtet, auch finanziell durchaus Beachtliches. Das Beispiel der Kulturarbeit der Bayer Leverkusen AG hat Solveig Weber beschrieben (Weber 1993). Diese Kulturarbeit der Wirtschaft, auch wenn sie in den meisten Fällen nicht unbedingt altruistischen, sondern mehr diplomatischen Motiven zu verdanken ist, trägt nicht nur substanziell zur Kulturentwicklung und Kulturpflege bei; sie ist auch ein durchaus nicht unbedeutendes Einsatzgebiet für ausgebildete Kulturmanager (Vgl. Abschn. 7.2.4.).

Die starke Fokussierung der Management- und speziell der Marketinglehre auf den Markt und die optimale Nutzung von Marktchancen zeichnet ein Bild der Wirklichkeit, das so nicht stimmt und für die Praxis zu Handlungsempfehlungen mit eingebauten Fehlerrisiken führt. Die Öffentlichkeit als ein den Markt durchdringendes Medium, nicht etwa als eine von ihm getrennte Zone mit Kulissencharakter, repräsentiert die Gesamtheit aller aktuellen und latenten Widerstände und Gunstkonstellationen, von denen die Erfolgschancen eines Unternehmens oder (darin völlig analog) einer Kulturinstitution bestimmt werden.

Die Öffentlichkeit setzt Grenzen, z.B. durch Gesetze, durch politischen oder gesellschaftlichen Widerstand, durch undurchdringliche Sozialstrukturen in Form von Traditionen, Verbänden, Seilschaften. Die Öffentlichkeit eröffnet Handlungsräume, z.B. durch artikulierte Erwartungen und Bedürfnisse privater oder öffentlicher Art, durch vorgezeichnete Entwicklungswege und Forschungsbemühungen, durch noch ungelöste Probleme.

Die Marktwirtschaft ist keine Erfindung irgendwelcher klugen Köpfe, die sie irgendwann wie eine Innovation eingeführt haben, sondern ein langsamer historischer Prozess mit einer Dynamik, die in den Antriebskräften von Handel und Gewerbe einerseits und der Verbreiterung und Ausdifferenzierung von Lebensstilen (privater Nachfrage) andererseits ihre wichtigsten Quellen hat. Wenn man sich schlaglichtartig vergegenwärtigt, auf welchen Wegen sich kaufmännische Dynastien wie die Medici oder die Fugger, wie sich historische Figuren wie Jacques Coeur (Mollat, 1991) oder Heinrich Carl Schimmelmann (Degn, 1984) haben durchsetzen können, nämlich durch Antichambrieren an Höfen, durch Bildung und Nutzung von Kaufmannsgilden und Kontoren im Ausland, durch Kooperationsformen wie die Commenda, durch den Erwerb von Sonderrechten des Bergbaus oder der Münzprägung mit Mitteln der Bestechung und der Intrigen, dann entsteht ein deutlicheres Bild davon, wie sehr der Unternehmenserfolg von der Unternehmensdiplomatie abhängt.

Die Ökonomie zeichnet ein viel zu rationales, zum Teil realitätsfernes und in seiner Grundstimmung beinahe konfliktfreies Bild von der professionellen Bearbeitung des Marktes als Königsweg zum Erfolg. Dies mag auch damit zusammenhängen, dass die Öffentlichkeit ein etwas nebulöses Gebildet darstellt, das für rationale, auf objektiven und bestandsfähigen Daten beruhende Strategieplanungen nicht besonders gut geeignet erscheint. Indirekt kann dies auch mit einem ethischen Begründungsnotstand zusammenhängen, denn der durch Unternehmenstätigkeit erzielte Gewinn muss sich nachweislich auf alleiniges, selbständiges, geschicktes Agieren am Markt zurückführen lassen. Spielt das Wohlwollen der Öffentlichkeit, die Gewährung von Sondervorrechten der Obrigkeit oder des Gesetzgebers oder womöglich die Erlangung von unlauteren Vorteilen durch Pressionen oder Verfilzung mit politischen Entscheidungsträgern hinein, ist der Gewinn ein Politikum und nicht mehr nur ein rationales Residuum aus der Differenz zwischen Einnahmen und Ausgaben.

Die Öffentlichkeit ist – weit genug gefasst – eine essenzielle Formkomponente von offenen Gesellschaften zur geregelten Organisation von Austauschprozessen, von Ideen, Meinungen, Mitteilungen, Kunstobjekten und natürlich auch von industriellen Waren und Dienstleistungen. Sie ist auch der Raum für die regulierte Austragung von Wettkämpfen, Spielen, Wahlen und Konflikten. Der Markt ist ein Teil dieser Öffentlichkeit, eine durch kommerzielle Intentionen und Elemente geprägte Sphäre *in* ihr und *mit* ihr untrennbar verwoben. Der Markt teilt deshalb auch mit der Öffentlichkeit nicht nur die Aspekte von Widerstand und Potentialen, von Limitationen und Chancen, sondern auch alle Ambivalenzen und Unwägbarkeiten, die dieses Medium auszeichnen: seine Grenzenlosigkeit (in der Internet-Welt auch Ortlosigkeit), seine Virtualität, seine Flüchtigkeit.

Über die Öffentlichkeit ist der Markt insbesondere auch mit den kulturellen Institutionen integriert, d.h. auch hier sprechen wir nicht von getrennten Sphären der Kultur und der Wirtschaft, sondern allenfalls von institutionellen Unterschieden und Verdichtungszonen eines bestimmten Praxistypus. Wir differenzieren beispielsweise zwischen Theatern und Porzellanfabriken nicht deshalb, weil das Theater zur Kultur und die Porzellanfabrik zur Wirtschaft gehört, sondern deshalb, weil wahrnehmbare inhaltliche Unterschiede eine Rolle spielen. In einem Falle werden Inszenierungen produziert, im anderen Falle materielle Objekte, ob sie Einzelstücke, hergestellt mit hoher Kunstfertigkeit (etwa Meißner Porzellan) oder ob sie Massenware für Kaufhäuser sind. Beide sind ebenso wie das Theater auf ihre Weise kulturelle Einrichtungen. Ihre Erzeugnisse sind allemal Kulturgüter (über deren Rang man natürlich streiten kann).

Die Abgrenzungen werden von bestimmten Wahrnehmungsgewohnheiten und Intentionen beeinflusst, ähnlich wie man in der Literatur zwischen Belletristik, Sachbüchern und wissenschaftlichen Publikationen unterscheidet. Es könnten Wahrnehmungsgewohnheiten oder Deutungsstereotypen im Spiel sein, wenn wir ein Theater unbesehen als eine Stätte der Kunst ansehen, dagegen eine Porzellanfabrik als einen Ort profaner Warenproduktion. Bei einer abgewogenen Betrachtung könnte die kulturelle Bedeutung sich gerade umgekehrt verhalten. Dann stehen sich möglicherweise ein banales Theaterstück und der künstlerische Ausdruck im Design eines Keramikmalers gegenüber.

Die Schwierigkeiten, die Wirkungsverflechtungen einer Institution mit ihrer öffentlichen Umgebung zu erfassen, zu analysieren und interessegeleitet zu gestalten, sowie die Probleme, dies alles wissenschaftlich objektiv zu beschreiben und verallgemeinernd zu erklären, liegen eigentlich auf der Hand. Insbesondere für manche Ökonomen, die sich nicht gern auf für sie ungewohntes soziologisches Terrain begeben und diese Thematik dann lieber ausklammern, ist die Öffentlichkeit ein schwer fassbares Etwas. Es ist nicht sichtbar, hat keine feststehenden Konturen, keine territorialen Grenzen und ist auch sonst in jeder Hinsicht ein relativ unbeständiges, sich leicht verflüchtigendes Gewölk.

Andererseits ist es angesichts der „Virtualität" dieses Gebildes nicht verwunderlich, dass mancher eine ähnliche Haltung einnimmt wie einst die englische Premierministerin Thatcher mit ihrem berühmt gewordenen Spruch: „There is no such thing as society".[81] Wir können auf die Existenz von Öffentlichkeit an sich auch nur aus erfahrenen und gedeuteten Wirkungen schließen. Sie ist also nur abstrakt beschreib- und an Modellen studierbar. Wir können auf bestimmte Kräfte und Wirkungskonstellationen schließen, wenn wir die Reaktionen auf eigene Aktionen beobachten und analysieren, z.B. Reaktionen in Gestalt des Zustroms von Besuchern oder Kauflustigen, in Form von Beifall, Pfiffen, Leserbriefen, Demonstrationen, Massenaufläufen, Graffitis, Aufrufen und natürlich den beliebt gewordenen Politbarometern und sonstigen Befragungen.

Die Öffentlichkeit und mit ihr der Markt ist zwar nicht völlig grenzenlos. Es gibt Widerstände, die man relativ leicht (z.B. durch Verführung oder Lockangebote) überwinden kann, und es gibt solche, an denen man sich die Zähne ausbeißen würde, würde man sie brechen wollen. Wir dürfen uns Öffentlichkeit und Markt aber nicht als einen potentiellen und potenten Aktionsraum vorstellen, innerhalb dessen man sich mit seinen Anliegen nach freiem Ermessen durchsetzen kann und der von mauerähnlichen Wänden eingeschlossen ist. Die Vorstellung vom Markt als einem geschlossenen, hermetisch abgedichteten Raum ist ein Produkt der Theorie und ihres beliebten Spiels mit den so genannten ceteris paribus-Klauseln. Wenn man in einem theoretischen Modell des Marktes vorschlägt, alles andere außer Preis und Menge einer Ware bleibe beim Alten, werde als unveränderlich angenommen (ceteris paribus = unter sonst gleichen Bedingungen), dann ist dies ungefähr das Gleiche, als wäre die Außenwelt überhaupt nicht da oder jedenfalls unwirksam oder immer gleich, so dass man sie als Faktum weglassen kann.

Da die Konstellationen und Konturen im nach außen offenen Innenraum ständig in Bewegung sind und sich die Außengrenzen wie versetzbare, durchlässige Grenzzäune verhalten, erlebt jeder, der über die Öffentlichkeit seine Absichten verwirklichen will, das Risiko des Scheiterns als unumgängliche existenzielle Erfahrung. Wäre dies nicht so, könnten wir bei genügender Anstrengung alles genau ausleuchten, (im wirklichen Sinne dieses Wortes:) *fest*stellen und mit dem gewonnenen Wissen dann gefahrlos produzieren, dann gäbe es keine Unternehmer und keine Marktwirtschaft, sondern Planungstechniker und Konstrukteure. Dann bräuchten wir keine Künstler, sondern nur Dekorateure. Wirtschafts-

---

[81] Dieser Satz, aus seinem Zusammenhang gerissen, kann leicht missverstanden werden. Wenn man den Originaltext liest, ergibt sich an sich eine eindeutige Erklärung: Prime minister Margaret Thatcher, talking to Women's Own magazine, October 31 1987: "Epitaph for the eighties? 'there is no such thing as society': I think we've been through a period where too many people have been given to understand that if they have a problem, it's the government's job to cope with it. 'I have a problem, I'll get a grant.' 'I'm homeless, the government must house me.' They're casting their problem on society. And, you know, there is no such thing as society. There are individual men and women, and there are families. And no government can do anything except through people, and people must look to themselves first. It's our duty to look after ourselves and then, also to look after our neighbour. People have got the entitlements too much in mind, without the obligations. There's no such thing as entitlement, unless someone has first met an obligation." Der oft zitierte Spruch muss so verstanden werden: *Solch* eine Gesellschaft gibt es nicht.

manager und Kulturmanager wären Kontrolleure in einer im Grunde toten Welt. Da sich dies, wie wir wissen, so nicht verhält, gewinnt der professionelle Umgang mit den Bedingungen der Öffentlichkeit den Rang von etwas Essenziellem. Dies zu kennen und zu gestalten, ist – wie wohl ohne Übertreibung gesagt werden darf – das eigentliche Metier des Managers, ganz besonders des Kulturmanagers, dessen Öffentlichkeit wegen des über den Markt weit hinausreichenden Mediums „Kultur" besonders komplex ist.

Der Manager agiert in der Öffentlichkeit mit Professionalität. Doch die Situation, sich der Öffentlichkeit stellen zu müssen, ist viel allgemeiner. Sie trifft jedes aktive Mitglied der Gesellschaft. Ob Menschen, die einen Job suchen, oder Museen und Theater, die ihr Publikum ansprechen wollen; ob Künstler, die sich einen Namen machen wollen, oder ob Politiker, die gewählt werden wollen, jeder, der auf die Öffentlichkeit angewiesen ist, um Austauschvorgänge zu verwirklichen, muss sich in diesem Medium bemerkbar machen. Sich in der Öffentlichkeit bemerkbar zu machen, ist in einer Welt, die vom Aufmerksammachen (leider nicht von Aufmerksamkeiten) fast überschäumt, keine leichte Aufgabe. Öffentliche Reklame für Waren galt in der Zeit der Zünfte als unerlaubt und noch bis ins 18. Jahrhundert für Kaufleute allgemein als unfein. Schon aus dem Umstand, dass die rechtlichen und sittlich-moralischen Barrieren seither längst aufgebrochen sind und heute nahezu alles erlaubt ist, können wir schließen, welch immense Bedeutung der Öffentlichkeit und darin vor allem den Medien als ihren großen Beherrschern wirklich zukommt.

Ein Jahrhunderte langer historischer Kampf um wirtschaftliche Freiheiten (Vertrags- und Gewerbefreiheit zumal, aber auch militärischer und diplomatischer Schutz, völkerrechtliche Abkommen über Investitionsschutz, Freihandelszonen und Abbau von Zollbarrieren usw.) kann nicht so belanglos gewesen sein, um dann das, was eigentlich die Marktwirtschaft konstituiert hat, in der Theorie einfach auszulassen. Die Öffentlichkeit ist auch nicht eine Handlungssphäre, die, einmal erreicht, so bleibt, sondern ständig bearbeitet werden will. Die Arbeit ist kontinuierlich zu leisten. Die historischen Veränderungen bestanden im Abbau überkommener Limitationen und im Aufbau neuer Institutionen und Prozeduren. Regeln des Marktverkehrs folgen anderen Normen menschlicher Kommunikation als die Verhaltensregeln in einer autoritären, hierarchisch regierten und von Weltanschauungen beherrschten Gesellschaft. Doch sind dies nur Rahmenbedingungen, innerhalb derer jeder einzelne, jede Institution ihren eigenen Platz und ihre eigene Position finden und entwickeln muss.

Es sind keineswegs nur Anstandsregeln und Empfindlichkeiten, die im historischen Verlauf der allmählichen Konstituierung von Öffentlichkeit tangiert werden, sondern auch ethische Prinzipien, die durch den wissenschaftlichen Fortschritt der Biotechnologie, der Medizin und der Gentechnologie im Besonderen aufgebrochen werden – und zwar hauptsächlich, aber nicht nur aus kommerziellen Interessen. Die Entfaltung der Marktwirtschaft und parallel die Konstituierung von Öffentlichkeit, das eine als Bedingung des Kommerz, das andere als Bedingung von Demokratie, kann man verstehen als einen nachhaltigen Prozess der Auflösung von Regularien aller Art, rechtlicher wie moralischer, staatlicher wie elitärer. Marktförmige Regularien sind an ihre Stelle getreten, wo immer sie historisch für möglich und angebracht gehalten wurden, unterstützt von marktkonformen, flankierenden Gesetzen: Grundrechte der Verfassung, Wettbewerbsrecht, Presserecht. Ansonsten regiert der Markt, und dessen Ergebnisse gelten als gerechtfertigt, wenn sie unter fairen Bedingungen erzielt wurden.

Die Richtung dieser Entwicklung war immer die Liberalisierung. Die zur Liberalisierung tendierende Rechtsentwicklung auf den Gebieten des Patentrechts und des (europäischen) Urheberrechts, die beide zunächst Schutzrechte der Urheber gegenüber dem Druck kommerzieller Verwertungsinteressen bildete, weist eindeutig diesen Weg. Das europäische Urheberrecht ist politisch (in Brüssel) unter den Druck des angloamerikanischen Copyrights geraten, das dem Kommerz deutliche Vorteile bringt. Noch trägt der Widerstand dieses die Künstler und ihre Verwertungsinteressen schützende Recht.

Der Bedeutungszuwachs der Öffentlichkeit und die Verdichtung des allgemeinen Wettbewerbs um die Aufmerksamkeit des Publikums trägt in sich die Gefahr der Übersteigerung durch gegenseitiges Übertrumpfen, aber auch die Chance für immer neue Einfälle. Von Kritikern wird oft hervorgehoben, dass die Jagd nach ästhetischer Auffälligkeit, wie wir sie in der Mode, im Freizeitverhalten, in den Filmstoffen der Medien, in der Werbung, in den Lebensstilen und den Dingen, mit denen man sich umgibt, finden, mit der ursprünglichen Idee der Marktwirtschaft, nämlich zu einer breiten Güterversorgung durch angemessene Preise, nicht mehr viel zu tun hat. In der Tat scheinen sich die saturierten Gesellschaften in diese Richtung bewegt zu haben, während viele andere noch nicht einmal ein humanes Versorgungsniveau erreicht haben.

Ob man jetzt schon von einem allmählichen Verschwinden der Geldökonomie und dem Heraufkommen einer „Aufmerksamkeitsökonomie" sprechen kann, wie das Michael Goldhaber (Goldhaber 2000) etwas prophetisch tut, sei dahingestellt. Der Grundgedanke erscheint aber nach aller Beobachtung überzeugend und bedenkenswert. Die Entwicklung zu einer Gesellschaftsform der Produktion und Distribution von Aufmerksamkeit und, damit verbunden, nach öffentlicher Anerkennung – sei diese ein individuelles Bedürfnis, das einer Organisation, einer Kunst oder einer politischen Partei – liegt in der Logik der starken Betonung des Individuums als dem tragenden Element einer offenen Gesellschaft, die Anerkennung eben nur über die Öffentlichkeit austeilt. Die Marktwirtschaft als Teil dieser Öffentlichkeit ist im Grunde nichts anderes als der gelungene Versuch, Anerkennung auf dem Umweg über Einkommenserwerb einerseits und den Kauf von materiellen Demonstrationsgütern zum Kenntlichmachen seiner Individualität zu verteilen.

Diese Form des Individualismus hat ihre Wurzeln in der abendländischen Geschichte der beginnenden Neuzeit, in der Ausformung des Renaissancemenschen (Cassirer 1994). Das Individuum gestaltet sein Selbst durch Bewährung in der Gesellschaft (durch Leistungen, durch gute Taten). Die Anerkennung geschieht durch die Öffentlichkeit, wenn diese das individuelle Handeln wahrnimmt und bewertet. Die Wahrnehmung, also eine Aktivität der Sinnesorgane, ist folglich der erste und vorentscheidende Schritt, den das Individuum für sich und seine Taten von einem möglichst großen Teil der relevanten Öffentlichkeit herausfordern muss. Wahrnehmung ist – im ursprünglichen Sinne dieses Wortes – ein ästhetischer Akt. Folglich ist ästhetische Gestaltung die angemessene Methode zur Erzeugung von Aufmerksamkeit. Im Unterschied zu einer kollektivistischen Gesellschaft, in der Konformität als Ausdruck der Einfügung des Individuums in die festgelegten Werte und Strukturen erwartet wird (im Grenzfall sogar Uniformität durch Tragen einer Uniform), setzt die auf Individualismus gegründete Gesellschaft auf Unterscheidbarkeit und Auffälligkeit. Dies kann nicht ohne Folgen für die Charakteristika der offenen Gesellschaft bleiben, die in allen Lebensbereichen immer deutlicher das sie tragende Element der Gewinnung von Aufmerksamkeit durch Auffälligkeit zum Vorschein gebracht hat. Die Umwandlung der Marktwirtschaft, ursprünglich als physische Tauschsphäre von Gütern und Diensten entstanden und von der Ökonomie auch nach wie vor so interpretiert, in ein Kampffeld ästhetischer Erfindungen zeigt sich in der Überformung durch Werbung und Produktdesign, in der Theatralisierung des Marktes.

Das gleiche Prinzip weist auch die übrige Öffentlichkeit auf, zum Beispiel in der so genannten „Amerikanisierung" von Wahlkampfstilen, in der Ästhetik der Medienshows im Fernsehen, in der Theatralisierung von Modeschauen, Filmfestspielen und großen Sportereignissen wie den Olympischen Spielen. Die Macht der Öffentlichkeit und die Regeln, die man beim Betreten ihrer Bühnen beherrschen muss, kann auch das Kultur- und Kunstmanagement nicht umgehen. Der Strukturwandel der Öffentlichkeit zu einer „Auffälligkeitstheatralik" ist eine Erscheinung mit Konsequenzen für das Kultur- und Kunstmanagement (wie im Übrigen für die Wirtschaft selbst auch). Den ästhetischen Wirbel von Auffälligkeiten für alles Mögliche in der Öffentlichkeit zu durchdringen, um sich einen eigenen Weg zu bahnen und kulturell *inhaltlich* werden zu können, verlangt im Grunde nichts anderes als zu tun, was alle anderen auch tun. Was hilft es, wenn man höchste Kunst zu bieten hat und keinem fällt das auf? Wie kann dieses Anliegen im öffentlichen Auffälligkeitsdrama mit den parallelen Anliegen von Nudeln und Zahnbürsten, die auch nichts anderes wollen, als bemerkt zu werden, konkurrieren?

Der Erfolg des Kulturmanagements liegt indessen nicht schon in rein formalen Durchbrüchen im Auffälligkeitswettkampf durch besonders aufregende, aufwendige und kreative Plakatierungen, sondern erweist sich erst, wenn durch konsequente und nachhaltige Öffentlichkeitsbearbeitung jedem Willigen der Unterschied klargemacht werden kann zwischen der Bedeutung eines Theaters und der von Nudeln. Dies aber erreicht man keinesfalls allein mit Werbung und anderen marketingartigen Kampagnen. In der Anlehnung an Praktiken des Wirtschaftsmanagements liegt die große Gefahr, eine Kulturmanagementpraxis zu entwickeln, die sich ihr Heil und ihren Erfolg schon dadurch für erwiesen ausrechnet, dass möglichst viele Tickets verkauft werden und die Sitzplatzkapazitäten auf lange Sicht ausverkauft sind. Die Launenhaftigkeit des Publikums, das heute Beifall klatscht und morgen pfeift, kann man so nicht angehen.

4.3.4 Milieus, Szenen und das Publikum

Das Wort „Öffentlichkeit" sagt in seiner allgemeinen Form nicht viel mehr aus, als dass der Idee des Individuums als eigenständiger, identifizierbarer Figur nur dadurch Kontur gegeben werden kann, dass man ihr die gesamte zugängliche Außenwelt als dialektisches Gegenstück gegenüberstellt. Die Idee dahinter ist die Absage an eine überindividuelle, transzendente Schicksalsmacht und die Kreation des Individuums durch die ihn tragende, formende und leitende Gemeinschaft. Diese reagiert als Öffentlichkeit, indem das Individuum sich ihr stellt.

Die Öffentlichkeit als wahrnehmbare Präsenz der Gesellschaft und als kollektive Kraft hat sich erst mit der Entstehung der bürgerlichen Gesellschaft herausbilden können. Unter den Bedingungen absolutistischer (feudalistischer) Herrschaft hat das Volk keine politische Funktion; es ist nichts als der Empfänger des Willens des Herrschers, ohne sich selbst wirksam artikulieren zu können (was es in so mancher Revolte natürlich dennoch tat). Das änderte sich grundlegend mit der französischen Revolution von 1789, als die aufgewühlten Menschen in Paris und mit einiger Verzögerung in der Provinz spontan zu Massenformationen zusammenkamen und dem Umbruch lautstark und teilweise gewalttätig die Energie aus der Anonymität der Gesellschaft nachhalf.[82] Das war die Geburt der Öffentlichkeit, und sie hat seither die Grundlage jeder modernen Form von Demokratie geschaffen.[83] Zusammen mit der Herausbildung der Öffentlichkeit ist auch die moderne Presse entstanden, die heute aus der Öffentlichkeit nicht wegzudenken ist. Die Einwirkungen der Presse auf Konfigurationen und Wertestrukturen der Öffentlichkeit sind unbestritten, aber auch nicht risikolos.

Öffentlichkeit ist indessen kein objektiv feststehender Raum, sondern eine perspektivische Erfahrung, ein Blick in die Außenwelt jeweils aus der Position des Individuums. Wie andere Vorstellungen ist auch die Öffentlichkeit ein Denkkonstrukt, das sich in den Gehirnen einzelner formt. Indessen bewirken soziale Erfahrungen und eine entwickelte Sprache eine starke Kongruenz der individuellen Einbildungen. Es handelt sich um Kongruenz, nicht um Identität, denn es bleiben am Rande und zuweilen auch in Kernfragen zahllose individuelle Abweichungen und Akzentverschiebungen. Gerade sie sind der politische Pfeffer, der eine Demokratie würzt, und sie sind der unerschöpfliche Stoff für Kunst. Trotz aller kommunizierbarer Kongruenz hat jedes Individuum seine eigene Perspektive. Mit Blick auf die gleiche äußere Konstellation in der Öffentlichkeit, zum Beispiel die laufende Beobachtung der politischen Debatten im Parlament, den Medien und anderen Orten, formen sich so viele individuelle, natürlich weitläufig kongruente Öffentlichkeiten, wie es Beobachter dieser Szene gibt. Jede individuelle Sicht auf die Öffentlichkeit wird durch Kommunikation mit der Außenwelt gebildet und wird durch Erfahrungen und Erlebnisse, durch kognitive Aneignungen und sozialen Druck vitalisiert, so dass wir sagen können: Die Öffentlichkeit ist aus der Perspektive eines Individuum eine individuelle Vorstellung über die Wirkung und Geltung äußerer Konstellationen in der Gesellschaft (zur Soziologie der Öffentlichkeit vgl. Habermas 1990, AG Soziologie 1999).

Die Trennlinie zwischen Individuum und Außenwelt ist indessen nicht so eindeutig, wie es im ersten Moment erscheinen mag. Nicht die Physis des Individuums kreiert die Polarität und Dialektik von Innenwelt und Außenwelt, sondern die Intimität, die sich das Individuum als seinen nach außen abgegrenzten und gegen Eindringlinge verteidigten Lebensraum schafft. Selbst wenn wir die Intimität des privaten Lebens einbeziehen, um nicht auf die Körperlichkeit des Individuums angewiesen zu sein, ist die gedachte Trennlinie zur Öffentlichkeit nur eine Hilfskonstruktion für eine nach beiden Seiten osmotisch offene Sphäre. Diese Kontaktsphäre zwischen Innenwelt und Außenwelt ist kulturell von besonderer Bedeutung. Diese Hilfskonstruktion für die Pragmatik des Kulturmanagements beizubehalten, erlaubt andererseits, erweiterte Formen von Innen-Außenverhältnissen zu denken, etwa die Innenverhältnisse eines Betriebes oder einer Institution und ihr äußeres Pendant in der relevanten Außenwelt. Auch diese Außenwelt lässt sich in verschiedenen Stufen von

---

[82] Die spontane Bildung von Massenformationen, aus der eine überindividuelle Energie hervortritt, wird seit einiger Zeit in verschiedenen Wissenschaften unter dem Begriff der sozialen Intelligenz oder Schwarmintelligenz untersucht und beschrieben. Das Besondere der Schwarmintelligenz (Swarm Intelligence), wie man sie beispielsweise bei Vogelschwärmen oder Fischschwärmen beobachten kann, liegt im Fehlen eines hierarchischen Zentrums und einer aus dem Instinkt oder (wie beim Menschen) der Intelligenz nicht erklärlichen Superintelligenz im Reagieren auf die Lebensumwelt (z. B. bei Fischschwärmen das Ausweichen vor Fressfeinden). Vgl. Horn/Gisi 2009.
[83] Merziger, Patrick/Stöber, Rudolf/Körber, Esther-Beate/Schulz, Jürgen Michael (Hrsg.): Geschichte, Öffentlichkeit, Kommunikation: Festschrift für Bernd Sösemann zum 65. Geburtstag. Stuttgart 2010.

Nähe und Distanz, von Vertrautheit und Fremdheit, von Exklusivitäten und unbegrenzter Öffentlichkeit denken und beschreiben.

Die Öffentlichkeit ist also nicht einfach die eigenwillige und ungemütliche, der Intimsphäre des Vertrauten gegenüberstehende gesellschaftliche Umgebung, sondern besitzt ihrerseits Struktur, und zwar hauptsächlich eine Wahrnehmungsstruktur. Die Schaffung von Vertrautheit mit Komponenten und Konstellationen der gesellschaftlichen Umgebung ist wesentlich eine individuelle Leistung, nicht nur eine Frage der faktischen, physischen Konfigurationen. Der etwas angestaubte Begriff „Heimat" kann auf die Enge eines nahen Lebensortes bezogen sein, er kann aber auch ein ganzes Land umfassen. Diese wenigen Andeutungen zur Eigenart des Begriffes Öffentlichkeit und seiner Beziehungen zur Privatsphäre des Individuums (oder von Gruppen und Institutionen) muss hier ausreichen, obwohl gerade diese Thematik in den meisten Einsatzfeldern von Kulturmanagement eine erhebliche Bedeutung haben kann, insbesondere natürlich auf Gebieten wie „Fremdenverkehr und Kulturtourismus" (vgl. Abschn. 7.2.6.) und „Regionalentwicklung durch kulturelle Initiativen" (vgl. Abschn. 7.2.7.). Ein breites Spektrum an Fachbeiträgen zum Thema *Kulturpublikum* bietet das Jahrbuch für Kulturpolitik 2005 (Wagner 2005).

Wesentlich mehr ist für unseren Überblick über die Grundlagen des Kulturmanagements nicht nötig, da es uns hier nicht um eine detaillierte soziologische oder kulturpolitische Studie geht, sondern um die Hervorhebung von individuellen und öffentlichen Lebenssphären, die auf die vielfältigste Weise wechselseitig aufeinander einwirken und Strukturen und Konfigurationen schaffen, die für die praktische Arbeit des Kultur- und Kunstmanagements von zentraler Bedeutung sind. Für die konzeptionelle Profilierung des Kulturmanagements ist die Position im Innenbereich einer Institution ein wesentlicher Ansatz, denn von diesem Innenbereich aus ist die Öffentlichkeit ein schwer fassbares Gegenüber und die Aufgabe der Öffentlichkeitsarbeit besteht darin, die unmittelbare Übergangszone zwischen Innen- und Außenwelt zu gestalten. Diese Strukturen und Konfigurationen in der Erlebnis- und Wissensumwelt eines Individuums und einer Gruppe sind die Quellen, in denen sich Bedürfnisse bilden und artikulieren. Hier entstehen Lebensstile, geschmackliche Präferenzen und soziale Attitüden, ganz besonders auch solche der Rezeption von Kunst und kunstnahen kulturellen Aktivitäten.

Nun zeichnen sich diese subjektiven Binnenbereiche aber gerade dadurch aus, dass sie für die Öffentlichkeit nicht ohne weiteres zugänglich sind, so dass der Bearbeiter der Öffentlichkeit seinerseits eine einigermaßen kongruente Konstruktion der für ihn relevanten Komponenten und Strukturen finden muss. Anknüpfungspunkt sind artikulierte Bedürfnisse, etwa aus Befragungen. Aber das nach außen Kommunizierte muss nicht übereinstimmen mit den inneren Vorstellungen der Betreffenden, ganz abgesehen davon, dass die Äußerungen von oft unergründlichen Intuitionen gefärbt sein können. Für jeden, der irgendeine Art von Angebot konzipieren will, ist gerade die Kenntnis *dieser* Quellen der Bedürfnisartikulation von hohem Wert, gibt sie ihm doch die nötigen Hinweise, wie er sein Angebot gestalten und in der Öffentlichkeit präsentieren muss, um keinen Misserfolg zu riskieren. In dieser Spannung zeigt sich die unübersteigbare Relativität von Innenwelt und Außenwelt in aller Deutlichkeit: Für den Anbieter, sagen wir: für einen Kulturmanager, der eine Musikveranstaltung organisieren will und dem die Sache an sich durchaus vertraut ist, denn sie ist seine professionelle Innenwelt, gehört das potentielle Publikum, das er ansprechen kann, zur Außenwelt. Für das private Individuum ist dagegen die angekündigte Musikveranstaltung ein Teil seiner Außenwelt, je nach Präferenz mehr am Rande oder im Zentrum der seiner Aufmerksamkeit und seiner Teilnahmegewohnheiten. Wenn sich die jeweils entgegen gesetzten Außenwelten genügend überlappen, dann kann die Kommunikation als ein Prozess der zunehmenden kommunikativen Begegnung bis hin zu einem positiven Entscheidungspunkt gelingen.

Auch wenn Erfahrungen aus vielen vergleichbaren Situationen hilfreich sind – sie sind ja oft der einzige, relativ verlässliche Anhaltspunkt –, so bleibt doch immer die Reaktion des Publikums insgesamt eine Unbekannte. Diese Reaktion ist indessen keine Unisono-Äußerung, sondern ein Amalgam aus individuellen, sich zu einem diffusen kommunikativen Gemisch zwischen zustimmenden und ablehnenden Haltungen bis hin zur Nicht-Reaktion. Die individuellen Quellen dieses Gemischs sind dem Anbietenden weitgehend unzugänglich. Er kann allenfalls Rückschlüsse ziehen.

Die Perspektive eines Menschen *in* diesem Publikum ist typologisch gleich, geht aber in umgekehrte Richtung. Was da an musikalischem Angebot auf ihn zukommt, ist ein Ereignis in der Öffentlichkeit, dem er sich vielleicht neugierig und erwartungsvoll zuwendet und das er sich – seine private Sphäre verlassend – aneignet. Er kann diesem Angebot aber auch abwägend gegenüberstehen, denn ihm bieten sich in der Öffentlichkeit Alternativen. Er kann vergleichen und seine wirklichen Bedürfnisse zu ergründen versuchen, bevor er einen Schritt in die Öffentlichkeit macht, um beispielsweise sich mit Bekannten zusammenzutun und gemeinsam Tickets zu besorgen. Der Kulturmanager muss also möglichst im Auge haben, was zu dem geplanten Eventtermin an anderen, sein Publikum ebenfalls ansprechenden Veranstaltungen alternativ, manchmal aber auch komplementär die Bühne der Öffentlichkeit betreten hat oder betreten wird.

Die vom herkömmlichen Marketing konzipierte Philosophie, das Angebot so zu gestalten, dass möglichst viele Interessenten zur Tat schreiten und es annehmen, berücksichtigt die Tatsache, dass die individuelle Entscheidungssphäre eine Black Box darstellt, deren Reaktionsmechanismen allenfalls statistisch rekonstruiert werden kann. Dennoch ist es in der Praxis oft sehr hilfreich und ergänzend wichtig, wenn man die Phantasie ins Spiel bringt: Man versetze sich in die Lage eines solchen Individuums und betrachte sein eigenes Angebot von außen.

Die moderne, offene Gesellschaft und damit die Öffentlichkeit ist kein völlig formloses Gemisch molekularer Zufallsbewegungen von Individuen, sondern sie ist strukturiert, wenn auch beweglich und wabernd wie das Nordlicht am herbstlichen Polarhimmel. Manche dieser Strukturen sind relativ stabil und können institutionalisiert sein. Sie können feste, dauerhafte Konturen ausbilden (z.B. das Vereinswesen in Deutschland). Andere sind unbeständige, sich rasch wieder verlaufende, in Teilen zufällige Agglomerationen von Individuen. Fußballclubs mit ihren Satellitenstrukturen aus Fan-Clubs und Fan-Kneipen sind relativ feste Gebilde. Die Zuschauer einer bestimmten Veranstaltung sind dagegen eine Art Zufallsgemeinschaft (Bauman, 1995). Auch das Publikum einer Wahlveranstaltung ist eine Zufallsgemeinschaft ohne ausgeprägte innere Beziehungsnetze. Sie bildet sich spontan um einen (in diesem Fall organisierten) Kristallisationspunkt, etwa einen angekündigten Starredner, und verflüchtigt sich ebenso schnell wieder.

Im Kulturbereich sind relativ feste Strukturen eine geläufige Erscheinung. Auch hier gibt es natürlich Vereine, Starclubs, Abonnementgemeinschaften und regelmäßige Feste. Kulturvereine als eine frühe Vorstufe der entgrenzten Öffentlichkeit haben eine lange Vorgeschichte, die bis in die Frühphase der Konstituierung der bürgerlichen Gesellschaft zurück reicht. Ende des 18. Jahrhunderts und Anfang des 19. Jahrhunderts kam es überall in

Europa, besonders stark in den deutschen Ländern, zur Gründung von (Amateur-) Konzertvereinigungen, Lesezirkeln, Kunstvereinen und anderen Organisationen zur Förderung von Kunst und vor allem auch zur Ermunterung der persönlichen Beschäftigung mit Künsten aller Art (Bendixen 1998b). Das Besondere dieser Vereinigungen war ihre *relative* Offenheit, die aus anderer Perspektive natürlich eine relative *Exklusivität* war, lag in ihrer auf bürgerliche Bildungsvorstellungen ausgerichteten Anknüpfung an die Rezeptionsgewohnheiten der im 18. und 19. Jahrhundert in Deutschland weiterhin tonangebenden Aristokratie. Diese Vereinigungen zeigten durch explizite Abgrenzungen nach außen (nicht jedermann konnte ohne weiteres Mitglied werden) deutlich, dass hier (noch) nicht an Öffentlichkeit gedacht wurde, sondern an eine erweiterte Exklusivität. Allein die Bezeichnung „Geselligkeitsverein", die oft benutzt wurde, ist in dieser Hinsicht aufschlussreich.

In den zahlreichen Vereinen mit Ambitionen in Sachen Kunst wurde die zumindest anfänglich noch vorherrschende Exklusivität des Kunstgenusses an den aristokratisch-feudalistischen Höfen und ihrer Residenzkultur imitierend übernommen, indem Regularien wie Stand und Vermögensverhältnisse, zum Teil sogar das Geschlecht (in vielen Vereinen waren Frauen zwar zugelassen, aber nicht als volle Mitglieder und nur im Beisein ihrer Ehemänner) zu Praktiken von Exklusivität benutzt wurden. Die auf diese Weise zugänglich gemachte Teilhabe am Kunstgenuss war dennoch ein erster, bedeutender Schritt in Richtung auf die spätere Konstituierung von Öffentlichkeit in einer modernen (demokratischen) Gesellschaft.[84] Interessanterweise hat vor allem die Notwendigkeit, eine breitere finanzielle Basis für diese Kulturaktivitäten in der Öffentlichkeit zu erlangen, dazu geführt, diese Exklusivität allmählich aufzulösen.

Für die Praxis des Kulturmanagements ist es wichtig, sich einigermaßen Klarheit darüber zu verschaffen, wie die Öffentlichkeit speziell im nahen, relevanten Umfeld einer bestimmten Kultureinrichtung oder Kunstpraxis beschaffen ist, welche Strukturen sie aufweist, welche Strömungen, Präferenzen und Stimmungen in den einzelnen Kreisen vorherrschen. Dies ist nun weitgehend eine Frage des Einzelfalls, in dem Aspekte wie lokale Traditionen, die besondere Sozialgeschichte der Einrichtung, das urbane Umfeld, konkurrierende und ergänzende Institutionen des Kulturlebens eine bedeutende Rolle spielen.

Einige Begriffe, die in diesem Zusammenhang erwähnt werden müssen, können wir für eine Präzisierung dieser Fragestellungen aufgreifen und damit eine Plattform schaffen, von der aus Detailanalysen im Einzelfall vorgenommen werden können. Die drei wichtigsten Kategorien, nämlich „Milieu", „Szene" und „Publikum" sind indessen auch nur *Hilfsgrößen*, für die es keine allgemein verbindlichen Definitionen gibt und die zudem nicht untereinander scharfkantig abgegrenzt werden können. Diese drei Hauptkategorien lassen sich durch nahestehende Begriffe wie „Elite", „Club", „Subkultur", „Schicht" und etliche weitere gesellschaftliche Struktur- und Organisationsgebilde ergänzen.

Eine wichtige Komponente von Milieus, Szenen und Subkulturen ist die Eigenart, dass sich die Menschen in ihnen die verschiedenen Angebote an Kunst und Kultur nicht nur

---

[84] Die Kunstvereine der frühen bürgerlichen Gesellschaft bildeten zwar strukturell eine Vorstufe der späteren Kulturöffentlichkeit hin zu einem spezifischen Kulturpublikum. Aber der politische Charakter der Öffentlichkeit, wie er durch die Französische Revolution von 1789 aufkam, bedeutete nicht eine gleichgerichtete und später vereinigte Strömung, sondern einen Kontrast. Die Kunstvereine wie überhaupt das in sich gekehrte Kulturleben der Biedermeierzeit zu Beginn des 19. Jahrhundert waren vielmehr Abschottungen der Exklusivität gegen das Überborden von Unordnung und strukturloser Masse der (von der Restauration dann auch schon bald wieder eingedämmten) politischen Öffentlichkeit. Der Demokrat war vorerst noch fast ein Schimpfwort und häufig politischer Verfolgung ausgesetzt.

konsumtiv aneignen, sondern dass dort auch aktive Betätigungen entwickelt werden und zum Teil essentielle Bereiche ihrer Alltagskommunikationen stattfinden (können).

Die Demonstration ihrer Zugehörigkeitsempfindungen lässt sich häufig deutlich äußerlich wahrnehmen, z.B. in bis zur Show gesteigerter Eigenwilligkeit von Kleidung, in Eigenarten von Gestik, Sprachjargons und sonstige Attitüden. Milieus, Szenen und Subkulturen nehmen kulturelle Aktivitäten nicht einfach von außen entgegen, sondern werden häufig selbst zu Quellen künstlerischer Aktivität und Produktivität (zu einem erheblichen Teil musikalischer Natur). Der historische Ursprung des Jazz beispielsweise lag in den afroamerikanischen Milieus von Großstädten wie New Orleans und New York/Haarlem. Der argentinische Tango kam aus bestimmten sozialen Milieus (vor allem Minderheiten afrikanischer Herkunft) in Buenos Aires. Wo sich solche Szenen und Milieus mit Initiativen für technologische Kreativität, offenes Milieu auf universitärem Campus, interkulturelle Toleranz zu einem Cluster verschmelzen, entwickeln sich – wie die Studien von Richard Florida (Florida 2002, 2005, 2005) zeigen – aufstrebende und antreibende Kräfte auch für wirtschaftliche Entfaltung und regionales Wachstum. Dies ist keine Erscheinung der jüngeren Geschichte, auch nicht etwas, das sich nur in außereuropäischen Unterdrückungsmilieus entwickeln konnte. Immer schon hat sich eine Vielfalt von identifizierbaren Milieus mit starken künstlerischen Ausdrucksformen gebildet, und zwar auffällig um solche Kunstgattungen, die eine starke soziale Komponente aufweisen: Musik, Tanz, Theater. Ein über viele Jahrhunderte weit verbreitetes Milieu waren die örtlichen Jahrmärkte, auf denen Bänkelsänger, Musikanten (Virtuosen hatten hier ihren Ursprung[85]), Harlekine, Zauberer, Gaukler, Dompteure und Komödianten auftraten.

Künstlerische Tätigkeiten, die die Zurückgezogenheit und refugienartigen Lebensumstände und Werkstätten einer Intimsphäre benötigen (z.B. Schriftstellerei, Malerei) und deshalb nicht unmittelbar auf teilhabendes Publikum aus sind, kommen in diesem Zusammenhang eher selten vor (Ausnahmen sind Künstlerdörfer wie Worpswede, vgl. Weltge-Wortmann 1997, oder spezifische Künstlermilieus wie beispielsweise die einstige Bohème im Quartier Latin in Paris). Die Kultur- und Kunstgeschichte ist im Übrigen reich an Erscheinungen dieser Art. Erinnert sei beispielsweise an das Liedgut der sephardischen Juden, die sich nach ihrer Vertreibung aus Spanien nach 1492 vor allem in den osmanischen Großstädten Istanbul, Thessaloniki und Izmir ansiedeln konnten, und das noch heute zum aktiven Kulturbestand in Istanbul gehört.[86] Erinnert sei auch an den Stadtteil Triana in Sevilla, von dem die wichtigsten Impulse für die Lieder und Tänze des andalusischen Flamenco ausgingen, oder an die (zur Sowjetzeit ungeliebte und teilweise unterdrückte) Vokalmusik der zentralasiatischen Steppenvölker (Tataren, Aserbeidschaner, Kirgisen, Uyguren, Kasachen, Mongolen).

Wo sich eine, wenn auch nicht konturenscharfe, aber doch identifizierbare lokale oder regionale Zusammengehörigkeitsstruktur bilden und in sich ihre eigenen Lebensstile und kulturellen Ausdrucksformen entwickeln konnte – nicht selten, aber nicht ausschließlich in unmittelbarer Koppelung mit sozialem Überlebenskampf – sprechen wir von Milieus. Milieus sind geistige und soziale Umwelten, die zum Teil historisch-organisch, also ungeplant entstehen, zum Teil sich aber auch durch erzwungene Gettoisierung von Menschen gleicher

---

[85] Man beachte den feinen Unterschied zwischen den Begriffen „Musikant" und „Musiker"!

[86] Bossong, Georg: Die Sepharden – Geschichte und Kultur der spanischen Juden. München 2008.

Herkunft oder gleichen Schicksals in dafür bestimmten, hergerichteten oder sich selbst überlassenen urbanen (Rand-) Zonen formieren.

Der Begriff des Milieus hat nicht erst seit Heinrich Zilles „Berliner Hinterhof-Miljö", sondern schon der Soziologie des 19. Jahrhunderts, z.B. bei Auguste Comte, gelegentlich einen Bedeutungstouch von Unterschicht und Kleinbürgerlichkeit erhalten mit ähnlich diskriminierenden Assoziationen wie „Rotlicht-Milieu" oder „Kiez". Diese begriffliche Last ist zwar hinderlich, aber wohl nicht mehr korrigierbar, auch wenn Wortprägungen wie „Vorstadtmilieu", „Hafenmilieu" oder „Künstlermilieu" (z.B. Bohème) solchen Assoziationen entgegenwirken. Andere Assoziationen wie „Gangstermilieu" oder „Zuwanderermilieu" (z.B. das Latino-Milieu oder Chinatown in New York) zeigen wiederum an, dass sich der Begriff nicht lokalisieren, sondern allenfalls bis zu einem gewissen Grad typisieren lässt. Gangstermilieus sind soziale Umfelder, die man weltweit in bestimmten urbanen Zonen finden kann. Beim Milieu kommt es nicht auf die konkreten Bezirke und ihre urbane Gestalt an, sondern auf die darin eingenisteten Mentalitäten, Wertorientierungen, Lebensgewohnheiten und Gruppenbildungen (z.B. Gangs).

Was ein Milieu als soziale Kategorie kennzeichnet, ist die Nischenhaftigkeit im weiten, urbanen Umkreis einerseits und der verdichtete, eigenartige, soziale Zusammenhang von Leben, Arbeit und (Klein- oder Halb-) Öffentlichkeit.[87] Ein konkretes Milieu zeigt sich zwar oft deutlich erkennbar zum Beispiel in auffälligen Ästhetiken von Wohnformen, Kneipen, Ladentypen mit spezifischen Sortimenten, Hinterhofidyllen und so weiter. Mit den gleichen Kategorien wäre es möglich, auch von Dorfmilieus, Kleinstadtmilieus und anderen Sozialgestalten außerhalb der urbanen Zentren zu sprechen, die ihrerseits bestimmte ästhetische Eigenarten auszubilden pflegen (oder aus städtebaulicher Nachlässigkeit gerade an einem Mangel daran leiden). Dennoch ist das Phänomen „Milieu" nicht eindeutig lokalisierbar. Es ist ein geistig, sozial, kulturell und sinnlich wirksames Habitat. Etwas andere Akzente setzt dagegen der Begriff „Szene". Die ursprüngliche Bedeutung der Szene als Bühne oder Schauplatz dramatischer Aufführungen (im Theater auch im Begriff Proszenium enthalten) ist in soziologischem Zusammenhang nur noch entfernt erhalten geblieben.

Der Begriff hatte (und hat noch) im Theater hauptsächlich die Funktion, dem Publikum den Ort einer Bühnenhandlung zu erkennen zu geben, sei dieser ein fiktiver Ort (z.B. die Hölle in Dantes „Göttliche Komödie") oder ein realer, „auf die Bühne geholter" Ort (z.B. das Topkapı Saray in Mozarts „Entführung aus dem Serail"). Szenisches findet man auch in der Malerei, z.B. standardisierte Hintergründe für Portraits oder Waldidyllen zur Schaffung einer romantischen Stimmung für eine Personenkonfiguration, sowie in der gesamten Romanliteratur und in der Musik. In Beethovens 6. Sinfonie (Pastorale genannt) beispielsweise sind die Szenen der einzelnen Sätze verbal angegeben. Ähnlich szenisch aufgebaut Mussorgskijs „Bilder einer Ausstellung".

Die Szene (oder der Schauplatz) in heutiger soziologischer Bedeutung ist real und zugleich fiktiv. Real in dem Sinne, dass er soziologisch rekonstruierbar ist, dass er ein fassbarer und beschreibbarer, spezifischer Raum (eine Sphäre) der Öffentlichkeit ist und – ähnlich wie das Milieu – ein fassbarer Ort sein kann, an dem man sich zur Schau stellen oder als

---

[87] Geiling, Heiko/Hermann, Thomas/Müller, Dagmar/von Oertzen, Peter/Vester, Michaeil: Soziale Milieus im gesellschaftlichen Strukturwandel. Zwischen Integration und Ausgrenzung. Frankfurt/M. 2001; Merkel, Janet: Kreativquartiere: Urbane Milieus zwischen Inspiration und Prekarität. Berlin 2009.

Schaulustiger bestimmte Erlebnisse haben kann. Die Szene ist ein Ort der sozialen Vertrautheit und zugleich eine Bühne der Selbstdarstellung und Selbstbestätigung unter Menschen, auf deren Urteil es ankommt. Die Mittel sind (dem Wort Szene angemessen) häufig ausgesprochen theatralischer Natur.

Im Unterschied zum Milieubegriff hat die Szene jedoch keinen Habitatcharakter, sie beschreibt nicht ein komplettes Wohn- und Lebensumfeld, sondern formt sich (meist unorganisiert) um eine konkrete Erfahrungs- und Erlebniskategorie (meist kultureller, aber zum Beispiel auch sportlicher Art) (Klein, Gabriele, 2005). Die Szene ist weit über ihre fiktive Grenze hinaus wirksam; sie hat einen zum Teil bedeutenden Einzugsbereich. Fiktiv ist die Szene in dem Sinne, dass auf sie nur aus konkreten Aktionen und Ereignissen in Verbindung mit Erlebnissen und Erwartungen geschlossen werden kann. Die Szene lebt, indem sie *er*lebt wird, ohne dass sie nach Form und Inhalt genau umrissen werden könnte. Sie gruppiert sich um eine in ihrem sozialen Wirkungsfeld auf besondere Weise aufgehobene und gepflegte Kunst, Kunstrichtung oder Spielart des kulturellen Lebens, wozu auch der Sport gehört.

Die Szene ist auch kein sporadischer, zufälliger Ort von Ereignissen auf einer künstlich hergerichteten Bühne, sondern eine Art realer, nicht auf einen einzigen Ort fixierter Lebensbühne. Mit diesem Begriff verbindet sich die Vorstellung, dass an bestimmten, den Eingeweihten und Kennern wohlbekannten Stätten regelmäßig und ohne festes Programm bestimmte Arten von Ereignissen stattfinden. Die Szene ist dafür bekannt, Brut- und Pflegestätten für eine bestimmte Art von Kunst oder Kultur zu sein, in der ständig etwas Neues passiert. Sie ist deshalb nicht nur interessant für das Publikum, sondern bildet auch so etwas wie einen Resonanzkörper für Künstler, z.B. die Jazz-Szene Londons oder die Literaten-Szene in den Wiener Cafèhäusern der zwanziger Jahre. Die Szene hat zwar ihre „Stätten", aber sie ist praktisch überall, wo sich Individuen mit ihr identifizieren. Man kann sie nicht genau auf bestimmte, konkrete Orte festlegen.

Eine präzise Unterscheidung der Begriffe „Milieu" und „Szene" ist weder möglich, noch nötig. Beide überlappen sich vielfach, auch wenn ihre Bedeutungen sich unterscheiden. Das Milieu ist meist ortsgebunden und umfasst die gesamte soziale Umwelt einschließlich der dort vorherrschenden Stimmungen. Die Szene dagegen ist nicht ortsgebunden, oft überhaupt nicht an einer Stelle lokalisierbar. Die Jazz-Szene Londons lässt sich nicht auf einen bestimmten Stadtteil festlegen. Es sind mehrere im Spiel und die Vorstellung einer Szene entsteht erst durch die vielfältigen, lebhaften Verbindungen zwischen ihnen (und den Jazzszenen anderer Metropolen). Wir können sagen, dass die Szene die Gesamtheit aller einzelnen Schauplätze oder bekannten Stätten umfasst, die sich regional, international und zunehmend auch global um eine spezifische Kunstart, Stilrichtung oder Künstlergruppe intensiv vernetzt. Die Globalisierung spielt hier insofern hinein, als über das Internet ein neuer Typus von Öffentlichkeit sich zu formieren begonnen hat, in dem wiederum bestimmte Szenen (nicht aber Milieus) ihren Platz finden.

In der Szene nimmt man an den Ereignissen, Strömungen und künstlerischen Schicksalen der Beteiligten teil und kennt sich in dem betreffenden Genre aus, wie überhaupt Kennerschaft zu den prägnantesten Erscheinungen in Szenen gehört. Kennerschaft erstreckt sich nicht nur auf die Kultur- oder Kunstinhalte als solche, sondern schließt deren Interpreten, ihre Lebensverhältnisse, Förderer sowie oft deren gesamten Anhang gleich mit ein. Die sozialen und kulturellen Konstituenten solcher Szenen und die an ihr beteiligten Agenturen, Medien, Experten und Leitfiguren zu kennen und sich darin bewegen zu können, ist eine der Hauptaufgaben des Entdeckens in der konkreten Arbeit des Kulturmanagements, das ein Event einbringen will (z.B. ein Open Air Rockkonzert) oder institutionell mit dieser Szene verbunden ist (z.B. eine für Rock, Pop, Jazz und Weltmusik bekannte Spielstätte).

Auch der Szenebegriff ist mit Assoziationen befrachtet, die in die Richtung sozialer Schichten und Gruppierungen geht und hier eher an bodenständige Künste denken lässt als an die so genannte Hochkultur. Wortgebilde wie „Kammermusikszene" oder „Shakespeare-Szene" wirken gekünstelt. Man würde die Anhänger dieser Kunstgattungen auch kaum als „Freaks", sondern als Liebhaber bezeichnen. Die Benennung einer Sache schafft indessen leicht Abgrenzungen, die manche Ähnlichkeiten überdecken. Für die Praxis des Kulturmanagements ist es aber in jedem Falle wichtig, sich gute Kenntnisse und Einfühlung in jenen Teil der Öffentlichkeit anzueignen, in dem sich das engagierte und potentielle Publikum zu bewegen pflegt und aus dem es rekrutiert werden kann. Der Begriff „Zielgruppe", auf den wir noch zu sprechen kommen, ist hier nur bedingt hilfreich. Ziel ist – ähnlich wie Strategie und Taktik – eigentlich ein martialischer Begriff, der eher in einen Schlachtplan als in eine Konzeption zur Kontaktbildung in der Öffentlichkeit passt.

Zum Szenebegriff gehört eine spezifische Zugehörigkeitsstruktur. Eine Szene verbindet trotz aller Vielfältigkeit im Einzelnen Gleichgesinnte unterschiedlichster sozialer und lokaler Herkunft. Sie zieht oft einen noch weiter reichenden sozialen Umkreis von Außenstehenden an, die sich für „die Sache" interessieren und sich zu bestimmten Anlässen auch einfinden. Die Szene besitzt einen Kern mit einem meist verstreuten, sporadisch aktivierbaren Umfeld. Diese planetarische Figur für bestimmte Veranstaltungen zu erfassen und zu mobilisieren, ist eine wesentliche Voraussetzung für erfolgreiches Kulturmanagement.

Die Zugehörigkeitsstruktur bildet sich – anders als formelle Mitgliedschaften – formlos durch Handlungen oder schlichte Anwesenheit und allmähliche soziale Integration. Integration ist Teilnahme und Teilhabe, und dies schließt die gesellschaftlichen Umfelder ein. Man nimmt nicht nur an den Veranstaltungen teil, sondern nimmt auch das Gerangel um Künstler, Intrigen und Anekdoten wahr und schafft sich seine Idole und Genies. Man fühlt sich einbezogen und erlebt darin seine eigene Identität.

Ein wichtiger Pfad zur Integration über die bloße Motivation hinaus ist für den Interessierten die Aneignung von Kennerschaft in der Sache, die meist mit der Zeit wächst, und die Aneignung einer gewissen Insidersprache, die diese Zugehörigkeit dokumentiert und demonstriert. Dies kann ausgesprochen dezent erfolgen oder auch demonstrativ (durch Kleidung, Auftreten, Sprache, Gestik usw.). Die Kleidungsvorschriften und Anstandserwartungen der bürgerlichen Theater- und Opernszene des 19. und der ersten Hälfte des 20. Jahrhunderts hätten kaum geduldet, dass jemand in gewöhnlicher Straßenkleidung an Veranstaltungen teilnimmt. Die „Szene" hätte auf die eine oder andere Weise abweisend, wenn nicht rigoros reagiert. Einlasskontrollen durch die Portiers beim Betreten des Theatergebäudes waren als Mittel nichts Ungewöhnliches (Vgl. Walter, 1997, 318 ff. sowie Schleuning 1989, 101 ff.).

Wie außerordentlich beständig solche gesellschaftlichen Szenen sein können, zeigt die nun schon neunzigjährige Geschichte der Salzburger Festspiele. Sie sollten durch Initiative von Max Reinhardt unmittelbar nach dem Ersten Weltkrieg ein Kulturprogramm verwirklichen, das die Gewohnheiten der Wiener Aristokratie und des Wiener Großbürgertum aufgriff, sich zur Sommerfrische im Salzkammergut aufzuhalten (ähnlich wie das Kaiserliche Berlin auf der Insel Usedom). Während dieser Monate hatten die Künstler in Wien, die

Musiker ebenso wie die Schauspieler, keine Engagements (so etwas wie Lohn- oder Gehaltsfortzahlung gab es für sie damals nicht). So war die Idee der Festspiele als regelmäßige Veranstaltungsreihe einige Wochen im Jahr ein an sich logischer, zu jener Zeit aber innovativer und gewagter Gedanke. Bekanntlich haben sich die Festspiele (Szene bildend) erfolgreich etablieren können.

Nun war Anfang der zwanziger Jahre der politische, militärische und gesellschaftliche Zusammenbruch nach dem verlorenen Krieg kein bloßer Einbruch, von dem man sich nach einer gewissen Zeit allmählich erholen würde, sondern das Ende der alten Habsburger Donaumonarchie, ein für die betroffenen Eliten sicher nicht leicht zu verkraftendes Ereignis. Es dürfte zum Erfolg der Salzburger Festspiele beigetragen haben, wenn nicht überhaupt die Grundlage ihres gesellschaftlichen Erfolgs gewesen sein, dass das Programm und die einzelnen Darbietungen mit ihrem künstlerischen Anspruch auf der (eher unpolitischen) kulturellen Ebene den Traum von der Fortgeltung der alten Eliten nähren konnten. Eine Spur dieses Traums ist zuweilen noch heute wahrnehmbar, nicht nur in der kulturellen Selbstinszenierung der Szene durch äußere Umstände, sondern auch in den Konflikten, die immer wieder durch Versuche von Regisseuren und Intendanten aufkommen, wenn sie zeitgenössische Kompositionen und allzu moderne Interpretationen von alten Meistern ins Programm zu nehmen wagen. Das wird nicht sonderlich goutiert und meist in den Feuilletons verrissen. Man hat als Außenstehender den Eindruck einer stillen Übereinkunft, dass als seriöse Kunst nur gilt, was vor 1914 geschaffen (vielleicht sagt man auch: *er*schaffen) wurde.

Das Beispiel Salzburger Festspiele haben wir nicht in kritisierender Absicht kommentiert, sondern um zu illustrieren, auf welche Komponenten zu achten ist, wenn man eine Kulturinstitution wie die Salzburger Festspiele als Dauereinrichtung etablieren will und welche Bedeutung dabei dem gesellschaftlichen Umfeld zukommt, ob man dieses nun als Szene bezeichnet oder nicht. Der hier wirksam werdende bürgerliche Traum von einer (mit dem Feudaladel versöhnten) Geistes- und Kulturaristokratie mag als Anachronismus, als Illusion oder auch als pfiffige Geschäftsidee mit Multiplikatoreffekten für die Stadt und das Land betrachtet werden. Wer jedoch als Kulturmanager nicht begreift, aus *welchem Stoff* solche *Träume* gemacht sind und dass man diese nicht mit Strategieplanung, Zielgruppenforschung, Marketingkonzepten und Controlling erfassen kann, wird ziemlich sicher erfolglos bleiben.

Der Begriff des Publikums ist so wenig scharf abgrenzbar wie die beiden anderen Begriffe auch (Wagner 2005). Er umfasst zwar im engeren Sinne die aktiven Teilnehmer an einer Veranstaltung, aber er reicht über diese Gruppe weit hinaus auf jene, die durch ihre Reaktionen und Kommentare ihr Interesse bekunden oder schlicht wegen Überfüllung keinen Einlass bekommen konnten. Wir können sagen, dass es sich um jenen Teil der wahrnehmbares Interesse zeigenden Öffentlichkeit handelt, der zu einem bestimmten Kulturereignis, z.B. einem Konzert, einer Premiere, einer Matinee oder einer regulären Aufführung aktiviert werden konnte, unabhängig davon, ob jeder einzelne tatsächlich teilnimmt oder nicht. Es kommt darauf an, dass die gebotene Kunst auf die eine oder andere Weise wahrgenommen wird, dass also überhaupt Resonanz entsteht.

Das Publikum ist kein Kontinuum aus gleichen Elementen und von gleich bleibendem Umfang. Seine Zusammensetzung kann von Fall zu Fall stark variieren. Man versucht zwar, durch Angebote wie beispielsweise Abonnements, kulturtouristische Pauschalprogramme oder besondere Vergünstigungen für Mitglieder des zugehörigen Fördervereins eine gewisse „Grundauslastung" an Buchungen zu sichern, doch selbst deren Zuspruch und Zusammensetzung können variieren. In der Tendenz kann man sagen, dass im Publikum zwar die aktivierte Teilnehmerschaft versammelt ist, dass sie aber eine Art Zufallsgemeinschaft darstellt, die unmittelbare Begegnungen und Kontakte (mit alten Bekannten) nicht ausschließt, die aber keinen geschlossenen Sozialkörper bildet wie noch zu Zeiten der höfischen Kultur oder der frühen bürgerlichen Kulturvereine mit reguliertem Zugang. Das anwesende Publikum bei heutigen Veranstaltungen ist ein pars pro toto der (relativ) offenen Gesellschaft.

Das Publikum des 19. und zum Teil noch des 20. Jahrhunderts gehörte den bürgerlichen Bildungseliten an. In jenen Kreisen gehört es quasi zum guten Ton, sich in nicht allzu großen Abständen im Theater, in Ausstellungen, bei Dichterlesungen und in Konzerten zu zeigen, aber auch sich intensiv mit den dort gebotenen Künsten zu befassen, denn ästhetische (Geschmacks- und Urteils-) Bildung war nach vorherrschender Überzeugung eine wesentliche Säule des gebildeten Menschen. Aus dieser Haltung heraus war für Theater, Opernhäuser, Museen, Konzerthäuser und andere Kulturinstitutionen eine spezifische Aktivierung der Teilnahmebereitschaft kaum notwendig, mit Ausnahme von Ankündigungen von Veranstaltungen aus eher informativen als werblichen Gründen.

Das heutige Publikum, schon im fortgeschrittenen Stadium der Umorientierung in eine (von Gerhard Schultze 2005 so genannte) Erlebnisgesellschaft und daran gewöhnt, mit Angeboten zur freien Auswahl geradezu überhäuft zu werden, folgt kaum noch den alten Bildungsidealen der bürgerlichen Gesellschaft. Das bedeutet, dass das Publikum immer weniger aus individueller Eigenaktivität zu kulturellen Veranstaltungen geht, sondern auf öffentlich propagierte Angebote reagiert. Es will angesprochen werden. Dieser Wandel in den Attitüden des Publikums ist vor allem für das Kulturmarketing und für die Gestaltung von Öffentlichkeitskontakten sowie für die langfristige Positionierung einer Institution im öffentlichen Raum von großer Bedeutung.

Besucherorientierung, die heute eigentlich zur Selbstverständlichkeit im Kulturmarketing gehört oder gehören sollte (vgl. Wersebe 2000), ist mehr als nur ein Zauberwort. Es geht darum, durch Interaktion mit dem Publikum eine längerfristige Bindung zu einer Kultureinrichtung zu erreichen. Ein sehr anschauliches Beispiel dafür hat Kirdenbach für das Hamburger Thalia Theater beschrieben (Kirdenbach 2000). Üblicherweise beginnt die Besucherorientierung in der Praxis mit einer Besucherbefragung, um Anhaltspunkte für die Gestaltung und Außenwirkung einer Institution zu gewinnen. Informativer ist eine (qualitative) Befragung von Nicht-Besuchern, um etwas über mögliche Hemmnisse zu erfahren. Eine solche Studie für Museen hat Thomas Wind beschrieben (Wind 2000). Sie bietet zugleich einen interessanten methodischen Ansatz.

Es ist schwierig, etwas Verallgemeinerbares zum Thema „Publikum" zu sagen, das für eine Opernaufführung gleichermaßen gilt wie für ein Rockkonzert oder eine Dichterlesung. In diesem Zusammenhang wird in der Fachliteratur häufig zu Zielgruppenanalysen geraten, um wenigstens so ein einigermaßen treffendes Bild von seiner Klientel zu gewinnen. Wo die Klientel eine mehr oder weniger unbekannte Gruppe ist, wo beispielsweise noch keine langjährigen Erfahrungen vorliegen, weil die Institution noch dabei ist, sich zu etablieren und eine feste Position im Bewusstsein der Öffentlichkeit noch nicht gebildet hat, können spezielle Analysen sicher nützlich sein.

Viele Empfehlungen beziehen sich allerdings auf Methoden und Konzepte, die aus der demographischen Forschung stammen. Hier besteht die Gefahr, dass demoskopische Kriterien, Klassifikationen und Segmentierungen angewendet werden, die so gut wie nichts von dem durchschimmern lassen, was mit Kategorien wie Milieu, Szene, Subkultur und ähnlichen sozialen Clustern in interpretierbare Verbindung gebracht werden könnte. Meist wird dabei – und dies durchaus mit Blick auf die Risiken rein demoskopischer Kriterien – auf Begriffe wie „Lebensstil" und „Milieu" verwiesen (Heinrichs 1999/160). Der Begriff „Lebensstil" wird aber letztlich doch wieder auf individuelle Kategorien eingeschränkt, statt auf soziale ausgedehnt zu werden: „Mit dem Lebensstil versucht man also menschliche Existenz- und Handlungsprofile darzustellen" (Kotler/Bliemel 1992, zit. b. Heinrichs 161).

Der Kompaktbegriff „Lebensstilmilieu" (Gluchowski 1987, zit. b. Heinrichs 1999/161) macht die Sache eher verworrener, da er eine soziologische Kategorie wie Milieu auf die individuelle Komponente „Lebensstil" verengt, wie der (allerdings für demoskopische, nicht für Zielgruppenanalysen erarbeitete) Kriterienkatalog dann auch folgerichtig zeigt:

1. Aufstiegsorientierte, jüngere Menschen
2. Postmateriell-linksalternativ eingestellte junge Menschen
3. Linksliberale, integrierte Postmaterialisten
4. Unauffällige, eher passive Arbeitnehmer
5. Pflichtorientierte, konventionsbestimmte Arbeitnehmer
6. Aufgeschlossene und anpassungsfähige Normalbürger
7. Gehobene Konservative
8. Integrierte, ältere Menschen
9. Isolierte, alte Menschen

Wie kann man mit solchen demoskopischen Kriterien irgendetwas Bedeutendes und für die Öffentlichkeitsarbeit Verwertbares über das Publikum oder eine Szene herausfinden? Zwar mag das politische Wahlverhalten innerhalb solcher Gruppen eine gewisse Prägnanz und Signifikanz aufweisen, aber der Zusammenhang mit kulturellen Ereignissen, ihrer inhaltlichen Gestaltung und ihrem Management, ist äußerst vage, um nicht zu sagen: eine Fehlkonstruktion.

Selbst im Wirtschaftsmarketing und der Industrie haben Erkenntnisse dieser Art nur eine sehr begrenzte Nützlichkeit. Wie soll man z.B. im Marketing unauffällige, eher passive Arbeitnehmer werblich ansprechen? Wie sieht das Design von Produkten für diese Kategorie von Menschen aus?

4.3.5 Fördervereine und Beziehungsnetze

Die offenen Strukturen von Milieus, Szenen und anderen Teilen der Öffentlichkeit, auch die des Publikums lassen sich zum Teil institutionalisieren. Die bekannteste Form im Kulturbereich ist der Förderverein (Zimmer 2007, Scheytt 2008). Aber auch andere Formen von Netzen und festen Beziehungsstrukturen zu den relevanten Teilen der Öffentlichkeit sind für das Kulturmanagement von großer Wichtigkeit.

Fördervereine haben meist eine mehrfache Aufgabenstruktur. Viele von ihnen sind mit der Gründung einer Kulturinstitution verbunden, und zwar nicht nur untergeordnet als Mitfinanzierer (dazu reichen Mitgliedsbeiträge in aller Regel nicht aus), sondern als ideelle

Förderer, als aktive Teilnehmer in dem betreffenden Kulturgebiet, als Promotoren in der Öffentlichkeit und – derzeit immer häufiger – als Reservoir ehrenamtlicher Tätigkeiten zu Gunsten außerhalb oder innerhalb der Kultureinrichtung. Es versteht sich von selbst, dass die Pflege der Beziehungen zu einem Förderverein eine zentrale Aufgabe des Kulturmanagements ist. Der Förderverein bedarf selbst der betreuenden Aufmerksamkeit und Förderung.

Die Zusammenarbeit mit Fördervereinen ist nicht immer konfliktfrei. Die Mitgliedschaft eines solchen Vereins spiegelt soziale, ja zuweilen sogar politische Spannungen wieder. Es entstehen Fraktionen und Seilschaften, es bilden sich exklusive Kreise. Auch Mitbestimmungsansprüche in inhaltlichen Angelegenheiten der Kulturinstitution (Kunstauffassungen etc.) können aus solchen Vereinen vorgetragen werden. Es ist also nicht immer leicht, als sich Kulturmanager mit Fördervereinen zu umgeben und sie in geeigneter Weise konstruktiv in die Konzeptionen der Gestaltung der Öffentlichkeit einzubeziehen.

Nicht formalisiert und institutionalisiert, dennoch relativ fest, bis zu einem gewissen Grad auch belastbar und jederzeit aktivierbar sind (offene) Beziehungsnetze (also nicht förmliche Netzwerke, die meist die Rechtsform des Vereins benutzen). Sie sind bewusst gestaltete, an konkrete Personen, Gruppen und Institutionen der Öffentlichkeit gebundene Beziehungen, die ohne großen Aufwand jederzeit zugunsten der Institution aktivierbar sind. Um sie zu entwickeln und zu festigen, sind ähnliche Managementaktivitäten erforderlich, wie wir sie mit dem Begriff der Unternehmensdiplomatie umschrieben hatten. Geeignete Formen in der Praxis sind Einladungen zu exklusiven Gesprächsrunden und speziellen Veranstaltungen („Tag der offenen Tür" usw.).

Beziehungsnetze stellen Verbindungen zu einzelnen Personen her (z.B. Gönnern und Mäzenen) oder zu Organisationen der Öffentlichkeit (Parlamentariergruppen wie beispielsweise die Kulturausschüsse), Wirtschaftsführern, Journalisten und anderen wichtigen gesellschaftlichen Institutionen wie die Kirchen, Gewerkschaften und Hochschulen. Die Pflege dieser Beziehungen, von denen vorteilhafte Entscheidungen abhängig sein können, die als finanzielle Unterstützer oder Wegbereiter in anderen Angelegenheiten in Betracht kommen und deren multiplikatorische Wirkungen nicht unterschätzt werden sollten, ist eine spezielle Aufgabe des Kulturmanagements, bei der ein besonderes gesellschaftliches, diplomatisches Fingerspitzengefühl notwendig ist.

4.4 Die Erarbeitung von Marketingkonzepten

Obwohl der Begriff „Marketing" eine aus der Welt des Kommerz stammende Vokabel ist und obwohl die Bearbeitung der Öffentlichkeit mit ihren jeweiligen strukturellen Besonderheiten erheblich umfassender gedacht werden muss als der (klassische ökonomische) Markt, bleiben wir bei dem Wort „Kulturmarketing". Es hat sich eingebürgert, und viele Abhandlungen über Kulturmarketing betonen zu Recht, dass er eben die erwähnte erweiterte Deutung erhalten müsse, um die spezifischen Bedingungen kultureller Aktivitäten, Projekte und Institutionen berücksichtigen zu können. Man kann Kulturmarketing als eine zeitlich nachrangige, sachlich jedoch vorrangige Aufgabe betrachten, indem man von gegebenen Produkten oder Dienstleistungen ausgeht, die zu bestmöglichen Bedingungen angeboten, verbreitet und verkauft werden sollen. Nachrangigkeit bedeutet hier nicht Herabstufung der Bedeutung, sondern Betonung der Reihenfolge.

Wir lassen hier die begriffliche Unschärfe dieser Erläuterungen außer Betracht, dass Marketing auch in der Wirtschaft an sich mehr bedeutet als Verkaufsförderung für bereits existierende Produkte. Was auch bei industrieller Produktion immer schon als gedachte Gestalt, nämlich ein Produkt, existiert, steuert das Marketingdenken, nicht erst das physische Vorhandensein dieses Produktes irgendwo im Lager oder Regal. Marketing ist im Grunde also nicht zeitlich nachrangig, sondern ist eine Denkoperation im Vorfeld physischer Produktion. Die übliche Unterscheidung zwischen so genannten Sachleistungen und Dienstleistungen mit dem Hinweis, das eine seit dinglich konkret, das andere immateriell, verliert dann seinen Sinn. Alles Denken im Vorfeld einer dinglichen Handlung ist abstrakt. Dienstleistungen hätten dann und nur dann eine Eigenart, wenn wir sie auf geistige Tauschleistungen von Person zu Person beschränken, z. B. auf die Ratschläge eines Unternehmensberaters oder auf die Botschaft, die in einem Kunstwerke verborgen ist und zu entschlüsseln ist. Auf diese Feinheiten gehen wir hier jedoch nicht weiter ein.

Anders als in der Wirtschaft, in der die Entwicklung von Produkten von einer genauen Analyse der Bedarfslage und der Bedürfnisse ausgeht, also vorrangig vom Markt her erfolgt, hat in der Kultur – von wenigen kommerziellen Ausnahmen abgesehen – der kulturelle oder künstlerische Inhalt Vorrang, und das fertige Werk geht auch zeitlich den Bemühungen um seine Veröffentlichung voraus. Was über Marketingaktivitäten in die Öffentlichkeit gebracht werden soll, muss als künstlerisches Ganzes bereits in seinen eigenartigen Konturen vorhanden sein. Offene Erkundungen in der Öffentlichkeit, um den Geschmack und die Erwartungen des Publikums zu erfüllen, wie es in kommerziellen Zusammenhängen ganz normal wäre, macht im Bereich der Kunst keinen Sinn.

In den Ansprech- und Wahrnehmungsebenen der Verbreitung oder Veröffentlichung kultureller Produktionen treten kulturelle Bedeutungen (Sinnbilder, Anspielungen, Verstörungen, Aufdeckungen usw.) häufig stark in den Vordergrund. Ob sie einem konkreten Bedürfnis entsprechen oder nicht, spielt hier eine weitaus geringere Rolle als beim Warenkorb. Wer hat schon von Natur aus ein Bedürfnis, von rätselhafter Kunst provoziert zu werden. Allenfalls gibt es Erwartungsreize für Neues oder Spannendes. Selbst wenn es sich um warenkorbartige, gegenständliche Erzeugnisse der individuellen Bedarfsdeckung handelt, z.B. Bücher oder Tonträger, muss man sie kulturell interpretieren. Nicht ihre Stofflichkeit ist das Spezifische, sondern ihre Eigenschaft als Medium zur Teilhabe an etwas Gesellschaftlichem, Überindividuellen, eben Kulturellem.

Bedürfnis- und Nachfrageanalysen, wie sie in kommerziellen Zusammenhängen üblich sind, tendieren fast immer dazu, Bedürfnisse zu individualisieren, d.h. als subjektive Empfindungen und Artikulationen von Einzelpersonen aus deren inneren Dispositionen heraus zu verstehen. Mit der Individualisierung wird aber oft ein zu enges Konzept angewendet, das das weiter reichende Umfeld der Intimsphäre einschließlich einer nahen Kontaktzone sozialer Beziehungen ausspart. Gerade diese Kontextfaktoren aus dem sozialen Umfeld sind es aber häufig, die auf die Bedürfnisformung und die Bedingungen ihrer Artikulation deutlichen Einfluss ausüben. Viele Bedürfnisse haben gar keinen anderen Sinn, als soziale Kontakte wie Zugehörigkeit oder auch Distanz zu bekräftigen, z.B. in Modefragen. Die Ware selbst oder die nachgefragte Dienstleistung sind Medien, die dies transportieren können. Diese allgemeine Beschreibung trifft für Alltagswaren, Güter des besonderen Bedarfs und kulturelle Bedürfnisse gleichermaßen zu.

Nach Bedürfnissen zu fragen, setzt genau genommen voraus, dass diese bereits existieren und es nur noch darauf ankommt, sie (z. B. durch ein Interview oder einen Fragebogen) bestätigen zu lassen. Häufig wird auch nur nach bestimmten Grunddispositionen (z. B. nachhaltige Vorlieben, soziale Attitüden usw.) gefragt, sofern diese bewusst sind und artikuliert werden können. Die meisten kommerziellen Marketingaktivitäten verlassen sich indessen nicht auf solche Einsichten, da sie viel zu vage sind. Um zu langfristig erfolgreichen Produktentwicklungen zu gelangen, die mit industriellen Fertigungsmitteln zu angemessenen Preisen hergestellt und die mit entsprechend persuasiven Marketingkonzepten am Markt „durchgedrückt" werden können, sind einigermaßen gesicherte Kenntnisse über die Formbarkeit von Bedürfnissen ausreichend. Dem folgen dann entsprechende Formungskampagnen über die bekannten Marketingaktivitäten.

Kunst und Kultur sind weit davon entfernt, sich solcher Sozialtechniken bedienen zu können. Hier geht es ja nicht darum zu entscheiden, Kapital in langfristig ertragreiche Produktentwicklungen zu investieren und diese dann in vielleicht jahrelangen Serien profitabel zu verwerten. Zwar gibt es im Kulturbereich auch Produktionen, die auf eine lange Nutzungszeit angelegt sind (manche Musicals z.B. haben ertragreiche Laufzeiten von weit mehr als 10 Jahren zustande gebracht) und die ganz im Stil des kommerziellen Marketing verwertet (veröffentlicht) werden. Die Regel ist dies jedoch nicht, und sofern den kulturellen Inhalten zugebilligt wird, sich ständig zu erneuern und zu entwickeln, dem Publikum also ästhetische und symbolische Reize durch Neues zu bieten, spielen die Sozialtechniken der Marktforschung, der Demoskopie und der Zielgruppenanalysen eher eine ungeordnete Rolle.

Erfragt werden können dagegen die sozialen Begleitumstände im Zusammenhang mit der Wahrnehmung von Kultur- und Kunstangeboten. Man kann sich beispielsweise kundig machen über Vorlieben der Tageszeit oder des Wochentages, um eine Ausstellung in einer Kunsthalle zu besuchen, oder welche Wegzeiten für die Anfahrt in Kauf genommen werden, um ein Konzert besuchen zu können. Eine Abfrage der eigentlichen Kultur- und Kunstbedürfnisse ist damit aber nicht verbunden und wäre auch wenig ergiebig, da Kunst und andere Kulturproduktionen ihren Reiz ja häufig gerade darin haben, dass man sie (noch) nicht kennt. Wie soll man konkrete Bedürfnisse danach erfragen können.

Kultur ist ein soziales Phänomen, das sich auf das Zusammenleben von Individuen bezieht. Sie wirkt in Gruppen Sinn stiftend, Werte gestaltend, Moral festigend oder auflösend, ritualisierend, gemeinschaftsbildend, aufklärerisch, stimulierend – um den kulturellen Wirkungskomplex hier nur anzudeuten. Es handelt sich um Effekte, die beim Publikum soziale, jedenfalls nicht nur egozentrische Regungen hervorbringen. Es wäre seltsam, müssten wir den Individuen unterstellen, sie würden ein Bedürfnis nach Moral, nach Provokation oder kultischen Handlungen nur für sich als Individuen entwickeln und solche Anliegen nicht zugleich auf die sozialen Umgebungszustände übertragen.

Dieser soziale Sinnzusammenhang ist mit den herkömmlichen Mitteln der Marktforschung und Bedürfnisanalyse (womöglich noch mit Bezug auf die veraltete Maslowsche Bedürfnishierarchie; eine ausführliche Beschreibung aus betriebswirtschaftlicher Perspektive findet sich bei Schierenbeck 2000, S. 58 ff. Zur Kritik vgl. Bendixen 2006 a) nicht zu bestimmen. Es besteht die Gefahr, dass mit den Mitteln betriebswirtschaftlicher Marktanalysen die gesellschaftliche Funktion der Kultur unterlaufen wird, indem man Individualkategorien und Lebensstile kategorisiert und nach deren kultureller Relevanz abklopft. Fehlbeurteilungen des Publikums oder erweiterter Kreise der Öffentlichkeit sind damit fast vorprogrammiert.

Die Marktforschung verstärkt durch ihren methodischen Ansatz leicht das Vorurteil, dass Konsumenten Wesen sind, die beschreibbare und deutbare (wenn auch wandelbare) Bedürfnisse entwickeln, die durch Abfragen ermittelbar sind. Daraus werden dann Produkte gestaltet, die diese Bedürfnisse zu befriedigen sollen. Die Industrie hilft den Konsumenten dabei mit ihrem permanenten, unterschwelligen Werbeappell: „Wir wissen, was für dich gut ist". Damit soll keineswegs die Nützlichkeit von Marktforschung prinzipiell in Frage gestellt werden. Es bedarf jedoch erheblicher Erfahrung, um deren Resultate realistisch zu interpretieren.

Die Marktforschung folgt zum Teil noch immer einem alten, weiterhin geschätzten theoretischen Modell, das sich die Ökonomie von der Nachfrageseite gemacht hat. In der Theorie der Konsumentenentscheidungen wird nicht nach der Realität gefragt, sondern nach der Stimmigkeit des Modells. Dies wird in Textbüchern der Ökonomie auch deutlich gesagt: „The theory of consumer choice does not try to present a literal account of how people make decisions. It is a model (and) ... models are not intended to be completely realistic" (Mankiw, 471). Die theoretische Erklärungsabsicht über Grundzusammenhänge ist eine Sache; eine ganz andere ist die praktische Herangehensweise bei der Erforschung der *realen* Bedürfnisse und Entscheidungsgewohnheiten.

Kulturmarketing – im Unterschied zum kommerziellen Marketing – als zeitlich nachrangige Aufgabe zu bezeichnen, betont die Vorherrschaft der kulturellen Inhalte vor der Formung ihrer Publikationswege. Kulturmarketing kann indessen – vor allem in kommerziellem Zusammenhang – auch als eine *integrierte* Aufgabe betrachtet werden, indem man die Gestaltung der kulturellen Inhalte sozusagen uno actu mit den Fragen der geeigneten Publikation entwickelt. Die Arbeit des Regisseurs in einem Theater oder bei der Produktion eines Films ist ohne die Fragestellung, wie und ob das Publikum eine Idee, eine Darstellungsvariante, eine symbolische Handlung usw. verstehen wird. Diese Ebene der Beziehungen zwischen Kunst und Publikum ist hier allerdings nicht gemeint – der Regisseur ist Künstler, kein Mann des Marketings -, obwohl Regie für die Arbeit des Kulturmanagements eine wichtige Vorgabe darstellt und letzteres gut daran tut, sich informiert zu halten. Diese Vorgehensweise macht in der Praxis allerdings nur dann einen Sinn, wenn aus den Einsichten in die Erwartungen und aus den Reaktionen der Öffentlichkeit auch tatsächlich bestimmte inhaltliche Konsequenzen zu ziehen sind. Kulturinstitutionen, die betont einen inhaltlichen (vor allem künstlerischen) Anspruch realisieren, werden sich von außen und von Kenntnissen über die Außenwelt *nicht unkommentiert* und gegebenenfalls *unwidersprochen* steuern lassen wollen. Die integrierte Arbeit des Kulturmanagements kann in inhaltliche Fragen unter anderem dann einfließen, wenn die Kenntnis der Publikumserwartungen und deren vermutliche Reaktionen eine konzeptionelle Rolle spielen, z.B. bei der Planung einer Ausstellung.

Eine weitere Unterscheidung ergibt sich aus der Frage, inwieweit die Konzipierung von Marketingaktivitäten auf die Ebene der Veröffentlichung (Vermarktung) einzelner Angebote (etwa eines Konzerts) oder eines periodischen Angebotsprogramms (etwa die Herausgabe des Theaterprogramms für ein Halbjahr oder Jahr) beschränkt bleiben soll oder ob damit auch die strategische Ebene der öffentlichen Profilierung eingeschlossen werden soll. Angesichts der hohen Bedeutung, die eine Kultureinrichtung als Stätte der Kunst in ihrem gesellschaftlichen Umfeld gewöhnlich hat, kann man die Gestaltung der Öffentlichkeitswirkungen in der Tat nicht auf die Ebene einzelner Ereignisse oder Veranstaltungen beschränken.

Nicht einmal in der Wirtschaft selbst lässt man sich die Möglichkeiten entgehen, eine viel umfassendere Selbstdarstellung in der Öffentlichkeit zu schaffen als das bloße Produktmarketing, das zwar stets ein erstklassiger Kanal für die Übermittlung von Imagebotschaften darstellt, dies aber nicht allein bewerkstelligen kann. Die Alltagsarbeit in der Wirtschaft ist indessen meist so komplex, dass es bei einer Trennung des Produktmarketing von der Ebene der Unternehmensdiplomatie und ihren Stäben (einschließlich einer für Presse- und Öffentlichkeitsarbeit zuständigen Abteilung) bleibt. In den meisten Kulturbetrieben liegt jedoch der Akzent deutlich anders. Ein Theater, ein Museum oder eine Stadthalle für verschiedene Veranstaltungen von Rock- und Popmusik bis zu Ausstellungen und Kongressen sind keine Fabriken, durch deren Werkstore fertige Erzeugnisse hinausgereicht und über den Handel oder auch direkt vertrieben werden. Die Fabrik andererseits ist kein öffentlicher Ort für Besucher. Die Imagegestaltung beginnt für die meisten Kultureinrichtungen schon im Eingangs- oder Empfangsbereich. Deren angemessene Gestaltung ist deshalb ein bedeutender Ansatz für die Beziehungen zur Öffentlichkeit.

Wo immer auch in der Wirtschaft mit Publikumsverkehr zu rechnen ist, z.B. Empfangshallen, Konferenzräume, Ausstellungshallen, spielt die Ästhetik des Baukörpers und seiner Innenausstattungen ebenfalls eine wichtige, Image bildende Rolle. Kultureinrichtungen sind dagegen besondere und vor allem öffentliche Orte, deren Besuch – unabhängig von dem, was gerade an Programm läuft und ob jemand überhaupt an eine Teilnahme denkt – eine eigene Erlebniskategorie darstellt. Manche dieser Orte, wie etwa das Festspielhaus in Bayreuth, sind fast so etwas wie Wallfahrtsstätten. Auf die Ästhetik der Baukörper und ihrer Ausstattungen wird wegen der Eindrücke auf Besucher großer Wert gelegt, und das Publikum reagiert darauf. Viele Museen, Theater oder Bibliotheken sind neben ihrer künstlerischen oder kulturellen Arbeit auch als Bauten architektonische Schmuckstücke eigenen Ranges. Architekten machen sich einen Namen mit Museumsbauten (über neue Museumsbauten in Deutschland berichten Klotz/Krase 1988), wie es umgekehrt auch Museen für Architektur gibt (z.B. in Frankfurt/M.). Solche Kulturbauten heben mit ihrer besonderen Ästhetik die öffentliche, gesellschaftliche Bedeutung dessen hervor, was in ihnen geschieht oder einst geschah. Nicht selten werden die Bauten zu kulturellen Erbstücken eigener Art, die ihre Inhalte übertrumpfen. Beispiele dafür sind (selbst als Ruinen als Denkmale geschützte) alte Burgen, Kirchen, Klöster und Kathedralen ebenso wie Schlösser und historische Rathäuser, die zum Teil nur noch als Museen genutzt werden.

Es existiert eine enge Beziehung zwischen der architektonischen Gestalt einer Stätte nach innen, d.h. zu dem, was dort kulturell stattfindet, und nach außen, also dem, was gegenständlich und gesellschaftlich im Umfeld der Fall ist, z. B. die Lage eines Museums inmitten einer historischen Altstadt im Unterschied zu einem Neubau in einer modernen urbanen Umwelt. Das Kulturmarketing muss folglich diese beiden Ebenen in all ihren Differenzierungen und ihrer Komplexität stets mit im Blick haben, selbst wenn es zeitweilig vielleicht kaum mehr zu tun gibt, als Programmhefte zu erstellen, Plakataktionen vorzubereiten und mit entsprechendem Vorlauf bestimmte Veranstaltungen über die Medien ankündigen zu lassen.

Die Verflechtungen zwischen der öffentlichen Rolle und inhaltlichen Bedeutung einer Kultureinrichtung einerseits und ihren Programmen mit den einzelnen Veranstaltungen andererseits muss nicht zwingend heißen, dass es keinerlei Widersprüche oder Spannungen geben kann. Als allgemeine Regel kann gelten, dass eine gefestigte Reputation in der Öffentlichkeit ein soziales Kapital darstellt, mit dem auch Überraschungen, Provokationen oder selbst Stilbrüche relativ schadlos ausgestanden werden können, wenn sie nicht zur Regel werden und wenn sie mit einem professionellen Anspruch verwirklichst werden.

Ein traditionsreiches Opernhaus kann sich beispielsweise ohne weiteres leisten, gewagte Neukompositionen oder sogar eine Soap Opera zu bringen. Wessen Reputation dagegen noch kein klares, inhaltliches Profil aufweist, würde sich mit Stilbrüchen irgendwelcher Art vielleicht schaden, zumindest aber das Publikum in Richtungen weisen, die möglicherweise gar nicht angestrebt werden. Dies alles sind inhaltliche Fragen, für die das Kulturmanagement eine hohe Sensibilität aufbringen muss, ohne dafür allein oder immer auch maßgeblich zuständig zu sein.

In der Praxis ist die Frage, bis zu welcher Grenze die Kompetenzen des Kulturmanagements reichen sollen, die ja einerseits eine ökonomisch-formale und andererseits eine ästhetisch-kommunikative Aufgabe beinhaltet, in die inhaltlichen Entwicklungen einer Kultureinrichtung involviert werden soll, ein ständiger Seiltanz zwischen wirtschaftlicher Form und kulturellem Inhalt. Dies darf jedoch nicht so verstanden werden, dass der kulturelle oder künstlerische Inhalt sich im produktiven, unbehelligten Innenbereich ausleben soll und seine autonomen Wege der ästhetischen Produktion geht, während das Kulturmanagement und darin ganz besonders das Kulturmarketing die Bahnen für den Gang in die Öffentlichkeit freimacht. Die Balance zwischen Form und Inhalt ist *nicht* eine Frage von Innen und Außen. Doch auch zwischen diesen beiden Polen ist ein stimmiges Verhältnis zu konzipieren.

Aktives, mitgestaltendes Kulturmarketing ist folglich nicht einfach das „Außenministerium der Kunst", sondern beobachtet, registriert und interpretiert Wirkungsbeziehungen zwischen Kunst und Öffentlichkeit und lässt sich Möglichkeiten der Verdichtung, Erweiterung und perspektivischen Festigung der Reputation der Einrichtung einfallen. Kulturmarketing kann zur Positionierung einer Kultureinrichtung im Bewusstsein der Öffentlichkeit erheblich beitragen und damit ein soziales Kapital schaffen, das sich argumentativ, z.B. in Verhandlungen mit Sponsoren oder öffentlichen Geldgebern, „verzinst". Die substanzielle Rolle des Kulturmarketings lässt sich auch damit begründen, dass ein Kunstereignis niemals ein isolierter Vorgang, sondern gesellschaftlich eingebettet ist. Ähnlich wie die Bühnengestaltung ein erläuterndes, einstimmendes Ambiente für ein Theaterstück ist, so ist auch die der Kunst zugewandte Öffentlichkeit ein notwendiges Ambiente für die Aufnahme und das Verstehen von dargebotener Kunst. Insofern kommt dem Kulturmanagement auf dieser Ebene zwar keine zentrale künstlerische, wohl aber eine Rahmenbedingungen schaffende Funktion zu, die mehr als nur formal-organisatorisch ist.

Ausgangspunkt für die Gestaltung einer Marketingkonzeption ist in jedem Fall und unabdingbar eine vertiefte Kenntnis und ein sicheres Gefühl für das, was in und über eine Kultureinrichtung geleistet und an die Außenwelt herangetragen werden soll. Das Primat des (kulturellen) Inhaltes vor der (marketingtechnischen) Form ist als eine Regel zu verstehen, die nicht die Bedeutung und Gestaltung des Inhaltes präjudiziert – dies ergibt sich immer nur aus den Bedingungen des Einzelfalls und wird aus ganz anderen Gründen natürlich häufig der Fall sein – , sondern einen festen inhaltlichen Boden für erforderlich hält, von dem aus die Marketingarbeit starten kann. Dies ist im Übrigen in der Wirtschaftspraxis auch nicht viel anders.

Unbeschadet der notwendigen Detailarbeit in der durch hohe Varianz gekennzeichneten kulturellen Wirklichkeit können wir einige Grundtatbestände in Frageform kommentarlos und nur durch Beispiele illustriert auflisten, auf die bei der Bearbeitung von Marketing-

konzepten zu achten ist. Die Aufzählung ist mit Blick auf die Besonderheiten einer Sparte oder sogar eines Einzelfalls erweiterbar und differenzierbar. Aus welchem kulturellen oder künstlerischen Kontext stammen die Inhalte der Einrichtung und ihre Produktionen?
Beispiele:

- Meister der Malerei der Moderne und zeitgenössischer Kunst in einem Museum, z.B. das Museum of Modern Art in New York;
- Alltagskultur und Kunsthandwerk aus überseeischen Ländern, z.B. das Völkerkundemuseum in Hamburg;
- Schauspiele in niederdeutscher Sprache, z.B. das Ohnsorg-Theater in Hamburg

Welche eigene Geschichte, insbesondere welche Traditionen der Institution haben das Bild in der Öffentlichkeit geformt?
Beispiele:

- Die Große Oper in Paris als europäisches Zentrum dieses Genres vor allem im 19. Jahrhundert;
- Die kurze Geschichte des Schleswig-Holstein-Musikfestivals mit seinen Ambitionen, Kunst (Musik) in die Provinz zu tragen.

Welche Bedeutung hat die Architektur der Kulturstätte?
Beispiele:

- Das Schlesische Museum in Görlitz im ältesten bürgerlichen Renaissancehaus Deutschlands;
- Das Markgräfliche Opernhaus in Bayreuth (ein Barockbau aus der Mitte des 18. Jahrhunderts;
- Der Nachbau des Shakespearschen Theaters „The Globe" an der historischen Stelle am Londoner Themse-Südufer.

Welche Bedeutung hat die Kulturstätte im urbanen Umfeld?
Beispiele:

- Position im Zentrum einer Altstadt eingebunden in das vorhandene Ensemble an historischen Bauten;
- Randposition im urbanen Außenbereich, z.B. das Festspielhaus in Bayreuth
- Offenes Feld oder Sportstadium, z.B. das Popmusikfestival in Woodstock bei New York 1969.

Welche konkurrierenden oder ergänzenden Kultureinrichtungen sind im wirksamen Nahbereich vorhanden?
Beispiele:

- Die drei Opernhäuser in Berlin;
- Die Museumsinsel am Hamburger Hauptbahnhof;
- Die Vernetzung der Theater und Orchester von Görlitz, Zittau, Bautzen und Hoyerswerda.

Welche Bedeutung hat der Kulturtourismus des Ortes oder der Region für die Kultureinrichtung?
Beispiele:

- Die Royal Shakespeare Company in Stratford upon Avon mit überdurchschnittlichem Anteil des Ferntourismus (über London);
- Die Salzburger Festspiele mit starken Wirkungen auf die Fremdenverkehrsgewerbe der Stadt und des Salzkammerguts;
- Die documenta in Kassel.

In Kenntnis der besonderen Gegebenheiten einer Kultureinrichtung lassen sich dann begründete, unter Umständen auch durch spezielle Untersuchungen zu sichernde Rückschlüsse auf die Herkunft und Motivationen des Publikums ziehen. Abgesehen von den Detailfragen des Einzelfalls sind meist folgende Komponenten von Bedeutung:

Anteil der auswärtigen Besucher
- speziell zur Veranstaltung Anreisende
- Urlauber am Ort oder der Umgebung
- Kurzaufenthalte von Durchreisenden
- Teilnehmer organisierter Kulturreisen

Die wissenschaftlich-künstlerische Bedeutung der Kultureinrichtung, z.B.
- die besonderen Dokumente eines Archivs oder einer Bibliothek
- die archäologischen Fundstücke eines Museums
- die spezifische Akustik einer Musikhalle

Besonderheiten des Milieus oder der Szene, denen die Einrichtung zuzuordnen ist, z.B.
- die Bühnen der Hamburger Kampnagelfabrik in der Szene der zeitgenössischen darstellenden Künste
- das Hamburger Konservatorium im Villenvorort Blankenese
- das St. Pauli-Theater in Hamburg

Das institutionelle Umfeld, z.B.
- Printmedien mit ihren Akzenten im Feuilleton
- Fachredakteure der Rundfunk- und Fernsehsender
- wissenschaftliche Einrichtungen von inhaltlichem Bezug
- Stiftungen und öffentliche Fonds
- die Wirtschaft und ihre Verbände
- die politischen Parteien und ihre relevanten Ausschüsse
- parlamentarische Gremien von inhaltlichem Bezug
- Ministerien und Ämter

Ist das Szenario der relevanten Öffentlichkeit und ihrer Gliederungen und Gewichtungen angemessen transparent gemacht worden, steht als nächster Schritt die Konzipierung der öffentlichen (aber auch nicht-öffentlichen, informellen) Kontaktformen an. Dies ist ein außerordentlich weites Feld mit schier unermesslichen Möglichkeiten kreativer Einfälle.

Die folgende Aufzählung bietet lediglich ein grobes Raster oder Schema, wobei zugleich deutlich wird, dass die Vermittlung von imagewirksamen Mitteilungen fast immer an andere Kontaktformen angebunden ist. Die Pressemitteilung, das Touristikprogramm der

Stadt, der Radiobericht sind Gelegenheiten, Hintergrundinformationen über die Kulturinstitution mitzuliefern.

1. Printmedien (lokale Zeitungen, überregionale Zeitungen, Journale, Fachzeitschriften)
2. Funkmedien (Lokalsender, Regionalsender, Sender mit internationaler Ausstrahlung)
3. Eigene Veranstaltungen (Premieren, Matineen, Jugendvorstellungen, Seniorennachmittage, Künstler- und Nachwuchs-Wettbewerbe)
4. Vernetzung mit anderen Kulturinstitutionen (wechselseitige Hinweise, gemeinsame Besucherprogramme, abgestimmte Öffnungszeiten)
5. Einbindung in den Fremdenverkehr und dessen (Stadt-) Marketing
6. Direkte Kommunikation (Gespräche, Diskussionsveranstaltungen, Versammlungen, Empfänge, Auftritte in der Szene, Fachkonferenzen)
7. klassische Werbemittel (Plakate, Faltblätter, Postkarten, Poster, Programmhefte, Illustrationen, Informationsschriften)
8. Merchandising (Bücher, Tonträger, handwerkliche Erzeugnisse, Sonderanfertigungen für Textilien, besondere Delikatessen, Restaurants)
9. Innenarchitektonische Gestaltung
10. Service (Vorverkauf, Direktbuchungen über Internet, geschnürte Pakete mit Übernachtungen und Beiprogrammen, besondere Fahrdienste)
11. Präsenz im Internet (Homepages, Chats)
12. Agenturen

Es dürfte sich von selbst verstehen, dass diese Aufzählungen im praktischen Einzelfall je nach den konkreten Bedingungen zu akzentuieren und zu detaillieren sind und dass die singulären Besonderheiten auch Neues zu Tage fördern können. Grundsätzlich kann man jeden Anlass zu einer Kommunikation mit der Außenwelt dazu nutzen, imagewirksame Informationen über die Institution anzuhängen oder der Mitteilung und wirksamen Form zu integrieren, um sie so in die Öffentlichkeit zu tragen. Was indessen auf diesem Wege nur wenig beeinflusst, allenfalls verstärkt oder (bei unprofessionellem Vorgehen) durchkreuzt werden kann, ist die inhaltliche Reputation selbst. Der gute Ruf einer Kulturinstitution ist das Ergebnis anhaltender Erfahrungen und Erlebnisse, die das Publikum hat machen können und die ein – durchaus nicht immer klares, oft nur verschwommenes oder gar widersprüchliches – Bild in der Öffentlichkeit erzeugen. Das Image, das beim Publikum von einer Institution vorherrscht, ist häufig nicht mit dem Selbstbild der Institution identisch, jedenfalls gewöhnlich ganz anders akzentuiert als dieses.

Das Image ist eine zwar von der Institution beeinflussbare, aber von ihr nicht einseitig beherrschbare und gestaltbare Prägung der Erinnerung bei Menschen, die in irgendeiner Weise mit einem gewissen Minimum an Aufmerksamkeit mit der Institution in Berührung gekommen sind. Das Moment der Aufmerksamkeit ist deshalb bei der konkreten Umsetzung von kommunikativen Kontakten ein wichtiger Aspekt. Er hat eine Eröffnungsfunktion. Ob und wie nach der ersten Aufmerksamkeit durch weitere Informationen und deren variierende Wiederholung ein Erinnerungswert entsteht und gespeichert (oder auch wieder vergessen) wird, ist eine Aktivität der Wahrnehmenden und liegt nicht mehr in der Hand der Institution. Das Image bildet sich durch erinnernde Aktivität des Wahrnehmenden ständig um und weiter. Es ist eben kein Gemälde, das einmal geschaffen und dann nur noch wiedererkannt oder erinnert wird. Auch wenn die öffentlichen Wirkungen Image bildender

Kommunikation nicht peilgenau steuerbar sind, so bedürfen sie doch der Einschätzung. Es geht einerseits um die Vermeidung störender Irritationen, andererseits um prägende Akzente, die bei den Wahrnehmenden haften bleiben sollen.

Ein besonderes Thema des Kulturmarketing liegt in der Struktur von Kommunikationsprozessen. Kommunikation ist nicht nur ein nackter Austausch von Nachrichten, sondern muss ästhetisch und auffällig verpackt werden, weil die sinnliche Energie der Wahrnehmung für die Deutung und Intensität einer Nachricht eine unverzichtbare Rolle spielt. Diese ästhetische Verpackung ergibt sich jeweils aus der Art der Kommunikation. Gesprochene oder schriftliche Aussagen kann man beispielsweise in die sprachliche und ästhetische Form von Metaphern, Aphorismen, Verszeilen, Wortspielen, Sprechblasen oder anderen Figuren einkleiden. Akustische Aussagen lassen sich musikalisch aufladen. Zur Verpackung im weitesten Sinne gehört darüber hinaus auch der Ort ihrer Ausgabe, die Art ihres Displays und die Formen ihrer Überreichung.

Die Ästhetik ist das Mittel zur Erzeugung von Auffälligkeit, die in der Öffentlichkeit Aufmerksamkeit, vertiefendes Interesse und schließlich Entschlüsse zum Handeln stimulieren sollen. Hier geht es allerdings nicht um die klassische AIDA-Regel (um „*A*ttention", „*I*nterest", „*D*esire" und „*A*ction"), sondern um den Mittransport von Einprägungen mit Langzeitwirkung. Dazu gehören bekanntlich auffällige, stilistisch gelungene Logos, Schriftzüge, Erkennungsmelodien usw. Deren Problem liegt aber darin, dass sie mit der Zeit immer weniger Auffälliges noch an sich haben, dass sie sozusagen „vergreisen" und im Tagesgeschehen des Marketing ihre Wirkung verfehlen können. Sie können sich zum Teil auch verselbständigen und von ihren Inhalten ablösen.

Beides miteinander in Einklang zu bringen, nämlich die aktuelle und die langzeitliche Wirkung und zudem in der öffentlichen Konkurrenz um Aufmerksamkeit zu bestehen, ist im Zeitalter der hochgradig ästhetisierten Öffentlichkeit keine leichte Aufgabe. Die relativierende und abschleifende Wirkung konkurrierender ästhetischer Reize, die nicht unbedingt aus kulturellen, sondern beispielsweise auch aus kommerziellen, politischen oder sportlichen Intentionen stammen können, treibt das Marketing unter Umständen zu immer ungewöhnlicheren Mitteln, nur um der Aufregung willen. Dadurch kann die inhaltliche Reputation leicht in Mitleidenschaft gezogen werden. Eine traditionsreiche Institution der Hochkultur kann sich nur begrenzt, keinesfalls systematisch der Comics bedienen. Eine Rockmusikveranstaltung dagegen könnte Schiffbruch erleiden, wenn sie sich auf konventionelle Mittel und Figuren des Marketings verlässt.

In einer Kulturinstitution, für die die vermittelten kulturellen oder künstlerischen Inhalte einen Vorrang haben, ist mit einem gelungenen Kulturmarketingkonzept nur die erste Stufe, die Wegbereitung, erfolgt. Für die kulturelle oder künstlerische Arbeit kommt es dann darauf an, tatsächlich inhaltliche Wirkung zu erzielen. Auf dieser Hauptschiene spielen Reaktionen des Publikums während einer Veranstaltung, Kommentare der Kritiker, Berichte in den Print- und Funkmedien sowie die Leser- oder Hörerreaktionen darin, Streitgespräche usw. eine viel größere Rolle (zur Funktion der Kunstkritik vgl. Honnef 1999 und Dresdner 2001). Auch in diesen Institutionen sind ausverkaufte Veranstaltungen, steigende Umsätze in den Shops und drängende Nachfragen nach Wiederholungen positive Zeichen; auch stabilisieren oder verbessern sie die wirtschaftliche, vor allem die finanzielle Lage der Institution. Aber diese Aspekte stehen nicht vor den inhaltlichen.

Wir haben hier einige Grundtatbestände für die Erarbeitung von Konzeptionen des Kulturmarketing aufgeführt und einige praktische Regeln zur Diskussion gestellt. (Weitere

Details und praktische Beispiele finden sich in der Literatur. Siehe u.a. mehrere Beiträge in den letzten Ausgaben im ,International Journal of Arts Management', insbesondere McLean 1998, Harvey 1999, Wijnberg/Gemser 1998, Botti 2000, Caldwell 2000, Scott 2000 sowie Günter (2009), Geyer/Manschwetus (2008), Klein (2001), Klein (2002), Mandel (2009), Reimann/Rockweiler (2005), Mandel (2005), Bernstein 2006, Kerrigan/Fraser/Ozbilgin 2004, Kolb 2004, Smith 2007, Talbot/Howard 2005). Das Kulturmarketing kann wertvolle Hilfe leisten bei der Festigung der Außenwirkungen einer Kulturinstitution. Der Seiltanz zwischen Form und Inhalt ist indessen eine Sache des Einzelfalls in der Praxis, für den es kaum generelle Regeln oder Empfehlungen geben kann.

Die methodischen Probleme steigern sich noch dadurch, dass bisher ein ganzer Komplex an wichtigen Sachverhalten, der in die gesamte Gestaltungsarbeit in und an der Öffentlichkeit weit hineinragt, aus systematischen Gründen noch ausgelassen worden ist. Er wird im nächsten Abschnitt nachgeholt. Es geht um die zentrale Frage der finanziellen Ausstattung und wirtschaftlichen Sicherung der kulturellen Arbeit.

Auf den engen Zusammenhang zwischen öffentlicher Erscheinung einer Institution und ihren Chancen, in der Öffentlichkeit auch Gönner, Fürsprecher und Sponsoren zu finden, haben wir mehrfach hingewiesen. Dieser Tatbestand hat in der Praxis vielfach eine gravierende Bedeutung und sollte deshalb in einer Hand bleiben. Was in der Wirtschaft ganz regulär bei Finanzierungs- und Kreditverhandlungen etwa mit einer Bank eine ausschlaggebende Rolle spielt, nämlich die Leistungskraft eines Unternehmens an seinen Märkten und die aussichtsreiche Position, die es darin einnimmt, hat bei Kulturinstitutionen zwar andere Inhalte und andere Akzente. Aber der Grundgedanke ist letztlich gleich: Nur wer sich in seiner Öffentlichkeit deutlich behauptet, kann auf den Zuspruch von Sponsoren, Mäzenen und anderen Geldgebern hoffen.

5 Das Management der finanziellen Sicherung

Manche halten das, was sie dreißig Jahre lang
falsch gemacht haben, für Erfahrung.
(Nasreddin Hodscha)

5.1 Haushalten in der Wirtschaft, Haushalten in der Kultur

Kulturelle Praxis ist in jeder Hinsicht in Geldtransformationen und Geldkreisläufe eingebunden. Das ergibt sich aus der schlichten Tatsache, dass die physischen Ressourcen und
geistigen Kräfte, die Kulturarbeit ermöglichen und leisten sollen, in aller Regel nicht un-
entgeltlich zu haben sind. Das Geld besitzt eine Vielfalt an Bedeutungen und Verwen-
dungsformen. Auf einige wichtige haben wir an anderer Stelle schon hingewiesen. Welche
Fülle an Interpretations- und Kommentierungsmöglichkeiten zum Thema *Geld* aus nicht-
ökonomischen Perspektiven sich anbieten kann, hat ein Band des Periodikums „Kunstforum" unter dem Titel „Das Schicksal des Geldes – Kunst und Geld, eine Bilanz zum Jahr-
tausendwechsel" (Kunstforum Bd. 149/2000) aufgezeigt. Nach wie vor bedeutend sind die
Schriften Georg Simmels zur Philosophie des Geldes (Simmel 2009, neuerdings auch
Brodbeck 2009).

Für das spezifische Thema „Kulturfinanzierung" genügt zur Hauptsache die zentrale
ökonomische Funktion des Geldes als Warenabstraktion. Wir gehen davon aus, dass der
Kulturbereich für Investoren kein begehrtes Feld zur Akkumulation von Vermögen ist (von
wenigen Ausnahmen exorbitanter Gagen abgesehen). Kultur ist jedenfalls keine klassische
oder viel versprechende Wachstumsbranche, die über Gewinne Investitionen finanzieren
muss, um daraus wieder Gewinne zu erzielen. Diese *Akkumulation*sfunktion des Geldes
kann deshalb außer Acht bleiben. Sie ist aber von jener simplen Version zu unterscheiden,
bei der man Geld (Zins bringend) zurücklegt, um eine größere Summe für einen späteren
Zeitpunkt zur Verfügung zu haben. Dies ist die ursprüngliche Form des Sparens, die mit
den Sparauflagen, die der Kultur von Seiten der öffentlichen Hand erteilt werden, natürlich
nichts zu tun haben. Akkumuliertes Geld stellt in beiden Fällen eine relative Machtposition
her, weil mit einer liquiden, größeren Summe ganz anders in den Markt interveniert werden
kann als über einen Kredit, der immer Abhängigkeiten schafft.

In kulturellen Haushalts-, vor allem in Finanzierungsfragen steht die *regulative* Funktion des Geldes im Vordergrund, nämlich flexible, produktionsbezogene Dispositionen zu
ermöglichen. Das bedeutet, dass funktionsfähiges Geld (also solches, das keiner dramatischen Inflation unterliegt und auch nicht aus anderen Gründen „Verkehrshemmnisse", z.B.
eingeschränkte Konvertierbarkeit einer Währung, erleidet) zu jeder Zeit und an jedem Ort
seines Geltungsbereichs in Waren und Dienstleistungen eingetauscht werden kann. Die
Verfügung über einen bestimmten Geldbetrag ist gleichbedeutend mit der Verfügung über
eine dem Wert entsprechende Menge an potentiellen Gütern und Diensten in einer Zusammensetzung, die dem Bedarf des Geldbesitzers entspricht und seiner Entscheidung anheim
gestellt ist. Geld ist also ein abstraktes Warenpotential.[88]

---

[88] Das gesellschaftliche Beziehungsgeflecht um das Geld herum ist sehr komplex. In der Ökonomie wird die Rolle
des Geldes meist verkürzt auf den Aspekt der Regulierung von Angebot und Nachfrage und des Werttransfers über

Es gilt als allgemein anerkannte Feststellung, dass alle materiellen Güter dieser Erde prinzipiell nicht unbegrenzt verfügbar, also knapp sind. Die Knappheit ist einerseits absolut (der Vorrat an Rohöl beispielsweise ist definitiv begrenzt), andererseits insofern relativ, als manche Güter in einem bestimmten Augenblick zwar im Prinzip in ausreichender Menge verfügbar gemacht werden können oder verfügbar sind, aber erst noch hergerichtet werden müssen (Produktion) oder dorthin gebracht werden müssen, wo sie benötigt werden (Distribution bzw. Handel). Die Wirtschaft hat es ausschließlich mit der zuletzt genannten, *relativen* Knappheit zu tun. Ihr „Verdienst" besteht darin, dass sie in Kenntnis oder guter Vorahnung weiß, wann und wo bestimmte Güter oder Dienste nachgefragt werden (Bendixen 1991). Aus Gründen der nicht endlos und beliebig verfügbaren Ressourcen macht das Bemühen, das Mögliche und Verantwortbare auf eine allseits akzeptable Weise zu tun und die Ergebnisse allen entsprechend den allgemeinen Gerechtigkeitsvorstellungen zukommen zu lassen, als Grundprinzip einen vernünftigen Sinn. Dies ist der Inhalt der ökonomischen Rationalität, wie wir sie an früheren Stellen mehrfach erläutert hatten.

Genau genommen haben wir es mit einer gespaltenen ökonomischen Rationalität zu tun. Die allgemeine Regel, dass man mit knappen Gütern sparsam umgehen soll, erstreckt sich auf ökonomische Knappheiten an *Dingen*, die durch wirtschaftliche Aktivität (Produktion, Distribution) behoben werden können, prinzipielle Behebbarkeit allerdings vorausgesetzt. Dieser ökonomischen Knappheit liegen zunächst physische Dinge zugrunde, zu denen immaterielle (z.B. Rechte und Lizenzen) und insbesondere das Geld als Warenabstraktion hinzutreten.

Für die auf der monetären Ebene operierende Wirtschaft ist die relative Geldknappheit die entscheidende. Sie ist eine künstliche Knappheit, die im Allgemeinen dadurch geschaffen wird, dass die von der Notenbank ausgegebene Geldmenge auf den Wert von vorhandenen oder erlangbaren physischen Vermögensgegenständen (z.B. Goldreserven, Devisenbestände, Gesamtwert des Bruttosozialproduktes eines Landes usw.) beschränkt wird. Aus der Erfahrung, dass Notenbanken in der Vergangenheit gelegentlich mehr Geld ausgegeben haben, als dem materielle Wertbestände entsprachen, und dass sie dadurch destruktive Inflationen hervorgerufen haben, wird ersichtlich, dass die Geldknappheit (die über die Geldpolitik der Notenbank reguliert wird) relativ und normativ ist, auf jeden Fall nicht mit der physischen Knappheit an materiellen Dingen verwechselt werden darf. Dieses Vernunftprinzip hat aber auch eine ökologische Variante, die sich auf die Endlichkeit (nach menschlichen Maßstäben) von bestimmten Ressourcen bezieht, für die also eine prinzipielle Behebbarkeit nicht besteht. Die Erdvorräte an Rohöl oder Edelmetallen sind definitiv endlich. Die Regel des Marktes, dass derjenige das knappe Gut bekommen soll, der am meisten dafür zu zahlen bereit ist, ist bei ökologischer Begrenztheit irrational und darüber hinaus sozial in den meisten Fällen unerträglich. Es gibt für diese Regel im Falle ökologischer Begrenztheit keinen nachvollziehbaren Vernunftgrund, wenn sie allein herrscht oder auch nur vorherrscht.[89]

Preise. Diese rein ökonomische Betrachtungsweise ist natürlich viel zu eng. Vgl. ausführlich Bendixen (2004, 2009a und 2009 d).

[89] Wer sich als Produzent verschuldet – und das tut man durch Aufnahme von Eigenkapital im Prinzip genauso wie durch Fremdkapital, auch wenn die Tilgungs- oder Rückzahlungsverpflichtungen unterschiedlich sein mögen –, steht unter dem permanenten Druck, für Tilgung, Zinsen und Eigenkapitalrendite genügend Geld aus Wirtschaftstätigkeit hereinzuholen. Aus der Perspektive des einzelnen Produzenten ist die Regel, seine Ware dem Meistbietenden zu verkaufen, völlig rational. Das System als Ganzes ist es dagegen nicht, wenn es allein nach dieser Regel arbeitet. Die klassische Theorie der optimalen Ressourcenallokation ist ökologisch ein sehr heikles Thema.

Die Knappheit ist aber auch in dem Sinne relativ, dass sie von der Intensität der Nachfrage mitbestimmt wird. Ökonomische Knappheit ist keine feststehende Eigenschaft von Dingen, sondern eine Relation zwischen Wollen und Können. Knappheit lässt sich auflösen durch mehr Können (Produktionssteigerung) oder weniger Wollen (Konsumverzicht). Die Wirtschaft lebt von ersterem und ist selbstverständlich an Konsumverzichten nicht interessiert. Im Gegenteil: Sie versucht sogar mit offensiven oder aggressiven Marketingkonzepten das Wollen (die Nachfrage) anzuheizen. Wirtschaften ist Disponieren in Knappheitslagen; sie beruht auf dem Versprechen und der Fähigkeit, solche Lagen zu beseitigen, und lässt sich das entgelten. Wo keine Knappheit herrscht, braucht man nicht zu wirtschaften. Etwas eigenartig wirkt dann allerdings eine Praxis, die zunächst künstlich und mit ziemlichem Nachdruck Knappheit erzeugt, um sie anschließend profitabel zu befriedigen. Die übliche Definition: „Wirtschaften ist das Entscheiden über knappe Güter in Betrieben" (Schweitzer 2000, S.51) geht insofern in die Irre, als im allgemeinen Sprachverständnis das Wirtschaften seinem Wesen nach das Aufspüren von Gewinnmöglichkeiten einschließlich der dahin leitenden Begleitumstände (Marktentwicklung, politische Einflussnahme, mediale Netzbildung usw.) darstellt. Unternehmerische Tätigkeit bedeutet die Kunst, Knappheitslagen aufzuspüren oder sie künstlich herbeizuführen (soweit dies legal ist).

Nachfrage geht auf Bedürfnisse zurück, die ihrerseits kulturell bestimmt sind. Sie ist also abhängig von persönlichen Lebensstilen (die deshalb auch ein bevorzugtes Ziel von Marketingaktivitäten sind) und von den sozialen, überindividuellen Gegebenheiten. Zur Gestaltung gesellschaftlicher Existenzrahmen entwickelt sich folglich auch eine bedeutende öffentliche Nachfrage, z.B. Versorgungsdienste, Gerichte, Infrastrukturleistungen und Kultur- und Bildungsstätten. Knappheit ist im gesamten Wirtschaftsverkehr eine relative Größe; absolute Knappheit, wie sie durch die natürliche Begrenztheit der Erde gegeben ist, findet innerhalb des üblichen Wirtschaftskreislaufs keine durch Geld regulierte Entsprechung (Bendixen 1991). Sie bedarf anderer Regulierungen, z.B. durch Gesetze oder internationale Abkommen.

Die relative (ökonomische) Knappheit der physischen Ressourcen ebenso wie die der humanen Ressourcen überträgt sich auf das Geld selbst. Knappheit hat die Maxime zur Folge, dass von den Handelnden verlangt wird, über jeden Verbrauch solcher Ressourcen Rechenschaft abzulegen und darzulegen, für welche Zwecke er erfolgt und ob dieser angesichts der nicht beliebigen Beschaffbarkeit zwingend erforderlich ist. Dies ist – wie verschiedentlich dargelegt – der wesentliche Inhalt der ökonomischen Rationalität in der konkreten Version des Wirtschaftlichkeitsprinzips oder des Prinzips des sparsamen Haushaltens. Dieses Prinzip gilt nicht nur für die Wirtschaft, sondern für jeden Nutzer knapper Ressourcen, insbesondere natürlich für den Nutznießer staatlicher Subventionen. Mit anderen Worten: Man muss mit dem, was man hat, haushalten. Diese Handlungsmaxime hat schon vor fast sechshundert Jahren ein berühmter Italiener, Leon Battista Alberti (1404 – 1472) in einer seiner vielen Schriften (Della Famiglia) in aller Deutlichkeit hervorgehoben: „Wer nicht als ein Narr erscheinen will, ist gezwungen hauszuhalten" (Alberti, 206). An anderer Stelle spricht er sich noch etwas deutlicher aus:

> „Was hilft es, zu erwerben, wenn man nicht hauszuhalten weiß? Der Mensch plagt sich mit dem Erwerben, um im Notfall etwas zu haben. Er sorgt in Zeiten der Gesundheit für die der Krankheit und wie die Ameisen im Sommer für den Winter. Im Notfall also muss man die Dinge gebrauchen; braucht man sie nicht, sie aufbewahren. Damit hast du die ganze Haushaltskunst."(Alberti, 213 f)

Albertis Vorstellung von Sparsamkeit beschreibt den Grundgedanken der ökonomischen Rationalität nur zur Hälfte. Das Ersparte dient als Sicherheitsrücklage, und zwar in Gestalt von materiellen Vorräten für Notfälle. Wenn heutzutage vom Sparzwang gesprochen wird, meint man Rationalisierung, also Entrümpelung von Überflüssigem, vielleicht auch von verdeckten Reserven in einzelnen Haushaltstiteln. Das Ersparte dient hier aber nicht als Sicherheitsrücklage, sondern ist abzuführen und engt den Finanzrahmen der Institution entsprechend ein. Sparen ist häufig eine erzwungene Reaktion auf Subventionskürzungen. Das Ersparte dient der Entlastung der öffentlichen Haushalte, nicht der Rücklage für Notzeiten.

Die Klugheit dieses Renaissancemenschen Alberti offenbart sich schließlich in einem durchaus als Motto zu beherzigenden Ausspruch:

> „Aber siehst du, Lionardo, diese Verschwender, von denen ich eben sprach, missfallen mir, weil sie das Geld für unnötige Dinge ausgeben; und jene Habgierigen sind mir ebenfalls zuwider, weil sie von ihrem Besitz keinen Gebrauch machen, wenn es nötig ist; und außerdem auch wegen ihres übertriebenen Verlangens. Weißt du, wer mir gefiele? Wer, wo es nötig ist, von dem, was er hat, so viel verwendete, als genügt, und nicht mehr, und was übrig bleibt, aufbewahrte; und den würde ich haushälterisch nennen." (Alberti, 208)

Die Besonderheiten des Kulturbereichs, seine in hohem Maße bestehende und zu begründende finanzielle Zuwendungsbedürftigkeit von außen, macht zugleich deutlich, dass das Thema „Kulturfinanzierung" keine interne Angelegenheit ist, sondern eine öffentliche, und dass externe Geldgeber (Staat, Kommunen, Wirtschaft, Stiftungen, Mäzene, Fördervereine) überzeugt werden müssen, dass Zuwendungen an eine Kultureinrichtung keine Verschwendung sind, sondern einem begründbaren, nützlichen, förderungswürdigen (gemeinnützigen) Zweck dienen.

Die finanzielle Leistungsfähigkeit externe Geldgeber ist ihrerseits begrenzt, oder um es so herum auszudrücken: Geld ist auch bei potentiellen Geldgebern eine knappe, wenn auch bei einigen recht voluminöse Masse. Das Thema „Kulturfinanzierung" hat es also immer irgendwie mit staatlichen Haushaltsmitteln, also Steuergeldern, oder mit privaten Gönnern und ihrem Wohlwollen zu tun. Auch hierin können wir den schon zitierten Leon Battista Alberti noch einmal herbeiholen. In seiner Belehrung für seine Söhne mahnt er:

> „... und nach dem, was unser anderer Verwandter, Herr Benedetto Alberti, zu sagen pflegte, ist nicht diejenige Staatskasse am besten ausgestattet, die eine unendliche Menge von Schuldnern hat und deren Steuereinkünfte sich auf die höchste Summe belaufen, sondern der Staatsschatz ist der reichste, der auf die Ergebenheit aller nicht ganz armen Bürger und auf die Treue und Redlichkeit der Begütertsten bauen kann ..." (Alberti, S. 182)

Um den nächsten Abschnitten, die eine relativ trockene Materie thematisieren werden, ein wenig dichterische Würze mitzugeben, sei an dieser Stelle die berühmte Klage des Schatzmeisters in Goethes Faust Zweiter Teil zitiert, dessen Aktualität wohl nicht kommentiert werden muss. Wir haben uns (im ersten Akt) den Kaiserlichen Thronsaal vorzustellen mit allen, die in Sachen Politik mitzureden haben, im heutigen Sprachgebrauch also das gesamte Kabinett einschließlich Kanzler. Man bespricht die Nöte des Landes und den Geldmangel der Staatskasse. Dann spricht der Schatzmeister (Finanzminister):

Wer wird auf Bundsgenossen pochen!
Subsidien, die man uns versprochen,
Auch, Herr, in deinen weiten Staaten
An wen ist der Besitz geraten?
Wohin man kommt, da hält ein Neuer Haus,
Und unabhängig will er leben,
Zusehen muss man, wie er's treibt;
Wir haben so viel Rechte hingegeben,
Dass uns auf nichts ein Recht mehr übrigbleibt.
Auch auf Parteien, wie sie heißen,
Ist heutzutage kein Verlass;
Sie mögen schelten oder preisen,
Gleichgültig wurden Lieb' und Hass.
Die Ghibellinen wie die Guelfen
Verbergen sich, um auszuruhn;
Wer jetzt will seinem Nachbar helfen?
Ein jeder hat für sich zu tun.
Die Goldespforten sind verrammelt,
Ein jeder kratzt und scharrt und sammelt,
Und unsere Kassen bleiben leer (Goethe, Bd. 3, S. 152)

Die Finanzierung kultureller Aktivitäten ist eine Aufgabe, die nur begrenzt mit den Ansätzen und Konzepten der betriebswirtschaftlichen Finanzierungslehre bewältigt werden kann. Wir werden deshalb zunächst die wesentlichen Unterschiede herausarbeiten. Mit Blick auf die Besonderheiten des (subventionsbedürftigen) Bereichs der Kulturpraxis werden wir sodann auf die wichtigsten der heute üblichen Wege zur Erlangung öffentlicher oder anderer Zuwendungen eingehen.

Im Zusammenhang mit der Kulturfinanzierung benutzen wir den Terminus „Kulturbetrieb" als Oberbegriff sowohl für Dauereinrichtungen (Betriebe im engeren Sinne) also auch für wiederkehrende Events (z.B. Festspiele) und für Einzelprojekte. Viele grundsätzliche Fragestellungen in diesen Bereichen sind sehr ähnlich. Auf einige Abweichungen werden wir an der betreffenden Stelle hinweisen.

5.2 Geldkreisläufe im Wirtschaftsbetrieb, Geldkreisläufe im Kulturbetrieb

Eine früher dominierende, heute nicht mehr maßgebliche Wirtschaftsweise war die Subsistenzwirtschaft. Ihr Kennzeichen ist ein rein *stofflicher* Kreislauf innerhalb selbstgenügsamer Wirtschaftseinheiten (Einzelsiedler, Dorfgemeinschaften, Gutswirtschaften, Klöster). Geld gelangte in diese Wirtschaftseinheiten nur, wenn sich Produktionsüberschüsse ergaben (durch Erntezufälle, durch erhöhte Produktionsleistung oder partiellen Konsumverzicht), die an den Handel verkauft werden konnten. Die historische Herausbildung der Marktwirtschaft heutigen Stils liegt nicht in der Produktion, sondern in der langsam wachsenden Systematisierung äußerer Handelsbeziehungen. Handel und produzierendes Gewerbe waren über Jahrtausende zwei getrennte Sphären, die erst in der jüngeren Neuzeit – in Verbindung mit dem Prozess der Industrialisierung seit dem 18. Jahrhundert – miteinander verschmolzen. Deshalb entspricht eine ökonomische Theorie, die sich im Kern der optimalen Zuteilung von knappen Ressourcen zuwendet, keineswegs den historischen Realitäten. Wirtschaft ist eben, wie bereits kommentiert, mehr als nur das Entscheidung über knappe Mittel (Bendixen 2009d).

Bevor die moderne Marktwirtschaft zur dominierenden Wirtschaftsweise wurde, was kaum vor dem 18. Jahrhundert der Fall war, herrschte der Feudalismus in seinen verschiedenen Ausprägungen bis einschließlich dem so genannten Merkantilismus, der dem Denken und der Praxis absolutistischer Herrschaft im 16. und 17. Jahrhundert (in Europa) entsprach. Der grundherrschaftliche Feudalismus fungierte wie eine Sammelstelle abschöpfbarer Überschüsse (des so genannten Zehnten), die dann für den Eigenbedarf gehortet oder dem Handel en gros angeboten werden konnten. Man kann sich leicht vorstellen, dass Großagrarier, die sowohl Naturalabgaben erhoben als auch eigene Produktionsmengen weit über ihren Bedarf hinaus erzeugten, über den Handel zu Vermögen gelangen konnten. Für das Geld, das sie von den Händlern bekamen, konnten sie Waren des gehobenen Bedarfs erwerben, die sie nicht selbst herstellen oder einziehen konnten. Viel entscheidender jedoch wurden historisch die Fälle, in denen Großagrarier sich verschulden mussten (z.B. durch kostspielige Beteiligung an einem Krieg wie in England während des hundertjährigen Krieges mit Frankreich) und dadurch unter den *Zwang* gerieten, Mehrproduktion (und höhere Abgaben) erzeugen *zu müssen*, um Tilgung *und* Zinsen zahlen zu können.

Kredite waren und sind natürlich auch Mittel zur Expansion der Wirtschaftstätigkeit (z.B. Aufkauf von Grund und Boden). Der Unterschied zwischen Expansion der Geschäftstätigkeit aus vorher angehäuftem Vermögen (Sparen im alten Sinne) und Expansion aus Krediten (also Vorfinanzierung späterer Vermögensbildung) liegt nicht darin, dass Zinsen gezahlt werden müssen, sondern in dem wachsenden Druck, die gesamte Geschäftstätigkeit zu einem Erfolg machen zu *müssen*, weil sonst der Kreditgeber auf das Vermögen zugreifen kann. Die Furcht vor diesem Risikofall dürfte die psychologische Komponente der mächtigen Antriebe zur Ausbreitung einer auf Krediten fußenden Marktwirtschaft gewesen sein. Vielleicht ist sie überhaupt der Kern dieses historischen Vorgangs. Extreme (auch rücksichtslose) ökonomische Rationalität und Maximierung des Gewinns lassen sich als Kompensation jener Furcht vor dem keinesfalls nur eingebildeten existenziellen Risikofall interpretieren.

Das Vorhandensein eines funktionierenden Handelsnetzes (zahlungsfähige Aufkäufer, die die Ware nach oft gefahrvollem und zeitraubendem Transport woanders verkaufen konnten) war im Mittelalter bei weitem nicht überall gegeben. Die Entwicklung des Handels lag, wie ausgeführt, ganz im Wirtschaftsinteresse der Feudalherren, und zwar auch dann noch, als sich allmählich eine ökonomische Machtverlagerung zu Gunsten der großen Handelshäuser und Handelsstädte herausbildete, denn der Handel blieb weiterhin der Hauptabnehmer grundherrschaftlicher Erzeugnisse und Hauptversorger mit Luxusgütern, aber auch mit Waffen und anderem Militärgut.

Geld, das auf die geschilderte Weise in die Wirtschaftseinheiten der alten Form der Subsistenzwirtschaft gelangte, diente *nicht* dazu, die *stofflichen* Produktionskreisläufe in Gang zu halten, sondern konnte nur gehortet oder für Dinge ausgegeben werden, die man selbst nicht erzeugen konnte. Der klassische Typus des Stoffkreislaufs war die Ackerbestellung im Frühjahr mit Saat, die aus der Vorjahresernte abgezweigt worden war. Aus der folgenden Ernte wird wiederum ein Teil als Saatgut einbehalten. Der Vorgang wiederholte sich im Rhythmus der Jahreszeiten Jahr für Jahr. So mussten beispielsweise auch für die Überwinterung des Viehs im Herbst Futtervorräte angelegt werden, auch dies geschah im

Rhythmus der Jahreszeiten. Sofern nicht weiteres Land erworben oder erobert werden konnte und der Bedarf an Lebensmitteln und anderen Dingen befriedigt werden konnte, gab es in dieser Wirtschaftsweise keinen Anlass und keine Möglichkeit zur Expansion.

Spätere Wirtschaftsweisen und Produktionstechniken, die nicht mehr überwiegend mit selbst erzeugten Produktionsmitteln auskamen, die sich also woanders eindecken mussten (z.B. Ankauf von Saatgut und Futtermitteln, Zukauf von Jungtieren aus fremder Zucht, in jüngerer Zeit auch Beschaffung von Landmaschinen), waren darauf angewiesen, mit ihren eigenen Produkten Geldeinnahmen zu erzielen, und zwar mindestens so viel, dass sie ihren Ressourcenbedarf damit decken konnten. Auch hier hielt die Kreditnahme Einzug. Der Geldkreislauf der modernen Wirtschaft war damit in elementarer Form geboren.

Die vorteilhafte, aber auch mit Risiken beladene Rolle des Kredites in modernen Wirtschaftsweisen ist an sich einfach zu verstehen. Würde ein Agrarbetrieb die Anschaffung einer Landmaschine durch Überproduktion ansparen wollen, müsste dies noch unter den schlechteren Bedingungen der hergebrachten Bodenbearbeitung und Ernte geschehen. Durch einen Kredit dagegen kann sofort mit der ertragreicheren oder Kosten sparenden Maschine gearbeitet werden. Die Erträge und Ersparnisse aus der verbesserten Produktionsweise müssen allerdings ausreichen, um mindestens die Tilgungsraten und die Zinsen aufzubringen. Das ist eine reine Wirtschaftlichkeitsrechnung. Hier wird zugleich erkennbar, dass der Kredit eine Innovationen fördernde Wirkung haben kann. Die Rolle des Geldes ist in diesen elementaren Kreisläufen rein regulativer Art. Ohne das Geld als abstrakte Ware hätte ein Verkauf von Produkten nur als Naturaltausch organisiert werden können. Man hätte folglich einen Aufkäufer finden müssen, der statt in Geld in genau den benötigten Materialien bezahlen müsste, die der Verkäufer für seinen Stoffkreislauf braucht, also beispielsweise Getreide gegen Viehfutter. Gewerbliche Betriebe, z.B. Sattelmacher oder Waffenschmiede, die solche Rohstoffe wie Rohleder oder Eisenerz nicht selbst herstellen oder aufbereiten, sondern als einsatzfähige Materialien erwerben müssen, hätten sich ohne die systembildende, organisierende Funktion des Geldes kaum in der Weise entfalten können, wie es in der Geschichte der Neuzeit geschah.

Der Händler ist der Prototyp eines Gewerbetreibenden oder Kaufmanns, der stofflich nichts selbst herstellt, sondern Ware aufkauft und wieder verkauft. Seine Leistung (die er sich im Profit entgelten lässt) besteht in der Entwicklung von verwertbarem Wissen über Bedarfsgefälle zwischen verschiedenen Orten (Wo ist etwas zu haben, das woanders gebraucht wird?). Er nimmt den Produzenten die für sie ungewohnte Last ab, selber durch die Lande zu ziehen und ihre Waren feilzubieten, und er nimmt den Käufern (Weiterverarbeiter oder Endverbraucher) die Last ab, ständig auf dem Laufenden zu sein, wo es zu kaufen gibt, was sie gerade brauchen.

Der Handel mit seinen eben genannten Grundfunktionen und die regulierende Funktion des Geldes bilden entstehungsgeschichtlich eine Einheit. Die meisten mittelalterlichen Handelshäuser waren nicht auf bestimmte *Warengruppen* spezialisiert, sondern bedienten *Regionen*, die ihnen vertraut waren. So konnte es durchaus vorkommen, dass ein Orienthändler, der mit einer Schiffsladung Waren in – sagen wir – Genua eintraf, neben Gewürzen aus Indien, Weihrauch aus Südarabien und Seidentuch aus Damaskus (ein wichtiger Zwischenplatz am Ende einer der wichtigsten Linien der alten Seidenstrasse) auch Kunstobjekte, z.B. Schmuck aus Persien, Porzellan aus China, Musikinstrumente aus Anatolien oder Gemälde aus Istanbul, bei sich führte.

Die meisten Agenturen und Firmen in der Kultur (Verlage, Kunsthändler, Galerien) sind ihrer ökonomischen Funktion nach eigentlich Händler oder stehen deren Funktionsbündel näher als dem von handwerklichen Produzenten oder Industriebetrieben. Sie produzieren nicht selbst Kunst. Allenfalls erzeugen sie bestimmte technische Verbreitungsgegenstände wie gedruckte Partituren, Bücher oder Schallplatten, die als materielle Träger von Kunst geeignet sind.

Der einfache Geldkreislauf im Handel besteht im Einkauf von Ware gegen eigenes Geld oder Kredit und dem Verkauf der Ware, aus dem wieder Geld für einen Einkauf gewonnen wird. Die Zwischenstufe der Produktion entfällt hier zwar, aber der Leistungsprozess im Handel hat die gleiche Grundform wie im Produktionsbetrieb: Die fortgesetzte Umwandlung von Geld in Sachgüter und wieder zurück in Geld. Der klassische Geldkreislauf in einem Wirtschaftsbetrieb der (vor allem arbeitsteilig ausdifferenzierten) modernen Marktwirtschaft hat nach wie vor die elementare Grundfigur, dass das Geld zur Beschaffung von Produktionsmitteln und zur Entlohnung von Arbeitskräften *durch den Verkauf eigener Leistungen* auf dem oder den Märkten erwirtschaftet werden muss. Mit dem Geld werden einsetzbare Stoffe und Arbeitskräfte erworben und bezahlt. Aus deren Verarbeitung und Arbeitsleistung entstehen verwertbare Produkte, die durch Verkauf wieder zu Geld gemacht werden.

Ein ungebrochener, dauerhafter und profitabler Geldkreislauf (Geld $\rightarrow$ Sachgut $\rightarrow$ Geld inklusive Profit) wirft keinerlei Probleme auf, wenn am Beginn der Betriebstätigkeit so viel Geld zur Verfügung steht, dass für den Zeitraum, bis genügend Geld aus den Verkäufen wieder zurückgeflossen ist, die Produktion weiterlaufen kann, also nicht durch Belieferungsstopps aus Geldmangel unterbrochen werden muss. Steht diese Geldsumme aus dem Vermögen des oder der Eigentümer des Betriebes zur Verfügung, so handelt es sich um Eigenkapital. Wirtschaftsunternehmen, die zu 100 % mit Eigenkapital finanziert werden, kommen in der Praxis nicht vor. Muss die Zeit zwischen der Beschaffung von Produktionsmitteln und den Verkaufserlösen auf andere Weise finanziell überbrückt werden, dann handelt es sich um Fremdkapital. Dieses kann in rückzahlbaren Anleihen, in tilgungs- und zinspflichtigen Bankkrediten oder in Lieferantenkrediten (Zahlungsaufschub nach Lieferungen) bestehen.

Man kann sich leicht vorstellen, dass sich in einem größeren Betrieb, in dem gleichzeitig zahlreiche verschiedene Produktionen ablaufen und der viele unterschiedliche Märkte beliefert, eine komplizierte Struktur an Zahlungsverpflichtungen, Zahlungserwartungen, Krediten mitsamt ihren Tilgungs- und Verzinsungskonditionen bildet. Diese Geldströme unter dem Gesichtspunkt der Aufrechterhaltung der Liquidität (Zahlungsfähigkeit) zu steuern, ist der eigentliche Gegenstand der *betriebswirtschaftlichen* Finanzierungsaufgabe. In der eigenständigen Wirtschaft ist die Finanzierung eine regulierende Aufgabe, die eine Balance finden muss zwischen notwendiger Liquidität (Illiquidität gefährdet die Existenz, aber Überliquidität lässt Geld zinslos herumliegen) und Minimierung von Finanzierungskosten, hauptsächlich Kreditzinsen. Finanzierung ist, wie man sich leicht denken kann, keine ad-hoc-Regulierung, sondern muss perspektivisch arbeiten. Aus den aktuellen Entwicklungen der Zahlungsströme und den geplanten Aktivitäten des Betriebes muss eine Art Hochrechnung über den wahrscheinlichen Finanzbedarf in der Zukunft aufgestellt werden, um präventiv eingreifen zu können.

Es gibt eine große Anzahl von Kulturbetrieben, die eigenständig wirtschaften, die also in der Lage sind, einen ungebrochenen Geldkreislauf für sich aufrechtzuerhalten und deren

Finanzierungsaufgaben sich in nichts von der übrigen gewerblichen Wirtschaft unterscheiden. Zu nennen sind vor allem solche Kulturbetriebe, die sich mit Kulturwaren befassen, also fungiblen (ortsungebundenen, vermehrbaren) Objekten der Kunst und der kunstnahen Kultur: Buchverlage, Musikverlage, Tonträgerproduzenten, Videoproduzenten, Kunst- und Antiquitätenhandel, Filmproduzenten und -verleiher, Kunsthandwerk, Auktionshäuser. Daneben gibt es eine Reihe selbständiger Gewerbe der Kulturwirtschaft, die spezielle Produktionsmittel für kulturelle Zwecke herstellen, für die vertiefte Kenntnisse in dem betreffenden Genre nötig sind, z.B. Instrumentenbauer, Hersteller von Malerfarben und anderen Malerutensilien, Hersteller von Bühnentechniken. Auf der anderen Seite können wir auch konsumnahe Kulturwarenproduzenten hinzurechnen, die für die unmittelbare Wahrnehmung von Kulturangeboten benötigte Geräte herstellen, z.B. phono- und videotechnische Geräte.

Der Kreis der Warenhersteller, die in naher oder entfernter Verbindung mit Kultur- und Kunstaktivitäten stehen, ließe sich problemlos erweitern bis hin zu Herstellern von Druckmaschinen, Bauunternehmern für Hallenkonstruktionen oder Kopierwerken für Filme. Jede dieser Branchen praktiziert ihre spezifischen Formen von Geldkreisläufen und jedes einzelne Unternehmen ist seinerseits wieder mit Vorlieferanten verbunden. Der volkswirtschaftliche Geldkreislauf ist außerordentlich verschlungen. Für uns sind diese Vernetzungen nur am Rande von Bedeutung. Sie sind im Übrigen die faktische Grundlage für die so genannten Multiplikatoreffekte, die in der praktischen Kulturökonomie, in der Kulturpolitik und in der Regionalentwicklung, eine gewisse Rolle spielten und noch spielen. Der Multiplikatoreffekt befasst sich hauptsächlich mit der Frage, was eine (öffentliche oder private) Ausgabe für kulturelle Zwecke im gesamten Netz der unmittelbar beteiligten und indirekt berührten Wirtschaft an Wirkungen auf Arbeitsplätze, Umsätze, Steuern usw. auslöst. Für die Erklärung der klassischen Funktion der Finanzierung genügt hier aber der Hinweis, dass es sich bei den genannten Kulturbetrieben um Gewerbeeinheiten handelt, die so gut wie keine spezifische öffentliche Förderung erhalten und deshalb selbst für einen ungestörten Geldfluss sorgen müssen.

Kulturwarenproduzenten und angrenzende Hersteller sind nicht die einzige Gruppe von Kulturbetrieben, die üblicherweise eigenwirtschaftlich operieren. Auch im Bereich der darstellenden Künste (Live Performing Arts) finden sich viele Betriebe, die von direkten Subventionen unabhängig sind (z.B. Unternehmen der Musical-Branche). Dass sie dagegen indirekt aus der Staatstätigkeit Nutzen ziehen, sei es durch Vergünstigungen in der Besteuerung oder durch kommunale Infrastrukturleistungen, z.B. Erschließung von Gelände, unterscheidet sie nicht von der übrigen Wirtschaft. Auch dort werden mittels Zuschüssen und sonstigen Vergünstigungen wirtschafts- oder sozialpolitische Akzente gesetzt.

Es gibt praktisch keine Wirtschaft, die nicht in irgendeiner Weise direkt oder indirekt begünstigt wird. Wäre dies anders, käme die Wirtschaft für alles, was sie braucht, tatsächlich selber auf, dann läge sicher längst die Forderung der Wirtschaftsverbände auf dem Tisch, den Staat als öffentlichen Dienstleister ganz abzuschaffen, da die Wirtschaft solche Dienste nicht benötigt. Dass der Staat mit bestimmten stützenden Leistungen zwar nicht direkt (auch dies tut er natürlich in vielen Fällen), aber im Bereich der Rahmenbedingungen des Wirtschaftens fördernd tätig wird, ist also keineswegs auf Bereiche wie Kultur, Soziales oder Bildung beschränkt.

Unter den eigenwirtschaftlichen Kulturbetrieben der darstellenden Kunst finden wir vor allem Veranstalter der Unterhaltungskunst (Musicals, Popmusikveranstalter) sowie eine erhebliche Anzahl von Gruppen der so genannten Kleinkunst (z.B. Jazz-Ensembles, freie Theatergruppen, Kabarettisten, Agenturen, Tanztheater). Viele von ihnen tun sich schwer, sich aus eigener Kraft zu finanzieren. Sehr oft leben die beteiligten Künstler von Einkünften aus anderen Beschäftigungen (z.B. als Taxifahrer, Krankenpfleger, Kellner, Privatlehrer, Halbtagsjobs usw.) und subventionieren ihre Kunst selber. Mit ihrer Fähigkeit, Szenen und Milieus zu kreieren und zu beleben, leisten sie andererseits bedeutende Beiträge zur Humanisierung und sozialen Stabilisierung von Metropolen.[90]

Die eigentliche Problematik der Kulturfinanzierung liegt bei all jenen Einrichtungen, die nicht aus eigener Kraft in der Lage sind, einen ungebrochenen Geldkreislauf aufrechtzuerhalten. Der Bedarf an Geld für die Beschaffung von Ressourcen liegt bei vielen von ihnen weit über 50 % der Gesamtausgaben, bei einigen Theatern und   Opernhäusern bis zu 80 % und darüber. Die Einnahmen aus dem Verkauf von Eintrittskarten für Veranstaltungen, aus Tourneen, aus Honoraren für Rundfunkeinspielungen und aus Nebengewerben wie Restaurants und Shops reichen bei weitem nicht aus, um die Finanzlücken zu schließen. Diese Umstände machen die Kulturfinanzierung zu einer Aufgabe eigener Art. Zuwendungsabhängige Kulturbetriebe gehören deshalb weder der Subsistenzwirtschaft noch der gewerblichen Wirtschaft an, sondern bilden eine eigene Kategorie. Wer als Kulturmanager in diesen Einrichtungen für die Finanzierung zuständig ist, kontaktiert viel seltener die Hausbank oder verhandelt – anders als sein Pendant in der Wirtschaft – viel seltener mit Lieferanten um langfristigen Zahlungsaufschub. Aufschub heißt ja, spätere Zahlungsfähigkeit anzukündigen, wofür es aber meist keine Aussichten gibt.

Kulturfinanzierung ist in solchen Fällen vielmehr eine „diplomatische" Funktion, die in bestimmten Kreisen der Öffentlichkeit oder in der allgemeinen Öffentlichkeit aktiv wird, besonders dann, wenn es darum geht, Zuwendungen locker zu machen oder Widerstand gegen Subventionskürzungen oder Schließungsabsichten zu mobilisieren. Betriebswirtschaftliche Fragen der Finanzierung, z.B. die bestmögliche Überbrückung mit Krediten (etwa auf der Grundlage einer verbindlichen Zuwendungszusage der zuständigen Behörde) kommen natürlich auch in diesen Kulturbetrieben vor. Sie stellen aber keine Besonderheit dar, und zu ihrer Bewältigung können einschlägige Erfahrungen aus der Wirtschaft und die Fachliteratur der Betriebswirtschaftslehre herangezogen werden (z.B. Olfert, 1992; Vormbaum 1990)

Kulturdiplomatie in Sachen Finanzierung arbeitet mit überzeugenden Argumenten, wobei der Unterschied zwischen Überzeugung und Überredung nicht immer eindeutig ist. Auf jeden Fall aber erwarten potentielle Geldgeber glaubwürdige Rechtfertigungen für die Notwendigkeit und Sinnhaftigkeit der betreffenden kulturellen Aktivität. Die Argumentationsstruktur ist außerordentlich vielschichtig, sie reicht weit in die Kultur- und Bildungspolitik sowie in die Wirtschaftspolitik und in die Fragen der Stadt- und Regionalentwicklung hinein. Kulturfinanzierung dieser Art und Akzentuierung bedarf deshalb genauerer Betrachtungen.

---

[90] Ein Mitglied des Magistrats von Birmingham hat mir einmal während eines Interviews erklärt, dass die Zuwendungen der Stadt an kulturelle Einrichtungen der Kleinkunst, an freie Gruppen und Kulturzentren keine Subventionen seien, sondern Entgelte für öffentliche Leistungen.

5.3 Multiple Quellen zur Finanzierung der Kultur

Im Unterschied zur Wirtschaft, deren Hauptfinanzstrom aus nur *einer* Quelle, nämlich den Warenverkäufen, gespeist wird (wir sehen von Einnahmen aus Beteiligungen, Lizenzen usw. ab), beruht die Finanzierungskunst in der Kultur auf einer *Vielzahl* von verschiedenen öffentlichen und privaten (einschließlich aus der Wirtschaft zufließenden) Quellen zur Deckung des Finanzbedarfs, und zwar *zusätzlich* zu den Einkünften aus eigenen Leistungen (vgl. auch Klein 1998). Beispielsweise wies die Bilanz des City of Birmingham Symphony Orchestra aus dem Jahr 1995 allein 14 verschiedene, in sich noch weiter gegliederte Einnahme-Titel auf (CBSO Report & Accounts 1995/10):

- Birmingham Ticket Sales
- Other U.K. Ticket Sales
- Engagements – United Kingdom
- Engagements – Abroad
- Broadcasting
- Recording Royalties & Fees
- Programme Sales
- Sponsorship
- Membership Subscriptions
- Interest Receivable
- Sundry Receipts
- Income from Society's Activities
- Arts Council of England – Grant
- Incentive Funding
- Birmingham City Council

Seither haben sich die Verhältnisse der Orchesterfinanzierung wie auch auf allen anderen Gebieten des Kulturlebens in dieser Hinsicht strukturell nicht verändert. Wohl aber hat das Gewicht der Außenfinanzierung durch ständige Subventionskürzungen erheblich zugenommen (neuere Zahlen siehe Lueg 2007, Widmer 2008, Sievers/Wagner/Scheydt 2006, Institut für Kulturpolitik 2007). Mit den Besonderheiten dieser Ausgangslage müssen wir uns in den nachfolgenden Abschnitten genauer befassen. Zunächst geht es um eine detailliertere Darstellung der „gebrochenen" Geldkreisläufe in der Kultur, gefolgt von einer kurzen Beschreibung der spezifischen Akzente, die die überwiegende Außenorientierung der Kulturfinanzierungsaufgabe mit sich bringt. Kulturfinanzierung stellt sich wegen ihrer zum Teil mit dem Kulturmarketing überlappenden Aufgabenperspektive völlig anders dar als die betriebswirtschaftliche Finanzierungsaufgabe. Wir nennen sie dieser Besonderheit wegen „Kulturfinanzierung mit Diplomatie". Die in der Praxis üblichen Konzepte und Methoden der Kulturfinanzierung beschreiben und kommentieren wir im letzten Abschnitt dieses Teils.

5.4 Gebrochene Geldkreisläufe im Kulturbetrieb

Der aus der Wirtschaft bekannte, revolvierende Kreislauf *Geld → Sachgut → Geld + Profit* kann als geschlossen bezeichnet werden, solange er sich quasi aus eigener Kraft, nämlich stetig durch profitable Umsätze, „ernähren" kann. Die Energie für diesen Kreislauf stammt aus den substanziellen Leistungen, die der Betrieb für andere erbringt und entsprechend im Profit „honoriert" werden. Diese „Idealvorstellung" von der Selbsterhaltungskraft unabhängiger Wirtschaftsbetriebe ist in einigen wichtigen Bereichen der Kultur systematisch nicht aufrechtzuerhalten. Die Kreisläufe in diesen Teilen der Kultur sind nicht lediglich sporadisch und ansonsten im Prinzip heilbar gebrochen, sondern sie sind es systematisch.

Die Terminologie „gebrochener Kreislauf" bekommt vom Aussichtspunkt der „Idealvorstellung" her eine Anmutung von Versagen. Dadurch wird indirekt der vorbildliche Kreislauf der Wirtschaft idealisiert. Aus dieser Ecke wird die Kultur(wirtschaft) mit Aussagen und verbreiteten Haltungen konfrontiert, deren Stichhaltigkeit durch eben diese Idealisierung gegen Kritik und Bedenken weitgehend immunisiert wird. Man gesteht zwar ein, dass Kultur kaum anders betrieben werden kann, aber sie bleibt deshalb auch eine Last, manchmal ein Klotz. Diese Argumentationslage erschwert in der Praxis der Kulturfinanzierung die Lage durch zum Teil nur mit Anstrengungen überwindbare Widerstände, Ressentiments und Blockaden.

Ohne hier allzu sehr in Details einzusteigen, führen wir nur einige dieser Ressentiments und Blockaden vor. Sie gehen fast alle darauf zurück, dass wir es in einer marktwirtschaftlich dominierten Welt allzu sehr gewohnt sind, in der Figur von finanziellem Wert und Gegenwert zu denken. Etwas Wertvolles wird hervorgebracht und stimuliert andere, den Gegenwert in Geld zu bemessen, also beispielsweise ein Kaufgebot abzugeben. Kommt es zum Abschluss, haben sich Wert und Gegenwert egalisiert. Das führt dazu, dass jemand, der etwas kulturell Wertvolles der Öffentlichkeit anbietet, dafür aber keinen seine Aufwendungen deckenden Gegenwert in Geld stimulieren kann, in Begründungsnöte gerät, wenn es darum geht, aus anderen Quellen alimentiert zu werden. Dass hier überhaupt Begründungsnöte entstehen, ist ein deutlicher Hinweis auf eine mögliche Schieflage der öffentlichen Bewertung und Wertschätzung, die andere Leistungsäquivalente als Geld als eine Art Ausweichmanöver abwertet, zum Beispiel den Beitrag zur allgemeinen Bildung, zur Verschönerung des Stadtbildes, zur Stärkung des kulturellen Selbstbewusstseins, zur Festigung der touristischen Attraktivität usw.

Das kann einerseits eine Unterschätzung von Kulturproduktionen zur Folge haben, wenn lediglich die Geldäquivalente zur Bewertung herangezogen werden. Andererseits kann eine exorbitant teure Produktion – unabhängig von ihrem ohnehin nicht realisierten Marktwert – unter Umständen als besonders wertvoll eingeschätzt werden, nur *weil* sie ja so viel gekostet hat, etwa ein hoher Auktionspreis für ein Gemälde. Selbst noch in der Übertreibung bringt sich der Mangel an unvermittelter Wertschätzung zum Ausdruck.

Kulturelle Werte sind in der Tat nicht unmittelbar in Euro und Cent darstellbar. Fast alle Versuche, solche Ausstrahlungswirkungen als so genannte „Umwegrentabilitäten" zu berechnen, sind im Sumpf der bloßen Schätzungen stecken geblieben oder täuschen Exaktheit vor, wo sie nicht existiert. Kultur erzeugt *Langzeitwirkungen*, die sich nicht auf kurze Horizonte wie Marktentgelte oder Steuereinnahmen einkürzen lassen. Allein das Wort „Umwegrentabilität" zeigt schon deutlich die Schieflage des verbreiteten

Äquivalenzdenkens an, des Versuch nämlich, geschlossene Geldkreisläufe „auf Umwegen" zu konstruieren, „damit die Ökonomie stimmt".

Eine andere, ebenso häufige wie wirksame Argumentation stammt aus der Sicht, dass das Geld, das man für die Kultur ausgeben könne, zuvor in der Wirtschaft verdient werden müsse. Man kann dieses Argument auch etwas anders formulieren: Nur eine florierende Wirtschaft ermöglicht den Aufwand für Kultur. Daraus folgt unausgesprochen, dass arme Länder, die Dritte Welt im Besonderen, eigentlich keine Kultur haben können oder jedenfalls keine besonders aufregende. Was unter Armutsbedingungen in der Tat fehlen kann, sind Kultur- und Kunstformen, die auf einer großzügigen Verwendung materieller (entgeltlicher) Ressourcen beruhen. Kunst und Kultur, die nur deshalb wenig gelten, weil sie nicht aufwendig sind, sich also beispielsweise auf orale statt gedruckte Erzählungen oder auf offenes Theater (wie das alt-türkische „orta oyunun", das Schauspiel im Kreis, einer spontan gebildeten Anordnung auf offenem Platz) ohne festes Gebäude, wird ihres inhaltlichen Wertes beraubt, wenn man sie wegen ihres Mangels an äußerem Glanz für inferior hält. Wir wissen, dass in vielen Fällen sowohl älterer Kunst als auch der Kunst nicht-abendländischer Kulturen ganz das Gegenteil der Fall ist.

Zurück zu der verbreiteten Auffassung, wonach das Geld für die Kultur zuerst in der Wirtschaft verdient werden müsse. Darin liegt indirekt eine Forderung an den Staat – meist von Seiten der Wirtschaft und ihrer Verbände –, sich seine Umverteilungen zu Gunsten der Kultur genau zu durchdenken: zuerst kommt die Wirtschaft, dann die Kultur. Die Haltung ist auch in vielen Kreisen der Bevölkerung, die der Kultur fern stehen, sehr verbreitet. In Anlehnung an Brecht lässt sich das auch so formulieren: Zuerst kommt das Fressen, dann die Moral (oder in diesem Falle die Kultur). Noch anders ausgedrückt: Bevor Geld für die Kultur zur Verfügung stehen kann, müssen staatlicherseits die Bedingungen für die Wirtschaft (Steuern, Infrastruktur, Staatsbürokratismus) verbessert werden, denn nur eine florierende Wirtschaft ... usw. Es gibt viele Lesarten für den Glauben an den Vorrang des Materiellen vor dem Geistigen oder Kulturellen. In ihnen drückt sich der alte Widerstreit zwischen den humanistischen Idealen der Frührenaissance und dem merkantilen Geist der gleichen Zeit, ein Kampf der Werthaltungen und Lebensauffassungen, in dem der Humanismus unterging und das merkantile Denken bis heute die absolute Oberhand errang.

Auf der Basis eines durch Jahrhunderte lange Entwicklung tief verwurzelten – durch existenzielle Erfahrungen wie Hungerkatastrophen, feudalistische Auspressung, Kriege und ähnliche dramatische Ereignisse verständlichen – Hangs zu einer materiellen Wohlstandssicherung, hat sich die Haltung festgesetzt, dass Kunst und Kultur nicht satt machen. Die Bedeutungsstruktur von der Vorrangigkeit der materiellen Versorgung hat ihren deutlichsten wissenschaftlichen Niederschlag in der bekannten Maslowschen Bedürfnishierarchie gefunden, wonach der Mensch angeblich (von Natur aus!) immer zuerst seine physischen Bedürfnisse zu befriedigen trachtet, bevor er an psychische oder gar geistige Nahrung denkt. Die Überzeugungskraft dieser noch immer gern zitierten Maslowschen Bedürfnishierarchie ist ein Produkt der abendländischen Geschichte. Es gibt unzählige Beispiele dafür, dass Menschen und Völker lieber gedarbt haben, als von ihren kulturellen Riten und Praktiken zu lassen. Zahlreiche Sakralbauten (viele mittelalterliche Klöster und Kirchen) auch in unserem Kulturkreis sind sicher nicht aus saturierten Verhältnissen entstanden, sondern motiviert durch den Glauben aus freiwilligen Arbeitsleistungen und freiwilligen Abgaben und Schenkungen. Man kann natürlich darüber streiten, ob religiöse oder rituelle „Verführungen" zu solchen Opfern geführt haben und ob die Menschen es unter „freien" Bedingungen möglicherweise nicht getan hätten. Dies ist allerdings eine schwer zu beweisende These.

Die Ursachen dafür, dass Menschen vor allem in Mangellagen in der Tat sehr heftig um ihr physisches Überleben kämpfen müssen, sind in vielen Fällen gerade in zerbrochenen kulturellen Verhältnissen, verbunden mit entsprechenden Einbrüchen in ihre vertrauten Wirtschaftsweisen zu suchen. Dieser Gedanke und ein realistischer Blick in die Verhältnisse vieler Länder und ihre Kolonialgeschichte geht den Befürwortern der Maslowschen Bedürfnishierarchie meist nicht auf.[91] Die Maslowsche Bedürfnishierarchie ist zugleich eine indirekte Diskreditierung der physischen Bedürfnisse, indem sie auf eine kulturlose, unterste, im Grunde tierische Ebene herabgestuft werden, dorthin, wo es noch gar keine Kultur gibt. Dass schon die Erzeugung von Lebensmitteln, sodann ihre Auf- und Zubereitung, die Sozialformen ihrer Einnahme und die Begleitumstände von Mahlzeiten *kulturell* bestimmt sind und sich bis in die Raffinessen höfischer Zeremonien (über-) steigern können, geht in Maslows Bedürfnishierarchie gänzlich verloren.

Das Maslowsche Schema besitzt eine gewisse (vordergründige) Logik, aber diese hat ihre Limitation in einem viel zu engen Kulturbegriff, der den physischen Bedürfnissen nicht zugestehen kann, auch unter den deprimierendsten Umständen noch von Kultur umgeben oder geformt zu sein – wie wir dies aus vielen Berichten aus Konzentrationslagern wissen. Zugleich wird mit solchen Schemata oder Thesen eine eigenartige Bewertung von Kultur zementiert, wonach nur ein unabänderliches Streben nach materiellem Wohlstand den rechten Zugang zu den höheren Regionen von Kultur und Kunst ermöglicht. Wer etwas *sein* will, muss auch *reich* oder zumindest *wohlhabend* sein. Dies scheint eher nach einer marktwirtschaftlich induzierten Ideologie als nach Wissenschaft auszusehen.

Der Primat des Kulturellen vor der dinglichen Tat ergibt sich letztlich auch daraus, dass alles menschliche Handeln (ab dem archaischen Zeitpunkt, als in der Evolution das Denkvermögen sich bildete) von den inneren Vorstellungen (Gestaltideen, Zielvorstellungen, Bestrebungen, Visionen usw.) her geleitet wird, und dass der Wille des Menschen weder dem Zufall noch dem reinen Kalkül entstammt, sondern in den Tiefen des Gedächtnisses (dem Archiv lebenslanger Erfahrungen) angelegt ist. Die individuellen Kulturprägungen, in denen sich natürlich auch soziale Erfahrungen und damit gesellschaftliche Kulturmuster spiegeln, bestimmen letztlich unsere Taten. Immer also geht dem Handeln ein Denkvorgang voraus, der allerdings nicht immer voll bewusst ist, weil er Intuitionen und unbewussten Antrieben ausgesetzt ist, und dies gilt ohne Einschränkungen auch für alles Wirtschaften. Deshalb gilt das allgemeine Prinzip: Kultur ist der geistige Mutterboden der Wirtschaft. Ohne Kultur funktioniert kein Wirtschaftssystem; und ohne Kultur funktionieren auch die Kulturwirtschaft und die Kulturbetriebe nicht. Kulturfinanzierung ist deshalb weitaus mehr als nur geschicktes Hantieren mit knappen Finanzmitteln (zu Kulturfinanzierung vgl.: Gerlach-March 2010, Widmer 2008, Ziplys 2004, Bekmeier-Feuerhahn/van den Berg/Höhne/Keller/Koch/ Mandel 2009).

---

[91] Wir können auf die unzähligen Beispiele aus der Welt der sogenannten Entwicklungsländer hier nur hinweisen. Durch ein Studium solcher Fallbeispiele ließen sich die tatsächlichen kulturökonomischen Gründe dafür belegen und ausreichend Fakten dafür anführen, dass die aus der Welt der westlichen Industrieländer stammenden Ideologismen wie die Maslowsche Bedürfnishierarchie deutlich zu relativieren sind und nicht auf der menschlichen Natur beruhen. Vgl. beispielsweise die Schrift von David C. Korten: When Corporations Rule the World. West Hartford/San Francisco 1995. Ein konkretes Beispiel aus Tanzania beschreibt Kjell J. Havnevik: Tanzania – The Limits to Development from Above. Motala, 1993. Vgl. auch Aşik, 2000.

5.5 Kulturfinanzierung mit Diplomatie

Das Wort „Diplomatie" soll an die Aufgabe politischer Repräsentanten erinnern und an einige damit verbundene Fragestellungen anknüpfen, ohne damit allerdings die Kultur künstlich politisieren zu wollen. Sie ist es auf ihre Weise durch ihre Inhalte und Formen ohnehin ganz von selbst. Die Eckpfeiler dieser „diplomatischen" Aufgabe sind mit dem Thema „Erschließen von Finanzquellen außerhalb des eigenen Leistungsbereichs der Institution" und der Position in der kulturellen Öffentlichkeit gegeben und, wenn auch nicht scharf eingegrenzt, auf einen bestimmten äußeren Wirkungskreis fokussiert. Dagegen stehen die (ohnehin meist klischeehaft beschriebenen) Aspekte des geschliffenen Auftretens, des Jonglierens zwischen widerstreitenden Interessen und der stilvollen Repräsentation in der politischen Diplomatie hier natürlich nicht zur Debatte. Die beiden genannten Eckpfeiler lassen sich analytisch weiter differenzieren. Um an finanzielle Quellen für kulturelle Zwecke zu gelangen, die die aus eigenen Leistungen (Erlöse aus Ticketverkäufen, Merchandising und sonstige kommerzielle Aktivitäten) rekrutierten Einnahmen ergänzen, gehen die Aktivitäten in zwei Richtungen. Es handelt sich um

1. um die Kontaktaufnahme zu Personen, Personenkreisen und Institutionen der Öffentlichkeit, die als potentielle und potente Geldgeber in Betracht kommen oder die als Fürsprecher und Entscheidungsberechtigte positiv gestimmt werden sollen;
2. um den Aufbau überzeugender Argumentationen, die die öffentliche Bedeutung der vertretenen Kultureinrichtung unterstreichen und damit den Geldgebern ihrerseits ermöglichen, aus Überzeugung und Einsicht zu positiven Entscheidungen zu gelangen..

Kontaktaufnahme bedeutet aktives Handeln in einer Szene der Öffentlichkeit, die der Institution zugewandt ist, die ihr aus den verschiedensten Gründen nahe steht und von der prinzipiell Interesse erwartet werden kann. Das ist leichter formuliert als realisiert, weil Kultur als eine Art Querschnittsmedium nicht eindeutig bestimmten Teilen, Szenen oder Gruppierungen der Öffentlichkeit zugeordnet werden kann. Es reicht deshalb nicht aus, sich hier an die zuständigen Ressortministerien und ihren behördlichen Anhang, an renommierte Kulturstiftungen und ihre Kommissionen und an die Journalisten der wichtigsten Feuilletons zu wenden.

Der Aufbau von nützlichen Beziehungen, die sich möglicherweise zu dauerhaften Netzen entwickeln lassen, hängt im konkreten Einzelfall von der öffentlichen Rolle, der thematischen Bedeutung und gesellschaftlichen Wertschätzung der vertretenen Institution ab. Eine Kunsthalle spielt eine andere Rolle als ein Musicaltheater, dieses wiederum eine andere als eine öffentliche Bibliothek oder eine Spielstätte für Rock- und Popmusik. Zudem sind diese Rollen nicht kategorisierbar, sondern liegen jeweils im Schnittpunkt der örtlich sehr spezifischen Konstellationen und Rahmenbedingungen der lokalen Öffentlichkeit. Die Hamburgische Staatsoper hat in Hamburg eine andere Bedeutung die Staatsoper in Wien und diese wieder eine andere als die Semper-Oper in Dresden oder die Mailänder Scala.

Der erste wichtige Schritt zu einer diplomatischen Konzeption in der Praxis ist die Vergewisserung darüber, in welcher örtlichen oder regionalen Position und Situation sich die vertretene Institution befindet und bei welchen Gelegenheiten sich Chancen eröffnen, die eigenen Anliegen vorzutragen, d.h. den Bedarf an Zuwendungen zu artikulieren. In Betracht kommen vor allem:

- Aktivitäten in Fachverbänden (z.B. durch Übernahme von wichtigen Funktionen oder einfach nur regelmäßige, förderliche Präsenz)
- Beiträge zu Fachtagungen (z.B. durch Übernahme von Schlüsselreferaten, Anregung von wichtigen Themen, Moderieren von Fachgesprächen)
- Beziehungen zu Wirtschaftsvereinigungen (z.B. Verbände, Managerklubs, Industrie- und Handelskammern, Handwerkskammern, Architektenkammern, Traditionsvereinen von Kaufleuten, Anwaltsvereine)
- Aktive Teilnahme an öffentlichen Veranstaltungen (z.B. Stadtfeste, Messen und Ausstellungen, Empfänge, Wettbewerbe, Preisverleihungen)
- Integration mit dem örtlichen Vereinsleben (z.B. Bürgervereine, Kulturvereine, Volkshochschulen, Sportvereine, Karnevalsvereine)
- Mitwirkung in kommunalpolitischen Gremien (z.B. Beiräte, Fachausschüsse, Deputationen, Aufsichtsräte, Kuratorien)
- Kontaktaufnahme zu Fachausschüssen und Fachreferenten der politischen Parteien (z.B. Kulturausschüsse, Kultursprecher der Parlamente, Fachkommissionen für Wirtschaftsentwicklung, Stadtentwicklung, Tourismus, Denkmalspflege, Sozialarbeit)
- Beziehungen zu überregionalen und internationalen Kommissionen und Lobbies (z.B. zu Institutionen wie der UNESCO, dem Europarat in Straßburg, der Europäischen Kommission in Brüssel, den einzelnen Kulturvertretern in den internationalen Gremien, den Kulturattachés ausländischer Botschaften, den eigenen Kulturattachés im Ausland, den Goethe-Instituten und den ausländischen Kulturinstituten)
- Mitwirkung in Initiativen und Gremien, die sich in Sachen Kultur in der Öffentlichkeit zu Wort melden (z.B. in Offensiven gegen Subventionsabbau in der Kultur)

Diese Auflistung kann nur einige Möglichkeiten aufzeigen. Die Entwicklung und Festigung von Beziehungen zu Personen, Gruppen und Institutionen hat im Allgemeinen nicht den unmittelbaren Zweck, konkrete Zuwendungen zu akquirieren, sondern ein günstiges Klima dafür zu schaffen. Häufig entstehen hier zunächst nur Plattformen, von denen aus dann vertiefende Beziehungen aufgebaut werden können. Bevor man über Geld reden kann, muss zuerst ein positives Verständnis für das betreffende kulturelle Anliegen geschaffen werden, das im Allgemeinen nicht von selber da ist.

Bei alledem darf man nicht aus den Augen verlieren, dass politische Fronten gegen die Subventionierung von Kultur und ihrer besonderen Sparte *Kunst* (aus welchen Motiven solche „Mauern" auch immer genährt sein mögen) sich selten nur gegen eine bestimmte Sparte oder gar gegen einzelne Institutionen wenden. Im Hintergrund steht meist ein ganzes Bündel diffuser Ressentiments gegen diesen Lebensbereich überhaupt. Kultur ist ein relativ wehrloser gesellschaftlicher Bereich, bei dem gern Argumente von dem Kaliber eingesetzt werden, es gehe den Kulturmachern ja nur darum, sich ohne besondere Anstrengungen an die vollen Töpfe der öffentlichen Haushalte zu heranzumachen.

Kulturfinanzierung beginnt nicht erst, wenn man – auf den Bettelstab gestützt – vor die Gremien tritt und auf deren Gunst hofft, sondern setzt im weiten Vorfeld durch diplomatische Aktivitäten an, mit denen ein geistiges und gesellschaftliches Klima erzeugt wird, das es jedem Entscheidungsträger zumindest schwer macht, sich mit Federstrichen über kulturelle Anliegen und Substanz einfach hinwegzusetzen. Das gilt für die Kultur im Allgemeinen wie für eine einzelne Kultur- oder Kunstinstitution im konkreten Fall. Und dies gilt nicht nur für Institutionen, sondern für die darin agierenden Personen, ihre künstlerische Bedeutung, ihren Bekanntheitsgrad, ihre Seriosität, ihre Vertrauenswürdigkeit, ihren gesellschaftlichen Ruf, mit einem Wort: es geht auch um das gegenüber Entscheidungs-gremien einsetzbare soziale Kapital des „Kulturdiplomaten".

Für den Erfolg der Anbahnung von wichtigen Kontakten ist eine entscheidende Vo-raussetzung ein fundiertes Wissen über die institutionellen, gesellschaftlichen und kulturel-len Hintergründe und Bedeutungen der betreffenden Personen und Gruppierungen. Es wäre – und geschieht in der Praxis nicht selten – ein profunder Fehler, die Angesprochenen le-diglich als Bühne für die (dann als aufdringlich empfundenen) Selbstdarstellungen zu (miss-) brauchen. Kontakt formt sich nur auf der Basis wechselseitigen Verstehens auf einer meist sehr persönlichen Ebene. Diplomatie ist die dezenteste Form von Akquisition; sie ist das Gegenstück zu aggressivem Verkauf und ungehemmter Selbstdarstellung, wie man sie auf Märkten und in der Öffentlichkeit allenthalben beobachten kann. Der Aufbau überzeugender Argumentationen bedeutet im Grundsatz den Versuch, in der Öffentlichkeit bestehende Widerstände, Vorbehalte, Vorurteile und Ignoranzen gegenüber kulturellen Anliegen im Allgemeinen und der vertretenen Institution im Besonderen zu überwinden. Voraussetzung dafür ist eine realistische Einschätzung, auf welche früheren Erlebnisse, Kolportagen und Fakten diese Barrieren zurückzuführen sein könnten, wodurch die vertre-tene Institution selber beigetragen haben könnte (z.B. unklares Image, durch Skandale an-geschlagene Reputation) und wer in der Öffentlichkeit ein Interesse an der Behinderung oder Eindämmung einer bestimmten kulturellen Aktivität haben könnte.

Um mit dem letzten zu beginnen: Man muss realistischerweise registrieren, dass mit schwindenden öffentlichen Subventionen der Run auf die noch verfügbaren Töpfe und Fonds auf allen Ebenen heftiger wird, auf der kommunalen ebenso wie auf der internationa-len. So hat beispielsweise die Zahl der Anträge bei der Generaldirektion X der Europäi-schen Kommission, die für kulturelle Projekte zuständig ist, in der letzten Zeit rasant zuge-nommen, zum Teil sogar vervielfacht; die Abweisungsrate ist dementsprechend hoch. Die daraus erwachsenden Rivalitäten, die selten offen ausgetragen, sondern auf „diplomati-schem" Weg in die Öffentlichkeit lanciert werden, sind nicht nur solche der direkten Kon-kurrenz, also etwa der wohl eher seltene Fall, dass ein Theaterprojekt versucht, ein anderes madig zu machen, um selber bevorzugt zu werden. Eher sind Rivalitäten zwischen Kultur-sparten an der Tagesordnung, zum Beispiel die hintertreibende Agitation aus der soziokul-turellen Ecke gegen die (vermeintlich) bürgerlich-elitäre Opernkultur mit ihrem ver-gleichsweise enormen Zuschussbedarf.

Rivalitäten laufen natürlich genauso in entgegen gesetzter Richtung, z.B. die Forde-rung, aus Gründen der Wirtschaftlichkeit die öffentlichen Mittel auf wenige große, renom-mierte Häuser (Theater, Museen, Orchester) zu konstruieren (eine Kontroverse, die hinter den Kulissen vor einigen Jahren in Frankreich ausgetragen wurde; sie bezog sich unter anderem auf die angebliche Überzahl an Theater- und Musikfestivals in diesem Land). Solche Kontroversen werden meist im Vorfeld finanzwirksamer Grundsatzentscheidungen laut, meist mit kulturpolitischen Mitteln, z.B. während der Beratung der zuständigen Haus-haltsausschüsse des Parlaments.

Die realistische Einschätzung des eigenen Rufs in der Öffentlichkeit ist nicht ganz ein-fach. Sie erfordert Wahrnehmungswachsamkeit und die Fähigkeit zum Hinhören. Wer sich selbst am liebsten zuhört, wenn er sein Anliegen mit Eloquenz vorträgt und erläutert, vergibt nicht nur die Chance, andere zu Wort kommen zu lassen, sondern verschenkt auch

Zeit und Geduld, mehr über sich selbst von anderen zu erfahren, um daraus differenzierte Argumentationen zu entwickeln.

Ein besonders schwieriges Kapitel sind Vorurteile, die meist zutiefst verwurzelt sind in bestimmten sozialen Umfeldern und die eine relativ lange Geschichte haben. Sie werden immer wieder erneut mit der Energie von Wahrheiten ausgestattet und für wahr genommen. Eines der bekanntesten, in der Kunst einst sehr wirksamen Vorurteile war auf Seiten der Aristokratie die Fixierung auf das Bild vom bürgerlichen Menschen als einer subalternen und zu Höherem unfähigen und ungeeigneten Figur. In Schauspielen des Barock traten Bürgerliche vorwiegend als Hanswurste, Dummköpfe, Trunkenbolde oder Narren auf. Bürgerliche Dramen mit Nicht-Aristokraten als tragenden (vor allem tragischen) Figuren sind kaum vor Lessing bühnenfähig gewesen. Lessing „richtete sich gegen die ‚Unnatur' der Bühnenhelden in den französischen Tragödien, mit denen der bürgerliche Zuschauer sich nicht identifizieren könne, weil sie nichts mit ihm gemein haben" (Fischer-Lichte 1993/94 sowie dieselbe 2010).

An der noch immer umstrittenen Frage, was Kunst und was bloße Unterhaltungskultur ist, lässt sich vortrefflich nachzeichnen, wie aus der Position bürgerlicher Eliten (die sich einst sogar als eine Art Geistesaristokratie empfanden) bestimmten Genres wie dem Film, der Fotografie, dem Jazz, dem Musical, der Operette, der Rockmusik, der Volksmusik anderer Völker und vielem weiteren die Qualifikationsstufe „Kunst" verweigert wird. Man spricht dann, vielleicht um nicht allzu arrogant zu wirken, von der so genannten leichten Muse (im Gegensatz zur schweren Kost der hohen Kunst). Kenner und (Kultur- und Kunst-) Wissenschaftler lassen sich zwar auf solche Argumentationen gewöhnlich nicht ein und postulieren Entgrenzung und stattdessen künstlerische Qualitätsmerkmale, unabhängig vom jeweiligen Genre. An der Wirksamkeit solcher Vorurteile, die ja eher unterschwellig weiterwirken, ändert das meistens nicht viel. Wo man es im diplomatischen Kulturdienst mit solchen Vorurteilen und dementsprechenden Widerständen zu tun hat, ist die Entwicklung von überzeugenden Gegenargumenten besonders wichtig, aber auch besonders schwierig. Albert Einsteins Weisheit trifft immer noch zu, dass es schwieriger sei, ein Vorurteil zu zertrümmern als ein Atom zu spalten. Die meisten Vorbehalte gegen eine freizügige öffentliche oder private Subventionierung der Kultur im Allgemeinen und bestimmter kultureller Aktivitäten im Besonderen liegen indessen auf einer anderen Linie, die aber nicht weniger wirksam ist.

Es handelt sich um eine der vielen Spielarten eines naiven Materialismus, aus dem die von einem großen Teil der Gesellschaft, nicht nur von Wirtschaftsvertretern, Unternehmern, Managern und Politikern durchaus geteilte Überzeugung gestützt wird, dass der Mensch arbeiten muss, um Geld zu verdienen, dass er Geld verdienen muss, um sich über seine physische Basisbedürfnisse hinaus gelegentlich auch Kultur leisten zu können – hier sei wieder an die Maslowsche Bedürfnishierarchie erinnert – und dass er einem Staat misstrauen soll, der nicht in der Lage ist, ihm einen einträglichen Arbeitsplatz zu ermöglichen, weil er bei der Herstellung und Förderung wirtschaftsfreundlicher Marktbedingungen zu wenig tut oder weitgehend versagt hat.

Auf diplomatischen Wegen lassen sich so tief sitzende, zum Teil auch wider besseres Wissen gepflegte und gehegte Vorurteile oder Vorprägungen kaum bekämpfen. Sie würden auf eine völlige Bedeutungsumkehr im Verhältnis zwischen Wirtschaft und Kultur hinauslaufen, die schlicht unrealistisch wäre. Eine Richtungsänderung im Denken und vielleicht auch in der Praxis kann man argumentativ durch den Hinweis anstreben, dass die Idee, die

Wirtschaft alimentiere die Kultur durch ihre Ressourcen (Steuern, die sie zahlt), eine Halbwahrheit ist. Es gilt bewusst zu machen, dass eine vitale Kultur eine *fundamentale Voraussetzung* für eine funktionierende Wirtschaft darstellt, dass man dem Argument, das Geld für die Kultur müsse zuerst in der Wirtschaft verdient werden, zwar vordergründig zustimmen kann, dass aber im Nachdenken klar werden muss, dass die Wirtschaft ihrerseits auf festen kulturellen Boden angewiesen ist.

Die verbreitet für logisch gehaltene Reihenfolge, dass man zuerst der Wirtschaft zur Blüte verhelfen müsse, um dann etwas abzweigen zu können für Kultur, sitzt offenbar sehr tief. Brechts schon zitierter Satz, zuerst komme das Fressen, dann die Moral (oder die Kultur), kann hier ebenso als Indiz herangezogen werden wie – noch einmal – Maslows Bedürfnishierarchie. Es ist ja nicht nur die Reihenfolge selbst, sondern auch das durchgängig gutgeheißene Postulat, dass aus den Gewinnen der Wirtschaft (möglichst noch vor den Steuern) zuerst Finanzmittel für Investitionen (und damit neue Arbeitsplätze, wie meist argumentiert wird) einbehalten werden müssten. Dieses bis auf Adam Smiths Wirtschaftslogik zurückgehende Postulat, dessen Begründung in den anders nicht zu erzielenden Beiträgen zum Wachstum im Interesse des „Wohlstands der Nation" zu suchen ist, enthält indirekt, aber sehr wirksam, die Zurücksetzung von Kultur (wie man an verschiedenen Stellen bei Smith nachlesen kann) gegenüber dem Anliegen *materiellen* Wohlstands. Schon vor mehr als 200 Jahren also erhielt dieses Denken quasi seine wissenschaftliche Weihe durch die Ökonomie und ist seither innerhalb der Ökonomie kaum mehr kritisch hinterfragt worden.

Hier sei im Interesse eine überzeugenden Argumentation zugunsten von kulturellen Aktivitäten noch einmal daran erinnert, dass Wirtschaft – im Verständnis der Ökonomie – eine auf vernünftiger Handhabung von Knappheiten beruhende Tätigkeit darstellt und dass Knappheit ihrerseits nur an physischen Dingen bestehen kann (einschließlich dem Geld als einer Abstraktion von Dingen, dessen Knappheit allerdings nicht naturgegeben ist). Logischerweise kann man Profite nur aus physischer Produktion und Distribution erzielen, da kaum jemand immaterielle Werte, z.B. die Weisheit eines gelungenen Romans oder die Eleganz der Innenausstattung eines Bankhauses, zur Sicherung von Krediten akzeptieren würde noch diese sinnvoll unter dem Kriterium der Knappheit diskutiert werden könnten. Was wäre denn knapp an einem gelungenen Roman?

Die traditionelle Ökonomie kann sich folglich auch nichts anderes vorstellen (in ihrer „Theory of Consumer Choice", vgl. Mankiw 2008), als dass ein Konsument seine Entscheidungen nach einem rationalen Kalkül (Kosten-Nutzung-Vergleich verschiedener Angebote) fällt. Der für irrational gehaltene Einfluss von persönlichem Geschmack in Fragen des Lebensstils, von Integrationsbedürfnis in einem sozialen Umfeld und von bewusster Rücksichtnahme auf verletzliche Werte der Kultur und der natürlichen Umwelt ist jedoch Wirklichkeit und in ihr der Normalfall. Der Wirtschaftspraxis wird dies spätestens dann bewusst, wenn es um Fragen des Produktdesigns, der Markterschließung und der Werbung geht. Hier sind die beschriebenen Facetten der menschlichen Lebenswelt das (schwierige) Kernthema.

Die Logik der traditionellen Ökonomie (die übrigens auch bei Marx nicht auf den Kopf gestellt, sondern eher noch stärker betont wurde) ist nur zwingend, wenn man sich auf ein isoliertes, kulturfreies Modell der Wirtschaft und ihrer Kreisläufe stützt, wenn der Saft, der in diesen Kreisläufen strömt, nur aus Geld besteht und wenn – da man ja in einem Modell fast beliebig die Realität verlassen darf – die Wirtschaft ungehemmten und beliebig steigerbaren Zugriff auf die Ressourcen der Natur haben kann. Diese vom Materialismus her kommende ökonomische Logik findet – ironischerweise, wenn man so will – ihren stärksten Widersacher in der Physis der Erde selbst, an deren Grenzen es nicht mehr um Knappheit geht, sondern um absolute Endlichkeit. Diese bis zur Irrationalität gesteigerte Modelllogik der (neoklassischen) Ökonomie *kann* sich nicht mit Kulturfragen befassen, weil diese einen Einbruch in die Methodologie der Modelle bedeuten würde. Den aus der Kultur kommenden Werten würde es nämlich obliegen, dem physischen Expansionsdrang der Wirtschaft andere Wege aufzuzeigen, bevor die Unumkehrbarkeit einer erschöpften Erde faktisch geworden ist. Kultur ist letztlich eine Überlebensfrage. Dieser Geltungsanspruch kultureller Werte, die in vielen Grundtatbeständen universal sind wie die Menschenrechte selbst, ist der praktizierenden Wirtschaft keineswegs fremd, auch wenn sie oft andere Vorstellungen über den Geltungsumfang hat.

Bei einem Blick in die Realität der Wirtschaft wird nämlich schnell deutlich, dass diese so wenig funktionieren würde, wie die Saat ohne fruchtbaren Boden aufginge, und dass der fruchtbare Boden eine Kulturleistung darstellt, die auch physischen Arbeitsaufwand (also Investitionen) für die Erhaltung und Pflege der Fruchtbarkeit erfordert. Dies gilt im agrikulturellen Zusammenhang ebenso wie im übertragenen Sinne. Über die Verwendung der Früchte dieser Arbeit kann nicht so entschieden werden, dass alles verzehrt wird, was nicht als Saat für den nächsten Umlauf benötigt wird, und dass man die Energie (die Ressourcen) für die Bodenpflege (sprich: die Kultur) von sonst wo her erwartet. Es sollte also eigentlich den Entscheidungsträgern in Parlamenten und Regierungen, in der Wirtschaft und der Gesellschaft klar sein, dass Kulturausgaben kein nachrangiges, freiwilliges und mit dem Gestus des Gönnerhaften ausgeteiltes Zugeständnis sein können, sondern im vitalen Interesse menschlichen Zusammenlebens geradezu zwingend sind. Weitere diplomatische Argumente können sich darauf stützen, dass Ausgaben für die Kultur (auch) Investitionen für die Wirtschaft darstellen, und dies nicht nur in dem vordergründigen Sinne, dass dieses Geld ja nicht in den Kulturinstitutionen verschluckt wird, sondern seinerseits wieder zur Nachfrage wird, also auf den Markt zurückkehrt.

Der investive Charakter ergibt sich indirekt aus den Bildungswirkungen, aus der Vitalisierung von Lebensstilen und Lebensgemeinschaften, der Aktivierung von sozialer Kohäsion und vielen anderen Aspekten, die in der Hauptsache und zuerst auf der Nachfrageseite der Märkte wirksam werden. Die durch die wissenschaftliche Ökonomie hervorgerufene einseitige Bevorzugung der Belange der Angebotsseite ist eine Schieflage. Das Wort „indirekt" ist allerdings selbst wieder eine Wertung, die durch eine ökonomisch verengte Sicht auf gesellschaftliche Zusammenhänge entsteht. Es verweist auf nicht unmittelbar wirkende, sondern nur in einiger Entfernung beobachtbare und wirksame Erscheinungen.

Auf der Ebene der argumentativen Präsentation der eigenen Institution kann man sowohl *allgemein* auf die lokale Bedeutung der Kulturarbeit (im kulturellen Umfeld der Stadt oder Region, auf die künstlerischen Traditionen, die Rolle im Bildungsbereich der Schulen und Hochschulen usw.) hinweisen als auch die *singuläre,* spezifische Relevanz der vertretenen Institution in Bezug auf die zuvor angesprochenen allgemeinen Argumentationslinien hervorheben. In Einzelfällen kann der Akzent der Argumentation auf der Notwendigkeit der Bewahrung bestimmter Traditionen, auf der Geltung innerhalb der Stadt (etwa: ohne das Opernhaus ist die Stadt X kulturell arm) oder auf den Beitrag für die touristische Attraktivität liegen. In anderen Fällen kann die Betonung der sozialen Integrationsleistungen im Vordergrund sehen, die in der Belebung bestimmter Milieus, in der Auffangleistung für problematische Gruppen (z.B. gefährdete Jugendliche) oder in der Förderung des internationalen Kulturaustauschs bestehen.

Diese wenigen Anmerkungen zur Diplomatie in Sachen Kulturfinanzierung sind noch keine konkreten Empfehlungen oder Ratschläge, sondern allenfalls Anregungen dazu. Wir haben uns auch nicht näher damit befassen können, über die verschiedenen praktischen Formen und Formalien, über die „Verpackung" der Argumentationen in eine empfängerfreundliche, ästhetische Gestalt zu sprechen. Dies ist nicht nur eine Stilfrage der unmittelbaren Praxis, sondern würde auch den Rahmen einer allgemeinen Einführung sprengen. Unsere Absicht ist es aber, eine Seite des Kulturmanagements hervorzuheben, die in den Fachliteratur und in den Curricula der Ausbildungsstätten nahezu unbeleuchtet bleibt, während sie in der Praxis (ganz analog zur Unternehmensdiplomatie) oft von ganz entscheidender Bedeutung ist, besonders wenn es um die Sicherung der finanziellen Basis einer kulturellen Aktivität oder Institution geht.

Auch dies sei noch einmal unterstrichen: Wegen der besonderen Bedeutung und bestimmter qualifikatorischer Voraussetzungen kann es und wird es in der Praxis meist eine Aufgabe der jeweiligen Institutsleitung selbst sein, die sich neben ihrer inhaltlichen Aufgabe (z.B. als Intendant, Orchesterleitung, Geschäftsführer eines Kulturzentrums) bestimmte Teilaufgaben des Kulturmanagements, darunter eben auch die diplomatische Funktion, vorbehalten will. Kulturmanagement ist nicht zwingend eine ausgegliederte Spezialaufgabe mit einer irgendwie geklärten Kompetenzaufteilung zwischen kulturell-künstlerischen Leitungsaufgaben und formalem Management.

5.6 Wege der Erschließung von Finanzquellen

5.6.1 Kulturpolitische Vorbemerkungen

Die Lebensfülle und Vitalität, die einem in Industrieländern wie Deutschland alltäglich begegnet, die Masse an frei verfügbarem Geld in Privatbesitz, die die Börsen in Spielkasinos verwandelt hat, die ungebrochene Lust am Reisen in die Ferne, dies und vieles andere lässt an sich darauf schließen, dass wir von einem Mangel an Geld eigentlich nicht sprechen können. Doch dieser Eindruck täuscht wie so vieles, das man nur von der Oberfläche oder von Äußerlichkeiten her wahrnimmt, ohne nach dem Leben hinter diesen Kulissen zu fragen.

In einer Öffentlichkeit, die sich fortlaufend steigernd ästhetisiert und jeden, der weiterkommen oder sich mit seinen Anliegen durchsetzen will, zwingt, sich dort irgendwie auffällig einzubringen, wird viel persönliche und soziale Lebensenergie nach außen gelenkt und werden Darstellungsmittel eingesetzt, die manche inneren Verarmungen und auferlegten Entbehrungen weitgehend unkenntlich machen. Das Maß an Armut, das auch bei uns existiert, gibt sich nicht zu erkennen. Äußerer Prunk oder vorgetäuschter Lebensstil und innere Armut schließen sich weder auf individueller noch auf institutioneller Ebene aus. Die einstige, biedermeierliche Idylle der ästhetisierten Wohlbefindlichkeit in den intimen Innenräumen (physisch wie psychisch) bei bescheidenem Auftreten nach außen hat sich in der modernen Marktgesellschaft umgekehrt. Auch hieran kann man das langsame, aber stetige Ende der alten bürgerlichen Gesellschaft erkennen. Einzig die öffentlichen Haushalte, von innerer Auszehrung geplagt, stellen diese auch nach außen dar. Sie können im Prinzip und auf die Dauer – von der Verfassung gezwungen – nicht mehr ausgeben, als sie einnehmen, und dürfen sich nur begrenzt verschulden. Sie lassen die zunehmende fiskalische Klemme, die innere Verarmung der Staatshaushalte, deutlich werden, indem für jedermann spürbar drastisch gekürzt wird.

Der Staat und seine Organe als Sachwalter gesellschaftlicher Gesamtinteressen können ihrerseits an dem ästhetischen Zauber der modernen Öffentlichkeit nicht teilnehmen; sie müssen nach alter Hausvätersitte das Prinzip der Sparsamkeit und zugleich der demokratischen Transparenz und Verantwortungspflicht auf strenge Weise beachten. Sie werden von den Rechnungshöfen, den Medien, den Parlamenten und einer observierenden Öffentlichkeit durchdringend (so gut es geht) beobachtet und sind ein bevorzugtes Objekt der (zum Teil boshaften) Kritik. Demonstrative Ästhetik in der Öffentlichkeit ist an sich nichts Neues, nur waren die Möglichkeiten dazu in früheren Epochen auf herrschende Eliten beschränkt, die – kraft ihrer fiskalischen Techniken und Machtfülle – die Mittel eintreiben konnten, um sich imposante Kathedralen und Klöster, Schlösser und Herrschaftsvillen, ausgedehnte Parks und glänzende Feste leisten zu können. In diese „Eliten-Ästhetik" gehört auch ein beträchtlicher Teil unseres kulturellen Erbes an Opernhäusern, Theatern, Orchestern, Museen und Festen. Mit dem Wandel zu einer zunächst bürgerlich-elitären Gesellschaft im ausgehenden 18. und im 19. Jahrhundert sind viele dieser kulturellen Institutionen übernommen, ergänzt und weiterentwickelt worden. Die oberen Schichten der bürgerlichen Gesellschaft hatten den Glanz der Aristokratie übernommen und hatten mit den gleichen Mitteln der ästhetischen Symbolik neue Abgrenzungen nach unten wirksam werden lassen. Doch diese Strukturen sind längst aufgeweicht.

Der Repräsentationscharakter vieler von ihnen ist vielfach erhalten geblieben – einschließlich der Feierlichkeit großer Theater- und Musikveranstaltungen (wenigstens bei Premieren). Der bürgerliche, sich demokratisierende Staat schaffte zwar den Feudalismus ab, nicht aber die Praxis der Selbstdarstellung des Staates dieser neuen Gesellschaft in zelebrierender Manier. Sie mag zwar bescheidener ausfallen als zu feudalistischen Zeiten. Doch die Kunstpraxis der Aristokratie ist – bei aller äußerlichen Veränderung – beinahe nahtlos in die bürgerliche Gesellschaft und ihren Staat übergegangen. Kaum ein Staatsakt, bei dem nicht mindestens ein Quartett, häufiger aber ein ganzes Sinfonieorchester antritt. Gespielt werden – aus Sparsamkeitsgründen? – durchweg die Klassiker; kaum eine zeitgenössische Auftragskomposition. Fatal aber wäre es, dem vorherrschenden ökonomischen Klischee zu folgen und mit der um sich greifenden Sparsamkeit alles zu egalisieren, was nach dem Außergewöhnlichen und Meisterlichen in der Kunst strebt. Natürlich ist meisterliche Kunst kostspielig! Aber soll sich deshalb eine reiche Gesellschaft nur noch nur in Banalitäten und Mittelmäßigkeiten präsentieren?

Man darf nicht dem Fehler verfallen, aus der elitären Kultur der Kunstwahrnehmung, wie sie der aristokratischen Lebensweise älterer Epochen und noch der frühen bürgerlichen Gesellschaft eigen war, auf notwendigerweise affirmative Kunst zu schließen. In der Übergangszeit zur modernen Bürgerlichkeit und ihren schmerzhaften politischen Brüchen und Revolutionen haben, um ein Beispiel zu nennen, Künstler gewirkt, denen beide Seiten zusetzten und die der Aristokratie verbunden blieben und doch zugleich den politischen Wandel als Verheißung empfanden. Das war vielleicht am prägnantesten bei Francisco de Goya der Fall, doch spürt man es ebenso bei Friedrich Schiller und vielen anderen.

Die Kunst der musikalischen Klassik beispielsweise hat wegen ihrer Eigenwilligkeit (manchmal sogar Trotzigkeit) manches zeitgenössische Unverständnis und manche harten

Reglementierungen hinnehmen müssen. Vieles ist erst lange nach ihrer Zeit verstanden und geistig geadelt worden (man denke etwa an die Musik J. S. Bachs, an Brahms und viele andere). Der Künstler als widerspenstige Figur hat oftmals gespürt, dass das aristokratische Publikum, dem er sich zuwandte, weil das sein Leben war, oft genug nur ein oberflächliches Verständnis entgegen brachte, während die übrigen Kreise der Gesellschaft, die bürgerliche zumal, (noch) ausgeschlossen blieb. Von affirmativer Kunst kann in solchen Fällen nicht die Rede sein.

Der kritische Unterton, der in diesen Zeilen durch die Anmerkungen zur Kultur der aristokratischen und teilweise auch der frühbürgerlichen Gesellschaft durchklingt, bezieht sich auf die *Rezeptionskultur*, die äußeren gesellschaftlichen Umstände, in denen Kunst wahrgenommen und goutiert wurde. Diese ältere Rezeptionskultur ist weitgehend untergegangen und lebt fast nur noch in gesellschaftlichen Residuen und einigen Festivalarrangements weiter. Mit dem Untergang dieses zeitbedingten Milieus geht jedoch die dort besonders goutierte Kunst nicht von selbst mit unter.

Ein und dasselbe Kunstwerk kann unter den unterschiedlichsten Kontexten wahrgenommen werden; es bleibt sich selbst treu oder wird aus *künstlerischen* Gründen anders gedeutet und vorgeführt, aber die Wahrnehmungen der Rezipienten sind dennoch unterschiedlich. Schon die soziale Zusammensetzung des Publikums, das einem Konzert beiwohnt, schafft bestimmte Kontextmomente. Aber auch der Wandel der Rezeptionsorte (z.B. vom Rokokotheater zum modernen Theaterbau, von der Kunsthalle zur Wandelhalle eines Bankhauses, die für Ausstellungen genutzt wird) lässt unterschiedliche Wahrnehmungsklimata entstehen. Die Kulturgeschichte schafft ständig neue gesellschaftliche Kontexte, von denen manche gegenwärtig für eine Ausgeburt des Kulturbanausentums gehalten werden, etwa der Verschleiß von klassischer Musik in Werbespots. Es ist in der Tat zweifelhaft, ob der Markt ein geeigneter Kontext für die Wahrnehmung von Kunst sein kann. Musik, die den Schutz des Urheberrechts verlassen hat, ist dem gegenüber ziemlich wehrlos.

Die Welt des Kommerz, der zwar die Techniken und Register des Theatralisierens und Ästhetisierens des Konsums, zur Inszenierung von Produktauftritten und Labels beherrscht, diese aber nur zum Anheizen der Umsätze einsetzt, lässt in zweierlei Hinsicht keinen Optimismus aufkommen. Einerseits interessiert sich der Markt nur für (Show-) Effekte zur Stimulierung von Kauflust, andererseits kennt er keine Hemmungen, sich der Kunst auf infantilisierende und banalisierende Weise zu bedienen und sie damit letztlich lächerlich zu machen. Wenn der Kontext beginnt, den Text zu erdrücken oder ihn seines Sinnes zu berauben, dann kann etwas nicht mehr stimmen.

Der Markt, einst Ort des Tauschs von Gütern für Geld und in *dieser* Gestalt von der ökonomischen Theorie beinahe verniedlicht, ist längst ein mephistophelischer Tanz der Labels und Trademarken, der witzelnden Masken und Micky-Mouse-Figuren geworden. Manche Kultureinrichtungen sind in der einträglichen Vergabe von Lizenzen zur Nutzung von Objekten des kulturellen Erbes an die Hersteller von ästhetisierten Produkten ziemlich weit gegangen. Von dieser Einbindung in den Kommerz, obwohl sie finanziell zuweilen durchaus zu Buche schlagen können, kann zwar eine gewisse finanzielle Entlastung, nicht aber eine seriöse Arbeit an der Erhaltung des kulturellen Erbes und der Förderung des zeitgenössischen Kunstlebens erwartet werden. Der Markt mit seinem kunstfernen, wenngleich auf seine Weise kulturförmigen Anliegen eignet sich nicht als Ersatz für angemessene Orte der Kunstrezeption. Diese Argumentation ist allerdings nicht unstrittig.

Hier ist indessen eine differenzierende Anmerkung nötig. Von der *Instrumentalisierung* von Kunst für kommerzielle Absichten zu unterscheiden ist die *Kommerzialisierung* von Kunst durch Instrumentalisierung des Marktes. Letzteres bedeutet, die Techniken der Vermarktung dort, wo dies im Interesse der ergiebigen *Publikation* von Kunst möglich erscheint, zu nutzen. Im ersten Falle dagegen wird die Kunst um ganz anderer Produkterfolge wegen in Gebrauch genommen. Im Verhältnis von Form und Inhalt wird im ersten Fall die Kunst (der Kunstausschnitt) zur (Transport-) Form für das kommerzielle Interesse; im zweiten Fall wird die kommerzielle Form zum Transportmittel für das künstlerische Anliegen.

Die derzeit wieder mächtig um sich greifenden Kürzungen besonders in den Kulturhaushalten sind für viele Kultureinrichtungen eine existenzielle Bedrohung geworden, die die Einrichtungen zu ungewöhnlichen Maßnahmen anstacheln und gelegentlich in riskante[92] Nähe zum Kommerz bringen kann. Dadurch können sich Wahrnehmungskontexte bilden, die es für völlig normal ansehen, Kunstwerke oder Teile von ihnen zu ironisieren, zu infantilisieren, zu Grotesken zu verzerren oder sonst wie respektlos zu entwürdigen.

Respektlosigkeit wächst aus einer Alltagspraxis, die prinzipiell für legitim hält, was Profit bringt (und damit, wie ständig vorgeschoben wird, Arbeitsplätze, Steuereinnahmen für den Staat schafft), ohne dass kulturelle und ökologischen Begrenzungen ernsthaft greifen. Was endlich zur allgemeinen Praxis wird, kann auch von Gerichten nicht mehr zurückgenommen werden. Dieses Risikos der schleichenden Entwürdigung von Kunst und Kultur durch den Kommerz muss sich jede Kultureinrichtung bewusst sein, wenn sie sich aus finanziellen Gründen mit dem Kommerz einlässt oder gezwungenermaßen diesen Weg geht.

Die Gewährung von Subventionen an kulturelle Einrichtungen, die wegen ihrer gesellschaftlichen Rolle keine Eigenwirtschaftlichkeit erreichen können, allenfalls durch eigene Anstrengungen bescheiden, manchmal sogar beachtlich, dazu beitragen können, ist von politischer Seite kein Gnadenakt, sondern eine Notwendigkeit, um dem Risiko der Kommerzialisierung zu entgehen. Subventionskürzungen, die in Einzelfällen als „Begradigungen" vielleicht unumgänglich sind, bedürfen der öffentlichen Rechtfertigung gegenüber diesem staatspolitischen Grundsatz. Einfach nur streichen und es den betroffenen Kulturinstitutionen überlassen, auf irgendeine schlaue Weise damit schrumpfend fertig zu werden, ist keine glaubwürdige Politik. Das betrifft die Politik als Ganzes; es geht nicht nur die Kulturpolitik an (die als Ressort oft selbst unter Druck steht).

Öffentliche Zuwendungen, so nötig sie im Prinzip sind, müssen jedoch nicht die einzige, vielleicht nicht einmal in allen Fällen die Hauptquelle für Finanzmittel sein, so wenig wie der Markt die einzig denkbare Alternative dazu ist. Eine finanzielle Umstrukturierung im Bereich der Kultureinrichtungen ist längst im Gange. Andere Finanzierungsmodelle und andere Wege der Erschließung neuer Quellen haben sich entwickelt und sind dabei, in der Praxis allmählich Wirkung zu zeigen. Man kann möglicherweise diesen Prozess beschleunigen, aber man würde ihn durch Überdruck zerbrechen. Es ist denkbar, mit der Zeit ein positiveres Klima für Fundraising (freiwillige Kleinspenden) zu entwickeln. Aber dieses Klima kann man nicht unter Zeitdruck oder durch irgendwelche Pressionen erzeugen. Mit

---

[92] Das praktische Risiko für Kultureinrichtungen, die sich auf den kommerziellen Wettbewerb einlassen, könnte – vorerst sicher nur auf dem Papier und rein hypothetisch – sich dahingehend auswirken, dass die für die Wirtschaft und die Wahrung der Grundsätze des fairen und unverzerrten Wettbewerbs zuständigen EU-Behörden aktiv werden, wenn der Staat weiterhin Subventionen an die kommerzialisierte Kultur fließen lassen würde.

anderen Worten: struktureller Wandel braucht Zeit und kostet anfänglich (bis sich die ersten Effekte der Wende zeigen) sogar noch zusätzliche Mittel. Die notwendige Einsicht dazu scheint auf der politischen Ebene in den Kommunen und den Ländern nicht immer gegeben zu sein. Dieses kulturökonomische Thema ist zwar nicht der unmittelbare, zentrale Gegenstand dieser Schrift (zur Kulturökonomie vgl. Bendixen 2001). Aus der Perspektive des Kulturmanagers zeichnet es aber ein Zustandsbild, mit dem er in der Praxis im Zusammenhang mit Kulturfinanzierung hautnah und fast täglich zu tun hat.

Wir haben versucht, das „kulturpolitische Bühnenbild" zu beschreiben, das für die meisten Kultureinrichtungen als interpretativer Hintergrund von brennender Aktualität ist. Wir knüpfen an den vorigen Abschnitt an, wenn wir darauf hinweisen, dass dieser öffentliche Zustand nicht klaglos und passiv hingenommen werden muss, sondern dass die Finanzierungsfunktion in einer Kultureinrichtung eine nach außen gewandte ist, die auch mit den Mitteln der Diplomatie arbeiten muss.

5.6.2 Die Finanzierung von Kultureinrichtungen im öffentlichen Eigentum

Kultureinrichtungen im öffentlichen Eigentum unterliegen weitgehend dem jeweils geltenden Haushaltsrecht. Ihre finanzielle Ausstattung ist zwar öffentlich-rechtlich mit der jährlichen Verabschiedung eines verbindlichen Haushaltsplans gesichert, dennoch aus verschiedenen Gründen prekär:

1. Die rechtliche Verbindlichkeit des Haushaltsplans erstreckt sich immer nur auf das Jahr seiner Geltung. Vor allem auf Staatsebene werden Haushalte nicht selten erst weit im laufenden Jahr verabschiedet. Bis dahin besteht eine gewisse Rechtsunsicherheit, allenfalls eine Art von Vertrauensschutz. Da die meisten Kultureinrichtungen im öffentlichen Eigentum dem Bereich der darstellenden Künste einschließlich Museen angehören, die in vielen Dimensionen weitaus langfristiger (vertraglich) disponieren müssen als nur innerhalb einer Jahresfrist, erhöht sich die Unsicherheit auf alle davon betroffenen Entscheidungen (z.B. mittelfristige Programmplanungen eines Theaters, Konzertreisen eines Orchesters, Beteiligung an einer internationalen Ausstellung).
2. Die ohnehin meist nicht besonders üppigen Haushaltsansätze stehen ständig unter dem Druck von Kürzungen, weil der Kulturbereich insgesamt mit allen anderen Ressorts um das begrenzte Volumen an Steueraufkommen, Gebühren und sonstigen Abgaben konkurriert. Kultureinrichtungen im öffentlichen Eigentum sind fiskalisch unselbständig, auch wenn sie betrieblich ausgegliedert sind (als Regie- oder Eigenbetriebe) oder in einer privatrechtlichen Rechtsform geführt werden (GmbH, Aktiengesellschaft) oder in Form einer öffentlich-rechtlichen Stiftung verselbständigt sind.
3. Die Festschreibung von Haushaltsansätzen macht spontane, zusätzliche Projekte und Initiativen schwer. Sie können nicht ohne weiteres aus dem laufenden Haushalt finanziert werden, sondern bedürfen der Zustimmung der Behörde oder verlangen die Beantragung von Sondermitteln.
4. Die Möglichkeit zur Erschließung von Finanzquellen aus privater Hand einschließlich der Wirtschaft sind begrenzt, weil – vom Grundsatz und der immer noch überwiegenden kommunalen Praxis her – Nebeneinkünfte entweder zu einer Reduktion der Haus-

haltsmittel führen oder direkt an die Kämmerei bzw. das Finanzministerium abgeführt werden müssen.

Mögliche Gönner und Spender halten sich folglich zurück, weil sie nicht die Kommune als Ganzes oder den Staat, sondern die betreffende Kultureinrichtung begünstigen wollen. Zwar löst sich diese rigide Praxis zunehmend dadurch auf, dass die Behörden mit dem Mittel der so genannten Global- oder Pauschalhaushalte zu arbeiten begonnen haben und dadurch ein gewisser Dispositionsspielraum entsteht, der den Einbehalt von Nebeneinkünften durch die Einrichtung einschließt. Die Bedrohung indirekter Abführung durch pauschale Kürzung des Globalhaushalts bleibt jedoch bestehen und könnte jederzeit ermuntert werden, wenn sich die finanzielle Lage der Kultureinrichtung durch solche Nebeneinkünfte nachhaltig verbessert.

5. Das der öffentlichen Hand bleibende Mittel der pauschalen Haushaltskürzungen, die meist mit dem allgemeinen Argument der knapper werdenden Haushaltsmittel und anderen Ausgabensteigerungen mit höherer Rechtsverbindlichkeit als die für Kultur begründet werden, behält seine Drohgebärde auch dann, wenn keine Kürzungen anstehen. Sie können mittelbar wirksam werden, wenn sich Einsparmöglichkeiten durch Rationalisierung zeigen. Eigene Anstrengungen zur inneren Rationalisierung und zur Erwirtschaftung von Nebeneinkünften werden dadurch gerade *nicht* ermutigt. Man kann nicht realisierte Einsparmöglichkeiten auch in Reserve halten, bis sie erzwungen werden. Man muss dann etwas bieten können.

Wegen der Unselbständigkeit der Kulturinstitutionen im öffentlichen Eigentum, die im Übrigen auch auf andere Bereiche wie Marketing und selbst Aufgabeninhalte Auswirkungen haben kann, scheint ein aktives Finanzmanagement nur sehr eingeschränkt möglich zu sein. Die Einrichtung ist, wie es aussieht, auf Gedeih und Verderb in die kommunalen Interessenstrukturen und übergreifenden Bestrebungen eingebunden und in allen wirtschaftlichen Belangen oft nur mit wenig Spielraum für eigene Initiativen ausgestattet. Zuweilen wird die Institution zu einem Instrument der Kulturpolitik (was nicht unbedingt für die kulturellen Aufgaben ungünstig sein muss; lebhaftes Interesse und Anteilnahme kann auch politischen Schutz bedeuten).[93] Das ist beispielsweise der Fall, wenn ein Theater, ein Museum oder ein Staatsorchester in einen Wirkungszusammenhang mit dem Tourismus gebracht wird und letzterer zum Leitargument (Stichwort: Umwegrentabilität) avanciert.

Trotz dieser etwas pessimistisch erscheinenden Situationsbeschreibung bleibt meist doch ein größerer Handlungsspielraum, als in der Praxis tatsächlich in Anspruch genommen wird. Die Sicherung der wirtschaftlichen Basis öffentlich-rechtlicher Kultureinrichtungen (das sind die meisten Museen, viele Theater und Opernhäuser, einige Orchester; die übrigen sind überwiegend privatrechtliche Betriebe wie Vereine oder GmbH, die allerdings oft ebenfalls von öffentlichen Zuwendungen abhängig sind) hat meist wenig Erfolgsaussichten, wenn das Finanzmanagement sich weitgehend reaktiv verhält, d.h. erst unter dem Druck wirksam gewordener Kürzungen oder entschiedener Verweigerung notwendiger Investitionen sich damit befasst, über Abwehrmaßnahmen nachzudenken. In diesem Stadium (in dem die Kommune ihrerseits durch eigene Vorentscheidungen in Ausschüssen oder

---

[93] Die weit reichende Bedeutung der Kulturpolitik für die Praxis des Kulturmanagements ist ein eigenes, Kapitel füllendes Thema, das wir hier nicht ausbreiten können, ohne oberflächlich zu werden. Für Interessenten seien aber die Publikationen der Kulturpolitischen Gesellschaft bzw. deren Instituts für Kulturpolitik empfohlen. Besonders zu erwähnen ist das Jahrbuch für Kulturpolitik 2006 (Sievers/Wagner 2006).

Parlamentsbeschlüssen längst Fakten geschaffen hat) tritt das ein, was man in der Praxis oft beobachten kann, nämlich die Umkehr des nötigen Gegendrucks in Anpassung nach innen. Man arrangiert sich mit der Lage und beginnt intern zu kürzen und zu rationalisieren. Solche Notreaktion hat mit aktivem Finanzmanagement nicht viel zu tun.

Dabei steht immer das Risiko im Raum, dass retrograde Rationalisierung (das Anpassen an ein niedrigeres Niveau an Ressourcen) unerkannt den Punkt überschreitet, von dem ab Qualitätseinbußen bei den inhaltlichen Kulturaufgaben unvermeidlich werden. Einmal in solches Fahrwasser zu geraten, kann für die Kulturinstitution eine quälende Fahrt zur Endstation bedeuten, nämlich zur Schließung. Schlechte kulturelle Qualität, die jenseits dieses Punktes fast nicht mehr zu umgehen ist, schwächt die Reputation und damit das soziale (Reputations-) Kapital, um im Notfall die Öffentlichkeit mobilisieren zu können. Ein Teufelskreis. Krisensituationen dieser Art sind fast schon an der Tagesordnung, wie das Beispiel der Stadt Bremen zeigt. Trotz des teuren Gutachtens eines renommierten Unternehmensberaters (Frey 1998; Bendixen 1998a) hat sich die Lage für die Bremer Kultureinrichtungen seither offenbar deutlich verschlechtert (vgl. Jörder 1999 und Weserkurier 2000). Ähnliche Probleme gibt es auch in anderen Städten (z.B. Schwerin: vgl. Merck 1999).

Finanzmanagement hat Chancen, wenn auch keine Gewissheit, wenn es prospektiv und offensiv agiert statt zu reagieren. Offensiven müssen mit einer realistischen Lageeinschätzung beginnen und langfristige Konzeptionen für einen Wandel mit Aussicht auf nachhaltige Konsolidierung erarbeiten. Die erste und wichtigste Zielsetzung muss es sein, für einen gesteuerten Wandel *Zeit zu gewinnen*, begleitet von realistischen Vorstellungen darüber, was der Wandlungsprozess zumindest in der Anfangsphase an zusätzlichen Ressourcen benötigt. Jeder Wandel ist ein aktiver Prozess, der nicht ohne zusätzliche Energien durchgehalten werden kann. Mit der Aussicht auf Konsolidierung sind diese Ausgaben aber Investitionen, nicht etwa Staatskonsum. Sie sind in doppeltem Sinne Investitionen: Sie gehen systematisch auf eine wirtschaftlich stabile Lage zu, aus der heraus eigenständige Kunstpraxis ermöglicht wird, und sie stärken die kulturelle Vitalität der Kommune, der Region oder des Landes und damit auch das gewerblich-wirtschaftliche Potential, nicht nur im Tourismus, sondern als allgemeine gesellschaftliche Belebung.

Ein wichtiger Aspekt des Finanzmanagements ist das Bestehen darauf, dass eine (staatliche oder kommunale) Kultureinrichtung kein kommerzieller Betrieb ist, der nur in Geldkreisläufen denkt, sondern der seinen öffentlichen Wert durch inhaltliche Leistungen zur Geltung bringt. Das bedeutet, dass jede finanzielle Maßnahme, jeder Versuch einer langfristigen Konsolidierung sich daran messen lassen muss, welche Wirkungen auf die inhaltlichen Aufgaben davon ausgehen. Mit Blick auf die verbreitete Praxis folgt daraus eine Basisstrategie, die in den meisten Fällen eher in die Richtung der Befreiung der Kultur von administrativem Ballast als in die Richtung regulierter Engpasssteuerung geht, die häufig sogar ein Mehr an Bürokratie mit sich bringt. Natürlich macht es Sinn, bürokratische Auswüchse (die ja meist durch staatliches oder kommunales Kontrollverlangen und nicht aus den Notwendigkeiten des Betriebes heraus stimuliert werden) zu entschlacken. Man muss nur im Auge behalten, dass administrative Leistungen für einen vitalen Kulturbetrieb notwendig sind und deren Unterminierung durch übermäßige Rationalisierung leicht ins Markt der künstlerischen Inhalte eindringen kann.

In den schmaler werdenden Steueraufkommen der Kommunen und des Staates und damit dem kräftiger werdenden Druck auf die Kulturhaushalte muss man eine anhaltende Entwicklung erkennen, die einen grundsätzlichen Wandel im Kulturbereich erfordert. Diesen nicht erst abzuwarten, um dann unter Druck unreflektierte Maßnahmen mit zweifelhaften Erfolgsaussichten einzuleiten, sondern gedanklich vorauseilend aufzunehmen und zu verarbeiten, scheint derzeit der wichtigste Ansatzpunkt für ein aktives Finanzmanagement zu sein. Hier gilt in besonderem Maße die Devise, dass alle Lösungen von den Inhalten her aufgerollt werden müssen, um im klaren Bewusstsein dieser Inhalte den für realisierbar erachteten Lösungen das formale Gerüst geeigneter Organisation und finanzieller Ausstattung zu geben. In diesem perspektivischen Denken wird offensive Kulturfinanzierung zu einem Teil der Kulturpolitik unmittelbar aus der Praxis heraus. Kulturmanagement muss sich hier vor Ort und überörtlich in die öffentliche Debatte um die richtige Kulturpolitik aktiv einmischen.

5.6.3 Öffentliche Zuwendungen

Öffentliche Zuwendungen sind unterstützende Mittel an kulturelle Einrichtungen, die sich nicht im Eigentum des Staates oder der Kommune befinden. Diese Einrichtungen sind rechtlich und betriebstechnisch zwar selbständig, aber in vielen Fällen wirtschaftlich unselbständig im Sinne des Angewiesenseins auf Zuwendungen. Erst in dieser Sachlage kann man von Subventionen sprechen.

Fördermittel aus öffentlichen Haushaltstiteln sind ein weites Feld. Wer in der Praxis mit diesen Fragen zu tun bekommt, tut gut daran, sich um mehr Details zu bemühen, als diese Einführung hier bieten kann. Um einen ersten Überblick zu gewinnen, wird folgende grundsätzliche Unterscheidung angeboten:

- institutionelle Förderung
- projektbezogene Förderung
- Sonderzuweisungen
- Ausfallbürgschaften

Die Tatsache, dass viele eigenständige Kultureinrichtungen zwar rechtlich selbständig, aber wirtschaftlich nicht aus sich selbst heraus existenzfähig sind und deshalb mit zum Teil erheblichen öffentlichen Zuwendungen unterstützt werden, hat immer wieder Anlass zu kritischer Überprüfung gegeben. Warum muss man Einrichtungen (nicht nur in der Kultur) finanziell unter die Arme greifen, wenn diese nicht eigenwirtschaftlich bestehen können? Zeigt nicht der Markt die allzu gedämpfte Gunst des Publikums dadurch an, dass es für die angebotenen Leistungen kein ausreichendes Entgelt zu zahlen bereit ist? Wenn es überzeugende öffentliche Belange gibt, warum werden diese dann nicht vollständig von der Kommune oder dem Staat selbst, d.h. in eigener Regie, übernommen? Abgesehen davon, dass in diesem Argument das verkürzte Denken in reinen Geldkreisläufen wieder deutlich hervortritt, sind als wichtige Gegenargumente die besonderen öffentlichen Interessen von Bedeutung. Folgende Aspekte können – meist in Kombination – in der Praxis von kulturpolitischer und kulturdiplomatischer Seite vorgebracht werden:

1. Die Kommune oder der Staat folgen einem weit reichenden öffentlichen Interesse an der Aufrechterhaltung einer Institution aus Gründen der sozialen Integration, der Bildung, der Jugendförderung, der Standortattraktivität, des Fremdenverkehrs, des Stadt-

marketing. Durch Teilförderung unterstützen sie diese Aktivitäten, ohne in sie hinein-regieren zu wollen;

2. Die Kommune oder der Staat sehen sich selbst fachlich nicht im Stande, die betreffen-de Aufgabe innerhalb des öffentlichen Kompetenzrahmens zu übernehmen aus Grün-den fehlender Professionalität, zur Vermeidung der Politisierung der Einrichtung durch parlamentarische Fraktionen, zur Umgehung von Besonderheiten des Dienst-rechts und des Kündigungsschutzes im öffentlichen Dienst und weiteren Gründen;

3. Die Kommune oder der Staat wollen die Eigeninitiative innerhalb der Bürgerschaft stärken, indem sie lediglich eine ergänzende, wenn auch häufig tragende, zumindest aber stimulierende Förderungsrolle übernehmen, aber sich in die Tätigkeiten selbst nicht dirigistisch einmischen wollen, da die bürgerliche Initiative als Wert an sich be-trachtet wird. In dieser Einstellung liegt ein wichtiges demokratisches Argument. In-dem nämlich den gesellschaftlichen Kräften der Vortritt gelassen wird, in für wichtig erachteten Bereichen tätig zu werden, und *diese* Aktivitäten dann gefördert werden, geschieht das demokratische Gegenteil von obrigkeitlicher Bevormundung.

Diese Gründe spielen sowohl bei institutioneller Förderung als auch bei der Unterstützung einzelner Projekte eine Rolle.

Die administrativen Abläufe sind jedoch zum Teil unterschiedlich. Während die insti-tutionelle Förderung sich (meist prozentual) auf sämtliche (zuwendungsfähigen) Positionen eines Wirtschaftsplans erstrecken, kann es bei der Projektförderung zu einer Förderung lediglich einzelner, ausgewählter Posten kommen. Auch bei Einzelprojekten muss grund-sätzlich ein Wirtschaftsplan vorgelegt werden, der sämtliche erwarteten Ausgaben und Einnahmen, aufgeteilt nach bestimmten (ebenfalls meist verwaltungstechnisch vorgeschrie-benen) Titelgruppen ausweist. Erfahrungsgemäß setzt die Bewilligung von Zuwendungen besonders bei der Projektförderung eine gesicherte Erwartung hinsichtlich eigener Einnah-men und den erfolgreichen Versuch der Einwerbung weiterer Drittmittel voraus. In vielen Fällen, so zum Beispiel bei Anträgen an die Europäische Kommission, muss ein Mindest-umfang an Eigenleistungen von mindestens 20 %, manchmal 30 % der Gesamtkosten nachgewiesen werden. Das kann dann beispielsweise wie im Kasten auf der folgenden Seite aussehen.

Öffentliche Zuwendungen können in diesem Beispiel aus allen drei beteiligten Län-dern kommen. Diese könnten sich beispielsweise darauf verständigt haben, ihren jeweiligen Gruppen die Reisekosten sowie Unterkunft und Verpflegung zu erstatten (zusammen: € 61.000,00) und einen pauschalen Zuschuss für Sachausgaben in Höhe von € 24.500,00 zu leisten. Die Einzelprojektförderung wird häufig so gehandhabt, dass sich – im Unterschied zur institutionellen Förderung – eine (hier angenommene) gewollte Akzentuierung auf die Sachausgaben ergibt. Das bedeutet beispielsweise für den Fall, dass bestimmte Erwartun-gen nicht eintreffen (z.B. Drittmittel bleiben aus oder es werden weniger Eintrittskarten verkauft), dann die entstehende Unterdeckung durch Kürzungen im Bereich der Personal-ausgaben ausgeglichen werden muss. Falls die Ausgaben für die bezuschussten Titel hinter den Ansätzen zurückbleiben, können die frei werdenden Mittel nicht auf andere Titel, etwa Personalausgaben, übertragen werden, sondern müssen an die zuständige Behörde zurück-gezahlt werden.

Dieses verwaltungstechnische Verfahren hat andererseits auch gewisse Vorzüge. Wenn es beispielsweise gelingt, weitere Drittmittel zu akquirieren, die für nicht im Plan vorgesehene, zusätzliche Aktivitäten eingesetzt werden sollen, so führen diese nicht zu einer automatischen Kürzung der öffentlichen Zuwendungen. In unserem Beispiel könnten z.B. Mitschnitte der einzelnen Veranstaltungen gemacht und in einer verkäuflichen CD publiziert werden. Dafür könnten in unserem Beispiel zusätzliche Drittmittel eines Phonoproduzenten eingeworben worden sein.

Projekt: Chor- und Volksmusikfestival im Dreiländereck Deutschland, Polen und Tschechien (hier als Beispiel fingiert)	
Ausgaben:	
A: Personalausgaben:	
– Honorare für künstlerische Leistungen	€ 15.000,00
– Entgelte für Chormitglieder	€ 20.000,00
– Honorare für Fachreferate und Moderatoren der Workshops	€ 18.000,00
– Projektleitung und Organisation	€ 24.000,00
B: Sachausgaben:	
– Reisekosten für ca. 230 Teilnehmer	€ 32.500,00
– Unterkunft und Verpflegung	€ 28.500,00
– Miete für audiotechnische Ausrüstungen	€ 12.000,00
– Saalmieten	€ 8.000,00
– Werbung, Marketing	€ 16.500,00
– Verwaltungskosten	€ 11.000,00
	€ 185.500,00
Einnahmen:	
– Ticketverkäufe	€ 45.000,00
– Zuschuss der Stiftung X	€ 10.000,00
– Zuschuss des Unternehmerverbandes	€ 20.000,00
– Zuschuss der Banken und Sparkassen	€ 10.000,00
– Eigenleistungen der beteiligten Institute	€ 20.000,00
– Zuwendungsbedarf aus öffentlichen Mitteln	€ 85.500,00
	€185.500,00

Für viele Projekte werden Zuwendungen von Seiten der öffentlichen Hand nur zu bestimmten Sonderpositionen bewilligt. Ein häufiger Fall ist die kostenlose Bereitstellung eines öffentlichen Veranstaltungsraumes. Andere Beispiele sind Zuwendungen zur Beschaffung von technischem Sondergerät oder sonstigen außergewöhnlichen Aufwendungen (z.B. Kosten für Dolmetscher, Ausgaben für besondere Kostüme, Einladung an Gastkünstler, Ankauf von Partituren). In solchen Fällen wird üblicherweise kein präziser Wirtschaftsplan vorgelegt werden müssen, sondern nur eine plausible Begründung für den Sonderbedarf und eine überzeugende Darlegung, dass dies nicht aus eigenen Mitteln gedeckt werden kann.

Für den Finanzmanager, der nicht regelmäßig mit der Besorgung von Drittmitteln und Zuwendungen befasst ist, macht es die übliche Vergabepraxis nicht immer einfach, solche Fonds oder Haushaltspositionen zu entdecken und zu erschließen. Dafür wird üblicherweise keine öffentliche Werbung oder Ankündigung gemacht. Für das Finanzmanagement in dauerhaften Kultureinrichtungen ist es ratsam, sein eigenes Netz an öffentlichen Beziehungen zu entwickeln. Man muss sich ständig auf dem Laufenden halten, sich aktiv um Informationen bemühen und Kontakt zu wichtigen Personen und Institutionen halten. Bei weitem nicht immer werden Kulturprojekte entwickelt und realisiert, die von Anfang an auf öffentliche Zuwendungen angewiesen sind, sondern sich aus eigener Kraft einschließlich Förderung von dritter (privater) Seite finanzieren können. Die einzige, oft schwer einschätzbare Unbekannte ist jedoch das Publikum. Der Posten „Ticketverkauf" kann ein Projekt zu einer riskanten Gratwanderung machen. Hier gibt es häufig die Möglichkeit, von der zuständigen Behörde eine so genannte Ausfallbürgschaft zu erlangen. Diese tritt dann ein, wenn eine Unterdeckung tatsächlich und unvermeidlich eingetreten ist.

Ausfallbürgschaften sind deshalb für viele Projekte von erheblicher Bedeutung, weil sie den Organisatoren eine gewisse Last abnehmen, sich in Sachen künstlerischer Qualität und Kreativität nicht allzu weit zurücknehmen zu müssen aus Rücksicht auf die Gunst des Publikums und einen möglichst hohen Umsatz. Ausfallbürgschaften sind indessen kein Ruhekissen, sich gar nicht mehr um Öffentlichkeitsarbeit und Marketing zu kümmern. Im Falle eines wirtschaftlichen Misserfolgs muss unter Umständen gegenüber der bürgenden Behörde genau nachgewiesen werden, dass die Bemühungen um ein ausgeglichenes Verhältnis zwischen Einnahmen und Ausgaben *unvermeidlich* nicht den erwarteten Effekt erbracht haben. Man muss nachweisen können, dass auch in Sachen Kulturmarketing professionell und mit Bedacht gearbeitet wurde. Wer hier nicht seriös bleibt, schädigt seine Reputation und wird in Zukunft kaum noch Erfolgschancen beim Akquirieren öffentlicher Zuwendungen erwarten können.

Zahlreiche Besonderheiten im „Geschäft mit den öffentlichen Zuwendungen" erfordern im Finanzmanagement ein integriertes Mithandeln in den inhaltlichen Fragen des Projektes. Wir können hier nicht auf Einzelheiten eingehen. Um wenigstens im Prinzip zu verdeutlichen und aufzuzeigen, welche Erweiterungen das Finanzmanagement zuweilen erfahren kann, sei auf den keinesfalls seltenen Fall kurz eingegangen, dass im Rahmen eines Projektes, etwa eines Rock- oder Ethno-Musikfestivals, besondere Gastkünstler als große Attraktion eingeladen werden sollen.

Nehmen wir an, zu einem internationalen Tango-Festival soll ein bekanntes Ensemble aus Buenos Aires eingeflogen werden. Die Flug- und Aufenthaltskosten sowie die Künstlerhonorare belaufen sich auf angenommene € 50.000.00. Wie kann dies finanziert werden? Denkbar ist (und stößt meist im Prinzip durchaus auf positives Echo), dass die zuständige Behörde einen Zuschuss in Aussicht stellt, allerdings unter der Bedingung des Nachweises, dass man der Gruppe weitere Auftritte im Land unmittelbar vor oder nach der in Frage stehenden Veranstaltung vermittelt. Auf diese Weise lassen sich nämlich die Flugkosten auf mehrere Veranstaltungen aufteilen. Dies zeigt, wie eng das Finanzmanagement mit dem Projektmanagement in solchen Fragen zusammenarbeiten muss.

5.6.4 Kooperation mit der Wirtschaft

Beim Thema „Kooperation mit der Wirtschaft" drängt sich sofort das Sponsoring in den Vordergrund. Obwohl der Finanzierungsanteil des Sponsorings an den gesamten Ausgaben für kulturelle Zwecke kaum die 4 % erreicht, hat dieses Thema in den letzten Jahren ein breites Interesse in der Praxis und einen entsprechenden Niederschlag im Schrifttum gefunden. Wir werden uns zunächst dem Sponsoring als einer zusätzlichen Finanzquelle für Kultureinrichtungen zuwenden, aber auch Ausschau halten nach weiteren Möglichkeiten für nützliche Kooperationen mit der Wirtschaft. Sponsoring fehlt in keiner fundierten Darstellung zum Thema „Kulturfinanzierung". In der einschlägigen Literatur sind die methodischen und instrumentellen Einzelheiten sowie die kulturpolitischen und wirtschaftlichen Voraussetzungen zum Teil mit ausführlichen Fallbeispielen dargestellt worden. Im Rahmen einer Einführung müssen wir auf das wesentlich ausführlichere Schrifttum verweisen (Braun/Gallus/Scheydt 1996; Heinrichs 1997; Scheydt 1998; Müller 1999; Braun/Gallus 1999, Gerlach-March 2010, Heinze 1999, Heinze 2008, Zacher 2007, Bortoluzzi-Dubach 2007, Heimann 2009, Ziplys 2004).

Der geschätzte Anteil des Sponsoring von etwa 2 % und darunter an den Gesamtausgaben für kulturelle Zwecke (Werner Heinrichs schätzt ihn je nach Berechnungsweise auf 2 % bis 5 % der Netto-Ausgaben der öffentlichen Hand für Kultur. Vgl. Heinrichs 1997/205; andere Zahlen geben Braun/Gallus/Scheydt 1996/25 an: 1 % und darunter) ist ein Durchschnittswert. In manchen Fällen spielt Sponsoring eine weit darunter liegende oder überhaupt keine Rolle, in anderen dagegen füllt es eine sonst nur schwer zu füllende Finanzierungslücke. Der Durchschnittswert sagt also kaum etwas Verwertbares zu diesem Thema aus. Eine weitere Frage ergibt sich aus der Bezugsgröße „Gesamtausgaben für kulturelle Zwecke". Damit sind nicht etwa private Ausgaben (Kauf von Eintrittskarten, Büchern, Schallplatten oder Bildern), sondern institutionelle, vor allem öffentliche Haushaltsmittel der Kommunen und Länder gemeint.

Nimmt man die Perspektive der Kommunen und Länder (so z.B. Braun/Gallus/ Scheydt 1996) ein – und dies ist statistisch die übliche – , so erscheint Sponsoring als ein zusätzlicher oder entlastender Faktor zur Förderung kultureller Einrichtungen. Die Durchschnittszahl von 2 % ist dann ein deutlicher Hinweis darauf oder Gradmesser dafür, dass die Finanzierungslasten der öffentlichen Haushalte zu Gunsten von kulturellen Zwecken eigentlich nur relativ bescheiden ergänzt werden (Braun/Gallus/ Scheydt 1996/25: „Die Sponsoring-Einnahmen sind eine fast zu vernachlässigende Einnahmequelle"). Die genannten Zahlen werden auch häufig als Vergleich zu Sponsoringpraktiken in anderen Ländern, vor allem in den USA und Großbritannien, benutzt. Gern wird dabei auf den wesentlich höheren Anteil des Sponsorings an der Kulturfinanzierung in diesen Ländern hingewiesen. Solche Vergleiche sind meist ziemlich unergiebig. Sie sagen mehr etwas über unterschiedliche gesellschaftliche Kontexte aus, als dass sie Anlass zur Nachahmung geben. Letzteres müsste dann nämlich den Kontext gleich mit übertragen, was wiederum ungeahnte Konsequenzen in anderen Gebieten hätte.

Bei einer fast gegen Null gehenden öffentlichen Kulturfinanzierung wie in den USA würde der Sponsoringanteil natürlich in unermessliche Höhen springen, legte man tatsächlich in den einschlägigen Statistiken dieser Länder die Kulturausgaben der öffentlichen Hand zugrunde. Die in die Diskussion lancierten Prozentzahlen sind meist nicht vergleichbar. Die Zahl von 6 % bis 8,5 % für us-amerikanische Museen, die Stefan Toepler (Toepler 1993/77) angibt, bezieht sich nicht auf die *öffentlichen Ausgaben* für Kultur, sondern auf die *Gesamteinnahmen* der Museen. Werner Heinrichs Vergleich mit der Situation in Deutschland (2 % bis 5 %; vgl. Heinrichs 1997/205) ist deshalb nicht schlüssig.

Die einzig sinnvolle Betrachtungsweise zum Sponsoring ergibt sich aus der Perspektive der empfangenden Institution. Hier ist Sponsoring keine Ausgabe, sondern eine Einnahme. Ein Beispiel: Eine Tagungsveranstaltung des Hamburger ‚Institut für Internationale Musik und Kulturökonomie' im Jahre 1999 wurde aus der Wirtschaft mit einem Anteil von 50 % gefördert. Zieht man die Mittel ab, die (aus naheliegenden Interessen) aus Kreisen der Phonoindustrie kamen, so blieb immer noch ein Anteil „freien" Sponsorings von 18,5 %

(von Seiten einer Versicherung). Ein Anteil von 6 %, wie ihn beispielsweise der Report des City of Birmingham Symphony Orchestras für 1995 ausweist (vgl. CBSO-Report 1995), macht sich da doch vergleichsweise bescheiden aus. Er liegt im Übrigen ziemlich genau auf der Linie, die Stefan Toepler für die us-amerikanischen Museen angibt (s. oben).

Der Vergleich ist natürlich problematisch, weil man ein Projekt nicht mit einer dauerhaft operierenden Institution in Beziehung setzen kann. Es kommt also auf die Charakteristika des Einzelfalls an, und hier kann Sponsoring – wie gezeigt – eine fast existenzielle Bedeutung erlangen. Dies weisen auch die Zahlen bei Braun/Gallus/ Scheydt (1996/25) auf; die Autoren beziehen sich in ihrer Studie ebenfalls nur auf *Projekte* (auch solche innerhalb dauerhafter Einrichtungen wie Museen und Theater) und kommen auf einen Sponsoringanteil zwischen 10 % bis zu 30 % (!) der Einnahmen eines Projektes. Die Frage für den Finanzmanager stellt sich, unter welchen Bedingungen und mit welchen (auch diplomatischen) Mitteln ein maßgeblicher Anteil an Sponsoringeinnahmen erreichbar ist.

Aus einer Reihe von Gründen, auf die wir sogleich noch zu sprechen kommen, ist eine Grundvoraussetzung für erfolgreiches Sponsoring (und dies gilt durchaus für beide Seiten: den Geldgeber und den Geldempfänger) die kulturelle und wirtschaftliche Unabhängigkeit der Kultureinrichtung oder des Kulturprojektes. Der Aspekt der (allerdings nicht ganz selbstlosen) Förderung von Seiten des Sponsors ginge anderenfalls verloren oder erschiene fragwürdig. Ein Imagetransfer von einem kommerziellen Kulturbetrieb (z.B. einem Musicaltheater) zu einem kommerziellen Unternehmen (z. B. einer Brauerei) wäre wenig glaubwürdig. Das Sponsoring würde vom Publikum rasch als reine Eigenwerbung statt eines Deals zugunsten von Kultur durchschaut. Das Gleiche gilt für Spenden (falls solche überhaupt an kommerzielle Unternehmen gezahlt werden können). Man kann deshalb eigentlich auch nicht sagen, dass sich in Bezug auf Spenden und Sponsoring „die öffentlichen, gemeinnützigen und kommerziellen Kulturbetriebe erstmals miteinander in einer Finanzierungskonkurrenz" befinden (Heinrichs 1999/169).

Zu Recht wird allerdings darauf hingewiesen, dass das Sponsoring aus der Perspektive des Sponsors ein Instrument des Marketings vor allem der Imagepflege ist (Heinrichs 1999/175). Es liegt also auf Seiten des Sponsors ein Interesse vor, und dieses muss man im konkreten Fall kennen (oder wenigstens erahnen). Dieses Interesse, das ja mit einer gewissen Zahlungsbereitschaft verbunden ist, kann in manchen Fällen ausgesprochen vital sein und den Gesponsorten in die Lage versetzen, seinen „Preis" relativ hoch anzusetzen. In Ausnahmefällen kann es durchaus vorkommen, dass der Geldempfänger wegen des Andrangs von Sponsorwilligen eine (Preise treibende) Auswahl vorzunehmen in der Lage ist. Dies kommt wohl eher im Sportsponsoring, aber gelegentlich auch bei bestimmten Popveranstaltungen vor. Im Normalfall einer klassischen Kulturinstitution wird die Lage wohl umgekehrt sein.

Dem für Außenstehende nur schwer einschätzbaren Interesse des Sponsors steht die gleichfalls nicht einfache Einschätzung des Imagewertes des Sponsorempfängers gegenüber. Das Ganze ist also ein Geschäft, bei dem sich zwei Kontrahenten wie zwei Schachspieler gegenübersitzen. Da es letztlich um Geld geht – und dieses für beide Seiten eine existenzielle Kategorie zu sein pflegt –, haben Einigungsversuche das typische Format von Handel. Wer die Ware anbietet, muss sie hoch preisen (preisen hier ausnahmsweise nicht im ökonomischen Sinne von Preis); wer auf dem Geld sitzt, muss die Intensität seines Interesse verbergen. Übertreibungen auf beiden Seiten führen zum Abbruch der Verhandlungen; mit Untertreibungen macht man sich jeweils seinem Gegenüber zur Beute.

Überzieht der Imageanbieter (hier also eine Kultureinrichtung) seinen transferierbaren Glanz in der Öffentlichkeit, wird er für den Sponsor unglaubwürdig; hält er seine Öffentlichkeitswirkung zu sehr bedeckt, macht er sich schnell zum billigen Jakob. Wer als Sponsor sein Interesse allzu sehr herunterspielt oder vorgaukelt, dass er eigentlich gar nicht auf Imagetransfer angewiesen ist, macht das Geschäft für den Sponsoringempfänger uninteressant; wer sein Interesse mit zu großem Nachdruck vorträgt, wird leicht ausgenommen. Dies ist nicht die Beschreibung eines Theaterstücks mit einem Schuss Komödie darin, sondern die Realität des Geschäftslebens bei allen Verhandlungen. Dort geht es zwar meist etwas steif vor sich, aber die Grundfiguren und taktischen Varianten des Marktplatzes oder orientalischen Bazars haben sich nicht wesentlich geändert.

Worauf gründet sich das Interesse von Sponsoren, sich mit dem positiven Image einer Kultureinrichtung in Verbindung bringen zu lassen? Es gibt dafür eine über alle Spielarten und bunte Vielfalt der Praxis hinausgehende, einleuchtende Erklärung. Sie geht auf die an früherer Stelle (vgl. Abschnitt 4.3.3.) geschilderte Entwicklung zur fortschreitenden Ästhetisierung der Öffentlichkeit und in ihr vor allem der Märkte zurück, auf den wachsenden Zwang, immer neue Wege und Mittel der Erzeugung von Aufmerksamkeit zu erfinden und einzusetzen.

Die Problematik dieser Entwicklung liegt darin, dass Gestaltungen mit dem Ziel, Aufmerksamkeit zu erzeugen (Personen als Typen, Moden, Lebensstile, Events, Selbstdarstellungen, Warenästhetik, Präsentationsästhetik, Ästhetik des Städtebaus, Medienpräsenz usw.), nur als anfängliche Innovationen fruchten. Sie finden rasch Nachahmer und werden alsbald zu ästhetischen Strömungen oder Stilrichtungen der Selbstdarstellung, die kaum noch Auffälligkeiten hervorbringen.

Der ästhetische Verschleiß (der häufig einen umweltbelastenden materiellen Verschleiß nach sich zieht) und damit die Notwendigkeit zu ästhetischen Innovationen nehmen teilweise rauschhaft zu. Es wird immer schwieriger für die Werbebranche, sich mit auffälligen ästhetischen Gestalten in der Öffentlichkeit bemerkbar zu machen. Davon wird nicht nur die Wirtschaft, sondern werden auch Menschen ebenso wie Organisationen, Institutionen, Parteien, Kommunen und selbst mildtätige Vereine und Initiativen erfasst. Der Prozess der Ästhetisierung betrifft natürlich die Märkte ganz besonders. Hier ist die Schaffung von Aufmerksamkeit, Auffälligkeit und schließlich Anstiftung zum Kauf eine existenzielle Frage. Sie wird verständlicherweise von der Jagd nach Geld gesteuert. Das bedeutet, dass die Notwendigkeit zu persuasiver Präsenz in der Öffentlichkeit stets diejenigen in Atem hält, die etwas zum Verkauf anbieten.

Auch Geldbesitzer tragen gelegentlich ihren Reichtum ostentativ zur Schau, aber nicht etwa, um sich in erfolgreiche Verhandlungsposition als Nachfrager am Markt zu setzen, sondern um sich als Erfolgsmenschen der Öffentlichkeit zu zeigen. Demonstrationskäufe, wie diese Motivation üblicherweise genannt wird, sind ein dankbares Feld für Produktdesign. Aus diesen Erscheinungen lässt sich die Bedeutung der Öffentlichkeit als Instanz zur Vergabe von sozialer Anerkennung ganz gut ablesen (vgl. auch Franck 1998).

Im Marktverkehr besteht ein allgemeines Interesse an einem deutlichen, unterscheidbaren Produkt- und Firmenimage nur auf der Waren*anbieter*seite. Plakative ästhetische Symbole (z.B. ein als Warenzeichen geschütztes Logo, eine typische Farb- oder Gestaltkombinationen wie beispielsweise die Flaschenform für Coca-Cola) schaffen Distinktion (Unterscheidbarkeit), nicht aber automatisch auch Ansehen (Reputation). Reputation ist eine *inhaltliche* Kategorie, die auf erlebbare, erfahrbare und (in Grenzen) nachprüfbare

Qualitätsmerkmale sowie Stileigenheiten eines Unternehmens und seiner Produkte verweist (Bendixen 2000b, 2000c).

Die Reputation ist keine Eigenschaft eines Unternehmens, sondern eine Relation zur Öffentlichkeit beziehungsweise der relevanten Teile in ihr, indem sich im Bewusstsein Außenstehender ein aus Erfahrungen, Erlebnissen und kognitiven Vorgängen gespeistes Bild aufbaut. Da in dieses wiederum die individuellen Lebensumstände und Vorgeschichten einfließen, kann ein solches Image nicht bei jedem gleich sein. Im günstigen Falle oszilliert es um einen harten Kern, der durch aktive Gestaltarbeit in der Öffentlichkeit wach gehalten werden kann und muss. Reputation kann vom agierenden Unternehmen aus zwar in Gang gebracht und durch in sich stimmige Aktionen gestärkt und schließlich der Öffentlichkeit imprägniert werden, aber es ist kein Bild, an dem es allein als Autor zeichnet. Es ist eben kein Gemälde. Die Reputation ist indessen nicht nur ein Wert für den Erfolg der Institution in ihren eigenen Leistungsfeldern, sondern kann auch ein Wert für den Imagetransfer darstellen. Letzterer ist die Basis des Sponsorings.

Die Schaffung von Unterscheidbarkeit und Ansehen in der Öffentlichkeit (am Markt) steht vor einem weiteren Problem. In einem vom Warenverkauf existierenden Unternehmen steht zwar der Markt und die Marktpräsenz im Vordergrund, doch braucht das Unternehmen zugleich den Zuspruch sowohl seiner Shareholder (Anteilseigener, vor allem der Aktionäre im Falle von Aktiengesellschaften) als auch der Stakeholder (all derer, die in der gesellschaftlichen Umgebung des Unternehmens wichtige Einflussgrößen darstellen). Mit den Produkten allein ist dies in den seltensten Fällen zu machen. Das Image des ganzen Unternehmens steht hier vielmehr zur Disposition. Die Frage ist: Wie bekommt man dies alles in ein in sich stimmiges Gesamtbild mit positiver Ausstrahlung in alle genannten Richtungen und Winkel? Diese Aspekte bilden im Prinzip die generelle Ausgangslage, um über einen Imagetransfer aus einem anderen Gebiet (sei dies die Kultur oder der Sport, die Umwelt oder die Katastrophenhilfe) eine deutlich wahrnehmbare „Farbkomponente" in das Image zu setzen. Dabei geht man im Allgemeinen von einer Teilkongruenz des Publikums einer Institution mit der Kundschaft des Unternehmens aus.

Das Image ist ein komplexes Zeichen, das eine überzeugende Wirkung nur dann verspricht, wenn es für die Außenwelt identifizierbar ist, wenn es also eine (virtuelle und sinnliche) Bildsprache spricht, die die Öffentlichkeit versteht, und wenn es Irritationen durch ästhetische Unstimmigkeiten vermeiden kann. Konkret gesagt: Der gute Ruf eines Unternehmens kann über Sponsoring nur dann gestärkt werden, wenn es eine inhaltliche Berührung zur gesponserten Institution gibt. Geradezu klassisch kann man den Zusammenhang zwischen einem Automobilhersteller mit bekannt sportlichen Autotypen und einem Veranstalter für Pferderennen bezeichnen.

Aus der Perspektive einer Kulturinstitution, die sich Gedanken über die Verwertung ihres öffentlichen Wertes durch Sponsoring macht, dürfte es eine Selbstverständlichkeit sein, sich in die Lage des Sponsors und seiner Interessen zu versetzen und selbst einzuschätzen, ob eine Kooperation denkbar ist. Dies indessen genügt allein nicht. Es handelt sich nämlich keineswegs nur um ein typisches Leistungsgeschäft „Geld gegen Imagetransfer". Ungereimtheiten des Images sind nicht nur auf der Seite des Sponsors möglich, sondern auch auf der Seite des Gesponserten. Der nämlich verpflichtet sich, seiner eigenen Reputation etwas hinzuzufügen, was in den meisten Fällen zwar mittlerweile vom Publikum hingenommen wird und zum Teil schon zur Gewohnheit geworden ist, aber bei weitem nicht unbedingt und in allen Fällen Ruf steigernd wirkt. Auch hier gibt es das – ein wenig altmodisch klingende, aber noch immer wirksame – Problem des guten Geschmacks oder Stils.

Die öffentliche Kennzeichnung (auf Plakaten, in Programmheften, auf den Eintrittskarten, im Briefkopf, in Jahresberichten usw.) eines fremden Mitfinanzierers („.... gesponsert von ..."), kann als störend empfunden werden, wenn gewisse Grenzen der kulturellen und künstlerischen Sensibilität oder des (so genannten) guten Geschmacks überschritten werden. Die Sitten der Postmoderne, die nahezu alles für möglich und machbar halten, haben die Akzeptanz einer betont sichtbaren Kooperation zwischen Kultur und Wirtschaft erhöht und die Grenzen des Annehmbaren mehr und mehr abgeschliffen. Dennoch muss man sich als Finanzmanager einer Kultureinrichtung genau überlegen, wie weit man sein Eigenimage partiell durch Sponsoring relativieren kann und will. Eine Aufführung von Lessings „Nathan der Weise" wäre mit einem Waffenproduzenten nach wie vor schwer zu kombinieren, dessen Anliegen würde in Verbindung mit Kleists „Prinz von Homburg" in Komik untergehen, könnte dagegen seinem Stück Kleists „Der zerbrochene Krug" eine reizvolle Note hinzufügen.

Imagetransfer setzt in beiden Richtungen voraus, dass die beteiligten Organisationen (die Kultureinrichtung und der Sponsor) voneinander unabhängig sind. Wenn beispielsweise große Unternehmen der Industrie oder Banken eigene Kulturabteilungen unterhalten, in denen dem eigentlichen Unternehmenszweck durchaus ferne Kulturprojekte initiiert und finanziert werden, so handelt es sich nicht um Sponsoring, sondern um eine Form der Kulturförderung eigener Art (vgl. dazu auch den Abschnitt 7.2.4.). Diese Kulturförderung der Wirtschaft hat ähnliche Wirkungen wie das Sponsoring, vor allem auch nach innen in die Belegschaft des Unternehmens, aber die Kulturprojekte sind inhaltlich und programmatisch steuerbar. Der Reiz des Kontrastes, der eine subversive Form von Imagevorteilen hervorbringt, wenn ein Unternehmen „sich traut", sogar quer liegende Kunst zu unterstützen (bekanntlich arbeitet die Bennetton-Werbung mit besonders krassen, vielleicht riskanten Kontrasten), geht bei hausinternen Kulturinitiativen natürlich verloren. Diese Initiativen der Wirtschaft sind deshalb ganz anders zu bewerten.

Firmeneigene Kulturabteilungen leisten nicht nur beachtliche Beiträge zum Kulturleben, sondern gehen in vielen Projekten direkte Kooperationen mit eigenständigen Kultureinrichtungen ein. Auch dies sind aus der Sicht der Kulturfinanzierung Beispiele für eine mögliche Zusammenarbeit mit der Wirtschaft. Solche Kooperation beschränkt sich nicht auf geldliche Zuwendungen, sondern bezieht (für die Kultureinrichtung Ressourcen sparend) die sachliche Ebene ein, z.B. in Form von gemeinsamen Projekten (Ausstellungen, Musikwettbewerbe, Filmprojekte usw.). Eine weitere Ebene der Kooperation entsteht dann, wenn die Leistungen einer Kultureinrichtung unmittelbar für die Intentionen eines privaten Unternehmens verwertbar sind. Dazu können wir die geläufige Form des Engagements von Musiker-Ensembles und Orchestern für bestimmte Firmenveranstaltungen rechnen, ebenso den regelmäßigen Ankauf von Bildern lebender Künstler sowie das Engagement von Kabarettisten und Kleinkunstgruppen bei bestimmten Anlässen (hier hat sich z.B. das Hamburger Scharlatan-Theater einen überregionalen Ruf erworben).

Eine besondere Form der Kooperation hat sich in jüngster Zeit einen gewissen Namen gemacht durch Theaterworkshops in Unternehmen. In diesen Projekten geht es nicht um Jubiläums-Zeremonien, nicht um lustige Beilagen bei Betriebsversammlungen und ähnlichen Anlässen, sondern um „Theater im Dienst der Wirtschaft, das innerbetriebliche Strukturen in Szene setzt, auf den Punkt bringt, anschaubar macht", wie der Veranstalter eines

Theatertreffens in Hof 1997 ankündigen ließ (Passow 1997). Bei der Arbeit professioneller Theatergruppen in Unternehmen stehen Unternehmensthemen im Vordergrund, Firmendramen (der Krieg der Vorstände), innerbetriebliche Schauspiele, Motivationstheater, Business-Theater (Passow 1997). Mag sein, dass dies so etwas wie die Wiederkehr des alten Hoftheaters und der Wanderbühnen früherer Epochen unter modernen Vorzeichen bedeutet. Andererseits kann hierin auch eine Chance für Theater liegen, sich durch einzelne Kooperationsprojekte mit der Wirtschaft existenziell zusätzlich zu sichern und sich künstlerisch einen Namen zu erwerben.

5.6.5 *Gesellschaftliche Unterstützung*

Der vage Begriff „gesellschaftlich" dient hier als allgemeine Bezeichnung für ein breites und variantenreiches Feld, um gesellschaftliche Kräfte in die Mitverantwortung für die Kultur einzubeziehen (Röbke/Wagner/Institut für Kulturpolitik 2001). Die damit angedeutete Abgrenzung gegenüber den beiden Polen „Staat" und „Markt" schließt an sich die Wirtschaft als gesellschaftliche Kraft teilweise mit ein, wenn sie sich aus welchen Motiven auch immer außerhalb ihrer ökonomischen Interessen- und Betätigungssphäre an der Unterstützung kultureller Einrichtungen und Projekte beteiligt. Wir haben dies der Bedeutung wegen im vorigen Abschnitt gesondert behandelt.

Gesellschaftliche Unterstützung ist an sich der einer lebendigen Demokratie angemessene Weg, Formen des Kulturlebens zu entwickeln, die weder Staatskultur noch Marktkultur darstellen, sondern die die demokratisch verfasste, Vitalität zeigende Gesellschaft sinnlich wahrnehmbar werden lässt. Die Anregungen dazu, sei es durch Appelle oder steuerliche Vergünstigung oder durch Anstöße über Institutionen wie Kulturräte und Bildungseinrichtungen, sind ein Thema der praktischen Kulturpolitik, vor allem auf kommunaler Ebene, teilweise auch auf Landes- und Bundesebene. Dieser kulturpolitischen Perspektive wird hier nicht weiter nachgegangen. Sie ist ausführlich in dem schon zitierten Buch von Werner Heinrichs (1997) dargestellt, kommentiert und mit Beispielen angereichert. Wir können darauf verweisen.

Die Perspektive einer Kultureinrichtung oder eines Kulturprojektes und von dort aus gesehen die Blickrichtung des Kulturmanagements, das für finanzielle Angelegenheiten zuständig ist, setzt naturgemäß anders an. Eine grundsätzliche Beteiligungsbereitschaft gesellschaftlicher Kräfte und Kreise vorausgesetzt, geht es im Einzelfall um die Frage des geeigneten Vorgehens, der anzusprechenden Adressaten und der glaubwürdigen Begründung.

Mit Blick auf die Adressaten kann unterschieden werden in einzelne, namentlich ansprechbare Personen (z.B. Mäzene), in die anonyme Öffentlichkeit (z.B. die Adressaten von Spendenaufrufen) und in Organisationen (z.B. Stiftungen oder Fonds). Eine weitere Unterscheidung betrifft die Art der Unterstützung: finanzielle Mittel, Sachmittel und freiwillige Arbeitsleistungen.

Im praktischen Einzelfall sind Kombinationen aus dieser Palette an Möglichkeiten die Regel. Dies ergibt sich schon daraus, dass Unterstützungen gleich welcher Art und Herkunft selten die volle Last des Erforderlichen tragen. Teilweise ist das durch Satzung festgelegt, zum Beispiel bei Stiftungen und Unterstützungsfonds, die oft sogar nur zusätzlich eintreten, wenn eine Grundfinanzierung aus anderen Quellen bereits gesichert ist. Zum Teil ergibt sich das auch daraus, dass die Ergebnisse von Bemühungen, Zahlungs- oder Hilfswillige zu mobilisieren, eine viel zu ungewisse Größe darstellen, um als fester Posten in die Finanzplanung eingestellt werden zu können.

Eine Ausnahme von dieser Regel sind Engagements von privaten Personen, die von sich aus Kulturprojekte organisieren und vollständig finanzieren oder einzelne Künstler (z.B. Nachwuchstalente) regelmäßig finanziell unterstützen. Der Kreis solcher Gönner ist keineswegs klein. Ihr Wirken tritt nur wenig öffentlich zu Tage. Ihre genaue Zahl ist deshalb nur schwer erfassbar. Bekannt sind allein in Hamburg mehrere private Gönner, die jungen Musikstudenten das Studium finanzieren oder, wie in einem Fall, auf Leihbasis besonders wertvolle Musikinstrumente zur Verfügung stellen. Deutliche Unterschiede ergeben sich zwischen *Kulturinstitutionen*, deren finanzielle Ausstattung eine dauerhaft einigermaßen kalkulierbare Basis braucht, und *Kulturprojekten*, die für einen begrenzten Einzelfall eine ausreichend breite, aber einmalige Unterstützung akquirieren wollen.

Während die Institution auf Regelmäßigkeit angewiesen ist, kann sich das Projekt gerade umgekehrt auf die Einmaligkeit und Besonderheit seines Falles stützen. Irgendeine Art von Erfolgsvorhersage oder eine bestimmte Erfolg versprechende Maßnahmenkombination ist daraus jedoch nicht abzuleiten. Auch konkrete Empfehlungen, sich an bestimmte Personenkreise oder Organisationen zu wenden, je nachdem, ob man dauerhafte Unterstützer sucht oder großzügige Einmalzahler, ergeben sich daraus nicht.

Mäzenatentum wird häufig im Zusammenhang mit fest bestimmten Kulturinstitutionen genannt. Eine gewisse Neigung von privaten Großspendern, sich lieber an einer bekannten Institution zu beteiligen, liegt zwar auf der Hand und ist auch vielfach Praxis. Aber nicht alle Mäzene sind Dauerspender, sondern leisten manchmal (zum Beispiel im Anschluss an eine beachtliche Erbschaft oder durch Zuwendungen aus einem Testament) eine einmalige Zahlung. So finanzieren sie etwa den Neubau oder Anbau eines Museums, die Anschaffung teurer Objekte oder die Ausstattung des Zuschauerraums in einem Theater. Andererseits finden sich immer wieder auch Gönner einer bestimmten Kunstgattung, die sich nicht auf Dauer festlegen lassen wollen, sondern einzelne Projekte ihrer Gunst unterstützen. Manche Kulturprojekte, zum Beispiel Kunstausstellungen, erhalten beachtliche Einzelspenden von bestimmten oft ungenannten Personen, die dann beim nächsten Anlass ein völlig anderes Projekt fördern wollen.

Einzelspender (Mäzene) sind nur schwer direkt akquirierbar. Wer als möglicher Einzelspender eine innere Bereitschaft zur Förderung der Kultur oder einer bestimmten Kunstgattung für sich entwickelt hat, die meist mit der Lebensgeschichte dieser Person in engem Zusammenhang steht, weiß im Grunde ziemlich genau, was er will. Er findet meist selbst den Weg zu einer ihm angemessen erscheinenden Institution oder sucht sich seine Projekte. In einigen Fällen ist von den Betreffenden geäußert worden, dass die Kulturinstitution ihrer Gunst ein unzureichend klares Profil zeige, so dass gezielte Unterstützung bislang zurückgehalten wurde. Viele Spender wollen genau wissen, für welche konkreten Zwecke sie spenden können, etwa Förderung des Nachwuchses, Ausstattung mit Instrumenten, Anreicherung der Bibliothek, Finanzierung einer künstlerischen Position in einem Orchester, Finanzierung eines Neubaus. Aus diesen Beobachtungen ergibt sich ziemlich schlüssig – wie schon an früheren Stellen mehrfach unterstrichen –, dass der Aufbau und die prägnante Darstellung der Reputation einer Kultureinrichtung in der Öffentlichkeit eine bis in Finanzierungsfragen hineinreichende Hauptaufgabe des Kulturmanagement ist. Auch wenn sich manche Spender nicht gerne ins Rampenlicht bringen lassen, heißt das nicht, dass man die

Beziehungen zu ihnen nicht pflegen müsste. Im Gegenteil: positive Kontakte sind häufig auch Anknüpfungsmöglichkeiten zu weiteren Gönnern.

Über die Motive von Mäzenen, sich in namhaftem Umfang für Kultur – meist für eine bestimmte Kulturgattung – einzusetzen, ist viel geschrieben worden. Die Geschichte des Mäzenatentums ist alt. Sie geht ihrem Namen nach auf den vermögenden Römer Maecenas zurück und hat einen ihrer historischen Höhepunkte in der Renaissance erlebt (Kempers 1989). Mäzenatentum hat auch heute noch Bedeutung, wenngleich die Haltung, sich durch uneigennützige, großzügige Spenden hervorzutun, *ohne in der Öffentlichkeit genannt zu werden*, in einer Zeit, in der öffentliche Wirksamkeit und Auftritte zur Regel geworden sind und zur Normalität gehören, fast zu einem Anachronismus geworden ist (Oevermann/Süßmann/Tauber 2007, Jacobi 2009).

Letzte Klarheit über die wahren Motive eines Mäzens wird man kaum finden, und wie viel Selbstlosigkeit tatsächlich im Spiel ist, ist letztlich auch unerheblich. Welchen Unterschied macht es in der Praxis, ob jemand aus Lust zur Kunst oder eher zur Entlastung seines Gewissens als reich gewordener Mensch spenden will? Im Finanzierungsalltag von Kulturinstitutionen sind Hintergrundmotive auch weniger von Bedeutung als die konstruktive Arbeit daran, die Institution so zu gestalten und zu präsentieren, dass sie als attraktiv für Spender aller Art gelten kann.

Spendenaufrufe an die anonyme Öffentlichkeit sind im Kulturbereich eher die Ausnahme. Sie sind eine Praxis, die bei spontanen Hilfsaktionen in Katastrophenfällen eine bedeutende Rolle spielen und oft nur wenige Tage andauern. Eine Zwischenlage zwischen anonymen Spendern und Einzelspendern nimmt die Methode des Fundraising ein. Sie ist gelegentlich als das Mäzenatentum von Menschen mit geringem Einkommen, aber großem Interesse am Kulturleben beschrieben worden. Diese Kennzeichnung trifft sicher das Motiv. Aber anders als beim Mäzenatentum muss die latente Spendenbereitschaft in jedem Einzelfall durch geeignete Maßnahmen mobilisiert werden. Wir können vielleicht von einem latenten Mäzenatentum sprechen.

Fundraising ist ein organisiertes und im Einzelfall „diplomatisch" gut zu durchdenkendes Vorgehen zur Akkumulation von kleinen Einzelspenden zu einer Großspende. Diese akkumulierte Spende kann auch einem Stiftungskapital zugeschlagen werden, das dadurch sein Ertragsaufkommen dauerhaft steigert und entsprechend mehr Masse zur Verteilung hat. Normalerweise aber wird der gesammelte Spendenbetrag der Kulturinstitution direkt zugeführt Er kann dort für konkrete Zwecke, zum Beispiel Instrumentierung eines Sinfonieorchester, ausgegeben werden oder einem bestimmten Kulturprojekt zugute kommen.

Viele Kampagnen dieser Art leiden in Deutschland unter einem mageren Ergebnis, unter schwacher Resonanz unter den Angesprochen. Man ist mit einer Erfolgsquote von 5 % (jeder zwanzigste Angesprochene hat positiv reagiert) oft schon zufrieden. Einer heute in Budapest lebenden us-amerikanischen Expertin zufolge, die mehr als dreißig Jahre lang Fundraising-Kampagnen in den USA erfolgreich organisiert hat, gilt eine Erfolgsquote von 10 % in den USA als angemessener Durchschnitt.[94] Ihrer Beobachtung nach wird vielfach

---

[94] Aussage aus einem privaten Interview mit Frau Linda Szábo während eines Symposiums an der Universität von Debrecen/Ungarn im Herbst 1997. Anders als in den meisten Ländern Europas gilt in den USA vielfach das Fundraising als fundamentale Form der Finanzierung. Bei einem Gespräch (2000) mit der Leitung des Philadelphia Symphony Orchestra über Finanzierungsfragen kam heraus, dass von den rd. 110 Mitarbeitern in der Administration fast 80 ausschließlich mit Fundraising beschäftigt sind.

zu wenig bedacht, dass der Erfolg von Fundraising-Kampagnen ganz erheblich davon abhängt, ob die angesprochenen Bevölkerungskreise

1. generell daran gewöhnt sind, sich mit Spenden an Angelegenheiten ihrer Kommune zu beteiligen,
2. ob dies mit einer gewissen Regelmäßigkeit geschieht, so dass der Überfalleffekt entfällt, der bei solchen Aktionen oft zu negativen Haltungen führt,
3. ob regelmäßig in der Öffentlichkeit über die eingegangenen Beträge und ihre Verwendung Rechenschaft abgelegt wird,
4. ob durch die Art der Ansprache einschließlich dem Ort der Kampagne und dem Auftreten der Ausführenden (bis hin zu angemessener Kleidung, jedenfalls in den USA!) den angesprochenen das Gefühl vermittelt werden kann, an einer wichtigen, seriösen und öffentlich gutgeheißenen Sache beteiligt zu werden und
5. ob den Spendern symbolische Gegenleistungen übergeben werden, zum Beispiel Plaketten, Autoaufkleber oder ähnliche Dinge.

Die zuletzt genannte Teilaktion dürfte nicht überall auf Gegenliebe stoßen. Dagegen war eine Fundraising-Kampagne der Hamburger St. Michaeliskirche vor einigen Jahren sehr erfolgreich damit, dass die von den Bürgern der Stadt erbetene Spende mit einer aus dem alten Kupferblech des zu erneuernden Kirchendachs hergestellte Armbanduhren verbunden war, die man als Gegenleistung erwarb. Der Unterschied zwischen dem Warenwert und der Spende floss der Baumaßnahme zu.

Insgesamt aber wird aus dem Katalog schon ersichtlich, dass es sich um durchdachte Aktionen handelt, die auf die Motivlage der Menschen in den Kreisen, die man ansprechen will, möglichst genau eingehen. In den USA scheint es selbstverständlich zu sein, dass sich die Spendensammler persönlich und privat bei den Spendern einfinden und zum Teil ausführliche Gespräche führen. Man benutze, erklärte die Expertin, solche Gespräche zur Festigung von Beziehungen und zum Anwerben von dauerhaften Freunden der betreffenden Einrichtung.

Fundraising als Finanzierungsform ist, wenn man die Folgerungen aus dem Gesagten zieht, ein Stück Öffentlichkeitsarbeit oder, um diesen Begriff weiterhin zu benutzen, ein Stück Kulturmarketing. Im Grunde sind diese beiden inhaltlichen Stränge, Finanzierung und Marketing, kaum voneinander zu trennen. Jede Maßnahme im Rahmen des Marketings ist eine Kommunikation mit der Öffentlichkeit, vor allem mit dem Publikum, und dieses ist vielfach dasselbe, das auch für Kampagnen wie Fundraising angesprochen wird (die Liste der Publikationen zu Fundraising ist sehr lang. Wir beschränken uns hier auf die wichtigsten mit höherer Auflage: Urselmann 2007, Haibach 2006, Fundraising Akademie 2008).

Die Frage nach der Art der Unterstützung, nach Finanzmitteln, Sachmitteln und ehrenamtlicher Mitarbeit, ist in einigen Fällen heikel, insbesondere was die ehrenamtliche Tätigkeit angeht. Zunächst sind finanzielle Leistungen die flexibelste Form der Unterstützung. Auch wenn manche Spenden zweckbestimmt sind, so bleibt doch meist ein weiter Spielraum für die Institution, die Details der Verwendung festzulegen und die Aktion in den Gesamtzusammenhang der Institution oder des Projektes zu integrieren. Finanzmittel zur Entlastung des Budgets in einer konkreten Sache, zum Beispiel die Finanzierung eines Umbaus, schaffen finanzielle Spielräume in anderen Positionen, die sonst mit herangezogen werden müssten (Deutscher Kulturrat 1996, Wagner 2000; zum Aspekt des bürgerschaftlichen Engagements vgl. auch Kultusministerium Sachsen-Anhalt und Kulturpolitische Gesellschaft 1999). Man kann den Standpunkt einnehmen, dass beispielsweise die Finanzierung der Bestuhlung eines Theaters durch einen Großspender faktisch eine Sachspende darstellt. Eine geldwerte Sachspende liegt aber auch vor, wenn für ein Kulturprojekt von einem Gönner für die Dauer einer Veranstaltung ein Saal kostenlos zur Verfügung gestellt wird.

Ebenfalls geldwerte Sachspenden sind kostenlose Anzeigen in Tageszeitungen, der kostenlose Druck von Programmheften oder die Übernahme des Catering für eine Veranstaltung. Wenn diese allerdings mit der öffentlichen Benennung des Spenders verbunden werden, dann handelt es sich streng genommen um Sponsoring mit der Besonderheit, dass der Sponsor die gesamten Kosten einer solchen Aktion übernimmt. Sachspenden, vor allem wenn sie physisch übergeben oder überlassen werden, sind zwar nicht ganz das Gleiche wie Finanzspenden. Aber sie sind partiell gegeneinander austauschbar.

Eine schwierigere Problematik ist die ehrenamtliche Mitarbeit. Die erbrachten Leistungen entlasten zwar auch den (Personal-) Haushalt. Aber es gibt eine Reihe von kritischen Fragen, die dabei zu beachten sind, angefangen bei Versicherungsfragen und fortgeführt mit Aspekten wie Vorkenntnisse, Kosten der Einarbeitung, ständige Anleitung, Belastbarkeiten, Verfügbarkeit und schließlich der Problematik der Rivalität mit den bezahlten Kräften. Gelegentlich wird auch das Argument vorgebracht, dass jeder unbezahlte Ehrenamtliche einer Arbeitskraft, die auf Einkommen angewiesen ist, den Arbeitsplatz wegnimmt. Dieses Argument ist dann stichhaltig, wenn die Alternative, eine bezahlte Kraft einzustellen, tatsächlich gegeben ist. Dies kann man nur im Einzelfall beurteilen. Die Gefahr ist nicht gering, dass ausgebildete Fachkräfte deshalb keinen Arbeitsplatz finden, weil dieser von Ehrenamtlichen, z.B. Pensionären mit gleicher Qualifikation und womöglich weitaus mehr Erfahrung, besetzt worden ist.

Die betroffene Institution sitzt aber häufig in einer Zwickmühle, aus der sie sich nicht befreien kann. Kürzungen im Personaletat sind in vielen Fällen nicht mehr anders aufzufangen als entweder durch Zurücknahme der Leistungsqualität oder des Leistungsumfangs oder eben durch das freiwillige Engagement von Ehrenamtlichen. Wenn aber diese zur Verfügung stehen, dann muss man durchaus mit dem Argument behördlicher Seite rechnen, dass offenbar sogar noch weitere Kürzungen denkbar sind, solange noch ehrenamtliche Helfer vor der Tür stehen. Der Kulturmanager, dem die Aufgabe der finanziellen Sicherung der Institution aufgegeben ist, wird sich indessen schwerlich auf sozialpolitische Diskussionen oder Vermittleraufgaben einlassen. Bestandssicherung und Entwicklungsperspektiven sind in vielen Fällen auch nur zu erreichen, wenn eine kontinuierliche Basis an Ressourcen einschließlich Fachkräften zur Verfügung steht. Ehrenamtliche Kräfte sind wegen ihrer Sonderstellung und ihrer relativ einfachen Rücktrittsmöglichkeiten nicht immer eine sichere Grundlage für das Management. Es kommt deshalb auf den Charakter der zu vergebenden Aufgaben an. Sonderaufgaben eignen sich für Ehrenamtliche besser als Daueraufgaben von gravierender Bedeutung.

Stiftungen und Fonds sind ein komplexes Thema eigener Art, das in einer Einführung nur gestreift werden kann. Stiftungen sind eine der ältesten Vermögensmassen für gemeinnützige Zwecke. Sie spielten schon im Mittelalter eine bedeutende Rolle, einige von diesen sind sogar heute noch aktiv (allerdings nicht im Kulturbereich). Von den komplizierten rechtlichen, vor allem auch steuerrechtlichen Aspekten hier abgesehen – dazu sei auf die Spezialliteratur verwiesen (vgl. u.a. Strachwitz 1994; Maecenata 1994; Strachwitz 1999,

Strachwitz 2010) – sind Stiftungen finanzierungstechnisch relativ gut einsetzbare Organisationen, weil deren Unterstützungsmöglichkeiten meist recht eindeutig in ihren Satzungen festgelegt sind. Als Kulturmanager kann man sich ausrechnen, ob ein beabsichtigter Antrag grundsätzlich Aussicht auf Erfolg haben kann oder aus dem Rahmen der Satzung der Stiftung fällt. Dies bedeutet allerdings keinesfalls, dass jedes eingereichte Projekt, auch wenn es alle Vergabekriterien erfüllt, am Ende tatsächlich bedacht werden kann und dass es in der Höhe mit den Erwartungen der Antragsteller übereinstimmt. Keine Satzung und kein Vergabekriterium ist so eindeutig definiert, dass nicht noch erhebliche Beurteilungs- und Gewichtungsspielräume verbleiben, die der Vergabekommission (meist aus ehrenamtlich tätigen Mitgliedern) Entscheidungsakzente ermöglichen. Es kann durchaus vorkommen, dass von den inhaltlich in der Satzung als förderungswürdig vorgesehenen Themengebieten in einem Jahr durch Kommissionsbeschluss einige gar nicht, andere nur in begrenztem Umfang angenommen werden. Stiftungen können also durchaus eigene und wechselnde Akzente setzen.

Aus dieser Sachlage ergibt sich, dass für die Inanspruchnahme von Stiftungszuwendungen diplomatische Arbeit im Vorfeld erforderlich ist. Damit soll nicht etwa für Filz, Vetternwirtschaft oder Seilschaften plädiert werden, sondern auf ein Problem aufmerksam gemacht werden, vor dem manche Kommissionen ihrerseits stehen. Sie können zwar den Sachantrag beurteilen und möglicherweise für akzeptabel halten, aber sie kennen die Personen der einen Antrag stellenden Institution nicht und können nicht abschätzen, ob man dieser genügend Qualifikation und Eignung zutrauen kann. Andererseits ist kaum ein Antrag so klar in seinen Formulierungen, dass er nicht noch durch zusätzliche Erläuterungen im Vorfeld und damit durch die Chance von Nachbesserungen erhöhte Aussicht auf Erfolg erlangen kann.

Manche Stiftungen stehen einer unspezifizierten, breiten Öffentlichkeit für antragsfähigen Einzelprojekte oder Projekte von Institutionen offen. Andere dagegen sind festgelegt auf bestimmte, in manchen Fällen sogar auf nur eine einzige begünstigte Institution. Hier handelt es sich meistens um Gründungs- oder Umgründungsvorgänge, die einer Kulturinstitution eine dauerhafte finanzielle Grundlage schaffen soll. An solchen Stiftungen können sich private Stifter, aber auch öffentliche Körperschaften wie eine Kommune beteiligen. Im Grenzfall einer in weitem Umfang durch Zuflüsse aus einer Stiftung abgesicherte Finanzierung wird die hier beschriebene Managementaufgabe der Kulturfinanzierung zu einer mehr administrativen Aufgabe, deren Hauptgewicht dann auf der zweckmäßigen und betriebswirtschaftlich gut begründeten Verwendung dieser Mittel für den Kulturauftrag der Institution liegt.

6 Management der Organisation und der strukturellen Anpassung

6.1 Organisation und Rationalisierung kultureller Einrichtungen

Obwohl in vielen Kulturinstitutionen heute die Probleme des Kulturmarketing, hier im erweiterten Verständnis von Bearbeitung des kulturellen Umfeldes im Sinne von Gestaltung von Öffentlichkeitskontakten, und die Fragen der finanziellen Sicherung durch Erschließen verschiedener Geldquellen im Vordergrund stehen, dürfen die Aufgaben des Organisierens und Rationalisierens nicht außer Acht bleiben.

In der Wirtschaft hat die Aufgabe des Organisierens die Bedeutung, die Transparenz von Leitungs- und Leistungsprozessen aufeinander abzustimmen und damit letztlich die Wirtschaftlichkeit zu erhöhen. Insbesondere bei der Revision einer bestehenden Organisation und bei Rationalisierungsprojekten steht diese Intention ganz im Mittelpunkt. Die schlanke Organisation, die möglichst reibungslos ganze Bündel an Arbeitsprozessen elegant bewältigen kann, ist indessen meist ein Traum, der an den Problemen des Alltags scheitert. Der Hauptgrund ist die Unübersichtlichkeit, Varianz und Komplexität der anfallenden Arbeitsprozesse auf eine relativ lange Sicht in die Zukunft, denn eine Organisation kann man nicht alle paar Wochen wieder ändern. Der Sinn des Organisierens besteht darin, die Vielfalt an Zufälligkeiten auf ein beherrschbares Maß zu reduzieren. Doch wird dieser Sinn gebrochen, wenn das Maß an Reduktion, an Normierung von Vielfalt, ins extrem Bürokratische ausufert. Wir dürfen nicht vergessen, dass die Unwägbarkeiten im Alltag und damit die Provokation der Improvisationskunst durch keine noch so straffe Organisation aus der Welt geschafft werden kann. Der Zufall erweist sich als stärker als alle technischen und organisatorischen Verteidigungslinien des Menschen. Statt Energie zu vergeuden, den Zufall beherrschen zu wollen, ist es klüger, die Kunst des Umgangs mit dem Zufall zu lernen (Bendixen 2010).

Auf der anderen Seite ist ein gewisses Maß an Organisation aus Gründen eines zügigen, effizienten Arbeitsvollzugs im Alltag eine Notwendigkeit. Die Organisation spiegelt die äußeren und inneren Anforderungen wider und muss deshalb zwei Arten von Flexibilität aufweisen: die relative Offenheit ihrer Regelungen gegenüber der Vielfalt der Einzelfälle und die Flexibilität der Revision, wenn die äußeren Anforderungsmuster nicht mehr zur Organisationsstruktur passen. Der eleganteste Weg ist das ständige Mitwachsen der Organisation mit den herausfordernden Veränderungen des Umfeldes. Doch kann dies eine permanente Bewegung und damit ein hohes Maß an Unsicherheit in die Organisation tragen. Es kommt eben auf die Balance an. Die Kunst des Balancehaltens gehört zu den Kernkompetenzen des Kulturmanagements.

Eine erneuerte Organisation braucht eine gewisse „Einfahrzeit", bis sie wieder genügend Routinen gefasst hat, um voll zur Geltung zu kommen. Solche Einfahrzeiten sind aufwendig, die Zahl der Fehler liegt anfänglich noch relativ hoch und die Durchlaufzeiten für Vorgänge sind länger als im Normallauf. Organisationsänderungen kann man deshalb betrachten wie Investitionen, die sich nur dann vorteilhaft auswirken, wenn sie lange genug in der Routinephase genutzt werden können. Festlegungen der Organisation sind deshalb stets und prinzipiell langfristig angelegt, und genau darin liegt auch ihr Risiko. Es können sehr schnell neue Anforderungen auftreten, die bei allzu straffen Festlegungen nicht angemessen aufgefangen werden können.

Die Grundüberlegungen zur Verbesserung der Organisation in der Erwartung von wirtschaftlichen Vorteilen gelten weitgehend auch im Kulturbereich, soweit es sich um dauerhafte Einrichtungen handelt. Die Notwendigkeit, auch im Kulturbereich zu Kostenreduzierungen und Haushaltsentlastungen zu kommen, hat sich mittlerweile weit in den Mittelpunkt der öffentlichen Debatten über Kulturfinanzierung gebracht. Vielfach wird vermutet, dass in den Kultureinrichtungen erhebliche Reserven an Rationalisierungsmöglichkeiten gegeben sind, deren Ausschöpfung zur Entlastung der Haushalte oder zur Reduktion von Subventionen beitragen könnte. Dies mag in vielen Fällen so sein. Es überrascht nur, dass solche Initiativen immer schon angesagt gewesen wären, auch zu Zeiten etwas üppigerer Kulturhaushalte.

Dennoch ist ein erstaunliches Phänomen zu beobachten, für das es eigentlich kaum eine nachvollziehbare Erklärung gibt. Viele trauen sich nicht, in eigener Regie Rationalisierungsprojekte ins Leben zu rufen, teils aus dem nahe liegenden Grund, dafür keine freien Arbeitskapazitäten zu haben, teils aber auch, weil ihnen die nötigen Kenntnisse dazu fehlen. Stattdessen rufen sie (oder lassen sie auf Druck von Kulturbehörden rufen) Unternehmensberater, die für teilweise unangemessen hohe Gebühren Ergebnisse präsentieren, die kaum einen praktischen Nutzen erbringen. Diese Kosten sind Teil der Veränderungsinvestitionen, die sich langfristig auszahlen müssen, und sie sind eine erhebliche Kostenbelastung.

Das Überraschende daran ist, dass sich die Auftraggeber in den zuständigen Kulturgremien (der Kommunen) anscheinend keine Gedanken darüber machen, dass es vielleicht beträchtliche Unterschiede zwischen einem Wirtschaftsunternehmen und einem Kulturbetrieb gibt, dass für einen Kulturbetrieb erhebliche Sachkenntnis in kulturellen Dingen erforderlich ist, über die ein Unternehmensberater aus seinem üblichen Erfahrungshintergrund kaum verfügt, es sei denn, er hat sich auf dieses Gebiet spezialisiert, und dass auch in der Methodik solcher Projekte einige gravierende Unterschiede ins Spiel kommen. Bei alledem müssen wir uns darüber klar sein, dass wir den technisch-wirtschaftlichen Apparat, der die Ausübung von Kunst ermöglichen soll, beispielsweise ein Filmstudio oder ein Opernhaus, einer organisatorischen Balance unterziehen können. Aber Regeln des Organisierens können nicht auf den substanziellen Prozess der Kunstproduktion angewendet werden. Die innere Struktur eines Theaterstücks einschließlich seiner Einfügung in die technischen Gegebenheiten einer Bühne folgt künstlerischen Regeln und Erwägungen, die mit den Regeln der Wirtschaftlichkeit oft hart in Konflikt geraten.

In den folgenden Abschnitten werden wir diesen Zusammenhängen im Einzelnen nachgehen und auch hier wieder das Verständnis für beide Felder, für die Belange der kommerziellen Wirtschaft einerseits und für die Besonderheiten kultureller Einrichtungen andererseits, zu intensivieren versuchen, damit Übereinstimmungen deutlich, aber die Unterschiede nicht zugeschüttet werden.

6.2 Wirtschaftlichkeit und Qualitätsstandard

Der Erfolg eines Unternehmens entscheidet sich auf der monetären Ebene. Er wird maßgeblich bestimmt von einem recht simplen Kriterium, dem Gewinn, dessen Zustandekommen allerdings seine Hürden, Fallen und Widrigkeiten hat. Es gibt Risiken, die in der „Natur" des Marktes liegen (auch im Sport kennt man keine Siegesgewissheiten), und es gibt Risiken aus dem Innenbereich der produktiven und administrativen Abläufe, insbesondere dann, wenn dort die Wirtschaftlichkeit und die Produktivität kontinuierlich vernachlässigt werden. Wirtschaftlichkeit steht als Postulat im Vordergrund, weil Schwächen der Produktivität sich unmittelbar auf der Geldebene zu erkennen geben und daher das Input-Output-Verhältnis in Geldeinheiten ausgedrückt wird. Vergleicht man zwei Situationen miteinander, die unterschiedliche Kombinationen von Ressourcen mit gleichen Resultaten (in gleicher Qualität) repräsentieren, dann entscheidet man sich logischerweise für die billigere.

Nun sind aber die darin zu verrechnenden und vergleichenden Kosten ihrerseits von den Marktverhältnissen auf der Beschaffungsseite abhängig. Bei niedrigen Benzinpreisen kann die Benutzung des PKW wirtschaftlicher sein als die Bahn. Steigen die Benzinpreise, sei es wegen der Drosselung der Fördermengen bei den Erdölproduzenten oder sei es wegen drastisch erhöhter Mineralölsteuern, dann kann sich das Gegenteil herausstellen. Die Wirtschaftlichkeit ist wegen ihrer Einbindung in die Geldebene keine rein innerbetrieblich technische Maßzahl – anders als die rein technische Produktivität, z.B. die Mengenleistung einer Maschine pro Stunde –, sondern reflektiert die Preisverhältnisse auf den Beschaffungsmärkten. Mit anderen Worten: *die Produktivität bleibt gleich, aber die Wirtschaftlichkeit verändert sich mit den Preisen.*

Die Produktivität sagt demgegenüber aus, in welchem Grad eine bestimmte Ressource bei ihrem physischen Einsatz tatsächlich realisiert, was sie kann. Die Produktivität einer Maschine leidet beispielsweise, wenn sie mehrfach (z.B. wegen schlechter Organisation) stillsteht. Es werden Leistungsmöglichkeiten verschenkt. Die Produktivität ist ein Vergleichsmaßstab auf der physischen Ebene. Produktivität hat in Unternehmen eine weitaus geringere Bedeutung als die Wirtschaftlichkeit, weil mit dieser unmittelbar die Effekte auf der Geldebene sichtbar gemacht werden und dementsprechende Entscheidungen ermöglichen.

Wirtschaftlichkeit ist das Maß für den gelungenen Versuch, das allgemeine Prinzip der ökonomischen Rationalität praktisch anzuwenden, indem ein bestimmter Zweck, zum Beispiel die Fertigung einer bestimmten Produktmenge, mit möglichst niedrigen Kosten bei gleich bleibender Qualität des Ergebnisses zu erreichen versucht wird. Sofern der Zweck eindeutig bestimmt ist und nur dann, kann unter dem Hinweis darauf, dass auch Geld knapp ist (und folglich selber einen Preis hat, nämlich den Kreditzins), ein möglichst kostengünstiger Weg bestimmt und realisiert werden. Wirtschaftlichkeitsberechnungen haben also direkte praktische Auswirkungen.

In allen realen Zusammenhängen, in denen mit knappem Geld gewirtschaftet werden muss, also auch in Kultureinrichtungen und Kulturprojekten, kann man auf die gleiche Weise vorgehen. Die Benutzung eines monetären Maßstabes wie die Wirtschaftlichkeit bedeutet nicht, dass dieser nur für kommerzielle Ziele anwendbar ist, sondern er bezieht sich auf den Tatbestand der Knappheit des Geldes und stellt eine rationale Beziehung zu einem angestrebten Zweck her. Dieser kann sachlich bestimmt sein, zum Beispiel die Festlegung einer bestimmten Produktionsmenge oder die Herstellung eines genau beschriebenen Bühnenbildes für eine Theaterproduktion.

Der Zweck kann allerdings auch monetär vorgegeben sein, zum Beispiel ein bestimmter Umsatz in einem Monat oder für eine bestimmte Produktgruppe. Solche Berechnungen sind komplizierter, weil dieser Zweck sachlich nicht eindeutig ist. Man kann diesen angestrebten Umsatz mit wenigen sehr teuren Produkten aus dem Herstellsortiment erreichen oder mit einer großen Menge billiger Waren. Entscheidend ist in diesem Fall, wie viel Gewinn mit diesen beiden Möglichkeiten jeweils erzielt werden kann und wie die Kundschaft reagiert, wenn sie vor die Alternative gestellt wird, entweder nur ganz billige oder nur ganz teure Waren erwerben zu können. Solche Sortiment bildenden Überlegungen kommen aber in Kulturinstitutionen praktisch nicht vor.

Die zuvor gemachte Nebenbedingung „bei gleich bleibender Qualität" muss gerade mit Blick auf den Kultursektor besonders hervorgehoben werden. In der Praxis kommt es nämlich gar nicht selten vor, dass unter dem Druck des Marktwettbewerbs auf die Produktionskosten spürbar Kosten senkende Maßnahmen ergriffen werden, die – unerkannt oder bewusst in Kauf genommen – die Qualität der Erzeugnisse verringern.

Das kann beispielsweise durch nachlässigere Kontrollen, durch ungenaues, weil zu schnelles Arbeiten oder durch schlechter ausgewähltes Material geschehen. Solche Effekte haben nichts mit der Verbesserung der Wirtschaftlichkeit zu tun. Wenn die Resultate zweier verglichener Handlungsmöglichkeiten nicht völlig gleich sind, führt die Wirtschaftlichkeitsberechnung leicht in die Irre. Das wirtschaftlicher erscheinende Produkt kann ein Reinfall auf dem Markt sein, weil es die erwartete Qualität verfehlt.

Auch Kultureinrichtungen können von solchen Problemen betroffen sein, wenn sie unter massiven Druck von Sparauflagen oder von zurückgehenden Einnahmen geraten. Viele solcher Maßnahmen in der Praxis, die nicht selten unter „fachkundigem" Beistand von Unternehmensberatern durchgeführt werden, geben in beeindruckenden Zahlen Erfolgsmeldungen gegenüber ihrem Geldgeber (meist der Kommune) ab und verschweigen oder wissen nicht, dass sie gar nicht die Wirtschaftlichkeit verbessert haben, sondern die Qualität der kulturellen Arbeit gesenkt oder deren Volumen verringert haben.

Das so genannte „Gesundschrumpfen", das von vielen in Analogie zu Abmagerungskuren als heilsame Wiedergewinnung eines früheren Leistungsstandards (miss-) verstanden wird, kann in einer Kulturinstitution, die auf bestimmte Qualitätsstandards fixiert ist und diese gegenüber dem Publikum zu sichern hat, zu einer umgekehrten archimedischen Schraube werden. Statt den Standard durch Zufluss von ausreichend Mitteln zu sichern, wird der Saft aus dem System gesaugt. Mit anderen Worten, die Metapher vom Gesundschrumpfen stimmt nicht in allen Fällen. Rationalisierung, die auch den Qualitätsstandard in Mitleidenschaft zieht, hat nichts mit Gesundung zu tun, wenn nicht aus ganz anderen Gründen qualitative Änderungen im Programm erreicht werden sollen.

Echte Wirtschaftlichkeitsverbesserungen dagegen oder, wenn man statt von der Geldseite von einem gegebenen Bestand an Mitteln ausgeht, die aktiv genutzt werden sollen (z.B. vorhandenes Personal, Gebäude, technische Ausstattungen usw.), echte Produktivitätssteigerungen zu erzielen, ist harte Arbeit. Sie erfordert Sachkenntnis, Kreativität und ein hohes Maß an Geduld, um auch kleinere Schritte mit wenig auffälliger Wirkung zu tun. Erst am Ende der Strecke lässt sich ermessen, was man hat erreichen können. Dass es in Kulturinstitutionen unausgeschöpfte Möglichkeiten gibt, die Wirtschaftlichkeit zu verbessern, dürfte unbestritten sein. Man muss sie allerdings mit Sorgfalt erforschen und mit

Weitsicht umsetzen. Manche Projekte dieser Art waren in der Praxis fast so etwas wie Befreiungsschläge, weil endlich Ballast abgeworfen werden konnte (z.B. administratives Gestrüpp, das nicht nur Aufwand verursachte, sondern auch die Kunstproduktion behinderte).

Nichts ist bei solcher Geduldsarbeit kontraproduktiver als massiver Druck von innen oder von außen, etwa Behördenauflagen, die in Jahresfrist zu erfüllen sind. Andererseits machen Praktiker, die diese Zusammenhänge kennen und sich kontinuierlich um Verbesserungen bemühen, oft die frustrierende Erfahrung, dass die zuständigen Behörden dies nicht nur nicht honorieren, sondern ihren Druck eher noch erhöhen nach der Devise „er hat es doch mit Leichtigkeit geschafft, also steckt da doch noch mehr drin!" Dies hängt nur zum Teil damit zusammen, dass Wirtschaftlichkeit weder ein objektiver noch ein absoluter Maßstab ist. Hätte man ein absolutes Maß, dann wüsste man in jedem Moment, wie weit man in der Praxis davon noch entfernt ist und wann man aufhören muss, weiter Druck auszuüben. Wirtschaftlichkeit könnte man dann auch in dem Abstand messen, der noch bis zur Ideallinie der Rationalisierungsmöglichkeiten besteht. Solche Soll-Ist-Vergleiche werden gelegentlich auch angestellt, doch setzen diese eben voraus, dass man mit einer gewissen Berechtigung einen Soll-Zustand genau beschreiben kann.

Die Praxis sieht aber in den meisten Fällen anders aus. Man geht von einer bestimmten Situation aus, die man einigermaßen kennt und beurteilen kann, und sucht nach Möglichkeiten zur Verbesserung. Weder der Ist-Zustand noch der verbesserte Zustand lassen sich vor einem absoluten Sollzustand her spiegeln. Man registriert lediglich Verbesserungen, und niemand kann beweisen, dass dies schon die Grenze des Möglichen ist. Also wird weiter Druck ausgeübt, folglich wird natürlich auch weiterhin Druck abgewehrt. Das ist Arbeitsalltag im Kulturmanagement.

Die Gründe für manche Missverhältnisse in der praktischen Beurteilung von Sachlagen und für viele gefährliche Schieflagen mancher obrigkeitlicher Argumentationen sind vielfältig. Da dieses Thema aber fast überall in der kulturellen Praxis zum Alltag des Kulturmanagements gehört, wollen wir den Zusammenhängen etwas detaillierter nachgehen. Wir werden sehen, dass auf diesem Gebiet die Analogien zwischen Wirtschaftsunternehmen und Kulturinstitutionen wesentlich stärker ausgeprägt sind als auf den anderen Gebieten, dass aber auch die große Frage im Raum steht, welche besonderen Rücksichten auf die kulturellen Inhalte einer Institution zu nehmen sind.

6.3 Organisation und struktureller Wandel

Etwas zu einem (sozialen) Organ zu machen, also eine Organisation zu schaffen, bedeutet, einer Einheit eine bestimmte Aufgabe oder Funktion oder ein ganzes Bündel davon auf unbestimmte Dauer zuzuweisen und sie dafür mit den notwendigen Ressourcen auszustatten. Dieser *funktionale* Ansatz steht hier im Mittelpunkt. Viele der zuvor angedeuteten Fragestellungen ergeben sich aus Spannungen zwischen den festgelegten Strukturen des Organs oder der Organisation mitsamt den definierten Aufgabenfeldern und den sich verändernden Anforderungen an sie aus ihrer Wirkungsumgebung. (Die Fachliteratur zu Fragen von Organisation und Organisationsentwicklung ist außerordentlich umfangreich. Wir nennen hier nur einige Publikationen aus der jüngsten Zeit: Ameln/Kramer, Josef 2007, Ballreich/Fröse/Piber 2007, Schiersmann/Thiel 2009, Siebenblock 2010, Tomaschek 2009).

Eine Organisation (sie ist das Ergebnis des Organisierens) ist nicht für jeden beliebigen Zweck, sondern nur für begrenzte Aktionen und Anliegen geeignet. Durch diese Beschränkung oder Spezialisierung kann sie bestimmte Effizienzvorteile erreichen, die verloren gingen, wenn sich die Organisation für eine sehr breite Palette an Aufgaben sozusagen fit halten müsste. Ein Schiff, das für Flachwässer gebaut wurde, kommt leicht ins Schlingern, wenn es im Tiefwasser auf erhöhten Wellengang trifft. Seine Transportleistung ist abhängig von der Art des Gewässers. Eine Organisation, die für Katastrophenschutz ausgerüstet und trainiert ist, kann man nicht ohne weiteres im Umweltschutz einsetzen.

Ein Schiff umzurüsten oder umzubauen, ist zwar weitaus schwieriger und aufwendiger (deshalb auch meist nicht lohnend) als die Struktur- und Aufgabenanpassung einer Organisation. Man sollte aber die Schwerfälligkeiten einer Organisation gegenüber Revisionen ihrer Aufgaben und Wandlung ihrer Strukturen nicht unterschätzen. Sie liegen – um im Bild der Schifffahrt zu bleiben – ungefähr auf dem gleichen Grad an Schwerfälligkeit wie ein Ozeantransporter, der für eine volle Wende zwischen sechs bis zehn Kilometer braucht, je nach Größe, Ladung und Tiefgang. Organisationen sind, wie wir noch sehen werden, auch in anderer Hinsicht wie Dampfer.

Die funktionale Betrachtungsweise hat eine andere Perspektive als die *institutionelle*. Wenn man beispielsweise sagt, der Verband der Kopfsteinpflasterhersteller sei eine Organisation, dann will man betonen, dass es sich nicht um eine Firma, auch nicht um einen Verein (obwohl diese Organisation die Rechtsform eines eingetragenen Vereins haben kann) oder eine Gesellschaft handelt, sondern um etwas Eigenes. Man bringt damit zum Ausdruck, dass hier eine Bündelung der Willensenergien von Personen oder Firmen mit gleichen Interessen stattgefunden hat, um gemeinsam etwas in der Öffentlichkeit durchzusetzen. Man kann hier auch von Lobby-Organisation sprechen. Natürlich sind nicht alle Organisationen Lobbys.

Die Blickrichtung ist bei der institutionellen Betrachtung auf die gebündelte Arbeit innerhalb eines für die Beteiligten relevanten Ausschnittes der Öffentlichkeit gerichtet. Es kann sein, dass diese Organisation kein eigenes Büro hat, sondern nur einen halbtags besetzten Schreibtisch mit Telefonanschluss bei einem der Beteiligten unterhält. Dann können wir sagen, diese Organisation *hat* keine Organisation, obwohl sie eine ist. Im gleichen Atemzug aber können wir erklären, dass eine Firma, die Kopfsteinpflaster herstellt und ein strukturiertes betriebliches Konglomerat unterhält, ihrerseits eine Organisation *hat*. Falls dies die beherbergende Firma der Lobby-Organisation ist, kommt man zu der bemerkenswerten Feststellung, dass diese Firma in ihrer Organisation eine Organisation beherbergt, die keine Organisation hat. Die Firma ihrerseits aber *ist* keine Organisation, sondern eben eine Firma.

Organisieren ist ein Gestaltungsprozess des Zusammenfügens von Einzeltätigkeiten zu einem gebündelten und intern arbeitsteilig koordinierten Ganzen. Dessen Effekte sind neben der Entwicklung von Routine, Verlässlichkeit und Beständigkeit vor allem Wirtschaftlichkeit und Produktivität. Im *Idealfall* weiß jeder innerhalb dieses Gefüges ganz genau, welches seine eigenen Aufgaben, welches die seiner unmittelbaren Kooperationspartner und, wenn auch nicht mehr im Detail, welches die Funktionen der übrigen Bereiche, Abteilungen und Stellen sind. Andererseits kann sich derjenige, der als Manager Leitungsfunktionen ausübt, in solchem Idealfall relativ rasch über den Stand bestimmter Arbeiten und Projekte sowie über den Grad der Auslastung der Beschäftigten Kenntnis verschaffen. Wie gesagt: im Idealfall.

Die Wirklichkeit sieht selbstverständlich anders aus. In der Praxis findet man sich eher in einer Situation der Unübersichtlichkeit wieder. Es gibt viele Probleme, die teils auf menschliche Schwächen, teils auf unvermeidliche Fehlerrisiken (Fehleinschätzungen von Ereignissen und Vorfällen, Fehlentscheidungen auf Grund von mangelhafter Information) und zu einem bedeutenden Teil auf Spannungen zurückzuführen sind, die zum Leben einer Organisation gehören, indem an sie ständig neue, unerwartete Herausforderungen gerichtet werden. Wäre die Außenwelt ihrerseits beständig und nicht voller Überraschungen, dann könnte man mit der Zeit eine optimale Organisation entwickeln, die keinem Risiko eines notwendigen Strukturwandels mehr unterliegt. Aber die Außenwelt ist eben nicht so. Wenn solche Probleme wie die eben beschriebenen beobachtet werden, insbesondere wenn sie schon deutlich zu Leistungsabfall an irgendwelchen Stellen oder in bestimmten Bereichen geführt haben, dann ist Organisationsrevision erforderlich. Dann müssen die äußeren Bedingungen und die inneren Strukturen neu justiert werden. Diese Arbeit ist *ein* Aspekt von Rationalisierungsmaßnahmen. Wir können sie als konsolidierende Rationalisierung bezeichnen.

Ein anderer Ansatz, der ebenfalls durch aufmerksame Wahrnehmungen in der Praxis ins Spiel gebracht werden kann, geht von der Erkenntnis aus, dass bestimmte Routinen zu erhöhter Produktivität und meist auch Wirtschaftlichkeit führen können, dass andererseits aber Routinen auch leicht Unflexibilität nach sich ziehen können. Welche Gestaltungsstrategien in einer gegebenen Situation zu verfolgen sind, kann man nicht verallgemeinern oder generell regeln. Beide können die Ursache für Unwirtschaftlichkeit sein, die Routine ebenso wie die Flexibilität. In jedem Fall besteht die Aufgabe der Umgestaltung der Organisationsstrukturen darin, kostengünstigere Lösungen zu finden. Wir bezeichnen diese Strategie als kostenorientierte Rationalisierung.

Die Routine, die vor allem auf der Beständigkeit relativ gleicher Arbeiten beruht, wird zur Last, wenn von der Umgebung her oder von der Außenwelt eine wachsende Vielfalt an unterschiedlichen Sachaufgaben zu bewältigen ist. Flexibilität ist genau der umgekehrte Fall. Die Aufrechterhaltung von Qualifikation und Leistungsbereitschaft für viele unterschiedliche Arbeitsaufgaben wird zur Verschwendung von Ressourcen, wenn das tatsächliche Aufkommen kaum nennenswerte Varianz enthält. Es kommt in der Praxis recht oft vor, dass qualifizierte Mitarbeiter entsprechend ihrem Können bezahlt werden, aber nur mit einem Teil davon in Anspruch genommen werden können, was bei dem Betreffenden auf die Dauer Frustration, auf Seiten der Organisation ein zu hohes Kostenniveau verursachen kann. Ebenso kommen solche Fälle vor, in denen qualifizierte Mitarbeiter nicht ihrem Leistungsvermögen entsprechend entgolten werden und für Routinearbeiten eingesetzt werden. Auch in diesem Falle tragen diese Mitarbeiter die Hauptlast der Unproduktivität ihrer Leistungskapazität mit entsprechenden psychischen Reaktionen.

Beide Rationalisierungsstrategien sind häufig miteinander verbunden, vor allem dann, wenn Rationalisierungsabsichten erst in dem Moment artikuliert und in Gang gebracht werden, wenn das Maß an Ungereimtheiten schon besonders auffällig geworden ist. Kontinuierliche Rationalisierungsarbeit in kleinen Schritten kann dem zwar entgegenwirken, aber hier liegen die Probleme oft gerade umgekehrt. Wenn an einer Stelle eine Verbesserung eingeführt wird, kann es unerkannt an anderen Stellen Verschlechterungen der Lage einbringen, weil von einem singulären Punkt aus meistens die Gesamtwirkungen innerhalb der Organisation nicht erkennbar sind.

Ein jedem bekanntes, sozusagen überdimensionales Beispiel ist die Einführung der fünfstelligen Postleitzahlen vor einigen Jahren gewesen, durch die die Sortierungen bei der Post erheblich rationalisiert werden konnten. Dafür wurde den Postkunden aber eine Mehrarbeit beim Aufsuchen der Postleitzahlen aufgebürdet, was anfänglich auch für einige Proteste gesorgt hatte. Diese Lastenverschiebung hat aber letztlich für die Postkunden insgesamt eine diese Lasten wahrscheinlich überragende Verbesserung der Effizienz gebracht, weil bei dem rapide anwachsenden Briefaufkommen die prinzipielle Zusicherung der Post, die Briefe innerhalb eines Tages (über Nacht) in Deutschland zuzustellen, wohl nicht mehr aufrechtzuerhalten gewesen wäre.

Eine weitere Schwierigkeit beim Management der Rationalisierung besteht darin, die Realität der Organisation zu beobachten und richtig zu deuten. Nicht jeder Fehler, nicht jede Verzögerung oder Unterbrechung der Abläufe ist auf Systemfehler oder Strukturmängel zurückzuführen. Wer täglich in der Organisation agiert, ob als Manager oder in einer anderen Funktion, geht mit der Zeit ungewollt einer gewissen Betriebsblindheit entgegen.

Der Ausdruck „Betriebsblindheit", obwohl eine gängige Vokabel unter Organisationsexperten, ist nicht ganz korrekt, weil jeder Mensch antrainierte Wahrnehmungsgewohnheiten und Wahrnehmungseinengungen annimmt, die ihm aus den Anforderungen seiner Arbeit erwachsen und ihm dadurch Effizienz in seinem Arbeitsumfeld vermitteln. Auch auf der Ebene *individueller* Wahrnehmungen bilden sich (intellektuelle) Routinen aus, die die (intellektuelle) Flexibilität beeinträchtigen können. Die bekannte, meist abwehrend gemeinte Reaktion: „Das haben wir immer so gemacht" hat genau diese Qualität. Solche und ähnliche Reaktionen sind ziemliche Hemmnisse bei der Organisationsarbeit.

Ohne Zweifel führen Wahrnehmungsgewohnheiten innerhalb ihres Fokus zu einer schärferen, lupenartigen Wahrnehmung von dem, was die regelmäßigen Aufgaben an wichtigen Details und Varianz mit sich bringen. Die Präzision der Aufgabenerfüllung nimmt durch solche Fokusse gewiss zu. Doch schon die nähere Umgebung und noch viel stärker das fernere Umfeld werden nur noch abgeschwächt und ungenau wahrgenommen. Schleichende Veränderungen fallen kaum auf, nur besonders auffällige Vorkommnisse fallen ins Auge und lösen (unter Umständen nervöse) Reaktionen aus.

Der Organisationsalltag produziert überall solche Fokusse, und ein großer Teil der Effizienz der Organisation lebt auch davon. Das, was wir als Betriebsblindheit bezeichneten, ist genau genommen gerade die Stärke der Organisation, allerdings nur solange, wie die Alltagsabläufe befriedigend routiniert funktionieren. Tauchen Probleme auf, ruft man meist einen Experten herbei, von dem man annimmt, dass er nicht betriebsblind ist. Nicht betriebsblind sein heißt hier, zwar nicht mit dem gleichen, zugespitzten Fokus wahrnehmen zu können oder müssen wie die Insider, dafür aber größere Zusammenhänge erkennen und Schwächen aufdecken zu können, die in die blinden Flecken der Insider gefallen sind. Wir können dies auch so beschreiben: Der Insider ist in erster Linie fokusorientiert, der Outsider ist kontextorientiert.

Als solche Experten bieten sich Unternehmensberater an, die sich eine gewisse Routine und Methodik im Entdecken von Organisationsschwächen angeeignet haben und die ihre Erfahrungen auf diesem Gebiet einbringen können. Doch muss man wissen, dass auch Unternehmensberater ihre eigenen blinden Flecken haben, dass ihre eigenen Routinen im Ermitteln und Aufdecken von Organisationsschwächen mit der Zeit Fokusse bilden, die relativ unempfänglich machen können für scheinbare Nebensachen. Es ist schon vorgekommen, dass Unternehmensberater Probleme gesehen haben (oder vielleicht auch sehen wollten), wo gar keine waren – eine Folge der gesteigerten Erwartungshaltung, dass der eigene Fokus nun wieder zum Zuge kommen wird. Noch weitaus problematischer wird die Lage, wenn externe Berater mit vorgefertigten Lösungen oder auch nur mit vorstrukturierter, zu einer Schablone reduzierter Vorgehensweise ihre Arbeit beginnen. Ihre eigene Betriebsblindheit verführt sie leicht dazu, ihre Beobachtungen und empirischen Analysen in der Organisation so zu steuern, dass die Fakten genau auf ihre vertrauten Lösungen passen.

Aus diesen Spannungen zwischen eigener Betriebsblindheit, die man als Kulturmanager sicher nicht umgehen kann, und der ganz anders gearteten Betriebsblindheit von externen Beratern, die auch diese nicht vermeiden können, ergibt sich eine spezifische methodische Problematik. Es geht um die Frage, wie man in einem konkreten Fall Nutzen aus der Hinzuziehung von externen Beratern ziehen kann, ohne deren Vorfestlegungen aufzusitzen und am Ende nicht die wirklich brauchbaren Lösungen zu bekommen. Bis ins letzte Detail ist dieses Risiko niemals ganz zu eliminieren, aber es gibt einige methodische Sicherungen, auf die ein Auftrag gebender Kulturmanager nicht verzichten sollte.[95]

Diese methodischen Sicherungen sind grundsätzlicher Art und werden ihrer praktischen Relevanz wegen im nächsten Abschnitt detailliert dargestellt. Sie gelten für konsolidierende Rationalisierungsmaßnahmen, also Strukturanpassungen bei veränderten äußeren Bedingungen, ebenso wie für kostenorientierte Rationalisierungsvorhaben, die sich auf die Verbesserung der Wirtschaftlichkeit und Produktivität (bei gleich bleibender Qualität!) beziehen. Der Unterschied zwischen diesen beiden Arten von Rationalisierungen besteht im Grunde nur in der Reichweite des Vorhabens, die im einen Falle das gesamte relevante Außenfeld einbezieht und entsprechende Strukturanpassungen einleitet, während ein kostenorientiertes Rationalisierungsvorhaben mit seiner Reichweite im Innenraum der Organisation verbleibt.

Konsolidierende Rationalisierung kann als ein Projekt der fundamentalen Umstrukturierung einer Organisation mit langfristiger Perspektive und weit über Aspekte der Verbesserung der Wirtschaftlichkeit und Produktivität hinausgehender Wirkung beschrieben werden. Dies lässt sich relativ leicht erklären, wenn man sich der logischen Grundfigur des ökonomischen Prinzips erinnert. Dieses weist zwei Teilformen auf, nämlich das Sparsamkeitsprinzip (man strebe einen gegebenen Zweck mit einem Minimum an Ressourcenverbrauch an) und das Ergiebigkeitsprinzip (man nutze vorhandene Möglichkeiten eines gegebenen Ressourcenbestandes so effizient wie möglich aus).

Im Sparsamkeitsprinzip finden wir die kostenorientierte Rationalisierungsstrategie ohne weiteres verankert. Das Ergiebigkeitsprinzip dagegen kann die Strategie der Konsolidierung allein nicht tragen oder begründen. Das Problem dieses Prinzips liegt nämlich darin, dass es von einem *gegebenen* Bestand an Mitteln oder Ressourcen ausgeht.

Nun kann dieser Bestand aber bei dem Versuch, ihn besser oder auch so produktiv wie möglich einzusetzen, auf äußere Bedingungen stoßen, die das erschweren oder gar verhindern. Die Praxis kann es also unter Umständen erforderlich machen, sich von Ressourcen zu trennen, anstatt sie mitzuschleppen und mit größter Mühe und vielleicht nur geringen Erfolgsaussichten unbedingt einsetzen zu wollen. Konsolidierung muss deshalb die Möglichkeit von Veränderungen in der Substanz im Prinzip ins Auge fassen können.

Wir können diese Problematik an folgendem Beispiel deutlich machen. In einer ostdeutschen Stadt stehen für kulturelle Veranstaltungen zwei Stätten zur Verfügung, ein

---

[95] Ich beziehe mich hier auf eine mehrjährige Praxis als Industrieberater sowie auf einige Projekte im Kulturbereich.

Stadttheater und eine Stadthalle. Beide wurden bisher von den Sparten Sprechtheater, Musiktheater (Oper und Operette) und großes Konzert in Anspruch genommen, die Stadthalle zusätzlich auch für Rock- und Popveranstaltungen und andere größere Events, da sie erheblich mehr Sitzplätze bietet als das Stadttheater. Durch Konsolidierungsmaßnahmen in der jüngeren Vergangenheit in Kooperation mit Nachbarstädten wird die Stadthalle von den genannten Sparten nicht mehr benutzt.

Die Stadt selbst hat mehrere Möglichkeiten, auf diese Situation zu reagieren. Nach dem Ergiebigkeitsprinzip müsste sie alles tun, um die Stadthalle weiterhin mit Nutzungen im kulturellen Bereich zu belegen, wofür sie einst gebaut wurde und worin sie ihre höchste Leistungsfähigkeit (z.B. in der Akustik) zur Geltung bringen kann. Solche Nutzungen könnten allerdings, weil sie Publikum an sich ziehen, leicht zu Lasten des Theaters gehen. Im Übrigen aber könte die Stadt auch an Verpachtung (z.B. als Kongresszentrum, als Messehalle, für große Ausstellungen), an Verkauf oder sogar an Abriss denken. Letzteres würde die relativ hohen Unterhaltungskosten einsparen. Solche Fragestellungen und Probleme sind nicht selten. Sie sind überall dort, wo erhebliche Einschnitte in die Kulturhaushalte nötig geworden sind, fast schon zur Regel geworden. Mit der Schrumpfung hat man vielleicht laufende Ausgaben reduzieren können, steht aber nun vor der Frage, was man mit den vorhandenen Ressourcen, meistens Raumkapazitäten, machen soll.

Die Entwicklung von Nutzungskonzepten ist eine interessante Aufgabe für professionelles Kulturmanagement geworden, da sie weit über den Horizont eines Rationalisierungsvorhabens hinausreichen und kreative Qualitäten erfordern, wie wir sie unter anderem in dem Abschnitt über die Grundfunktionen des Kulturmanagements (Entdecken, Bewerten, Gestalten, Realisieren; vgl. Abschnitt 3.4.) beschrieben haben. Die Kreativität erweist sich hier besonders deutlich in der Fähigkeit, den gewohnten Fokus flexibel zu überschreiten.

6.4 Rationalisierung und das Expertenproblem

6.4.1 Die Produktivitätslücke und ihre Absurditäten

Rationalisierung ist ein Wort, das von vielen, die damit konfrontiert sind, als bedrohlich empfunden wird, weil nach aller öffentlichen Erfahrung massiver Abbau von Arbeitsplätzen erwartet werden muss. Dazu kommt es regelmäßig dann, wenn im Zuge der Steigerung der Wirtschaftlichkeit in irgendeinem betrieblichen Zusammenhang oder Sektor für *vorhandene* Ressourcen (s. Ergiebigkeitsprinzip), hier also Arbeitskräfte, keine wirtschaftlich angemessene Verwendung mehr gefunden oder Versuche dazu gar nicht erst gemacht wurden, weil Entlassungen weniger Aufwand bedeuten.

Am Beispiel der Ressource „Mensch" lässt sich gut verdeutlichen, dass die ökonomische Rationalität, hier also das Ergiebigkeitsprinzip, in der Tat nicht mehr ist als eine Formel ohne Moral. Die moralische Qualität, z.B. die soziale Angemessenheit einer Entscheidung, muss hinzufügt werden. Ob und bis zu welchem Ausmaß das formale Prinzip der ökonomischen Rationalität in der Praxis tatsächlich angewendet wird, hängt vom Willen und der ethischen Festigkeit des Entscheidenden und von den gesellschaftlichen Gepflogenheiten ab, die bestimmte Praktiken gutheißt, andere dagegen verwirft. Deshalb wird einem Wirtschaftsmanager in Teilen der Öffentlichkeit und selbst von einigen Experten zugestanden, gegenüber einer vorhandenen Ressource unterschiedlich intensiv nach „Ersatzbeschäftigungen" suchen, je nachdem wie wertvoll diese für ihn ist. Da kann es nicht verwundern, dass im Falle von Rationalisierungen nicht alle davon Betroffenen gleich behandelt werden.

Wenn es mit der Begründung innerbetrieblicher Rationalisierungen zu Entlassungen kommt, dann hat nicht ein allgemein anerkanntes Vernunftprinzip obsiegt, sondern das wirtschaftliche Interesse hat einen höheren Rang eingenommen als soziale Rücksichtnahme. Dieses bedarf selber der moralischen Rechtfertigung, was häufig mit dem Hinweis geschieht, dass auf diese Weise die Existenz eines Unternehmens und damit aller übrigen Arbeitsplätze gesichert würden. Man kann nicht grundsätzlich von der Vorrangigkeit der Wirtschaft über soziale, ökologische, kulturelle oder politische Belange ausgehen, als sei dies logisch zwingend. Aber auch einen höherwertigen Anspruch auf einen Arbeitsplatz kann man nicht objektiv und grundsätzlich in allen Fällen begründen. Dieses allgemeine Postulat gilt auch für den Kulturbereich.

Die schärfste Diskrepanz besteht indessen darin, dass einige Ressourcen wie beispielsweise Gebäude und Grundstücke, maschinelle Anlagen und Materialbestände eine Vermögensmasse darstellen, in der unter Umständen viel Kapital steckt. Für diese Ressourcen wird man sich wahrscheinlich sehr viel Mühe geben, damit dieses Kapital nicht verloren geht. Man kann andere Nutzungen überlegen oder sie zu verkaufen suchen. In menschlicher Arbeitskraft und ihrer Qualifikation steckt zwar auch Kapital, da die meisten beruflich verwertbaren Qualifikationen nicht ohne Geld zu haben sind. Auch wenn die Investitionen in die Ausbildung zum Teil vom Unternehmen finanziert wurden, gehört das Qualifikationskapital nicht dem bisherigen Arbeitgeber. Folglich macht er sich bei Entlassungen weniger Gedanken, mit einer Ausnahme: Einige Qualifikationen (derzeit z. B. Informatiker) sind auf dem Arbeitsmarkt schwer zu haben.

In einer Phase starker Wachstumsraten der Wirtschaft oder einer Branche verlaufen Rationalisierungsprozesse im Ergebnis, nicht in der Form, etwas anders. Wenn durch solche Maßnahmen die Produktivität erhöht wird, dann kommt man entweder mit weniger Ressourcen (hier Arbeitskräften) aus, weil die Verbleibenden die bisherige Produktionsmenge allein schaffen, z.B. mit Hilfe leistungsfähigerer Maschinen. Man kann die gesteigerte Produktivität aber auch ummünzen in mehr Produktion, was allerdings voraussetzt, dass auch mehr verkauft werden kann. Diese Bedingung ist eben in einer Wachstumsphase erfüllt. Aus dieser Logik leiten viele Experten die Empfehlung ab, dass durch Wachstumssteigerung Arbeitslosigkeit abgebaut werden könne, dass also die Bedingungen für Wirtschaftswachstum verbessert werden müssten. Nach den bisherigen Erfahrungen reicht jedoch das für realistisch gehaltene Wirtschaftswachstum allenfalls dazu aus, dass es nicht zu noch mehr Arbeitslosigkeit kommt.

Die gegenwärtige Lage demonstriert uns also ein gigantisches Ergiebigkeitsproblem von etwas weniger als 4 Millionen ungenutzt bleibenden menschlichen Ressourcen; innerhalb der Europäischen Union sind es geschätzt sogar 18 Millionen. Was nützt ökonomische Rationalität als Vernunftprinzip, wenn es wegen widriger äußerer Bedingungen offenbar nicht zum Zuge kommen kann? Aus der Sicht des Ökonomen handelt es sich hier eigentlich um eine großmaßstäbliche Irrationalität. Um die Dramatik dieses Geschehens mit ein paar Zahlen zu verdeutlichen, sei hier auf einige Beispiele hingewiesen. Anfang der achtziger Jahre benötigte ein Arbeiter in einem Automobilwerk im Durchschnitt 70 Arbeitsstunden für die Herstellung eines Fahrzeugs. Ende der neunziger Jahre ist die Zahl auf etwa 35

Stunden gesunken, und es wird erwartet, dass diese Zahl auf 15 Stunden weiter reduziert werden kann (Luttwak, 110). Daraus lässt sich errechnen, dass der Produktionsausstoß der Automobilindustrie sich innerhalb von rund zwanzig Jahren mindestens verdoppelt haben muss, damit nicht noch zusätzliche Arbeitslosigkeit entsteht. Falls die angekündigte 15 Stunden-Produktivität erreicht werden sollte, müsste eine Produktionssteigerung auf mehr als das Vierfache erzielt werden. Solche Zahlen lassen sich in allen Wirtschaftssektoren finden.

Was hat dies alles mit dem Kulturbereich zu tun? Wenn man im Zusammenhang mit Kultur- und Kunstproduktionen ähnliche Zahlen und Produktivitäten ermitteln wollte, kämen etwas eigenartige Ergebnisse heraus. Denkbar wäre zu untersuchen, wie viel Stunden ein Schriftsteller gebraucht hat, um einen dreihundertseitigen Roman zu schreiben. Wäre dann ein anderer Schriftsteller oder derselbe bei einer anderen Arbeit produktiver, wenn er dreihundert Seiten in deutlich kürzerer Zeit geschrieben hätte, was sich bei Nutzung eines Computers oder eines persönlichen Schreibbüros zum Teil ja realisieren ließe? Wäre – ein anderes Beispiel – ein Sinfonieorchester, das ein bestimmtes Werk statt in 35 Minuten nunmehr in 25 Minuten zu spielen in der Lage ist, dadurch produktiver? Dabei wäre mit Blick auf die Logik des Ergiebigkeitsprinzips allerdings zu beachten, dass sich der Qualitätsstandard im Vergleich nicht ändert, dass also der musikalische Genuss für das Publikum nicht verloren geht, wenn das sinfonische Werk in 25 statt 35 Minuten dargeboten wird. Hier bestehen Zweifel.

Die Absurdität dieser fiktiven Überlegung wird ohne Kommentar ersichtlich sein. Dennoch müsste sich einem Ökonomen sofort die Frage aufdrängen, ob mit den formalen Produktivitätskennziffern vielleicht auch in der Wirtschaft Absurditäten oder sagen wir Irrationalitäten verschleiert werden, zum Beispiel bei der Berechnung der Produktivität von Managern. Wie ist die Produktivität eines leitenden Managers zu messen? Mit welchen Maßnahmen könnte seine Produktivität unter Umständen gesteigert werden? Davon abgesehen stellt sich im Kulturbereich natürlich sofort auch die Frage, ob möglicherweise die realen Bedingungen kulturellen und künstlerischen Schaffens diametral von denen in der Industrie abweichen, so dass Messgrößen wie die Produktivität dort keinen Sinn machen. Die Antwort darauf ist relativ einfach. Der Sinn kulturellen und künstlerischen Schaffens besteht nicht darin, von einer bestimmten Leistungskategorie möglichst viel zu produzieren, sondern in den erwählten Leistungsbereichen höchste Qualität und Meisterschaft zu erlangen.

Für das Ergiebigkeitsprinzip und damit für Produktivitätskennziffern gibt es folglich keine irgendwie nachvollziehbare Basis, wenn der Sinn eines produktiven (hier vielleicht, um Missverständnisse zu vermeiden, besser mit „kreativ" bezeichneten) Leistungsprozesses gerade darin besteht, den *Qualitätsstandard ständig zu erhöhen*. Sofern dieses Anliegen auch nur in irgendeiner Weise in einem kulturellen Zusammenhang im Vordergrund steht, ist nicht nur die Messlatte der Produktivität unbrauchbar, sondern der gesamte damit zusammenhängende Grundgedanke, die Ergiebigkeit einer Ressource ökonomisch maximal zu nutzen.

Obwohl die klassischen Denkoperationen und Begriffe der Ökonomie hier vollständig versagen, ist dennoch von kulturökonomischer Seite durch verschiedene Forschungen der berechtigten Frage nachgegangen worden, woran es insbesondere bei den so genannten Live Performing Arts, den darstellenden Künsten wie Theater, Oper, Orchestermusik, Tanz usw. liegt, dass sie ständig und zunehmend hinter dem allgemeinen Produktivitätsfortschritt in der Wirtschaft zurückbleiben (vgl. Baumol/Bowen 1966, Bendixen 1998b, 162 ff). Die Antwort konnte aus der Feder von Ökonomen nicht anders ausfallen: In den darstellenden Künsten gibt es so gut wie keine Möglichkeiten, die Produktivität durch Rationalisierung (Technisierung) zu erhöhen.

Sowohl das methodische Vorgehen als auch das Ergebnis sind indiskutabel. Sie legen Zeugnis ab von einer auf ökonomisch-rationalistische Kategorien und Modelle reduzierten Weltsicht, die auch in der wirtschaftlichen Realität zunehmend in Bedrängnis gerät. Die nahe liegende Lösung, die Perspektive ökonomischen Denkens und Forschens um einige zentrale Kernthemen (allgemein um die beiden Dimensionen Kultur und Natur) zu erweitern, so dass solche Strategien wie die fortgesetzte Steigerung der Qualität (was zumindest in der Wirtschaft nicht immer heißen muss: bis zu den Gipfel der Genialität, aber beispielsweise gesteigerte Umweltschonung) als ökonomisch vernünftig begründet werden können.[96] Dies ist derzeit nicht der Fall, so dass in Fragen wie den hier anstehenden auf ökonomische Weisheiten und Denkweisen allein kein Verlass ist.[97]

Aus dieser Einsicht folgt zunächst eine erste Empfehlung für die Praxis, wenn es in einer Kulturinstitution darum geht, Umstrukturierungen aus welchen Anlässen auch immer einzuleiten und dabei die Hilfe von externen Experten in Anspruch genommen werden soll. Man frage sich oder erkundige sich, ob die einzelnen Anbieter auf traditionelle ökonomische Methoden und Modelle fixiert sind oder ob ihre Vorgehensweise zumindest die Möglichkeit und konkrete Durchführung anderer Rationalisierungsphilosophien im Rahmen eines solchen Projektes zulassen würden. Kommt man zu dem Ergebnis, ein Anbieter hat sich in der Wirtschaft einen Namen als klassischer Rationalisierer gemacht, so sollte man vielleicht von Auftragserteilungen absehen.

6.4.2 Rationalisierung als kreativer Prozess

Das Wort „Rationalisierung" wird häufig schlicht mit „vernünftig machen" verdeutscht. Das Wort „Vernunft" ist weniger mit ökonomischen Anspielungen und Deutungsakzenten belastet als „Rationalität".[98] Vernünftig kann man jede aus einer bestimmten Lebenslage heraus begründbare, also für andere auch nachvollziehbare Handlung nennen. Wem es in der Sonne zu heiß ist, der geht vernünftigerweise in den Schatten. Wem nach klassischer Musik zumute ist, der sollte sich vernünftigerweise nicht überreden lassen, stattdessen ins Museum zu gehen. Das sind alles keine ökonomischen Argumente. Die kämen erst zum

---

[96] Die Strategie der Qualitätssteigerung statt der Mengensteigerung ist in vielen Fällen eine sich aufdrängende Alternative für ganze Volkswirtschaften, vor allem in der Dritten Welt. Diese Empfehlung ist kürzlich von türkischen Ökonomen für den Tourismus des Landes ausgesprochen worden, um den dramatischen Einbrüchen der letzten Jahre zu begegnen, die deren Ansicht nach in den Problemen des so genannten Billig-Tourismus liegen. Vgl. Özyalin 2000.

[97] Diese Problematik tritt besonders verschärft auf, wenn man auf die traditionelle Ökonomie fixierte Studenten und Absolventen um eine pragmatische Kommentierung realer Ereignisse in der Wirtschaft bittet. Die Ergebnisse sind zuweilen erschreckend arm und unzutreffend, weil viel zu einseitige und verengte Theorien und Modelle herangezogen werden.

[98] Die Gleichsetzung von Rationalität und Vernunft ist (philosophisch) problematisch. Besser wäre die Erklärung, dass Rationalität bewusster Verstandesgebrauch bedeutet, also verständiges Handeln beinhaltet. Vernunft dagegen ist die über den bloßen Verstandesgebrauch hinausreichende Fähigkeit des Menschen, sich selbst zum Gegenstand des Nachdenkens und der Selbstgestaltung seines Lebens zu machen. Vernunft schließt mithin soziale Rücksichtnahme, Achtung vor der Natur und viele weitere ethische Werte ein (Bendixen 2009 a).

Tragen, wenn in den eben genannten Fällen Geld ins Spiel kommt. Wenn der einzige Schatten ringsum von einem Café mit Verzehrszwang belegt ist, kann es vernünftiger sein, den Ort ganz zu verlassen; wenn für ein Konzert nur noch Eintrittskarten ab € 100.00 zu haben sind, kann ein Museumsbesuch vernünftiger sein, obwohl in dem speziellen Fall wohl mit weniger Erbauung verbunden.

Die Einbeziehung der Geldebene kann wegen der verbreiteten Knappheit dieser Ressource zu begründbaren Verschiebungen der Präferenzen führen, also zu partiellen Verzichten, aber nicht zu einer Umpolung der gesamten Bedürfnisstruktur. Dieses kann allerdings bei einem lebenslangen Drill durch die Knute des knappen Geldes durch Prägungen des Lebensstils geschehen, die deutlich von dieser Generalressource veranlasst sind. Wenn diese „Erziehung" zur Geldfixierung erfolgreich geschieht, ist der Mensch endlich für die Konsumgesellschaft ausreichend präpariert. Geld ermöglicht nicht nur Konsum, es erzieht auch dazu. Infolgedessen erscheint ein persönlicher Lebensstil, der ganz und gar an die gegebenen Möglichkeiten der Verwendung eines limitierten Geldbetrages, z.B. eines Monatseinkommens, angepasst ist, als vernünftig, also auch rational.

Der eingeübte Lebensstil wirkt wie ein Fokus. Man kann sich Änderungen vorstellen durch Akzentverschiebungen innerhalb des vertrauten Lebensstils, etwa nach 20 Jahren den Urlaub nicht mehr auf Mallorca zu verbringen, sondern künftig an der Nordsee. Man kann seine Möbel umstellen und erneuern oder seine Essgewohnheiten revidieren, aber schon die Welt außerhalb dieses Fokus, das Kontinuum an Alternativen, vorhandene oder noch zu erfindende, kommt selten in den Blick. Selbst wenn Alternativen gesehen und vielleicht sogar ergründet werden, führen sie meist nur zu Träumen, nicht aber zu Taten. Viele können sich vorstellen, Haus und Hof zu verlassen, den Arbeitsplatz zu verschenken und sich auf eine lange, abenteuerliche Fahrt um den Globus oder einen fremden Kontinent zu begeben, aber nur wenige setzen das tatsächlich um. Damit ist weder eine Diskreditierung des Träumens noch eine Aufforderung zu abenteuerlichem Tatendrang gemeint.

Was wir hier geschildert haben, war der Versuch, eine wissenschaftliche Definition von Kreativität zu umgehen und doch verständlich zu machen, dass menschliche Vorstellungskraft und menschlicher Tatendrang zwar nicht gleich verteilt und von vielen sozialen und manchen biologischen Umständen mitbestimmt sind, aber prinzipiell jedem gegeben sind. Schlummernde Kreativität kann man wecken, und in Abschnitt 8.3. wird dazu noch einiges gesagt werden. Es wäre müßig darüber zu debattieren, ob die Kreativität eine Kraft der Phantasie ist oder ob auch die emotionalen Energien, der Wille es zu tun, hinzutreten müssen. Die Fähigkeit, sich im Denken über die vertrauten Erfahrungshorizonte des persönlichen Lebensfokus hinauszubewegen, scheint indessen auf jeden Fall unabdingbar.

Was hat dies alles mit Rationalisierungsprojekten in kulturellen Institutionen zu tun? Anknüpfend an die Problematik der Produktivität und noch weiter zurückgreifend auf das, was über die Wirtschaftlichkeit gesagt wurde als dem Bemühen, mit begrenzten Geld- und Sachressourcen sparsam umzugehen (Sparsamkeitsprinzip), können wir Rationalisierung im erweiterten Verständnis deuten als das Streben nach sinnvollen und zugleich vernünftig begründbaren Betätigungen für eine Institution als Ganzes oder für bestimmte Teile von ihr. Dieses Verständnis von Rationalisierung geht über den betriebswirtschaftlichen Begriff „Rationalisierung" hinaus, ohne auf dessen spezifische Sicht und Praxis zu verzichten.

Wir schließen in das allgemeine Rationalisierungsbestreben auch ein, dass im Rahmen konkreter Maßnahmen unter Umständen vorhandene Ressourcen, auch menschliche Arbeitskraft, nicht mehr wie im bisherigen Rahmen eingesetzt werden können, lassen aber zu (und würden aus gesellschaftspolitischen Gründen dazu raten), dass mit Kreativität über alternative Einsatzmöglichkeiten nachgedacht, wenn nicht gar geforscht wird, ohne dass es zu Entlassungen kommen muss. Rationalisierungsmaßnahmen sind nicht zwangsläufig Pressionen zur Verschlankung von Leistungsprozessen mit der Folge des Abbaus von Personal und des leer stehen Lassens von Gebäuden, sondern können mit einigem guten Willen und mehr Zeit auch andere, weiter greifende Lösungsmöglichkeiten erkunden.

Zeit (und Geduld) ist eine Ressource eigener Art, die Reifungsprozessen die notwendige Langsamkeit der Entfaltung von wichtigen Eigenschaften gibt. Dies gilt nicht nur für natürliche Reifungsprozesse (wie beim Wein oder beim Käse), sondern auch für die Festigung von Überzeugungen, dass ein geplantes Vorhaben konzeptionell genügend durchdacht und detailliert worden ist (z.B. die Durchführung einer strukturellen Veränderungen in einer bestehenden Organisation).[99]

Rationalisierungen im klassischen betriebswirtschaftlichen Verständnis, die nicht zugleich die Inhalte (die kulturelle Substanz) tangieren, sind in kulturellen *Einrichtungen* ohnehin nur begrenzt vorstellbar, jedenfalls sehr selten; kulturelle *Projekte* mit ihren begrenzten Laufzeiten und ihren ad-hoc-Organisationen kommen für derartige Maßnahmen ohnehin nicht in Betracht. Soll man die Zahl der Musiker eines Sinfonieorchesters drastisch reduzieren, indem man beispielsweise aus einem so genannten   A-Orchester ein B-Orchester macht und die gleiche Leistungsqualität erwartet? Soll man die Besetzung eines Stückes von Shakespeare dadurch reduzieren, dass man mehrere Rollen von nur einer Personen spielen lässt (wobei diese Rollen nicht gleichzeitig auf den Brettern stehen können, das wäre dann ein Fall für Pantomime)? Nach allen Beobachtungen in der Praxis erstreckt sich die Rationalisierung betriebswirtschaftlichen Musters, wo sie Anwendung finden kann, dann auch mehr auf die *Administration* als auf die künstlerischen Leistungsprozesse, es sei denn, es werden inhaltliche Beschneidungen verlangt.

Die Verwaltungen vieler kultureller Einrichtungen, die sich entweder in Staats- oder Kommunalbesitz befinden oder die in beachtlichem Umfang regelmäßige Subventionsempfänger sind, haben administrative Strukturen aufgebaut, die deutlich ein Spiegelbild der öffentlichen Bürokratie darstellen. Wer mit der energischen Kontrolle durch Behörden oder Rechnungshöfe rechnen muss, wird zu seiner Absicherung entsprechende Verwaltungsstellen unterhalten (müssen). Diese haben oft rein defensiven Charakter. Hinsichtlich des bürokratischen Aufwandes ist in kulturellen Einrichtungen allerdings oft noch einiges zu machen. Viele große Einheiten des Kulturbereichs weisen einen hohen Grad an Bürokratisierung auf, der zweifellos nicht nur einen bedeutenden Kostenfaktor darstellt, sondern darüber hinaus auch noch manche Hemmnisse, Zeitverzögerungen und Leistungsschwächen mit sich bringt. Man darf dabei nicht übersehen, dass Bürokratie aus Gründen geordneter und nachprüfbarer Abläufe bis zu einem gewissen Grade unvermeidlich sind, dass sie aber einen unwirtschaftlichen, weil im Verhältnis von Nutzen zu Kosten unverhältnismäßigen Umfang annehmen können und dass sie zu einer Erlahmung von Eigeninitiative und Kreativität führen können, die die künstlerischen Arbeiten beeinträchtigen.

---

[99] Verzögerte Wahrnehmung spielt unter anderem auch in der Kunstdidaktik eine Rolle, um Sinneseindrücken mehr Zeit zu geben, sich in Einzelheiten einzulassen. Verlangsamte Wahrnehmung von Musik, gespielte oder gehörte, lässt Tonqualitäten in Erscheinung treten, die beim schnellen Spiel verschwinden. (Vgl. Wehmeyer 1990 sowie CD-Einspielungen klassischer Stücke derselben Autorin). Natürliche Reifungsprozesse wie die Weingärung oder die Käseherstellung veranschaulichen das Prinzip „Geduld".

Die Gründe für solche Bürokratisierungen sind überwiegend historischer Art. Die Verwaltungsstrukturen sind mit den Verhältnissen mitgewachsen, und wenn sie einmal da sind, nehmen sie leicht den Charakter des Selbstverständlichen an. Arbeitet die Behörde nach dem kameralistischen System der Haushaltsführung, dann tun das Kultureinrichtungen ebenfalls (nicht aus Solidarität, sondern erzwungenermaßen). Modernere Haushaltsverfahren sind dann schwer einzuführen. Die strukturelle Verflechtung vieler Kultureinrichtungen mit Behördenadministrationen geht auf die Zeiten zurück, in denen Kultureinrichtungen Bestandteile absolutistischer Hofhaltungen und ihrer Kämmerer waren, in denen gegenüber freien Kulturinstitutionen obrigkeitliche Repressalien (z.B. sittenpolizeiliche Überwachung) üblich waren sowie später unter demokratischen Bedingungen die Rechenschaftspflicht der öffentlichen Hand über die Verwendung von Steuergeldern einen beachtlichen Kontrollapparat entstehen ließ.

Wie man im Übrigen auch in anderen Leistungsbereichen der öffentlichen Hand, zum Beispiel in Universitäten, beobachten konnte und immer noch kann, hat die Rechenschaftspflicht, jederzeit überprüfbar durch die zuständigen Rechnungshöfe zu sein, zur Folge, dass sich die zuständigen Administrationen nach allen Seiten absichern. Es geschieht nichts, was den Vorschriften zuwiderlaufen könnte, und es geschieht nichts, was nicht jeweils von der höheren Stelle abgesegnet wurde. Bürokratie hat Entlastungsfunktionen, aber selten Leistungsfunktionen. Diese Unterschiede in der Praxis herauszufinden und Verwaltungen auf leistungsbezogene Strukturen und Verfahren zu orientieren, ist eine nach wie vor akute und vielerorts noch nicht ernsthaft in Angriff genommene Aufgabe für modernes Kulturmanagement, das sich mit kultureller Einfühlsamkeit und betriebswirtschaftlichem Wissen in die Detail ihrer Institution einarbeiten muss.

Was nun im Verhältnis zwischen Amt und Institution geschieht, ist dieses: Die amtliche Aufsichtsfunktion schafft eine Stelle oder eine ganze Abteilung, die kontrolliert, was in den Regie- und Eigenbetrieben und bei Subventionsempfängern getan wird. Bei den Institutionen ihrerseits werden Stellen oder ganze Abteilungen geschaffen, die darauf achten müssen, dass alles vorschriftsmäßig geschieht. An den Schnittstellen zwischen den beiden Bereichen bilden sich administrative Wülste ähnlich den Wucherungen an Bruchstellen von beschädigten Bäumen und Ästen. Diese Stellen gelten als besonders hartnäckig und reißfest. Man kann dies recht gut an Stellen in Kulturinstitutionen und ihren Gegenstellen in den zuständigen Behörden beobachten, an denen jährliche Wirtschaftspläne mit ihrem komplizierten Kontext an Verwaltungsvorschriften aufgestellt, auf der Gegenseite (der Behörde) kontrolliert und genehmigt und nach Ablauf der Periode mit dem dann zu erstellenden Abschluss (Verwendungsnachweis) verglichen werden. Solche Zahlenwerke sind für kostenorientierte Entscheidungen im Management der Kulturinstitution so gut wie unbrauchbar. Dafür müssen dann eigene Kostenrechnungen aufgestellt werden (z.B. Deckungsbeitragsrechnungen).

Rationalisierungen im administrativen Teil von Kulturinstitutionen sind in vielen Fällen durchaus eine sinnvolle Absicht. Sie finden positive Resonanz besonders dort, wo Kulturämter und Ministerien ohnehin den Weg zur relativen Verselbständigung bestimmter Leistungsbereiche gehen (Stichwort: Public Management). Die Auflockerung der kameralistischen Haushaltsführung und die Spielräume, die sich damit für eine Kultureinrichtung bieten, werden in der Praxis allerdings nicht immer voll genutzt. Auch hier sind noch Rationalisierungsreserven zu entdecken. Stellenabbau muss aber nicht zwangsläufig die Folge sein, denn eine Wende von der Amtsorientierung zur (relativen) Selbständigkeit wird scheitern, wenn nicht bestimmte neue Funktionen für die administrative Stabilität der Kultureinrichtung eingerichtet und entwickelt werden. Es könnte also beispielsweise Personal im Marketing, in der Projektorganisation und vielen anderen Bereichen neu oder in verstärktem Umfang notwendig sein. Umschulungen in Richtung auf neue Funktionen nach dem Konzept „Kulturmanagement" dürften die kleinste Hürde sein.

Rationalisierungsprojekte führen indessen nicht nur zu Umstrukturierungen im Personalbereich, sondern oft auch zur Freisetzung anderer Ressourcen, besonders von Gebäuden. Davon ist bereits die Rede gewesen. Noch weiter ausgreifend sind Umstrukturierungsvorhaben, die eine Anpassung an veränderte Gegebenheit in der kulturellen Umwelt anstreben. Zum Beispiel kann eine stärkere Aufmerksamkeit und Haltung gegenüber dem touristischen Publikum einer Stadt als notwendig angesehen werden oder es können sich völlig neue Formen der Kooperation mit anderen Kultureinrichtungen am Ort oder regional, vielleicht sogar international ergeben. Damit soll hier lediglich angedeutet werden, dass im Rahmen von konsolidierenden Rationalisierungsprojekten eine erhebliche Portion Phantasie und tatkräftige Kreativität notwendig werden können.

Die an anderer Stelle angesprochene so genannte Betriebsblindheit kann in solchen Vorhaben in der Tat ein Hemmschuh sein, selbst wenn die beteiligten Personen im Allgemeinen als kreativ und tatenlustig angesehen werden. Auch in solcher Lage kann die Hinzuziehung eines externen Experten eine wertvolle Unterstützung sein, allerdings nur dann, wenn sich – wiederum durch Vorerkundungen – einigermaßen sicher sagen lässt, dass der Anbieter mit seiner Methodik und seiner Beratungsphilosophie auf Offenheit für kreative Lösungen schließen lässt und – das muss aufgrund von negativen Erfahrungen in der Praxis auch an dieser Stelle noch einmal hervorgehoben werden – über einige Erfahrung im Kulturbereich verfügt. Erfahrungen in der Industrie oder in öffentlichen Verwaltungen sind dafür nicht genug. Wir raten deshalb zu einer differenzierten Prüfung der durch den externen Experten zu erwartenden kreativen Impulse, bevor ein konkreter Auftrag erteilt wird. Dazu sollte man sich auch Erfahrungen im Kulturbereich nachweisen lassen, denn ohne eine gewisse Sachkenntnis, sie muss nicht unmittelbar aus dem in Frage stehenden Bereich stammen, ist ein kreatives Eindringen in die Besonderheiten eines konkreten Falles kaum oder nur nach viel zu großem Zeitaufwand möglich.

6.4.3 Einsatzformen externer Experten

Abgesehen von den üblichen Fragen der Formen und Inhalte der Kooperation gibt es im Verhältnis zwischen der Auftrag gebenden Institution und dem oder den externen Experten zwei Hauptproblembereiche:

- Die Nutzung der Kenntnisse und Erfahrungen des Experten können nur in dem Maße an die Institution weitergereicht werden, wie diese dem Experten Einblick in ihre Lage gewährt.
- Die Resultate des Experten können nur in dem Maße wirklich genutzt werden, wie deren Zustandekommen und Begründungen aus der Arbeit des Experten ersichtlich und für die Institution nachvollziehbar gemacht werden.

Dies sind die beiden neuralgischen Punkte. Ihre Problematik ist hauptsächlich kommunikativer Art und berührt das Verhältnis von Text und Kontext, von der Sache selbst und den Umgebungen, die sie tragen und beeinflussen, und von den Antworten des Beraters und seiner Lebensumgebung und professionellen Karriere. Beide Kontexte werden in der Praxis nicht immer offen gelegt und können dies auch nur in begrenztem Umfang. Ihre Kenntnis aber ist – zumindest bis zu einem bestimmten Grad – zur Deutung von Erscheinungen und Resultaten und damit zu begründeten Handlungen notwendig. Je nachdem, wie diese beiden neuralgischen Punkte durch die Methodik der Beratung organisiert werden, lässt sich ihre Nützlichkeit steuern oder die Beratung nimmt eben ihren eigenen (ungewissen) Lauf. Dabei spielt auch der Preis der Beratung eine wesentliche Rolle. Je intensiver die geleistete Arbeit des Experten ist, desto höher liegt im Allgemeinen der Preis, aber nicht zwingend auch der Nutzen. Manche aus der Praxis bekannt gewordenen Fälle zeigen sogar ein dramatisches Missverhältnis zwischen Preis und Nutzen, aber nicht zwingend auch zwischen Preis und Leistung, denn der durch den Experten tatsächlich betriebene Aufwand kann gerade dadurch besonders hoch gewesen sein, dass er nicht über genügend Sachkenntnis und Erfahrung in dem betreffenden Bereich verfügte oder sich durch zu viele Widerstände hat durchkämpfen müssen (vgl. auch Hartung 1998; einige Literatur zur Unternehmensberatung, die für die Beurteilung von Situationen im Kulturbereich herangezogen werden können: Bamberger 2008, Fink 2009, Niedereichholz 2004, Niedereichholz 2008, Niedereichholz/Niedereichholz 2006).

Der Unterschied liegt oft auch einfach darin, dass die Leistung in einer Form erbracht und überreicht wird, die nur beschränkt genutzt werden kann. Viele Gutachten und Planungsberichte geben nur einen Bruchteil an Information weiter, die zu den Ergebnissen geführt haben, die tatsächlich dahinter steckende Arbeit kommt darin kaum zum Ausdruck. Jeder Bericht ist in irgendeiner Weise eine Verdichtung von Information und eine Fokussierung auf zentrale Aspekte. Um diese aber richtig einschätzen und verstehen zu können, sind Informationen über das Zustandekommen erforderlich.

Der gesamte Projektverlauf einer Rationalisierungsmaßnahme weist fast überall im wesentlich die gleiche Struktur auf. Die Unterschiede in den verschiedenen Einsatzformen beruhen meist auf Akzenten, die darin auf bestimmte Phasen gesetzt werden, und auf den Gehalten und der Dichte des Informationsflusses zwischen dem Experten und der Institution. Diese Phasenstruktur besteht im Prinzip aus den folgenden Stationen:

- Vorermittlungen über die Problemlage und feste Beschreibung des Auftrages
- Erhebung des Ist-Zustandes zur Präzisierung der Problemlage
- Entwicklung von Problemlösungen und deren Ausarbeitung
- Bewertung der Alternativen und Gewichtung des favorisierten Vorschlags
- Entscheidung und Einleitung von Realisierungsmaßnahmen

Alle diese Phasen sind voller Fallstricke und Fehlerquellen, die in der Natur der Sache liegen, d.h. in der unvermeidlichen Verdichtung und Selektivität von Informationen und deren späterer oder an anderer Stelle erfolgender Rückinterpretation. Diese Fallstricke und Fehlerquellen haben auch nichts mit unlauteren Absichten oder irgendwelchen Nachlässigkeiten zu tun, sondern mit der schwierigen Frage, wie man im Voraus abklären kann, welche Informationen in welchem Stadium, in welcher Detaillierung, mit welcher Kommentierung und welcher Verbindlichkeit von der einen zur anderen Seite fließen sollen. Kommunikation ist diesen Fällen das Schwierigste. Manipulationen auf Seiten des Auftraggebers, d.h. bewusste Irreführungen zugunsten erwünschter Ergebnisse, sind keine Seltenheit. Sie kommen vor allem dann vor, wenn der Experte im Grunde nur gerufen wurde, um als Schiedsrichter unter strittigen Auffassungen zu dienen. Für den Experten ist dies eine äußerst heikle Lage, die seine Objektivität (im Sinne von sachlich-empirischer Fundierung seiner Resultate) oft auf eine harte Probe stellt.

Um dies noch einmal zu unterstreichen: Je dichter der Informationsfluss erfolgen soll, desto mehr Zeit und damit umso höhere Kosten sind zu erwarten. Dichter Informationsfluss, der auch Kontroll- und Plausibilitätsdaten enthält, kann wichtig sein. Aber mehr und dichtere Informationen zu verlangen, ist nicht immer der richtige Weg. Ein professioneller Kulturmanager kann aus vorgelegten Informationen mehr herausholen als ein ungeschulter Laie. Professionalität kann Kosten sparen helfen. Auch dieser Zusammenhang muss mit beachtet werden. Die konkrete Form der Zusammenarbeit zwischen dem oder den Experten und der Institution bestimmt sich zwar nach der Sachlage und wird durch vertragliche Vereinbarung paraphiert. Dies geschieht aber vor dem Hintergrund bestimmter Beratungsstile, für die ein Experte und sein Team stehen und auf das sie durch Erfahrung und Erfolg eingeschworen sind. Im Folgenden behandeln wir die drei am meisten verbreiteten Beratungsstile. Sie erfassen die Majorität der Fälle im Kern, nicht im Detail, und haben jede für sich ihre Vorzüge und Nachteile. Demnach unterscheiden wir

- den Gutachterstil
- den Planungsteamstil
- den Task Force-Stil

Der *Gutachterstil* kann als der klassische bezeichnet werden. Er beruht im Prinzip auf den beiden Säulen „Informationsfluss am Anfang des Projektes von der Institution zum Experten" und „Informationsfluss am Ende des Projektes vom Experten zur Institution durch eine Expertise". Dazwischen liegt eine mehr oder weniger lange Phase der Detailarbeit durch den Experten, die er in den meisten Fällen nicht vor Ort, d.h. in Präsenz und unter Aufsicht der Institution, sondern in seinem eigenen Büro ausführt. Hier hat er die Möglichkeit, andere Experten zu Rate zu ziehen, Dokumentationen ähnlicher Fälle zu benutzen und sich vertiefender Literatur zu bedienen.

Der Nutzen seiner Arbeit wird – abgesehen von der Frage seiner Qualifikation für die anstehende Aufgabe – entscheidend davon bestimmt, welchen Einblick ihm die Institution über ihre Sachlage gewährt und über welche Ausführlichkeit der überlassenen Daten ihm die Möglichkeit verschafft wird, konkrete Erkundungen und Untersuchungen vor Ort präzise vorzubereiten und auszuführen. Für einen Experten kann es einen Unterschied machen, ob ihm von Beauftragten der Institution sowie weiterer Mitarbeitern lediglich Interviews gegeben werden, ob die Interviews durch Datenmaterial unterfüttert werden oder ob der Experte, wenn er gewisse Schwerpunkte in der Problemlage vermutet, auch eigene, unabhängige Untersuchungen vornehmen kann.

Skepsis ist von Seiten der Institution angebracht, wenn ein Experte von sich aus überwiegend mit Interviews und fertigem Datenmaterial arbeiten will. Wenn irgendwelche Probleme, zum Beispiel Reibungsverluste in der Organisation eines Museums, zu einem ernsten Fall geworden sind, dann muss man davon ausgehen, dass diese von den beteiligten Insidern nicht allein beseitigt werden konnten, weil sie deren Ursachen und Ausmaße nicht kannten. Interviews ändern an diesem Tatbestand nichts. Aus dem gleichen Grund darf man nicht erwarten, dass fertiges, auf dieses Problem zugeschnittenes Datenmaterial ohne weiteres abrufbar ist. Beratung, die sich darauf verlässt, läuft Gefahr, oberflächlich und letztlich nutzlos zu sein.

Der Fall, dass sich Berater von sich aus mit Interviews, manchmal sogar nur mit Interviews von leitenden Mitarbeitern der Institution, begnügen, kommt in der Praxis gar nicht so selten vor. Der klassische Gutachterstil, der hier zum Durchbruch kommt, ist ein Zugeständnis an autoritäre Strukturen. Man nimmt an, dass die Sachkenntnis an der Organisationsspitze ihren Gipfel hat und hält es für ausreichend, dieses Wissen heranzuziehen. Auch das später abgelieferte Gutachten geht wieder an die Organisationsspitze, von deren Durchsetzungsmacht man annimmt, dass sie völlig ausreicht, um das Vorgeschlagene problemlos zu realisieren. Die eigentlichen Probleme zeigen sich dann aber bei den Versuchen, Vorschläge des Experten in die Tat umzusetzen.

Vertieftes Eindringen in die Sachlage kostet Zeit und Geld. Folglich muss die Honorarforderung eines Experten entsprechend steigen, und in der Verhandlungsphase erhöht sich das Risiko, von Mitbewerbern unterboten zu werden. Dies sind für die Institution kritische Momente in den Verhandlungen. Man muss diese Spannung erkennen und vertraglich darauf bestehen, dass eine seriöse Detailarbeit schon in der Erhebungsphase erfolgen muss. Es gibt natürlich immer irgendwann eine Grenze, wo der Nutzen weiterer Detailarbeit den Aufwand nicht mehr lohnt. Ein guter Experte erkennt diese Lage selbst und erspart sich und der Institution unnötige Aufwendungen. Andererseits kann der gesamte Aufwand vertan werden, wenn sich ein Experte auf die wenig verlässlichen Angaben in Interviews verlässt, die darüber hinaus auch noch jederzeit widerrufen werden können, also in keinem Fall empirisch sicher genug sind.

Der zweite neuralgische Punkt liegt am Ende des Projektes, wenn der Experte mit seinen Ergebnissen wieder in Erscheinung tritt. Er kann den Bericht, das schriftliche Gutachten, das er abliefert, zwar ausführlich erläutern, aber jeder Bericht ist zwangsläufig eine enorme Verdichtung dessen, was an Detailinformationen zur genauen Deutung und Bewertung der Vorschläge nötig wäre, und die mündlichen Erläuterungen werden nicht mitgeliefert. Die Verdichtung kann so stark sein, dass die Institution den Bericht zwar für die politische Willensbildung im Außenbereich, z.B. zur Vorlage vor dem Kulturausschuss der Stadt, einsetzen kann. Aber als Grundlage für die Realisierung der Vorschläge oder gar als konkrete Arbeitsanweisung zu bestimmten Maßnahmen ist der Bericht in aller Regel viel zu unspezifisch. Was man sich vielleicht an Honorarkosten in der Beratung erspart hat, kommt als teure Nacharbeit dann wieder zum Vorschein. Dies ist auch der entscheidende Nachteil des Gutachterstils. Deshalb sei hier empfohlen, diesen Beratungsstil nur bei gut überschaubaren, präzise bestimmbaren Aufgaben mit keinem allzu hohen Anteil an kreativen, später nicht nachvollziehbaren Problemlösungen anzuwenden.

Nicht ratsam ist der Gutachterstil bei komplexen Themen, zum Beispiel bei der Generalrevision eines großen Theaters oder des Bibliothekswesens einer Stadt, weil die Frage der Machbarkeit von Lösungsvorschlägen nicht eine Frage der logischen Ableitung aus sicheren Ausgangsdaten, präzise festgestellten Mängeln und klar erkennbaren Möglichkeiten ihrer Beseitigung ist, sondern maßgeblich von komplizierten Bewertungen aus kommunalpolitischer, insbesondere kulturpolitischer Sicht und vor allem aus den inhaltlichen Besonderheiten der betreffenden Institution bestimmt wird. Kompromisse sind Übereinkünfte, die ein Außenstehender weder beurteilen noch mit sachlichen Begründungen allein herbeiführen kann. Der *Planungsteamstil* ist von seinem Ansatz her fast das Gegenteil des Gutachterstils. Er ist im Übrigen zeit- und kostenaufwendig und empfiehlt sich nur bei Aufgaben, bei denen es um schwierige Details und wichtige, zum Beispiel zukunftsweisende Weichenstellungen geht.

Der Grundgedanke dieser Vorgehensweise besteht darin, dass zur Lösung der anstehenden Aufgabe sowohl das Detail- und Erfahrungswissen der beteiligten Institution als auch das Methoden- und Überblickswissen der externen Experten in die Projektarbeit einfließen sollen. Dies geschieht durch die Installation eines Planungsteams, das sich aus Mitgliedern des Experten *und* der Institution zusammensetzt und kontinuierlich zusammenarbeitet. Die Vorteile dieser Vorgehensweise sind die Gründlichkeit der Arbeit, die Steuerbarkeit des Arbeitsprozesses entlang den einzelnen Phasen und ihrer Zwischenergebnisse, die zeitliche Streckung des Entscheidungsprozesses, weil bestimmte Zwischenentscheidungen mit Lenkungscharakter möglich und sinnvoll sind, so dass der Planungsprozess systematisch auf einen bestimmten Schlusspunkt zulaufen kann und so am Ende nicht mehr mit großen Überraschungen gerechnet werden muss.

Von ganz besonderem Gewicht ist dabei der Gesichtspunkt, dass die Umsetzung der Ergebnisse mit größerer Detailinformation vorbereitet werden kann, weshalb üblicherweise nach der Auflösung des Planungsteams dessen internen Mitgliedern, soweit sie der Institution angehören, die Realisierungsarbeiten zur Überwachung oder zur eigenen Durchführung übertragen werden. Ihnen als Mitproduzenten der Resultate ist der Sinn der einzelnen Vorschläge am genauesten bewusst. Weiterhin ist zu unterstreichen, dass die gesamten Planungsarbeiten unter der ständigen Aufsicht der Auftrag gebenden Institution verlaufen; dies nicht aus Misstrauen, sondern um der nötigen Interventionen willen, die bei einer komplexen Aufgabe jederzeit akut und nicht von den externen Experten entschieden werden können. Damit ist zugleich klar, dass – im Unterschied zum Gutachterstil – die Projektarbeit vor Ort, also innerhalb der Institution selbst, installiert wird. Dies auch noch aus einem weiteren Grund. Erfahrungsgemäß taucht während des Verlaufs, vor allem noch in der Phase der Entwicklung von Lösungen die Notwendigkeit von empirischen Nachuntersuchungen auf, weil der Informationsbedarf in Phase der Ermittlung der Ist-Zustände nicht vollständig und eindeutig vorherbestimmt werden konnte. Ein Planungsteam vor Ort kann sich jederzeit das benötigte Material beschaffen. Dieser relativ breit angelegte Beratungsstil, der im Übrigen vom Experten die Entsendung von einem oder mehreren ständig zur Verfügung stehenden Mitarbeitern verlangt, deren Kompetenz folglich direkt unter Beweis gestellt werden kann und muss, ist zweifellos der gründlichste und wirksamste, aber für beide Seiten auch der kostspieligste.

Wenn man Vorteile dieser breiten Vorgehensweise tatsächlich in Anspruch nehmen will, kann man auch nicht allzu viele methodische Abstriche von der organisatorischen Form des Planungsteams machen. Insbesondere die kontinuierliche Beteiligung des Experten kann den Gesamtaufwand beträchtlich in die Höhe treiben. In vielen Fällen stellt sich deshalb die Frage, ob das, was er zu bieten hat, auf eine andere Weise mit geringerem Aufwand verfügbar gemacht werden kann.

Der *Task Force-Stil* oder Einsatzgruppenstil ist eine Praxis, die für Kulturinstitutionen als mittlere Lösung in dieser Frage wahrscheinlich am besten geeignet ist. Diese Arbeitsform setzt nicht auf die ausgebreitete, aufwendige Projektform des Planungsteams, zumal es nur selten derart komplexe Aufgaben selbst in großen Kulturinstitutionen gibt, und verlässt sich andererseits auch nicht auf die verdichtete und schwer umsetzbare Form des Gutachterstils. Dieser Stil eignet sich sowohl für Aufgaben kleineren Umfangs als auch für komplexe Problemstellungen. Auch die Form der Einbeziehung eines externen Experten ist hier eine andere. Die Task Force ist zunächst eine Einrichtung der Institution selbst. Sie kann als ständige Kommission tätig sein, die immer dann zusammentritt und ihre Arbeit organisieren kann, wenn bestimmte Problemfälle auftreten und diese einer gründlichen Untersuchung und Lösung zugeführt werden müssen. Bei kleineren Aufgaben arbeitet die Kommission ohne auswärtige Expertise, bei komplexeren Themen kann sie einen externen Berater hinzuziehen. Die Task Force kann von der Institution aber auch als einmalige Arbeitsgruppe für eine ganz bestimmte Aufgabe eingesetzt werden und löst sich nach getaner Arbeit wieder auf.

Durch die Task Force wird in ähnlicher Weise wie beim Planungsteam sichergestellt, dass alles an sachdienlichen Informationen eingeholt und aus der Kenntnis der internen Verhältnisse auch relativ gut interpretiert werden kann. Nachteilig ist allerdings hier die „akkumulierte Betriebsblindheit", eine Erscheinung, die gewöhnlich nur ein Außenstehender durchschauen und auflösen kann. Häufig kann man beobachten, dass Lösungsvorschläge unterdrückt werden, die dem Ansehen eines Kommissionsmitgliedes oder den Interessen eines Vorgesetzten zuwiderlaufen. Diese Problematik kann ein Außenstehender zwar erkennen, aber nicht beseitigen. Er kann sie aber leichter zur Sprache bringen. Das bedeutet, dass einem Externen auch die Funktion der politischen Moderation obliegen kann. Dies ist keine unwichtige Sache, denn viele Schwierigkeiten in Organisationen sind nicht objektiver oder struktureller Art, sondern beruhen auf Spannungen durch verfestigte Interessenpositionen, die meist nicht durch einen Schiedsspruch, sondern nur durch Verhandlungen gelöst werden können.

Kompromisse stehen in dem Ruf, aus irrationalen Gründen die bestmögliche Lösung zu verfehlen. Ob sich in einem konkreten Spannungsfall Alternativen bieten oder ob Kompromisse angesteuert werden müssen, ist nur scheinbar ein Abweichen von der bestmöglichen Lösung. Kompromisse *sind* häufig die optimale Lösung selbst, weil sie dazu beitragen, Reibungen abzubauen und Leistungsenergien wieder freizusetzen. Lösungen in der Praxis tangieren fast immer bestimmte Sozialstrukturen und damit „Besitzstände". Jede Veränderung in einem Sozialsystem schafft eine neue Verteilung von „Besitzständen" und muss von den Beteiligten angenommen werden können. Aus diesem Grunde sind Kompromisse nicht „faul", sondern stärken eine der wichtigsten Ressourcen in jeder Organisation: konstruktive Kooperation.

Ein weiteres Problem in der Praxis kann auch die Tatsache sein, dass die am meisten geeigneten Mitglieder einer solchen Task Force gewöhnlich ziemlich ausgelastete Mitarbeiter der Institution sind, die nicht jederzeit und für längere Abwesenheit zur Verfügung gestellt werden können. Die Task Force benötigt deshalb die volle Rückdeckung durch die Leitung der Organisation, falls diese sich nicht aus eben diesen Gründen selbst einbringen will. Diese ihrerseits hat die Aufgabe, die Leistungskontinuität der Task Force sicherzustellen. Von diesen Einschränkungen abgesehen bleiben als neuralgische Punkte im Wesentlichen übrig das Problem der Betriebsblindheit und die schwierige methodische Steuerung der Projektarbeit, die in solchen Fällen eine problematische Selbststeuerung der Gruppe werden kann, da sie meist ohne ausreichende praktische Erfahrung im Projektmanagement arbeiten muss.

Das sind die beiden Hauptgründe, weshalb auch im Stil der Task Force die Unterstützung eines externen Experten gefragt sein kann. Dessen Rolle ist hier aber eine andere als in den beiden vorgenannten Beratungsstilen. Wir können diese Rolle als eine Art fachkundiger und methodisch professioneller Moderation bezeichnen.

Als Moderator hat der externe Experte die Aufgabe, den methodischen Zusammenhang der Projektarbeit im Griff zu behalten und mehr beobachtend als inhaltlich aktiv, wohl aber im Zweifel intervenierend auf die Arbeitsinhalte und ihren Fortschritt Einfluss zu nehmen. Seine Erfahrungen sind meist überbetrieblicher Art, und diese können oft wichtige Impulse geben. Der externe Experte als Moderator sollte Zusammenhänge erkennen und Horizonte erweitern können, er sollte auch dahingehend wirken können, dass so etwas wie Teamgeist sich bildet. Die Bündelung individueller Energien zu einem Team ist die Essenz dieser Kooperationsform, aber Teamgeist bildet sich selten von selbst. In der Praxis kann dies in schwierigen Fällen bedeuten, dass der Berater vor allem zu Beginn eines Projektes bei allen Sitzungen anwesend sein muss. Im weiteren Verlauf kann die Kooperation auch so gestaltet werden, dass der Berater von der Gruppe nur gerufen wird, wenn dafür ein konkreter Anlass besteht und das Team selbst seine Anwesenheit für notwendig erachtet.

Diese kurzen Beschreibungen zu den drei Einsatzformen externer Experten können nicht mehr sein als Anregungen und Hinweise auf Möglichkeiten. Im Bereich kultureller Institutionen wird nach wie vor, teilweise auch unter dem immer noch akuten Sparzwang von Seiten der Behörden, nach Rationalisierungskonzepten gesucht. In vielen Fällen hat sich gezeigt, dass mit ein wenig mehr Kompetenz in Sachen Strukturwandel und Rationalisierung mit dieser Aufgabe auch konstruktiv umgegangen werden kann. Wer sich in der Ausbildung und in späterer oder vorausgegangener Praxis Kenntnisse und Erfahrungen im Projektmanagement und einen ausgeprägten Sinn für Pragmatik angeeignet hat, kann auf beiden Seiten solcher Projekte von Nutzen sein. Experte für Kulturberatung ist zweifellos *ein* möglicher Berufsweg für Kulturmanager mit Erfahrung.

7 Kultur- und Kunstmanagement im Einsatz

> Genius does what it must,
> talent does what it can.
> (Edward Bulwer-Lytton, engl. Autor)

7.1 Wie neu ist Kulturmanagement? – Über Dilettantismus und Professionalität

Die Möglichkeiten, sich durch ein (meist Zusatz-) Studium in Sachen Kulturmanagement professionell aufzubauen und damit erweiterte oder neue Berufschancen zu eröffnen, bestehen in den europäischen Ländern kaum mehr als zwanzig Jahre, in den USA und Canada nur weniger Jahre länger. Die erstaunliche „Karriere" dieses neuen Berufszweiges in den vergangenen Jahren hat ihre historischen Gründe, auf die anfänglich schon hingewiesen wurde. Dennoch stellt sich natürlich die pragmatische Frage: Wie haben es denn die Vorgänger gemacht? Wie ist man in den siebziger, den sechziger oder fünfziger Jahren des letzten Jahrhunderts mit der Leitung großer kultureller Einrichtungen klargekommen? Waren das alles in Sachen Management Autodidakten oder Dilettanten, jedenfalls was diesen Aspekt angeht?

Das Wort „Dilettant" (aus dem italienische „dilettarsi" = sich vergnügen) hat erst mit der Entstehung von Professionalität und deren gesellschaftlicher Hochachtung, also kaum vor dem beginnenden 19. Jahrhundert, die Assoziation des Laienhaften, Ungeübten und Unsystematischen erhalten. Diese Herabstufung hat sich dialektisch mit der Heraufstufung der beruflichen Bildung und Praxis und dem Streben nach Meisterschaft als mentale Projektionsfläche herausgebildet. Man kann sich unter Dilettanten – und das wird hier so gesehen – auch besonders motivierte, sich erforderliche Kenntnisse und Übung autodidaktisch aneignende Menschen vorstellen. Goethe hat sich sicher auch selbst gemeint, als er das Hohelied des Dilettanten in den Wissenschaften und Künsten sang (das er später allerdings teilweise widerrief).

Die Frage, wie die Praxis vor dem Aufkommen des Kulturmanagement aussah, stellt sich auch noch aus einer zweiten, zum Teil spekulativen Perspektive. Die praktischen Einsatzmöglichkeiten von ausgebildeten Kulturmanagern in verschiedenen Bereichen des Kulturlebens und angrenzenden Aufgaben sind bisher erst andeutungsweise zum Tragen gekommen. Aus einer Reihe von Indizien dürfte sich das Feld der Chancen noch erheblich erweitern, wenn die professionelle Ausbildung sich weiterhin pragmatisch und zugleich wissenschaftlich gründlich weiterentwickelt. Daraus folgt, dass Kulturmanagement an sich kein neuer Beruf ist, sondern zumindest in der Mehrheit der Fälle nur die Professionalisierung einer zuvor aus den Anforderungen der konkreten Umstände erzwungenen, im positiven Sinne dilettantischen Praxis bedeutet. Den Fragen der Ausbildung und Befähigung zur Ausübung der Funktion „Kulturmanagement" werden wir erst im nächsten Hauptabschnitt nachgehen. Die grundsätzliche Frage, wie neu Kulturmanagement tatsächlich ist, lässt sich nach verschiedenen Seiten hin ausleuchten. Es ist denkbar, dass etwa zu Beginn der achtziger Jahre des letzten Jahrhunderts lediglich ein neuer Name für eine längst bekannte und etablierte Praxis aufkam, um einigen neuen oder ergänzenden Akzenten öffentlich Ausdruck zu geben. Möglich ist aber auch, dass sich im Kulturbereich eine ähnlich deutliche

Wende vollzog, wie es etwa zwei Jahrzehnte zuvor die Wende vom der altbackenen Form der patriarchalischen Unternehmensführung zum modernen Wirtschaftsmanagement schon vorgemacht hatte.

Schließlich kann in Erwägung gezogen werden, dass sich mit diesem jungen Tätigkeitsfeld ein tief greifender Umbruch des gesamten Kulturlebens bis in alle seine vertrauten und verzweigten Strukturen und Inhalte hinein andeutet, wenn auch zunächst noch zaghaft. Dieser Umbruch könnte aber in wenigen Jahren, Jahrzehnten oder auch Generationen in eine ganz anders geartete Welt führen, für die sich jetzt schon neue Formen von Praxis in allen Lebensbereichen, folglich auch in Kunst und Kultur, embryonal geformt haben könnten. Diese zuletzt genannte Möglichkeit ist sicher die spekulativste von allen.

7.1.1 Kulturmanagement ist nur ein neuer Akzent in einer alten Praxis

Kultur ist eine individuelle und kollektive Prägung menschlicher Lebensweisen, die in physischen Werken und praktizierten Sozialstrukturen zum Ausdruck kommen und aus diesen (recht und schlecht) entziffert und verstanden werden können. Lebendige Kultur kann darüber hinaus auch in der sinnlich wahrnehmbaren Handlungspraxis von Menschen der Gegenwart entdeckt und ebenfalls (recht und schlecht) entziffert und verstanden werden.

Grob verallgemeinernd können wir Werke als physische Reminiszenzen *früherer* Handlungspraxis unter den seinerzeit geltenden kulturellen Wertorientierungen bezeichnen. Die Vitalität und Prägnanz der *gegenwärtigen* Kultur bringt sich durch Praxis, durch erfahrbare, noch laufende, nicht komplettierte Handlungen zum Ausdruck. Praxis zeigt im Werden die künftige Vergangenheit. Sie erlaubt mit einiger Vorsicht Voraussicht. In Bezug auf vergangene Werke sind wir relativ gut in der Lage, kulturellen Wertewandel zu erkennen und zu deuten. Ob dagegen eine bisher nicht da gewesene neue Praxis zu neuen kulturellen Grunddispositionen gehört oder diese mit antreibt, lässt sich nicht mit gleicher empirischer Sicherheit sagen. Wir sind beispielsweise recht gut in der Lage, den architektonischen Stil der Renaissance als kulturellen Ausdruck einer urbanen, diesseitig orientierten Lebensauffassung zu erkennen und davon den Baustil des Barock zu unterscheiden, dessen Transzendenz zur absoluten, im göttlichen Willen verankerten aristokratischen Herrschaftsform eben diese Urbanität (teilweise) wieder aufhob.

Kulturelle Wertverschiebungen, die zu langfristig wirksamen Veränderungen der Grunddispositionen von Menschen, Gruppen und Institutionen führen, sind nachhaltige Vorgänge, die sich nicht schon in wenigen Jahren als stabil erkennen lassen. Der viel zitierte Wertewandel der achtziger Jahre hat sich in mancher Hinsicht als bloße Variation von Bestehendem herausgestellt. Dennoch gibt es einige seinerzeit schon erkennbare Indizien, aus denen, wenn auch nicht präzise, so doch in vagen Konturen auf einen tief greifenden Wandel geschlossen werden kann. Die außerordentlich rasche Ausbreitung der elektronischen Medien in den wenigen Dekaden seit ihrer Marktreife ist ein solches Indiz. Phänomene wie die Globalisierung der wirtschaftlichen Beziehungen sind dagegen nichts wirklich Neues, sondern lediglich die Vollendung dessen, was immer schon in der Dynamik von Märkten angelegt war. Doch auch hier stellt sich die Frage, welche Zustände, Strömungen und Strukturen sich ökonomisch und kulturell als relativ stabil herausstellen werden, *nachdem* – wann immer das sein wird – die Globalisierung zur Globalität vollendet sein wird.

Für unser Thema „Kulturmanagement" stellen sich derart epochale Fragen derzeit nicht, es sei denn, wir würden diese neue Praxis in einen sehr viel weiter gefassten Kontext stellen, der in vielen anderen Lebensbereichen ähnliche Veränderungen angezeigt hat. Eine von den Philosophen der Postmoderne zentral diskutierte Frage ist die Rolle des Individuums als Selbstgestalter seiner Lebensumstände bei gleichzeitigem Entschwinden von übergeordneten, formierenden (narrativen) Ebenen der Gesellschaftsgestaltung. Dies könnte in der Tat ein kulturelles Indiz sein, aber die philosophische Betrachtung befindet sich mit ihren spekulativen, den Fakten oft vorgreifenden Erkenntnisantrieben auf einer anderen Bahn. Kulturmanagement ist – jedenfalls vorerst – eine Sache der Pragmatik von Versuch und Irrtum mit noch wenig gefestigtem Boden und bewährten Praktiken. Dennoch stellt sich die Frage, ob wir es beim Kulturmanagement mit einer völlig neuen oder mit einer neu erscheinenden, ältere zur Vollendung bringenden Praxis zu tun haben. Neu kann im Begriff „Kulturmanagement" *nicht* der Wortteil *Management* sein, wohl aber die Anwendung von Management auf *Kultur*. Diese Akzentuierung lässt einen möglichen Wandel in der Kultur erahnen, der die Praxis von Management erlaubt oder herausgefordert haben könnte.

Management, angesetzt auf Kultur, wobei in einem etwas laschen Sprachgebrauch meist die Künste gemeint sind, bezieht sich nicht auf Kultur- oder Kunst*inhalte*, sondern auf deren gesellschaftliche Funktion oder deren Wirkung innerhalb der Gesellschaft. Das Thema des Kulturmanagement ist nicht die Kunst selbst, sondern das gesellschaftliche und in weiten Teilen ökonomische Verhältnis zwischen Kunst, Künstler und Rezipienten, genauer: die Gestaltung der kommunikativen Beziehungen zwischen kulturellen oder künstlerischen Anbietern und Rezipienten innerhalb der Kultur. Dies in einer überwiegend dienenden, nicht in allen Fällen kommerziellen Zwecken gehorchenden Position.

Es wird ja nicht das Kunstschaffen selbst, die Arbeit des Künstlers, unter das Kuratel des Managements gestellt, sondern die gesellschaftlichen, insbesondere die *ökonomischen Begleitumstände* seines Schaffens, vor allem die Organisation und Gestaltung seines Zugangs zum Publikum oder zur Öffentlichkeit. Dies auch nicht im Sinne eines Kuratels, sondern im Sinne und Verständnis einer Unterstützung in einer dem freien Kunstschaffen nicht (mehr) von selbst zugetanen gesellschaftlichen Umgebung. Die schwindende Selbstverständlichkeit der Wahrnehmung von Kunst in der modernen Gesellschaft ist ein, vielleicht *der* essenzielle Antrieb zur Entwicklung von praktischen Konzeptionen des Kulturmanagements. Wenn dies so oder so ähnlich der Fall sein sollte, und viele Indizien sprechen dafür, dass es sich so verhält, dann ist Kulturmanagement die Reaktion auf ein neues Problem gewesen, das zuvor so oder in dieser Schärfe nicht aufgetreten ist, nämlich die Selbstverständlichkeit der Wahrnehmung von Angeboten der Kultur in einer sich als kultiviert verstehenden Gesellschaft.

Passivität wäre für dieses gesellschaftliche Phänomen nicht der richtige Ausdruck, sondern Latenz; das Bedürfnis ist vorhanden, wartet aber auf Anreize und Angebote in der Öffentlichkeit. Diese Latenz kann sehr wohl ein Ergebnis nachhaltiger Veränderungen in der gesamten gesellschaftlichen Struktur ein, die die Möglichkeiten von unvermittelten Aktivitäten, von Spontaneität und Kreativität zunehmend durch vermittelnde Institutionen wie das Fernsehen, das nur den Schein von Vielfalt erzeugt, mit programmiertem Angebot ersetzt haben und dies weiterhin tun.

In der Tat hat die Eliten bildende oder auch zivilisierende Funktion der Kultur ihre einstige Rolle als Gesellschaft gestaltende Kraft der bürgerlichen Bildungsgesellschaft stark eingebüßt und ist dabei, eine neue zu entwickeln und zu etablieren. Eigentlich müsste man hier sagen: die Kultur alter, bürgerlicher Art, wie sie sich vor allem um die *Werke des kulturellen Erbes* formiert hatte und zum Teil noch so erlebt werden kann, also in den Erzeugnissen *vergangener Praxis,* hat sich schon seit längerem allmählich aufzulösen begonnen. Nicht die alten Werke selbst, allenfalls die Auffassungen und künstlerischen Deutungen dieser Werke haben sich verändert, sondern die Rezeptionsumstände, die „Kunst-Kultur".

Kulturelle *Praxis der Gegenwart,* insbesondere das noch unabgeschlossene, stilistisch experimentierende Kunstschaffen, das erfahrungsgemäß sehr lange Zeit braucht, um als kulturelles Erbe akzeptiert zu werden und damit der Vergangenheit anzugehören, stand zumindest anfänglich keineswegs im Mittelpunkt; wenn überhaupt, dann ganz am Rande der ersten Studiengänge in Kulturmanagement. Das war übrigens in Deutschland nicht anders als in anderen Ländern, die sich ebenfalls auf solche Studiengänge eingelassen haben. Über diese Auffälligkeit müsste gesondert nachgedacht werden, zumal sich daran bis heute nicht allzu viel geändert zu haben scheint. Das Management von Künstlerwerkstätten, um ein Beispiel herauszugreifen, ist selten ein prägnantes Element in den Curricula.

Das eigentliche Neue am Kulturmanagement ist folglich nicht das Kulturmanagement, sondern sind die historischen Begleitumstände, die zu seiner „Erfindung" geführt haben, die also dieses professionelle Können herausgefordert haben, damit das kulturelle Erbe auch unter den veränderten Bedingungen unserer Tage sein Überleben sichern kann. Kulturmanagement hat nicht darüber zu entscheiden, welche alten Werke es wert sind, auch heute noch aufgeführt und der Öffentlichkeit angeboten zu werden. Wenn es aber einen gesellschaftlichen Willen dazu gibt, dann muss man die sich verändernden Rezeptionspraktiken der Öffentlichkeit kennen, und dies ist sehr wohl ein Thema des Kulturmanagements. Dieser thematische Akzent sollte nicht als ein Plädoyer für einen möglichen Konservativismus des Kulturmanagements missverstanden werden, um den es sich hier ja auch gar nicht handelt. Kulturmanagement wäre im Gegenteil eine völlig ungeeignete Praxis zur Rettung oder Zurückholung der bürgerlichen Bildungsgesellschaft. Kulturmanagement verstehen wir vielmehr als eine für notwendig und für sinnvoll erachtete Hinüberführung von etwas (vielleicht zeitlos) Wertvollem in eine andere Zeit, die eben diese Werke zum Teil schon jetzt und vermutlich verbreiteter noch in Zukunft anders wahrnimmt, versteht und schätzt. Wir verstehen Kunstwerke und Kulturwerke früherer Epochen, die Ruinen von Athen oder die Bilder Peter Paul Rubens heute auch anders, als es die Zeitgenossen in jenen Tagen oder zu jeder anderen historischen Epoche ihrerseits taten.

Konkret haben sich die Studiengänge in Kulturmanagement gegen Ende der achtziger Jahre im Zusammenhang mit Umbrüchen auch in anderen gesellschaftlichen Bereichen formiert, die in eine ganz ähnliche Richtung liefen, z.B. im Sozial- und Gesundheitswesen, nämlich die kontinuierliche Zurücknahme staatlicher Fürsorgeleistungen auf allen möglichen Gebieten. Diese Fürsorge hatte bis dahin auch den Kulturinstitutionen gegolten, jedenfalls den großen, etablierten und bedeutenden unter ihnen, die in ihrer Mehrheit unter staatlicher oder kommunaler, jedenfalls unter öffentlicher Regie standen. An der Fürsorge als ideeller Haltung hat sich zwar nicht viel geändert, wohl aber an der finanziellen Unterstützung. Kulturmanagement konnte deshalb fast ungeteilte Unterstützung von politischer und gesellschaftlicher Seite entgegennehmen – auch als eine Möglichkeit, partiellen Ersatz für den Ausfall des Staates zu bieten. Skeptisch blieben und sind zum Teil immer noch viele von denen, die davon in ihrer künstlerischen Arbeit tangiert werden.

Kulturmanagement geriet von dieser Seite in den Ruf, ein Verstärker des Trends zu sein, die öffentliche Hand immer weiter aus ihrer tradierten Fürsorgepflicht für die großen

Künste zurückzunehmen, indem es als Auffangnetz fungiert, insbesondere sich aktiv an Ersatzmaßnahmen (z. B. betriebswirtschaftlich orientierte Rationalisierungen) für ausbleibende Subventionen und Haushaltszuwendungen zu beteiligen. Um eine Nuance stärker ist auch der Verdacht der unterschwelligen Kommerzialisierung der Kultur hervorgetreten. Mit anderen Worten, Kulturmanagement hat es mit oppositionellen Haltungen und mehreren (zumindest begreiflichen) Vorurteilen zu tun. Man muss aber letztlich doch deutlich machen, dass Kulturmanagement nicht die Rolle eines Undercover-Agenten des Kommerzes, auch nicht die Rolle eines Trendsetters auf dem Weg in eine Gesellschaft ohne Staat oder irgendeine andere instrumentelle Rolle spielen kann, sondern nur eine eher bescheidene Reaktion auf eine offenbar gewordene Bedrohung des kulturellen Erbes durch *außerkulturelle*, hauptsächlich *wirtschaftliche*, in einigen Bereichen auch *weltökonomische* Kräftekonstellationen (Stichwort: Globalisierung) darstellt.

Kulturmanagement ist natürlich dennoch kein neutrales, weil nicht sozial isoliertes Instrument der Verbesserung der Lage von Kultureinrichtungen. Seine Praxis eröffnet Möglichkeiten und induziert manche strukturellen Veränderungen innerhalb der Kultureinrichtungen und in ihrem Umfeld. Solche Kontextwirkungen sind aber nicht intendiert. Kulturmanagement hat nicht das Ziel, Kultureinrichtungen aus ihren Verankerungen in überkommenen Strukturen herauszuholen. Aber dies kann eine Konsequenz der Modernisierung sein. Man kann nicht sagen, dass Kulturmanagement eine Form der Professionalisierung von bestimmten Leitungsaufgaben in Kultureinrichtungen ist, die zuvor ohne besondere Berufsausbildung, also dilettantisch und unter der Hand von künstlerischen Leitungen nur nebenher, ausgeübt worden ist.

Dilettantismus mag im Spiel sein, wenn man die Position der Professionalität zum Maßstab erhebt. Die Frage ist aber, ob etwas anderes notwendig war. Was einmal als Methode seinen Dienst tat, musste inzwischen ersetzt werden. Die Zeitumstände in früheren Epochen waren eben nicht so, dass eine systematische Form von Management zur Förderung und Existenzsicherung kultureller Einrichtungen erforderlich war. Entweder kam – drastisch gesagt – das Geld vom fürstlichen Kämmerer oder die großbürgerliche Gesellschaft war das geistig, aber auch finanziell tragende Element, weil es sich in dieser Kultur selbst formieren konnte.

Kulturmanagement ist nicht deshalb notwendig geworden, weil in kürzester Zeit ungewöhnlich komplizierte institutionelle Einheiten entstanden waren, deren Ressourcenverbrauch nun endlich unter ökonomische Kontrolle gebracht werden musste. Große Einheiten – die im Übrigen in Maßstäben der Industrie bestenfalls zum Mittelstand gehören würden – hat es auch vorher schon gegeben. In diesen lag auch vorher sicher einiges in betriebswirtschaftlichen Dimensionen im Argen, aber das hat es auch danach noch gegeben, und Praktiker des Kulturmanagements klagen immer noch gelegentlich, dass sie sich mit ihren Anliegen zur vernünftigen Umgestaltung der Organisation in ihren Kulturinstitutionen und zum sparsamen Umgang mit den knappen Mitteln nicht durchsetzen können, weil sie gar nicht richtig verstanden werden. Solche Geltungsdiskrepanzen und Verständnisgefälle hat es aber auch vorher gegeben. Das Amt des kaufmännischen Direktors ist nicht neu. Aber genau dies ist auch nicht die Idee des Kulturmanagements. Dessen Anliegen umfasst zwar in seinem Gesamtprofil auch die Funktionen eines kaufmännischen Direktors, aber der Kern liegt eben auf jener Ebene, auf der kenntnisreiche, methodisch begründete und kulturverständige Wege in die Öffentlichkeit oder die Märkte aufgebaut werden.

Die eigentliche Krux vor allem der traditionellen darstellenden Künste ist nicht etwa eine nachlassende künstlerische Qualität, auch anscheinend nicht ein nachlassendes Kunstverständnis in der Gesellschaft, sondern fundamental veränderte Wahrnehmungsgewohnheiten des Publikums, das sich zum Teil auch wegen anderer, vielleicht seichterer Vergnügungen, manchmal lieber die Kunst ins Haus holt, zum Beispiel als Buch, Schallplatte oder Video oder über Radio und Fernsehen. Hier wird nach unserer Einschätzung noch ein erhebliches Maß an Kreativität den praktizierenden Kulturmanagern abverlangt werden, um das Publikum vor Ort zu bringen. Den scheinbaren und mit leicht abschätzigem Unterton so bewerteten Dilettantismus im Management kultureller Einrichtungen *vor* den Zeiten des aufstrebenden Kulturmanagements als dem professionellen Gegenkonzept kann man als eine Selbstironisierung der bürgerlichen Gesellschaft verstehen. Die bürgerliche Gesellschaft, genauer: die sie tragenden Schichten haben die Verbindlichkeit ihrer Beziehungen zu den hohen Künsten und ihren Einrichtungen als eines ihrer zentralen Mittel zur Zivilisierung des Bürgers erlahmen lassen, wenn nicht beinahe fallen gelassen.

Die einst ziemlich wirksamen Kräfte der bürgerlichen Gesellschaft, Kulturaneignung (bildende Beschäftigung mit Kunst, genauer gesagt) quasi zu einer Pflicht oder zumindest Voraussetzung für gesellschaftliche Geltung zu machen, hat so etwas wie Kulturmanagement eben nicht gebraucht. Der früher übliche Dilettantismus im Managen der wirtschaftlichen Angelegenheiten von Kultureinrichtungen war ein sichtbarer Ausdruck für eine Gesellschaft, die durch ihr kulturelles Selbstverständnis der aktiven Beschäftigung mit Kunst die Notwendigkeit, sich zum Kunstgenuss erst verlocken lassen zu müssen, gar nicht gekannt hat. Gerade diese kulturellen Umstände heute abfällig als Dilettantismus zu bezeichnen, ironisiert den Geltungsverlust der bürgerlichen Gesellschaft.

Was immer diese Seite der bürgerlichen Gesellschaft erlahmen ließ, Fakt ist, dass sich die Rezeptionskultur noch innerhalb der bürgerlichen Gesellschaft zunehmend zu Formen der Ritualisierung (zum Schichtenereignis statt Bildung) der tragenden Eliten verschoben hat. Veranstaltungen der hohen Künste gerieten zunehmend zu gesellschaftlichen Ereignissen, die sich zum Teil in Form von spezifischen Milieus oder Szenen wie dem Opernpublikum der Mailänder Scala, den Wagner-Festspielen in Bayreuth, den Salzburger Festspielen oder all den anderen Highlights dieser Art verfestigen konnten. Das allmähliche Verschwinden der einstmaligen bürgerlichen Bildungsideale hat also schon relativ früh *innerhalb* der bürgerlichen Gesellschaft zu wirken begonnen. In ihr selbst lagen die Mikroben der Zersetzung; die alte Gesellschaft selbst hat es nicht verstanden, einen modernisierungsfähigen Umgang mit den Werken des kulturellen Erbes zu etablieren.

Die heutigen Eliten, mehr von materiellem Vermögen als von Geistesaristokratie geprägt, stehen der Kultur anders gegenüber als ihre Vorgänger. Kunst eignet sich heute – im Gegensatz zu materiellem, wenn man es darauf anlegt auch exponierbarem Besitz – viel weniger zur Demonstration gesellschaftlicher Geltung als in früheren Epochen, da sie zumindest formell allen in gleicher Weise zugänglich ist. Die Demokratisierung der Gesellschaft ist ein weiteres Faktum jüngerer Entwicklungen, die neue Formen des Zugangs zu den Stätten von Kultur und Kunst erforderlich gemacht hat.

Die Demokratisierung der Kunst- und Kulturinstitutionen ist quasi eine Form der Veröffentlichung. Deshalb stand am Beginn oder noch in der Vorphase der Etablierung professionellen Kulturmanagements die angehängte, zunächst noch kaum professionelle Öffentlichkeitsarbeit und das Marketing. Diese Funktionen sind nicht erst mit der Einführung des Kulturmanagements in die Kultur eingedrungen. Marketing als aktive Bearbeitung des

Marktes ist auch in der Wirtschaft in dem Moment notwendig, in dem die Kundschaft nicht mehr von selbst zu Markte geht, sondern dahin gelockt oder überredet werden muss. Dieser auch in der Kunstrezeption vollzogene Wandel ist die fundamentale Voraussetzung für die Etablierung von Kulturmanagement gewesen.

Mit der Erkenntnis, dass nunmehr das Publikum *aktiv* angesprochen werden muss, weil die Kunst nicht mehr vom Publikum aus *eigenem* Antrieb *aufgesucht oder abgeholt* wird, weil die Leute es also immer weniger noch für selbstverständlich halten, dass *man* ins Theater oder in die Oper geht, dass *man* Vernissagen oder jedenfalls Ausstellungen besucht und an Dichterlesungen teilnimmt, entdeckt man plötzlich bei den alten Meistern an den Spitzen der Kulturinstitutionen an einer bestimmte Seite Schwächen, nämlich dass sie wirtschaftliche Fragen nur dilettantisch angehen zu können und dass ihre alten Methoden nicht mehr ausreichen, das Publikum zu binden (von wenigen auratischen Persönlichkeiten vielleicht abgesehen, die das immer noch schaffen mögen).

Die hergebrachte Form der *nicht-professionellen*, zu ihrer Zeit aber ausreichenden Handhabung ist eben gerade Profession gewesen in einer Epoche, als die engen Bindungen zwischen Kunst und gesellschaftlicher Elite oder Publikum im Wesentlichen noch durch die Kunst selbst und die Selbstverständlichkeit der aktiven Teilnahme durch die Eliten erfolgte. Das dazu nötige wirtschaftliche Gerüst, die Bauten und Ausstattungen, die Gagenverhandlungen und Vertragsregelungen über die Aufführungsrechte, die Ankündigungen an Litfasssäulen, Plakatwänden und in Zeitungen war einst durch die höfische Kämmerei (es hätte auch kaum andere Ämter dafür gegeben) und später durch Staatszuwendungen (als die ersten Eintrittsgelder seitens des Publikums üblich wurden und alles übrige mit Zuwendungen aus der Staatskasse abgewickelt werden konnte) einigermaßen gesichert. Dies in getreue Hände zu legen, brauchte man administrativ vorgebildete kaufmännische Direktoren, aber noch keine Kulturmanager.

Der Impresario des 19. Jahrhunderts, den wir als einen Vorläufer des Kulturmanagers von heute ansehen können, war jedoch eher ein Meister des oft verlustreichen Spiels mit den Eitelkeiten von Künstlern, aristokratischen und großbürgerlichen Kreisen und Magistraten als ein professioneller, Chancen und Risiken rational abwägender Kulturmanager, es sei denn, man reduzierte ihn gänzlich auf die Rolle eines Kulturdiplomaten. Dies war aber eben *seine* professionelle Art, die Kunst (möglichst profitabel) öffentlich in Szene zu setzen, durchaus vergleichbar mit den Formen der patriarchalischen Unternehmensführung in vormodernen Zeiten, wobei die Lust am gewagten Spiel (nicht zufällig besaß die Mailänder Scala in ihren Untergeschossen ein Spielkasino) allerdings nicht zu den normalen Tugenden eines klugen Kaufmanns gehörte.

Wenn man dem Dilettantismus die abschätzige Nebenbedeutung des Stümperhaften nimmt, die man ihm früher (noch vor Goethe) keinesfalls gab, und in ihm einfach nur eine immanente Schaffenslust in den Künsten (und Wissenschaften) sieht, die sich auf die Kunstpraxis und eine begrenzte Verbreitung unter Seinesgleichen beschränkte und frei von irgendwelchen beruflichen Verwertungsabsichten war, dann schimmert etwas von einer vergessenen, unwiderruflich verlassenen Zeit durch, in der – wenn auch nur bestimmten Eliten als Privileg vorbehalten – die Beschäftigung mit Kunst *aus eigenem Antrieb*, und nicht durch professionelle Animation, als ein Zeichen des Standes galt. Holte sich der Adel Künstler an den Hof, galten diese als professionell und damit von niederem Stand. Dies gehörte zu dem noch älteren, aus den mittelalterlichen Klöstern stammenden Konzept der schöpferischen Muße. Sie war eine Geistes- und Lebenshaltung der Aktivität, nicht zu verwechseln mit dem Müßiggang, der eine Degenerierung war und es für einige heute noch oder wieder ist. Diese Haltung war mit dem noch heute (allerdings nicht mehr durchgehend) erhaltenen orientalischen „Keyif", der emotionalen und intellektuellen Balance des menschlichen Lebens im Zeichen von Gelassenheit, geistiger Aktivität und Sinneslust[100], weitgehend identisch. Keyif war allerdings auch nie ein ausgemachtes Privileg der Eliten im osmanischen Reich, sondern eine Alltagshaltung (der Männer). Balance ist im Übrigen vielleicht ein durchaus interessanter Maßstab für Kulturmanagement in seiner Zwitterstellung zwischen kulturellen Anliegen und ökonomischen Zwängen, wo es ebenfalls um ein ausgewogenes Verhältnis geht.

Wer Kunst aus Gründen seiner persönlichen Alimentierung den höfischen Eliten und später den bürgerlichen Oberschichten feilbieten musste, dies also aus *beruflichen* und in diesem Sinne *professionellen* Motiven tat oder tun musste, stand nicht hoch im gesellschaftlichen Ansehen. Den damals eher abschätzigen, dem Profanen nahe stehenden Nebenbedeutungen von „professionell" haben Künstler in der frühen bürgerlichen Gesellschaft das Konzept des Genialen entgegengesetzt und bis heute mit Erfolg etablieren können.

Professionalität ist folglich eine sehr diesseitige, bodenständige Ausprägung von Könnerschaft geworden, die ihre Wurzeln in solider Ausbildung und langjähriger Erfahrung hat. Denjenigen aber, die oberhalb der Niederungen von Händlern, Handwerkern, Bauern, Musikanten, Trödlern und Geldwechslern leben und die spirituellen Höhen der philosophischen Vergeistigung, die olympischen Gipfel der hohen Künste und der Metaphysik der wissenschaftlichen Genialität erreicht haben, entehrt man schon fast wieder mit dem Wort „professionell". Die Geistlichen sind keine professionellen Priester, sondern glaubensgeleitet. Genialität in der Wissenschaft und Göttlichkeit in der Kunst ist durch keine Berufsausbildung zu erlangen, sondern irgendwie anders über diese Menschen gekommen.

Professionalität ist dennoch keine Erfindung der neuen Zeit, in der jeder Mensch eine amtlich beglaubigte, systematische Berufsausbildung braucht, um sein Können zum Einkommenserwerb einzusetzen. Der Antrieb, mit seinem Können Geld zu verdienen und sich damit zu alimentieren und nach Möglichkeit sogar reich zu werden, kann dann als Professionalität bezeichnet werden, wenn jemand sich *ausschließlich* auf diesen Lebensweg konzentriert und diese Tätigkeit auf Dauer ausübt. Und wenn dies mit Kunst geschieht, so dass der Erfolg der Kunst zu einer Kalkulationsgröße in Einnahmen und Ausgaben wird, dann können wir sogar von professionellem Kulturmanagement sprechen. Dies als Messlatte genommen, war Shakespeare ein professioneller Kulturmanager, auch Goethe und Schiller waren es, soweit es ihren Theaterbetrieb in Weimar anging. Caroline Friederike Neuber war es ebenso wie die vielen anderen, meist unbekannt gebliebenen Prinzipalen von Wanderbühnen. Die Impresarios des 19. Jahrhunderts haben wir schon erwähnt. Bis in die Gegenwart noch lebender Personen ließe sich die Ahnenreihe der Vorgänger des professionellen

---

[100] Die ebenso vitale wie nervös hektische Kultur- und Wirtschaftsmetropole Istanbul hat heute so gut wie nichts mehr, was an das orientalische Keyif erinnern könnte. Dazu hat ihre europäisierte und zunehmend amerikanisierte Weltlichkeit trotz ihrer vielen inneren Bindungen an das islamisch bestimmte osmanische Reich erheblich beigetragen. Die Stadt ist für die Profession des Kulturmanagements ein Erlebnispark an Einfallsreichtum, obwohl es erstaunlicherweise bis vor kurzem in der Türkei noch kaum systematischen, berufsqualifizierenden Ausbildungsmöglichkeiten für Kulturmanagement gab. Inzwischen gibt es immerhin (mit Unterstützung des dortigen Goethe-Instituts) das „Avrupa Kültür Derneği" (European Cultural Association) mit systematischem Ausbildungsprogramm für Kulturmanagement. Seit einigen Jahren bieten mehrere Universitäten in Istanbul Bachelor- und Masterkurse in Kulturmanagement an (z. T. in Englisch), darunter die ‚Güzel Sanatlar Fakültesi' (Fakultät der Schönen Künste) der ‚Yeditepe Üniversitesi' in Istanbul.

Kulturmanagements fortsetzen. Diese Sichtweise macht deutlich, dass es sich bei Kultur-management in der Tat nur um einen neuen Akzent handelt, dem man einen erklärenden Namen gegeben hat, und dass dieser neue Akzent mit einer in historischen Faktoren veran-kerten, veränderten Rezeptionskultur in Sachen Kunst zusammenhängt.

7.1.2 Kulturmanagement ist die moderne Version einer alten Praxis

Mit der Kennzeichnung des Kulturmanagements als Antwort auf Akzentverschiebungen in der Kunstrezeption ist vielleicht *ein* zentraler Aspekt angesprochen worden, aber das Phä-nomen seiner „steilen Karriere" als neuer Beruf oder neues Arbeitsgebiet ist damit noch längst nicht umfassend erklärt. Letzteres ist hier auch nicht die Absicht. Vielmehr geht es darum, einige Grundlinien von gesellschaftlichen Veränderungen sichtbar zu machen, die für die weitere Entwicklung des Kulturmanagements, vor allem auch für curriculare Fragen in der Ausbildung, wichtig sein oder werden können. Lag die Betonung im vorangegangen Abschnitt auf dem Teilwort „Kultur", so kommt in diesem das zweite Teilwort „Manage-ment" ins Spiel. Dazu ist im Kapitel über die ökonomischen Grundlagen (Kapitel 2) bereits einiges gesagt worden, das hier nicht wiederholt zu werden braucht.

Management ist seiner Anlage nach ein Streben nach Versachlichung des Auratischen, das in den überkommenen Formen patriarchalischer Führungsstile noch eine bedeutende Rolle spielte. In der Tat war mit dem Ende des Kaiserreichs nach 1918 und noch stärker nach dem Zweiten Weltkrieg eine spürbare Revision des Kultes um geniale (in einigen Fällen auch diktatorisch-teuflische) Führerpersönlichkeiten in allen gesellschaftlichen Be-reichen ein weit reichendes Anliegen im Rahmen einer allgemeinen Demokratisierung geworden, das sich mehr und mehr durchsetzen konnte. Für Unternehmer, deren Metier der Umgang mit Risiken ist, war sichtbar und erfahrbar geworden, welches Wagnis auch in ihren eigenen Reihen darin liegen kann, sich auf große Leitfiguren und ihre auratischen Wirkungen bei der Erzeugung von Gefolgschaften zu verlassen und welche neuen Mög-lichkeiten darin lagen, auf rational durchdachte, vorausgeplante und kalkulierte Aktionen einen besonderen Wert zu legen. Offener Wettbewerb auf frei zugänglichen Märkten pflegt autokratische Haltungen, die lediglich Gefolgschaft statt Mitarbeiterschaft mobilisieren, zu bestrafen, und sicher nicht zufällig war das gerade zum Industrialismus aufgeweckte, alles bis dahin Versäumte rasch nachholende Deutsche Reich nach 1871 zugleich das Reich der großen Kartelle, also jener unternehmerischer Verschworenengemeinschaften, die dem Wettbewerb eine eindeutige Absage erteilten. Zu jener Zeit war Patriarchalismus eben noch tragfähig.

Die Sicherung von Macht schafft kostspielige Kontrollstrukturen vom Typ Bürokratie, eine Erscheinung, die im Übrigen auch manche Staatsmacht in Kauf zu nehmen pflegte. Die Unterlegenheit dieses Führungsstils gegenüber rationalem Management hat ihre Grün-de hauptsächlich in dem Aufwand für den Machterhalt, der neben Bürokratie auch den Pomp des Personenkultes umfasst. Das Problem der Bürokratie ist aber nicht nur der Kos-tenfaktor, sondern auch die Erstickung von Eigeninitiative und Kreativität. Auch dieser Effekt beschränkt sich nicht auf Unternehmen, sondern trifft auf die Staatsapparate glei-chermaßen zu. Auratisch-patriarchalische Führung und modernes Management sind sich darin gleich, dass beide zur Verwirklichung ihrer Ziele auf die Bündelung menschlicher Energien, also im weitesten Sinne auf konstruktive Mitarbeit bzw. Gefolgschaft angewiesen sind. Der Unterschied liegt – simpel ausgedrückt – in der Betonung der emotionalen Ansprache auf der einen (der auratisch-patriarchalischen Führung) und intellektueller, auf Einsicht oder der Aktivierung des Eigeninteresses beruhender Ansprache auf der anderen Seite (dem modernen Management). Man könnte auch von der Polarität von emotionaler Bindung und intellektueller Überzeugung sprechen. Professionelles Management beruht auf Überzeugung, nicht auf Anbetung oder blinder Gefolgschaft. Diese Dichotomie der Führungsstile ist eine Stilisierung mit weiten Ausfächerungen in der Praxis und vielfachen Überlappungen beider Grundmuster. Persönlichkeiten des Managements können zweifellos Ausstrahlung besitzen und auch einsetzen; Patriarchen können ebenso zweifellos intellektuelle Strategen sein mit ausgeprägtem Kalkulationssinn. Wohin tendiert das Kulturmanagement? Ist das eine Persönlichkeitsfrage oder ist im Prinzip geklärt, dass der Kulturmanager ein Sonderling unter den modernen Managern ist, was dann dem spezifischen Metier „Kultur und Kunst" geschuldet wäre?

Zunächst ist davon auszugehen, dass Kultur und Kunst keine rein intellektuellen Erfahrungs- und Handlungsbereiche sind, in denen es völlig ohne Emotionen um strategische Siege und Meisterleistungen des kalkulierenden Verstandes geht. Sinnliche Wahrnehmungen und ebenso sinnliche Botschaften, die mit allen Mitteln der ästhetischen Gestaltung arbeiten, sind hier essenzielle Dimensionen. Sie sprechen eine menschliche Erfahrungs- und Erlebnisebene an, die emotional besetzt ist. Kunst und Kultur sind indessen ebenfalls keine nur sinnlich und emotional wirkenden, sondern auch intellektuelle Tätigkeit einfordernde Bereiche. Wahrnehmen, Deuten, Verstehen und Beurteilen sind Leistungen des Verstandes, aber sie sind keine Kalküle, keine Berechnungen und keine strategischen Konzepte von der Art eines Schlachtplans für den Markt. Nach wie vor aber kann sich um Menschen mit begnadetem Kunsttalent so etwas wie Aura bilden, und nach wie vor kann auch diese Aura Formen blinder Gefolgschaft erzeugen (z.B. Fan-Clubs), wie gelegentlich kreischende Youngsters zu erkennen geben. Alle diese Komponenten sind oder können sein Bestandteile oder Gegenstände des Kulturmanagements.

Die Anstiftung zu emotionalen Reaktionen auf die Werke der Kultur durch ihre *ästhetische Eigenwirkung* hat gewisse Ähnlichkeiten zur Werbung. Anstiftung ist aber auch das Medium der auratischen Führung im Patriarchalismus, so wie auch der Markt als Ganzes seine Techniken der verführenden ästhetischen Theatralik besitzt. Dieses ästhetische Medium ist unauflöslich mit der Sphäre der Kultur, insbesondere der Kunst, verbunden und kann nicht zugunsten des reinen Kalküls aufgegeben werden. Anstiftungen oder milder: Anregungen sind eine essenzielle Komponente des sozialen Lebens und weder auf den Kommerz auf der einen Seite und der Kunst und Kultur auf der anderen Seite beschränkt.

Dieses Medium professionell einzusetzen, gehört zu den Selbstverständlichkeiten des Marketings im Kommerz und mit bestimmten Modifikationen auch zum praktischen Arsenal des Kulturmanagements. Kulturmanagement bleibt folglich, selbst wenn es dem kalkülhaften strategischen Management nacheifern würde, stets mit diesem Metier der ästhetischen Gestaltung verbunden. Dies beschreibt und erklärt vielleicht auch die Zwitterstellung des Kulturmanagements, das weder selbst Kunst- oder Kulturwerke schafft, sondern allenfalls initiiert, noch selbst ein Geschäft ist, sondern allenfalls ein wenig von der Cleverness eines Geschäftsmannes annimmt.

Ein Zwitter steht fast regelmäßig vor Situationen wie Buridans Esel, der sich zwischen zwei gleich großen Heuhaufen sah, sich nicht entscheiden konnte und folglich verhungerte. Kann Kulturmanagement diesem Schicksal entgehen, indem eine Art „Neigungstendenz" erkennbar und entwickelbar ist, sich der einen oder der anderen Seite zuzuschlagen? Denkbar ist durchaus im weiteren Verlauf der allgemeinen Entwicklungen unter dem Decknamen „Globalisierung" eine konzeptionelle Festigung des Kulturmanagements durch:

- einerseits den Sog des geldgesteuerten Wirtschaftsmanagements und dessen wachsendem Interesse, Menschen (in dessen Sicht: Konsumenten) über das Medium „Kultur" zu steuern, und
- andererseits die Werte- und Akzentverschiebungen im Bereich von Kunst und Kultur, die von einer mehr innengeleiteten Rezeptionskultur, wie sie dem Konzept des aufgeklärten Individuums weitgehend eigen ist, zu einer mehr außengeleiteten Rezeptionskultur übergehen könnte.

Diese Vermutungen sind höchst spekulativ. Wir lassen sie so im Raum stehen, fragen aber nach einigen Indizien in der Gegenwart, die ja schon die Vergangenheit der nächsten Zukunft in sich trägt, also alsbald zur Geschichte wird.

7.1.3 Kulturmanagement ist der Vorbote einer anderen Kultur

Das von fast allen, die mit Kulturmanagement in irgendeiner Weise zu tun haben, postulierte und auch in dieser Schrift immer wieder betonte Bemühen, sich trotz aller ökonomischen Zwänge im Tagesgeschehen nicht von der Haltung abbringen zu lassen, dass Kunst und Kultur in diesem Geschäft Vorrang haben, dass es gute Gründe dafür gibt, das kulturelle Erbe zu wahren und zu pflegen und dass eine zivilisierte Gesellschaft aus mehr besteht als nur aus Konsum, Geschäft und Dividenden, dieses betont vorgebrachte Postulat könnte als ein deutliches Signal verstanden werden, dass es gerade in diesen Punkten derzeit nicht zum Besten steht. Was selbstverständlich ist, braucht man nicht hervorzuheben. Der Kommentar zu dieser Feststellung kann sich unter Berufung auf konkrete Indizien (je nach deren Selektion) und auf elaborierte Meinungen (auch diese gut ausgewählt) in sehr unterschiedlichen Strängen der Argumentation bewegen, auf einem pessimistischen, einem optimistischen und einem realistischen Pfad. Dabei könnte der Optimist für sich reklamieren, er sei ja der eigentliche Realist, während der Pessimist dem Realisten entgegnen könnte, die Realität sei es ja gerade, was ihn zum Pessimisten mache.

Kulturpessimismus scheint spätestens seit Oswald Spenglers Verkündung des alsbaldigen (allerdings auch schon gute achtzig Jahre alten) „Untergangs des Abendlandes" eine Welt umsegelnde Seite der modernen Philosophie, Soziologie, Kulturwissenschaften und sogar einiger nachdenklicher Ökonomen zu sein. Dies aufzuarbeiten, bedarf zweifellos selber eines gewissen Optimismus, um die enormen Berge an maßgeblichen Beiträgen aus all diesen Fachgebieten und mancherlei wichtigen Randzonen erfolgreich zu durchdringen. Eine ausführliche Bearbeitung des Themas „Cultural Pessimism" ist kürzlich auf dem Buchmarkt erschienen (Bennett 2001). Hier muss aus nahe liegenden Gründen darauf verzichtet werden.

Welche überprüfbaren Indizien aber können heute schon wahrgenommen und gedeutet werden? Eine weitere Frage in diesem Zusammenhang wird die sein, ob die klare Erkenntnis dessen, was diese Indizien ankündigen, zu einer politischen Gegenbewegung führen können, in diesem Falle vielleicht zu einer Wiederbelebung oder Aufwertung von Kulturpolitik. Fundierte Antworten auf diese Fragen sind hier nicht beabsichtigt, und Anstiftung zum Nachdenken kann auch nur von einer auf das Thema „Kulturmanagement" zugespitzten Position her, also aus einem reduzierten Blickwinkel erfolgen. Die vielleicht wichtigste Beobachtung ist mit der Erscheinung der sich ausbreitenden Ästhetisierung und Theatralisierung der Märkte verbunden. Diese Kennzeichnung ist etwas ungenau, weil natürlich jede feilgebotene Ware mit den Sinnen, also in diesem ursprünglichen Verständnis „ästhetisch", wahrgenommen werden kann. Mit Ästhetisierung ist indessen gemeint, dass vor die Ebene der substanziellen ästhetischen Wahrnehmung von Waren der Schleier der werbenden (zunächst durchaus physischen, darüber hinaus aber auch immateriellen) Verpackung, der Umhüllung mit einem Label, einer Marke, einem Image gezogen wird. Die Warensubstanz tritt in den Hintergrund. An ihre Stelle tritt das ästhetische Surrogat als die eigentliche „Waffe" im Kampf um Marktvorteile und Profit. Der Kampf um Marktanteile ist ein Kampf in Abwesenheit der Ware als dinglicher Gegenstand.

Die zweite Komponente, die Theatralisierung, spielt auf die Erscheinung ab, dass eine Ware oder ein Warenzeichen nicht einfach nur angeboten, präsentiert und mit einem fixierten Preis ausgezeichnet wird, sondern dass es in Szene gesetzt wird, dass es eingekleidet wird in Miniaturstories, Comics, Figuretten und sonstigem Accessoire aus der Micky Mouse-Kultur und ähnlichen Infantilismen. Auch dies ist im Prinzip nichts Neues, erinnert es doch an die Ausrufer (Reklamierer!) auf Jahrmärkten, Wochenmärkten und Börsen.[101]

Das eigentliche Problem dabei ist die ausufernde Infantilisierung großer Teile der Bevölkerungen aller Nationen. Infantilisierung bedeutet die Rückbildung des begreifenden und entscheidenden Verstandes auf die Ebene des Glaubens an die Wirklichkeit von Unwirklichkeiten oder die Realität von Märchen. Es ist aber gerade das Denkvermögen des Menschen, welcher zu sich selbst und seinesgleichen in ein kultiviertes Verhältnis tritt, das die Jahrtausende lange Kulturwerdung des Menschen bewirkt hat, worin die Zivilisierung der animalischen Triebe eine wichtige Rolle spielte. Die Frage stellt sich für jede Konzeption des Kulturmanagements, ob es sich der Verantwortung gegenüber dem Wert von Kultur bewusst ist oder sich unreflektiert einem Zug der Zeit überlässt. Mit den fatalen Auswirkungen des Glaubens an Bilder hat sich schon Platon in seinem Höhlengleichnis auseinandergesetzt. Die Verführbarkeit des Menschen durch Bilder (Vorbilder ebenso wie Fehlbilder, die Vorurteile kreieren) machen sich professionelle Werber natürlich gern zu Nutze. Das Recht auf freien Zugang zur Öffentlichkeit verhindert offenbar nicht die okkupierende Besetzung von Öffentlichkeit für kommerzielle Zwecke. Die Pervertierung der Öffentlichkeit ist nicht ausgeschlossen.

Die Indizien dazu sind nicht mehr zu übersehen. Die Öffentlichkeit ist bereits zu einem erheblichen Umfang durch kommerzielle Auftritte theatralisiert. Deren tiefes Eindringen in die Gestaltung individueller Lebensstile ist absolut kein Märchen. Eines der bedeutendsten Indizien dafür ist die Verlagerung der einst kommunikativen Marktkontakte auf Bildschirme, sei es im Fernsehen oder – was sicher weiter voranschreiten wird – auf Internetkontakte. *Hier* werden die meisten Kauflüste geweckt und Vorentscheidungen geprägt, nicht erst auf einem konkreten, fassbaren Marktplatz. Die ästhetische Invasion von außen in die private Intimsphäre hinein begann sicher nicht erst mit dem Fernsehen, sondern mit Annoncen in Zeitschriften und Postwurfsendungen. Es ist die Intensität und Eindringlich-

---

[101] Ausrufer gehören selbst in einer modernen Metropole wie Istanbul zum Alltag des Marktgeschehens. Die vom Verkehr abgewandten Straßen und Gassen durchziehen ständig Kleinverkäufer mit ihrem auffälligen Singsang und Gehabe.

keit, mit der dies über das Medium Fernsehen und die sonstigen elektronischen Kanäle geschieht.

Die konkrete Welt der Supermärkte ist dann fast nur noch ein Wiedererkennen der werblichen Medienwelt. Schon Kinder erleben dort ständig ihr „déjà vue". Vielleicht ist der hockende und starrende Mensch *noch* eine Karikatur, vielleicht wird er dies sogar bleiben. Aber die tief greifenden Veränderungen bis in die Fundamente der tradierten Kultur hinein und bis hin zu der ebenfalls in wachsendem Maße auf das Hocken und Starren vor heimischen Geräten reduzierten Rezeptionskultur für Kunst ist weder nur eine Metapher noch reine Spekulation. Auch dies hat seine Vorläufer im hockenden und starrenden Menschen in der bürokratisierten Welt der Angestellten und in der über Messtische navigierenden Welt der Techniker in Schaltzentralen. Diese Beobachtungen zunächst einmal als nicht ganz abwegig angenommen, stellt sich nun die Frage nach der Relevanz für das Kulturmanagement und die Position, die es im Zwischenraum zwischen Kultur- und Konsumsphäre oder präziser: in der Überlappungszone zwischen beiden einnehmen kann. Überlappung will besagen, dass die Sphäre der vertrauten Kultur- und Kunstaktivitäten, der Theater und Opern, der Kunstmuseen und Buchmessen, der Konzerthallen und Bibliotheken keine Gegenwelten zur Konsumwelt (mehr) sind, sondern längst in deren Wirkungsradius hineinragen. Nicht die Inhalte dieser alten Künste und die Substanz des kulturellen Erbes wird dadurch direkt attackiert, sondern die Formen ihrer Rezeption, allerdings auch die Beurteilung ihrer Bedeutungen.

Mit den veränderten Formen ihrer Rezeption – als Metapher für diesen Vorgang mag das Verhältnis zwischen authentischem Konzert und Schallplatte gelten – geht eine veränderte Wahrnehmung und Deutung einher und damit auch eine veränderte Form der Wertschätzung. Für die Kultur- und Kunstrezeption bildet sich allmählich ein neuer sozialer Kontext, den es im Kulturmanagement zu registrieren, zu verstehen und zu berücksichtigen gilt. Die entscheidende Frage der nächsten Zukunft wird sein, *wie* dieser Kontext aussehen wird, *ob und in welcher* Form er kulturelles Erbe mitnimmt oder vergisst und *wo* die Grenzen der Empfindlichkeit gegenüber einem geschmacklosen Missbrauch liegen könnten. *Dass* sich derzeit etwas fundamental ändert, dürfte indessen nicht zu bestreiten sein.

Nimmt man den alten Werken die Schwere ihrer mit Aura und Feierlichkeit umgebenen Wahrnehmungskultur in den dafür eingerichteten, bekannten und vertrauten Kunsttempeln, dann werden sie dadurch zwar nicht zur leichten Muse, wohl aber geht die Distanz verloren, die sie bislang davor behütet hat, in verstümmelten Versatzstücken in Werbespots, als Klingelzeichen von Handys, als Gewinnerfanfare in Glücksspielautomaten, als Klangteppich in Kaufhäusern oder in Frühstücksräumen von Hotels benutzt zu werden. Hier irgendwo oder kurz davor könnten die Grenzen liegen. Ob es dazu kommt, sie sozial oder legal dort zu etablieren, ist freilich eine offene Frage. Das Konzept „Kulturmanagement" wird folglich von zwei Seiten her in die Mangel genommen, von der Seite der Märkte her mit den sich durchsetzenden Ästhetisierungen und Theatralisierungen, die ein ganz bestimmtes methodischen Rüstzeug benötigen (übrigens keines, das man in der traditionellen Betriebswirtschaftslehre erwerben kann), und von der Seite der Kultur her, in die neue Formen der Kunstrezeption eingesickert sind und die veränderte Haltungen den alten Werken der Kunst gegenüber eingeleitet haben. Von daher gesehen kann sich praktisches Kulturmanagement kaum dem veränderten Zeitgeist entziehen und wird, willentlich oder nicht, den langen Marsch in eine andere Kulturwelt mittragen müssen. Diese Anmerkungen, so unvollständig und unfertig sie sind und hier sein müssen, sind nicht pessimistisch gemeint.

Sie sind auch kein Nachgeben gegenüber übermächtigen historischen Kräften, sondern das Zugeständnis an die von Menschen gewollten Veränderungen, an ihre durch Aktion oder auch Stimmzettel dokumentierten Entscheidungen, ihre jeweilige Lebenswelt zu verändern.

Die sich abzeichnenden Veränderungen werden, auch dies ist natürlich spekulativ, nicht total sein. Die Werke der Alten gelangen nicht samt und sonders in Museen oder werden zu historischen Stätten des Kulturtourismus. Sie werden in veränderter Gestalt und veränderter kultureller Umgebung fortgeführt, so wie wir heute auch Shakespeares Stücke mit modernen Bühnenmitteln und Interpretationen für gute Kunst halten, obwohl er selbst sich darin vielleicht nicht wieder finden würde. Dies zu verstehen, ist nach unserer Einschätzung eine conditio sine qua non modernen Kulturmanagements.

Abschließend zu dieser speziellen Thematik sei noch auf die zuvor gestellte Frage eingegangen, welche Anknüpfungspunkte für eine gestaltende (und nicht nur verwaltende) Kulturpolitik in diesen Trends liegen. Eine allgemeine, nicht besonders tief schürfende Antwort mag der Hinweis sein, dass es keinen Trendautomatismus gibt, dass kein Trend so übermächtig ist, dass nicht Gestaltung oder in einzelnen Aspekten sogar dialektischer Widerstand möglich und sinnvoll sein kann. Mit dialektischem Widerstand soll angedeutet werden, dass Gegenangebote und gegensteuernde Maßnahmen zu einer sich in bestimmter Richtung bewegenden Welt wenig Aussicht auf Erfolg hat, wenn sie radikal vertreten wird, wenn den Kräften der Geschichte nicht zugestanden wird, aus antithetischen Bewegungen etwas Drittes, vielleicht ganz Unerwartetes hervorzubringen.

Intervenieren muss nicht umstoßend oder abstoßend, sondern kann auch nur anstoßend sein. Wer aber von der Erwartung ausgeht, durch energisches Gegenhalten gegen Trends sogleich eine Trendumkehr erzwingen zu können, hängt einem Machbarkeitstraum an, der ganz und gar unhistorisch ist. Keine politische Maßnahme erfasst Totalitäten. Folglich kann sie auch keine totalen Wirkungen erzielen wollen. Diese Haltung könnte durchaus zum eisernen Bestand einer fruchtbaren Kulturpolitik gemacht werden. Wer nicht mehr an die Möglichkeit glaubt, dass eine von Menschen gemachte historische Bewegung nicht mehr durch von Menschen eingebrachte Gegenbewegungen oder Seitenbewegungen in ein anderes Fahrwasser gelenkt werden können, der ist in der Tat ein Pessimist. Wer sich von Kulturpolitik eine heile Kulturwelt erhofft, ist in der Tat ein Optimist, wenn nicht ein Träumer. Den Realisten dagegen zeichnet aus, dass er der Methode von Versuch und Irrtum einiges zutraut. Diese aber setzt den Versuch als reale Tat voraus.

7.2 Einsatzfelder des Kultur- und Kunstmanagements

7.2.1 Die professionelle Reichweite des Kulturmanagements

Allgemein kann man sagen, dass in gesellschaftlichen Bereichen, in denen im inhaltlichen Interesse von Kunst und Kultur ökonomische Ressourcen eingesetzt werden und der Zugang zur relevanten Öffentlichkeit und den Märkten kein problemloser Selbstgänger ist, professionelles Kultur- und Kunstmanagement hilfreich, wenn nicht sogar notwendig sein kann. Mit dieser weit ausgreifenden Beschreibung der Möglichkeiten für Kultur- und Kunstmanagement ist eine sehr breite Palette an Einsatzmöglichkeiten ausgelegt, die weder schon überall selbstverständliche Praxis sind noch alle im Einzelnen hier beschrieben werden können. Wer sich im Entdecken, Bewerten, Gestalten und Realisieren qualifiziert hat und (in den meisten Fällen unabdingbar) über einige praktische Erfahrungen und Kenntnisse im Kultur- und Kunstbereich verfügt, findet in diesem weiten Feld viele interessante Aufgaben und berufliche Einsatzmöglichkeiten.

In diesem noch relativ jungen Arbeitsbereich ist es ratsam, nicht auf Stellenangebote zu warten, sondern selbst gestaltend aktiv zu werden, also beispielsweise in kleinen Projekten oder in Praktika Ergebnisse vorweisen zu können und sich allmählich quasi von unten her Positionen aufzubauen. Praktika in einer Kultureinrichtung während des Studiums können ebenso wegweisend sein wie eigenständige Tätigkeiten oder eine neben- oder hauptberufliche Beschäftigung in den Medien, die ja einen wichtigen Bereich für die Öffentlichkeitsarbeit darstellen. Um auf noch wenig profilierten Gebieten wie Kultur- und Kunstmanagement weiterzukommen, muss man durch eigene Praxis überzeugen und zeigen können, wozu Kenntnisse in Kultur- und Kunstmanagement nützlich sind. Viele Kulturinstitutionen haben eine sehr enge Sicht von den Qualifikationen eines Kulturmanagers. Sie erkennen nicht ohne weiteres die Chancen in Qualifikationen, die über interne Verwaltungsaufgaben hinaus im Bereich der Bearbeitung von kommunikativen Kontakten zum Markt und zur Öffentlichkeit liegen. Im Übrigen ist das, was wir hier in Kürze beschreiben können, nicht das Versprechen des Paradieses, denn der Kulturbereich zählt nicht zu den fruchtbaren Regionen der großen Einkommen.

Die folgenden, mehr stichwortartigen als ausführenden Beschreibungen einzelner Einsatzfelder sind keine Arbeitsmarktstudie, sondern wollen helfen zu erkennen, welche konkreten Bedingungen und charakteristischen Aufgabenstellungen dort erwartet werden können. Es wird immer eine Frage des Einzelfalls bleiben, ob die Erwartungen und Anforderungen mit den Qualifikationen und Betätigungsvorlieben in Einklang zu bringen sind.

Eine Ausbildung in Kulturmanagement hat fast immer einen Schwerpunkt, der teils von den Ausbildungsstätten herrührt und meistens mit ihrer Gründungsidee zusammenhängt, teils aber auch von den Studierenden selber so bestimmt wird, indem sie sich aus eigenem Interesse zu einem bestimmten Schwerpunkt entschließen. Schwerpunktbildungen sind vor, während und nach dem Studium möglich (und ratsam). Der Lehrgang selbst sollte dennoch eine gewisse Breite und ein festes Fundament aufweisen. Wir kommen darauf im nächsten Kapitel zurück.

Wir streben mit unseren Beschreibungen weder Vollständigkeit noch eine Auflistung von Fallbeispielen an. Das würde den Rahmen einer Einführung sprengen. Die notwendigen Begrenzungen in diesem Teil der „Einführung" sind dennoch nicht willkürlich, sondern leiten sich aus den Darstellungen der vorangegangen Kapitel ab und beziehen sich auf die Qualifikations- und Funktionsprofile, wie sie in dieser „Einführung" für richtig erachtet wurden. Kulturmanager sind Wegbereiter mit deutlichen Akzenten auf der Gestaltung von Außenbeziehungen (Öffentlichkeit, Markt) und – je nach Sachlage und mit Blick auf die Unterstützung dieser Außenbeziehungen – auch mit Akzenten auf dem Streben nach einem dauerhaften wirtschaftlichen Fundament, dieses vor allem im Sinne von Finanzmitteln und einer funktionalen Organisation. Dabei muss deutlich werden, dass dies letztlich zwar notwendige, aber nur begleitende und stützende Aufgaben im Interesse des Eigentlichen sind, nämlich der kulturellen und künstlerischen Arbeit.

7.2.2   Der Bereich der darstellenden Künste

Die darstellenden Künste umfassen neben den klassischen Institutionen wie Theater, Oper, Orchester und Ballett auch die Filmwirtschaft mit ihren allerdings völlig anderen Produktions- und Marktbedingungen sowie einen Teil der Unterhaltungsbranche (Musicals, Großveranstaltungen der Rock- und Popmusik). An sich bilden die Museen mit ihren spezifischen Aufgaben eine eigene Kategorie. Sie sind keine Einrichtungen der darstellenden Künste im herkömmlichen Verständnis, aber sie bieten mit ihren Präsentations- bzw. Ausstellungsprojekten in einem weiteren Sinne doch eine Form von Darstellungen. Über den Bedeutungswandel der Museen von den Kuriositäten-Kabinetten der Fürsten zu ihrem Bildungsauftrag als Lernorte (Hochreiter 1994) in enger Fühlung mit der bürgerlichen Gesellschaft bis zu den modernen Konzeptionen als Erlebnisstätten und Attraktionen in Verbindung mit dem Tourismus ist viel geschrieben worden.

Für jeden, der sich als Kulturmanager auf diesem Gebiet betätigen will, gehört die Verinnerlichung und intellektuelle Aneignung des Auftrags und des gesellschaftlichen Selbstverständnisses eines Museums zu einem Muss, das allerdings erst in der praktischen Arbeit im Einzelfall, nicht durch eine allgemeine Unterweisung in einer theoretischen Ausbildung geleistet werden kann. Andererseits ist das Museum ebenso wie die übrigen Kulturinstitutionen dieses Bereiches eine ständige, betriebstechnisch zum Teil relativ aufwendige und thematisch komplexe Einrichtung, die nicht nur in der Öffentlichkeitsarbeit, sondern auch in der Ressourcenverwaltung zunehmend Professionalität verlangt.

Den Museen eng verwandt und deshalb hier mit einbezogen sind die Stätten besonderer historischer Bedeutung, z.B. archäologische Fundorte und Monumente, Schlösser, Kirchen, Altstädte und sonstige Objekte des kulturellen Erbes. Durch die Entwicklungen im Fremdenverkehr und Tourismus in den letzten Jahren ist es für viele Kommunen von großer Bedeutung geworden, ihre kulturellen Attraktionen neben ihrer Bedeutung als Monumente für die eigene Bevölkerung auch für fremde Besucher in Wert zu setzen. Dies erfordert zunehmend professionelle Betreuung und Bearbeitung.

Die Bibliotheken, die wir hier ebenfalls – klassifikatorisch nicht ganz korrekt – den darstellenden Künsten zurechnen, teilen mit den Museen eine Besonderheit des Publikumsverkehrs, die sie von den übrigen Institutionen unterscheidet. Von bestimmten Veranstaltungsarten abgesehen, z.B. Lesungen in einer Bibliothek oder Vortragsveranstaltungen in einem Museum, haben es beide mit dem Auf und Ab von Publikumsströmen und nicht mit geschlossenen Pulks von Veranstaltungsteilnehmern zu tun. Aus dieser Besonderheit resultieren einige Spezifika des Kulturmanagements, die zugleich deutlich machen, dass beide Einrichtungen auf ihre integrierte Position im kommunalen oder regionalen Umfeld achten müssen, z.B. Öffnungszeiten und verkehrstechnische Erschließung sowie die Standorteigenheiten im urbanen Raum. Auch im inneren Bereich stehen einige spezifische organisatorische Fragen an, die mit dem Thema Besucherfreundlichkeit im weitesten Sinne zusammenhängen.

Über diese Besonderheiten von Museen und Bibliotheken hinaus gilt für alle Institutionen der darstellenden Künste, dass sie auf unbestimmte Dauer eingerichtet sind und häufig auf eine lange Tradition zurückblicken. Ihr Spezifikum ist der relativ große technische und organisatorische Aufwand ihres Betriebes und dessen Unterhaltung sowie die daraus entstehende Notwendigkeit einer ökonomisch zweckmäßigen Ressourcenadministration. Der Aufbau und die Unterhaltung der baulichen und betriebstechnischen Einrichtungen macht einerseits bestimmte Darstellungsformen möglich, z.B. Theater mit einem wechselnden Repertoire, stellen aber auch besondere wirtschaftliche Anforderungen, da solche Kapazitäten einen dauernden Druck auf Nutzungen ausüben. Diese Institutionen sind nicht nur technisch-organisatorische Apparate, sondern zugleich Sozialkörper mit zum Teil sehr differenzierten Funktionen. Dort sind Menschen tätig, die nicht nur rational organisiert, motiviert und gesteuert werden müssen, sondern die ihre kreativen Fähigkeiten einbringen sollen, weil vieles nicht definitiv regulierbar ist, sondern vom Willen und der Erfahrung einzelner getragen wird. Die Gründe für die zum Teil relativ aufwendigen und komplexen Betriebseinheiten hängen mit den Charakteristika der Kunstgattungen oder Kulturaufgaben zusammen, die von diesen Institutionen erfüllt werden sollen.

Als klassische, darstellende Künste arbeiten sie mit künstlerischen Ensembles und kooptierten Personen (Gastregisseuren, Gastdirigenten, Solokünstlern usw.) und benötigen für die Produktion (Proben, Filmaufnahmen) und die Aufführungen (Veranstaltungen vor Publikum) einen beachtlichen Aufwand an koordinierenden und unterstützenden Hilfsdiensten (technisches Personal, Administration, Service, Werkstätten usw.) mit entsprechenden Kostenstrukturen. Museen, die sich einen Namen durch hochwertige Ausstellungen machen (wollen), haben es mit der schwierigen Problematik der Beherbergung von Wanderausstellungen oder der Konzipierung einer thematischen Ausstellung mit Leihgaben zu tun.

Aus betriebswirtschaftlicher Sicht bedeutet das ziemlich nüchtern, dass diese Institutionen auf einem beträchtlichen Block von fixen Kosten sitzen, zu denen außer den genannten funktionsbedingten noch die gesamten Gebäudekosten zu addieren sind. Wenn die Gebäude nicht zum Betrieb gehören, muss mit regelmäßigen Mietzahlungen gerechnet werden, die ebenfalls fixe Kosten darstellen. Beispielsweise gehören traditionell Stadthallen der jeweiligen Kommune, die sie für eigenständige Veranstaltungen (Theateraufführungen, Konzerte, Auktionen, Ausstellungen, Kongresse usw.) zu vermieten pflegt. Dieses Gebiet ist sehr weitläufig, so dass wir hier auf Einzelheiten verzichten müssen. Dieser Block der fixen Kosten ist wenig flexibel und übt deshalb einen besonderen Druck aus auf eine möglichst hohe Auslastung der mit ihnen verbundenen Ressourcen. Konkret gesagt, ein Theater, eine Bühne, eine Konzerthalle müssen bespielt werden. Jeder ungenutzte Tag bedeutet – rein rechnerisch – eine steigende Kostenbelastung für die übrigen Tage. Dies ist bei allen Produktionsmitteln so, die Kapazitäten darstellen, die man nutzen kann oder die – ungenutzt – eben verfallen.

Wir haben in diesem Zusammenhang zwar den betriebswirtschaftlichen Terminus „Produktivität" aus guten Gründen vermieden, um stattdessen mit dem monetären Begriff „Wirtschaftlichkeit" zu operieren. Doch der Grundzusammenhang, dass man vorhandene Nutzungsmöglichkeiten nicht ohne Anlass ungenutzt verstreichen lassen soll, wird dadurch natürlich nicht obsolet. Diese Forderung ist allerdings auch leicht gestellt, aber in der Praxis meist schwierig zu erfüllen. Dennoch liegt hier einer der wichtigsten Anknüpfungspunkte für professionelles Kulturmanagement vor, besonders in Zeiten der Sparzwänge und des Subventionsabbaus. Um dies hier noch einmal zu unterstreichen: Der Kreativität, vom Spardruck entlastende Einsatzmöglichkeiten für solche Ressourcen zu entdecken, zu gestalten und zu realisieren, sind in der Praxis zwar oft Grenzen aus Besitzstandswahrung, Tabuisierung, Unwillen, Unvermögen, Rechtswiderständen und Machbarkeitsverzagen gesetzt, aber diese Denkrichtung ist dem Phlegma des „Weiter-so" oder dem hilflosen Gesundschrumpfen (das oft im Zusammenbruch endet) vorzuziehen. Viele Institutionen nutzen ihre

Möglichkeiten nicht aus, weil sie diese Defizite nicht erkennen oder die Geduld und Intensität nicht aufbringen, nach Lösungen zu suchen. Auch hier ist Phantasie und die Neigung zu Experimenten notwendig.

Eine oft sehr wichtige und durch nichts zu ersetzende Ressource ist das Kapital der kulturellen Reputation (wir vermeiden hier den Ausdruck „kulturelles Kapital", der von der Philosophie Pierre Bourdieus präzise bestimmt ist und nicht deckungsgleich ist mit dem hier Gemeinten). Dieses „Kapital" (in der Wirtschaft auch Goodwill genannt) ist in der Öffentlichkeit vielfältig nutzbar, und zwar für Sponsoring und Fundraising, für Licensing (Vergabe einer gebührenpflichtigen Lizenz, das Logo oder den Namen der Institution oder bestimmter Teile daraus, z.B. Ausstellungsstücke, nutzen zu dürfen) und Merchandising. Auch eigene Produktionen (z.B. CD, Bücher, Poster etc.) sind Ansätze. Besonders wichtig ist die Beachtung von Synergie-Effekten, denn jedes dieser Konzepte nutzt das „Kapital" und ist zugleich selbst wieder ein Mittel, das „Kapital" zu stärken.

Unter den darstellenden Künsten sind einige, die üblicherweise in einem kommerziellen Zusammenhang stehen und aus diesem „Klima" andere Anforderungen stellen als die meisten traditionellen darstellenden Künste wie das Repertoire-Theater, das große Sinfonie-Orchester und die Oper und die deshalb kaum abweichen von konventionellen Managementanforderungen in der Wirtschaft. Die traditionellen darstellenden Künste sind – wie verschiedentlich beschrieben – aus gewichtigen Gründen dagegen nicht kommerzialisierbar, d.h. aus eigener Leistung wirtschaftlich eigenständig, und werden dies wegen der spezifischen Bedingungen der Kunstpflege auch nicht sein sollen. Dennoch gibt es zu jeder dieser Sparten auch kommerzielle Gegenstücke, also beispielsweise sich selbst tragende Theater, kommerziell florierende Orchester und Musicals.

Die kulturpolitische Rolle der klassischen darstellenden Künste haben wir mehrfach angesprochen. Die ökonomischen Spannungen (teilweise auch künstlerische Dispute über die Zukunft dieser Genres, die hier jedoch nicht hergehören) sind Ausdruck tief greifender kultureller Umbrüche, die sich in diesen Institutionen lediglich spiegeln und die – nach unserer Einschätzung – eine tragfähige Transformationsgestalt benötigen, um als wertvolles kulturelles Erbe in die sich ankündigenden Veränderungen im gesellschaftlichen Kulturleben mitgenommen zu werden. Aus diesem Zusammenhang lässt sich für die Arbeit des Kulturmanagements eine Aufgabe formulieren, die – wenn man es so pathetisch ausdrücken will – über den Tag hinausreicht und eine Entdeckungs- und Gestaltungsaufgabe ganz besonderer Art darstellt. Es geht um den Spagat, das Erbe zu erhalten, indem man es mitnimmt auf dem Weg in die Veränderungen und es gerade dadurch bewahrt.

Um es an einem Beispiel überspitzt zu demonstrieren und zugleich einem Einsatzfeld vorzugreifen, das noch erläutert werden wird, sei auf den Kulturtourismus hingewiesen. Das kulturelle Erbe an architektonischen und archäologischen Reminiszenzen ist schon seit Generationen, mindestens seit Johann Joachim Winckelmanns Reisen nach Italien und Heinrich Schliemanns Ausgrabungen in Troja *die* Substanz der klassischen Kultur- und Bildungsreisen geworden. Die heute wohl organisierte Form des touristischen Zugangs zu den authentischen Werken beruht im Grundsatz auf derselben kulturellen Substanz. Die Möglichkeit, diese Substanz durch ein touristisches Produkt zum Geschäft zu machen, hat Kommunen und Regierungen und manche privaten Geldgeber beflügelt, sich dem Erhalt dieser Objekte und Stätten mit besonderem Nachdruck zu widmen. Hier mischen sich häufig geschäftliche Möglichkeiten mit dem gesellschaftlichen Auftrag der Pflege von Objekten und Stätten des kulturellen Erbes. Die geschäftliche Nutzung beschränkt sich keineswegs auf den authentischen Besuch, sondern kann in Form von Druckwerken (Bücher, Bildbände), Videos und kunsthandwerklichen Waren ausgedehnt werden. Der authentische Besuch muss aber stets als Möglichkeit bestehen. Dem Touristen würde nämlich ein Fernsehfilm oder ein Video oder ein Lichtbildervortrag von etwas, das er gar nicht mehr authentisch vorfinden kann, weil es vernachlässigt oder zerstört wurde, mit ziemlicher Sicherheit nicht genug sein. Die verschiedenen Formen der In-Wert-Setzung von Objekten und Stätten des kulturellen Erbes für kommerzielle Zwecke, auch wenn sie in manchen Fällen zweifelhafte Formen annehmen können, sind zugleich Möglichkeiten, Mittel für den Erhalt und vielleicht auch Restaurierung von Objekten des kulturellen Erbes einzuwerben.

Der Kulturtourismus beruht auf der realistischen Chance, das virtuell Erlebte oder Erfahrene, z.B. durch einen Fernsehfilm, wirklich werden zu lassen. Auf analoge Weise dürfte es einem Musikliebhaber auf die Dauer nicht genug sein, die Musik seiner Gunst nur auf CD hören zu können. Das technische Medium ersetzt nicht das Original, aber beide stehen in einem Verhältnis wechselseitiger Stimulans zueinander. Es kommt also bei den darstellenden Künsten ganz generell darauf an, sie als „authentische Substanz" oder als realisierbare Möglichkeit der Wahrnehmung zu erhalten.

Die Entwicklung von Konzepten, ein Werk oder eine Werksgattung in modernisierter Form in die Öffentlichkeit zu bringen, ist ein „Kunstgriff", durch den einerseits Einnahmequellen neuer Art entstehen und andererseits das Bedürfnis nach authentischer Rezeption wach gehalten werden kann. Wo ein starkes gesellschaftliches Bedürfnis artikuliert wird, findet sich zumindest leichter eine Möglichkeit, für die Erhaltung und Pflege der kulturellen Substanz zusätzliche Mittel zu akquirieren.

Der Bereich der darstellenden Künste ist in sich zu verschieden und die konkrete Situation einer einzelnen Einrichtung zu spezifisch, um hier im Detail und zugleich in generalisierender Weise auf die Einsatzmöglichkeiten qualifizierten Kulturmanagements eingehen zu können. Diese wenigen Hinweise mögen deshalb genügen, um wenigstens die thematische und sachliche Spannweite für diese Aufgabe deutlich werden zu lassen.

7.2.3 Belletristik und Bildende Kunst

Die Objekte der Belletristik und der Bildenden Kunst, das Buch und das Gemälde, repräsentieren Kunstgattungen, die sich kulturhistorisch als erste in die Sphäre des Kommerzes begeben haben, nachdem sie zu mobilen Gegenständen geworden waren. Ihre Handelbarkeit ist das sie Verbindende, bei aller Unterschiedlichkeit in den Charakteristika dieser beiden Kunstgattungen.

Als handelbare Waren haben sich in jüngerer Zeit die Schallplatte bzw. CD sowie das Video eingebracht. Die Betonung liegt in allen Fällen auf der Handelbarkeit (Dislozierbarkeit) und bringt diese Waren in die Sphäre des Marktes mit all den dazugehörigen Begleiterscheinungen (z.B. Buchmessen, Auktionen) hinein. Was diese Bereiche für das Kulturmanagement interessant macht, ist aber nicht die Tatsache, dass hier mit Kunst *Handel* getrieben wird, sondern dass diese Kunstobjekte es mit einer *kulturellen* Öffentlichkeit zu tun haben, die sich für Kunst und kunstnahe Kultur interessiert. Sich in das jeweiligen Publikum hineindenken können, ist hier (wie in anderen Bereichen) die eigentliche Kunst des Kulturmanagements.

Das Buch ist die technisch vermehrbare dingliche Form der zusammenhängenden Erzählung oder Gedichtsammlung, die *vor* seiner Ausbreitung als Kulturobjekt (also erst lange nach seiner Zeit als technische Erfindung) hauptsächlich durch fahrende Spielleute, Troubadoure und Wanderprediger mündlich vorgetragen wurden und eigentlich darstellende Künste waren – wenn auch mit weitaus weniger Aufwand als das Theater. Mit der technischen Vermehrbarkeit und Fungibilität durch die Entwicklung der Buchdruckerkunst hat das Buch sämtliche klassischen Bedingungen für eine kommerzielle Handhabung erfüllt. Der Wahrnehmungsunterschied zwischen Hören (Zuhören beim mündlichen Erzählen) und Lesen (Erfassen eines Textes und Vergegenwärtigen mit Hilfe der eigenen Phantasie) ist gravierend. Das Buch ist eine Kunstform eigener Art. Seine technische Vermehrbarkeit hat mit der besonderen Ästhetik dieser Kunstform an sich nichts zu tun. Auch ein handgeschriebenes Einzelwerk ist ein Medium des Lesens, nicht des mündlichen Erzählens. Beim Lesen eines Buches dürfte der Gedanke, dass vielleicht gleichzeitig einige tausend andere Leser gerade das Gleiche tun, keine besondere Rolle spielen.

Damit aber das Buch auch ein lohnendes Objekt für den (anfänglich reinen Verlagsbuch-) Handel[102] werden konnte, musste allerdings noch die gesellschaftliche Bedingung erfüllt werden, dass es genügend lesekundige Menschen gab. Diese Voraussetzung war kaum vor der Mitte des 18. Jahrhunderts in ersten Ansätzen erreicht und steigerte sich mit der Einführung der allgemeinen Schulpflicht im Verlaufe des 19. Jahrhunderts. Die Einführung einer allgemeinen Schulpflicht durch den Staat ist eine klassische Form von Bildungspolitik, die zugleich Kunst fördernde Kulturpolitik ist, indem sie nämlich mit der Förderung der Nachfrage die wirtschaftlichen Grundlagen für Poeten und Schriftsteller schaffte, sich über den Verlag und den Buchhandel ein Einkommen (vielleicht sogar ein Auskommen) zu erwerben. Lesen ist die Fähigkeit, den Sinn eines Textes zu erfassen und ihn mit der auf eigenen Erlebnissen und Erfahrungen beruhenden Phantasie anreichern und verstehen zu können. Lesen ist nicht einfach nur das „Auflesen" von Worte bildenden Buchstaben (analog dem Lesen in der Weinernte), sondern ein intellektuell ausgereifter Vorgang, der eine gewisse Grundbildung und Übung voraussetzt, um mit dem Gelesenen etwas Sinnvolles anfangen zu können. Lesen setzt Bildung als Kontext voraus. Das Buch wurde zu einem Kulturgut besonderer Art, das in einer Epoche der bürgerlichen Gesellschaft, in der die Aneignung von und das Vergnügen an Literatur „zum guten Ton" gehörte, ein gänzlich anderes Geschäft war als in der Gegenwart, in der für jedes Buch und für jeden Autor, der in seinem und seines Verlegers Interesse namhaft werden will, der Weg in die Öffentlichkeit professionell vorbereitet werden muss: in Anzeigen, auf Buchmessen, in Lesungen, durch besprechende Ankündigungen in Feuilletons. Auf diesem Gebiet liegen zweifellos Chancen für professionelles Kultur- und Kunstmanagement.

Das Gemälde hat sich die Möglichkeit, über den Handel „in die Welt" gebracht zu werden, dadurch erworben, dass es die Form des Tafelbildes annahm und damit seine Ortsfestigkeit als Wandgemälde in Kirchen und Klöstern (dort zur bildlichen Belehrung oder Bekehrung der leseunkundigen Gemeinden) überwand. Das verbreitete Bedürfnis, sich in seinem individuellen Wohn- und Lebensumfeld die Wände mit Bildern zu verschönern, setzte allerdings erst viel später im historischen Prozess der Herausbildung zuerst aristokratischer und später bürgerlicher Lebensstile entfalteter Raffinesse ein. Eine Voraussetzung dafür war nämlich ein gewisser Wohlstand in Bevölkerungskreisen, die nicht zur aristokra-

---

[102] Ursprünglich und verbreitet noch bis ins 19. Jahrhundert hinein waren Verleger häufig zugleich Buchhändler, die ihre Druckwerke allein vertrieben.

tischen Elite gehörten, wohl aber zur aufstrebenden bürgerlichen Schicht. Dies wiederum hing mit dem ersten Aufblühen der auf Handelstätigkeit beruhenden Formen von marktwirtschaftlicher Praxis und bürgerlichen Vermögenserwerbs etwa seit der Renaissance (mit ihren Hochburgen in Italien, Süddeutschland und Flandern) zusammen.

Die ersten „Hochburgen" eines bürgerlichen Lebensgefühls und urbanen Lebensstils entstanden in dieser Zeit, und sie formierten und steigerten nach und nach die Nachfrage nach handlichen, d.h. den Wohnverhältnissen der gehobenen bürgerlichen Schichten angemessenen Tafelgemälden und zugleich die Nachfrage nach vielen anderen Accessoires der neuen Lebensart (feine Möbel, Porzellane, Glas, Silberbesteck, Schmuck, Bücher usw.).[103] Großflächige Tafelgemälde, die die Wände in Palästen und Herrensitzen füllen konnten, sind mit der Zeit kleinen, bis miniaturisierten Bildern gewichen, die auch in den bescheideneren Rahmen bürgerlicher Häuser passen. Malerei als narrative und dekorative Kunst, die im Bild Geschichten erzählt oder Stimmungen vermittelt und als Handelsobjekt ein lohnender Artikel war, ist weitgehend Vergangenheit. Diese Kunst ist mittlerweile andere Wege gegangen. Die Trennlinie bewegt sich ungefähr dort, wo zwischen Kunst- und Antiquitätenhandel einerseits und modernen Galerien andererseits eine institutionelle, allerdings unscharfe, mehr eine breite Übergangszone bildende Grenze verläuft.

In beiden Bereichen des Handels mit Objekten der Bildenden Kunst dürfte das Gewicht der Sachkenntnis, der Deutung und Bewertung von Objekten und der Einschätzung der Klientel und seiner ästhetischen Launen, so ausgeprägt sein, dass Qualifikationen in Sachen Kultur- und Kunstmanagement wahrscheinlich nur als Ergänzung von bereits vorhandener Professionalität in der Sache selbst in Betracht kommt. Davon wird allerdings in einigen Studienangeboten in Deutschland und im Ausland zunehmend Gebrauch gemacht.

Neuerungen vor allem für das Verlagswesen und den Buchhandel haben sich mit raschen Zuwachsraten durch die elektronischen Medien, vor allem das Internet, herausgebildet, die entsprechende Sachkenntnis auch auf diesem Gebiet erfordern. Die traditionelle Form des Buchvertriebs über den Ladenhandel und der ideale Leser, der aus eigenem Antrieb regelmäßig zu seinem Buchhändler geht und sich über Neuerscheinungen informiert, wird sicher nicht ganz aussterben. Daneben aber entwickeln sich neue Formen der Kontaktierung der Öffentlichkeit, die sich vermutlich dominierend durchsetzen werden.

Zwischen dieser Tradition und ihrem Gegenstück, dem Vertrieb per Internet, liegt indessen ein breiter Raum von Möglichkeiten, das Buch als Kunstwerk an die Leserschaft heranzutragen. Die „Erziehung" zum Lesen bei Kindern wird nach wie vor zu sehr den Schulen überlassen, obwohl gerade hier der Ansatz für eine langfristige Öffentlichkeitsarbeit zugunsten des Buchs liegt. Autorenlesungen sind ein bekanntes und bewährtes Mittel. Aber es ist stark – im wörtlichen und im übertragenen Sinne – textorientiert.

Ansätze für erweiterte Marketingkonzepte liegen hauptsächlich im Bereich der Kontexte des Lesens (z. B. wer liest bei welchen kulturellen Anlässen und Gelegenheiten und

---

[103] Diese Bedingung der sich ausbreitenden urbanen Lebensstilkultur ist historisch die entscheidende Antriebskraft für die Entfaltung des marktwirtschaftlichen Systems gewesen. Dies hervorzuheben ist angesichts der ziemlich einseitig auf die Angebotsseite fixierten traditionellen Ökonomie notwendig, um das Gleichgewicht der beiden aufeinander angewiesenen Seiten auf einem Markt wenigstens hier wieder herzustellen. Darin steckt natürlich zugleich eine deutliche Kritik an den auch heute noch wahrscheinlich mehrheitlich vertretenen wirtschaftspolitischen Programmen der so genannten Angebotspolitik, die sich Impulse aus der Stärkung der Anbieter, also der Produzenten, verspricht. Für die Entwicklung der Wirtschaft reicht das wohl kaum aus. Eine die Nachfrageseite hervorhebende und dadurch letztlich auch dem Angebot zuarbeitende Wirtschaftspolitik müsste eine Art von Kulturpolitik sein.

mit welchen Stimmungen welche Art von Literatur?) und des Buches selbst (z.B. welche Querbeziehungen zu anderen Kunstgattungen wie Musik, Theater oder Kunsthandwerk bestehen? Welche gesellschaftliche Funktion übt das Buch aus?).

7.2.4 Kulturabteilungen in der Wirtschaft

Der Bereich der darstellenden Künste, vor allem der engere Bereich der klassischen Institutionen Theater, Oper, Orchester, Museum, Bibliothek, waren in der Gründungsphase der ersten Studiengänge für Kulturmanagement die Anstoßgeber. Inzwischen haben sich die Perspektiven erheblich erweitert. Eine dieser Erweiterungen sind Kulturabteilungen in der Wirtschaft.

Eigenständige Kulturabteilungen mit einem profilierten Kulturauftrag und einem oft ansehnlichen eigenen Budget sind gewöhnlich nur in Großbetrieben der Industrie sowie bei Banken und Versicherungen anzutreffen (vgl. Beispiele aus Weber 1993, Ruf 1998). In kleineren Firmen findet man aber häufig Kulturbeauftragte sowie Initiativen zur Beteiligung oder eigenen Durchführung von einzelnen Kulturprojekten. Darunter fallen nicht die Kultur fördernden Stiftungen vieler Unternehmen, deren Arbeit die gemeinnützige Förderung (oft neben anderen Förderbereichen) der Kultur ist und die in einigen Fällen beträchtliche Summen zu verteilen haben. Diese Aufgabe kann zwar auch ein Einsatzfeld für Kulturmanagement sein, das sich aber von der einer Kulturabteilung klar unterscheidet.

Die Kulturabteilung eines Unternehmens ist ein nicht zu unterschätzender Faktor im Kulturleben einer Stadt, einer Region oder eines Landes, und zwar sowohl was die Qualität und inhaltliche Bedeutung der dort geleisteten Arbeit als auch was die Ausstattung mit Ressourcen angeht. Die Abteilungen verfügen ja nicht nur über ein eigenes Budget, sondern auch über eine wertvolle Infrastruktur (Büros, Büroausstattung, Kommunikationstechnik usw.) und können qualifizierte Mitarbeiter einsetzen. Die Außenwirkung der von Kulturabteilungen initiierten und durchgeführten Kulturprojekte wird in vielen Fällen noch durch eine bestimmte Strategie verstärkt, indem sie in den öffentlichen kulturpolitischen Programmzusammenhang integriert werden, zum Beispiel als Beiträge im Rahmen eines städtischen Ausstellungsprogramms, eines Festivals oder einer kulturellen Veranstaltungsreihe.

Die Gründe für solche Eigeninitiativen von Unternehmen der privaten Wirtschaft sind sehr vielfältig. Sie können auf Traditionen des Firmengründers zurückgehen, sie können auf einem ausgeprägten Verantwortungsbewusstsein der Geschäftsleitungen beruhen, sie mögen ein Imagekalkül oder der internen Personalpolitik verbunden sein. Vermutlich kommen im Einzelfall mehrere solcher Motive zusammen. Für die Arbeit in solchen Kulturabteilungen gibt es einerseits (in einigen Fällen ganz erhebliche) Entdeckungs- und Gestaltungsspielräume, aber auch bestimmte Limitationen, die beachtet werden müssen.

Kulturabteilungen von Wirtschaftsunternehmen haben meist eine Verbindung zu dem, was man die Corporate Identity, das kulturelle und gesellschaftliche Selbstverständnis und die Außenwirkung eines Unternehmens als Ganzes, nennt. Daraus ergeben sich auch relativ klare Linien, was eine Kulturabteilung bewirken soll, welche besonderen Gewichte zu setzen sind und welche Grenzen es geben soll. Nicht selten gibt es ausformulierte Leitlinien für diese Arbeit. Die Beziehungen zwischen Kulturabteilung und Firmenpolitik sind indessen nicht instrumentell, etwa in dem Sinne, dass die Kulturarbeit als direktes, akquisitorisches Mittel zur Imagepflege eingesetzt werden soll. Wenn solche Effekte gewollt sind –

und dies wäre zweifellos nachvollziehbar und zu erwarten –, dann muss die Kulturarbeit relative und deutlich wahrnehmbare inhaltliche Unabhängigkeit zeigen können (die selbstverständlich wiederum nicht gegen die Firmeninteressen gerichtet sein kann, wie beim Sponsoring auch).

Imagetransfer funktioniert nur, wenn beide Seiten weitgehend unabhängig bleiben. Zumindest muss die Kulturarbeit losgelöst vom Geschäftsbetrieb und dessen Sachgebieten geleistet werden können. Die Öffentlichkeit würde sehr wahrscheinlich eine direkte, offenkundige Indienstnahme der Kultur für die reinen, dann als sachfremd empfundenen Interessen durchschauen und abweisen. Man würde für eine Sache, die nur der Werbung dient, nicht auch noch bezahlen wollen.

Die Arbeit auf der Ebene der öffentlichen Wirksamkeit kultureller Projekte und Initiativen ist das Metier des professionellen Kulturmanagers. Da hier gleich zwei Stränge dieser Tätigkeit sich berühren, nämlich die Einbringung der Kulturarbeit in die Öffentlichkeit und die Zusammenhänge zur Corporate Identity des betreffenden Unternehmens, kann man auf einige interessante Aufgaben in der Praxis schließen.

7.2.5 Kulturämter und andere öffentliche Dienste

Ämter aller Art und Stufen, auch Kulturämter, haben nach wie vor das Image von durch und durch administrativ ausgerichteten und folglich Aktenzeichen vergebenden, nichts als Akten führenden und Bescheide erteilenden Stuben von relativ geringem ästhetischen Reiz. Da Ämter nichts erfinden dürfen, jedenfalls keine Initiativen außerhalb der Vorschriften ergreifen sollen, und da sie auch kein existentielles, ihr Dasein bedrängendes Imageproblem haben, müssen sie – nach landläufiger Meinung – weder für sich Öffentlichkeitsarbeit machen noch sich um eine gewisse Ästhetik ihres Arbeitsumfeldes bemühen. Was soll dort ein professioneller Kulturmanager?

Dass dies eben Geschilderte längst nicht mehr (überall) gilt und dass die Aufgaben vieler Kulturämter insbesondere einen hohen Anteil an öffentlichen Dienstleistungen für Kultureinrichtungen bieten (z.B. fachliche Beratungen, Herstellen von Kooperationen) und zum Teil sogar eigene Kulturprojekte initiieren und durchführen, wenn dies aus kulturpolitischen Gründen für sinnvoll erachtet wird, braucht eben seine Zeit, bis die Öffentlichkeit dies registriert und zu würdigen beginnt. Es ist eben, wie Albert Einstein bemerkte, schwieriger, ein Vorurteil zu zertrümmern als ein Atom zu spalten.

Die meisten Kulturämter sind nicht auf ihre zentralen, administrativen Zuständigkeiten und Förderungsfunktionen im Zusammenhang mit der Verwaltung von Kulturhaushalten beschränkt, sondern nehmen zahlreiche übergreifende Aufgaben mit wahr, in denen kulturelle Fragestellungen eine wichtige Rolle spielen, z.B. in Sachen Fremdenverkehr, bei der Regionalentwicklung, in der kulturellen Kooperation mit Nachbarkommunen oder in regionalen kulturellen Initiativen, in Fragen der regionalen Wirtschaftsförderung durch kulturelle Projekte, in den Themen Stadtbildpflege und Denkmalschutz sowie im Bereich der Anregung und Förderung von kulturellen Bildungseinrichtungen wie Musikschulen und Kunstschulen wie überhaupt in der Jugendkulturarbeit. Viele dieser durch kulturelle Sachverhalte (mit-) bestimmten kommunalen Aufgabenfelder sind in anderen Stellen des öffentlichen Dienstes, also nicht in den Kulturämtern, zum Teil sogar in verselbständigten Anstalten (z.B. Kulturabteilungen in Krankenhäusern, Kulturinitiativen in Altersheimen usw.) angesiedelt. Wollte man alles, was irgendwie mit Kultur zu tun hat, auf die Kulturämter übertragen, wären diese zu Mammutdienststellen geworden.

Kultur ist, wenn man sie nicht auf Kunst reduziert, eine Querschnittsdimension, die mal mehr mal weniger prägnant in eigentlich allen Lebensbereichen wirksam ist. Dennoch macht es Sinn, diese kulturellen Aufgaben und Projekte zu koordinieren, wenigstens einen Kulturkalender herauszugeben, damit sich nicht Termine überschneiden und das Publikum dasteht wie Buridans Esel. Es wäre sicher falsch, würde man die Arbeit der Kulturämter als managementfremd, als zu sehr durch Regelungen eingeengt verstehen, die wenig Raum für kreative Initiativen und Gestaltungsspielräume lassen. In vielen Kulturämtern arbeiten bereits ausgebildete Kulturmanager, die dazu beitragen, das alte Vorurteil vom Amtsschimmel ad acta zu legen und ins Archiv zu befördern.

7.2.6 Fremdenverkehr und Kulturtourismus

Kulturreisen sind eine an sich relativ alte Erscheinung. Andererseits hat sich eine moderne Version mehr und mehr in den Vordergrund gebracht, die man als eine mit Reisen verbundene Erweiterung des Einzugsgebietes für Publikum zugunsten von kulturellen Einrichtungen knapp und formelhaft umschreiben kann (Bendixen 1997), nämlich der Kulturtourismus.

Davon zu unterscheiden ist nicht nur begrifflich, sondern auch pragmatisch der Fremdenverkehr, dessen einer Hauptteil der regionale Erholungsurlauber ist, der im Verlauf seines Ferienaufenthaltes (besonders an Regentagen) ein latent immer vorhandenes, oft durch professionelles Management noch steigerbares Interesse an kulturellen Angeboten und Attraktionen zeigt. Der zweite Hauptteil des Fremdenverkehrs sind Individualreisende, die in vielen Regionen und Städten zahlenmäßig den organisierten Tourismus bei weitem übersteigen.

In vielen Kommunen ist die koordinierende und entwickelnde Förderung des Fremdenverkehrs auf eigene Ämter übertragen, die teils mit der Kulturverwaltung, teils mit den zuständigen Stellen für Wirtschaftsförderung in Verbindung stehen. Die Praxis mancher Kommunen in dieser Frage ist vergleichbar mit der nicht mehr ganz zeitgemäßen Einstellung großer Kulturinstitutionen, die es für selbstverständlich halten, dass ein gebildeter Bürger aus eigenem Antrieb zur Kultur und zur Kunst kommt, wo immer sie stattfindet oder zu besichtigen ist. Man verlässt sich in manchen Kommunen zu sehr darauf, dass sich Durchreisende und Dauergäste des Tourismus entweder über gute Reiseliteratur sachkundig und neugierig gemacht haben und so von selbst darauf kommen, ihre Reise zu unterbrechen oder sich den angebotenen Stadtführungen der Fremdenverkehrsämter der Stadt anvertrauen. Andere Kommunen haben längst registriert, dass sie als gebietskörperschaftliche Einheiten an dem allgemeinen Gerangel um Aufmerksamkeit für die eigenen Besonderheiten, Qualitäten und Leistungen aktiv teilnehmen müssen. Ihnen ist klar, dass Kommunen und ganze Regionen untereinander im Wettbewerb um die Gunst von Touristen, Ansiedlern und Investoren konkurrieren, dass heute im City-Marketing zum Teil schon die gleichen ästhetischen und theatralischen Effekte und Events stattfinden wie auf den Konsummärkten und dass man sich ähnlich wie diese auf Messen und Ausstellungen bemerkbar machen muss, z.B. auf Tourismusmessen.

Es gibt also so etwas wie den Zwang zu professioneller Öffentlichkeitsarbeit für Kommunen, zu deren Pfunden natürlich die kulturellen Sehenswürdigkeiten, die besonderen Events (welche Kommune von Rang hat heute noch kein Festival?) und die außergewöhnlichen Schätze der lokalen Museen gehören. Es muss nicht besonders hervorgehoben werden, dass dies ein breites Einsatzfeld für qualifiziertes Kulturmanagement ist.

Kulturtourismus, die organisierte Reise zu Stätten allgemeinen oder besonderen kulturellen Interesses, ist ein Zweig des Tourismus, der seinerseits eine relativ junge Erscheinung ist. Zwar hat es immer schon Reisen zu Kulturstätten gegeben: die klassische Grand Tour der aristokratischen und großbürgerlichen Jünglinge, die Bildungsreisen der beginnenden bürgerlichen Ära, etwa Goethes Italienreise. Diese hatten aber nichts mit dem Tourismus gemein, wie er nach dem Zweiten Weltkrieg vor allem in Europa auf Touren kam. Organisierte Reisen als Paket, auch Pauschalreisen und manchmal mit abwertendem Unterton Massentourismus genannt, sind ein Produkt, das als wesentlichen Bestandteil die belastungsfreie Erholung in einer Umgebung mit besonderen landschaftlichen und teilweise auch kulturellen Reizen enthält. Von diesem Tourismus (mit angehängten Ausflügen zu nahen Stätten der Kultur) soll hier nicht die Rede sein. Kulturtourismus im engeren Sinne ist ein Produkt, dessen Kern aus dem kulturellen Interesse einer bestimmten Klientel und aus den kulturellen Attraktionen eines Ortes oder einer durch Rundreisen miteinander verketteten Abfolge von Kulturstätten besteht (anschauliche Beispiele u.a. bei Öztin/Saleem 1999, Flores 1999, Vysocka 1999, Muresan/Smith 1999).

Man kann dieses Produkt aus der Sicht des Kulturmanagements von zwei Seiten her betrachten. Die Perspektive des Veranstalters, der ein mit kulturellen Attraktionen aufgebautes touristisches Paket in die Öffentlichkeit, d.h. auf den Reisemarkt bringt, ist zu unterscheiden von der Perspektive der Kulturstätten, die durch touristische Programme auf eine weitgehend berechenbare Weise einen Zuwachs an Publikum erhält.

Eine Erweiterung des Einzugsbereiches für latentes Publikum gibt einem Objekt oder einer Stätte des kulturellen Erbes (und darum handelt es sich überwiegend) eine Aufwertung und erhöhte Aufmerksamkeit der lokalen Öffentlichkeit, meist aus kommerziellem Interesse oder aus der Fürsorge für die wirtschaftliche Entwicklung des Ortes oder der Region. Auswärtiges Publikum bedeutet Anziehung von Kaufkraft, die sich auf alle touristischen Nebengewerbe (Gaststätten, Läden, andere Kultureinrichtungen usw.) verteilt. Dies allerdings kann auch zu einem mehrfachen Problem werden. Zwar wird für die Kultureinrichtungen durch den erhöhten Besucherstrom eine Mehreinnahme in Form von Eintrittsgeld und Führungen sowie die direkten und indirekten Wirkungen von Nebenkäufen in Souvenirshops, teilweise auch für die Hotellerie zu erwarten sein. Auch kann das öffentliche und vor allem das ministerielle Interesse an der Pflege dieser Stätten und die Fortsetzung von archäologischen Arbeiten und damit die Bereitschaft zur Hergabe von Sondermitteln wachsen. Es muss aber mit Schattenseiten solcher Programme gerechnet werden, die nicht ganz einfach zu bewältigen sind.

Im Wesentlichen sind es zwei Problembereiche, ein physischer und ein kultureller. Das physische Problem liegt in dem Risiko, dass durch massenhafte Besucherströme die Objekte oder Stätten materiell zu Schaden kommen (Vgl. Jokilehto 1999). Diesem kann man durch gewisse Regulierungen (Sperren, Begrenzung der Gruppengrößen etc.) begegnen. Wesentlich schwieriger ist der ideelle Schaden zu steuern, der durch viele kulturtouristische Programme angerichtet wird. Wir können dies hier nur sehr verkürzt ansprechen und müssen auf einschlägige Literatur verweisen. Der aus der ökologischen Problematik bekannt gewordene Begriff der Nachhaltigkeit (sustainability) hat mittlerweile auch die kulturtouristische Fachliteratur erreicht (vgl. Green/Smales 1999; İnceoğlu/Pakdil/Kapkın/Soygeniş/Özel 1999; Pascale 1999).

Die Wahrnehmungsgewohnheiten des interessierten Publikums haben sich hier ganz ähnlich verschoben wie in anderen Kulturbereichen. Der Kulturreisende von heute ist immer weniger noch jener Typ, der sich *aus eigenem Antrieb* und mit einem fundierten Vorwissen auf die manchmal ziemlich beschwerliche Reise macht – sagen wir zum Beispiel zu den Ruinen von Aspendos in der Südtürkei oder zu den Gärten der Generalife in Granada -. Es ist im Übrigen charakteristischerweise ein Individualreisender, der für Pauschalveranstalter nur als potentieller (zuweilen störender, weil zu viel wissender) Kunde von Interesse ist.

Nicht aus eigenem Antrieb, sondern durch gutes Marketing (durch die Betonung des Erlebnischarakters der Reise; der Bildungsaspekt würde die meisten Kunden heute verschrecken) wird ein Publikum erreicht, das zwar aufgeschlossen ist, die Stätten des Kulturerbes oder besonderer Kunstereignisse (z.B. durch eine Städtereise nach Florenz mit den Uffizien als Höhepunkt) wahrzunehmen, aber vornehmlich eine Erlebniserwartung einbringt. Erlebnisse aber entstehen durch dramatische Effekte, die bei Abenteuerreisen tatsächliche Risiken und unvorhergesehene Ereignisse einschließen können. Bei Kulturreisen handelt es jedoch meist um *dramatisierte* Effekte, d.h. die Stätten werden nicht einfach dargeboten, wie sie sich offen zeigen, sondern sie werden in ein show-ähnliches Programm eingebunden, sei es durch den Veranstalter selbst oder sei es von Seiten des örtlichen Managements.

Das Vordringen von dramatisierenden Effekten durch Licht- und Musikeffekte im Stile von Disneyland, aber auch durch komplette Showprogramme (z.B. Auftritte von Reiterhorden mit Lanzen in einer Burganlage; die Stadt Valetta auf Malta bietet in einem geschlossenen Gebäude eine Show „Malta Experience – durch 6000 Jahre Kultur in einer Stunde") sind zweifellos zeitgemäße Formen von Produkt-Design und Markttheater, die ihren Erfolg kaum verfehlen. Sie erzeugen aber zugleich eine Annäherungs- und Rezeptionsform gegenüber den Objekten und Stätten des kulturellen Erbes, durch die ein Schleier oder Vorhang vor die Authentizität gezogen wird und sich in zum Teil kitschigen Verniedlichungen aller Art zu erkennen gibt.

Besonders problematisch können diese Formen des Zu-Markte-Tragens von Kultur werden, wenn zwischen diesen kulturellen Objekten und den Besuchern noch die Distanz von Fremdheit hinzutritt, d.h. wenn zwei unterschiedliche, vielleicht sogar gegensätzliche Kulturen aufeinander treffen, die der Besuchten und die der Besucher. Die kulturellen Attraktionen könnten nämlich durchaus Objekte der Verehrung bei den Besuchten sein, für die eine Show den Zwiespalt zwischen Geschäft und Wahrung des Kulturerbes bedeuten kann, den sie häufig aus Not zugunsten des Geschäfts entscheiden müssen (Bendixen 1997, 1999a, 1999b, Fikes 1999, Jansen-Verbeke 1999 sowie zahlreiche weitere Beiträge in Korzay et. al. Editors, 1999, Bde. I und II).

Wir haben diese Problematik mit einer gewissen Ausführlichkeit ausgebreitet, um an diesem Beispiel zu demonstrieren, dass Kulturmanagement, auf welcher der beiden Seiten es auch beteiligt sein mag, in vielen Fällen auf kulturelle Sensibilitäten stoßen wird, die es in seine Managementarbeit integrieren muss. Der Kulturtourismus ist nur ein besonders anschauliches und auffälliges Gebiet. Doch die Spannung zwischen kultureller Substanz und der Form ihrer Darbietung in der Öffentlichkeit einschließlich ihrer kommerziellen

Nutzung ist ein generelles, wenn auch nicht unlösbares Problem. Der Trend, aus allem Möglichen eine Show zu machen, ist ein so wesentlicher Bestandteil des Marktalltags und der lebensweltlichen Kulturstile geworden, dass Nostalgie hier kaum weiterhilft. Nach unserer Auffassung muss es darum gehen, Transformationsformen zu entwickeln, die das kulturelle Erbe in die sich anbahnenden veränderten Kulturgewohnheiten mitnehmen, ohne sie substanziell und ideell anzurühren und zu zerstören.

Das kulturelle Erbe ist auch für den Kulturtourismus eine unersetzliche, endliche Ressource – nicht viel anders als endliche Rohstoffe der Natur. Die Gefahren liegen auch im Kulturtourismus in der Oberflächlichkeit und Massenhaftigkeit, im Hindurchjagen von Kulturreisenden durch Museen, Schlösser und antike Ruinen. Von Winston Churchill stammt der Satz: „Never in the course of history have so many spent so much to visit so many places to learn so little." (zit. nach Halman 1999, S. 32). Churchill kannte noch nicht einmal die touristischen Auswüchse, die sich erst in den sechziger Jahren anbahnten und dramatisch ausgeweitet haben.

Ebenso klar muss eben auch sein, dass ein Verlust von Objekten des kulturellen Erbes durch Verschleiß und Vernachlässigung nicht nur die Erinnerungen daran erlöschen lässt, sondern dem Produkt „Kulturtourismus" die Substanz nimmt. Es gibt also immer auch ein gewisses Geschäftsinteresse an der Bewahrung.[104] Ähnlich wie beim Landschaftsverbrauch durch touristische Bauten und Vorkehrungen für die Infrastruktur gibt es auch im Kulturtourismus das Problem der Übernutzung. Die Geschäftswelt des Tourismus erwartet bislang noch zu passiv die Initiative des Staates. Wenn der aber wegen zurückgehender Haushaltsmittel immer weniger im Stande ist, diese Aufgabe wahrzunehmen, dann muss sich die Geschäftswelt selber helfen. Pures Gewinnstreben ist kurzsichtig. Weitsicht verlangt eine Vernunft, die dem ökonomischen Rationalismus weitgehend fremd geblieben ist.

Es gibt nun eine ganz andere Form von Kulturtourismus, die bislang kaum unter dieser Bezeichnung geführt und diskutiert wurde, die aber als Einsatzfeld für Kulturmanagement einige interessante Seiten bietet. Es geht um Festivals aller Art und Qualität, die längst das Stadium von Festen einer städtischen Bevölkerung für sich selbst überschritten haben und ganz gezielt um Besucher werben. Festivals oder Festspiele sind Kulturereignisse, deren Bedeutung in erster Linie darin liegt, dass sie eine überregionale, oft auch internationale Publikumsszene ansprechen und pflegen und diese auf Dauer zu binden versuchen, da Festivals wiederkehrende Ereignisse zu sein pflegen. Festspiele sind in erster Linie regelmäßig wiederkehrende Kulturereignisse. Der damit verbundene Tourismus ist so etwas wie ein zweckdienlicher Service. Das unterschiedet diese Form des Kulturtourismus von der zuvor geschilderten, die im kommerziellen Interesse eines touristischen Anbieters als Produkt gestaltet und vertrieben wird, das bestimmte kulturelle Attraktionen als Mittel zum Zweck in Anspruch nimmt, oft überzogen mit einem show-artigen Programm. Hier ist Kultur ein Attraktivität erzeugendes Mittel. Im Festivaltourismus steht das kulturelle Ereignis im Mittelpunkt und die touristischen Serviceleistungen sind ein Mittel, den Besuchern die äußeren Umstände zu erleichtern.

---

[104] Das Geschäftsinteresse an der Bewahrung dessen, was man als Gegenstand der geschäftlichen Nutzung braucht, lässt sich verallgemeinern als das Interesse der Wirtschaft an der Erhaltung von Lebensbedingungen einschließlich der gesamten natürlichen Umwelt. Da es aber *die* Wirtschaft als einheitlich handelnde Institution nicht gibt, entsteht das Problem der Regulierung zwischen konkurrierenden Ansprüchen, zum Beispiel der internationalen Quotierung beim Abholzen von Urwäldern. Dass dies aus vordergründigen nationalen oder Profitinteressen einzelner Konzerne meist nicht funktioniert, ist weitgehend bekannt. Der Markt selbst schafft solche Regulierungen jedenfalls nicht.

Um die oft von weither kommenden Besucher eines Festivals oder eines Festspiels im weitesten Sinne touristisch zu versorgen, damit sie unbehelligt von Alltagskümmernissen ihren Kunstgenüssen nachgehen können, bedarf es eines erheblichen organisatorischen, technischen und fachkundig geführten Managements, das neben den üblichen Leistungen in der physischen Versorgung auch zahlreiche Programmpunkte neben den eigentlichen kulturellen Ereignissen anbieten kann. Das Studium der Salzburger Festspiele ist vor allem deshalb von besonderem Interesse, weil es über eine achtzigjährige Geschichte verfügt, in der nahezu alles an Pannen schon einmal passiert ist, was selbst einem versierten Manager eben passieren kann. Daraus haben sich aus lernender Erfahrung praktische Konzepte und eingefahrene Organisationsformen entwickelt, die aufschlussreich sein können. Selbstverständlich kann dazu auch jedes andere Festival als Studienobjekt herangezogen werden.

Für Kulturmanager, die zugleich einige Erfahrungen im Tourismus mitbringen, bietet sich hier ein weites Feld. Die Kombination von Kultur und Tourismus liegt auf der Ebene der Öffentlichkeitsarbeit ohnehin nahe, denn auch bei traditionellen Kulturinstitutionen mit einem größeren Einzugsbereich von Publikum, zum Beispiel einem Museum, gehört der Service zum Bereich der äußeren Begleitumstände (Verkehrsmöglichkeiten, Öffnungszeiten, Führungen, Restauration usw.). Ortsfeste Kultureinrichtungen, die Besucherströme, organisiert oder nicht, anziehen, sind das Gegenteil von Kultureinrichtungen, die das Publikum aufsuchen, zum Beispiel die früheren Wanderbühnen und heutigen Tourneen von Ensembles, Orchestern und Ausstellungen.

Das Management des Kulturtourismus aus der Perspektive des Gastgebers ist verschiedentlich systematisch beschrieben worden, meist an konkreten Beispielen. Das größte Problem dabei ist die Komplexität dieser Aufgabe, weil man es nicht nur mit der Koordination und touristischen Aufbereitung von Objekten und Stätten zu tun hat, sondern meist auch mit einer Anzahl von eigenständigen Organisationen, Institutionen und kommerziell Interessierten. Ein gutes Beispiel für systematisches Vorgehen haben Tamara Ratz und Laszlo Puckzo mit ausführlicher Beschreibung kulturtouristischer Attraktionen in Ungarn geboten (Ratz/Puckzo 1999a und 1999b).

7.2.7 Regionalentwicklung durch kulturelle Initiativen

Die vielfältigen Facetten des kulturellen Lebens, wie es sich heute in Künsten und Lebensstilen, in Bauten und Umgangsformen, in institutionellen Differenzierungen und informellen Milieus, aber auch in Pomp und äußerem Glanz, in ästhetischer Nüchternheit und erdrückenden Banalitäten und so manchem Elend präsentiert, haben ihren Ursprung in der Stadt, und sie haben nach wie vor dort ihren Sitz.

Urbanität ist fast ein Synonym für kultiviertes, zivilisiertes, aufgeschlossenes, verfeinertes und in seinen Übertreibungen auch prächtiges, aufgesetztes, demonstratives Leben und Lebensgefühl. Es war schließlich auch die Stadt, die Polis des antiken Griechenland, die einen ersten (nicht ganz vollständig gelungenen) Versuch von Demokratie startete. In der jüngeren Geschichte haben sicher die Weltoffenheit von Kaufleuten und die Anstöße von intellektuellen Freigeistern unter Philosophen, Gelehrten und Künstlern spezifischen Auftrieb für Urbanität gegeben. Ein Blick auf die Geschichte und die besonderen Blütezeiten der Künste, etwa in den oberitalienischen Städten der Renaissance und Flanderns, in den Residenzstädten des Barock (wovon es in Deutschland besonders viele kleinere gab), in den traditionsreichen Handelsstädten namentlich der Hanse im europäischen Norden und in den aufstrebenden Industriestädten des 19. und 20. Jahrhundert, macht die besondere geistige Fruchtbarkeit der Urbanität deutlich und lässt eigentlich kaum einen Zweifel daran, woher die Höhepunkte der Kultur, besonders der Künste, kommen.

Ländliche Regionen, die Kleinstädte, Dörfer oder gar Einsiedeleien, fallen zweifellos in die Rand- und Schattenbereiche des städtischen Auftrumpfens in der Kultur. Sie waren oft Refugien (und sind es heute in einem anderen Sinne wieder) für Künstler, die der Saturiertheit der Stadt und ihrer geistigen und ästhetischen Überflutung überdrüssig waren und zu entfliehen versuchten. Noch die Künstlerkolonien wie Worpswede bei Bremen im späten 19. und frühen 20. Jahrhundert legen Zeugnis davon ab, dass der geistig und physisch unverbaute und ungestörte Zugang zur Sinnlichkeit von Naturerfahrung eine Quelle künstlerischen Schaffens sein kann.

Doch der Ort des Schaffens ist nur die halbe Seite. Die andere Hälfte, der Ort der Publikation von Kunst, war und ist auch immer noch die Stadt als Referenzpunkt dieser Kunst. Sie blieb, was sie immer war, nämlich der Sitz all jener, die als Kenner und Liebhaber, als Sammler und Profiteure, als Kommentatoren und wissenschaftliche Nachforscher den Künsten das nötige Publikum bildete. Die Stadt war und ist der Ort der Kunstrezeption, auch wenn in seltenen Ausnahmefällen die Kunst dort blieb, wo sie entstand, zum Beispiel in Seebüll in Schleswig-Holstein, dem Hauptschaffens- und Lebensort von Emil Nolde mit der einzigen, umfassenden Sammlung seiner Bilder, oder in Fischerhude mit seiner feinen Sammlung von Werken Otto Modersohns, der dort lebte und arbeitete.

Mit dieser kurzen Beschreibung sind wir eigentlich dabei, ein Klischee weiter zu tragen, das zumindest in seiner klassischen Dichotomie von Stadt und Land, von Bürger und Bauer, von feinen Leuten und derbem Volk schon lange nicht mehr der Realität entspricht, wenn es dies überhaupt je in solcher Prägnanz gab. Niemand wird ernsthaft sagen wollen, nur die Stadt sei der Hort der Kultur (sie ist aber zugleich auch der Hort der Unkultur, der Kriminalität, des Maffiawesens, der Arroganz und der sozialen Ungleichgewichte), während das Land nahe der Kulturlosigkeit lebt (vgl. Bendixen 2002 a; 2003 b).

Es muss hier soziologischen Untersuchungen überlassen bleiben, von denen es reichlich gibt, den Klischees die Tatsachen gegenüberzustellen. Mit einem Gedanken kann man sich vermutlich auch ohne wissenschaftliche Ergründung anfreunden, nämlich dass der Unterschied zwischen Urbanität und ländlichem Raum nicht der zwischen hoher Kultur und niederer Kultur ist, sondern zwischen verschiedenen Akzentuierungen von Kultur.

Wir könnten nämlich beginnen, die Geschichte der Kultur von der anderen Seite her aufzuziehen und darauf hinzuweisen, dass der Ursprung der Kultur – schon von seiner lateinischen Wortbedeutung her – in der dauerhaften „Bezwingung" der Natur zugunsten einer gesicherten Lebensweise des Menschen lag. Wir könnten aufzeigen, dass die sensible Nähe der ländlichen Kultur zur Natur eine für das Stadtleben unentbehrliche Erinnerung daran ist, dass der Mensch ein Teil der Natur ist, dass er sich in der Stadt zwar von ihr entfernen, nicht aber von ihr frei machen kann. Schließlich wäre es nahe liegend darauf zu bestehen, dass für eine große Zahl von Menschen, in Ländern der Dritten Welt sogar für die Mehrheit, die Stadt ein Moloch des Elends und der Dekultivierung, sogar Desozialisierung ist, dass man diese Schattenseite nicht unterschlagen darf.

Es war schon immer ein historisch wirksames und in vielen Zusammenhängen vertrautes Modell, ein Gefälle zwischen „wir" und „die anderen" zu konstruieren, zwischen dem Eigenen und dem Fremden, zwischen der Stadt, in der „wir" Kultivierten leben, und dem

Land, in dem „die" simplen Leute leben. Dessen psychologische Funktion ist völlig klar. Die Abwertung und Diskriminierung des Anderen dient der Profilierung des Eigenen als besonders fortschrittlich, zivilisiert, maßgeblich. Diese psychologische Figur kehrt in vielen Variationen auf unterschiedlichen Stufen wieder: Der industrialisierte Westen blickt – auch kulturell – auf die unterentwickelte Dritte Welt, die großen Weltmetropolen (wie Paris, London, New York) blicken auf ihre Provinzstädte (z.B. Marseille, New Castle, Atlanta), die kleinen Großstädte wie Hamburg blicken auf die Provinzstädte um sie herum, diese wiederum auf die Kleinstädte und so weiter. Das eigene Postament, auf dem man kulturell steht, erscheint dadurch immer ein wenig höher, zumal die *Bewertungen* der zentralörtlichen Kultur die Relativierung dessen, was in der Provinz geschieht, gleich mit einschließt.

Hat sich dieses gedankliche Wertgefälle erst einmal in Köpfen und Werken, in Strukturen und Verhaltensweisen tief eingegraben, ist es schwer, die in diesen Überzeugungen eingekapselten Vorurteile sichtbar und vor allem glaubhaft zu machen. So viel wertvolle Kultur und Errungenschaften *können* doch nicht falsch gewesen sein.[105] Diese Bemerkungen sind natürlich nicht als einseitiges Plädoyer für ländliches Kulturleben misszuverstehen. Es geht vielmehr um eine sachliche Einschätzung der Möglichkeiten, Kultur in der Region zu entwickeln und dabei auch professionelles Kulturmanagement einzusetzen.

Diese Hintergrundüberlegungen über das Wertgefälle zwischen Stadt und Land sind zwar hier nicht unmittelbar unser Thema. Aber die kulturpolitische Erkenntnis, dass regionale Räume nicht länger kulturell sich selbst überlassen bleiben, sondern aktiviert werden sollten, hat sich in den letzten Jahren fast überall durchgesetzt. Daraus sind praktische Vorschläge und Projekte hervorgegangen, die auch für den Einsatz von professionellem Kulturmanagement von Interesse sein können.

Zahlreiche Initiativen in Deutschland und anderen Teilen Europas (von außereuropäischen Regionen können wir dies nur vermuten; zu verweisen ist hier aber besonders auf die diesbezüglichen Projekte des Europarates) sind gerade in jüngster Zeit in Gang gebracht worden, die die Regionen und ländlichen Bezirke von einer anderen, vor allem auch kulturellen Seite her betrachten. Einige haben den Ehrgeiz, dem städtischen Kulturleben die besondere Note der regionalen Kultur entgegenzustellen, sie als etwas Anderes, in sich selbst tragfähiges Eigenes, nicht als etwas die Stadt en miniature Nachahmendes herauszustellen. Es kann nicht Sinn solcher Initiativen sein, jedem Dorf ein Konzerthaus zu geben und dort auch anspruchsvolle Musik zu machen (Das Schleswig-Holstein Musikfestival macht hier allerdings eine Ausnahme). Vielmehr geht es um die Entdeckung, Gestaltung, Bewertung und Realisierung von etwas Eigenem. Einige dieser Projekte sehen – nicht zu Unrecht – Chancen darin, über kulturelle Initiativen auch einen antreibenden Beitrag zur wirtschaftlichen Entwicklung zu leisten.

Mehrere Gründe und auch praktische Erfahrungen sprechen dafür, dass solche Bemühungen Früchte tragen können. Dies hängt natürlich von den Gegebenheiten im Einzelfall ab. Ein regionaler Gürtel um eine Großstadt herum hat andere Möglichkeiten, von Pend-

---

[105] Ein besonders eindrucksvolles Beispiel für solche historischen Kräfte bietet das schon zitierte Buch Edward W. Said „Orientalism – Western Conceptions of the Orient" (Said 1995), das eine dem Westen sehr dienliche Idee und Vorstellung vom Orients als einer kulturell stehengebliebenen, dem Irrationalismus verfallenen Weltregion aufs Korn nimmt. Der westliche Orientalismus hat, so Said, seit vielen Generationen auf diese Weise vermeiden können, die Realitäten in den (vorwiegend islamischen) Ländern wahrzunehmen. Mit dieser Feststellung wollte er die tatsächlichen Verhältnisse in diesen Ländern nicht schöner reden als sie sind, sondern nur für eine offenere und weniger vorbelastete Entgegennahme dessen, was der Orient möglicherweise wirklich ist, plädieren.

lern, Tagesbesuchern, Schulen und Wochenendurlaubern zu profitieren, als eine abgelegene Region der Stille und Abgeschiedenheit (vgl. mehrere Beiträge in Korsay et. al. 1999).

Ähnlich wie manche Künstler sich zu ihrer produktiven Stärkung zeitweilig in stille Winkel zurückziehen, um mit ihren Werken schließlich ins urbane Kulturleben zurückzukehren, sind auch für viele Kulturinteressierte und Kunstrezipienten solche Formen des geistigen und emotionalen „Auftankens" erstrebenswert. Das Merkmal dieser Bedürfnisse ist die Vermeidung der Alternative, sein Leben entweder ausschließlich in die Region oder ausschließlich in die Stadt verlegen zu müssen. Der nicht zu schleifende, sondern gerade zu betonende und konstruktiv zu nutzende kulturelle Unterschied zwischen urbanen und regionalen Zonen hat auch nur wenig damit zu tun, dass die hohen Künste weiterhin ihren Ort in der Stadt haben und nunmehr womöglich Kleinkunst – oder wie immer man das bezeichnen möchte – zum Thema der Region gemacht wird.

Die in die Region zurück gewanderten Großstädter in den so genannten Speckgürteln der Metropolen sorgen zum Teil von sich aus dafür, dass ihr Lebensumfeld kulturell und künstlerisch nicht ausdünnt. Es sind aber auch spezifische Projekte vorstellbar und mancherorts längst zu einer Bewegung geworden, in denen das Spezifische der nicht-urbanen Region konstruktiv aufgenommen wird, so zum Beispiel in dem schon seit vielen Jahren regelmäßig (zweijährig) wiederholten „Festival der Regionen" in Oberösterreich.

Das Thema „Regionalentwicklung durch kulturelle Initiativen" hat zwei Wirkungsrichtungen. Die eine zielt auf die kulturelle Vitalisierung der Lebensformen in der Region ab, die andere rechnet (hauptsächlich oder zusätzlich) mit einer Stärkung der Attraktivität solcher Regionen besonders für den Fremdenverkehr und würde damit zugleich einen Beitrag zur wirtschaftlichen Stabilisierung leisten. In Sachen Fremdenverkehr ist in hohem Maße Kreativität gefragt, denn die traditionelle Vorstellung vom Erholung suchenden Dauerurlauber, der von Zeit zu Zeit eine Alternative zu den lärmenden Touristenorten rund um das Mittelmeer sucht, reicht längst nicht mehr aus. Das Verhalten von Urlaubern oder allgemein von Reisenden hat sich grundlegend verändert. Kein Sommerfrischler des 19. Jahrhunderts hätte sich seinerzeit von Veranstaltern (die es damals noch nicht gab) oder Zielorten massiv über Werbung, Reisebüros und Touristikmessen dazu überreden lassen müssen, dass er und wo er am günstigsten seine Sommerfrische verbringen kann. *Vor* dieser Zeit war das Reisen schon wegen der Transportart in Kutschen eine abenteuerliche Anstrengung gewesen, die man nach Möglichkeit mied, wenn nicht Geschäfte, diplomatische Notwendigkeiten, Forscherehrgeiz oder der Druck der Bildungsbesessenheit diese Qualen überwinden half.

Der Urlauber von heute pflegt den Veranstalter sogar schon zu verklagen, wenn am Urlaubsort etwas nicht mit dem Wasserhahn stimmt oder vor Ort nächtliche Discos das ruhige Leben und die erhoffte Beschaulichkeit beeinträchtigen. Dies ist eine Folge des vertragswirksamen Versprechens, das mit der Übertragung von Reiselust auf marktförmige Arrangements zwangsläufig verbunden ist. Der *überredete* Kunde entwickelt Erwartungen und Ansprüche. Aufenthalte in der Region können unter den heutigen Bedingungen des touristischen Marktes nicht mehr ohne massive Teilnahme am touristischen Markt mit seinem erheblichen Marketingaufwand auskommen. Hier ist professionelle Öffentlichkeitsarbeit, aber auch substanzielle Produktgestaltung gefragt.

Die Chancen der Region, am Fremdenverkehr zu partizipieren, liegen in der Flexibilität von Angeboten (z.B. Kurzaufenthalte), in der Außergewöhnlichkeit der Angebote (z.B. lukullische, gesundheitliche, sportliche und natürlich kulturelle) und in der Kreativität der

Angebote bezüglich der Klientel (z.B. kindgerechte, familienorientierte, begegnungsorientierte einschließlich interkultureller Angebote). *Eine* Möglichkeit, etwas Herausragendes zu initiieren, sind besondere Kulturprojekte, die entweder als eigenständige Events organisiert oder mit den zuvor genannten Angeboten integriert werden können. In jedem Falle aber sind sie öffentliche Ereignisse und als solche ein noch wenig aufgenommenes und elaboriertes Einsatzfeld für Kulturmanagement.

Vom Typus her gesehen können wir zwei verschiedene Ansätze der Regionalentwicklung mit den Mitteln der Kultur unterscheiden. Der erste besteht darin, mit einem spektakulären Kulturereignis in die Region zu gehen, dessen Wirkung einen räumlichen und zeitlichen Nachhall besitzt. Damit ist gemeint, dass ein solches Projekt in die Fläche ausstrahlt und kein Einmalereignis bleibt. Im Prinzip ist das Projekt „Schleswig-Holsein Musikfestival", das inzwischen seine eigenen Traditionen besitzt, ein solches Event. Es war von Anfang an als ein nicht auf punktuelle Ereignisse an einem zentralen Ort ausgerichtetes Programm in der Fläche gedacht. Die Wirkungen auf den Fremdenverkehr in Schleswig-Holstein dürften beachtlich sein, weil diese Festspiele jährlich für mehrere Wochen in der Hauptferienzeit (Juli/August) veranstaltet werden und zum größten Teil für Urlauber an den beiden Küstenregionen Ostsee und Nordsee leicht zu erreichen sind.

Der zweite Ansatz hat eine Forschungskomponente, eine Evaluationskomponente und eine Förderungskomponente. Der Grundgedanke besteht darin, flächendeckend die kulturellen Potentiale einer Region zu erfassen (Sehenswürdigkeiten, kulturelle Traditionen, Besonderheiten der Landesproduktion, kulturelle Eigenaktivitäten usw.), sie in ihrer Relevanz sowohl für die *eigene Bevölkerung* als auch für den *Fremdenverkehr* zu bewerten (wobei beides möglichst miteinander zu verknüpfen ist) und Konzeptionen für die Stärkung, Ausgestaltung und Förderung zu entwickeln. Das speziell auch für einen möglichen Einsatz von Kulturmanagement in diesen Projekten zentrale Thema ist die Schaffung von überregionaler öffentlicher Aufmerksamkeit. Deren schwierige Aufgabe besteht zum großen Teil darin, eine kulturell lebendige Region nicht einfach zu bewerben, viele Plakate zu verteilen und präzise Landkarten zu erarbeiten, sondern auf lange Sicht an einer distinguierten Reputation zu arbeiten. Mit distinguierter Reputation ist hier gemeint, dass dem durch Öffentlichkeitsarbeit vorauseilenden Ruf eine entsprechende Substanz folgen muss und dass beides bestimmte Eigenarten hervortreten lässt, die fest mit der Region verbunden sind und diese deutlich von anderen unterscheidet.

7.2.8 *Kulturmanager als Kulturberater*

Ratgeber sein zu können, wird oft als eine angenehme Rolle aufgefasst. Man gilt als Experte und muss dennoch keine Verantwortung in der Sache selbst übernehmen. Es ist ja nur eine Empfehlung und kein Befehl. Selbst wenn dieses Klischee so zuträfe, bliebe noch die entscheidende Vorfrage zu klären, wie man in solche Position gelangt. Es gibt keine gesetzliche Definition des Expertentums; jeder darf sich so nennen. Es gibt auch keine Diplomierung für diesen Status und keine Mindestlehrzeit, die man nachweisen können muss. Die meisten Beraterberufe kennen auch keine etablierten Berufsverbände, von denen aufgrund kodifizierter, überprüfter Mindestanforderungen Gütesiegel ausgegeben werden und die eine Art Ehrbarkeitsschwur abverlangen. Für den Kulturbereich hat sich indessen vor längerer Zeit der „Bundesverband freier Kulturberater e.V." gebildet (Hartung 1998).

Wer als Kulturberater tätig werden will, genauer: als Experte in Sachen Kulturmanagement, steht grundsätzlich vor dem gleichen Problem wie jemand, der sich als Unternehmer mit einem noch relativ unbekannten, aber viel versprechenden Produkt auf Neuland begeben, d.h. selbständig machen will: Man kennt nicht nur ihn nicht, sondern weiß auch nicht einmal genau, welches Produkt oder welchen Service er anbietet oder leisten kann. Der Kulturmanager als Berater muss folglich Experte seiner selbst sein können, nämlich Reputation entwickeln und diese in die Öffentlichkeit tragen.

Diese Problematik hängt einerseits mit dem noch längst nicht ausgeprägten Aufgabenprofil des Kulturmanagements zusammen, andererseits aber auch damit, dass für viele potentielle Auftraggeber die nicht ganz unberechtigte Frage im Raum steht, woher nach so kurzer Zeit systematischer Ausbildungsmöglichkeiten für Kulturmanagement so viel ausreichende Erfahrung auf diesem Gebiet kommen kann, um wirklich als Experte gelten zu können. Damit ist ein schwieriger Punkt angesprochen, der im nächsten Kapitel noch einmal ausführlich thematisiert wird. Es geht um die Rolle und das Gewicht von praktischen Erfahrungen als Bedingung für erfolgreiche Arbeit im Kulturmanagement. Dies ist bei Beratertätigkeit weniger eine Frage der Aneignung von viel Detailwissen und breiten Vorkenntnissen in einer oder mehreren Kultursparten als eine Frage des Trainings analytischer Fähigkeiten.

Analytische Fähigkeiten unterstützen die Arbeit als Berater, indem er in einer gewöhnlich ziemlich unübersichtlichen Ausgangslage, zu der er gerufen wird, durch geschultes Aufdecken von Sachverhalten aus Indizien alsbald ausmachen kann, in welcher Richtung die Problematik des betreffenden Falles vermutet werden kann und in welcher Breite und Tiefe mit Detailuntersuchungen weitergearbeitet werden sollte. Niemand kann in solchen Situationen jemals völlig sicher sein. Aber Erfahrung macht „trittsicher", d.h. aus Erfahrungen in ähnlichen Situationen ist abschätzbar, um welchen Problemtypus es sich handeln könnte und welche Antworten darauf denkbar sind. Viele Probleme, die als solche in der Praxis benannt und erläutert werden, sind im Nachhinein lediglich Symptome für woanders liegende Unstimmigkeiten in sachlicher, finanzieller oder sozialer Art oder Fehlreaktionen auf Einflussfaktoren, die falsch eingeschätzt wurden. Hier beginnt die eigentliche Arbeit des Beraters, und hier kommen ihm Erfahrungen hilfreich zugute.

Um dies an einem Beispiel aufzuzeigen, sei folgender (hier etwas umkonstruierter) Fall angenommen: In einer Musikhochschule waren die Examensleistungen der künstlerischen Absolventen nach Meinung der Leitung in wenigen Jahren deutlich zurückgegangen. Die Ursachen dafür waren nicht bekannt. Einen nennenswerten Wechsel innerhalb des künstlerischen Lehrpersonals hatte es nicht gegeben. Es wurde vermutet, dass bei den Aufnahmeprüfungen nicht mehr so viel Sorgfalt auf die Feststellung von Begabungen und Motivationen der Bewerber gelegt wurde, so dass mancher Durchschnittliche aufgenommen wurde, der es eben nicht viel weiter bringen kann als Mittelmaß.

Von den zuständigen Prüfungskommissionen wurde dies zwar zurückgewiesen, doch eine andere Antwort auf das Problem gab es vorerst nicht. Ein hinzugezogener Berater hatte nach relativ kurzer Zeit die Hauptursache herausfinden können: (kurz gefasst) Aufgrund von Subventionskürzungen seitens der zuständigen Behörde hatte man die Möglichkeiten für künstlerische Auftritte der Studierenden innerhalb der Hochschulöffentlichkeit, die ihnen eine gewisse Sicherheit im öffentlichen Vorspielen erbringen sollte, drastisch reduziert. Man hatte ganz einfach Personalausgaben gestrichen für technische Dienste an Wochenenden. Nach den Dienstvorschriften durften aber ohne dieses Personal keine Veranstaltungen in den Räumen der Hochschule stattfinden.

Dieses hier natürlich sehr vereinfachte Beispiel (das auch nur in einem von mehreren zentralen Punkten dargestellt wurde) soll unterstreichen, dass Lösungen und davor noch die genaue Lokalisierung von Problemen oft weit außerhalb der ersten Vermutungen liegen, vor allem solchen, die von den Beteiligten selbst geäußert werden, und dass einige Erfahrung dazu gehört, sich auf diese nicht festlegen zu lassen, sondern anderen Indizien nachzugehen. Da es bisher nur wenige selbständige Kulturberater zu geben scheint, die Anfängern eine Startchance bieten können, bleibt meist nur der klassische Weg, sich zunächst Erfahrungen innerhalb einer Kulturinstitution oder in einer Kulturverwaltung anzueignen, um dann von dort aus den Absprung in die Selbständigkeit zu wagen.

Eine weitere Frage ist die der Spezialisierung auf bestimmte Kultursparten oder Sachschwerpunkte, also beispielsweise als Experte in Fragen der Museumsorganisation oder in Arrangements von Festivals oder als Experte in der Vermittlung von Sponsorbeziehungen, im Aufziehen von Fundraising-Kampagnen oder in der Entwicklung von Konzepten für Öffentlichkeitsarbeit. Spezialisierungen ergeben sich meistens aus den individuellen Vorerfahrungen in einem bestimmten Sachgebiet und einer längeren Zeit erfolgreicher Praxis als Kulturberater.

7.2.9 Bildungseinrichtungen

Bildung und Kultur sind eng miteinander verzahnte gesellschaftliche Bereiche. Weder aus theoretischer noch aus pragmatischer Sicht macht es in dem hier interessierenden thematischen Zusammenhang Sinn, über ein mögliches Unterscheidungskriterium nachzudenken und klare Definitionen zu finden. Wir können davon ausgehen, dass praktisch jeder Bereich kultureller Aktivitäten seine Entsprechung im Bildungssystem besitzt, von den Kunst- und Musikschulen bis zu den allgemeine Bildung vermittelnden Schulen aller Stufen und schließlich den Hochschulen und Universitäten.

Das Bildungssystem seinerseits ragt vielleicht über kulturelle Inhalte hinaus, wenn man beispielsweise an Berufsbildung für Handwerker oder an die naturwissenschaftlichen Fächer in Gymnasien oder die entsprechenden Fakultäten an Universitäten denkt. Eine solche Differenzierung nach kulturell relevanten und kulturfernen Bildungsinhalten würde indessen das Problem des Kulturbegriffs verschärfen. Allgemein genug gefasst – und dafür sprechen manche guten Gründe – schließt der Begriff „Kultur" die Wissenschaften mit all ihren verzweigten Sachgebieten und Einrichtungen ebenso ein wie handwerkliche Arbeit (nicht nur kunsthandwerkliche) und schließlich die gesamte Wirtschaft.

Etwas prägnanter, wenn auch nicht wirklich eindeutig, ist dagegen die Unterscheidung innerhalb des allgemeinen Begriffs „Kultur" zwischen der gesellschaftlichen und der individuellen Kulturebene. Die Idee der Kultur, wie sie noch zu Zeiten Herders, Schillers und Kants, also zu Beginn der historischen Ausformung der bürgerlichen Gesellschaft, gesehen wurde, ging von der Vorstellung der Gestaltung der individuellen Persönlichkeit durch die beiden Bildungssäulen des Wissens (einschließlich des beruflichen Könnens) und der moralischen Festigung (einschließlich der Formung der ästhetischen Urteilskraft durch den Umgang mit Kunst) aus. Die zivilisierte Gesellschaft benötigt das kultivierte Individuum, wie man es seinerzeit sah.

Mit der Zeit und heute überwiegend hat sich jedoch parallel dazu die Idee durchgesetzt, Kultur als ein soziales oder gesellschaftliches Phänomen anzusehen, als die Bindekraft, die die Individuen zu einer kohärenten Gemeinschaft zusammenfügt, die ihrerseits verbindende (nicht zwingend verbindliche) und zugleich variabel ausformbare Werte, Lebensstile und Verhaltenserwartungen an ihre Mitglieder richtet. Die Gleichzeitigkeit beider Kulturebenen wird deutlich, wenn man das Schaffen eines individuellen Künstlers als eines talentierten oder vielleicht auch genialen Individuums betrachtet, dessen Werke sich jedoch an die Öffentlichkeit, an ein bestimmten Publikum oder Milieu wenden und entsprechend gesellschaftlich gewürdigt werden wollen. Kunst ist also zugleich ein individuelles und ein gesellschaftliches Phänomen.

Es ist notwendig, sich stets beider Ebenen der Kultur bewusst zu sein, um nicht den Komponisten, Maler oder Dichter zu einer ausschließlich aus ihrer individuellen Persönlichkeitssphäre Kraft und Geist schöpfenden Figur zu stilisieren. Walter Benjamin sprach – wie an früherer Stelle schon zitiert – in diesem Zusammenhang von der „Überschätzung der produktiven Person im Namen ... des Prinzips der Kreativität" (the „overtaxing of the productive person in the name of ... the principle of creativity", hier zitiert nach Said 1995, S. 13), der einseitigen Sicht also, als würde der Dichter oder allgemein der Künstler ausschließlich aus seinem individuellen kreativen Können seine Werke zustande bringen und als würde die soziale Umgebung, in der er wirkt, keinerlei bedingenden und stimulierenden Einfluss ausüben. Edward W. Said hat das Denken in Text und Kontext mit Bezug auf Kultur in verschiedenen Abhandlungen systematisch eingesetzt. Für ihn gibt es keine isolierte Dinge oder Ereignisse. Alles hat seine Vorgeschichte und seinen Kontext. „Weder Vergangenes noch Gegenwärtiges hat, ebenso wenig wie irgendein Dichter oder Künstler, für sich allein eine vollständige und unantastbare Bedeutung." (Said 1994/38).

Bildungseinrichtungen wirken – und darin liegt vielleicht ihre wirkliche Besonderheit – auf der Ebene der *individuellen* Formung und Qualifikation. Sie arbeiten – insofern anders als Theater, Museen oder Orchester – nicht nur *mit* Menschen, sondern auch und hauptsächlich *an* Menschen, genauer: an ihrer allgemeinen, spezifischen, auch beruflichen Formung und Qualifizierung. Möglicherweise hat die verbreitete gedankliche Trennung von Kultur und Bildung darin ihre Wurzeln, dass man heute Kultur im Wesentlichen als eine gesellschaftliche Kategorie sieht, während Bildung der individuellen Ebene der Kultur verbunden ist. Wenn wir dem Gedanken von Walter Benjamin folgen oder, um dies zu verallgemeinern, generell davon ausgehen, dass zu jedem Text ein Kontext gehört, dann gehören die individuelle und die soziale Ebene der Kultur zusammen: keine Bildung ohne Kultur, aber auch keine Kultur ohne Bildung.

Innerhalb des weitläufigen und komplexen Bildungssystems können weitere Unterscheidungen hilfreich sein, wenn wir die Formungsarbeit an Menschen nach deren Sinn einteilen in allgemeine (Persönlichkeits-) Bildung und berufliche Bildung. Auch dies ist nur eine gedankliche Hilfskonstruktion, die nicht zu einer dichotomischen Trennung führen sollte, also einer Spaltung von Ausbildung zu beruflichem Spezialistentum auf der einen Seite (z.B. das Erlernen eines handwerklichen Spezialberufs wie Automechaniker oder das Studium der Betriebswirtschaftslehre als Basis für den Beruf eines Bilanzanalytikers) und einer auf die Gestaltung von Lebensstilen und Integrationsfähigkeit in das soziale Leben gerichteten Allgemeinbildung andererseits. Auch hier gehört an sich beides zusammen: Weshalb sollten bestimmte Neigungen von Automechanikern oder Betriebswirten außerhalb ihres Berufs, seien sie künstlerischer oder anderer kultureller Art (z.B. auch sportlicher) weniger wichtig genommen werden als ihre berufliche Qualifikation?

Dennoch macht die Akzentuierung von beruflicher Qualifikation und Allgemeinbildung in manchen Fällen Sinn. Kunsthochschulen oder Musikhochschulen sind spezielle Bildungseinrichtungen für die berufliche Qualifikation als Künstler oder Kunstlehrer. Volkshochschulen bieten zwar auch Beruf qualifizierende Kurse (nicht aber ganze Berufslehrgänge mit abschließenden Diplomen) an, richten sich aber im Kern auf das allgemeine Bildungsbedürfnis der Öffentlichkeit. Letztlich sind auch hier nicht eindeutige Trennungen möglich. Mancher lernt eine Fremdsprache, um sich die Kultur eines fremden Landes zu erarbeiten (z.B. im Urlaub). Andere lernen sie, weil sie dort beruflich tätig werden wollen oder sollen.

Gerade die Volkshochschulen sind ein gutes Beispiel für Einrichtungen von beachtlicher kulturpolitischer Relevanz. Wenn man – ähnlich wie auf dem Markt – zwischen Anbietern und Nachfragern nach kulturellen Erlebnissen oder Werken unterscheidet, dann gehört eine Musikhochschule zur Qualifikationsebene auf der Anbieterseite (Ausbildung zu künstlerischen Berufen), während eine Volkshochschule kulturpädagogische Arbeit auf der Nachfrageseite leistet (Bildung eines qualifizierten Publikums). Bekanntlich funktioniert der Markt nur, wenn beide Seiten aufeinander wirken. Und wenn der Markt allen Ernstes als ein (fiktiver) Ort gilt, über den die Gesellschaft bzw. ihre Mitglieder ihre Bedürfnisse artikulieren können, dann kann dies umso besser funktionieren, je qualifizierter die Individuen ihren Bedarf bestimmen können.

Kulturmanagement, verstanden als eine professionelle Gestaltungsarbeit an und in Kultureinrichtungen innerhalb eines gesellschaftlichen Umfeldes, bei der die Bearbeitung von Beziehungen zum Publikum oder der allgemeinen Öffentlichkeit im Mittelpunkt steht, erhält in einer Bildungseinrichtung einige besondere Akzente. Neben der schon genannten Orientierung auf die individuelle Kultur- und Bildungsebene spielt die Tatsache eine wichtige Rolle, dass Bildung (jedenfalls in der überwiegenden Zahl der Fälle) keine kurzfristige Sache ist, sondern eine pädagogisch professionell und curricular durchdachte Langzeitarbeit an den Fähigkeiten und Fertigkeiten von Menschen darstellt. Die zu Bildenden sind die Klientel der Einrichtungen. Die Öffentlichkeit wird quasi ins Haus geholt, und die zu Bildenden sind nicht einfach formbare Objekte, sondern sie reagieren, kooperieren und protestieren im Zweifel.

Durch die Ausrichtung der Bildungsarbeit auf die (anwesenden) Menschen wird die Bildungseinrichtung nicht zu einer introvertierten Festung, die innerhalb ihrer Mauern eine zwar wichtige, in der übrigen Öffentlichkeit aber nicht weiter registrierte Arbeit in Sachen Bildung und Qualifikation leistet. Dies mag so in älteren Internaten oder internatsähnlichen Instituten der Fall gewesen sein (es mag vielleicht auch hier und da immer noch so sein). Heute stehen Schulen aller Kategorien jedoch deutlicher im öffentlichen Rampenlicht. Sie müssen sich in der Öffentlichkeit zeigen und ihre Bedeutung herausstellen, zum Beispiel durch eigene Aktivitäten und Veranstaltungen. Mit anderen Worten: Auf die Bildungsstätten kommt mehr und mehr eine Managementfunktion zu, die der des Kulturmanagements in seinen Grundzügen gleicht.

Zwar sind die administrativen Strukturen und die inhaltlichen und curricularen Konzeptionen jeweils eine Besonderheit, die im weitesten Sinne für das Bildungsmanagement „den Ton angibt". Doch sind in jüngster Zeit – nicht ganz unbedenkliche – Formen der kommerziellen Kooperation mit Sponsoren aufgekommen, die als ein deutliches Indiz für den sich langsam durchsetzenden Sinneswandel von einer eher introvertierten zu einer mehr extravertierten Stätte darstellen.

Wir können zwar davon ausgehen, dass eine fundierte Qualifikation als Kulturmanager oder Kulturmanagerin im Bildungsbereich gut einsetzbar ist. Dennoch ist dieser Bereich im Schrifttum und in den Lehrstoffen der meisten Ausbildungsstätten für Kulturmanagement eine Randsache geblieben. Auf diesem Gebiet besteht sowohl in der Praxis als auch im Forschungs- und Publikationsbereich noch ein erheblicher Nachholbedarf, der auch in dieser Schrift nicht geleistet werden konnte. Das hängt zweifellos auch damit zusammen, dass eine Bildungsstätte mit ihrer Fokussierung auf die Arbeit mit und an Menschen eben doch etwas anderes darstellt als die Arbeit an einem Werk (etwa dem Schreiben eines Dramas, der Ausstellung einer Gemäldesammlung, dem Drucken und Vertreiben von Partituren usw.) oder die Aufführung eines Werkes.

Ein erster Schritt zu einer breiteren Fundierung des Bildungsmanagements (als Teil oder Spezifikation des Kulturmanagements) könnte allerdings von den Ausbildungsstätten selbst ausgehen, indem sie ihre eigene Arbeit reflektieren, analysieren, kommentieren und publizieren (lassen).

7.3 Perspektiven der Erweiterung – Kulturmanagement in der Wirtschaft

Vorerst mag es noch wenig realistisch erscheinen, Qualifikationen auf dem Gebiet des Kulturmanagements in Kernbereichen der Wirtschaft einzubringen. Bei genauerem Hinsehen und bei detaillierter Kenntnis dessen, was in den Studiengängen für Kulturmanagement tatsächlich gelehrt und trainiert wird, öffnen sich die Fenster zur Wirtschaft und es zeigen sich immer häufiger Interessenlagen in der Wirtschaft selbst, die für diese Qualifikationen empfänglich sind. Das gilt insbesondere dann, wenn neben guten Grundkenntnissen in den Besonderheiten des Kulturbereichs auch ein praxisnahes Instrumentalwissen in Betriebswirtschaftslehre vorhanden ist.

Die Gründe dafür liegen nicht nur in der ständig gewachsenen Professionalisierung und Fundierung der Ausbildungen in Kulturmanagement, sondern auch in strukturellen Veränderungen in der Wirtschaft selbst. Es geht im Kern um den seit längerem anhaltenden, permanenten und umwälzenden Übergang von der Industriegesellschaft konventionellen Stils in eine Dienstleistungsgesellschaft, ein Prozess, der mit komplexen, weltweit wirksamen Erscheinungen zu tun hat. In den alten Industrieländern Europas und Nordamerikas sowie Japans und des australischen Kontinents hat der tertiäre Sektor einen Umfang angenommen, der teilweise den Industriesektor um mehr als das Doppelte überflügelt. In der Bundesrepublik Deutschland hat der tertiäre Sektor derzeit (2005) einen Anteil am Bruttosozialprodukt von weit mehr als 60 % (mit wachsender Tendenz), während der Industriesektor (noch) um 25 bis 28 % liegt (mit abnehmender Tendenz, die auch mit der Verlagerung von Produktionsstätten in Niedriglohnländer zusammenhängt).

Der Übergang zu verstärkten Dienstleistungen ist nicht nur im Konsumbereich zu beobachten (z.B. die Zunahme privater Pflegedienste, der wachsende Fremdenverkehr), sondern auch im unmittelbaren Umfeld der Industrie selbst (z.B. die Zunahme an technischen Beratungsleistungen wie PC-Dienste, das Ausgliedern von Funktionen wie Werbung, Öffentlichkeitsarbeit, Messebeschickungen usw.). Man kann es so sehen, dass sich die klassische Industrie mehr und mehr selber unter dem Gesichtspunkt des (im weitesten Sinne)

Dienstes am Kunden sieht, ein Vorgang, der mit den deutlichen Sättigungstendenzen in der materiellen Versorgung in den Industrieländern zu tun hat. Um weiterhin Erzeugnisse erfolgreich vermarkten zu können, reicht es heute längst nicht mehr, gute Qualitäten an Produkten zu bieten. Die Käufer müssen stärker umworben werden, die Anbieter müssen sich auffälliger in der Öffentlichkeit präsentieren und mancherlei Theatralik inszenieren, um nicht im Bewusstsein der Öffentlichkeit vergessen zu werden.

Die Konsequenz dieser Entwicklung, die durch die jüngsten technologischen Entwicklungen auf dem Gebiet der Nachrichtenübermittlung und der elektronischen Medien erheblich beschleunigt wird, ist eine verstärkte Hinwendung zu allen Ebenen und Räumen der öffentlichen Kommunikation. Wer als Produzent oder Händler nicht in der Lage ist, die Entwicklungen und Bewegungen im Bereich der individuellen und sozialen Lebensstile und Lebensmuster im Umfeld seiner Erzeugnisse und deren sozialer Integration (etwa in den privaten Haushalten) zu beobachten, sich kommunikativ und gestalterisch auf Bedarfsmuster einzustellen und dementsprechend die Erzeugnisse kulturell (d.h. funktional und ästhetisch) zu umfangen, wird Marktprobleme bekommen.

Diese Entwicklungen können wir hier allenfalls andeuten, nicht aber im Einzelnen ausbreiten (Näheres in Bendixen 2005). Es zeichnet sich aber in der Praxis immer deutlicher ein Bild ab, wonach das, was wir vielleicht etwas global mit „kultureller Kompetenz" bezeichnen können, künftig zu einer Kernkompetenz wird. Kulturelle Kompetenz bedeutet nicht das traditionelle Wissensarchiv zu pflegen, wann und unter welchen Umständen Friedrich Schiller seinen Wilhelm Tell geschrieben hat und ähnliche Merkposten der Kulturgeschichte (wogegen natürlich nichts zu sagen ist), sondern die trainierte Fähigkeit, Vorgänge in der realen Außenwelt wahrzunehmen, zu deuten und auf ihre Relevanz hin zu bewerten. Phantasie und Empathie, d. h. die Fähigkeit, sich in die Lage anderer (Personen, Gruppen, Milieus, Schichten usw.) hineinzudenken und sich andere Wirklichkeiten als die gegebene vorzustellen, ist im Grundsatz jedem Menschen von Geburt aus mitgegeben. Diese Fähigkeit ist nur – zum großen Teil durch ein sachlich fehlgeleitetes, veraltetes Bildungssystem – weitgehend verschüttet.

Bekanntlich ist eines der probaten Mittel, schon bei Kindern, aber auch bei Erwachsenen, erweiterte Denkräume zu erschließen, eine ständig geübte ästhetische Praxis, allem voran mit Musik aller Kategorien (Bendixen 2003 a, 201 ff.; Bendixen 2005, 267 ff.). Es ist längst neurologisch nachgewiesen, dass komplexe Architekturen des menschlichen Gehirns der permanenten Betätigung bedürfen, um für viele, höchst unterschiedliche Situationen abgerufen und genutzt werden zu können. Unser Bildungssystem hat in den letzten Dekaden jedoch genau das Gegenteil getan: Die musischen Fächer wurden reduziert und teilweise sogar ganz abgeschafft mit der bemerkenswert kurzsichtigen Begründung, dass musische Betätigung von Kindern eine Privatsache der Eltern sei (s. auch das nachfolgende Kapitel).

Wo dennoch eine fundierte Qualifikation in Wahrnehmungs- und Gestaltungskompetenz erworben werden konnte, sei es durch einen beruflichen Zugang zu den klassischen Bereichen und Institutionen der Künste und des allgemeinen Kulturlebens oder sei es durch andere Initiativen, ist eine Beschäftigung als Kulturmanagerin oder Kulturmanager auch in der Wirtschaft denkbar, insbesondere natürlich in wirtschaftsnahen Dienstleistungen im Umfeld von Marktfunktionen.

8 Kultur- und Kunstmanagement in der Ausbildung

> Die Menschheit teilt sich auf in drei Arten:
> Bewegliche, Unbewegliche und
> solche, die sich bewegen.
> (Arabisches Sprichwort)

8.1 Ausbildung, Training und Praxis

Ausbildungen in Kulturmanagement beruhen in der einen oder anderen Kombination und Akzentuierung auf der Aneignung von Hintergrundwissen, der Einübung von wichtigem Instrumentarium und einer einfühlsamen Kompetenz im Umgang mit künstlerischen Vorgängen. Jedes Ausbildungsprogramm hat seine eigenen inhaltlichen und didaktischen Profile, die in der Regel ein Spiegel der pragmatischen Unstände sind, unter denen das Programm ins Leben gerufen wurde. Deshalb gibt es keine fest gefügten und überall gültigen Konzeptionen, wohl aber können Erfahrungen und Möglichkeiten zur Diskussion gestellt werden (Bendixen 2009; die folgenden Ausführungen beruhen zum Teil auf diesem Aufsatz).

Kunst ist ein Schaffensprozess, der nicht planbar und organisierbar ist, denn Planung und Organisation sind gedankliche Strukturierungen, die auf ein bekanntes, festes Ziel hin ausgerichtet werden. Das Ergebnis eines Kunstprozesses aber ist kein Ziel im Sinne eines konkreten, quantifizierbaren und definierbaren Zwecks, wie wir ihn aus der Wirtschaft kennen. Dennoch sind Schaffensprozesse in der Kunst auf verlässlich erzeugte Rahmenbedingungen angewiesen, die ein Künstler oder ein Ensemble nicht oder nur bedingt selbst schaffen können. Darin liegt der Ansatzpunkt für kunstdienliches Kulturmanagement. Die sozialen und materiellen Rahmenbedingungen müssen Kriterien genügen, zu deren Kern Verlässlichkeit, Nachhaltigkeit und Gestaltbarkeit gehören. Soziale Verlässlichkeit ist das Pendant zu Vertrauen, z. B. die Verlässlichkeit eines Galeristen gegenüber (s)einem Maler. Nachhaltigkeit ist die Erweiterung des Vertrauens auf einen unbestimmten Zeitverlauf, z. B. die langfristige Zusage für finanzielle Zuwendungen (Subventionen, Sponsoring, Fundraising), und Gestaltbarkeit bedeutet die Nachgiebigkeit von Zuständen für wohldurchdachte Änderungen. Diese Kriterien sind in der Praxis nicht von selbst erfüllt und nicht immer problemlos einlösbar. Sie sind – neben einigen weiteren Sachverhalten – ein zentrales Thema in der Ausbildung von Kulturmanagern.

Verlässlichkeit, Nachhaltigkeit und Gestaltbarkeit sind Zustände, die zwar methodisch und mit einer guten Portion Erfahrung gemeistert werden können, aber nicht mechanisch hergestellt werden können, um das Erreichte ein für alle Mal zu fixieren. Reine Rationalität reicht daher als Methodologie im Kulturmanagement nicht aus. Ein ohnehin schwer einschätzbarer Zustand ist beispielsweise der gute künstlerische Ruf eines Theaters oder Museums in der Öffentlichkeit. Er kann nur bedingt mit gezielten Kampagnen aufgebaut werden und ergibt sich, störanfällig und ohne Randschärfe wie die Wolken am Himmel, aus komplexer sozialer Kommunikation. Im Kern dieser Kommunikation stehen die Kunst, nicht irgendwelche Logos, Plakate oder bedruckte T-Shirts. Öffentlichkeitsarbeit kann einen künstlerischen Ruf verstärken oder auch verderben, aber nicht selbst erzeugen. Kulturmanagement muss daher in diesem wie in vielen anderen Fällen auf drei essenziellen Kompetenzen aufbauen: Einfühlungsvermögen (Empathie), Einfallsreichtum (Kreativität) und Gestaltfähigkeit (Kommunikative Kompetenz). Diese speziell auf eine Werkstattgemeinschaft mit den Künstlern ausgerichteten Kompetenzen gehören entschieden zum Trainingsprogramm in der Ausbildung von Kulturmanagern. Es handelt sich dabei nicht um kognitive Lernvorgänge, sondern um wachsende Kompetenz der Wahrnehmungsverfeinerung, die unter Anleitung in realen ganzheitlichen Situationen erlangt werden kann.[106]

Einfühlungsvermögen ist eine trainierbare Kompetenz, die auf Wissen, Erfahrung *und* emotionaler Vorstellungskraft beruht.[107] Wissen und Erfahrung sind nicht klar trennbar. Wissen ist eine Stärke, die aus kognitivem Lernen und damit aus (geglückter oder missglückter) Erfahrung hervorgeht. Lernen (nicht Pauken!) ist ein wachsender Fortschritt des eigenen Könnens, das in jeder Phase der Einheit von Kopf- und Handarbeit (Denken und Handeln, Projizieren und Konstruieren) bedarf. Lernen dieser Art entspricht somit dem handwerklichen Stil. Es handelt sich in der Ausbildung von Kulturmanagern mehr um eine Lern*form* als um einen eigenen Lern*stoff*.

Einfühlungsvermögen bezieht sich auf konkrete soziale Situationen, die im Falle des Kulturmanagements um die künstlerischen Schaffensprozesse herum gruppiert sind. Dies muss natürlich nicht zwingend in ein und demselben physischen Raum geschehen; es muss nicht notwendigerweise eine sachliche Ateliergemeinschaft gebildet werden. Oft genügt die geistige Nähe und kommunikative Durchlässigkeit in der Kooperation. Die Einübung von empathischer Kompetenz wird in der Hauptsache selbst den Charakter von Werkstätten neben der kognitiven Wissensaneignung einnehmen[108], in denen Studierende nicht bloß künstlerischen Vorgängen beiwohnen, sondern selbst in das Kunstmachen involviert sind. Der Sinn solcher Übungen ist es nicht, Studierende zu kleinen oder großen Künstlern zu machen, sondern sie empfinden zu lassen, welcher Anstrengungen und geduldiger Selbstdisziplin und welchen weiten Denkhorizonts es bedarf, um aussagekräftige Kunst zu schaffen. Sie erlangen ein Erfahrungswissen über die schöpferische Einheit von Kunst und realer Szenerie.

Einfühlungsvermögen erstreckt sich nicht nur auf soziale und sachliche Konstellationen, sondern (oft verbunden damit) auch auf einzelne Personen. Die Fähigkeit zum Mitempfinden ist nach allem, was wir heute wissen, dem Menschen angeboren, bedarf aber der Entfaltung durch Praxis. Diese Aussage kann sich auf den Wirtschaftsphilosophen Adam Smith (1723 – 1790) ebenso berufen wie auf die moderne Neurologie. Adam Smith hat die natürliche Fähigkeit zur (wie er sie nannte) Sympathie in seinem Werk *Theorie der ethischen Gefühle* (Smith 1994) zur Grundlage gemacht. In jüngster Zeit hat die Gehirnforschung die so genannten Spiegelneuronen entdeckt, die den Menschen zum Mitfühlen befähigen (Rizzolatti/Fogassi/Gallese 2008).

---

[106] Die üblichen Curricula geben dies in der Regel nicht her, da sie meist stark auf kognitives Lernen ausgerichtet sind. Hier kommt eher betreute und angeleitete Werkstatt-Erfahrung in Betracht. Darauf kann hier nicht im Einzelnen eingegangen werden (Kahrmann 2004).

[107] Die Bedeutung von Emotionen wird ganz allgemein in Konzeptionen von Management und insbesondere im Kulturmanagement unterschätzt. Von reiner Rationalität ist man heute aus Sicht der Neurologie längst weg (Seidel 2008. Zu Fragen der Empathie speziell die Seiten 179 ff.

[108] So z. B. im Studiengang *Kultur und Management* der Hochschule Zittau/Görlitz. Die künstlerischen Workshops nehmen dort einen zentralen Platz ein. Indem die Studierenden die Ergebnisse ihrer Workshops zum Ende des Semesters der Öffentlichkeit in einem Kunstfest präsentieren, das sie selbst organisieren, erlernen sie zudem die Empathie, die ein Gastgeber in solchen Situationen aufbringen muss: eine Praxis, auf der unsere Kultur so wesentlich beruht.

„Mitgefühl ist nicht einfach da, es entsteht durch die Situation" (Klein, Steffan 2008). Die Entfaltung dieser Fähigkeit wird davon mitbestimmt, in welchem Maße es gelingt, den Scharfrichter des kalkulierenden Verstandes zurückzunehmen zu Gunsten von tiefer liegenden Wissensquellen der im Gedächtnis latent vorhandenen Erfahrungen und Erlebnisse. Darauf kann hier nicht im Einzelnen eingegangen werden. Vereinfacht ausgedrückt: Der Horizont der Vorstellungskraft ist erheblich weiter als der logisch operierende, ordnende Verstand. Das Ordnen funktioniert aber nur, wenn es etwas zu ordnen gibt.

Einfallsreichtum (Kreativität) hängt eng mit Einfühlungsvermögen zusammen, weil auch hier der Verstand, wenn er das absolute Kommando behält, stört. Er holt die Weite des Denkhorizonts zur Ergründung von Handlungsmöglichkeiten auf das Stringente (auf die im Gedächtnis gehüteten Ordnungsschemata) herunter. Übungen zur Kreativität sind in vielfältiger Form bekannt und müssen hier nicht ausgebreitet werden. Doch Vorsicht ist geboten, denn das entscheidende Kriterium dabei ist der Werkstattcharakter, nicht die komplexitätsreduzierte Fallstudie, in welcher eine (vom Lehrer oder vom Computerprogramm vorerst geheim gehaltene) Lösung zu finden oder logisch herzuleiten ist. Der kulturelle (gestalterische) Wert einer Kreation ergibt sich im Prozess von Versuch und Irrtum mit der allmählichen Umsetzung, wenn die Fallstricke der Wirklichkeit zur Geltung kommen. Die Erfahrung von realen Zwängen und Überwindbarkeiten gehört unbedingt zur Konstruktion von Lernsituationen.

Wahrscheinlich ist dieses Erfordernis am besten zu erfüllen in Verbindung mit einem fachkundig begleiteten Praktikum oder einem ganz realen künstlerischen Projekt. Solche Praktika können den die übrigen Studien tragenden Boden bilden, auf dem die Pflanzen des Seminarbetriebs wachsen. Das ist keine neuartige curriculare Konstruktion; sie wird in einigen Fällen (wie an der Hochschule Zittau/Görlitz) mit Erfolg praktiziert. Es gibt jedoch einen sehr entscheidenden Akzent in solchen Projekten: Es ist nicht damit getan, den Studierenden das Erlebnis des Kunstschaffens zu bieten und das Ergebnis einer wie immer gearteten Öffentlichkeit zu präsentieren. Die Projekte müssen entschieden die Betonung auf die spezifische Rolle des Kulturmanagements darin legen, d. h. sie müssen auf Einfühlungsvermögen, Einfallsreichtum und kommunikative Kompetenz in einem künstlerisch-szenischen Feld ausgerichtet sein und den Service-Charakter des Kulturmanagements herausstellen.

Kommunikative Kompetenz bildet sich ebenfalls integriert mit Einfühlsamkeit und Einfallsreichtum als die Fähigkeit, das, was im Denken geformt wird und vor oder nach einer dinglichen Vergegenständlichung der sozialen Mitteilung (Darbietung, Verständigung, Überzeugung) bedarf, in angemessener Weise, d. h. in einer verstehbaren Form zu präsentieren. Die Phrase *vor oder nach einer dinglichen Vergegenständlichung* bezieht sich einerseits auf Prozesse der Kontaktierung von Personen und Institutionen der Öffentlichkeit *vor* dem eigentlichen künstlerischen Schaffensprozess, z.B. die Beschaffung von Finanzmitteln oder die Anmietung eines Probenraumes für ein Theaterensemble oder die vorauseilende Bearbeitung der Öffentlichkeit zur Stimulierung des Interesses an einer Neuinszenierung; sie bezieht sich andererseits auf Schaffung von öffentlicher Aufmerksamkeit *nach* einem bereits realisierten Kunstwerk, z. B. die laufende Bewerbung einer zeitlich ausgedehnten Kunstausstellung oder die Promotion einer CD.[109]

---

[109] Eine Kunstausstellung ist wie jede andere thematische Ausstellung unter Umständen selbst ein Kunstwerk, das auf einer Botschaft beruht (oder eben eine schlechte Ausstellung ist). Auch in einer reinen Kunstausstellung geht

Der kreative Umgang mit Sprache, insbesondere mit der Ästhetik des assoziativen Gefüges von Worten zu Sätzen, die zugleich sachlich bleiben und doch stimulierend wirken, wird vielfach sträflich vernachlässigt (und zwar anscheinend schon in der Schule). Jeder Formvorgang erzeugt eine Ordnung, z. B. eine Definition oder eine Wort- oder Bilderklärung, die den gesamten Horizont und die komplexe Substanz (Semantik) von etwas Gedachtem (oder Figuriertem) nur reduziert wiedergeben kann. Diese Form muss so gestaltet sein, dass die Empfänger einer Mitteilung angeregt werden, bei sich selbst in umgekehrter Richtung den Horizont der Deutung zu öffnen, damit das Mitgeteilte annähernd kongruent verstanden werden kann. Kommunikative Kompetenz erstreckt sich natürlich nicht nur auf das geschriebene oder gesprochene Wort, etwa die „Kunst" der Abfassung eines Essays oder die „Kunst" der freie Rede, sondern auch auf visuell oder akustisch geformte Mitteilungen bis hin zu komplexen szenischen Arrangements, z. B. die Gestaltung eines Ausstellungsstandes oder die Konzipierung des künstlerischen Portraits eines Theaters in Buchform.

Die drei genannten Komponenten eines handwerklich ausgerichteten Studiums des Kulturmanagements sind Schlaglichter, kein komplettes Programm. Die Werkstattform des Studiums ersetzt nicht instrumentelle und kognitive Lehrveranstaltungen wie beispielsweise *Techniken der Budgetverwaltung*, *Kulturgeschichte der Künste* oder *Kulturökonomie*. Die bloße Aneignung von instrumentellen Fertigkeiten und von kognitivem Wissen reicht jedoch für eine praxisorientierte handwerkliche Kompetenz bei weitem nicht aus. Sie ist Kopfarbeit ohne die Lehren, die eine ausführende Tätigkeit unter realistischen Bedingungen zu erbringen vermag.

Das Aufgabenprofil von Kulturmanagern ist infolge der großen Einsatzvielfalt zwangsläufig unpräzise. Von einem konturierten Berufsbild kann unseres Erachtens aus mehreren Gründen zumindest vorerst noch nicht gesprochen werden. Dies ist nicht unbedingt ein Nachteil, weil es vielen noch wenig erprobten Varianten und praxisrelevanten Akzentuierungen die Möglichkeit einräumt, sich auch künftig noch einzubringen, sich in der Anwendung zu bewähren und daraus wieder zurücklaufende Informationen an die curricularen Konzepte der Ausbildungsstätten fließen zu lassen.

Andererseits kann auch leicht Beliebigkeit entstehen, eine Gefahr, die mit der Dehnbarkeit der beiden Stammbegriffe „Kultur" und „Management" zusammenhängt. Wer es darauf anlegt, auch den Sport zur Kultur zu rechnen (was ohne weiteres vertretbar ist), darf dann den Manager eines Berufsboxers logischerweise als Kulturmanager bezeichnen. Es gibt also offenbar so etwas wie ein unausgesprochenes Einvernehmen zwischen den Verantwortlichen in den Ausbildungsstätten, den Ministerien, den Wissenschaftlern und vor allem auch den Ausbildungsaspiranten und Absolventen, was im Kern unter Kulturmanagement zu verstehen ist und welche Qualifikation die Öffentlichkeit dahinter vermuten darf – bei aller Varianz und Spezialisierung, die es dann immer noch gibt.

In diesem Kapitel soll es nicht um die Darstellung und Kommentierung von curricularen Konzepten der Ausbildungsstätten im In- und Ausland gehen, sondern um die Erörterung einiger für wichtig und unverzichtbar erachteter Komponenten. Dies mag die Arbeit an der Weiterentwicklung von Lehrplänen anregen. Es mag aber auch die Entscheidungen von Interessenten für eine Qualifizierung in Kulturmanagement erleichtern, die sich an Ausbildungsstätten wenden.

---

es nicht nur um die gezeigten Objekte und ihre Botschaften, sondern auch um den Sinn des gesamten Arrangements.

Man sollte als künftiger Kulturmanager nicht erwarten, dass ein solches (meist Zusatz-) Studium unmittelbar in berufliche Positionen führt, auch wenn dies manchmal der Fall sein kann, weil kulturelle Institutionen sich in wachsendem Umfang an die Ausbildungsstätten wenden, um qualifizierte Bewerbungen einzuholen. Künftige Kulturmanager sollten sich nach unseren Erfahrungen aus eigenem Antrieb auf die Grundfunktionen des Entdeckens, Bewertens, Gestaltens und Realisierens *auch in eigener Sache* besinnen, indem sie Einsatzmöglichkeiten für sich entwickeln, die sich in die kulturellen Bedarfsstrukturen ihres gesellschaftlichen Umfeldes integrieren lassen. Diese Strategie ist allerdings mühsam und beginnt in den seltensten Fällen irgendwo in den Topregionen der kulturellen Institutionen und Projekte. Die Gewichtung der verschiedenen Komponenten, die ein Ausbildungsprogramm als Minimum enthalten sollte, entspringt hier natürlich den Vorstellungen über Kulturmanagement, wie sie in dieser „Einführung" für richtig gehalten wurden. Es wäre ein Wunder, wenn es dazu keine Einwände oder auch Gegenentwürfe geben würde. Es gibt sehr unterschiedliche Erfahrungen und Leitbilder auf diesem Gebiet. Keines von ihnen sollte prinzipiell ausgeschlossen werden. Sie werden sich von selbst zu Wort melden.

Manche Aspekte der Ausbildung sind hier stärker als andere hervorgehoben worden, wieder andere sind nur am Rande erwähnt. So sind zum Beispiel einige kommerzielle Bereiche zu kurz gekommen, die für manche Berufskarrieren vielleicht sogar Priorität besitzen, etwa die Filmwirtschaft, Galerien, Kunstauktionshäuser und Konzertagenturen, aber auch Gebiete wie Rundfunk und Fernsehen, Jazz-, Rock- und Popmusikveranstaltungen, die Kunsthochschulen und Musikhochschulen, die Volkshochschulen, die Bereiche Jugendkultur- und Seniorenkulturarbeit, Festivalmanagement, Bibliotheken und nicht zu vergessen wissenschaftliche und journalistische Arbeitsbereiche.

Alle diese und weitere ungenannte Bereiche, in denen wesentliche Kulturbeiträge entstehen und in die Öffentlichkeit gebracht werden, sind für die allmähliche Schärfung des Berufsbildes des Kulturmanagers unverzichtbar. Aus deren und vieler anderer Sicht wird diese Abhandlung ebenso wie andere auf diesem Gebiet immer ergänzungs- und korrekturbedürftig bleiben und muss offen bleiben für Widerreden insbesondere in Sachen Ausbildung. Zur Strukturierung der Darstellungen und Kommentierungen in diesem Kapitel mögen die drei Begriffe „Ausbildung", „Training" und „Praxis" mit folgenden Festlegungen dienen:

- *Ausbildung* ist die Schaffung, didaktische Aufbereitung und Darbringung von Grundlagenwissen, das für eine Basisqualifikation für erforderlich gehalten wird. Soweit eine künstlerische oder kulturwissenschaftliche Qualifikation schon vorliegt, bedeutet die Ausbildung eine Zusatzqualifikation mit besonderer Betonung auf Management.
- *Training* ist ein Qualifizierungsangebot, das vorhandene Fähigkeiten (Basisqualifikation) verstärkt oder verfeinert oder auf ein bestimmtes Anwendungsgebiet hin meist praxisorientiert speziell ausgestaltet. Häufiger Fall sind Trainingsangebote zur Stärkung der sinnlichen Wahrnehmungsfähigkeiten und Kreativität, der Teamfähigkeit und der freien Kommunikation einschließlich der freien Rede und der multimedialen Präsentationen.
- *Praxis* ist eine Qualifikationsmöglichkeit, die der Erweiterung und Vertiefung des Erfahrungshorizontes im konkreten Handlungszusammenhang dient. Ziel dabei ist die Fähigkeit zur Deutung und konzeptionellen Aufarbeitung von Erfahrung sowie deren Integration in vorhandene kognitive Wissenszusammenhänge und -hintergründe. Pra-

xis im Rahmen von Qualifikationsprozessen ist insofern gesteuert, als die realen Sachgebiete und Aufgabenstellungen im Zusammenhang mit einem Qualifizierungsprogramm stehen. Deshalb ist eine der wichtigsten Methoden hierin der Einbau von praktischen Projekten in ein Curriculum. Praxis ist deshalb nicht beliebig, sondern curricular integriert.

Als einen ersten Grundsatz für die Qualifizierung von Kulturmanagern können wir, auch in spezieller Verbindung mit den Ausführungen in Kapitel 7, die Empfehlung formulieren, dass Studiengänge für Kulturmanagement alle drei Komponenten in einer Kombination vorsehen sollten, die natürlich im Einzelfall entsprechend den örtlichen Bedingungen detailliert werden müssen. Insbesondere können die Akzente sehr verschieden gesetzt sein.

Kulturmanager ohne jegliches Grundlagenwissen sind ebenso wenig vorstellbar wie solche ohne Praxis, und zwar Praxis in einer *kulturellen* Institution, in einem *Kultur*projekt oder in einer *Kultur*verwaltung. Eigene künstlerische Praxis hat aus mehreren Gründen besondere Vorteile. Erfahrungen im Kunstmachen sind eindringlicher als Reden über Kunst und die Bedingungen künstlerischen Arbeitens. Die Praxis mag vor dem Studium erworben worden sein – bei einigen Studiengängen in Deutschland und im Ausland ist dies sogar eine Vorbedingung für die Zulassung zum Studium. Sie kann aber auch in den Studienverlauf integriert werden. Viele Studiengänge sehen solche Praxisphasen systematisch vor oder arrangieren sie selbst in Form von Praxisprojekten innerhalb des Lehrplans. Schließlich kann Praxis auch als Volontierphase nach dem Studium vorgesehen werden, zum Beispiel in Verbindung mit dem Anfertigen einer Diplomarbeit.

Ein besonderer Punkt ist das Thema „Training", vor allem wenn es um das Training von sensorischen Fähigkeiten geht (ästhetische Wahrnehmung und deren Integration in die intellektuelle Arbeit, Schulung der Phantasiefähigkeit). Diesem Aspekt wird in der Ausbildungspraxis oft noch zu wenig Aufmerksamkeit und Raum gegeben, teilweise auch dadurch, dass dies von Studienteilnehmern nicht eingefordert wird, weil sie den Wert dieser Schulung nicht erkennen.

8.2 Basisqualifikationen

Soweit überschaubar, steht in der Vermittlung von Grundlagenwissen für Kultur- und Kunstmanager das betriebswirtschaftliche Rüstzeug an oberster Stelle, gefolgt von kulturwissenschaftlichen Grundlagen und kulturnahen Grundlagen des Rechts. In einigen Ausbildungsprogrammen finden sich auch soziologische Grundkurse mit besonderer Betonung kultureller Fragestellungen, zum Beispiel Kunstsoziologie, Soziologie der Massenkommunikation sowie die soziologischen Kulturtheorien. Wir beziehen diese Teile der Soziologie in die Allgemeinen Kulturwissenschaften mit ein.

Ohnehin ist Kulturwissenschaft (meistens heißt es sogar: Kulturwissenschaf*ten*) nur in wenigen Ausnahmenfällen, so zum Beispiel an der Universität Lüneburg, ein eigenständiges Universitätsfach im Rang einer Fakultät oder eines eigenständigen Fachbereichs. Das gesamte Gebiet des Kulturmanagements ist von Beginn an kaum eindeutig einer der traditionellen Wissenschaftsbereiche zuordenbar gewesen, weder der Ökonomie noch einer der Kulturwissenschaften. Auffällig ist allerdings, dass die überwiegende Anzahl von Ausbildungsstätten und –Seminarangeboten nur zu einem geringen Teil in einem wirtschaftswissenschaftlichen Fachbereich angesiedelt sind. Dies hängt zweifellos mit der relativen Verschlossenheit der Ökonomie gegenüber grenzüberschreitenden, interdisziplinären Themen zusammen. Einen überdurchschnittlichen Anteil haben im Übrigen Kunsthochschulen und Musikhochschulen.

8.2.1 Die wirtschaftswissenschaftlichen Grundlagen

Es bedarf hier weder einer genauen Auflistung noch einer ausführlichen Begründung, dass Kulturmanager einen bestimmten Kanon an betriebswirtschaftlichem Werkzeug kennen und möglichst auch beherrschen sollten (Mandel 2008a). Dieser Werkzeugkasten enthält die Werkzeuge der Kalkulation und Kostenrechnung, der Statistik, der Wirtschaftlichkeitsberechnungen, der Budgetierung, des Controlling sowie einige Verwaltungstechniken. Dazu kommen Instrumente des Marketing, der Organisationsentwicklung und der Rationalisierung.

Dieser Werkzeugkasten ist nützlich, aber nicht genug. Die Ökonomie ist kein Handwerk, sondern ein auf die Erfassung, Deutung und Kommentierung sowie die Begründung von Handlungsempfehlungen ausgelegtes Fachgebiet. Es hat – trotz seiner rationalistischen Methodologie – als ein Wissen zur Deutung von Wahrnehmungen in der Realität der Wirtschaft einen betont hermeneutischen Charakter. Zahlen, Graphiken, Tabellen und Kalkulationen sind letzten Endes wertlos, wenn man sie nicht auf Realitäten beziehen kann, um *diese* zu verstehen und für *diese* konkrete Handlungskonzepte zu entwickeln.

Deshalb werden, auch wenn der Kulturbereich selbst nicht zum Kerngebiet der Ökonomie gehört, für das Kulturmanagement wegen seiner starken Verflechtungen mit der Wirtschaft in der Praxis auch einige Grundkenntnisse der Ökonomie benötigt, um

- zu verstehen, weshalb Ökonomen denken, wie sie denken, und weshalb sich die Wirtschaft dadurch nur zum Teil erklären lässt, und
- zu erkennen, was daraus für den Kulturbereich von Wichtigkeit ist, um dessen besondere, mit der Wirtschaft eng verbundene Situation zu verstehen und sich darin in der Praxis sicher bewegen zu können.

Was die Ökonomie als wissenschaftliche Disziplin angeht, so sind einführende Grundkurse, zugeschnitten auf die spezifischen Erkenntnisinteressen von Kulturmanagern im Allgemeinen ausreichend. Größere Schwierigkeiten bereitet (übrigens auch Absolventen der Ökonomie) die eindringliche Beobachtung oder Wahrnehmung von wirtschaftlichen Vorgängen in der Realität und deren umfassende Erklärung und Deutung.

Die wissenschaftliche Ökonomie mit ihrem auf das rein Ökonomische reduzierten Fokus (dies ist eine Folge ihrer Theoriegeschichte) hat viele, die Praxis bewegende Einflussfaktoren und Rahmenbedingungen, vor allem die zu den ökologischen und den kulturellen, aber auch zu den sozialen und politischen Verhältnissen einfach ausgeklammert, um sich der Logik des Wirtschaftens ganz befreit zuwenden zu können. Sie hat es den Anwendern ihre Ergebnisse überlassen, sich in der Praxis dann ein einigermaßen vervollständigtes Bild der Realität zu rekonstruieren. Ein *nachträgliches* Einbringen der genannten Aspekte in die ökonomischen Modelle funktioniert jedoch auf keinen Fall. Das würde sie sprengen und letztlich unbrauchbar machen. Man kann die ökonomischen Modelle allenfalls für gewisse

Trendaussagen benutzen, doch haben sich diese oft als sehr unzuverlässig und denen von Hellsehern nicht wesentlich überlegen erwiesen.

Selbst diejenigen, die aus sehr detaillierter Sachkenntnis und praktischer Erfahrung Rat gebende Funktionen ausüben, zum Beispiel Börsenanalysten, könnten sich auf ökonomische Modelle allein nicht verlassen. Eine Anreicherung dieser Modelle mit den komplexen Situationsumständen der Realität würde sie indessen ihrer Stringenz und logischen Eindeutigkeit berauben. Man stelle sich vor, eine Theorie der kulturellen Lebensstile als den Hauptdeterminanten der Formierung von Nachfrage würde in das bekannte Marktreaktionsmodell von Preis und Umsatzmengen durch die Entscheidungen von Anbietern und Nachfragern integriert. Die Ergebnisse wären nicht mehr eindeutig. Preissenkungen, die normalerweise die Nachfrage stimulieren müssten, bewirken vielleicht das Gegenteil, weil ein in bestimmten Kreisen bevorzugtes Erzeugnis nun zum „billigen Jakob" wurde und dadurch der kulturelle Demonstrationseffekt (das, was wir an anderer Stelle euphemistisch die Aufmerksamkeitsökonomie genannt haben) nicht mehr funktioniert. Was alle kaufen können, schafft keine Auffälligkeit mehr und verliert seinen Reiz wie ein zu oft gehörter Schlager.

Wem daran gelegen ist, die Wirtschaft als einen integrierten Teil unserer Lebenswelt zu verstehen, sollte sich nicht auf die Ökonomie allein verlassen, sondern sich auch an die Soziologie (es gibt beispielsweise eine spezielle Wirtschaftssoziologie) wenden oder, was wir raten würden, sich Kenntnisse in der Kulturgeschichte der Wirtschaft aneignen. Zu wissen, welche *kulturellen* Kräfte (nicht nur die „Erfindung" des Geldes[110] als Regulator von Tauschverhältnissen) zur Herausbildung einer konkreten Version oder allgemein der Marktwirtschaft geführt haben, wird vieles verstehen lernen, was uns heute vielleicht rätselhaft erscheinen mag. Historische Erklärungen und Deutungsmuster haben einmal in der Ökonomie eine gewisse Rolle gespielt, sind aber heute kaum noch üblich.

Was die spezifische, auf den Kultursektor zugeschnittene Ökonomie angeht (das Fach Kulturökonomie ist in Deutschland, anders als in den USA, Australien und Großbritannien, so gut wie nicht vorhanden), so muss noch sehr viel konstruktive Forschungsarbeit geleistet werden, um von den schon zu Klischees gewordenen Konzepten der Betriebswirtschaftslehre und den unreflektierten Übertragungen auf die Kultur freizukommen und eigene Konzepte zu entwickeln. Das gilt insbesondere für die betriebswirtschaftliche Managementlehre in ihrer am weitesten rationalisierten Form des Strategischen Managements. Dieses macht für die Kultur fast keinen Sinn. Daraus muss man vorerst die Folgerung ziehen, dass gesicherte, reguläre, auf bewährtem Stoff aufbauende Lehrangebote von Grundlagenqualität nur sehr schwer zu verwirklichen sind. Das Verharren in bloßen Transfers aus der Betriebswirtschaftslehre ist auf die Dauer keine Lösung.

8.2.2 Die kulturwissenschaftlichen Grundlagen

Kultur ist von so allgemeiner Bedeutung wie das Salz in der Speise. Infolgedessen interessiert sich eine große Anzahl von wissenschaftlichen Fachgebieten für diese Thematik, und sie alle haben zweifellos Bedeutendes dazu beizutragen: die (Kultur-) Philosophie, die

---

[110] Die Erfindung des Geldes mit seinen komplexen gesellschaftlichen Funktionen ist selbst ein Stück Kulturgeschichte von höchstem Rang (Brodbeck 2009; dieses Werk ist sehr detailgenau und historisch ausführlich untermauert. Es kann auch sehr gut als Nachschlagwerk benutzt werden)

(Kultur- und Kunst-) Soziologie, die (Kultur-) Anthropologie, die Kunstwissenschaft, die Musikwissenschaft, die Theaterwissenschaft, die (Kultur-) Geschichte, die Archäologie, die (Kultur-) Geographie, die Ethnologie sowie einige elaborierte Spezialgebiete wie Kulturpolitik, Kulturarbeit, Kulturrecht und Kulturpädagogik. Vermutlich sind dies noch lange nicht alle.

Sie alle tangieren auf die eine oder andere Weise das Kulturmanagement und werden in verschiedenen Einsatzfeldern mit unterschiedlichem Gewicht als Hintergrundwissen oder als Handlungswissen gebraucht. Man kann keine allgemeinen Empfehlungen für curriculare Konzepte oder Entscheidungshilfen für Studieninteressenten ableiten oder begründen, mit Ausnahme des folgenden, allerdings spezifischen Auswahlkriteriums. Kulturmanagement ist ein Sachgebiet, dessen besonderes Kennzeichen die *Interdisziplinarität* ist, insbesondere natürlich die Integration (nicht Addition) von Kultur und Ökonomie selbst. Es würde wenig Sinn machen, in der Ausbildung ein breites Überblickswissen über alle möglichen Kulturgebiete anzustreben, sondern dem Aspekt der Interdisziplinarität Vorrang einzuräumen.

Es muss folglich eine Auswahl getroffen werden. Oft sind die Spezialisierungen, die der Studiengang selbst vornimmt, ein entscheidendes Kriterium, z.B. Kulturmanagement für Museen oder Management der Kulturtouristik. In den meisten Fällen aber wird eine geeignete Auswahl aus einem umfassenden Lehrangebot den Studierenden anheim gestellt. Von Seiten der Ausbildungsstätten kann aber dem Gedanken der Eignung eines Kulturfaches als Medium der Interdisziplinarität nachgeholfen werden. Im Übrigen sollten die Stoffauswahl und die Konkretisierung des Lehrstoffs dazu beitragen können zu verstehen, dass die Kultur ihrerseits kein isolierbares Gebiet ist wie Pflanzenzucht oder Lebensmittelchemie, sondern eine integrierende Funktion in der gesellschaftlichen Wirklichkeit besitzt. Kultur ist nahezu in allem enthalten, was unsere Lebensrealität ausmacht, und dies in interdisziplinär angelegten Stoffgebieten aus dem breiten Fächerangebot der Kulturwissenschaften verständlich zu machen, könnte ein Auswahlkriterium für eine Basisausbildung sein.

8.2.3 Die rechtswissenschaftlichen Grundlagen

Die Ordnungsfunktion des Rechts in einem sozialen System ist von ähnlich weit verzweigter Bedeutung wie die Kultur. Zu diesem Themengebiet sind aber einige präzise Kriterien für relevante Rechtsgebiete benennbar, die zur Basisausbildung von Kulturmanagern gehören sollten. Ein wichtiger und wohl in keinem Lehrplan fehlender Bereich sind die verschiedenen Rechtsformen mit ihren verzweigten Rechtsfolgen. Die Rechtsform einer Kulturinstitution ist die entscheidende Grundlage für ihren gesamten Rechtsverkehr, für die Kooperation mit Behörden, mit Agenturen, mit Künstlern und anderen Institutionen. Bei vielen Antragsprozeduren gegenüber öffentlichen Geldgebern ist das Vorhandensein einer verbindlichen, regulären Rechtsform eine Antragsvoraussetzung. Wegen seiner besonderen Bedeutung und Verbreitung für den Kulturbereich steht die Rechtsform des Vereins im Mittelpunkt. Es kommen aber andere Formen wie die GmbH und – sofern die Gegebenheiten erfüllt sind – die verschiedenen Formen des öffentlichen Rechts in Betracht. Rechtsfragen, auch die Fragen der Wahl und konkreten Gestaltung der Rechtsform, sind weder von den ökonomischen noch von den kulturellen Zusammenhängen ablösbar und isoliert darstellbar. Das gilt natürlich besonders für Rechtsgebiete, die speziell auf kulturelle Fragen und Sachverhalte bezogen oder zugeschnitten sind, allen voran das Urheberrecht.

Das Urheberrecht ist eine schwierige Rechtsmaterie, zumal es mittlerweile in komplizierte Beziehungen und Spannungen mit Rechtsauffassungen und -praktiken in anderen Ländern geraten ist, die im internationalen Kulturaustausch zum Problem werden können. Hier sei nur an den zum Teil gravierenden Unterschied zwischen dem Urheberrecht deutscher Fassung (das denen der meisten europäischen Länder sehr ähnlich ist) und dem angloamerikanischen Copyright hingewiesen. Kenntnisse im Urheberrecht, vor allem auch die seiner Geschichte in Verbindung mit der historisch relativ spät entwickelten Idee (kaum vor Ende des 18. Jahrhunderts) von der Eigentumsfähigkeit nicht-dinglicher Objekte, sind unbedingt anzuraten. Gerade im Bereich der Künste ist die rechtliche und wirtschaftlich wirksame Möglichkeit, unberechtigte Eingriffe in geistiges Eigentum abzuwehren, eine zentrale Voraussetzung für die Einbringung von Kunst in den allgemeinen Marktverkehr und damit für die Chance des kommerziellen Gelderwerbs über diese Kulturbereiche. Die Verbreitung von Literatur über Verlage, von Bildkunst über Galerien, von Kompositionen über Musikverlage und weitere Bereiche wie Phonoindustrie, Rundfunk und Fernsehen sind ständig mit solchen Fragen befasst, und vor der Tür steht, halbwegs schon hereingelassen, die Problematik der Durchsetzung von Urheberrechten beim Vertrieb über Internet.

Diese unmittelbar praxisbezogenen Rechtsgebiete können ergänzt werden durch integrierende rechtliche Fragestellungen wie Teile des Verfassungsrechts (z.B. Grundrechte wie in Artikel 5 Grundgesetz, der die Künste in ganz besonderer Weise betrifft), des Presserechts, des Künstlersozialrechts und einige Teile des kommunalen Haushaltsrechts.

Ein spezielles Thema ist das Steuerrecht, das wir an dieser Stelle nur der Vollständigkeit halber erwähnen. Dessen Relevanz dürfte unbestritten sein, dessen Komplexität ebenfalls. Strittig mag nur sein, ob man es den ökonomischen Grundlagen zuordnen will oder im Rechtsbereich belässt. Problembereiche wie Umsatzsteuerrecht, Fragen der Gemeinnützigkeit und einige Teile des Einkommenssteuerrechts sind für die Praxis des Kulturmanagements in jedem Falle nützlich.

8.2.4 Die verwaltungswissenschaftlichen Grundlagen

Dies ist ein Sachgebiet, das den praktizierenden Kulturmanager auf zweierlei Weise tangieren kann: Er kann in einem Kulturamt oder einer anderen öffentlichen Administration selbst mit verwaltungstechnischen Aufgaben betraut sein und mit deren Rahmenbedingungen umgehen müssen und braucht dazu das nötige Handwerkzeug. Er kann aber auch als Vertreter einer nicht-öffentlichen Kulturinstitution oder in eigener Sache mit Verwaltungen aller Art in Berührung kommen und muss deren Handeln und deren Rechtsgrundlagen verstehen, um sich darauf einstellen zu können. Der klassische Fall ist die Ausarbeitung eines Antrags auf Zuwendungen zu einem Kulturprojekt. Wer in diesen Dingen eine gewisse Routine entwickelt, wird nicht mehr ganz so stark erschrecken, wie wenn er zum ersten Mal einen Antrag an eine europäische Behörde, z.B. an die für kulturelle Angelegenheiten zuständige Generaldirektion X der Europäischen Kommission, ausarbeiten muss.

Verwaltungstechnische Übung kommt dem Bearbeiter auch bei Antragsverfahren gegenüber Kulturstiftungen und Fonds zugute. Dies betrifft im Übrigen nicht nur den Budgetteil, sondern besonders auch die inhaltlichen Begründungen durch eine (kurz gefasste) Projektstudie. Man muss berücksichtigen, dass die Entscheidungsgremien und Kommissionäre nicht gerne lange, umständliche Abhandlungen lesen. Die Kunst der kurzen, inhaltsreichen, lesefreundlichen Textverfassung will gelernt sein. Komplexere Aufgaben haben sich in den letzten Jahren vielfach dadurch ergeben, dass Ämter, Behörden und Ministerien mehr und mehr dazu übergangen sind, die alte Verwaltungstechnik der Kameralistik in einigen zentralen Punkten zu modernisieren oder vollständig auf neue Formen umzustellen, zum Beispiel auf das Prinzip der Globalhaushalte.

Nach diesen neuen Verfahren wird den Subventionsempfängern bzw. den öffentlichen Einrichtungen nicht mehr jede einzelne Position eines Wirtschaftsplan fast unverrückbar zugewiesen, sondern es wird ein Globalhaushalt (aufgrund eines vorgelegten Wirtschaftsplans) übertragen, mit dem dann in weitem Rahmen eigenständig gewirtschaftet werden kann. Insbesondere können bestimmte Haushaltspositionen untereinander ausgetauscht werden und es können unverbrauchte Mittel auf das nächste Haushaltsjahr übertragen werden.

Als weitere Neuerung ist damit meist die Möglichkeit verbunden, eingeworbene Spenden und Erträge aus Nebenleistungen wie Merchandising zur satzungsgemäßen Nutzung innerhalb der Institution einzubehalten und nicht mehr wie bisher an die öffentlichen Finanzkassen weiterzuleiten. Der weiteste Schritt in die Richtung ist die Verselbständigung öffentlicher Einrichtungen in einer freien Rechtsform oder in eine öffentliche Stiftung, um auf diese Weise alle Vorzüge (und manche Nachteile) eines eigenständigen Managements realisieren zu können. Diese Konzeptionen sind unter der allgemeinen Bezeichnung „New Public Management" bekannt geworden und vielerorts bereits verwirklicht.

Die Frage, ob und in welcher Detaillierung und Akzentuierung verwaltungswissenschaftliche Grundlagen in die Ausbildung integriert werden sollen, ist eine Frage des Einzelfalls und eine Entscheidung der Ausbildungsstätte, die üblicherweise bestimmte Einsatzfelder ihrer Absolventen im Auge hat. Ganz fehlen aber sollten zumindest Grundkenntnisse nicht.

8.2.5 *Die Grundlagen der angewandten Informatik*

Der Computer ist an sich ein Gerät, und es wäre normalerweise zu viel an Detaillierung, wollten wir in dieser „Einführung" auf nützliche Gerätschaften in der Arbeit des Kulturmanagers eingehen. Der Computer unterscheidet sich in einigen Eigenschaften indessen so gravierend von allen bisher bekannten Bürotechniken, dass wir darauf wenigstens mit einigen allgemeinen Hinweisen eingehen müssen. Daraus ergibt sich fast von selbst die Notwendigkeit für die Ausbildungsstätten, entsprechende Ausbildungsmöglichkeiten als Spezialkurse anzubieten, entweder integriert in das Curriculum oder durch Kooperation mit Spezialanbietern.

Zwei besondere Eigenschaften des Computers stehen ganz im Mittelpunkt: Der Computer ist als Gerät für nahezu jede Art von administrativer Arbeit eine Notwendigkeit geworden, die die alten Beziehungen zwischen Manager und Schreibkraft zumindest erheblich verändert hat. Der Manager von heute nutzt dieses Gerät persönlich, holt sich viele seiner Daten direkt aus den zugänglichen Speichern und entwickelt unmittelbar seine Problemlösungen. Zum anderen bietet der Computer eine direkte Vernetzung nach außen, sei es über das E-Mail-Netz oder über Internet. Der Computerzugang zu externen Netzen ermöglicht – anders als die alte Schreibmaschine – nicht nur eine rasche Verbreitung von Nachrichten an viele Adressen gleichzeitig, sondern auch die Übermittlung von Bild- und Tonsignalen.

Aus dem Gesagten folgt unmittelbar, dass dieses Gerät für zweierlei Zwecke nutzbar gemacht werden kann: für die Verbesserung der internen Verwaltungsarbeiten und für die Unterstützung der operativen Kontakte mit der Außenwelt. Die vielfältigen Anwendungsmöglichkeiten zur Erleichterung der administrativen Aufgaben brauchen hier nicht näher beschrieben zu werden. Für angehende Kulturmanager, die diese Techniken noch nicht beherrschen, gibt es überall genügend Möglichkeiten, sich anwendungsbezogene Fertigkeiten anzueignen (vgl. Ulbricht, 2000). Wesentlich interessanter und nicht mehr überall ohne weiteres als Spezialwissen anzueignen sind die Einsatzmöglichkeiten des Computers bei der Bearbeitung von Außenkontakten zum Markt und zur Öffentlichkeit. Längst bekannt und sehr verbreitet ist die Einbringung und laufende Pflege einer Homepage der Institution im Internet, über die nicht nur rein werbliche, sondern auch instruktive Informationen sozusagen in alle Welt gestreut werden können: allgemeine Auskünfte über die Institution und ihre Geschichte, das laufende Programm, die weitere Programmplanung, persönliche Daten von Künstlern oder bestimmten Kunstwerken, technische und organisatorische Details wie Anreisemöglichkeiten usw.

Hier hat sich ein neuer Typus von nahezu unbegrenztem Öffentlichkeitsraum aufgebaut, der seine eigenen Probleme hat – nämlich vor allem, wie man in dem außerordentlichen Gewimmel an Selbstdarstellungen auf sich aufmerksam machen kann – und der mit den klassischen Formen von Öffentlichkeitsarbeit integriert werden muss. Homepage-Adressen bedürfen selbst der Veröffentlichung.

Eine weitere, besonders für Kultureinrichtungen in Betracht kommende Nutzungsform besteht darin, den gesamten Bereich des Ticketverkaufs in die Form der elektronischen Buchungsmöglichkeiten einzufügen. In ausgefeilten Fällen besteht beispielsweise die Möglichkeit, für eine bestimmte Veranstaltung, z.B. eine Opernaufführung, eine elektronische Buchung bis hin zur Sitzplatzauswahl vorzunehmen und diese Buchung zugleich mit Hotelreservierungen sowie Bahn- oder Flugtickets zu verbinden. Zwar setzt diese Praxis voraus, dass das Publikum direkten Zugang zum Internet unterhält, aber man kann wohl davon ausgehen, dass in kurzer Zeit der private Computer mit Netzanschluss ans Internet eine ähnliche Verbreitung finden wird wie das Telefon oder das Fernsehgerät.

Mit diesen Aussichten dürfte es klar sein, dass Kulturmanagement in der Zukunft, wenn nicht schon heute, sich auf elektronische Formen von Kontakten zur Außenwelt einstellen und diese konstruktiv einsetzen können muss. Dies betrifft nicht nur Buchungssysteme wie das eben beispielhaft geschilderte, sondern erweitert sich auf das gesamte Gebiet der Öffentlichkeitsarbeit. Es können (über E-Mail) Presseveröffentlichungen herausgegeben werden in einer Form, die es den Printmedien ermöglicht, die Texte unmittelbar in ihre Prints zu integrieren. Es können Fachkonferenzen abgehalten werden mit Fachkollegen anderer Institutionen. Es können Zuschauerboxes eingerichtet werden, um Kritiken, Anregungen und Wünsche des Publikums entgegenzunehmen und zu beantworten. Weiterhin können Shops elektronisch zugänglich gemacht werden, in denen Bücher, Compact Disks, Videos, Poster und andere Artikel des Merchandising erworben werden können, die einen direkten Besuch für auswärtige Interessenten ersparen (vgl. zu Merchandising Hütter 1997, Engert 1998). Es sind direkte Schaltungen denkbar, die es möglich machen, eine Veranstaltung, z.B. ein Live-Konzert, elektronisch mitzuerleben, ein Angebot, das beispielsweise für Krankenhäuser, Altersheime und Schulen von Interesse sein kann.

Kaum ein Kulturbereich wird sich diesen neuen Möglichkeiten verschließen wollen. Es geht auch gar nicht so sehr darum, in einer Entwicklung notgedrungen mitzuhalten, die ohnehin eine eigene Dynamik entfaltet hat, sondern darum, die außerordentlichen Chancen zu erkennen und zu ergreifen, ganz neue Formen und Techniken von Öffentlichkeitsarbeit zu gestalten (ohne die hergebrachten deshalb zu vernachlässigen). Deshalb möchten wir dringend dazu raten, sich als künftiger Kulturmanager auf diesem Gebiet technische und gestalterische Kenntnisse anzueignen und die Fähigkeit zu entwickeln, in solchen Systemen auch selbst erfinderisch zu werden.

8.3 Das Training besonderer Fähigkeiten

Besondere Fähigkeiten sind solche, die das allgemeine Bildungssystem entweder gar nicht oder nur in sehr allgemeiner Form entwickelt. Der Begriff ist deshalb relativ und hängt vom Profil und den Inhalten der allgemeinen Bildung in Schulen, Hochschulen und sonstigen Lernorten ab. In einem vom Gedanken der Vorbereitung für das Berufsleben bestimmten Bildungssystem werden einige Fähigkeiten heute nicht mehr systematisch angepackt, weil sie nicht (mehr) zweckdienlich sind, sondern allenfalls der Persönlichkeitsformung dienen.

Es sieht so aus, als wären Schulfächer wie Kunst und Musik diesen qualifikatorischen Vorstellungen weitgehend zum Opfer gefallen. Einer der Gründe dürfte sicher der Zerfall der bürgerlichen Bildungsideale gewesen sein, zu denen ganz zentral auch die ästhetische (Geschmacks- und Urteils-) Bildung gehörte. Die neuere Entwicklung auf dem Bildungssektor scheint aber das Kind mit dem Bade ausgeschüttet zu haben, indem den ästhetischen Fähigkeiten nun anscheinend gar keine besondere Bedeutung mehr zugemessen zu werden scheint.

Ästhetische Bildung, also das Training der Sinnesorgane und damit zusammenhängend der Phantasie, kommt daher fast überall zu kurz. Darüber muss für die Zwecke des Kulturmanagements jedoch neu nachgedacht werden. Die Entwicklung von Vorstellungskraft bezieht sich nicht auf die kulturellen und künstlerischen Inhalte und Projekte der Institution, der die Kulturmanager dienen, sondern auf die Wahrnehmung und Interpretation der Außenwelt und der Umsetzung von Eindrücken und Beobachtungen für die konzeptionelle Arbeit.

Besondere Fähigkeiten auf dem Gebiet der ästhetischen Wahrnehmungen durch gezieltes Training hervorzuheben, geht von der Voraussetzung aus, dass grundsätzlich jeder Mensch die betreffenden Anlagen besitzt und dass diese durch das allgemeine Bildungssystem wenigstens einen ausbaufähigen Stand erreicht haben. In Bezug auf ästhetische (sensorische) Wahrnehmung und Gestaltung scheint dies im gegenwärtigen Bildungssystem nicht immer und nicht überall konsequent genug gegeben zu sein. Wir können natürlich nicht ausschließen, dass die besonderen Fähigkeiten zu konstruktivem Gestalten aus kreativer Phantasie, zu kommunikativer Eloquenz, zu diplomatischem Geschick, zur Gestaltung von Auftritten aller Art mit ästhetischen und dramatischen Mitteln und zur Entwicklung von Visionen mit Phantasie und Kreativität bei manchen Menschen angeborene Talente sind.

Vielfach können diese Fähigkeiten auch durch eine unbedrängte Kindheit und mit Unterstützung einsichtsvoller Pädagogen gefördert und weit entwickelt worden sein. Viele Studienteilnehmer kommen bereits mit beruflichen Erfahrungen aus solchen Arbeitsgebieten ins Studium und legen ihren Studienschwerpunkt auf kognitive Lernangebote. Da dies bei weitem nicht für alle zutrifft, andererseits aber solche Fähigkeiten nicht nur nützlich, sondern in vielen Alltagssituationen im Arbeitsumfeld für erfolgreiches Kulturmanagement unentbehrlich sind, wollen wir diesem in den Ausbildungsstätten oft wenig oder gar nicht beachteten Gebiet etwas ausführlicher Aufmerksamkeit schenken.

Bei einem Blick auf die zentralen Grundfunktionen des Kulturmanagements: Entdecken, Bewerten, Gestalten und Realisieren lassen sich spezifische Nuancen in der Profilbildung dieser Profession bestimmen, die über die kognitiven Komponenten hinausweisen in den Bereich der sinnlichen Wahrnehmungen und kreativer (im nicht-ökonomischen Sinne produktiver) Phantasie.

Wir erkennen hier noch einmal von einer etwas anderen Seite her, nämlich der individuellen Qualifikationsseite, dass im Kultur- und Kunstmanagement die Betonung auf den Aspekten Kultur und Kunst liegt und dass der Aspekt Management hier seine eigenen Ausprägungen besitzt. Manche der hier gegebenen Anregungen können (und sind) natürlich auch im kommerziellen Management von großer Bedeutung sind. Wir wollen hier zugleich auch deutlich machen, dass bei einer die Pragmatik betonenden Sichtweise die Beschäftigung mit Kultur und Kunst keine ausschließlich akademische Angelegenheit sein sollte, sondern dass empathische oder auch hermeneutische, also auf Verstehen gerichtete Annäherungsweisen an dieses Gebiet erforderlich sind. Das soll besagen, dass man Kultur und Kunst zunächst einmal mögen muss, um darin oder damit zu arbeiten, und dass eigene Erfahrungen auf einem dieser Gebiete nicht nur hilfreich, sondern im Grunde genommen sogar zwingend sind. Kultur- und Kunstmanagement ist aber – bei aller Nähe zu Kultur und Kunst – doch auch eine „Kunst" eigener Art.

Die Kombination von Reflexion mit dem Verstand und Imagination mit den Sinnesorganen und ihren inneren Bildern ist – nach unserer Überzeugung – der Königsweg zur Entwicklung von Qualifikationen im Kultur- und Kunstmanagement (vgl. weitere Details bei Bendixen/Kahrmann 1995). Trainierte sinnliche Wahrnehmungsfähigkeiten sind zwar gelegentlich auch ein Weg zur Kunst, zu eigenem künstlerischen Schaffen. Aber viel umfassender ist damit eine Methode der Erkenntnis gemeint, die auf konkreten Beobachtungen und ihren Deutungen und ästhetischen Ordnungen aufbaut. Noch immer ist die Meinung verbreitet, dass die bis in Magie reichende sinnliche Wahrnehmungs- und Erkenntnisleistung des Menschen von seinen rationalen, bis in die moderne Wissenschaft vordringenden Verstandesleistungen allenfalls eine Vorstufe der höheren Zivilisation darstellt. Folgen wir in diesem Punkt den Forschungen der Ethnologie, allen voran Claude Lévi-Strauss, dann ist das wissenschaftliche Denken und Forschen dem ästhetisch-sinnlichen Wahrnehmen und Ordnen nicht nachgelagert, sondern beide begleiten sich und sind parallel aktiv, wenn auch je nach konkreter Situation mit unterschiedlichem Akzent und von inhaltlichem Gewicht (Lévi-Strauss 1979).

Die Beobachtungsgabe in der Wirklichkeit, das gedankliche Herstellen von neuen, ergiebigen Beziehungen zwischen Objekten und Konfigurationen, das Überschreiten von gewohnten, fixierten und zuweilen durch lange wissenschaftliche Traditionen verhärteten Denkschemata, ist eine kreative Leistung *neben* den erklärenden Leistungen von Ordnungen, Begriffssystemen und Theorien. Gedankliche Kreationen sind nicht nur ein wesentliches Element von Kunst und von praktischen Erfindungen, sondern auch der Beginn der Formulierung von wissenschaftlichen Thesen und Hypothesen. In allen genannten Grundfunktionen des Kultur- und Kunstmanagements sind *beide* Komponenten beteiligt, wenn auch im Einzelfall mit unterschiedlichem Gewicht. Entdeckungsreisen, real oder virtuell, ohne rationale, den Vorgang ordnende Projektionen wären richtungsloses Suchen und zufälliges Finden, aber ohne visuelle Phantasie wären sie kraftlos.

Am anderen Ende, beim Realisieren, wäre ein unbeugsames Umsetzen eines einmal gefassten Plans ohne die Phantasie ihrer tatsächlichen Effekte (insbesondere der Nebeneffekte) ein Verzicht auf die Möglichkeit, einzelne Schritte zu verlangsamen, abzufedern oder sogar mit ihnen erforderlichenfalls Richtungsänderungen zu veranlassen. Radikaler Rationalismus ist ein Durchpauken mit Scherbenhaufen ringsum. Wir haben den Kanon der Grundfunktionen in verallgemeinerter Form an früherer Stelle beschrieben und deren Anwendung in den wichtigsten inhaltlichen Aufgabengebieten des Kulturmanagements behandelt: Bearbeitung der Außenwelt einer Kulturinstitution, Sicherung der finanziellen Basis und Entwicklung einer leistungsfähigen Organisation. Weiterhin haben wir unterstrichen, dass die Substanz in all dem und damit auch das Schwergewicht in der Arbeit eines Kulturmanagers in der Entdeckung, Bewertung, Gestaltung und Realisierung von Möglichkeiten liegt, künstlerischen und kulturellen Inhalten den Weg in die Öffentlichkeit zu bahnen. Damit rücken Tätigkeiten in den Vordergrund, in denen zwei Wahrnehmungsebenen in der Außenwelt ins Spiel kommen: die physische Welt der sinnlich wahrnehmbaren Ereignisse und Konstellationen und die abstrakte Welt der strukturellen und normativen Verhältnisse, die nur durch Deutung, Verstehen und Vorstellungskraft intellektuell zugänglich gemacht werden kann.

Wahrnehmungen in der physischen Welt verdichten sich zu Imaginationen darüber, was diese bewegt und zu bestimmten Konstellationen zusammenfügt. Die Vorstellungskraft ihrerseits steuert wieder diese Wahrnehmungen zu einer fokussierenden Aktivität, d.h. aus den empfangenen sinnlichen Signalen aus der Außenwelt werden gesteuerte, zugespitzte, nachdrückliche Beobachtungen unter erhöhter Aufmerksamkeit und diese führen allmählich zu verdichteten, abstrakten Bewertungen, Gestaltungskonzepten und konkreten Handlungsimpulsen.

Mit dieser gerafften Beschreibung der kombinierten Leistungen von Intellekt und Sinnestätigkeit in den Grundfunktionen sollte zunächst nicht mehr erreicht werden als eine erste Bereitschaft zur Akzeptanz der Notwendigkeit, die oft noch verborgenen, aber jedem gegebenen Fähigkeiten zu sinnlichen Wahrnehmungen und ihrer konstruktiven Nutzung durch gezieltes Training für die Praxis wirksam werden zu lassen. Es besteht kein Mangel an Trainingsmöglichkeiten und -angeboten von professioneller Seite. Letztlich gehört jede aktive Beschäftigung mit Kunst und kunstnahen, d.h. die Sinnesorgane in Anspruch nehmenden Betätigungen dazu, sei dies bildliches Gestalten, Musizieren, Photographieren oder Theaterspielen.

Trainingseffekte können sich aber ebenso gut aus Betätigungen wie Spurenlesen in der architektonischen Landschaft einer Stadt, aus dem Entdecken von Miniaturen in der Natur oder aus dem Ergründen eines geografischen Raumes ergeben. Ansatzpunkt ist jedoch stets die gezielte Inanspruchnahme möglichst aller Sinnesorgane unter Nutzung der ordnenden Funktionen des Intellekts. Das Besondere in der Aufgabe „Bearbeitung der Außenwelt einer kulturellen Institution" liegt darin, dass es sich überwiegend um *soziale* Verhältnisse handelt. Hier geht es darum, die sinnlich nicht direkt erfassbaren gesellschaftlichen Konstellationen im relevanten Umfeld der Institution zu erkennen und auf ihre Beständigkeit und Gestaltungsfähigkeit hin abzutasten.

Die Wahrnehmung und Deutung von sozialen Verhältnissen, durchaus zugespitzt auf Aspekte des Kulturlebens, besteht indessen nicht nur aus der Erkenntnis von Aktualitäten, es ist also keine empirische Sozialforschung an lebenden Objekten allein, sondern schließt deren Spiegelung und Erklärung vor dem Hintergrund ihres Entstehens mitsamt den auf sie einwirkenden Veränderungskräften ein. Mit anderen Worten: Die historische Komponente, das Werden in der Zeit, spielt eine entscheidende Rolle. Die historische Komponente mag in manchen Fällen nur eine kurze Zeitspanne umfassen. In anderen dagegen kann sie lange, vielleicht sogar Generationen einschließende Zeiträume einbeziehen. Dies hängt von den Erfordernissen und Bedingungen des Einzelfalls ab.

Das Training besonderer Fähigkeiten ist nicht die Hervorhebung ganz bestimmter Teile von visuellen, auditiven und taktilen Fertigkeiten und deren Umsetzung in konkrete Gestaltung, es geht auch nicht um eine Art Grundausstattung von Fähigkeiten zu künstlerischer Kompetenz, sondern um ein themenzentriertes Arbeiten. Die gesamte Thematik des Arbeitsumfeldes von Kulturmanagern steht dafür offen. Wenn beispielsweise die Fähigkeit zu freier Rede und zu unvorbereiteten Reaktionen auf Diskussionsbeiträge durch eigenes Reden trainiert werden soll, dann können dazu charakteristische Sachverhalte aus den zentralen Themenkreisen des Kulturmanagements genommen werden. Die Begründung dafür ist an sich nahe liegend. Mit dem sensorischen Training werden zugleich kognitive Prozesse des Durchdenkens, Ordnens, Klassifizierens und Abgleichens mit gespeichertem Wissen in Gang gesetzt. Dadurch wird eine Präzisierung oder auch Korrektur dieses Wissens erreicht, das seinerseits in der sinnlichen Wahrnehmung zu einer intensivierten, fokussierten Aktivität führt. Das bedeutet, dass das Training zugleich ein Lernen ist, falls der Stoff des Trainings mit dem beruflichen Umfeld in Verbindung gebracht werden kann. Die Verbindung von Wahrnehmen und Lernen ist besonders wichtig.

Um dies an einem einfachen Beispiel zu erläutern, das fast zum Tagesgeschehen im Kulturmanagement gehört, erinnern wir hieran: Viele Aktionen großen oder auch kleinen Stils in der Öffentlichkeitsarbeit müssen mit gewissen Annahmen darüber arbeiten, wie das Publikum auf bestimmte Anregungen, z.B. auf Plakate oder Programmhefte, auf Inserate oder Flugblätter reagieren wird.[111] Erfahrungen, die auf interpretierten Wahrnehmungen aus früheren Aktionen herrühren, können zwar helfen, aber auch in die Irre leiten, wenn sich das Publikumsverhalten inzwischen verändert hat (zum Beispiel durch Hinzutreten neuer Schichten oder Altersgruppen).

In solchen Fällen wird nun – zumindest bei umfangreicheren Aufgaben – gern auf Befragungen zurückgegriffen oder es werden – gerade auch bei kleineren Aufgaben – Testpersonen interviewt. Die Ergebnisse sind in ihrer Qualität, Treffsicherheit und Verallgemeinerbarkeit zwar von der Professionalität der Handhabung der Techniken der empirischen Sozialforschung mitbestimmt. Aber die empirische Sozialforschung *erfindet* die Frageinhalte für eine spezielle Aktion nicht. Hier ist also kreative Phantasie gefragt, die sich eindringlich vorstellen kann, was sich in den Köpfen von Menschen aus dem Umkreis des Publikums abspielen könnte, wenn sie zu einem Interview oder zur Ausfüllung eines Fragebogens gebeten werden. Bei einer von Vorstellungskraft mitgetragenen Befragungsaktion wird auch sichtbar, dass die Resultate nur eingeschränkte Geltung haben können und dass man sich auf sie allein nicht verlassen kann.

Soziale Phantasie ist also solch ein Themengebiet, das zur Schulung von besonderen Fähigkeiten im Kulturmanagement herangezogen werden kann. Weitaus schwieriger ist die Aufgabe, sich genaue Vorstellungen über die Außenwirkungen einer kulturellen Institution (ihrer Reputation und ihres Images) zu machen und sich gedanklich in der Gegenposition

---

[111] Wir gehen hier bewusst nicht auf die sonst üblichen Publikumsbefragungen zu den inhaltlichen Themen einer Kulturinstitution, etwa eines Museums, ein. Dies ist eine andere, zuweilen komplizierte Fragestellung, die in weitaus größerem Maße Phantasie bei der Entwicklung der „richtigen" Fragen erfordert.

aufzuhalten, nämlich die eigene Institution von außen zu betrachten. Dabei sind mehrere Wahrnehmungsschichten zu unterscheiden. Das Selbstverständnis oder Eigenbild einer Institution (ihre vielleicht sogar professionell gestaltete Corporate Identity) ruft in der Außenwelt keine einheitlichen Wahrnehmungen hervor, weil sie von Außenstehenden nicht nur als Erkennungsbild aufgenommen und gedeutet wird wie bei einem Personalausweis, sondern beim Betrachter in dessen Gedächtnis hineinreicht und Erinnerungen wachruft, die unter Umständen gar nichts mit dem wahrgenommenen Objekt zu tun haben. Die Wahrnehmung eines solchen Bildes hat jeweils ihren individuellen Interpretationskontext. Die Frontarchitektur eines Museumsgebäudes beispielsweise kann bei dem einen Erinnerungen an den Geschichtsunterricht hervorrufen und die Lust hineinzugehen steigern – oder auch blockieren. Bei einem anderen mag dies Assoziationen von einem Eintritt in eine andere, vielleicht märchenhafte Welt erzeugen. Auf dieser Ebene mit Fragen der Gestaltung der Beziehungen zur Öffentlichkeit betraut zu sein, ist sicher eine anregende, aber auch eine sehr viel Phantasie erfordernde Tätigkeit.

Eine völlig andere Ebene bilden Situationen, in denen Überzeugungsfähigkeit oder Verhandlungsgeschick im Mittelpunkt stehen, beispielsweise Verhandlungen mit einer Kulturbehörde in Fragen von Zuwendungen oder Subventionen, in Fragen von Kooperationen oder der Gewährung von Handlungsspielräumen zur Verselbständigung der Einrichtung. Mit anderen Zielen, aber ähnlichen Formen laufen Gespräche mit Sponsoren und Gönnern ab oder auch persönliche Akquisitionen bei Fundraising-Kampagnen. Wir können dies als die Fähigkeit zu diplomatischem Auftreten umschreiben.

Es ist nicht möglich, die gesamte Palette an Trainingsschwerpunkten aufzulisten. Einige Beispiele müssen genügen, um zu verdeutlichen, dass es sich hier nicht um ein Randgebiet in der Ausbildung von Kultur- und Kunstmanagern handelt, sondern um einen wesentlichen Aspekt ihrer Profession. Es versteht sich fast von selbst, dass dazu die Fähigkeit zum Moderieren von Konferenzen, Fachdiskussionen, Betriebsversammlungen und ähnlichen Zusammenkünften gehört. Auch die geschulte Fähigkeit, eigene Beiträge unter Zuhilfenahme von multimedialen Techniken zu gestalten und zu realisieren, sollte man in den Kanon der Trainingsmöglichkeiten aufnehmen. Jedes einzelne Einsatzfeld für Kultur- und Kunstmanagement hat darüber hinaus seine eigenen Besonderheiten, auf die wir hier nicht eingehen können. Auf einen Punkt sei jedoch hingewiesen, der häufig nicht gleich ins Auge springt. In der Praxis des Kultur- und Kunstmanagements kommen nicht selten Aufgaben vor, die ein methodisch gesichertes Untersuchen einer bestimmten Sachlage darstellt und die wissenschaftlichen Forschungsprozessen nicht unähnlich sind. Wir haben auf solche Arbeiten zum Beispiel im Zusammenhang mit Rationalisierungsvorgängen hingewiesen. Sie kommen aber auch in Gebieten wie Regionalentwicklung mit kulturellen Initiativen und vielen vergleichbaren Problemstellungen vor.

Wissenschaftliche Forschung oder – wie hier eher zu bezeichnen – pragmatische Einzelfalluntersuchungen benötigen ein gewisses Rüstzeug an Methoden und Instrumenten, die den Ablauf strukturieren und zielsicher leiten. Alle diese Arbeiten kommen aber in verschiedenen Momenten an Punkte, wo nicht mehr Fakten weiterhelfen, sondern nur noch Vorstellungskraft einschließlich der Motivation, neue Wege zu gehen.

Reine Forschung oder reine Faktenermittlung kann Entdeckungen machen oder Unbekanntes ans Licht führen. Doch die entscheidende Frage, was man nun mit diesem Wissen macht oder machen kann, stellt sich einem Wissenschaftler eher selten. Ihm genügt die Wahrheit oder die Entdeckung. Aber einem Kulturmanager oder jedem anderen in solcher pragmatischen Lage stellt sich die Frage immer. Wir können dies auch so beschreiben: Probleme bestimmen und durch Fakten erhärten, ist eine Frage des Verstandes; sie kreativ zu lösen, ist eine Frage der Phantasie. Auch diese Ebene der Phantasieleistungen ist grundsätzlich trainierbar. Manche Ausbildungsstätten für Kultur- und Kunstmanagement haben selber Trainingsangebote der beschriebenen Art entwickelt und mit ihrem Curriculum integriert. Andere geben die Empfehlung aus, sich von speziellen Anbietern nach freier Wahl schulen zu lassen, weil man hier die Möglichkeit hat, das Programm nach dem persönlichen Bedarf zu spezifizieren. Beide Möglichkeiten haben ihre Vorzüge.

Allerdings sollte die Ausbildungsstätte einen gewissen steuernden Einfluss nehmen können, um von der Zusammenstellung und vor allem von den Trainingsinhalten her die Verbindung zum eigenen Lehrplan wahren zu können. Es gibt ohnehin viele Klagen von Studienteilnehmern darüber, dass Lehrstoffe zu wenig aufeinander abgestimmt werden.

8.4 Die Praxis als Bestandteil der Ausbildung

Praxis ist unvermittelte Begegnung mit der Wirklichkeit, allerdings keine zufällige, sondern eine zielgeleitete und deshalb beabsichtigte Begegnung. Die zufällige Begegnung eines Geschäftsfreundes auf der Straße ist selbst dann keine Praxis, wenn es zum Abschluss eines Geschäftes benutzt wird. Anders sind dagegen zufällige Begegnungen auf einer Fachmesse zu beurteilen, weil deren Besuch zur Aufgabe gehören kann und ungeplante Begegnungen als etwas Übliches, Dazugehöriges und Erwartetes zu dieser Art von Praxis gehören, zum Teil sogar als Möglichkeiten bewusst arrangiert werden. Solche arrangierte Praxis sind auch die eingeplanten Pausen bei Konferenzen, in denen oft wichtige Gespräche stattfinden.

Der Wirklichkeit kann man auch anders als durch Praxis und Zufälligkeiten begegnen, nämlich in vermittelter Form. Fallbeispiele im Unterricht, die auf realen Vorkommnissen und Fakten beruhen (nicht dagegen konstruierte Beispiele, die allenfalls reale Möglichkeiten simulieren können), sind aufgearbeitete und für den didaktischen Zweck arrangierte, fiktive Begegnungen mit der Wirklichkeit. Man kann auch von einer bereinigten Wirklichkeit sprechen. Eine für die Frage, was Praxis „wirklich" ist, sehr aktuell gewordene Problematik kommt zum Vorschein, wenn die Begegnung mit vermittelter Realität, also beispielsweise bei Bildschirmarbeit, selber zur Praxis wird. Die philosophische Frage, wie wirklich die Wirklichkeit ist, können wir hier natürlich nicht ausdiskutieren. Sie ist deshalb so kompliziert, weil wir dann darüber befinden müssten, ob die Natur selbst die „eigentliche" Wirklichkeit darstellt, während die Welt der vom Menschen gemachten Dinge, in denen er zu leben pflegt, eine kulturell überformte, zweite Wirklichkeit bildet.

Wenn wir Wirklichkeit nur der Natur zubilligen würden, dann wäre eine Stadt längst ein Wirklichkeiten kaum noch vermittelndes Medium. Die Großstadt ist ja ähnlich wie eine Fabrik geradezu zum Synonym für Naturferne geworden. Praxis wäre dann schon längst keine unvermittelte Begegnung mit der Wirklichkeit mehr, und Bildschirme wären dann nichts anderes als eine Fortentwicklung von Praxis in künstlich geschaffenen Habitaten. Wir lassen es für unsere Überlegungen bei der „unphilosophischen" Auffassung von Wirklichkeit als der durch einige fundamentale Eigenschaften, insbesondere ihre sinnliche Wahrnehmbarkeit gekennzeichneten Welt der Realitäten. Von ihr können Abbilder erzeugt werden, insbesondere auch durch die elektronischen Medien. Diese Abbilder sind nicht nur

Zahlenwerke und Buchstabenzeilen, aus denen wir mit Hilfe unserer Phantasie innere Bilder erzeugen können, sondern sie können auch plastische und vor allem farbige Bilder (z.B. Fotos) sein. Diese Bilder können verlässlich genug sein, um mit ihnen konkrete, treffsichere Entscheidungen zu fällen und Gestaltungen vorzuplanen.

Andererseits können leicht auch fingierte, modellartige Bilder erzeugt werden, z. B. Cyberspace-Installationen, die zu irrigen Handlungen verleiten können, wenn ihr virtueller Charakter nicht durchschaut und ihre instrumentelle Relevanz, aber auch ihre Geltungsgrenzen nicht im Bewusstsein bleiben. Eine Phantasiereise durch die Innenräume eines geplanten Gebäudes regt die Vorstellungskraft an und kann gewiss als eine geeignete Planungshilfe benutzt werden, um für bestimmte Lösungen zu werben. Es wird aber (vorerst?) nicht möglich sein, daraus unmittelbar konkrete Baupläne und Statiken abzuleiten. Die entscheidende Besonderheit vermittelter Begegnungen mit der Wirklichkeit ist die Filterung der realen Komplexität der Erscheinungen. Dies ist ja auch ihr tieferer Sinn, denn durch die Bereinigung von irrelevanten Nebenaspekten eines bestimmten Realitätsausschnittes wird dieser in seinen Grundzusammenhängen transparenter. Das „wirklich" Wichtige kommt deutlicher hervor und kann dadurch leichter erfasst und verstanden werden.

Hier stellt sich aber die Frage, wer mit welchen Absichten den Filter eingesetzt hat, welches die Kriterien für die Entscheidung „wichtig" oder „unwichtig" sind und welche möglichen Stimulanzen der ausgefilterten Sachverhalte verloren gehen. Wir wissen, dass die Erinnerungsfähigkeit von Menschen oft an bestimmte sinnliche Erlebnisse geheftet ist, an Geräusche und Gerüche beispielsweise, und dass Erinnerung (die Mobilisierung des Gedächtnisses) eine außerordentlich wichtige kognitive Stütze bei der Verarbeitung von Daten zu konkreten Handlungen ist. Daraus ergibt sich, dass eine vermittelte Realität, z.B. eine auf Bildschirmdaten reduzierte Abbildung eines bestimmten Wirklichkeitsausschnittes, die kognitiven und sinnlichen Fähigkeiten des Bearbeiters benötigt, um aus der Kombination der Bilddaten mit seinem Gedächtnis eine bestimmte Ableitung zu vollziehen, beispielsweise eine Entscheidung zu fällen.

Bildschirmarbeit, die mit weitgehend entsinnlichten (nicht sinnlosen) Daten konfrontiert ist, stimuliert aber das Tiefengedächtnis anders als es am Rande des Fokus empfangene Nebeninformationen und sinnliche Reize aus der unverdeckten, komplexen Wirklichkeit tun. Alle unsere Erinnerungen sind mit Stimmungswerten besetzt, seien diese Bilder oder Geräusche oder auch Gerüche. Diese Stimmungswerte werden mobilisiert, wenn ein Umgebungsreiz aus der Realität dies anregt. In vielen Fällen gelingt der Abruf von Erinnerungen aus dem Gedächtnis überhaupt nur über sinnliche Stimulans. Jeder kennt wahrscheinlich das Phänomen, dass er auf einem Foto einen gezeigten Straßenausschnitt nicht als den seines eigenen Wohnbereichs wieder erkennt. Der Grund ist relativ einfach: Es sind die fehlenden Umgebungsinformationen, die man als Deutungshilfen braucht. Die Erinnerung und folglich die korrekte Lageeinschätzung gelingt dann nur, wenn auch die Umgebungsinformationen mitgeliefert werden. Eben dies fällt bei reiner Bildschirmarbeit weitgehend weg. Dies ist kein Argument gegen das Arbeiten mit elektronischen Medien, sondern nur ein Hinweis, dass dies allein nicht ausreicht, sondern ergänzungsbedürftig bleibt durch ein Reservoir an Erinnerungen oder Erfahrungen, die nur die Praxis selbst vermitteln kann.

Umgekehrt kann man den komplexen Zusammenhang zwischen Ereignis und Umgebung auch konstruktiv nutzen. Dies geschieht auf vielfältige Weise eben auch in der Praxis, indem man für die Gestaltung von Neben- und Hintergrundverhältnissen bewusst gesetzte, lenkende Informationen einsetzt, zum Beispiel in der Werbung oder auch als Bühnenbild für ein Theaterstück. Auch Hintergrundmusik, etwa bei Werbespots im Fernsehen oder Rundfunk oder als Erkennungsmelodie eines Mehrteilers einer Fernsehserie, sind lenkende, die Sachlage deutende, Orientierung vermittelnde Informationen.

Praxis als unvermittelte, d.h. die gesamte sinnliche Erfahrungswelt einschließende Begegnung mit der Wirklichkeit besitzt weitere wichtige Komponenten, die durch kein Fallbeispiel und keinen noch so perfekten, elektronisch erzeugten Bildschirm ersetzt werden können (was dieser natürlich auch gar nicht soll). Es handelt sich nämlich nicht nur um eine vordergründige, wenn auch arrangierte und auf Wirkung zielende Begegnung, sondern um eine eindringliche Begegnung. Sonst wäre nämlich auch eine Betriebsbesichtigung Praxis. Ihr aber fehlt gerade die Eindringlichkeit, die durch die soziale Konstruktion von Verantwortung entsteht. Diese Verantwortung oder genauer: das bewusste Akzeptieren von Verantwortung durch Empfinden von Verantwortungsgefühl steigert die Intensität der kognitiven und sinnlichen Wahrnehmungen in einem realen Umfeld und schließt sie zu einem Lernvorgang zusammen.

Für die Akzeptanz von Verantwortung genügt manchmal schon die Erwartung, dass im Falle des Versagens die vereinbarte Bezahlung in Gefahr gerät. Mit diesem Disziplinierungsmittel müssen wir uns hier nicht befassen. Ein ganz anderes Stimulans kann dagegen der Ehrgeiz sein, sich als Beherrscher einer Sache zu erweisen (sich selbst oder auch anderen gegenüber). Eine ähnliche Wirkung kann der Einbau einer Praxisphase in der Ausbildung haben, wenn das Resultat in irgendeiner Form zum Bestandteil der Zertifizierung oder Diplomierung gemacht wird.

Durch unvermittelte oder authentische Praxis werden weitere Komponenten der Wirklichkeit hervorgehoben und bewusst gemacht, die zum Aufbau professionellen Kultur- und Kunstmanagements beitragen können. Eine entscheidende, fast kann man sagen: kreative Komponente ist die Geduld. Geduld ist eine notwendige Kraft, um nicht bei Widerständen gegen das, was man zu tun vorhat, gleich kehrtzumachen oder einen Vorgang abzubrechen, sondern nach Auswegen und Schlupflöchern zu suchen. Geduld resultiert aus der Einsicht, dass sich Praxis wegen ihrer Komplexität nicht *erzwingen*, wohl aber durch geduldiges Einfädeln von Taten *be*zwingen lässt. Ungeduld ist eine Form von Aggression aus dem übersteigerten Selbstbewusstsein, durch scharfes Denken und schneidiges Auftreten ein Recht auf Realisierung der eigenen Vorstellungen zu besitzen. Solche Haltung wirkt auf die Dauer eher unproduktiv.

Praxis vermittelt auf manchmal ziemlich schroffe, dennoch beeindruckende Weise die Erkenntnis, dass sie nicht gewillt ist, der Logik der reinen Zweckrationalität Folge zu leisten, dass sie sich deren Modellen und Berechnungen zu widersetzen bevorzugt und sich weigert, ihre Komplexität den einfachen Lösungen zu opfern. Die Praxis setzt offenbar alles daran, um den Glauben an die Machbarkeit von Planungen und die Selbsteinschätzung von Planern zu erschüttern, dass alles zu machen ist, wenn man nur die Weichen richtig stellt (rationalistisch trainierte Planer sind eigentlich perfekte Weichensteller). Mit anderen Worten: Praxis ermöglicht die Erfahrung der ihr immanenten Logik der Umwege, von denen man im Moment des Entscheidens nie genau wissen kann, ob sie ins Ziel führen werden oder ins Abseits.

Wir haben bereits an früherer Stelle dieses Kapitels auf die Rolle der Praxis im curricularen Gesamtzusammenhang hingewiesen, insbesondere auf die Alternativen, praktische Erfahrungen vor, während oder auch nach einer Ausbildung zum Kultur- und Kunstmanager einzuplanen. An dieser Stelle wird deshalb nur noch der didaktische Gesichtspunkt ergänzt, dass für den curricularen Einbau von Praxisphasen ähnliche Überlegungen gelten wie beim Training besonderer Fähigkeiten. Praxis als allgemeine, an beliebigen Themen festgemachte, wenn auch zielgeleitete Erfahrung von Wirklichkeit ist zu unspezifisch, um in einen wechselseitigen Lernkontext mit den übrigen Ausbildungsfeldern im Kultur- und Kunstmanagement gebracht werden zu können. Auch hier sind Themen zu bevorzugen, die dem Sachgebiet „Kultur und Kunst" angehören oder diesem nahe stehen (etwa das Sachgebiet „Bildung"). Gerade in diesem Sachgebiet kommen spezifische Formen von Unstetigkeiten und Unplanbarkeiten, die meist aus dem Element der künstlerischen Spontaneität und Eigenwilligkeit herrühren, oder auch andere Eigenarten dieses Sachgebietes vor.

Ebenso wie beim Training besonderer Fähigkeiten ist es auch hier bei der curricularen Verknüpfung von Praxisphasen ratsam, diese in ihrer inhaltlichen Festlegung und Ausgestaltung mit den übrigen Teilen eines Lehrplans kompatibel zu halten. Da Praxis aber wegen der komplexen, realistischen Bedingungen in der Regel nicht innerhalb der Ausbildungsstätten organisiert werden kann, bedarf es hier der weit reichenden Kooperation mit bereitwilligen Kulturinstitutionen. Die Organisation von Praxisphasen ist ein überaus vielfältiges Gebiet. Wir können hier grob zwei Arten unterscheiden: das Praktikum und das Projekt. Im Praktikum wird Einblick in den laufenden Betrieb einer Kulturinstitution oder einer Kulturverwaltung gewährt. Im Unterschied zum Projekt wird hier gewöhnlich keine in sich geschlossene Aufgabe in allen ihren Phasen vorgelegt, dafür aber ein zeitlich begrenzter Einblick in sehr viele verschiedene Angelegenheiten des alltäglichen Betriebs gewährt.

Das Projekt wird wegen seiner Abgeschlossenheit und Vollständigkeit als ein erlebter Durchlauf von den noch weitgehend offenen Anfängen bis zur Realisierung, z.B. dem Gang in die Öffentlichkeit mit einem „Kunststück", von wenigen Ausbildungsstätten, aber von vielen Studienteilnehmern bevorzugt. Der Aufwand auf Seiten der Ausbildungsstätte zur Vorbereitung von Projekten und deren laufender organisatorischer und inhaltlicher Betreuung sollte nicht unterschätzt werden. Ausbildungsstätten, die diese Mühe nicht scheuen und sich ihrerseits durch Erfahrungen darin Professionalität erworben haben, können sich zweifellos deutliche Pluspunkte in der Gunst der Studieninteressenten zurechnen.

.

9 Offene Fragen und Perspektiven

Das Anliegen dieser „Einführung in das Kultur- und Kunstmanagement" bestand darin, dieses relativ junge Betätigungsfeld im weit reichenden Kultur- und Bildungssektor *mitsamt seinem Kontext* in den Blick zu bekommen und Hintergründe, sowohl solche der Realität als auch solche der wissenschaftlichen Begründungszusammenhänge, zu verdeutlichen.

Der für die Kulturmanagementpraxis besonders relevante Kontext ist ein zweifacher: Es ist der gesamte Bereich des aktuellen Kulturlebens mit seinen oft schwer durchschaubaren Strömungen und Veränderungen, und es ist der gesamte Bereich der aktuellen Wirtschaft mit ihren Einflüssen, Interventionen und Praktiken, die teils direkt und teils indirekt in die Kultur hineinwirken. Dies war der Grund dafür, dass die Wirtschaft, vor allem die Praktiken des Wirtschaftsmanagements zum Teil sehr ausführlich dargestellt und kommentiert wurden. Dabei spielte die Überzeugung die Hauptrolle, dass ohne ausreichende Kenntnis dessen, was die Wirtschaft antreibt und reguliert und worin sie sich vom Kultur- und Kunstleben zum Teil auch markant unterscheidet, das Kulturmanagement allzu leicht zu einer bloßen Imitation des Wirtschaftsmanagements mit kulturellen Vorzeichen wird.

Ein weiteres Anliegen dieser Schrift bestand darin zu betonen, dass wir es mit einem in der Praxis noch wenig etablierten und gefestigten Arbeitsgebiet zu tun haben und folglich auch in Forschung und Lehre noch nicht zu gesicherten Beständen an Erkenntnissen, Methoden und Konzeptionen gelangen können. Eine Einführung in dieses Arbeitsgebiet ist deshalb – nach unserer Auffassung – mehr eine Einladung zur Diskussion, auch zum Widerspruch, und eine Aufforderung zur eigenen Weiterarbeit als eine Sammlung von gebrauchsfertigem Wissen. Die gedankliche und methodische Figur von Text und Kontext, von Sache und Umgebung, durchzieht diese Schrift als ein Leitfaden der Analyse und Kommentierung von Erscheinungen der Realität. Sie trifft aber ebenso auf diese Schrift selbst zu und schließt folglich den Autor mit seiner fachlichen Herkunft (als Ökonom und Geograph) und seinen kulturwissenschaftlichen Arbeiten ein.

Vor allem der Blick des Ökonomen auf kulturelle und künstlerische Sachverhalte hat zweifache Kontextwirkungen: Er konstituiert die spezifische Sichtweise auf die Sache bis hin zum Vokabular und die begriffliche Fassung von kulturellen Erscheinungen, die dadurch manche spezifischen Akzentuierungen erhalten haben; er hat andererseits Rückwirkungen auf das Verständnis von Wirtschaft – dem hier eigentlich nicht intendierten Thema –, wodurch mittlerweile eine ökonomische Position entstanden ist, die einen gewissen Kultivierungsbedarf sowohl der Wirtschaftspraxis als auch der ökonomischen Theorie konstatiert und praktische wie perspektivische Blickerweiterungen postuliert.

Jeder reale und geistige Standort kreiert seine eigenen Blickwinkel und Fokusse. Deshalb kann eine Schrift wie diese auch nicht den Anspruch erheben, alles Wichtige ausreichend gestreift zu haben. Manche Sachgebiete und Fragestellungen sind entfallen, obwohl sie praktischer Relevanz sind. Die Gründe dafür sind sehr verschieden. Zum Teil spielen fehlende Erfahrungen, zum anderen auch methodische Überlegungen eine Rolle. Vor allem zahlreiche Praxisfelder, in denen derzeit oder in Zukunft Kultur- und Kunstmanagement eine Aufgabe sein oder werden kann, sind hier nicht berücksichtigt und kommentiert worden.

Damit ist keine Entwertung oder Zurückstellung dieser Sachgebiete beabsichtigt. Vielmehr hat die Überlegung Vorrang gehabt, das außerordentlich weitläufige Feld des Kultur- und Kunstmanagements nicht vollständig zu erfassen zu suchen – was auch praktisch kaum möglich gewesen wäre – , sondern durch einige bedeutende und zum Teil schon etablierte Bereiche exemplarisch als pars pro toto zu erschließen und daraus Grundlinien der wichtigsten Prinzipien und Themen herauszustellen. Daraus folgen zahlreiche offene Fragen, von denen einige hier nur in verallgemeinerter Form angedeutet werden sollen.

1. *Internationale Kulturarbeit*: Zwar sind im vorangegangenen Text und im Zusammenhang mit persönlichen Erfahrungen „grenzüberschreitende" Themen oder Beispiele eingebracht worden. Es fehlt aber eine systematische Bearbeitung der – nicht zuletzt durch die Globalisierung beschleunigten – internationalen Kooperation von kulturellen Einrichtungen, einzelnen Produktionen und Initiativen. Der Blick auf die teilweise recht unterschiedlichen Auffassungen über „arts management", „cultural administration", „animaçion cultural" oder „animation culturelle" ist hier unterblieben. Internationale Kulturarbeit wird aber sicher an Bedeutung zunehmen.

2. *Jugendkulturarbeit*: Die Kulturarbeit mit Jugendlichen gehört an sich in ein eigenes Fachgebiet, nämlich die Kulturpädagogik, für die an einigen Universitäten auch eigene Studiengänge eingerichtet sind. Dies kann und soll nicht vom Kultur- und Kunstmanagement okkupiert werden. Die Bemühungen um kulturelle Kompetenz von Kindern und Jugendlichen hat jedoch auch einige wichtige Aspekte für die Arbeit des Kulturmanagements, weil die Kinder von heute das Publikum von morgen stellen. Wer als Kulturmanager an einem langfristigen Konzept der öffentlichen Präsenz einer Einrichtung arbeitet, muss diesen langen Atem haben und Vorstellungen in dieser Richtung entwickeln. Dazu gibt es inzwischen auch praktische Beispiele und Erfahrungen.

3. *Auktionen, Messen, Tourneen:* Diese Gebiete fallen insgesamt in das Thema „Projektmanagement" mit besonderen kulturellen Inhalten. Die allgemeine Philosophie des Kultur- und Kunstmanagements enthält die Formen und Praktiken des Projektmanagement zwar im Grundsatz, und das meiste von dem, was hier dazu geschrieben wurde, lässt sich ohne weiteren darauf übertragen. Andererseits sind die praktischen Aufgaben und Fragestellungen im Zusammenhang etwa mit Kunstauktionen, mit (beispielsweise) Kunst- und Antiquitätenmessen und mit Tourneen (großer Orchester, Theaterensembles, Gastkünstlern und Musikgruppen aus dem Ausland und wandernden Ausstellungen) so spezifisch, dass hier auf einschlägige Spezialliteratur verwiesen werden muss (vgl. zum Projektmanagement in der Kultur Heinrichs 1998; weitere praxisorientierte Beiträge im Handbuch KulturManagement). Projektmanagement wird allerdings vielfach noch als eine binnenorientierte Lenkungsaufgabe mit den Hauptfunktionen „Planung", „Steuerung" und „Kontrolle" gesehen. Die entscheidenden Aspekte der Konzipierung (Kreierung der Idee und ihre Konkretisierung) und Einbringung in die (kulturelle) Öffentlichkeit (Außenorientierung) wird oft zu sehr vernachlässigt. Projektmanagement ist keine formale Lenkungsaufgabe, die neben oder unabhängig von den Projektinhalten erfüllt werden kann.

4. *Kunst im und durch das Internet:* Die Nutzung des Internet als Kommunikationsinstrument und Medium des Kreierens neuer Formen und Cluster von Öffentlichkeiten ist in dieser Einführung im Abschnitt 8.2.5. aus der instrumentellen Perspektive der Praxis des Kulturmanagements dargestellt worden. Dieses elektronische Medium wird nach unserer Einschätzung die meisten Lebensbereiche tief greifend umwälzen und das Kulturmanagement über die instrumentelle Ebene hinaus tangieren. Die Entwicklung geht rasant vor sich geht und ist noch längst nicht abgeschlossen. Die gesellschaftliche Bedeutung und Wirkung kann deshalb noch gar nicht richtig eingeschätzt werden. Internet ist aber nicht nur ein Medium der Kommunikation und auch nicht nur ein Instrument der Öffentlichkeitsbearbeitung im Kulturmanagement. Es entwickelt sich vielmehr zunehmend auch zu einem Mittel der Distribution von Text, Bild und Ton mit kulturellen Inhalten und kommt darüber hinaus als ein mögliches Instrument eigener Kunstformen in Betracht.

Eine Lücke in der Darstellung von Konzepten und Praktiken des Kulturmanagements ist auch durch den Verzicht bedingt, auf die zum Teil recht unterschiedlichen Ansätze, Modelle und Methoden im Ausland, vor allem im west- und osteuropäischen Ausland sowie in den USA einzugehen. Trotz der jahrelangen eigenen Erfahrungen und zum Teil längeren Aufenthalten in verschiedenen Ländern und der Arbeit als Chairman des Europäischen Netzwerks der Ausbildungsstätten in Kulturmanagement in Brüssel hätte eine fundierte Darstellung ein Studium des Schrifttums erfordert, das nicht nur dem Kulturmanagement selbst, sondern vor allem den unterschiedlichen Auffassungen über Kunst und Kultur in diesen Ländern hätte gelten müssen.

Eine auf den ersten Blick nicht immer erkennbare Komponente in anderen Ländern ist die Tatsache, dass selbst bei vergleichbaren oder sogar kongruenten formalen und methodischen Herangehensweisen, Themen und Einsatzbereichen für Kultur- und Kunstmanagement sich eigene, aus dem kulturellen, sozialen und mentalen Kontext zu verstehende Stile herausgebildet haben. Sie bewirken keine scharfen Kontraste, schon gar nicht unversöhnliche Gegensätze, wohl aber eine die Resultate prägende Varianz. Dies bezieht sich auf die Ausbildung in Sachen Kulturmanagement ebenso wie auf die Praxis dieser Tätigkeit in verschiedenen Bereichen von Kunst und Kultur. Diese durchaus nicht unwichtigen, zum Teil erhellenden Nuancen hätten umfangreiche Studien und viel Raum für die Ausbreitung in dieser Abhandlung erfordert.

Pragmatismus, wie er viele britische Curricula und Profile des Kulturmanagements auszeichnet, akademische Gründlichkeit, die man zum Beispiel in Frankreich finden kann, unterscheidet sich von der stark auf soziokulturelle Erwachsenenbildung ausgerichteten Konzeptionen, wie sie in Ungarn anzutreffen sind. Der Hintergrund ist hier zum Teil ein historischer, weil in den Dekaden vor 1989 das Thema „Erwachsenenbildung" aus gesellschaftspolitischen Gründen eine herausragende Rolle spielte und ein Teil der früheren Bildungseinrichtungen heute zugunsten der Kulturarbeit umgewandelt worden sind. Die Geschichte eines Landes spielt in der Prägung von Stilen im Kulturbereich überall eine grundlegende Rolle.

Überlappungen mit Gebieten wie Kulturpädagogik (wie in Ungarn, vor allem an der Universität von Pécs) und dem weiten Feld der Freizeitstudien (wie beispielsweise in Spanien an der Universidad de Deusto in Bilbao) zeigen zudem an, dass Kulturmanagement keineswegs nur als eine Aufgabe in Anbieterinstitutionen gesehen wird, sondern die Kulturarbeit mit der örtlichen oder regionalen kulturellen Klientel (auch im Sinne von ‚animation culturelle' wie bei ARSEC Lyon in Frankreich) einbezieht.

Zu den interessanten Nuancen in der Praxis gehört auch das Verhältnis zwischen künstlerischen Aktivitäten und dem Geltungsanspruch des Kulturmanagements, das sich zwischen skeptischer Distanz und durchdrungener Kooperation bewegen kann. Dies ist zwar keine Skala, auf der man nationale Eigenarten ansiedeln kann. Aber die verschiedenen Stile haben doch eine Beziehung zu den von der Geschichte und den sozialen Grundvorstellungen her beeinflusste Vorstellungen über unabhängige Kunst, Autonomie der Künstler, Förderpraktiken durch den Staat und die Gesellschaft. Mit einem Wort: der gesamte gesellschaftliche Kontext eines Landes prägt die Konzeptionen und Arbeitsweisen sowohl der Ausbildungsstätten als auch des Kulturmanagements im Einsatz.

Über die weiteren Zukunftsaussichten für Kultur- und Kunstmanagements zu sprechen, grenzt angesichts der weltweiten Bewegungen, Auflösungstendenzen und Unübersichtlichkeiten fast an Prophetie. In solchen Zeiten kann man sich auf bewährte Konzepte nicht unbedingt verlassen, sondern muss konzeptionell mitwachsen. Verstärkte Aufmerksamkeit für das, was ringsum im Kulturellen und Künstlerischen geschieht, und die Fähigkeit zur phantasievollen Umsetzung in die Praxis dürften künftig immer wichtiger werdende Kompetenzen des Kulturmanagements sein. Die Fähigkeit zur Wahrnehmung, Deutung und Gewichtung von Beobachtungen in der nahen und fernen Umgebung des Kulturlebens könnte durchaus zu einem weiteren Schwerpunkt in der Ausbildung führen.

Ebenso spekulativ müssen Vermutungen darüber bleiben, wohin sich die gesellschaftliche Kultur im Allgemeinen und die Künste im Besonderen bewegen werden. Die Frage nach den Reaktionen auf die starken Globalisierungstendenzen steht weiter im Raum, insbesondere die nach den Gegenkräften, die möglicherweise zu einer nicht ganz unproblematischen Regionalisierungstendenz führen, die zwar globale Kräfte nicht ausheben, sie aber in wesentlichen Facetten relativieren, im negativen Fall auch extremistisch unterlaufen können. Von diesen Strömungen und ihren Resultaten werden die Formen der Kunstrezeption und die kulturellen Praktiken in ihrem Kontext wesentlich mitbestimmt.

Von nicht geringer Bedeutung sind die Entwicklungen im kommerziellen Bereich, also im weiteren ökonomischen Kontext von Kunst und Kultur, wobei die Kräfte des Kommerzes selber – im weitesten Sinne – eine kulturell bestimmte Praxis darstellen und ihrerseits auf die Lebensstile von Menschen und auf die Strukturen und Tendenzen der Öffentlichkeit prägenden Einfluss ausüben. Die kulturelle Brücke zwischen Kunst und Kommerz bilden die Lebensstile von Menschen, ihre Stratifikationen und Milieubildungen und ihre Grenzziehungen zwischen privater Intimität und öffentlichem Auftreten. Eine zentrale Frage war auch bisher schon, mit welcher Festigkeit und welchen „Verteidigungslinien" die Intimität privaten Lebens gegen den Andrang von bestimmenden und manipulierenden Einflüssen von außen gehalten werden können. Die Selbstbehauptung des Ich als relativ selbstbestimmtes Individuum wird durch die Strömungen in der Außenwelt, vor allem durch das Medium „Markt" heftig attackiert.

Von diesen Strömungen her werden sich vermutlich die stärksten Einflüsse auf Konzepte und Praktiken des Kultur- und Kunstmanagements ergeben, da – wie wir es hier gesehen haben – der Kern dieser Tätigkeit in der Gestaltung von Kontakten und Netzen in der Öffentlichkeit besteht. Kulturmanagement ist nicht dazu da, die gesellschaftlichen Strömungen und ihre Wirkungen in der Öffentlichkeit zu formen und womöglich umzulenken. Kulturmanagement ist nicht Kulturpolitik. Aber für die Arbeit des Kulturmanagers geht es darum zu registrieren, was geschieht, und die geeigneten Schlussfolgerungen daraus zu ziehen, denn immerhin kommt die Arbeit des Kulturmanagers in der Öffentlichkeit mit diesen Strömungen ins Gehege.

Auf der thematischen Seite werden die drei Hauptgebiete, die auch in dieser Einführung ausführlich abgehandelt wurden, nämlich die Öffentlichkeitsbearbeitung, die finanzielle Sicherung und die organisatorische Entwicklung, weiterhin im Mittelpunkt stehen und dementsprechend auch in den Curricula der Ausbildungseinrichtungen dominieren. Davon unabhängig dürfte auf der Qualifikationsseite das Training kreativer Fähigkeiten von steigender Bedeutung sein, und zwar hauptsächlich mit Blick auf die Praxis in den drei eben genannten Sachthemen, die immer weniger lediglich verwaltet werden können, sondern mehr und mehr kreativ gestaltet werden müssen.

Was die „Philosophie des Kulturmanagements" angeht, so bildet nach unserer Auffassung die Frage des Gewichts der von der Betriebswirtschaftslehre und der allgemeinen Ökonomie bestimmten instrumentellen Rationalität weiterhin ein Kernthema auf der konzeptionellen Ebene. Die Brisanz dieser Frage ergibt sich daraus, dass die Ökonomie nach wie vor der Hauptlieferant von Mentalitäten und Qualifikationen ist, die im Prozess der Globalisierung gefragt sind und die mit der anwachsenden Radikalisierung des ungehemmten Kapitalismus einhergehen, ein Prozess, der in jüngster Zeit selbst bei konservativen Ökonomen und Politikern zunehmend Unbehagen auslöst. Aus dieser Perspektive stellt sich zwingend die Frage nach der Vorbildhaftigkeit der (traditionellen, neoklassischen) Ökonomie einschließlich der Betriebswirtschaftslehre nicht nur für den Kultursektor.

Die Globalisierung der internationalen Wirtschaftsbeziehungen ist weder ein Naturereignis, das in seinen Auswirkungen und Begleiterscheinungen fast einem Katastrophen-Szenario gleichkäme, noch eine harmlose Verallgemeinerung von Prinzipien des freien Handels, die eigentlich immer schon die Märkte und die Grundsätze des freien Zugangs zu den Märkten begleitet und bedingt haben. Mit dem Begriff der freien Marktwirtschaft ist der allgemeine Begriff der Freiheit nahezu identifiziert und damit zugleich stark reduziert worden.

Die historische Dimension dieses Prozesses zu verstehen und seine Ungleichgewichte im Verhältnis von armen und reichen Länder der Erde realistisch zu bewerten, verlangt *nicht* den Sachverstand des (konventionellen) Ökonomen, dem diese Selbstaufklärung mit den Instrumenten seiner eigenen Theorien aus methodologischen Gründen nicht gelingen kann, sondern den geschichtlichen Rückblick vieler unterschiedlicher Experten auf jene entscheidende Phase der abendländischen Kulturgeschichte, in der das kalkulierende, planende, rational und – bei fehlerhafter Entwicklung auch – egoistisch disponierende Individuum mit seinem philosophisch-aufklärerisch begründeten Anspruch auf Selbstformung und Selbstverantwortung entstand.

Individuelle Freiheit (und soziale Verantwortung) sowie institutionelle Freiheit von Unternehmen (und soziale Verantwortung) sind die Grundlage der freien Marktwirtschaft (unter Einschluss ihrer sozialen Verantwortung). Die rationalistische Radikalität dieser Entwicklung hat sich dadurch ergeben, dass die soziale Verantwortung im Zuge der enthemmten Ausbreitung des internationalen Kapitalismus auf der Strecke geblieben ist. Auf dem Gebiet der Wirtschaft und mit ihr der orthodoxen Ökonomie ist die alte Frage der Balance zwischen Geist und Macht längst zu Gunsten der Macht entschieden worden. Eine zentrale Frage der nächsten Zukunft wird sein, ob die soziale Verantwortung (unter Einschluss der kulturellen Selbstbestimmung, der ökologischen Problematik und vor allem auch der Gerechtigkeitsfrage gegenüber den Ländern der Dritten Welt) noch eine politische Chance hat.

An diesem Punkt angelangt, stellt sich auch die Frage nach der künftigen Kompetenz eines Faches, nämlich der Ökonomie, die auf der ganzen Linie mit ihrem axiomatischen Credo der ökonomischen Rationalität und dem Versäumnis, ihre Einseitigkeit wenigstens zu problematisieren, zur Entlastung der sich globalisierenden Wirtschaft von sozialer Verantwortung (durch deren Abwälzung auf den Staat bei gleichzeitiger Erosion der staatlichen Möglichkeiten zum sozialen Ausgleich) grundlegend beigetragen hat.

Diese Fragen auszudiskutieren ist gewiss nicht Sache der Philosophie des Kulturmanagements und erst recht nicht Sache der Praxis auf diesem Gebiet. Sie werfen aber ein Licht auf die Begründbarkeit von instrumentellen Entlehnungen aus diesem Fach und von Anlehnung an Einsichten, Methoden und Denkweisen der traditionellen Ökonomie. Diese Begründbarkeit haben wir in dieser Abhandlung in Zweifel gezogen, was in Einzelfällen selbstverständlich nicht ausschließt, bestimmte Methoden und Instrumente der Praxis und der Managementlehre aufzunehmen und in justierter Form ins Kulturmanagement zu übernehmen. Gegen diese methodologische Grundhaltung kann wiederum eingewandt werden, dass viele Praktiken im Kulturbereich, auch solche der Kunst selbst, ohne die abendländische Kulturleistung des rational handelnden Individuums und seiner Kreativität nicht denkbar gewesen wären und infolgedessen die Figur des rationalen Menschen nicht auf die Wirtschaft beschränkt werden kann, sondern in allen gesellschaftlichen Lebensbereichen formbestimmend gewirkt hat. Rationalität in der einen oder anderen Gestalt ist also auch der Kulturpraxis immanent, so dass das Kulturmanagement nicht an etwas gänzlich Fremdes anknüpft, wenn es sich auf die Ökonomie, insbesondere auf die Betriebswirtschaftslehre beruft.

In dieser Argumentation fehlt indessen der mit der Philosophie der Aufklärung eng verbundene, unverzichtbare Aspekt der sozialen Verantwortung. Die kritischen methodologischen Einwände gegen die (traditionelle, neoklassische) Ökonomie richten sich nämlich nicht gegen ihre Vernunftprinzipien, sondern gegen deren isolierte und allein regierende Anwendung auf die gesellschaftliche Praxis. *Diesen* Mangel muss das Kulturmanagement – im Übrigen auch aus Verantwortung gegenüber dem gesellschaftlichen Sinn von eigenständiger Kunst – nicht mittragen.

Noch etwas Weiteres fehlt in einer Welt des Rationalismus, der Kalküle und der schneidenden Logik, des Egoismus und der sozialen Kälte, der Gewalt und der Geldgier: menschliche Sinnlichkeit. Wenn man dieses Wort genau nimmt, dann spricht es nicht nur die Sinne an, mit denen wir die Welt wahrnehmen können, sondern es spricht den Sinn an, den wir der Welt, die uns umgibt, geben können. Beides hängt eng miteinander zusammen. Vielleicht ist es nicht falsch anzunehmen, dass Optimismus eine Stimmung ausdrückt, die aus der Erwartung resultiert, dass das menschliche Leben einen Sinn finden kann. Vielleicht ist es auch nicht falsch zu erwarten, dass Kultur eine Manifestation von Sinn ist, den kein wissenschaftliches Prüfprogramm, kein teures Kulturbudget und kein raffiniertes Management findet, wenn die Logik des Verstandes allein regiert. Vielleicht ist es auch nicht falsch anzuregen, von Zeit zu Zeit aus der Welt des Arbeitsalltags auszusteigen, und sich der Sinnlichkeit der Kunst zu überlassen.

Der schönste Ozean ist der, den wir noch zu überqueren haben
Das liebenswerteste Kind ist das, das noch aufwachsen muss
Unsere schönsten Tage sind die, die wir noch zu leben haben
Die liebenswertesten Dinge, die ich dir erzählen möchte,
sind die, die ich noch zu erzählen habe.
Nazim Hikmet[112]

---

[112] Aus dem Türkischen übersetzt v. Perihan Lâleli-Bendixen

10 Literaturverzeichnis

AG Soziologie (Hrsg.) (1999): Denkweisen und Grundbegriffe der Soziologie. Eine Einführung. 15. Aufl. Frankfurt/M.

Alberti, Leon Battista (1986): Vom Hauswesen (Della Famiglia). München.

Ameln, Falko von/Kramer, Josef (2007): Organisationen in Bewegung bringen: Handlungsorientierte Methoden für die Personal-, Team- und Organisationsentwicklung. Berlin.

Arendt, Hannah (2007): Vita activa oder Vom tätigen Leben. 6. Aufl. München.

Arnheim, Rudolf (2000): Kunst und Sehen – Eine Psychologie des schöpferischen Auges. 3. Aufl. Berlin

Arnheim, Rudolf (2001): Anschauliches Denken. 8. Aufl. Köln

Aşik, Doğan (2000): The Globalization of Poverty. In: Turkish Daily News/Beilage Turkish Probe v. 22.5.2000, S. 5.

Assmann, Aleida/Gaier, Ulrich/Trommsdorf, Gisela (Hrsg.) (2004): Positionen der Kulturanthropologie. Frankfurt/M.

Auffermann, Verena (2000): Attacke, mit Lust und Wut – Warum die Kunst ihre Skandale braucht. In: Die Zeit v. 31.8.2000, S. 47.

Ayen, Hermann (2002): Marketing für Theaterbetriebe. München.

Ballreich, Rudi/Fröse, Marlies, W./Piber, Hannes (Hrsg.) (2007): Organisationsentwicklung und Konfliktmanagement: Innovative Konzepte und Methoden. Bern.

Bamberger, Ingolf (Hrsg.) (2008): Strategische Unternehmensberatung: Konzeptionen – Prozesse – Methoden. 5. Aufl. Wiesbaden.

Bauman, Zygmunt (1992): Moderne und Ambivalenz – Das Ende der Eindeutigkeit. Hamburg.

Bauman, Zygmunt (1995): Flaneure, Spieler und Touristen – Essays zu postmodernen Lebensformen. Hamburg

Baumol, William J. und Bowen, William G. (1966): Performing Arts. The Economic Dilemma. New York.

Bausinger, Hermann/Beyrer, Klaus/Korff, Gottfried (Hrsg.) (1991): Reisekultur – Von der Pilgerfahrt zum modernen Tourismus. München.

Bekmeier-Feuerhahn, Sigrid/van den Berg, Karen/Höhne, Steffen/Keller, Rolf/Koch Angela/Mandel, Birgit (Hrsg.) (2009): Forschen im Kulturmanagement: Jahrbuch für Kulturmanagement 2009. Bielefeld.

Bendixen, Peter (1991): Fundamente der Ökonomie – Ökologie und Kultur. Wiesbaden.

Bendixen, Peter (1994): Subventionskürzungen und Strukturwandel in der Kultur. In: Handbuch KulturManagement. Loseblatt-Slg. (F 2.3). Stuttgart.

Bendixen, Peter (1997): Cultural Tourism: Economic Success at the Expense of Culture? In: The International Journal of Cultural Policy. Vol. 4 No. 1/1997, pp. 21 – 46.

Bendixen, Peter (1998a): Das Bremer McKinsey-Gutachten im Kreuzfeuer. In: Kulturpolitische Mitteilungen Nr. 80, S. 8/9.

Bendixen, Peter (1998b): Einführung in die Kultur- und Kunstökonomie. Opladen/Wiesbaden.

Bendixen, Peter (1998c): Kulturtourismus – Kulturentwicklung durch Fremdenverkehr. In: Handbuch KulturManagement. Loseblatt-Slg. A 3.6. Düsseldorf.

Bendixen, Peter (1999a): Cultural Management and its Implications on Heritage Interpretation. In: Heritage, Multicultural Attractions and Tourism. Conference Proceedings. Ed. by Meral Korzay,

Nedret Kuran-Burçoğlu, Şükrü Yarcan, Dilek Ünalan. Boğaziçi University Istanbul 1999, pp 363 – 373.

Bendixen, Peter (1999b): Culture and Tourism: Changes in a Globalizing World. In: Heritage, Multicultural Attractions and Tourism. Conference Proceedings. Ed. by Meral Korzay, Nedret Kuran-Burçoğlu, Şükrü Yarcan, Dilek Ünalan. Boğaziçi University Istanbul 1999, pp 75 – 84.

Bendixen, Peter (1999c): Über die Unmöglichkeit, den Erfolg zu planen – Die Bedeutung künstlerischer Milieus für populäre Kultur. In: Rock und Pop 1999 (unveröffentliches Manuskript zur gleichnamigen Tagung in Hamburg, Nov. 1999.)

Bendixen, Peter (1999d): Management des Kulturtourismus in der Region – Grundlagen und methodische Ansätze. In: Handbuch KulturMangement. Loseblatt-Slg. (C 1.7) Berlin.

Bendixen, Peter (2000 a) : Cultural Management and the Turkish Cultural Heritage – A European Perspective. Unveröff. Vortragsmanuskript 25.4.2000 Bosphorus-University Istanbul.

Bendixen, Peter (2000 b): Skills and Roles: an Essay on Concepts of Modern Arts Management. In: International Journal of Arts Management. Vol. 2 No. 3/2000, pp. 4 – 13.

Bendixen, Peter (2000c): Kulturmarketing und Öffentlichkeit. In: Handbuch KulturManagement. Loseblatt-Slg. (D 1.8.). Berlin.

Bendixen, Peter (2001): Einführung in die Kultur- und Kunstökonomie. 2. erw. Auflage. Wiesbaden.

Bendixen, Peter (2002 a): Vitalisierung der Region – Was können Kunst und Kultur dazu beitragen? In: Ermert, Karl (Hrsg.): Kultur als Entwicklungsfaktor – Kulturförderung als Strukturpolitik? Wolfenbütteler Akademie-Texte Bd.6, Wolfenbüttel 2002, S. 48 – 59.

Bendixen, Peter (2003 a): Das verengte Weltbild der Ökonomie – Zeitgemäß wirtschaften durch kulturelle Kompetenz. Darmstadt.

Bendixen, Peter (2003 b): Kulturinitiativen profilieren die Region (Vortrag zur Veranstaltung „Tourismus und Kultur" in Celle, 26.9.2003). Abgedruckt in: Kulturkontakte – Wirtschaft und Kultur im Dialog. Hrsg. v. Bezirksregierung Lüneburg – Dezernat Kunst, Kultur und Denkmalschutz. Lüneburg 2004. S. 66 – 71.

Bendixen, Peter (2004): Sinn- und Wertbeziehungen zwischen Ökonomie und Kultur. In: Matthias Th. Vogt/Jan Sokol/ Eugeniusz Tomiczek (Hrsg.): Kulturen in Begegnung – Collegium Pontes Görlitz-Zgorzelec-Zhorelec 2003. Wroclaw – Görlitz 2004. S. 199-224.

Bendixen, Peter (2005): Der Traum vom Wohlstand der Nationen – Kritik der ökonomischen Vernunft. Wien.

Bendixen, Peter (2006): Die unsichtbare Hand hat schon viel Unheil angerichtet. Über Adam Smith. In: Merkur – Zeitschrift für europäisches Denken. Nr. 691/Nov. 2006. S. 1089 – 1094.

Bendixen, Peter (2006 a): Aufbruch in die Moderne – Für eine Erneuerung des ökonomischen Denkens. Berlin.

Bendixen, Peter (2007): Ökonomie der Entgrenzung – Wege aus der Unwirtlichkeit. Berlin.

Bendixen, Peter (2008): Understanding the Economy – A Cultural Perspective. Berlin.

Bendixen, Peter (2008a): Über einige philosophische Grundlagen einer Theorie des Kulturmanagements. In: Culture Management/Kulturmanagement/Zarządzanie Kulturą. Hrsg. v. Emil Orzechowski. Cracow 2008, S. 109 – 117.

Bendixen, Peter (2008b): Fastfood-Ökonomie – Die unaufhaltsame Kommerzialisierung der Zeit. Berlin.

Bendixen, Peter (2008 c): Kultur und Wirtschaft – Zwei Seiten einer Medaille? In: Jahrbuch für Kulturpolitik 2008. Hrsg. v. Institut für Kulturpolitik der kulturpolitischen Gesellschaft. Essen (Klartext Verlag) 2008. S. 33 – 44.

Bendixen, Peter (2009): Pragmatik des Kulturmanagements. Ein Bauplan für professionelle Studienprogramme. In: Culture Management/Kulturmanagement/Zarządzanie Kulturą. Hrsg. v. Emil Orzechowski. Cracow 2008, S. 110 – 122.

Bendixen, Peter (2009a): Die Unsichtbare Hand, die Freiheit und der Markt – Das weite Feld ökonomischen Denkens. Wien.

Bendixen, Peter (2009b): Managing Art – An Introduction into Principles and Conceptions. Wien.

Bendixen, Peter (2009c): Kulturmanagement als Handwerk, in: Bekmeier-Feuerhan, Sigrid/van den Berg, Karen/Höhne, Stefan/Keller, Rolf/ Koch, Angela/Mandel, Birgit/ Tröndle, Martin/Zembylas, Tasos (Hrsg.): Forschen im Kulturmanagement – Jahrbuch für Kulturmanagement 2009. Bielefeld (transcript Verlag) 2009, S. 169 – 186.

Bendixen, Peter (2009d): Unternehmerische Verantwortung – Die historische Dimension einer zukunftweisenden Wirtschaftsethik. Wien.

Bendixen, Peter (2010, i. Druck): Weltwirtschaft – Zwischen Chaos und Struktur. Wien 2010.

Bendixen, Peter/Kahrmann, Klaus-Ove (1995): Alltagswahrnehmung und kulturelle Kompetenz – Eine praktische Kulturkonzeption. In: Funkenklänge und Wasserzeichen – Wege zur ganzheitlichen ästhetischen Praxis. Hrsg. v. Klaus-Ove Kahrmann. Flensburg. S. 9 – 19.

Bendixen, Peter/Laaser, Ullrich H. (Hrsg.) (2000): Geld und Kunst – Wer braucht wen? Opladen.

Bendixen, Peter/Sikorski, Axel (1999): Unternehmensbefragung. In: Wüstenrot-Stiftung (Hrsg.): Kultur- und Stadtentwicklung – Kulturelle Potentiale als Image- und Standortfaktoren in Mittelstädten. Ludwigsburg. S. 92 – 127.

Benkert, Wolfgang (1994): Marketing und Controlling in öffentlichen Kultureinrichtungen – Professionalisierung durch die Anwendung betriebswirtschaftlicher Konzepte und Instrumente. In: Handbuch KulturManagement. D 1.2.

Benkert, Wolfgang, Lenders, Britta, Vermeulen, Peter (Hrsg.) (1995): Kulturmarketing – Den Dialog zwischen Kultur und Öffentlichkeit gestalten. Stuttgart et al.

Bennett, Oliver (2001): Cultural Pessimism. Narratives of Decline in the Postmodern World.Edingburgh (University Press).

Berger, Ute Christine (1999): „Kulturtourismus" in der Stadt Schwäbisch Hall. In: Handbuch KulturManagement. Loseblatt-Slg. A 4.5.Berlin.

Bernstein, Joanne Scheff (2006): Arts Marketing Insights: The Dynamics of Building and Retaining Performing Arts Audiences. Jossey-Bass.

Bieger, Thomas (2009): Dienstleistungs-Management: Einführung in Strategien und Prozesse bei persönlichen Dienstleistungen. 4. Aufl. Stuttgart.

Birnkraut, Gesa (2004): Management von Ehrenamtlichen. Ein Leitfaden für Kulturinstitutionen. o. Verlagsort.

Birnkraut, Gesa / Wolf, Karin (Hrsg.) (2007): Kulturmanagement konkret: Interdisziplinäre Positionen und Perspektiven. Berlin.

Blüm, Norbert: Gerechtigkeit: Eine Kritik des Homo oeconomicus. 3. Aufl. Freiburg 2008.

Blumenberg, Hans (1965): Die kopernikanische Wende. Frankfurt/M. 1965.

Blumenberg, Hans: Die Genesis der kopernikanischen Welt.. 3. Aufl. Frankfurt/M (Suhrkamp).

Böhme, Hartmut/Matussek, Petcr/Müller, Lothar (2000): Orientierung Kulturwissenschaft – Was sie kann, was sie will. Reinbek b. Hamburg.

Bömmel, Hermann van: Konsumentensouveränität: Neue Gestaltungsoptionen des Konsumenten in der Postindustriellen Wirtschaft. Marburg 2003.

Bortoluzzi-Dubach, Elisa/Frey, Hansrudolf (2007): Sponsoring: Der Leitfaden für die Praxis. 4. Aufl. Bern.

Bosch, Birgit (1997): Interkulturelles Management. In: Reimann, Helga (Hrsg.): Weltkultur und Weltgesellschaft. Opladen 1997, S. 268 – 292.

Bossong, Georg (2008): Die Sepharden – Geschichte und Kultur der spanischen Juden. München 2008.

Botti, Simona (2000): What Role for Marketing in the Arts? An Analysis of Arts Consumption and Artistic Value. In: International Journal of Arts Management. Vol 2, No. 3/2000 pp 14 – 27.

Braun, Günther E., Gallus, Thomas, Scheytt, Oliver (1996): Kultur-Sponsoring für die kommunale Kulturarbeit. (Deutscher Gemeindeverlag) Köln.

Braun, Günther E./Gallus, Thomas: Kultursponsoring-Management (1999). In: Heinze, Thomas (Hrsg.): Kulturfinanzierung – Sponsoring – Fundraising – Public-Private-Partnership. Münster, S. 67 – 104.

Braun, Günther und Töpfer, Armin (Hrsg.) (1989): Marketing im kommunalen Bereich – Der Bürger als „Kunde" seiner Gemeinde. Stuttgart.

Braun, Katrin (2008): Kulturmarketing: Entwicklung und Analyse von Marketingkonzepten zur Verbesserung der Nachhaltigkeit der Dauerausstellung "Hölderlin in Bad Homburg". Saarbrücken.

Bredekamp, Horst: Autonomie und Askese. In: Müller et al., S. 88 – 172.

Breidenbach, Joana/Zukrigel, Ina (2000): Tanz der Kulturen – Kulturelle Identität in einer globalisierten Welt

Brodbeck, Karlheinz (2007): Die fragwürdigen Grundlagen der Ökonomie – Eine philosophische Kritik der modernen Wirtschaftswissenschaften. 3. Aufl. Darmstadt.

Brodbeck, Karl H. (2009): Die Herrschaft des Geldes: Geschichte und Systematik. Darmstadt.

Bruhn Herbert/Rösing, Helmut (1998): Musikwissenschaft – Ein Grundkurs. Reinbek b. Hamburg

Bruhn, Manfred (1987): Sponsoring – Unternehmen als Mäzene und Sponsoren. Wiesbaden.

Bruhn, Manfred (2008): Qualitätsmanagement für Dienstleistungen: Grundlagen, Konzepte, Methoden. 7. Aufl. Berlin.

Budäus, Dietrich (1998): Public Management: Konzepte und Verfahren zur Modernisierung öffentlicher Verwaltungen. 4. Aufl. Berlin.

Bujard, Helmut/Cerny, Lothar/Gutzeit, Walter/ Weyel, Harald (2010): Wirtschaft und Kultur. München.

Busek/Abfalter (2003): Kultur und Wirtschaft. Innsbruck.

Byrnes, William (2008): Management and the Arts, 4th Edition. Focal Press.

Caldwell, Niall G. (2000): The Emergence of Museum Brands. In: International Journal of Arts Management. Vol 2, No. 3/2000, pp 28 – 34.

Cassirer, Ernst (1994): Form und Freiheit – Studien zur deutschen Geistesgeschichte. 6. Aufl. Darmstadt.

Caves, Richard E (2002): Creative Industries: Contracts between Art and Commerce. Harvard University Press.

City of Birmingham Symphony Orchestra(1995) : Report & Accounts 1995.

Colbert, François (1994): Marketing Culture and the Arts (Le marketing des arts et de la culture). Montreal/Paris/Casablanca.

Conzelmann, Peter (1995): Marketing für kleinere Orchester – Chancen und Möglichkeiten auf einem schwierigen Markt. In: Handbuch KulturManagement. Düsseldorf. D 1.4.

Council of Europe (1997): Directory of Cultural Administration and Arts Management Courses in Europe. Strasbourg.

Crole, Barbara/Fäh, Bruno/Gantenbien, Marcel (1998): Erfolgreiches Fundraising im Direct-Mail. Berlin.

Crole, Barbara/Fine, Christiane/Jud, Daniel (2003): Erfolgreiches Fundraising – auch für kleine Organisationen. Zürich.

Damkowski, Wulf und Precht, Claus (1995): Public Management – Neuere Steuerungskonzepte für den öffentlichen Sektor. Stuttgart/Berlin/Köln.

Dawid, Evely/Schlesinger, Robert (2000): Texte in Museen und Ausstellungen. Bielefeld.

Degn, Christian (1984): Die Schimmelmanns im atlantischen Dreieckshandel – Gewinn und Gewissen. 2. Aufl. Neumünster.

Deutsch Claudia (2007): Creative Industries & Shapeshifters: Identifikation von Qualitätsindikatoren einer globalen Wissensgemeinschaft. Saarbrücken.

Deutscher Kulturrat (Hrsg.) (1996): Ehrenamt in der Kultur – Stand und Perspektiven ehrenamtlicher Arbeit im Kulturbereich. Bonn.

Dresdner, Albert (2001): Die Entstehung der Kunstkritik im Zusammenhang der Geschichte des europäischen Kunstlebens. Berlin.

Dreyer, Axel (Hrsg.) (1996): Kulturtourismus. München/Wien.

Drucker, Peter F. (2009): Management. Frankfurt/M.

Drucker, Peter F. (2009 a): Die fünf entscheidenden Fragen des Managements. Weinheim.

Dueck, Günter: Abschied vom Homo Oeconomicus: Warum wir eine neue ökonomische Vernunft brauchen. Frankfurt/M. 2008.

Elias, Norbert: Über den Prozess der Zivilisation (2008). Erster Band: Wandlungen des Verhaltens in den weltlichen Oberschichten des Abendlandes. 6. Aufl. Frankfurt/M. 1978. Neuauflage, zweiter Band: Wandlungen der Gesellschaft – Entwurf zu einer Theorie der Zivilisation. 6. Aufl. Frankfurt/. 1979. Neuaufl.

Engert, Wolfgang Stefan (1998): Kulturmerchandising und Licensing. In: Handbuch Kulturmanagement. Loseblatt-Slg. F 2.8. Berlin.

Fabisch, Nicole (2002): Fundraising. München.

Fehring, Kirsten M. (2001): Kultursponsoring, Bindeglied zwischen Kunst und Wirtschaft. Freiburg.

Feldmann, Dirk (1992): Der Verein: ein vielseitig einsetzbares Instrument der Kunst- und Kulturförderung. In: Handbuch KulturManagement. Losebl.-Slg. , Stuttgart.

Fikes, Jay (1999): Ethics of Cultural Representation: An Ethnography of Guided Tourism. In: Heritage, Multicultural Attractions and Tourism. Conference Proceedings. Ed. by Meral Korzay, Nedret Kuran-Burçoğlu, Şükrü Yarcan, Dilek Ünalan. Boğaziçi University Istanbul, pp 407 – 422.

Fischer, Kai/Hohn, Bettina/Kreuzer, Thomas (Hrsg.) (2005): Fundraising Praxis – aus erfolgreichen Beispielen lernen. Jahrbuch Fundraising 2005. Norderstedt.

Fischer, Walter B. (2001): Kommunikation und Marketing für Kulturprojekte. Bern.

Fischer, Walter B. (2004): Kunst vor Management. Zürich.

Fischer-Lichte, Erika (1993): Kurze Geschichte des deutschen Theaters. Tübingen und Basel.

Fischer-Lichte, Erika (2010): Geschichte des Dramas. Epochen der Identität auf dem Theater von der Antike bis zur Gegenwart: Geschichte des Dramas. Band 1: Von der Antike bis zur Gegenwart. 3. Aufl. Stuttgart.

Flores, Maureen (1999): Brasilian Cultural Tourism Producd Developed. In: Heritage, Multicultural Attractions and Tourism. Conference Proceedings. Ed. by Meral Korzay, Nedret Kuran-Burçoğlu, Şükrü Yarcan, Dilek Ünalan. Boğaziçi University Istanbul. pp 785 –796.

Florida, Richard (2002): The Rise of the Creative Class. Cambridge MA (Basic Books).

Florida, Richard (2005): Cities and the Creative Class. New York and London (Routledge).

Florida, Richard (2005a): The Flight of the Creative Class. New York (HarperCollins).

Foerster, Heinz von/ Glasersfeld, Ernst von/Hejl, Peter M.: Einführung in den Konstruktivismus. 11. Aufl. München 2009.

Franck, Georg (1998): Ökonomie der Aufmerksamkeit – ein Entwurf. München/Wien.

Franck, Georg (2000): Ökonomie der Aufmerksamkcit. In: Keller, Ursula (Hrsg.): Perspektiven metropolitanischer Kultur. Frankfurt/M, S 101 – 118.

Frank, Robert (2000): Small U.S. Chains See Hungry Market For Fast Food. In: The Wall Street Journal Europe v. 13.4.2000, S. 29 und (Forts.) 38.

Fraser, Suzan (2000): Birecik dam threatens ancient Roman city and mosaic treasures. In: Turkish Daily News v. 20. Mai 2000, S. 20.

Freiherr Loeffelholz von Colberg, Bernhard (1994): Stiftungen als Aufgabe für Kulturmanager. In: Kulturmanagement – Theorie und Praxis einer professionellen Kunst. Hrsg. v. H. Rauhe und Ch. Demmer. Berlin/New York, S. 379 – 385.

Freud, Sigmund (1994): Das Unbehagen in der Kultur, und andere kulturtheoretische Schriften. 10. Aufl. Frankfurt/M.

Frey, Thomas (1998): Das McKinsey-Gutachten, ein Modifikationsentwurf und die besten Absichten der Kultursenatorin für die Zukunft – Zum Stand der kulturpolitischen Auseinandersetzung in Bremen. In: Kulturpolitische Mitteilungen Nr. 80, S. 9 – 10.

Freyer, Walter/Meyer, Dorothea, Scherhag, Knut (1998): Events – Wachstumsmarkt im Tourismus? Dresden.

Fuchs, Max (1998): Wieviel Theorie braucht Kulturmanagement. In: Handbuch KulturManagement. Loseblatt-Slg. A 1.1. Berlin.

Fuchs, Max (1999): Typen und Verständnisweisen von Kulturmanagement: ein Versuch. In: Handbuch KulturManagement. Loseblatt-Slg. Berlin, A 2.4.

Fundraising Akademie (Hrsg.) (2008): Fundraising: Handbuch für Grundlagen, Strategien und Methoden- 4. Aufl. 2008.

Fink, Dietmar (2009): Strategische Unternehmensberatung. München

Gabler-Verlag (2002): Fundraising. 2. Aufl. Wiesbaden.

Gerhards, Jürgen (Hrsg.) (1997): Soziologie der Kunst – Produzenten, Vermittler und Rezipienten. Opladen.

Geiling, Heiko/Hermann, Thomas/Müller, Dagmar/von Oertzen, Peter/Vester, Michaeil (2001): Soziale Milieus im gesellschaftlichen Strukturwandel. Zwischen Integration und Ausgrenzung. Frankfurt/M. 2001.

Gerlach-March, Rita (2010): Kulturfinanzierung. Wiesbaden 2010.

Geyer, Hardy/Manschwetus, Uwe (Hrsg.) (2008): Kulturmarketing. München.

Gigerenzer. Gerd (2008): Bauchentscheidungen – Die Intelligenz des Unbewussten und die Macht der Intuition. 3. Aufl. München.

Glaser, Hermann (1994): Der Ärger mit dem Theater. In: S. Popp u. B. Wagner (Hg): Das Theater und sein Preis – Beiträge zur Theaterreform. Frankfurt/M. und Hagen, S. 9 – 15.

Glaser, Hermann (1999): Deutsche Kultur 1945 – 2000. Berlin.

Glasersfeld, Ernst von (2010): Radikaler Konstruktivismus: Ideen, Ergebnisse, Probleme. 6. Aufl. Frankfurt/M. 1997.

Goertz, Andreas Lothar und Lemmer, Susanne (1995): Public Relations als Marketinginstrument für Universitäten. In: In: Benkert, Wolfgang/Lenders, Britta/Vermeulen, Peter (Hrsg.): KulturMarketing – Den Dialog zwischen Kultur und Öffentlichkeit gestalten. Stuttgart et al., S. 175 – 198.

Goethe, Johann Wolfgang von (1993): Werke in 14 Bänden (Hamburger Ausgabe), Band III: Dramatische Dichtungen. 15. Aufl. München.

Goldhaber, Michael (2000): Das Geld verliert an Bedeutung – Das gespenstische Leben des Geldes und die Ankunft der Aufmerksamkeitsökonomie. In: Kulturforum (Das Schicksal des Geldes) Bd. 149 Jan. – März 2000, S. 221 – 223.

Goldschmidt, Nils/Nutzinger, Hans G. (Hrsg.) (2009): Vom Homo oeconomicus zum Homo culturalis: Handlung und Verhalten in der Ökonomie. Münster.

Grady, Jamie (2006): A Simple Statement: A Guide to Nonprofit Arts Management and Leadership. Heinemann Drama.

Grasskamp, Walter/Ullrich, Wolfgang (2001): Mäzene, Stifter und Sponsoren. Ostfildern.

Green, Howard/Smales, Lindsay (1999): Developing Guidance for Local Communities. In: Heritage, Multicultural Attractions and Tourism. Conference Proceedings. Ed. by Meral Korzay, Nedret Kuran-Burçoğlu, Şükrü Yarcan, Dilek Ünalan. Boğaziçi University Istanbul 1999, pp 627 – 643.

Gregory, Alexander/Lindlacher, Peter (2005): Fundraising. Neu-Ulm.

Grimminger, Rolf (1990): Die Ordnung, das Chaos und die Kunst – Für eine neue Dialektik der Aufklärung. Frankfurt/M.

Grüßer, Birgit (1992): Kultursponsoring – Ideen und Beispiele aus der Praxis. Hannover.

Günter, Bernd/Hausmann, Andrea (2009): Kulturmarketing. Wiesbaden.

Habermas, Jürgen (1990): Strukturwandel der Öffentlichkeit: Untersuchungen zu einer Kategorie der bürgerlichen Gesellschaft. 11. Aufl. Frankfurt/M.

Haibach, Marita (2002): Handbuch Fundraising. 2. Aufl. Frankfurt/M.

Haibach, Marita (2006): Handbuch Fundraising: Spenden, Sponsoring, Stiftungen in der Praxis. 3. Aufl. Frankfurt/M.

Halman, Talat (1999): Cul-Tourism. In: Heritage, Multicultural Attractions and Tourism. Conference Proceedings. Ed. by Meral Korzay, Nedret Kuran-Burçoğlu, Şükrü Yarcan, Dilek Ünalan. Boğaziçi University Istanbul 1999, pp 31 – 41.

Handbuch KulturManagement – Die Kunst, Kultur zu ermöglichen. Loseblatt-Sammlung (Raabe). 7 Bde. Red. Peter Bendixen et al., Stuttgart/Düsseldorf/Berlin ab 1992.

Handbuch KulturManagement – Die Kunst, Kultur zu ermöglichen. Loseblatt-Sammlung (Raabe). Aktualisierte Neuauflage ab 1998. Red. Peter Bendixen et al. Berlin.

Handschuh-Heiss, Stephanie (1997): Auf dem Weg zu einer McWorld-Culture? Betrachtungen zur Globalisierung von populärer Kultur. In: Reimann, Helga (Hrsg.): Weltkultur und Weltgesellschaft. Opladen 1997, S. 44 – 78.

Hartley, John (2005): Creative Industries. Wiley-Blackwell.

Hartung, Werner (1998): Kulturberatung durch freie KulturberaterInnen. – Kriterien für Auswahl und effiziente Nutzung von Beratungsangeboten. In: Handbuch Kulturmanagement. Loseblatt-Slg. C 3.1. Düsseldorf.

Harvey, Jocelyn (1999): Toward a Culture of Shared Resources: Building an Environment for the Long-Term Sustainability of the Arts – The Arts in Transition Project. In: International Journal of Arts Management. Vol.1, No.2/pp 40 – 47.

Hattox, Ralph S. (1996): Coffee and Coffeehouses – The Origin of a Social Beverage in the Medieval Near East. 3. Aufl. Washington.

Hauser, Arnold (1990): Sozialgeschichte der Kunst und Literatur. München 1990.

Hausmann, Andrea (2001): Besucherorientierung von Museen unter Einsatz des Benchmarking. Bielefeld.

Havnevik, Kjell J. (1993): Tanzania – The Limits to Development from Above. Motala.

Heimann, Thorsten (2009): Wirkungen von Kultursponsoring: Wahrnehmung, Akzeptanz, Image. Saarbrücken.

Heinrichs, Werner (1993): Einführung in das Kulturmanagement. Darmstadt.

Heinrichs, Werner (1996): Strategisches Management – Frühzeitig Potentiale für den Erfolg von morgen schaffen. In: Handbuch KulturManagement. Loseblatt-Slg. C 1.2. Düsseldorf.

Heinrichs, Werner (1997): Kulturpolitik und Kulturfinanzierung – Strategien und Modelle für eine politische Neuorientierung der Kulturfinanzierung. München.

Heinrichs, Werner (1998): Planung, Steuerung und Kontrolle von Projekten – Projektmanagement im Kulturbetrieb. In: Handbuch KulturManagement. Loseblatt-Slg. B 4.6. Düsseldorf.

Heinrichs, Werner (1999): Kulturmanagement – Eine praxisorientierte Einführung. 2. Aufl. der „Einführung in das Kulturmanagement" von 1993. Darmstadt.

Heinrichs, Werner (Hrsg.) (1997): Macht Kultur Gewinn? – Kulturbetrieb zwischen Nutzen und Profit. Baden-Baden.

Heinrichs, Werner und Klein, Armin (1996): Kulturmanagement von A – Z – Wegweiser für Kultur- und Medienberufe. München.

Heinrichs, Werner und Schäfer, Hermann (Hrsg.) (1999): Merchandising und Licensing in Kulturbetrieben. Stuttgart.

Heinrichs, Werner/Klein, Armin (2001): Kulturmanagement von A – Z. 2. Aufl. München.

Heinrichs, Werner/Schäfer, Hermann (Hrsg.) (1999): Merchandising und Licensing in Kulturbetrieben. Ein Handbuch für Fach- und Führungskräfte. Berlin.

Heinsohn, Gunnar und Steiger, Otto (1996): Eigentum, Zins und Geld – Ungelöste Rätsel der Wirtschaftswissenschaft. Reinbek b. Hamburg.

Heinze, Thomas (2003): Kommunikationsmanagement. Wiesbaden.

Heinze, Thomas (2004): Neue Ansätze im Kulturmanagement. Wiesbaden.

Heinze, Thomas (2005): Kultursponsoring, Museumsmarketing, Kulturtourismus. 2. Aufl. Wiesbaden.

Heinze, Thomas (Hrsg.) (1994): Kulturmanagement – Professionalisierung kommunaler Kulturarbeit. Opladen.

Heinze, Thomas (Hrsg.) (1995): Kultur und Wirtschaft – Perspektiven gemeinsamer Innovation. Opladen.

Heinze, Thomas (Hrsg.) (1997): Kulturmanagement II – Konzepte und Strategien.

Heinze, Thomas (Hrsg.) (1999): Kulturfinanzierung – Sponsoring – Fundraising – Public-Private-Partnership. Münster/Hamburg/London

Heinze, Thomas (2008): Kultursponsoring, Museumsmarketing, Kulturtourismus. Ein Leitfaden für Kulturmanager. 3. Aufl. Wiesbaden.

Heinze-Prause, Roswitha/Heinze, Thomas (1996): Kulturwissenschaftliche Hermeneutik – Fallrekonstruktionen der Kunst-, Medien- und Massenkultur. Opladen.

Henry, Colette (Editor) (2008): Entrepreneurship in the Creative Industries: An International Perspective. Edward Elgar Publishing.

Hinrichs, Peter (1993): Finanzierungsplan eines Kulturorchesters in privater Trägerschaft – Erfahrungswerte der „Hamburger Symphoniker e.V.". In: Handbuch KulturManagement. Loseblatt-Slg. Stuttgart.

Hinz, Berthold (1994): „Sinnwidrig zusammengestellte Fabrikate"? Zur Varianten-Praxis der Cranach-Werkstatt. In: Lucas Cranach – Ein Maler-Unternehmer aus Franken. Hrsg. v. C. Grimm et al., Augsburg, S. 174 – 179.

Hinz, Ralf (1998): Cultural Studies und Pop – Zur Kritik der Urteilskraft wissenschaftlicher und journalistischer Rede über populäre Kultur. Opladen/Wiesbaden.

Hochreiter, Walter (1994): Vom Musentempel zum Lernort – Zur Sozialgeschichte Deutscher Museen 1800 – 1914. Darmstadt.

Hohmann, Karl, und Suchanek, Andreas (2005): Ökonomik: Eine Einführung. 2. Aufl.Tübingen.

Hohn, Bettina (2001): Internet-Marketing und –Fundraising für Nonprofit-Organisationen. Wiesbaden.

Höhne, Steffen (2009): Kunst- und Kulturmanagement: Eine Einführung. Stuttgart.

Honnef, Klaus (1999): Wege der Kunstkritik. Bd.8 der Reihe „Schriften zur Kunstkritik", hrsg. v. Walter Vitt. Köln.

Horn, Eva/Gisi, Lucas Marco (Hrsg.): Schwärme – Kollektive ohne Zentrum. Eine Wissensgeschichte zwischen Leben und Information. Bielefeld 2009.

Hummel, Marlies und Berger, Manfred (1988): Die volkswirtschaftliche Bedeutung von Kunst und Kultur. Berlin/München.

Hungenberg, Harald/Wulf, Torsten (2007) Grundlagen der Unternehmensführung. 3. Aufl. Berlin

Hütter, Hans-Walter (1997): Kulturmerchandising – Kultur und Kommerz – Chance oder Widerspruch? In: Handbuch KulturManagement. Loseblatt-Slg. F 2.7. Düsseldorf.

Hutter, Michael: Stichwort (1994): Kulturökonomik. in: Kulturmanagement – Theorie und Praxis einer professionellen Kunst. Hrsg. v. H. Rauhe und Ch. Demmer. Berlin/New York, S. 57 – 71.

Illies. Christian (2006): Philosophische Anthropologie im biologischen Zeitalter: Zur Konvergenz von Moral und Natur. 2. Aufl. Frankfurt/M

İnceoğlu, Necati/Pakdil, Oya/Kapkın, Meral/Soygeniş, Murat/Özel, Fulya (1999): Sustainability Participation: Case of Assos. In: Heritage, Multicultural Attractions and Tourism. Conference Proceedings. Ed. by Meral Korzay, Nedret Kuran-Burçoğlu, Şükrü Yarcan, Dilek Ünalan. Boğaziçi University Istanbul 1999, pp 645 – 665.

Institut für Kulturpolitik (2007): Jahrbuch für Kulturpolitik 2007. Thema : europäische Kulturpolitik : Kulturstatistik, Chronik, Literatur, Adressen. Essen.

Irle, Gabriele (2002): Kunstsponsoring im Steuerrecht. Berlin.

Jacobi, Robert (2009): Die Goodwill-Gesellschaft: Die unsichtbare Welt der Stifter, Spender und Mäzene. Hamburg.

James, Patrick and Jenkins, Jennifer (1994): From Acorn to Oak Tree. London (Macmillan).

Jansen-Verbeke, Miriam (1999): Developing Cultural Tourism in Historical Sites: The Challenge of Sustainability. In: Heritage, Multicultural Attractions and Tourism. Conference Proceedings. Ed. by Meral Korzay, Nedret Kuran-Burçoğlu, Şükrü Yarcan, Dilek Ünalan. Boğaziçi University Istanbul. pp 551 –571.

Jokilehto, Jukka (1999): Management and Representation of Heritage Sites. In: Heritage, Multicultural Attractions and Tourism. Conference Proceedings. Ed. by Meral Korzay, Nedret Kuran-Burçoğlu, Şükrü Yarcan, Dilek Ünalan. Boğaziçi University Istanbul. pp 53 – 64.

Jörder, Gerhard (1999): Schraube ohne Ende – Theater kaputtsparen: Das Beispiel Bremen. In: Die Zeit Nr. 49 v. 2.12.1999.

Jürgens, Ekkehard (1992): Projekt Öffentlichkeitsarbeit – Mit Öffentlichkeitsarbeit Bürger und Politiker für Kultur gewinnen. In: Handbuch KulturManagement Loseblatt-Slg. Stuttgart. D 4.3.

Kadenbach, Kirsten (2000): Publikumsbindung durch Projekte für und mit dem Zuschauer am Thalia Theater Hamburg. In: In: Handbuch KulturManagement. Loseblatt-Slg. (4.7). Berlin.

Kahrmann, Klaus-Ove (2004): Feuervogel. Das Prinzip Werkstatt als Grundlage integrativer ästhetischer Erziehung; Bielefeld. Englischsprachige Ausgabe: Firebird. The workshop principle as the basis for integrated aesthetic education; Bielefeld.

Kahrmann, Klaus-Ove/Bendixen, Peter: Umkehrungen – Über den Zusammenhang von Wahrnehmen und Wirtschaften. Wiesbaden 2010.

Kaltwasser, Dieter (1999): Erfolgreich Kultur-Marketing-Konzeptionen gestalten. In: Handbuch KulturManagement. Loseblatt-Slg. Berlin, E 2.3.

Kasper, Wolfgang (1997): Nur ein konzentrischer Angriff auf alle Produktivitätshemmnisse verspricht Erfolg. In: Welt am Sonntag Nr. 18 v. 4.5.1997, S.57.

Keazor, Henry/Behrens, Nicole (2004): Kunstförderung als Marketinginstrument. Sponsoring und Marketing von Banken und Sparkassen. Taunsstein.

Kempers, Bram (1989): Kunst, Macht und Mäzenatentum – Der Beruf des Malers in der italienischen Renaissance. München.

Kerrigan, Finola/Fraser, Peter/Ozbilgin, Mustafa (2004): Arts Marketing. Butterworth-Heinemann; Hill, Elizabeth/O'Sullivan (2003): Creative Arts Marketing, 2nd Edition, Butterworth-Heinemann.

Kersting, Wolfgang (1998): Niccolò Machiavelli. 2. Aufl. München.

Kindermann, Heinz (1966): Das Goethebild des 20. Jahrhunderts. Darmstadt.

Kirchgässner, Gebhard: Homo oeconomicus: Das ökonomische Modell individuellen Verhaltens und seine Anwendung in den Wirtschafts- und Sozialwissenschaften. 3. Aufl. Tübingen 2008.

Klein, Armin (1994): Der kommunale Haushalt. In: Handbuch KulturManagement. Loseblatt-Slg. Stuttgart, F.1.2.

Klein, Armin (1998): Mischfinanzierung im öffentlichen Kulturbetrieb. In: Handbuch Kulturmanagement. Loseblatt-Slg. Berlin, D 2.2.

Klein, Armin (2001): Kultur-Marketing: Das Marketingkonzept für Kulturbetriebe. 2. Aufl. München.

Klein, Armin (2002): Innovatives Kulturmarketing. Baden-Baden.

Klein, Armin (2003): Besucherbindung im Kulturbetrieb. Ein Handbuch. Wiesbaden.

Klein, Armin (2004): Kompendium Kulturmanagement. München.

Klein, Armin (2005): Kultur-Marketing. 2. Aufl. München.

Klein, Armin (2005a): Projektmanagement für Kulturmanager. Wiesbaden.

Klein, Armin (2008): Kompendium Kulturmanagement. Handbuch für Studium und Praxis. 2. Aufl. München.

Klein, Gabriele (2005): Stadt. Szenen. Künstlerische Praktiken und theoretische Positionen. Wien.

Klein, Steffan im Gespräch mit Vittorio Gallese. In: ZeitMagazin Nr. 21 v. 15.05.2008, S. 26 ff.

Kleinert, Matthias (1994): Kulturelle Öffentlichkeitsarbeit in Unternehmen. In: Kulturmanagement – Theorie und Praxis einer professionellen Kunst. Hrsg. v. H. Rauhe und Ch. Demmer. Berlin/New York, S. 387 – 390.

Klotz, Heinrich/Krase, Waltraud (1988): Neue Museumsbauten in der Bundesrepublik Deutschland. 2. Aufl. Stuttgart.

Knudsen, Hans (1959): Deutsche Theatergeschichte. Stuttgart.

Kolb, Bonita (2004): Marketing for Cultural Organisations: New strategies for attracting audiences to classical music, dance, museums, theatre and opera. 2nd Edition, Cengage Learning Business Press.

Kolfhaus, Stephan A. und Liebald, Christiane (1998): Immer unter Stress? – Stress und Burn-out in Kulturberufen. In: Handbuch Kulturmanagement. Loseblatt-Slg. Berlin 1998, C 4.1.

Korzay, Meral/Kuran-Burçoğlu, Nedret/Yarcan, Şükrü/Ünalan, Dilek (Editors) (1999): Heritage, Multicultural Attraction and Tourism. Conference-Proceedings Boğaziçi University Istanbul.

Kosloswki Peter / Priddat, Birger P.: Ethik des Konsums. München 2006.

Kraemer, Klaus (1997): Der Markt der Gesellschaft – Zu einer soziologischen Theorie der Marktvergesellschaftung. Opladen.

Krohn, Wolfgang (1976): Zur soziologischen Interpretation der neuzeitlichen Wissenschaft. In: Zilsel 1976., S. 7 – 43.

Kröselberg, Mathias (2005): Mehr Mittel für den guten Zweck. Bonn.

Kulischer, Josef (1958): Allgemeine Wirtschaftsgeschichte des Mittelalters und der Neuzeit. Bd. I: Das Mittelalter. München.

Kulischer, Josef (1958): Allgemeine Wirtschaftsgeschichte des Mittelalters und der Neuzeit. Bd. II: Die Neuzeit. München.

Kulturministerium Sachsen-Anhalt/Kulturpolitische Gesellschaft (1999): Bürgerschaftliches Engagement im Kulturbereich – Dokumentation der 4. Kulturkonferenz des Kulturministeriums des Landes Sachsen-Anhalt. o.Ort.

Laleli-Bendixen, Perihan (1999): Türkei: Kulturelles Erbe zwischen Tradition und Tourismus. In: Heritage, Multicultural Attractions and Tourism. Conference Proceedings. Ed. by Meral Korzay, Nedret Kuran-Burçoğlu, Şükrü Yarcan, Dilek Ünalan. Boğaziçi University Istanbul, pp 85 – 102.

Landensperger, Cornelia (2002): Der Künstler zwischen Sponsoring und Mäzenatentum. Die Bedeutung der privatwirtschaftlichen Förderung für den künstlerischen Nachwuchs. Kromsdorf/Weimar.

Landes, David (1999): Wohlstand und Armut der Nationen – Warum die einen reich und die anderen arm sind. Berlin.

Lebrecht, Norman (1997): When the Music stops – Managers, Maestros and the Corporate Murder of Classical Music. London et al.

Lévi-Strauss, Claude (1979): Wildes Denken. 3. Auflage Frankfurt/M.

Lewinski, Verena/Lüddemann, Stefan (Hrsg.) (2008): Kulturmanagement der Zukunft: Perspektiven aus Theorie und Praxis. Wiesbaden.

Lissek-Schütz, Ellen (1997): Die Kunst des Werbens um Gunst und Geld. In: Handbuch KulturManagement. Loseblatt- Slg. D 4.2. Düsseldorf.

Lohkamp, Cordula und Maletz, Stefanie (1997): Das marketingpolitische Instrumentarium. In: Heinze, Thomas (Hrsg.): Kulturmanagement II – Konzepte und Strategien. Opladen, S. 76 – 100.

Loock, Friedrich (2002): Kulturmanagement. Wiesbaden.

Lueg, Barbara (2007): Kulturfinanzierung in Deutschland: Ein internationaler Vergleich mit Frankreich, Großbritannien und den USA. Saarbrücken

Luthe, Detlef (2005): Fundraising. Augsburg.

Luttwak, Edward (1999): Turbo Capitalism – Winners & Losers in the Global Economy. London.

Lux, Claudia/Busch, Rolf/Jank, Dagmar (Hrsg.) (2002): Fundraising für Bibliotheken. Berlin.

Maecenata (1994): Stiftungsführer. München.

Malik, Fredmund (2006): Führen, Leisten, Leben: Wirksames Management für eine neue Zeit. Frankfurt/M.

Malle, Thomas (2009): Wirtschaftsethik und Hedgefonds – Ethische und ökonomische Aspekte der Hedgefondbranche. Diss. Bratislava.

Mandel, Birgit (2004): PR für Kunst und Kultur. Frankfurt/M.

Mandel, Birgit (2005): Kulturvermittlung – zwischen kultureller Bildung und Kulturmarketing. Eine Profession mit Zukunft. Bielefeld.

Mandel, Birgit (2007): Die neuen Kulturunternehmer: Ihre Motive, Visionen und Erfolgsstrategien. Bielefeld.

Mandel, Birgit (2008): Kulturmanagement, Audience Development, Kulturelle Bildung: Konzeptionen und Handlungsfelder der Kulturvermittlung. München.

Mandel, Birgit (2008a): Kulturmanagement-Ausbildung an Universitäten – zwischen Theorieansprüchen und den Anforderungen der kulturellen Praxis. In: Cultural Management/ Kulturmanagement/Zarządzanie Kulturą. Hrsg. v. Emil Orzechowski. Krakau 2008, S. 117 – 121,

Mandel, Birgit (2009): PR für Kunst und Kultur: Handbuch für Theorie und Praxis. 2. Aufl. Bielefeld.

Mankiw, N. Gregory (1998): Principles of Economics. Fort Worth, Philadelphia et al. (The Dryden Press). Neuere Auflage (2008): Principles of Economics. 5th edition. South-Western College Pub.Mankiw, N. Gregory/Taylor, Mark P. (2008): Grundzüge der Volkswirtschaftslehre. 4. Aufl. Stuttgart.

Martin, Jörg/Wiedemeier, Frank/Hesse, Ulrike (2002): Fundraising-Instrument Stiftungen. Berlin.

Mayerhofer, Peter/Peitz, Philipp/Resch Andreas (2008): "Creative Industries" in Wien: Dynamik, Arbeitsplätze, Akteure. Wien.

McLean, Fiona (1998): Corporate Identity in Museums: An Exploratory Study. In: International Journal of Arts Management. Vol 1, No. 1, pp. 40 – 49.

Meinecke, Ulrich (1993): Mäzenatisches Sponsoring bei der Vereins- und Westbank. In: Handbuch KulturManagement. Loseblatt-Slg. E 3.1. Stuttgart

Meraner, Edit (2004): Kunst und Ökonomie. Innsbruck.

Merck, Nikolaus (1999): Schnitt ins Fleisch – Theater verzwergen: Das Beispiel Schwerin. In: Die Zeit Nr. 49. v. 2.12.1999.

Meyer, Jörn-Axel/Even, Ralf (Hrsg.) (2002): Die Zukunft des Kunstmarktes. Zu Sinn und Wegen des Managements für Kunst. Lohmar und Köln.

Merkel, Janet (2009): Kreativquartiere: Urbane Milieus zwischen Inspiration und Prekarität. Berlin.

Merziger, Patrick/Stöber, Rudolf/Körber, Esther-Beate/Schulz, Jürgen Michael (Hrsg.) (2010): Geschichte, Öffentlichkeit, Kommunikation: Festschrift für Bernd Sösemann zum 65. Geburtstag. Stuttgart 2010..

Mindermann, Erhard (1992): Kultursponsoring: ein effektives Kommunikationsinstrument für Unternehmen. In: Handbuch KulturManagement. Loseblatt-Slg. Stuttgart.

Moldenhauer, Friederike/Bitter, Joachim (2005): Literatur veranstalten: Lesung, Vortrag, Event. München.

Mollat, Michel (1991): Der königliche Kaufmann Jacques Coeur oder der Geist des Unternehmertums. München.

Müller, Florian/Müller, Michael (Hg.) (1996): Markt und Sinn – Dominiert der Markt unsere Werte? Frankfurt/M.

Müller, Jens (1999): Kultursponsoring – ein theoretisches Konzept. In: Heinze, Thomas (Hrsg.): Kulturfinanzierung. Sponsoring – Fundraising – Public-Private-Partnership. Münster, S. 45 – 65.

Müller, Michael (1974): Künstlerische und materielle Produktion. Zur Autonomie der Kunst in der italienischen Renaissance. In: Müller et al.(1974), S. 9 – 87.

Müller, Michael et. al. (Hrsg.) (1974): Autonomie der Kunst – Zur Genese und Kritik einer bürgerlichen Kategorie. 2. Aufl., Frankfurt/M..

Muresan, Alexandra/Smith, Karen (1999): Marketing in Authentic Culture at Heritage Sites: Dracula's Castle, Romania. In: Heritage, Multicultural Attractions and Tourism. Conference Proceedings. Ed. by Meral Korzay, Nedret Kuran-Burçoğlu, Şükrü Yarcan, Dilek Ünalan. Boğaziçi University Istanbul 1999, pp 813 – 830.

Mussnig,Werner (Hrsg.) (2007): Strategien entwickeln und umsetzen: Speziell für kleine und mittelständische Unternehmen. Wien.

Myerscough, John (1988): The Economic Importance of the Arts in Britain. London (Longmead).

Naumann, Stefan (2002): Kulturförderpolitik. Ein systemtheoretischer Ansatz zur Identifikation von Effizienzkriterien beim Vergleich öffentlicher und unternehmenspolitisch motivierter Kulturförderung. Marburg.

Nee, Verena von /Kufeld, Klaus (Hrsg.): Homo oeconomicus: Ein neues Leitbild in der globalisierten Welt. Münster 2006.

Negus, Keith/Pickering, Michael (2000): Creativity and Cultural Production. In: The International Journal of Cultural Policy. Vol. 6 No. 2, pp. 259 – 282.

Niemann, Hans-Werner (2009): Europäische Wirtschaftsgeschichte – Vom Mittelalter bis heute. Darmstadt 2009.

Neumann, Eva/Walter, Hans-Conrad/Tischer, Anne/Wendt, Andrea/Lohr, Mareike/Möckel, Julia: Kulturmarken 2010: Jahrbuch für Kulturmarketing und Kultursponsoring 6. Berlin.

Niedereichholz, Christel (2004): Unternehmensberatung Bd.1: Beratungsmarketing und Auftragsakquisition. 4. Aufl. München.

Niedereichholz, Christel (2008): Unternehmensberatung Bd. 2:Auftragsdurchführung und Qualitätssicherung. 5. Aufl. München.

Niedereichholz, Christel/Niedereichholz, Joachim (2006): Consulting Insight. München 2006.

Nolte, Rainer: Ge-Schichten der Kulturpolitik in der EG. In: O. Schwencke et al. (Hrsg.): Kulturelle Modernisierung in Europa. Hagen 1993, S. 163 – 171.

Nowicki, Matthias (2000): Theatermanagement. Ein dienstleistungsbasierter Ansatz. Hamburg.

Nowicki, Matthias: Portfolio-unterstützte strategische Planung im Theater. In: Handbuch KulturManagement. Loseblatt-Slg. (Raabe). Berlin 1999, B 4.4

Numrich, Oliver (2005): Erfolgreich Spenden sammeln. Bonn.

Olfert, Klaus: Finanzierung. 7. Aufl. Ludwigshafen 1992.

Oevermann, Ulrich/Süßmann, Johannes/Tauber, Christine (Hrsg.) (2007): Die Kunst der Mächtigen und die Macht der Kunst. Untersuchungen zu Mäzenatentum und Kulturpatronage. Berlin.

Öztin, Perin/Saleem, Nazim (1999): Ancient Isauria and Cilicia: Rationale for Developing New Tour Products. In: Heritage, Multicultural Attractions and Tourism. Conference Proceedings. Ed. by Meral Korzay, Nedret Kuran-Burçoğlu, Şükrü Yarcan, Dilek Ünalan. Boğaziçi University Istanbul 1999, pp 763 – 783.

Özyalın, Zeynep: Turkish tourism in the year 2000: For better or worse? In: Turkish Daily News – Special. April 7th 2000, page 16.

Pascale, Degraef (1999): Sustainable Tourism Development Plan in Dalyan and Mediterranean Coast of Turkey. In: Heritage, Multicultural Attractions and Tourism. Conference Proceedings. Ed. by Meral Korzay, Nedret Kuran-Burçoğlu, Şükrü Yarcan, Dilek Ünalan. Boğaziçi University Istanbul 1999, pp 667 – 688.

Passow, Wilfried: Business goes Theater – ein neuer Weg für Theater? In: Theater der Zeit Nr. 6/1997, S. 52 – 55.

Patolla, Beate (2005): Fundraising im Internet. Augsburg.

Perpeet, Wilhelm: Zur Wortbedeutung von „Kultur". In: Naturplan und Verfallskritik – Zu Begriff und Geschichte der Kultur. Hrsg. v. Helmut Brackert und Fritz Wefelmeyer. Frankfurt/M. 1984, S. 21 – 28.

Pluschke, Ulrike (2005): Kunstsponsoring. Berlin.

Pommerehne, Werner W./Frey, Bruno S. (1993): Musen und Märkte – Ansätze einer Ökonomik der Kunst. München

Popp, Sebastian und Wagner, Bernd (Hg.): Das Theater und sein Preis – Beiträge zur Theaterreform. Frankfurt/M. und Hagen 1994.

Proeller, Isabelle/Schedler, Kurt (2009): New Public Management. 4. Aufl. Stuttgart..

Radloff, Jacob/Rettenbacher, Georg R./Wirsing, Anja (2001): Fundraising. München.

Ratz, Tamara/Puckzo, Laszlo (1999a): Cultural Attraction, Interpretation and Visitor Management. In: Heritage, Multicultural Attractions and Tourism. Conference Proceedings. Ed. by Meral Korzay, Nedret Kuran-Burçoğlu, Şükrü Yarcan, Dilek Ünalan. Boğaziçi University Istanbul, pp 375 – 395.

Ratz, Tamara/Puckzo, Laszlo (1999b): Involving Local Communities in Presenting their Heritage and Culture. In: Heritage, Multicultural Attractions and Tourism. Conference Proceedings. Ed. by Meral Korzay, Nedret Kuran-Burçoğlu, Şükrü Yarcan, Dilek Ünalan. Boğaziçi University Istanbul, pp 503 – 515.

Reimann, Helga (Hrsg.) (1997): Weltkultur und Weltgesellschaft – Aspekte globalen Wandels. Opladen.

Reimann, Michaela/Rockweiler, Susanne (2005): Handbücher Unternehmenspraxis: Handbuch Kulturmarketing: Strukturierte Planung – Erfolgreiche Umsetzung – Innovationen und Trends aus der Kulturszene. Berlin.

Reinhard, Wolfgang (2006): Lebensformen Europas. Sonderausgabe: Eine historische Kulturanthropologie. 2. Aufl. München.

Richter, Klaus Peter (1997): Soviel Musik war nie – Von Mozart zum digitalen Sound. München.

Richter, Reinhart (1992): Kulturmanagement beginnt mit Kulturplanung. In: Handbuch KulturManagement. Losebl.-Slg. (C 1.1), Stuttgart.

Richter, Reinhart (1998): Kulturplanung und Verwaltungsreform – So nutzen Sie die neuen Instrumente. In: Handbuch KulturManagement. Loseblatt-Slg. (B 2.3). Berlin.

Richter, Reinhart/Sievers, Norbert/Siewert, Hans-Jörg (Hrsg.) (1995): „Unternehmen Kultur' – Neue Strukturen und Steuerungsformen in der Kulturverwaltung. Hagen/Essen.

Rizzolatti, Giacomo/Fogassi, Leonardo/Gallese, Vittorio (2006): *Mirrors in the Mind*. Scientific American Band 295, Nr. 5. S. 30 – 37.

Robinson, Mike/Evans, Nigel/Callaghan, Paul (Edit.) (1996): Tourism and Culture – Managing Cultural Resources for the Tourist. Newcastle.

Robinson, Mike/Evans, Nigel/Callaghan, Paul (Edit.) (1996): Tourism and Culture – Culture as the Tourist Product. Newcastle.

Robinson, Mike/Evans, Nigel/Callaghan, Paul (Edit.) (1996): Tourism and Culture – Tourism and Cultural Change. Newcastle.

Robinson, Mike/Evans, Nigel/Callaghan, Paul (Edit.) (1996): Tourism and Culture – Image, Identity and Marketing. Newcastle.

Röbke, Thomas/Wagner, Bernd/Institut für Kulturpolitik (Hrsg.) (2001): Jahrbuch für Kulturpolitik: 2000/1. Bürgerschaftliches Engagement. Essen 2001.

Röckrath, Gereon (1994): Vom Regiebetrieb zur GmbH – Rechtsformen für Kultureinrichtungen, dargestellt am Beispiel der Theater. In: Handbuch KulturManagement. Loseblatt-Slg. Stuttgart.

Roeben, Mirco (2007): Die Einrichtung eines Internen Kontrollsystems bei kleinen und mittelständischen Unternehmen am Beispiel des COSO-Reports. München.

Röper, Henning (2001): Handbuch Theatermanagement. Köln/Weimar/Wien.

Rosegger, Hans/Schneider, Helga/Hönig, Hans-Josef (2000): Database Fundraising. Wie Sie Ihr Fundraising zum Erfolg führen. Ettlingen.

Ruf, Eva-Maria (1998): Banken und Kultur – Mesalliance oder Liebesheirat? In: Handbuch Kultur-Management. Loseblatt-Slg. E 7.3. Düsseldorf.

Rüstow, Alexander (2009): Die Religion der Marktwirtschaft. 3. Aufl. Münster et al.

Rüstow, Alexander/Frank Maier-Rigaud/Gerhard Maier-Rigaud (2001): Das Versagen des Wirtschaftsliberalismus. Das neoliberale Projekt. Marburg.

Safranski, Rüdiger: Wieviel Globalisierung verträgt der Mensch? 2. Aufl. Frankfurt/M. 2004.

Said, Edward W. (1994): Kultur und Imperialismus   Einbildungskraft und Politik im Zeitalter der Macht. Frankfurt/M.

Said, Edward W. (1995): Orientalism – Western Conceptions of the Orient. 2nd. Ed. London et al. (Pinguin).

Schäfer, Hermann (1999): Stiftung Haus der Geschichte der Bundesrepublik Deutschland – Museums- und Managementkonzept. In: Handbuch KulturManagement. Loseblatt-Slg. (C 1.7). Berlin.

Scheydt, Oliver (1998): Sponsoringmanagement in der Praxis – Von der operativen Planung zur kontinuierlichen Zusammenarbeit. In: Handbuch KulturManagement. Loseblatt-Slg. Berlin. D 4.1.

Scheytt, Oliver (2008): Kulturstaat Deutschland: Plädoyer für eine aktivierende Kulturpolitik. Bielefeld.

Schierenbeck, Henner (2000): Grundzüge der Betriebswirtschaftslehre. 15. Aufl. München und Wien. (17. Auflage: Schierenbeck, Henner/Wöhle, Claudia B. München und Wien)

Schiersmann, Christiane/Thiel, Heinz-Ulrich (2009): Organisationsentwicklung: Prinzipien und Strategien von Veränderungsprozessen. 2. Aufl. Wiesbaden.

Schirrmacher, Frank (2009): Payback: Warum wir im Informationszeitalter gezwungen sind zu tun, was wir nicht tun wollen, und wie wir die Kontrolle über unser Denken zurückgewinnen. München.

Schlemm, Vera (2003): Database Marketing im Kulturbetrieb. Bielefeld.

Schleuning, Peter (1989): Das 18. Jahrhundert: Der Bürger erhebt sich. Reinbek b. Hamburg.

Schneidewind, Petra (2006): Betriebswirtschaft für das Kulturmanagement: Ein Handbuch. Bielefeld.

Schneidewind, Petra/Tröndle, Martin (2003): Selbstmanagement im Musikbetrieb. Bielefeld.

Schnelle, Eberhard/Bendixen, Peter/Staehle, Wolfgang H. (1968): Evolution des Managements. Quickborn.

Schögl, Walter/Christof, Friedrich/Steinle, Michael/Kössner, Brigitte (2004): Steuerleitfaden für Kunstförderung. Wien.

Schulze, Gerhard (2005): Die Erlebnisgesellschaft. Kultursoziologie der Gegenwart. Frankfurt/M.

Schuster, Martin (2007): Wodurch Bilder wirken: Psychologie der Kunst. 5. Aufl. Köln.

Schwarz, Erich/Kraiger, Ines/Dummer, Rita (2006): Innovationskompass für klein- und mittelständische Unternehmen. Neue Ideen finden und entwickeln. Wien.

Schweitzer, Marcel (2000): Gegenstand und Methoden der Betriebswirtschaftslehre. In: Bea/Dichtl/ Schweitzer: Allgemeine Betriebswirtschaftslehre. Bd.1: Grundfragen. Stuttgart, S. 23 – 79.

Schwerfel, Heinz Peter (2000): Kunstskandale – Vom Tabu zum Meisterwerk. Köln.

Scott, Carol (2000): Branding: Positioning Museums in the 21st Century. In: International Journal of Arts Management. Vol 2, No. 3/2000, pp 35 – 39.

Seidel, Wolfgang: Emotionale Kompetenz – Gehirnforschung und Lebenskunst. Heidelberg.

Senf, Bernd (2004): Die blinden Flecken der Ökonomie – Wirtschaftstheorien in der Krise. 3. Aufl. München.

Sennett, Richard (2008): HandWerk. Berlin.

Sheehan, James J. (1994): From Princely Collections to Public Museums. Toward a History of the German Art Museum. In: Roth, Michael S. (Ed.): Rediscovering History – Culture, Politics, and Psyche. Stanford/California, pp 169 – 182.

Siebenblock, Heinz (2010) Grundlagen der Organisationsgestaltung und -entwicklung. 3. Aufl. Altenberge.

Siebenhaar, Klaus (2003): Karriereziel Kulturmanagement. Nürnberg.

Sievers, Norbert/Wagner, Bernd (Hrsg.) (2006): Jahrbuch für Kulturpolitik –Thema: Diskurs Kulturpolitik. Essen.

Sikorski, Axel (1997): Musikwirtschaft und Neue Musik – Das unternehmerische Entscheidungsverhalten zwischen Ästhetik und Ökonomie. Frankfurt/; et al.

Silbermann, Alphons (1992): Grundströmungen deutscher Kulturgeschichte. In: Kunst und Kultur. Bd. 4 der Reihe ‚Deutschland – Porträt einer Nation'. Gütersloh. S. 10 – 30.

Simmel, Georg (1986): Philosophische Kultur. Gesammelte Essays. Berlin.

Simmel, Georg (2009): Philosophie des Geldes. Köln.

Smith, Adam (1978): Der Wohlstand der Nationen – Eine Untersuchung seiner Natur und seiner Ursachen. Übers. u. hrsg. v. H. C. Recktenwald. München.

Smith, Adam (1994): Theorie der ethischen Gefühle. Übers. v. W. Eckstein. 2. Aufl. (Nachdruck) Hamburg.

Smith, Constance (2007): Art Marketing 101, A Handbook for the Fine Artist. 3rd Edition, ArtNetwork.

Sonne, Jasna (2003): Fundraising. Wiesbaden.

Staehle, Wolfgang H. (1999): Management. 8. Aufl. bearb. v. Peter Conrad und Jörg Sydow. München.

Stefan,Weber (2008): Die Medialisierungsfalle – Kritik des digitalen Zeitgeistes. Wien-Klosterneuburg.

Stein, Tobie S. / Bathurst, Jessica (2008): Performing Arts Management: A Handbook of Professional Practices. Allworth Press.

Steinmann, Horst und Schreyögg, Georg (1991): Management – Grundlagen der Unternehmensführung. Konzepte, Funktionen und Praxisfälle. 2. Auflage, Wiesbaden.

Steinmann, Horst/Schreyögg, Georg/Koch, Jochen (2005): Management. Grundlagen der Unternehmensführung. 6. Aufl. Wiesbaden.

Steirer, Wolfgang/Moser, Susanne/Matt, Gerald (2003): Kulturmanagement leicht gemacht. Der kurze Weg zum Profi. Weilerswist.

Stiefl, Jürgen (2008): Finanzmanagement: unter besonderer Berücksichtigung von kleinen und mittelständischen Unternehmen. München.

Stiglitz, Joseph E. (2004): Die Schatten der Globalisierung. München.

Stiglitz, Joseph E. (2010): Im freien Fall – Vom Versagen der Märkte zur Neuordnung der Weltwirtschaft. München.

Strachwitz, Rupert G. (1994): Stiftungen – nutzen, führen und erreichen; ein Handbuch. Frankurt/M

Strachwitz, Rupert G. (1999): Über den Tag hinaus – Stiftungen als Förderer und Träger kultureller Einrichtungen. In: Handbuch KulturManagement. Loseblatt-Slg. (D 4.3) Berlin.

Strachwitz, Rupert (2010): Die Stiftung – ein Paradox?: Zur Legitimität von Stiftungen in einer politischen Ordnung. Stuttgart.

Suerbaum, Ulrich (1991): Das elisabethanische Zeitalter. Stuttgart.

Talbot, Jonathan/Howard, Geoffrey (2005): The Artist's Marketing and Action Plan Workbook. 5th Edition, Jonathan Talbot.

The Economist (2000): Watery Graves. In: Vol. April/May 2000, p. 96/97.

The Economist: Turkey's latest controversial dam. In: Vol. April/May 2000, p.29.

The Wall Street Journal Europe (2000): Whitbread Launches New Beer Brand. Ausgabe vom 13.4.2000.

Thies, Christian (2009): Einführung in die philosophische Anthropologie. 2. Aufl. Darmstadt.

Thom, Norbert/Ritz, Adrian (2007): Public Management: Innovative Konzepte zur Führung im öffentlichen Sektor. 4. Aufl. Wiesbaden.

Thomas, David C. (Editor) (2008): Cross-Cultural Management: Essential Concepts. 2nd Edition. Sage Publications, Inc.

Toepler, Stefan (1993): Kulturförderung in den USA. In: Strachwitz, Rupert Graf/Toepler, Stefan (Hrsg.): Kulturförderung – Mehr als Sponsoring. Wiesbaden. S. 71 – 79.

Tomaschek, Nino (2009): Systemische Organisationsentwicklung und Beratung bei Veränderungsprozessen: Ein Handbuch. 2. Aufl. Heidelberg.

Träger, Jörg (2000): Goya – Die Kunst der Freiheit. München.

Tschopp, Silvia Serena/Weber, Wolfgang E. J. (2007): Grundfragen der Kulturgeschichte. Darmstadt.

Ulbricht, Johannes (2000): Kulturmanagement im Internet – Der Aufbau virtueller Gemeinschaften. In: Handbuch KulturManagement. Loseblatt-Slg. (D 1.10). Berlin.

Urselmann, Michael (2002): Fundraising. Erfolgreiche Strategien führender Nonprofit-Organisationen. 3. Aufl. Bern.

Urselmann, Michael (2007): Fundraising: Professionelle Mittelbeschaffung für Nonprofit-Organisationen. 4. Aufl. Bern.

Vakianis, Artemis (2005): Duales Controlling. Am Beispiel des Kulturbetriebes „Theater". Innsbruck/Wien/München.

Vermeulen, Peter und Geyer, Hardy (1995): Operatives Kulturmarketing. In: Benkert, Wolfgang/Lenders, Britta/Vermeulen, Peter (Hrsg.): KulturMarketing – Den Dialog zwischen Kultur und Öffentlichkeit gestalten. Stuttgart et al. S. 81 – 104.

Vilain, Michael (2003): Finanzierungsmanagement für Vereine und Verbände. Wiesbaden.

Volkerling, Michael (1999): The Necessity of Utopia: Lessons from the Culture of Economics. In: International Conference on Cultural Policy. Documentation of Conference Papers. Editor: Centre for Cultural Research and International Journal of Cultural Policy. Bergen/Warwick 1999, pp. 521 – 529.

Vormbaum, Herbert (1990): Finanzierung der Betriebe. 8. Aufl. Wiesbaden.

Wagner, Bernd (Hrsg.) (2000): Ehrenamt, Freiwilligenarbeit und bürgerschaftliches Engagement in der Kultur. Bonn und Essen.

Wagner, Bernd (Hrsg.) (2005): Jahrbuch für Kulturpolitik 2005 – Thema: Kulturpublikum. Essen.

Wagner, Bernd (Hrsg.) (2008): Jahrbuch für Kulturpolitik 2008 – Thema: Kulturwirtschaft und kreative Stadt. Essen.

Walter, Michael (1997): „Die Oper ist ein Irrenhaus" – Sozialgeschichte der Oper im 19. Jahrhundert. Stuttgart und Weimar.

Watzlawick, Paul (2010): Wie wirklich ist die Wirklichkeit? Wahn, Täuschung, Verstehen, 8. Aufl. München.

Watzlawick, Paul (Hrsg.) (2010): Die erfundene Wirklichkeit – Wie wissen wir, was wir zu wissen glauben? Beiträge zum Konstruktivismus. 5. Aufl. München.

Weber, Michael und Waldner, Andreas (1998): Wie manage ich ein Event? Event-Marketing als modernes Kommunikationsinstrument. In: Handbuch KulturManagement. Loseblatt-Slg. Berlin. E 2.1.

Weber, Raymond (1993): Die kulturelle und kulturpolitische Dimension im gesamteuropäischen Einigungsprozess. In: O. Schwencke et al. (Hrsg.): Kulturelle Modernisierung in Europa. Hagen. S. 147 – 153.

Weber, Solveig (1993): Kulturarbeit im Chemiekonzern – Eine Konzeption betrieblicher Kulturförderung am Beispiel Bayer Leverkusen. In: Handbuch KulturManagement. Loseblatt-Slg. Stuttgart. E 8.1.

Wegner, Manfred (2002): Kulturfinanzierung in den Städten. Marburg.

Wehmeyer, Grete (1990): Prestississimo – Die Wiederentdeckung der Langsamkeit in der Musik. 3. Aufl. Hamburg.

Weikl, Bernd: Licht & Schatten (2007): Meine Weltkarriere als Opernsänger. Berlin.

Weltge-Wortmann, Sigrid (1997): Die ersten Maler in Worpswede. 2. veränd. Aufl. Worpswede.

Wersebe, Helena von (2000): Besucherorientierung als Instrument des Kulturmarketing – Praxisbeispiel: Haus der Geschichte der Bundesrepublik Deutschland. In: Handbuch KulturManagement. Loseblatt-Slg. (D 1.7). Berlin.

Weserkurier (2000): Verunsichert und entsetzt – Eine Bremer Erklärung zur Kultur. Nr. 50 vom vom 29. Februar 2000.

Wessel, David (2000): If Your Mercedes Doesn't Stink, Thank Ms. Meister. In: The Wall Street Journal Europe v. 13.04.2000.

Widmer, Teresa (2008): Kulturpolitik und Kulturfinanzierung: Modelle im internationalen Vergleich. Saarbrücken.

Wiese, Rolf (1999): Museumsmanagement – Instrument zur Gestaltung optimaler Museumsabläufe. In: Handbuch KulturManagement. Loseblatt-Slg. (C 1.6.). Berlin.

Wiese, Rolf/Bössert, Inken/Dauschek, Anja/Dreyer, Matthias/Wiese, Giesela (Hrsg.) (2000): Marktchancen für Museen. Förderverein Freilichtmuseum Kiekeberg e.V.

Wijnberg, Nachoem M./Gemser, Gerda (1998): Reputation as a Tool for Innovation Management: The Case of the French Impressionists. In: International Journal of Arts Mangement. Vol 1, No. 1, pp 50 – 60.

Willert, Birthe (2003): Verselbständigung öffentlicher Museen in Stiftungen. Eine Studie am Beispiel der Hamburger Museumsstrukturreform. Hamburg.

Willnauer, Franz (1994): Kulturförderung. In: Kulturmanagement – Theorie und Praxis einer professionellen Kunst. Hrsg. v. Hermann Rauhe und Christine. Demmer. Berlin/New York. S. 101 – 117.

Wind, Thomas (2000): Wo bleiben die Besucher – Forschungskonzept und wichtigste Befunde einer qualitativen Studie. In: Kulturpolitische Mitteilungen Nr. 89/2000, S. 54-55.

Wright, John (2003): The Ethics of Economic Rationalism. Sydney.

Wüstenrot-Stiftung (Hrsg.) (1999): Kultur- und Stadtentwicklung – Kulturelle Potentiale als Image- und Standortfaktoren in Mittelstädten. Ludwigsburg.

Zacher, Nicole (2007): Sponsoring: Möglichkeiten und Grenzen einer Form der Kulturfinanzierung. München

Zeki, Semir (1999): Inner Vision – An Exploration of Art and the Brain. (Oxford University Press) Oxford.

Zembylas, Tasos (2004): Kulturbetriebslehre: Grundlagen einer Inter-Disziplin. Wiesbaden.

Zembylas, Tasos (2006): Kulturbetriebsforschung. Ansätze und Perspektiven der Kulturbetriebslehre. Wiesbaden.

Ziplys, Stephanie (2004): Kulturfinanzierung – Möglichkeiten, Bedingungen, Grenzen und Auswirkungen privater Kulturfinanzierung in Deutschland. München.

Ziegler, Bernd (2008): Geschichte des ökonomischen Denkens: Paradigmenwechsel in der Volkswirtschaftslehre. 2. Aufl. München.

Zilsel, Edgar (1976): Die sozialen Ursprünge der neuzeitlichen Wissenschaft. Frankfurt/M.

Zimmer, Annette (2007): Vereine – Zivilgesellschaft konkret. 2. Aufl. Wiesbaden.

Zimmermann, Harm-Peer (2005): Empirische Kulturwissenschaft – Europäische Ethnologie – Kulturanthropologie – Volkskunde. Marburg;

Zimmermann, Olaf und Vermeulen, Peter (1993): Fund-Raising als Konzept der Kulturförderung – Grundlagen und Strategien zum Spendensammeln. In: Handbuch KulturManagement. Loseblatt-Slg. (E 4.1). Stuttgart.

Wichtige Fachzeitschriften und Jahrbücher

KM Kultur und Management im Dialog. Online-Zeitschrift des Kulturmanagement-Network, Weimar, ISSN 1610-2371.

Culture Management/Kulturmanagement/Zarządzane Kulturą. (Dreisprachig: Englisch, Deutsch, Polnisch). Hrsg. v. Emil Orzechowski, Jagiellonian University, Department of Cultural Management, Cracow/Poland. ISBN 978-83-926248-5-1.

The International Journal of Cultural Policy. Editor: Oliver Bennett, University of Warwick/UK. ISSN 1028-6632.

Journal of Cultural Economics. Editors: M. J. Rushton/S. Cameron.
ISSN 0885-2454 (print version)/ 1573-6997 (electronic version)

International Journal of Cultural Management.
Published by Interscience Enterprises Ltd.

Art Management
Published by the Association of Arts Administrators and Educators (AAAE)

International Journal of Arts Management
Published by Revue Management International

Kulturpolitische Mitteilungen. Hrsg. Kulturpolitische Gesellschaft e. V., Bonn.

Jahrbücher für Kulturpolitik. Hrsg. von der Kulturpolitischen Gesellschaft e. V. Bonn.

Neu im Programm Politikwissenschaft

Neu im Programm Politikwissenschaft

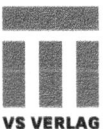

The manufacturer's authorised representative in the EU is Springer
Nature Customer Service Centre GmbH, Europaplatz 3, 69115 Heidelberg,
Germany. If you have any concerns regarding our products, please
contact ProductSafety@springernature.com

Printed and bound by CPI Group (UK) Ltd, Croydon, CR0 4YY
24/04/2026
02096312-0017